城市地下工程人工冻结法理论与实践

杨 平 张 婷 著

江苏高校优势学科建设工程资助项目出版资助

科学出版社

北 京

内 容 简 介

本书以南京、苏州、宁波、无锡、上海等长江三角洲地区城市轨道交通施工过程中遇到复杂地质环境条件下施工难题为背景，以软弱地层地下工程冻结法施工理论与实践为主线，采用理论研究、室内试验、数值模拟、方案比选、实测分析相结合的综合研究方法，全面阐述了城市地下工程，特别是长江三角洲地区城市轨道交通建设中人工冻结法施工的理论与关键技术。全书共分九章，包括人工冻结法基础理论，浅表土人工冻土物理力学性能，人工冻结数值模拟理论与方法，盾构始发与接收端头人工冻结加固技术与应用，地铁联络通道人工冻结施工技术与应用，盾尾刷渗漏防治技术，水泥土加固抑制冻胀融沉技术，人工冻结法施工监测技术，特殊地下工程人工冻结法应用。

本书可供从事城市轨道交通等城市地下工程施工、科研、设计与建设管理技术人员参考，也可作为高等院校教师教学科研用书或研究生学习参考。

图书在版编目（CIP）数据

城市地下工程人工冻结法理论与实践/杨平，张婷著. —北京：科学出版社，2015.3

ISBN 978-7-03-043753-2

Ⅰ. ①城… Ⅱ. ①杨… ②张… Ⅲ. ①城市建设-地下工程-冻结法施工 Ⅳ. ①TU94

中国版本图书馆 CIP 数据核字（2015）第 053585 号

责任编辑：杨 琪 程心珂/责任校对：胡小洁
责任印制：徐晓晨/封面设计：许 瑞

科学出版社出版
北京东黄城根北街 16 号
邮政编码：100717
http://www.sciencep.com

北京凌奇印刷有限责任公司印刷
科学出版社发行 各地新华书店经销

*

2015 年 3 月第 一 版 开本：787×1092 1/16
2021 年 1 月第三次印刷 印张：22 1/2
字数：518 000

定价：128.00 元

（如有印装质量问题，我社负责调换）

前　言

随着我国经济的快速增长，城市轨道交通建设也进入了大发展时期。地铁的造价不菲，每公里至少需要四五亿的投资，一个城市地铁项目所需的资金就能达到几十亿，甚至几百亿。截至2013年底，全国17个城市共建成67条轨道交通线路，总里程约2060公里，且在建规模仍在明显增大。已建成或已开工建设地铁的城市有北京、天津、香港、上海、广州、南京、深圳、大连、武汉、重庆、成都、杭州、沈阳、西安、青岛、哈尔滨、苏州等20多个。国务院已批准了36个城市的轨道交通近期建设规划，共建197条线路约5373公里，未来几年的年均建成里程可达500公里以上。目前，中国在世界地铁排行榜（按地铁运营里程排名）中位列第三位，仅在美国和日本之后；并且上海、北京分别以459公里和439公里进入世界城市轨道交通运营里程前十位。我国城市轨道交通规模将在2020年左右超过美国，成为全球规模最大、发展最快的轨道交通建设和运营市场，前景十分广阔。

然而，现阶段我国城市地铁隧道多为浅埋式，城市大规模地下空间的开发，使许多软弱地层地铁隧道会建在原有地下结构物附近，即处于复杂环境下（软弱地层、浅埋、建筑构筑物密集）。在这种复杂环境下，盾构始发与接收，联络通道、车站出入口暗挖等的施工存在很大风险。盾构隧道端头土体加固是盾构机安全始发与接收的重要保证，而隧道端头正是盾构法施工隧道的事故多发地带，因此盾构始发与接收已成为盾构法施工中风险最大的环节，选择合理的端头加固方法可以在很大程度上保证盾构法隧道顺利施工。盾构隧道的联络通道常采用竖井开挖或隧道内开孔暗挖法来施工，施工前也需要对开挖面的软弱地层进行加固。盾构隧道端头及联络通道加固方法的选取主要取决于地质情况、地下水、覆盖层、盾构机直径、盾构机型、联络通道的埋深、施工环境等因素，目前常用的加固方法有高压旋喷法、深层搅拌法、冻结法、注浆法等。当加固范围内含有富水砂层时，普通加固法难以满足加固质量，常需采用人工冻结法。该工法技术可靠、对地层条件要求宽、施工环保，是其他地层加固方法难以应用时的最终解决方案。

人工冻结法是利用人工制冷技术，使地层中的水结冰，把天然地层变成冻土，增强其强度和稳定性，隔绝地下水与地下工程的联系，以便在冻结壁的保护下进行地下工程掘进的一项施工技术。其作为临时加固地基的施工方法，已被广泛应用于地铁隧道盾构始发与接收端头加固、联络通道加固施工、隧道抢险及其他抢险工程等城市地下工程施工中。但是，目前人工冻结理论还不能完全满足多样性的工程实际所需，因此，本书以南京、苏州、上海、无锡、宁波等长江三角洲地区典型土层为背景，研究和介绍了人工冻结法基础理论、浅表土人工冻土物理力学性能、人工冻结数值模拟理论及方法、盾构始发与接收端头人工冻结加固技术与应用、地铁联络通道人工冻结法施工技术与应用、盾尾刷渗漏防治技术、水泥土加固抑制冻胀融沉技术等，以期解决复杂环境下城市地下工程人工冻结理论与应用中的关键技术与问题，为我国大规模地铁建设人工冻结技术的应用提供理论与技术支撑。

具体来说，本书以南京、苏州、上海、宁波、无锡等长江三角洲地区城市轨道交通施工过程中遇到的复杂地质环境条件下施工难题为背景，以软弱地层地下工程冻结法施工的理论与实践为主线，采用理论研究、室内试验、数值仿真、方案比选、实测分析相结合的方法进行了研究，主要包括以下内容：①人工冻结法基础理论；②浅表土人工冻土物理力学性能；③人工冻结数值模拟理论与方法；④盾构始发与接收端头人工冻结加固技术与应用；⑤地铁联络通道人工冻结施工技术与应用；⑥盾尾刷渗漏防治技术；⑦水泥土加固抑制冻胀融沉技术；⑧人工冻结法施工监测技术；⑨特殊地下工程人工冻结法应用。

本书依托的工程背景得益于南京地铁建设有限公司佘才高董事长、苏州轨道交通公司董朝文副总经理、宁波轨道交通有限公司陈斌副总经理、常州轨道交通有限公司胡导云副总经理等多位领导的支持和关心；在人工冻结施工和监测过程中也获得了上海机械化施工集团有限公司、上海隧道股份有限公司、中铁隧道集团有限公司、中铁 14 局、中铁 19 局、江苏建基集团有限公司、中煤隧道股份有限公司等在南京、苏州、宁波、无锡的多个项目部的帮助。本书的相关研究还得到了国家自然科学基金项目“人工冻土与混凝土结构相互作用接触面变形机理与本构模型研究”（51278251）、“人工冻融软土微观结构与融沉特性内在机理研究”（51478226）；苏州市科技局苏州轨道交通专项课题“盾构隧道端头与联络通道加固方式及安全性研究”（ZXJ0802）；南京地铁公司科研项目“南京地铁大直径隧道穿越长江进出洞技术及盾尾渗漏防护与控制”（D3-xy01-0001-1206）；住建部科研项目“人工冻结加固盾构隧道端头关键技术与应用研究”（2014-K3-029）；宁波地铁科研项目、中铁隧道局委托科研项目、中铁三局委托科研项目等的资助。同时感谢江苏高校优势学科建设工程资助项目对本书出版的资助。特别要感谢的是王效宾、胡俊、赵联桢、何文龙、袁云辉、覃伟、陈成、刘元昆、王杰、鲍俊安、王许诺、贺俊、张翔宇、贲志江、孙谷雨、朱峰、蒋大有等研究生在博士、硕士在读期间所做的相关研究工作，感谢刘贯荣、庄惠敏、王升福、陈瑾、何冬、沈阳研究生为本书相关文字、图表所做的大量工作，同时也要感谢南京林业大学岩土与地下工程研究团队的各位同仁为本书所做的贡献。本书引用了大量的发表于各类期刊和出版专著的资料成果，并将引用的文章和专著列入参考文献中，但难免会有遗漏，敬请谅解，并在此表示感谢！

由于作者水平所限，书中难免存在不足和疏漏之处，恳请读者批评指正。

杨 平 张 婷

2014 年 10 月

目　录

1 人工冻结法基础理论

1.1 概　　述

人工冻结法是利用人工制冷技术使地层中的水结冰形成冻土，隔绝地下水与地下工程的联系，在冻结壁保护下进行地下工程施工的地基处理方法。作为一种临时地基加固方法，目前已被广泛应用于地铁隧道盾构始发与接收端头加固、联络通道加固施工、隧道抢险及其他抢险工程等城市地下工程施工中。

1.1.1 人工冻结法的应用现状

1. 人工冻结法的起源

19 世纪初，西伯利亚人在寻找和开掘金矿过程中利用寒冷季节挖掘矿井，冬天结束后就停工，等到来年冬天接着开挖，但施工到一定深度时土层已不是冻土，伴随出现了渗水、塌陷等现象。这是人类第一次在工程中利用天然冷量，也是在冻土利用方面迈出的第一步。

1862 年，英国南威尔士矿山首次用人工冻结法加固地层解决了松软含水地层立井开凿时的塌陷问题；1875 年，世界上第一台活塞式制冷机的问世成为人工冻结法被广泛应用的一个里程碑，这台机器选择了液态氨作制冷剂；1883 年，德国工程师 F. H. Poetch 在阿尔巴里德煤矿采用冻结技术进行 103m 深的立井施工，首次提出人工冻结法施工原理，同时获得“冻结法凿井技术”专利。冷冻机的出现为人工冻结法适用于特殊条件(矿井、深基坑、高含水和流砂地层中的地铁、地下隧道和输水管线建筑等)施工开辟了美好前景。

2. 国外人工冻结法的应用与发展

前苏联、德国、丹麦、法国、日本、美国、西班牙等国研究和应用人工土冻结技术起步较早，相继应用人工冻结法完成了许多地下工程施工，积累了大量成功经验。

20 世纪 60～80 年代前苏联采用人工冻结法对地铁、矿井和其他工业建筑施工达 200 余例，如某污水泵站冻结孔圈径 69m，冻结深度 60m，矿井开挖围护深度已达 800m。世界主要国家的最大冻结深度见表 1.1[1]。日本从 1962 年开始使用人工冻结法，随后将该项技术推广到通过河流、铁路及其他构筑物下的隧道工程，支撑明挖的墙体工程和其他地下工程。东京环 7 线二号调节水仓盾构隧道，圆形工作井深 60m，端头冻结加固面直径达 28.1m，确保了直径为 13.94m 的大型泥水加压平衡盾构顺利被接收；大阪东南部的排水隧道，直径 6.5m，长 8.5km，分 5 个工区掘进，采用地下或海下对接，由于不开凿地面立井，于是应用冻结法加固，并取得了成功；凯横运河下盾构贯通，采用水平冻结法成功穿越了泥质细砂地层；名古屋某两地铁隧道盾构始发与接收均采用了垂直冻结加固端头地层，连接两个不同直径的电力隧道时也成功应用了人工冻结法[2]。

表 1.1 主要国家最大冻结深度

	英国	加拿大	波兰	比利时	德国	前苏联	法国	中国	荷兰
最大冻深/m	930	915	725	638	628	620	550	737	338

1991 年西班牙瓦伦西亚修建地铁时，为保证干燥的施工环境，采用传统的水泥土搅拌法、高压喷射注浆法、化学注浆法等常规地基处理方法后，均未取得满意效果，后经人工冻结法处理地下水，有效避免了涌水发生[3]；美国威斯康星州密尔沃基市施工一段 50m 深竖井，开挖深度大，加之地下水不利影响，传统支护施工出现了很多问题，后来采用人工冻结法形成一个直径 6.1m 的冻土围堰和三个相邻的柱状冻土槽，确保了工程顺利进行[4]。1994 年，德国杜塞尔多夫(Dusseldorf)市火车站附近扩建地铁，对三段长 40m 的地铁隧道均采用了人工冻结法进行围护，其中一条钻凿面积 $45m^2$ 的隧道冻土墙厚度为 1.5m，另一条钻凿面积 $96m^2$ 的隧道冻土墙厚度为 2.2m，施工阶段同时对附近建筑基础进行了沉降观测，最大沉降量仅为 13mm[5]。1994 年到 1995 年间，德国在横穿铁路的下水管道等几项施工中也成功地利用了液氮人工冻结法[6]。1997 年，在挪威奥斯陆海湾海底隧道施工中，运用冻结法成功穿越了松散地层，保证了该工程顺利完工[7]。

人工液氮冻结用于加固地层在国外始于 60 年代，已报道的液氮冻结工程实例中，较著名的有德国慕尼黑地铁、美国肯塔基州大型机械经过 Green River 700m 的冲积平原等；未见正式报道的有巴黎塞纳河地铁、意大利比萨斜塔纠斜等[8]。1991 年德国艾斯巴赫(Eisbach)河底三个平行隧道施工时出现土体坍塌，随后使用了液氮冻结，而后在横穿铁路的下水管道等几项施工中也成功利用液氮冻结法，并开发出自动控制系统[9]。

3. 国内人工冻结法的应用与发展

1955 年，立井冻结法凿井技术从波兰引进，开滦林西煤矿风井建成的第一口立井在中国开创了人工地层冻结法的先河。随后人工冻结法很快在采矿工程中得到推广，河北、安徽、江苏、山东、河南、山西、辽宁、黑龙江、内蒙古、吉林等多省区均有工程采用了这种技术。目前，中国已成为世界上用冻结法凿井穿过表土层较厚的国家之一，成功解决了 700 多米冲积层深井冻结的冻结壁、井壁设计等关键技术问题[10]。

1）*矿山工程*

目前，我国已采用人工冻结法开凿了 600 多个井筒，总长度超过 70km。我国冻结法凿井最大冻结深度已达 737m，成为世界上用冻结法凿井穿过表土层最厚的国家之一，冻结法施工技术达到世界领先水平。

2）桥梁工程

江苏润扬长江公路大桥南汊悬索桥南锚碇基础位于江边软土地基上，开挖总方量超过 10 万 m^3，施工中为解决水土压力和渗流问题，通过人工冻结在基坑四周形成厚 1.3m、深 40m 的冻结壁，同时在冻结壁内侧浇筑 140 根钻孔灌注桩，该组合支护结构是我国岩土工程施工方法的一项技术创新，首次有效结合冻结法和排桩法工艺，成为世界建桥技术上的历史性突破[11]。

安徽凤台淮河大桥为一座斜拉桥，主桥墩分设于东西两岸，沉井法施工中，当两井筒沉至底部垂深 24 m 左右时，均发生工作面四周涌砂涌水事故，最终选用人工冻结法进行了封水处理[12]。

江西湖口大桥桥址处地质、水文、气候条件十分恶劣，水下基础施工难度很大，其中东塔基础覆盖层为软弱松散冲击层，厚度达 19m 之多，土质以淤泥和淤泥质亚黏土为主，基岩主要由石英砂岩组成，岩性坚硬脆，裂隙较易发育。经过对桩基设计构造特点、桥址地质水文情况及施工设备能力进行综合分析后，最终采用冻结法人工挖孔灌注桩方案进行了桩基施工[13]。

3）地铁隧道工程

（1）垂直冻结

南京地铁 1 号线张府园车站南端头井采用地下连续墙围护、深层搅拌桩以及压密注浆加固，盾构始发凿除洞门过程中出现涌砂险情，采用双液浆堵水后仍有流砂，引起局部地面沉降；后采用垂直冻结壁，成为南京首次实施地下工程人工冻结法的范例[14]。南京地铁 10 号线越江段盾构开挖直径 11.64m，接收端头处于富水砂性土层中，由于水压高、工程地质条件差，经过比选，选用了“三轴深层搅拌桩＋高压旋喷桩＋垂直冻结＋应急降水＋水中接收”的方式。随着软土区盾构隧道数量增多，“化学加固＋垂直冻结补强”的实例越来越多。

（2）水平冻结

水平冻结无论在工艺过程、作业要求还是冻结壁受力都有着同垂直冻结截然不同的特点。1994 年上海地铁 1 号线联络通道泵站应用人工冻结施工成为我国地铁建设施工中第一次在联络通道中应用人工冻结技术。联络通道施工中开挖土方量不大，在类似粉细砂、淤泥质粉质黏土、粉质黏土等地层中，最大威胁来自地下水，当其他工法加固效果不明显或者无法成功加固时，人工冻结法成为施工联络通道的首要选择，这种方法在南京地铁、苏州轨道交通、上海地铁联络通道施工中已被广泛成功应用。南京地铁 2 号线中和村站（现雨润大街站）—油坊桥站盾构井 1＃联络通道地处粉质黏土与粉砂交互层，地下水丰富，线间距 20m，净距 13.8m，施工难度较大，后采用“双隧道打冻结管，中间交叉 1.5m，每条隧道内各自安放冷冻机组同时冻结”的施工方案顺利完工[15]。1998 年北京地铁复八线大北窑车站（现国贸站）南隧道基于技术与经济比较，完成了我国首例水平冻结施工，水平冻结距离 45m，初步证明了水平冻结是暗挖隧道软弱含水地层中封水和加固土体的有效方法[16]。

随着冻结技术发展，水平冻结逐渐被用到盾构始发与接收端头加固中。人工冻结法进行端头加固时，根据地层条件可以直接加固(提高强度、封水性)，也可以与化学加固法联合加固(冻结加固体承担封水作用，化学加固体发挥强度作用)，具体选择何种加固方法，与周边环境复杂程度、土层条件、地下水状况有关。

南京地铁 2 号线西安门站—大行宫站区间隧道，盾构始发地所处中山东路道路和龙蟠中路属城市干道，车流量、人流量较大，受地面环境限制，无法从地上进行土体加固施工，后采用地下水平杯型冻结法加固土体。南京地铁 2 号线集庆门车站盾构端头曾采用三轴搅拌桩、高压旋喷桩处理，通过探孔发现隧道底板以下砂层中仍然有水、砂涌出，最终采用水平杯型冻结法加固[17]。苏州轨道交通 2 号线Ⅱ-TS-05 标平河路站—苏州火车站站区间盾构进出洞端头地基加固中，靠近车站端头采用单排 $\phi800@600mm$ 双管旋喷桩，搅拌桩采用三轴 $\phi850@600mm$，后因不具备施工降水井条件于是也采用水平冻结加固[18]。无锡地铁 1 号线胜利门站—三阳广场站盾构区间主要在老城区中心穿行，穿新雅都大酒店、中山北路改造 5 号房、侧穿中山北路 4 号房并转向中山路，周边环境极其复杂，盾构始发与接收均采用了水平冻结加固。

(3) 盾尾刷更换

盾构机长距离掘进时，有时出现盾尾密封油脂加注量不足或盾尾密封刷磨损致使盾尾刷失效，由于正常掘进时盾尾刷位于管片背后而无法更换，可预见情况下需提前选择停机位更换盾尾刷。更换盾尾刷时应确保管片拆卸后盾尾的密封、止水性能良好，封堵地下水仍以浆液凝固与人工冻结为主，前者以喷浆并通过增大同步注浆量来缩短浆液凝固时间为依据封堵地下水，但化学加固体的不均匀性使盾尾漏浆涌水现象不能被有效克服，风险大；而人工冻结壁的封水性能则相对优越，已被工程验证。杭州庆春路过江隧道两台盾构进入江底承压水层后，均出现不同程度的盾尾漏浆涌水现象，采用液氮冻结法封堵盾尾外侧地下水，并在冻结壁(设计厚度 1.8m，平均温度－15℃)保护下更换并增设盾尾刷，这种长距离液氮冻结用于高承压含水层中更换盾尾刷在国内尚属首次[19]。

4) 抢险、修复工程

世界地铁建设史上也曾发生过隧道修建过程中涌水、坍塌等隧道损毁事故，有的采用施工难度较小的“改线修复”方案，但很多情况下受规划线路影响须进行隧道原位修复。近年来，液氮冻结多被用在抢险、修复工程中，因为液氮制冷土体冻结的发展速度是普通盐水制冷土体冻结速度的 5～10 倍。意大利 AgriSauro 盾构隧道掘进到 2.63km 时，盾构后方顶部衬砌中涌砂达 6000m^3，注浆法抢险失败后最终通过液氮冻结抢险成功[20]。南京地铁 2 号线中和村站—元通站右线盾构到达元通站 150m 处出现突发性涌水、涌砂，造成部分已成型隧道局部坍塌，对接段采用液氮冻结形成塞子工程，保证基坑和隧道在排水清淤时冻结体能够完全封水并抵抗开洞口的水土压力，同时隔断完好隧道与外部土体之间联系。上海轨道交通 4 号线浦东南路站(现塘桥站)—南浦大桥站区间一联络通道施工时发生流砂事故，导致隧道塌陷，原位修复连接段采用了人工冻结加固暗挖施工[21]。这类修复基本是在保护原未破损隧道基础上进行的，要求完好隧道与修复隧道尽量早日贯通，在不具备明挖、矿山法施工条件时，人工冻结法为修复工程提供了技术保证，尤其是液氮冻结施工速度快、安全性较高，在隧道抢险修复中已被大量应用。

从人工冻结法应用实践来看，工程中仍以低温盐水作主要冻结冷源，液氮冻结仅被用在抢险或工期要求高的工程中；隧道冻结修复关键技术与普通人工冻结工程技术基本一致，冻结壁力学性能由冻结壁平均温度与厚度共同确定；冻结管的布置及液氮消耗量与冻结壁厚度及地层条件有关，液氮冻结拔管对热水循环要求相对较高。

1.1.2　人工冻结法的研究现状

1. 人工冻土热物理力学特性

土体热物理基本指标包括土的起始冻结温度、未冻水含量与含冰量、导热系数、比热、导温系数以及相变潜热等，其影响因素有温度、矿物类别及含量、含水率、饱和度、干密度、有机质含量等，此外，土中水分重分布以及液态水变成冰后相变与否对土的热物理性质也有较大影响。准确选取未冻土和冻土的热物理参数对于人工冻结工程的设计、理论计算和数值分析十分重要。

地层起始冻结温度大小对准确判别冻结壁厚度有很大影响，程知言、张婷等[22-24]对不同地区各土质的冻结温度进行了试验研究，发现具有一定埋深土体的冻结温度为－0.28～－2.28℃，并利用BP网络模型来描述冻结温度与未冻水含量及其主要影响因素之间的关系。未冻水含量是冻土物理力学性质如强度、模量、阻尼、泊松比等变化的主导影响因子[25,26]，含量大小主要由土质、外界条件、冻融历史三个因素决定。土体导热性主要由其多孔介质性决定，并与干土、气体及空隙填充物(水)的含量密切相关。Johansen[27]通过试验得出土体微观结构的差异对导热系数影响很小，主要取决于干密度和含水率，也有学者认为取决于未冻土的孔隙率、饱和度、未冻水含量及其含冰量以及土中各组成成分的导热性能、温度等[28]。导温系数是影响介质温度场的变化速率和研究不稳定热传导过程常用的基本指标，取决于土体物理成分、干容重、含水率和温度状态等因素，逯兰[29]等测定了原状冻土的导温系数。对于相变潜热的研究，Andersland[30]则通过室内试验给出了整套计算方法。

2. 土体冻融前后物理力学差异性研究

土的渗透性、孔隙比、应力应变关系等物理力学性质经过冻融后将发生变化，很多学者先后研究了土体性质受冻融作用的影响。Chamberlain等[31-34]研究了冻融循环对细粒土渗透性的影响，Konrad、Viklander等[35-38]提出了基于冻融作用的残余孔隙比的概念，Graham、Leroueil和Ono等[39-41]分别研究了冻融作用对土的结构型的影响以及对土体应力应变曲线特征的影响，Elliott、Lee等[42-45]则认为冻融循环会引起土体模量降低，细粒越多其降低幅度越大。杨平[46]依据试验研究了原状土与人工冻融土的密度、干密度、含水率、饱和度、孔隙比、塑限、液限、塑性指数、液性指数、渗透系数等物理指标，以及抗剪强度、无侧限抗压强度、压缩模量等力学指标的差异性。

唐益群等[47]利用扫描电镜对冻融前后暗绿色粉质黏土的微结构进行分析发现，土体经冻融作用后，胶结体以及土颗粒发生了明显的破坏，孔隙变大，导致土体内黏聚力与最大动应力显著下降。陈炜韬等[48]也开展过类似的研究。刘瑞锋等[49]在不同状态下(原状土、一次冻融土、二次冻融土)对3种不同的上海软土进行试验发现：与一次冻结相比，二次冻结时土的冻结温度、导热系数、冻胀力和冻胀率略有降低，而融沉率则变大。杨成松等[50]研究后认为，经过多次循环后，土样的干容重趋于某一定值，这一定值与土体的初始干容重无关，而与土体的种类有关。齐吉琳等[51]结合冻融作用对正常固结土的结构强化分析，通过试验研究和机理分析认为冻融作用对超固结土的结构有弱化效应。马巍等[52]根据试验结果讨论了冻融循环对石灰粉土剪切强度特性的影响，试验发现反复冻结和融化强烈影响着石灰土的强度特性，以后人们又对冻融后土的无侧限抗压强度、抗剪强度以及压缩性等力学性质开展了不少研究(汪仁和[53]和和礼红[54]等)。

3. 冻土力学参数研究

冻土力学参数也是冻结壁设计和隧道开挖的依据，因此对冻土力学性质的研究一直是国内外研究人员关注的焦点。人工冻土属于外载作用下应力-应变随时间变化的物质，其力学参数主要包括单轴抗压强度、抗拉强度、抗折强度、剪切强度、蠕变特性等。

关于温度和加载速率对冻土单轴抗压强度的影响，早在1930年前苏联冻土学的开创者崔托维奇[55]即开展了冻结砂土单轴压缩试验研究，之后国外众多学者也进行了相关研究，如Vialov[56]、Ladanyi[57]等；国内张俊兵、李海鹏等[58,59]分别研究了饱和冻结粉土、含盐冻土的单轴抗压强度随温度、应变率、含水率、盐溶液浓度的变化规律，付伟等[60]对不同温度下冻土单轴抗压强度与电阻率关系进行了研究。

朱元林、卡皮[61]在冻结粉砂的抗拉强度试验研究中发现：试样在某一应变速度下由塑性破坏过渡到脆性破坏时，对塑性破坏而言，它的极限抗拉强度随应变速度的增加急剧地增加；而脆性破坏时，则随应变速度的增加轻微地降低；同时发现极限抗拉强度随温度降低而增加，且当温度低于－5℃时增加得更加迅速。汪承维[62]等对冻结黏土做了大量的三轴剪切试验，获得了不同冻结温度、固结围压和应力路径下的冻黏土剪切试验结果。冻土本构模型方面，李栋伟等[63,64]将统计损伤理论应用到冻土蠕变本构模型中，并建立了深部冻结黏土蠕变损伤耦合本构模型；孙谷雨、杨平等[65]通过冻土三轴剪切实验，研究南京地铁冻结粉质黏土的抗剪强度和变形特性，建立了以温度、围压为影响因素的冻结粉质黏土邓肯-张模型，并给出了模型参数。

关于冻土蠕变特性研究，20世纪70年代初，Andersland[66]，Vialov[67]相继提出了冻土蠕变的动化理论，Ladanyi等[68]提出了冻土的非线性屈服准则，Ladanyi、Fish和Sekiguchi等[69-71]通过试验分别提出了各种状态下的冻土蠕变模型；国内方面，陈湘生[72]率先建立了我国人工冻结黏土的蠕变数学模型，为冻土墙蠕变计算奠定了理论基础；马巍等[73]根据试验结果提出冻土蠕变强度的抛物线型屈服准则；吴紫汪、王廷栋等[74,75]对冻土蠕变的光黏弹性模拟实验进行了可行性研究；赵联桢、杨平等[76]研制了一台大型多功能冻土-结构接触面循环直剪仪(DDJ-1)，能够模拟多种粗糙度的接触面，实现循环剪切和单调剪切两种剪切形式；能够观测接触带的破坏状态和厚度；同时可以测量接触带土体内部的剪切位移，并在此基础上开展了相应的试验研究。

4. 人工冻土冻胀融沉特性

(1) 冻胀特性

1925 年瑞典冻结会议上第一次进行了有关冻胀及冻结现象的讨论，随后在世界各国逐渐开展以防止或减轻冻胀措施为目的的冻胀研究。其研究主要集中在以下三个方面：冻胀机理研究，冻胀影响因素研究，冻胀数值计算及预报模型研究。

冻胀机理研究方面，20 世纪 30 年代，Beskow[77] 提出“吸附—薄膜理论”，并通过试验揭示冻胀速度依赖于上部荷载和毛细管力，认为冻结引起的水分迁移是产生冻胀的主要根源。60 年代，Everett[78] 首先提出了第一冻胀理论，指明使土中水分向冻结前缘移动、积聚而构成冰透晶体的推动力是毛细压力，但未能很好地解释非连续冰透镜体产生的原因，并低估了细颗粒土的冻胀压力。同年，Miller 提出了第二冻胀理论，在新形成并继续增长的冰透镜体与冻结锋面之间存在一个低含水率、低导湿率的无冻胀区——冻结缘。Akagawa[79] 等围绕冻结缘及冻结锋面进行研究，发现冻结缘分为次冷带和平衡带，冻结锋面的冰透镜体增长速度随冻结速度增大而增大[80]，冰分凝面上，冰、水及固体颗粒较活跃[81]。80 年代，徐学祖[82] 通过边界温度恒定的岩盘冻胀试验，提出冻结缘厚度取决于冻结速度和冻胀速度，且具有随冻结历时增大、恒定和减小的三种模式，同时认为未冻水含量也是热流计算的重要指标。

冻胀影响因素研究主要以试验为主，在静态冻胀控制理论与试验结合基础上，得出静态冻胀量占总冻胀量的 70%～80%[83]。冻胀率影响因素有含水率、冷端温度、干密度、含泥量、荷载等[84]，粗颗粒土中粉黏粒含量对冻胀率有明显影响，当粉黏粒含量小于 12%时，冻胀率不大于 2%；当粉黏粒含量大于 12%后，冻胀率明显增大[85]。此外，发现冻胀力发展变化与冻结温度场密切相关，表现出显著的时空不均匀性[86]。

20 世纪 40 年代前苏联学者 OpHaTCKИё 教授首先开展了冻胀预报研究，给出了季节性冻土的水分积累公式，Hopke 首次提出外荷载作用下的冻胀模型，Gilpin[87] 等也提出把外荷载作为影响冻胀的因子。随后，李洪升等[88] 在冻土多孔多相介质的基础上，建立冻土多孔多相微元体平衡方程、多孔固液介质的质量守恒方程及多孔多相介质的热能守恒方程，考虑水分迁移、热传导和约束压力之间的耦合作用，并基于季节冻土的水分场、温度场和外荷载的相互关系，提出考虑水分迁移、热质扩散和外荷载相互作用的冻胀预报模式[89]。21 世纪初，Harlan 提出土体冻结过程中热质迁移数学模型，从此进入研究多场耦合问题阶段[90]，自此，我国学者做了大量的研究，徐学祖等通过试验得出冻结缘厚度取决于冻结速度和冻胀速度，提出可利用未冻水含量与温度关系曲线、土的起始冻结温度和冷端面温度估算冰分凝温度[91]，陈湘生等考虑离心力影响建立了土体冻胀融沉试验模型[92]，张婷等通过自行研制冻胀试验装置对南京地区典型土层开展了室内冻胀试验[93]，杨平采用多孔介质热运移理论，建立了考虑地下水流时冻结壁数学模型[94]，以及考虑水分、温度和应力场的冻胀研究模型[95]。

(2) 融沉特性

融沉相对于冻胀的研究较少，至今没有成熟的理论。20 世纪 30 年代，前苏联学者首先研究冻土融沉，拉普金提出冻土融化沉降分为“标准融化沉降”和“可变压缩沉降”。到20世纪末，周国庆、王建平等[96,97]都对单向融沉进行过了研究，但得到的融沉计算公式只适用于天然冻土。21世纪，解决人工冻土产生的融沉计算问题成为新的热点。何平等[98]给出了土样非饱和、饱和以及过饱和三种状态下融沉系数的计算方法；张喜发等[99]建立了融沉系数与含水率、干容重的回归方程。杨成松等[100]发现任何干容重土体的最大冻胀量与随后发生的最大融沉量相等，王效宾等[101]发现土体超过起始融沉含水率时才会产生融沉，张向东等[102]发现融沉值随着冻胀时荷载的增大而减小。对于融沉影响因素的评价，王效宾，姚晓亮等[103,104]运用BP神经网络研究了干密度、含水率和冻结温度对融沉系数的影响，并建立了相应融沉系数预测模型。

对人工冻土冻胀融沉特性，国内外学者已做了大量研究，但是冻胀机理、冻胀融沉影响因素、冻胀数值计算及预报模型研究主要是针对土体宏观结构的研究，而冻融引起地层微观结构的变化是其宏观性质发生变化的根本原因，所以从微观角度揭示人工冻土微观结构与冻胀融沉特性的内在关系将是人工冻结法的一个重要研究方向。

5. 冻结水泥土特性

水泥土是水泥浆液同土体拌合所形成的固结体的统称，加固地层时通常采用高压旋喷或深层搅拌的方式。常温的水泥土较素土物理力学性质有较大改善，水泥土的渗透系数较素土大幅降低[105]，黏粒含量越多，降低效果越明显，且随水泥掺入比和龄期的增加而降低并趋于稳定。强度方面，水泥土单轴抗压强度和弹性模量随水泥掺入比的增大线性增大，随龄期对数增长，并且可以通过改善材料的性质，来满足不同程度的耐久性要求[106,107]。冻结水泥土强度较常温时显著增大，随温度的降低近似线性增长，且在龄期28d前增长迅速，和龄期近似呈对数关系[108]；在最佳水泥掺入比的情况下，水泥土冻胀率和融沉系数较素土都有所减小[109,110]。

由上述研究可知水泥土的渗透性、单轴抗压强度和弹性模量较素土都有较大改善，冻结水泥土强度更是显著增大，同时水泥土的冻胀融沉抑制效果明显，所以人工冻结工程中可利用水泥土作为抑制冻胀融沉的措施。

6. 冻结温度场

冻结温度场的研究，主要包括冻结壁形成温度场及解冻温度场，其研究方法主要有试验、实测、理论与数值模拟等。

试验与实测方面，李述训等通过土体冻结过程及融化过程中气态水、液态水迁移试验研究了冻融作用对系统与环境间能量交换的影响[111]；杨更社等总结了寒区冻融环境条件下软岩的水热迁移规律[112]；姚兆明等在大量实测数据的基础上，形成预测温度场的开放式网络结构，得到了人工冻土温度场各影响因素的灵敏度[113]；还有研究者利用人工冻土工程离心机模拟试验、模型试验较为系统地研究了冻结引起的热质迁移问题[114,115]。

理论计算方面，汪仁和等利用圆管稳定导热模型，将冻结区和降温区温度场统一计算，建立了两排冻结管及多排冻结管下的温度场叠加计算公式[116]，并考虑水的相变和冻结温度随冻结时间变化等因素，研究了冻结孔随机偏斜和无偏斜条件下冻结壁的形成及其温度场特征，提出偏斜条件下冻结壁平均温度的计算公式[117]；蒋斌松等依靠变量替换方法得到外壁恒温时单管冻结条件下温度场呈半对数型函数分布，曲率随冻结时间增加而迅速减小[118]；周扬等采用等效热容模型，建立了土体一维冻结温度场计算的半解析方法[119]。

数值模拟研究不仅可预测温度场发展趋势，也能进行冻结优化设计。李磊、马贵阳、蔡海兵等[120-124]分别研究了冻结温度场的发展规律，得到冻结壁发展速率、冻结壁平均温度、冻结壁有效厚度等关键参数；肖朝昀等[125]对双圈水平冻结温度场进行了数值模拟；胡传鹏等[126]针对巴霍尔金公式中的测温点位置、测温点温度及冻结管外表面温度三个参数，得出三个参数对冻结壁厚度测算均有影响。有关解冻温度场的研究主要有：王效宾等[127]结合盾构始发揭示了人工冻土解冻规律，袁云辉等[128-130]在温度场实测、数值模拟等研究基础上，对强制解冻过程中热水循环温度、热水循环时间以及解冻管的间距进行了敏感性分析，提出了盾构到达水平杯型冻结壁人工强制解冻施工技术参数指标。

冻结温度场发展与变化是冻结法应用的研究重点，冻结工程中不仅要考虑冻结壁结构的安全可靠，还应考虑经济性。从温度场研究现状来看，工程实测、模型试验、理论计算、数值模拟是研究的主要手段，但目前实测温度的误差受测试技术水平限制而不可消除，计算参数与实际也有较大出入，模型合理性与参数准确性对准确研究温度场更有重要意义。

1.1.3 人工冻结法的特点

国内外人工冻结法施工实践经验证明该工法有以下特点：

(1) 可有效隔绝地下水，其抗渗透性能是其他任何方法不能相比的，对于含水率大于10%的任何含水、松散、不稳定地层均可采用冻结法施工技术；可在极其复杂的工程地质和水文地质条件下使用，几乎不受地质条件的限制；可用于地下水流速小于40m/d的条件下。

(2) 冻结壁是典型黏弹塑性材料，其强度与土质、重度、含水率、含盐量及温度等因素有关，土冻结后冻土强度可提高几十到一百多倍，一般可以达到2～10MPa。

(3) 可形成任意深度(矿井建设中我国已成功用于737m厚表土层)、任意形状的冻结壁；可根据结构尺寸及围岩地质条件灵活布置冻结孔和调节盐水温度、改变和控制冻结壁厚度和强度，不受形状和尺寸限制。

(4) 冻结法是一种环境友好的施工方法，用电能换取冷能，对周围环境无污染，无有害物质排放，对地下水无污染，无异物进入土壤；噪声小，冻结结束后，不影响建筑物周围地下结构。冻结只是临时改变岩土的承载、密封性能，为构筑新的地下空间服务，施工完成后，根据需要可拔除冻结管，冻土将解冻融化；因此不污染环境，是“绿色”施工方法。

(5) 人工冻结法存在冻胀融沉的危害。实践证明，在含粗粒成分特别是砂砾土中，几乎无冻胀和冻融沉陷现象。在黏土等细粒土中，冻胀融沉可通过理论计算对其预测，并采取有关措施，抑制冻胀，减小融沉，达到工程要求。

(6) 冻结法是相对昂贵、需要精细施工管理、需要较多施工经验的方法，但在工程规模大、地质条件较为复杂的情况下，人工冻结法可一次加固成功，相比先进行化学加固再进行冻结补充加固的方法，经济性较好。

1.1.4 人工冻结法的发展趋势

目前我国人工冻结法已处世界领先水平。随着我国经济建设的发展，富含水困难地质条件下的城市地下工程将日益增多，为人工冻结法的应用提供了广阔的空间。人工冻结法成功解决了困扰地铁等地下工程的施工难题，在封水方面具有独到优势，但由于研究问题及影响因素的复杂性，人工冻结法仍需要进一步研究和发展，其发展趋势主要表现在以下几个方面。

1. 理论、试验研究方面

目前对冻结前后土体物理力学性质研究较为充分，但对冻融导致的土体内部结构、构造变化研究较少，从土的微观结构入手，考虑地下水的化学性质、渗流方向与速度、荷载等多因素，研究人工冻土的形成、发展及冻结引起的环境变化有重要意义；同时预测冻结壁平均温度和有效厚度的理论方法尚不精确，有待进一步深入研究。此外，为了提高工程的安全程度，在水泥土加固区二次冻结的工程实例越来越多，地层含水率、密度、水泥型号、外掺剂等因素对水泥土热物理参数、冻结水泥土力学特性的影响机理也不是十分清楚。因此在理论深入研究的基础上，开展全方位的室内基础试验及模型试验都将成为以后人工冻土应用研究的方向。

2. 冻胀、融沉抑制措施研究方面

人工冻结引起的冻胀、融沉不可忽略，水泥土抑制冻胀、融沉的研究已取得一些成果，特殊环境条件下可考虑采用水泥土抑制冻胀融沉，土体流变特性在深厚冻融敏感性地层中引起的沉降在人工冻土融沉引起的地面沉降中占有相当的比例，因此考虑土体流变影响，应进一步结合工程实践开展水泥土抑制冻胀、融沉冻结技术研究。

3. 冻结施工信息化

由于冻结法施工往往是在复杂条件下实施的，影响因素众多，是一个耦合温度场、渗流场以及应力场的强非线性时变问题，因此如何利用传感器技术、计算机数据通讯原理以及数据库和软件技术，对人工冻结法施工进行全面实时的自动监测，对施工过程及时反馈是今后冻结施工信息化的努力方向。

4. 冻结技术标准

鉴于人工冻结法在城市地铁盾构隧道端头加固、联络通道中的实例越来越多，应开展编制人工冻结端头加固盾构始发接收、联络通道冻结施工管理手册等工作，并形成相应的技术标准，为进一步实现冻结法应用于城市地下工程的设计、施工及工程质量监督

检查、验收的科学化、规范化提供依据。

1.2 人工冻结制冷原理与设备

1.2.1 常用的人工制冷方法

制冷作为一门科学是指用人工的方法在一定时间和一定空间内将某物体或流体冷却，使其温度降到环境温度以下，并保持这个低温的过程。目前获得低温方法很多，可分为物理方法和化学方法，绝大多数制冷方法属于物理方法，其中应用最广泛的有相变制冷、气体绝热膨胀制冷、温差电制冷及固体升华制冷等方法。工程上用来获得低温的方法较多，常见的制冷方法包括以下几种。

1. 相变制冷

1）基本原理

物质集态的改变称为相变，指物质固态、液态、气态三者之间变化过程，相变制冷利用了物质相变时的热效应——物质分子重新排列和分子热运动速度的改变，会吸收或放出热量，这种热量称作潜热。物质发生从质密态到质稀态的相变时，将吸收潜热；反之，当它发生由质稀态向质密态的相变时，放出潜热。如大气压下 1kg 液氨汽化时要吸收 1370kJ 的热量，温度降为－33.4℃；1kg 二氟二氯甲烷（R-12）汽化时，温度降为－29.8℃，要吸收 167.5kJ 的热量。

相变制冷分为液体汽化制冷（液体自身具有流动性，液体汽化成蒸气的过程吸收热量）与固体升华制冷。为了使其连续不断地工作，可以成为一个循环，使制冷剂在低压下蒸发汽化、蒸气升压、高压气体液化和高压液体降压。利用固体液化或升华的吸热效应制冷时，将一定数量的固体物质做制冷剂，作用于被冷却对象，实现冷却降温，一旦固体全部相变，冷却过程即告终止。

2）干冰制冷

干冰是固态的二氧化碳（CO_2），是一种良好的制冷剂，广泛应用于实验研究、食品工业、冷藏运输、医疗、人工降雨、机械零件的冷处理与加工和焊接等方面。早在 19 世纪实验室研究方面就使用了干冰，但在工业上应用干冰作为制冷剂还是近百年的事。

干冰在大气压力下升华温度为－78.5℃，升华潜热为 573.6kJ/(kg·K)，同样条件下干冰的制冷量比水冰及冰盐溶液的制冷量大，和水冰比较，干冰单位制冷量为水冰的 1.9 倍，其单位容积制冷量为水冰的 2.95 倍。表 1.2 为在不同温度下干冰的制冷量。干冰的平均导热系数为 0.383W/(m·K)，且与温度相关，其中在－115℃到－183.1℃温度范围内干冰的平均比热值为 1.189kJ/(kg·K)。

表 1.2 不同温度下干冰的制冷量

温度/℃	−10	−20	−30	−40
制冷量/(kJ/kg)	628.0	619.6	611.3	602.9

3) 液氮制冷

液氮熔点为 −209.8℃，沸点为 −196.56℃，相对密度 0.808，气化潜热为 5.56kJ/mol，也常被用作制冷剂，因此可以利用液氮的潜热实现地层冻结。液氮在冻结管内直接汽化，利用液氮汽化吸收地层中的热量，实现快速冻结，属于物态变化的制冷范畴。液氮制冷使土体冻结发展速度是普通盐水制冷土体冻结速度的 5～10 倍，近年来，液氮冻结技术在城市地下工程抢险及盾构始发与接收施工中得到越来越多的应用。

4) 液化天然气制冷

液化天然气(LNG)不仅是一种清洁能源，还蕴藏着大量的冷能。液化天然气由液体变为气体释放的冷能可用于食品冷冻、食品冷藏、制冰、低温粉碎、空气分离等，不仅可减少电能、热能、煤、燃料油的耗费，还可减轻对环境的不良影响。

低温的 LNG 液体与制冷系统的冷媒在低温换热器中进行热交换，释放大量冷能给冷媒，被 LNG 低温液体冷却后的冷媒温度降低，经制冷管路系统进入冷冻冷藏库的蒸发器，低温冷媒释放冷量，吸收冷库中空气或物体的热量，使被冷却介质或物体的温度降低，实现制冷目的。

5) 冰盐制冷

冰盐的相变温度随浓度变化，相变温度不恒定，且相变潜热小于冰的潜热。表 1.3 给出了一些冰盐混合物的特性指标。

表 1.3 冰盐(酸)混合物特性

混合物中的盐(酸)	盐(酸)与冰的质量比/%	混合后的最低温度 /℃	混合物中的盐(酸)	盐(酸)与冰的质量比/%	混合后的最低温度 /℃
$Na_2SO_4 \cdot 5H_2O$	30	−11.0	$CaCl_2 \cdot 6H_2O$	82	−21.5
KCl	67.5	−11.0		125	−40.3
NH_4Cl	30	−11.0		143	−55.0
NH_4NO_3	25	−15.8	H_2SO_4(浓度 60%)	8	−16.0
	59	−18.5		13	−20.0
$NaNO_3$	60	−17.3		25	−25.0
NaCl	62	−19.0		40	−30.0
$NaCl \cdot 6H_2O$	33	−21.2		72	−35.0
$CaCl_2 \cdot 6H_2O$	41	−9.0		100	−37.0

6）其他固体相变制冷

近代科学研究中为了冷却红外探测器、射线探测器、机械红外设备等的需要，采用了固态制冷剂升华的制冷系统，通过改变升华气体的流量来调节系统中温度，保持一个特定的温度，其制冷温度取决于固体的种类、系统中的压力和被冷却对象的热负荷，这种制冷系统的工作寿命由固体制冷剂的用量和被冷却对象的负荷决定，最高寿命可达一年之久。固体升华制冷的主要优点是升华潜热大，制冷温度低，固体制冷剂的贮存密度大。表 1.4 给出了一些固体制冷剂的相关参数。

表 1.4　一些固体制冷剂的工作温度范围、升华潜热和密度

固体制冷剂	工作温度范围/K	升华潜热/(kJ/kg)	密度/(kg/m^3)
氢	13.9～8.3	51.1	900
氖	24.5～13.5	105.4	1490
氮	63.1～43.5	152.0	940
一氧化碳	68.1～45.5	295.0	1030
氩	83.8～47.8	205.3	1710
甲烷	90.7～59.8	494.2	520
二氧化碳	216.6～125.0	566.4	1700
氨	195.4～150.0	1837.5	800

2. 吸收制冷

吸收式制冷是利用溶液对其低沸点组分的蒸气具有强烈的吸收作用这个特点达到制冷目的，而在加热状态下，低沸点组分较容易挥发出来。这种制冷方法可用热能替代机械能来完成冷冻循环，还可用天然气、液化石油气、蒸气或电加热器作为能源。

3. 热电制冷

热电制冷又称温差电效应、电子制冷等，它是建立在珀尔帖效应原理上的。1834 年珀尔帖发现当一块 n 型半导体(电子型)和一块 p 型半导体(空穴型)连成电偶，在这个电路中接上一个直流电源，电偶上有电流通过时，就发生了能量转移，在一个接头上吸收热量，而在另一个接头上放出热量。在热电制冷装置的应用中，热电装置常称为热电块，一个热电块由多个冷接头、热接头串接而成。热电块中的电流方向决定接头是吸热还是放热的。电流如果由 n 型半导体进入 p 型半导体，则连接 n 型，p 型半导体的接头是吸热的，称为冷接头；电流方向相反时则连接 n 型，p 型半导体的接头放热，称为热接头。

4. 蒸气压缩制冷

蒸气压缩制冷和气体压缩制冷同属于压缩式制冷循环，它是以消耗一定量的机械能为代价的制冷方法。压缩制冷是最常用的制冷方式。由于气体压缩制冷过程中制冷剂不发生相态变化，无潜热利用，但其单位制冷量小，要提供一定制冷量，需相对大的设备。蒸气压缩式制冷采用在常温下及普通低温下即可液化的物质为制冷剂(如氨、氟利昂等)。制冷剂在循环过程中周期性地以蒸气和液体形式存在。

蒸发器中产生的低压制冷剂蒸气在压缩机中被压缩到冷凝压力，经冷却水、空气等介质冷却后变成液体，再经过节流阀，膨胀到蒸发压力成为气、液两相混合物，温度降到饱和温度，在蒸发器中蒸发，吸收热量而制冷，汽化后的蒸气被压缩机吸回，完成一个循环。

5. 人工冻结工程中常见的制冷方法对比

表 1.5 给出了不同制冷方法的对比情况。

表 1.5　人工冻结工程中不同制冷方法对比

项目说明	盐水制冷系统	液氮制冷系统	干冰制冷系统	混合制冷系统
制冷温度	−10～−35℃	−60～−150℃	−20～−70℃	−40～−70℃
土　层	任何含水地层	任何含水地层	任何含水地层表面	任何含水地层
地下水流速	$v \leqslant 5.7\times10^{-5}$m/s	不限	不能有动水	少量动水
冷量估算	$Q=1.3\pi dHK$ *	460kg/m^3	600kg/m^3	$Q=1.3\pi dHK$ *
制冷效率	30%～50%	50%	70%	60%
冻土速度	2cm/d	15～20cm/d	10cm/d	3cm/d
配备储气罐	—	大于 5000 升	—	—
备注	—	—	—	盐水加入乙二醇

* d 为冻结管直径，m；H 为冻结总长度，m；K 为冻结管散热系数，W/(m^2 · K)

1.2.2　盐水制冷人工冻结系统

常见的盐水制冷人工冻结系统如图 1.1 所示，该系统分为三个子系统：盐水循环系统、氟利昂循环系统、冷却水循环系统。

(1) 盐水循环系统

盐水箱中的低温盐水→通过盐水泵→去路盐水干管→配液圈→冻结管环形回路→集液圈→回路干管→盐水箱。

(2) 氟利昂循环系统

储存罐中高压常温液态氟利昂→节流阀→蒸发器蒸发吸热变成常压气态氟利昂→压缩机压缩变成高压高温气态氟利昂→冷凝器冷却成常温高压液态氟利昂→氟利昂储存罐。

(3) 冷却水循环系统

自来水通过管路→冷却塔吸收高压高温气态氟利昂热量→高温冷却水通过冷却塔等措施散热→降低冷却水的温度。

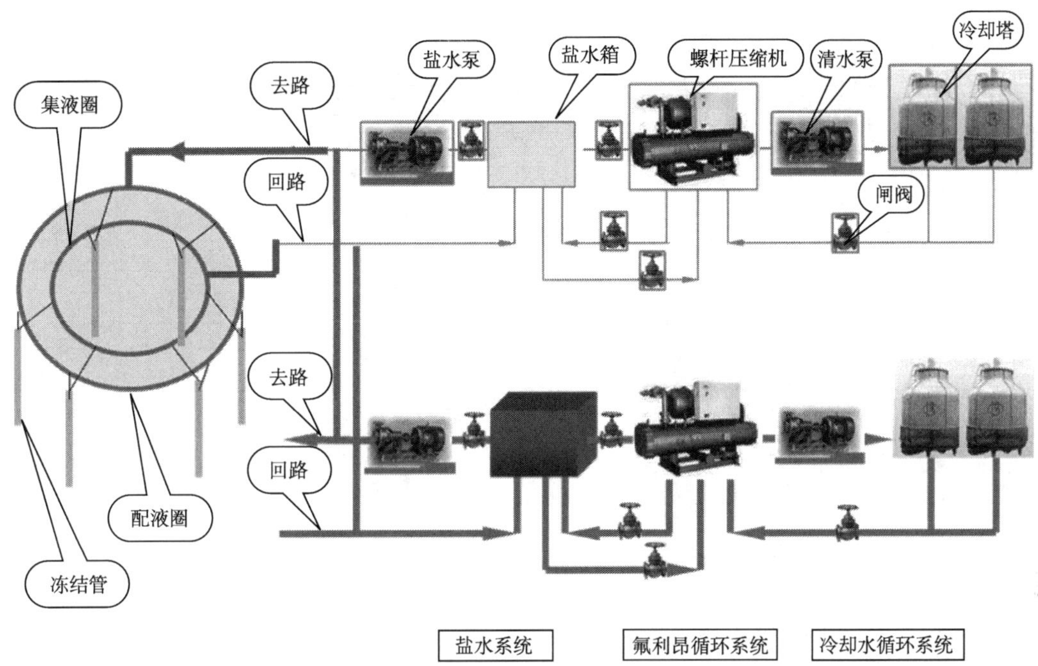

图 1.1 盐水制冷人工冻结系统

1.2.3 盐水冻结设备

1. 压缩机

制冷压缩机是制冷系统的核心和心脏，压缩机的能力和特征决定了制冷系统的能力和特征，制冷系统的设计与匹配就是将压缩机的能力体现出来。因此，世界各国制冷行业都在制冷压缩机的研究上投入了大量的精力，压缩机的技术和性能水平日新月异。

压缩机种类很多，人工冻结工程中常见的压缩机主要有以下两种：

1）活塞式压缩机

活塞式压缩机常用于矿井冻结等大型冻结工程中。主要结构包括机体、曲轴、连杆组件、活塞组件、汽缸及吸排气阀，见图 1.2，工作原理表现在压缩、排气、膨胀、吸气四个过程。

(1) 基本分类

①按标准制冷能力分类

小型机：＜60kW

中型机：60～600kW

大型机：＞600kW

②按汽缸中心线的位置分类

卧式压缩机，汽缸均为横卧的(汽缸中心线成水平方向)；

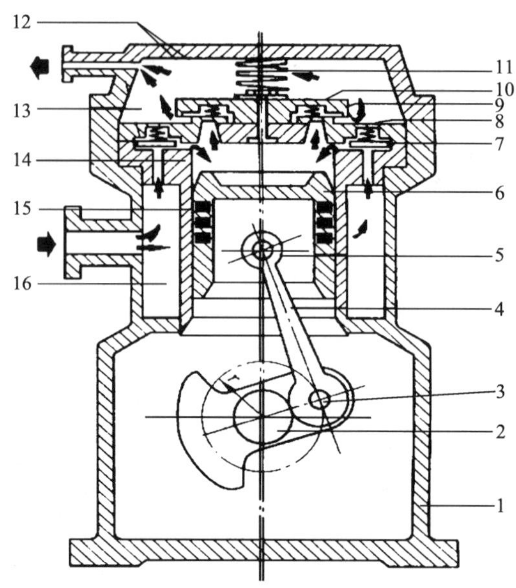

图 1.2　活塞式压缩机结构组成

1-机体；2-曲轴；3-曲柄销；4-连杆；5-活塞销；6-活塞；7-吸气阀片；8-吸气阀弹簧；9-排气阀片；10-排气阀弹簧；11-安全弹簧；12-气阀；13-排气腔；14-汽缸；15-活塞环；16-吸气腔

立式压缩机汽缸均为竖立布置的(直立压缩机)；

角式压缩机，汽缸布置成 L 型、V 型、W 型和星型等不同角度。

③按压缩机汽缸段数(级数)分类

单段压缩机(单级)：气体在汽缸内进行一次压缩；

双段压缩机(两级)：气体在汽缸内进行两次压缩；

多段压缩机(多级)：气体在汽缸内进行多次压缩。

④按汽缸的排列方法分类

串联式压缩机：几个汽缸依次排列于同一根轴上的多段压缩机，又称单列压缩机；

并列式压缩机：几个汽缸平行排列于数根轴上的多级压缩机，又称双列压缩机或多列压缩机；

复式压缩机：由串联和并联式共同组成多段压缩机；

对称平衡式压缩机：汽缸横卧排列在曲轴轴颈互成 180 度的曲轴两侧，布置成 H 型，其惯性力基本能平衡。

(2) 产品型号

每一台压缩机的基本式样都用一定的符号表示，这些符号亦称为型号，单级产品型号主要由汽缸数目、所用制冷剂的种类、汽缸布置形式与汽缸直径四个方面的内容组成，例如：2F-6.3 压缩机有 2 个汽缸，F 表示用氟利昂作制冷工质，汽缸直径 6.3cm。

2）螺杆式压缩机

螺杆式压缩机是回转式压缩机的一种，它只有旋转运动部件，几乎无振动，转子可高速旋转。因此，它具有体积小重量轻的优点，适合作为移动式制冷设备，常用于地铁等城市地下工程人工冻结中(图 1.3)。螺杆式压缩机最早用于压缩空气，由于它具有很多优点，因而逐渐用于制冷压缩机，我国生产的螺杆式制冷压缩机主要技术特征见表 1.6。

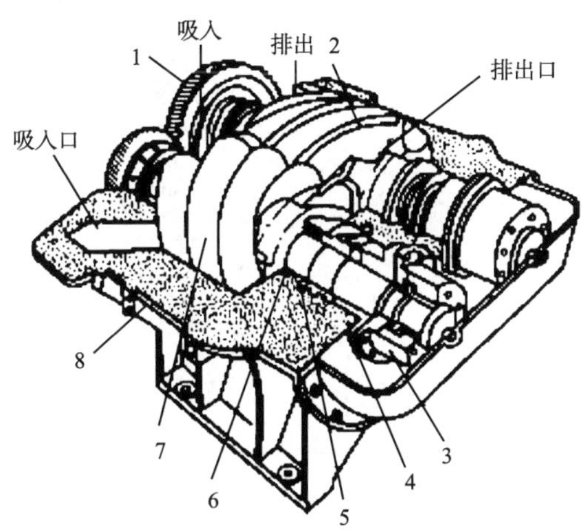

图 1.3 螺杆式压缩机

1-同步齿轮；2-阴转子；3-推力轴承；4-轴承；5-挡油环；6-轴封；7-阳转子；8-汽缸

表 1.6 我国生产的螺杆式制冷压缩机主要技术特征

参数	型号				
	LG25＊25	25CF	LG60-25/12	LGA125DD	LGA-200
标准制冷量/kW	1400 $\begin{Bmatrix} T_k=400℃ \\ T_0=50℃ \end{Bmatrix}$	1050	737.3	47.8(R12) 70.8(R22) 76.2(NH_3)	591.5(R22) 614.8(NH_3)
制冷工质	NH_3	NH_3	NH_3	R-12，R-22，NH_3	R-22，NH_3
理论容积/(m^3/s)	0.355	0.556	0.425	0.044	0.302
转子型线	对称圆弧	单边不对称摆线包络	对称圆弧	对称圆弧	圆弧
转子直径/mm	250	250	250	125	200
转子长度/mm	250	375	300	125	300
转速/(r/min)	2950	2950	2950	2950	2960
轴功率/kW	280	500(电机)	275(电机)	14.1(R-12) 23(R-22) 24.2(NH_3)	173.8(R-22) 176.5(NH_3)

续表

参数	型号				
	LG25 * 25	25CF	LG60-25/12	LGA125DD	LGA-200
重量/t	10	4.2	0.6	—	—
机组尺寸/mm	—	4350×1800×2810	3480×1125×1420	610×340×350	—
厂家	上海第一冷冻机厂	上海第一冷冻机厂	北京冷冻机厂	天津冷冻机厂	合肥、烟台、武汉冷冻机厂

螺杆压缩机优点主要表现在以下五个方面：

①可靠性高。螺杆压缩机零部件少，没有易损件，因而它运转可靠，寿命长，大修间隔期可达 4 万～8 万小时。

②操作维护方便。螺杆压缩机自动化程度高，操作人员不必经过长时间的专业培训，可实现无人值守运转。

③动力平衡好。螺杆压缩机没有不平衡惯性力，机器可平稳地高速工作，可实现无基础运转，特别适合作移动式压缩机，体积小、重量轻、占地面积少。

④适应性强。螺杆压缩机具有强制输气的特点，容积流量几乎不受排气压力的影响，在宽阔的范围内能保持较高效率，在压缩机结构不作任何改变的情况下，适用于多种工况。

⑤多相混输。螺杆压缩机的转子齿面间实际上留有间隙，因而能耐液体冲击，可输送含液气体、含粉尘气体、易聚合气体等。

由于螺杆压缩机转数较高，输气近于连续，没有脉动，又无余隙，输气系数较活塞式压缩机高，尤其在压缩比高时，优点更为显著。一般其输气系数为 0.75～0.90。输气螺杆压缩机采用喷油冷却，制冷工质接近等温压缩，即便在高压缩比时，一级压缩(蒸发温度可达－40℃)排气温度也不会超过 90℃。

除了上述优点之外，螺杆压缩机也相对存在一些缺点：

①造价高。由于螺杆压缩机的转子齿面是一空间曲面，需利用特制的刀具在价格昂贵的专用设备上进行加工。另外，对螺杆压缩机汽缸的加工精度也有较高的要求。

②不能用于高压场合。由于受到转子刚度和轴承寿命等方面的限制，螺杆压缩机只能用于中、低压范围，排气压力一般不超过 3MPa。

③不能用于微型场合。螺杆压缩机依靠间隙密封气体，一般只有容积流量大于 $0.2m^3/min$ 时，螺杆压缩机才具有优越的性能。

④由于螺杆压缩机采用喷油冷却，有耗油量大，输油系统复杂，不适合变压比下工作，噪声大等缺点。

螺杆压缩机的主要型号及技术指标见表 1.5。

3）压缩机选型

根据实际制冷量的要求，确定压缩机的台数：

$$N_1 = \frac{V_h}{v_h} \tag{1.1}$$

式中：N_1 为压缩机台数，台；v_h 为一台压缩机的理论容积，m^3/s，技术特征表，见表 1.5；V_h 为一个冻结工程中要求的压缩机理论容积，m^3/s。按式(1.2)计算。

$$V_h = \frac{Q_0 v_1}{q_0 \lambda_h} \tag{1.2}$$

式中：v_1 为压缩机入口的比容，m^3/kg；λ_h 为输气系数；q_0 为单位理论制冷量，kJ/kg；Q_0 为实际制冷能力，kW。

输气系数(λ_h)是指压缩机实际容积流量与理论容积流量之比，可以用式(1.3)表示：

$$\lambda_h = \lambda_v \lambda_p \lambda_t \lambda_1 \tag{1.3}$$

式中：λ_v 为容积系数，与余隙容积有关；λ_p 为压力系数，与吸气过程的压力损失有关，一般 $\lambda_p = 0.95 \sim 0.98$，对于高压级取 $\lambda_p = 0.98 \sim 1.0$，Ⅱ级以后，可取 $\lambda_p = 1$；λ_t 为温度系数，与压缩机汽缸内温度有关，一般 $\lambda_t = 0.94 \sim 0.98$；$\lambda_1$ 为气密系数，与压缩机的密封程度有关。

2. 冷凝器与蒸发器

1）换热器热负荷计算

在换热器中，传热量的大小与换热器的换热面积及对数平均温度成正比，即

$$Q = KF\Delta T \text{ 或 } Q = F/q \tag{1.4}$$

式中：Q 为传热量，kW；F 为换热面积，m^2；K 为传热系数，$kW/(m^2 \cdot ℃)$，一般情况下可视为常数；q 为换热器表面的热流密度，$q = 1/(K \cdot \Delta T)$，kW/m^2。

一般情况下：

立式冷凝器 $q = 3.5 \sim 4.1 kW/m^2$；

立式蒸发器 $q = 2.33 \sim 2.92 kW/m^2$；

其中 ΔT 为换热器内外对数平均温度差，℃，一般可视为常数。其定义为：

$$\Delta T = (\Delta T_{max} - \Delta T_{min}) \Big/ \left[\ln\left(\frac{\Delta T_{max}}{\Delta T_{min}}\right) \right] \tag{1.5}$$

式中：ΔT_{max} 为最大温差(两流体进口或出口处较大的温差)；ΔT_{min} 为最小温差(两流体进口或出口较小的温差)。

2）冷凝器基本原理与特点

制冷机工作时，把低温低压气体压缩成高温高压气体，再经过冷凝器，在冷凝器中冷凝成低温高压的液体，经节流阀变为低温低压液体，并被送入蒸发器，在蒸发器中吸热蒸发而成为高温低压的蒸气，从而完成制冷循环。冷凝器作用在于将制冷过程中的高温气体通过一根长长的管子(通常盘成螺线管)，让热量散失到四周的空气中。为提高冷凝器的效率经常在管道上附加热传导性能优异的散热片，加大散热面积，以加速散热，并通过风机加快空气对流的方式把热带走。冷凝器有立式、淋水式、卧式及组合式几

种。在冻结法施工中，几乎全使用立式冷凝器，它是一个直径 1～2m 的管壳，内装有许多冷却水管，冷却水从管壳上端经冷却水管下流，使过热蒸气氟液化，且占地面积小，冷却效率高，不易堵塞，消除水垢时不必停止工作。

3）蒸发器基本原理与特点

蒸发器也是一种间壁式热交换设备，低温低压的液态制冷剂在传热壁的一侧汽化吸热，从而使传热壁另一侧的介质被冷却，被冷却的介质通常是水或空气。蒸发器可分为冷却液体（水或盐水）和冷却空气的两大类蒸发器。为了提高传热性能，往往是采取增大传热温差、传热管加肋片或增大空气流速等措施来达到目的。人工冻结工程中液态氟利昂在其中蒸发（沸腾）变为饱和蒸气，吸收其周围盐水中的热量，产生低温盐水，蒸发器置于盐水箱中，是制冷系统输出冷量的设备。

3. 节流阀

节流阀是通过改变节流截面或节流长度以控制流体流量的阀门。将节流阀和单向阀并联则可组合成单向节流阀。节流阀和单向节流阀是简易的流量控制阀，在定量泵液压系统中，节流阀和溢流阀配合，可组成三种节流调速系统，即进路节流调速系统、回路节流调速系统和旁路节流调速系统。

节流阀压差一定时，开口大小影响着流量的变化。节流阀的功用是使高压液态氟利昂减压到蒸发压力，给液态氟利昂创造蒸发条件，因而节流阀又叫减压阀。要求节流阀耐压，密封程度好，阀体外面应绝热。阀前应安关闭阀，节流阀和关闭阀之间应安充氟管及阀门。

1.3 人工冻结法制冷设计

1.3.1 氟利昂制冷系统

从满液式蒸发器出来的氟利昂气体，由回气管经过吸气过滤器进入螺杆式压缩机的吸气腔，经压缩机压缩后进入油分离器进行油分离，而后进入冷凝器，在冷凝器中，高温高压的气态氟与冷却水进行热交换后，被冷凝为液态氟，冷凝后的氟液体经干燥过滤器过滤干燥后，再经过电磁阀、节流阀调节后，进入满液式蒸发器蒸发，与盐水槽送来的氯化钙盐水进行热交换，制得设定低温的氯化钙溶液，蒸发后的气态氟重新回到回气管，吸入压缩机进行压缩，如此反复循环，达到制冷目的。

1. 氟利昂品种

城市地下人工冻结工程中常选氟利昂做制冷剂，利用氟利昂在不同压力和不同温度下的状态变化来实现其吸热和放热过程。不同的化学组成和结构的氟利昂制冷剂热力性质相差很大，可适用于高温、中温和低温制冷机，以适应不同制冷温度的要求，常见的氟利昂品种如表 1.7 所示[131]。

表 1.7 氟利昂品种及性能指标

商品名	化学名	沸点/℃	凝固点/℃	临界温度/℃	临界压力/MPa
R-11	一氟三氯甲烷	23.82	−111	198.0	4.41
R-12	二氟二氯甲烷	−29.78	−158	112.0	4.11
R-13	三氟一氯甲烷	−81.40	−181	28.9	3.87
R-21	一氟二氯甲烷	8.92	−135	178.5	5.17
R-22	二氟一氯甲烷	−40.75	−160	96.0	4.97
R-112	1，2-二氟四氯乙烷	92.80	26	278.0	3.44
R-113	1，1，2-三氟三氯乙烷	47.57	−35	214.1	3.41
R-114	1，1，2，2-四氟二氯乙烷	3.77	−94	145.7	3.26

氟利昂制冷系统包括高压系统、低压系统、油路系统和融霜系统。制冷压缩机的选择应以用冷单元的制冷机负荷为依据，根据所确定的氟利昂制冷剂种类、制冷工况及压缩机式样进行选择计算。

2. 氟利昂制冷系统特点

(1) 供液形式和方式

氟利昂系统也有直接膨胀供液、重力供液和液泵供液三种。

①直接膨胀供液方式由热力膨胀阀控制，系统比较简单，分离设备少，系统充液量也少，经济实惠；配有热交换器后有效改善了直接膨胀供液系统中调节供液困难及易湿行程等不足。

②氟利昂制冷系统采用重力供液无明显的优越性，使系统复杂化，目前很少采用这种供液方式。

③液泵供液由于其一系列的优点，在大、中型氟制冷系统中被普遍地应用，但是小型氟系统很少使用。国内仅有个别引进的大型氟利昂冷库采用液泵液系统。

(2) 回热循环

采用回热循环能使膨胀前制冷剂具有较大过冷度，未蒸发的制冷剂液体在回热器中同高压液体进行热交换，得到完全蒸发并形成一定的过热度，可避免压缩机的液击(这是往复式压缩机的致命杀手，往往会在很短时间内造成阀片破碎、连杆和曲轴弯曲甚至断裂，是由回液、带液启动等引起的，是系统问题在压缩机上的表现)。对常用的三种制冷剂，采用回热循环后，对单位容积制冷量和制冷系数的影响各不相同。R-12 较理想，R-22 稍差一些，但为了膨胀阀前液体过冷和压缩机吸入气体过热，一般也使用回热循环。

3. 制冷系统施工设计

(1) 冻结管吸热能力

冻结管吸热能力按式(1.6)计算：

$$Q_g = qA \tag{1.6}$$

式中：Q_g 为冻结管总吸热能力，kJ/h；q 为冻结管吸热系数，可取 1047～1172kJ/(m^2·h)；A 为冻结管总表面积，m^2。

(2) 冷冻站需冷量

一个冷冻站服务于一个冻结工程时，需冷量计算见式(1.7)：

$$Q_1 = m_c Q_T \tag{1.7}$$

式中：Q_1 为一个冻结工程服务时的冻结需冷量，kJ/h；m_c 为盐水系统(包括冷冻站内外的低温设备和管路)的冷量损失系统，一般取 1.10～1.25。当冷冻站制冷能力强、盐水管路短、保温质量好、在冬季进行积极冻结时，m_c 取 1.10～1.15；当冷冻站制冷能力弱、盐水管路长、保温质量差、在夏季进行积极冷冻时，m_c 取 1.2～1.25；Q_T 为冻结管的总散热能力，kJ/h。

(3) 合理选用制冷设计参数

①制冷剂循环系统的冷凝温度高于冷却水循环系统的出水温度 3～5℃。

②制冷剂循环系统的蒸发温度低于设计最低盐水温度 5～7℃。

③由计算制冷能力、制冷剂循环系统的冷凝温度、蒸发温度确定冷冻机的型号与数量(表 1.6)，选定冷冻机的总制冷能力不得小于计算制冷能力，并应考虑至少 1.5 的备用系数。

1.3.2 盐水循环系统

1. 盐水主要技术参数

(1) 地层冻结用盐水(冷媒剂)可采用氯化钙水溶液。氯化钙水溶液的凝固点应低于设计盐水温度 8～10℃，比重不宜高于 1.27。盐水中可掺氢氧化钠或重铬酸钠以减轻盐水对金属的腐蚀。氯化钙溶液性能见表 1.8。

表 1.8 氯化钙水溶液的热物理性质

氯化钙的质量分数/%	起始凝固温度 T_f/℃	密度 ρ/(kg/m^3)(15℃)	温度 T/℃	比热容 c/[kJ/(kg·K)]	导热系数 λ/[W/(m·K)]	动力黏度 μ/(×10^3Pa·s)	运动黏度 ν/(×$10^3$$m^2$/s)	热扩散率 α/(×$10^7$$m^2$/s)	普朗特数 P_r
9.4	−5.2	1080	20	3.642	0.584	1.24	1.15	1.49	7.8
			10	3.634	0.570	1.55	1.44	1.45	9.9
			0	3.626	0.556	2.16	2.00	1.42	14.1
			−5	3.601	0.549	2.55	2.36	1.41	16.7
14.7	−10.2	1130	20	3.362	0.576	1.49	1.32	1.52	8.7
			10	3.349	0.563	1.86	1.64	1.49	11.0
			0	3.328	0.549	2.56	2.27	1.46	15.6
			−5	3.316	0.542	3.04	2.70	1.44	18.7
			−10	3.308	0.534	4.06	3.60	1.43	25.3

续表

氯化钙的质量分数/%	起始凝固温度 T_f/℃	密度 ρ/(kg/m^3)(15℃)	温度 T/℃	比热容 c/[kJ/(kg·K)]	导热系数 λ/[W/(m·K)]	动力黏度 μ/($\times10^3$Pa·s)	运动黏度 ν/($\times10^3 m^2/s$)	热扩散率 α/($\times10^7 m^2/s$)	普朗特数 P_r
18.9	−15.7	1170	20	3.148	0.572	1.80	1.54	1.56	9.9
			10	3.140	0.558	2.24	1.91	1.52	12.6
			0	3.128	0.544	2.99	2.56	1.49	17.2
			−5	3.098	0.537	3.43	2.94	1.48	19.8
			−10	3.086	0.529	4.67	4.00	1.47	27.3
			−15	3.065	0.523	6.15	5.27	1.47	35.9
20.9	−19.2	1190	20	3.077	0.569	2.00	1.68	1.55	10.9
			10	3.056	0.555	2.45	2.06	1.53	13.4
			0	3.044	0.542	3.28	2.76	1.49	18.5
			−5	3.014	0.535	3.82	3.22	1.49	21.5
			−10	3.014	0.527	5.07	4.25	1.47	28.9
			−15	3.014	0.521	6.59	5.53	1.45	38.2
23.8	−25.7	1220	20	2.973	0.565	2.35	1.94	1.56	12.5
			10	2.952	0.551	2.87	2.35	1.53	15.4
			0	2.931	0.538	3.81	3.13	1.51	20.8
			−5	2.910	0.530	4.41	3.63	1.49	24.4
			−10	2.910	0.523	5.92	4.87	1.48	33.0
			−15	2.910	0.518	7.55	6.20	1.46	42.5
			−20	2.889	0.510	9.47	7.77	1.44	53.5
			−25	2.889	0.504	11.57	9.48	1.43	66.5
25.7	−31.2	1240	20	2.889	0.562	2.63	2.12	1.57	13.5
			10	2.889	0.548	3.22	2.51	1.53	16.5
			0	2.868	0.535	4.26	3.43	1.51	22.7
			−10	2.847	0.521	6.68	5.40	1.48	36.6
			−15	2.847	0.514	8.36	6.75	1.46	46.3
			−20	2.805	0.508	10.56	8.52	1.46	58.5
			−25	2.805	0.501	12.90	10.40	1.44	72.0
			−30	2.763	0.494	14.81	12.00	1.44	83.0

续表

氯化钙的质量分数/%	起始凝固温度 T_f/℃	密度 ρ/(kg/m³)(15℃)	温度 T/℃	比热容 c/[kJ/(kg·K)]	导热系数 λ/[W/(m·K)]	动力黏度 μ/(×10³Pa·s)	运动黏度 ν/(×10³m²/s)	热扩散率 α/(×10⁷m²/s)	普朗特数 P_r
27.5	−38.6	1260	20	2.847	0.558	2.93	2.33	1.56	14.9
			10	2.826	0.545	3.61	2.87	1.53	18.8
			0	2.809	0.531	4.80	3.81	1.50	25.3
			−10	2.784	0.519	7.52	5.97	1.48	40.3
			−20	2.763	0.506	11.87	9.45	1.46	65.0
			−25	2.742	0.499	14.71	11.70	1.44	80.7
			−30	2.742	0.492	17.16	13.60	1.42	95.5
			−35	2.721	0.486	21.57	17.10	1.42	120.0
28.5	−43.5	1270	20	2.805	0.557	3.14	2.47	1.56	15.8
			0	2.780	0.529	5.12	4.02	1.50	26.7
			−10	2.763	0.518	8.02	6.32	1.48	42.7
			−20	2.721	0.505	12.65	10.00	1.46	68.8
			−25	2.721	0.500	15.98	12.60	1.44	87.5
			−30	2.700	0.491	18.83	14.90	1.43	103.5
			−35	2.700	0.484	24.52	19.30	1.42	136.5
			−40	2.680	0.478	30.40	24.00	1.41	171.0
29.4	−50.1	1280	20	2.805	0.555	3.33	2.65	1.55	17.2
			0	2.755	0.528	5.49	4.30	1.50	28.7
			−10	2.721	0.576	8.63	6.75	1.49	45.4
			−20	2.680	0.504	13.83	10.80	1.47	73.4
			−30	2.659	0.490	21.28	16.60	1.44	115.0
			−35	2.638	0.483	25.50	19.90	1.43	139.0
			−40	2.638	0.477	32.36	25.30	1.42	179.0
			−45	2.617	0.470	40.21	31.40	1.40	223.0
			−50	2.617	0.464	49.03	38.30	1.30	295.0
29.9	−55	1286	20	2.784	0.554	3.51	2.75	1.55	17.8
			0	2.738	0.528	5.69	4.43	1.50	29.5
			−10	2.700	0.515	9.04	7.04	1.48	47.5
			−20	2.680	0.502	14.42	11.23	1.46	77.0
			−30	2.659	0.488	22.56	17.60	1.43	123.0
			−35	2.638	0.483	28.44	22.10	1.42	156.5
			−40	2.638	0.476	35.30	27.50	1.40	196.0
			−45	2.617	0.470	43.15	33.50	1.39	240.0
			−50	2.617	0.463	50.99	39.70	1.38	290.0
			−55	2.596	0.456	64.72	50.20	1.36	368.0

(2) 氯化钙水溶液应充满循环系统中所有的容器和管路。

氯化钙用量按下式计算：

$$G=\frac{1.2g(V_1+V_2+V_3)}{\rho} \tag{1.8}$$

式中：G 为氯化钙用量，kg；g 为单位盐水体积固体氯化钙含量，kg/m^3；ρ 为固体氯化钙纯度，一般无水氯化钙取 96%，晶体氯化钙取 70%；V_1 为冻结管内盐水体积，m^3；V_2 为干管及配、集液圈内盐水体积，m^3；V_3 为蒸发器和盐水箱内盐水体积，m^3。

(3) 按盐水流速计算供液管、干管和配集液管管径。盐水在冻结管环形空间的流速宜为 0.1～0.3m/s，在供液管中的流速宜为 0.6～1.5m/s，在干管及配、集液管中的流速宜为 1.5～2.0m/s。

(4) 盐水干管及配、集液管可选用普通低碳钢无缝钢管或焊接钢管，管壁厚度不宜小于 4.5mm。供液管可选用钢管或聚乙烯增强塑料管，供液管接头必须有足够强度以防断裂。

(5) 在盐水干管中可安装软接头以减小温度应力和制冷设备运转引起的振动。

2. 冻结管选择

(1) 基本规定

①冻结管选择、密封、试压应符合冻结工程施工的有关规定，若采用回收的旧冻结管，应经除锈试压合格才能使用。

②冻结管应选用导热和低温性能好的材质，宜采用 20＃(Q235B)钢材的低碳无缝钢管，其连接形式应采用内衬箍对焊连接，或采用 j55 型带有外箍丝扣连接的石油套管。

③冻结管壁厚与冻结管所在位置的埋深有关，埋深越大，冻结管受力越大，需要的壁厚也越大，城市地下冻结工程中的冻结管的壁厚不应小于 6mm，一般管壁厚度宜取 10mm。

④冻结管下放深度不得小于设计冻结深度，每个冻结孔下放的每节冻结管应有编号、长度及管径记录。严禁冻结管内有任何杂物。

(2) 冻结管直径

常用冻结管直径有 68、89、108、127、159mm 等，冻结管直径越大，冻结效果越好。常见盾构隧道端头水平冻结工程中冻结管直径多使用 89mm，垂直冻结使用 127mm，单排冻结管时也可使用 159mm 的直径，地铁联络通道中多见直径为 89mm、108mm 的冻结管。

3. 盐水泵

(1) 盐水循环总流量

盐水循环总流量应按式(1.9)计算：

$$W = \frac{Q_T}{\Delta T \cdot \gamma \cdot c} \tag{1.9}$$

式中：W 为盐水泵循环计算总流量，m^3/h；Q_T 为计算制冷能力，kJ/h；γ 为盐水密度，kg/m^3；c 为盐水比热，kJ/(kg·K)；ΔT 为去回路盐水温差,℃，一般取 $\Delta T=$ 1～2℃。

(2) 盐水泵扬程

盐水泵扬程应按下式计算：

$$H_c = 1.15(h_1 + h_2 + h_3 + h_4) + h_5 + h_6 + h_7 \tag{1.10}$$

式中：H_c 为盐水泵计算扬程，m；h_1 为盐水干管和集配液圈中的压力损失，m；h_2 为供液管中的压头损失，m；h_3 为冻结管环形空间的压头损失，m；h_4 为盐水管路中弯头、三通、阀门等局部阻力，取值为($h_1+h_2+h_3$)的 20%，m；h_5 为盐水泵的压头损失，3～5m；h_6 为封闭式循环系统中回路盐水管高出盐水泵的高度，一般取 1.5m；h_7 为蒸发器内的盐水压头损失，m。

式中：

$$h_1 + h_2 + h_3 = \lambda \frac{L}{d} \cdot \frac{\omega^2}{2g} \tag{1.11}$$

$$\text{紊流：}\lambda = \frac{0.3164}{\sqrt[4]{Re}} \tag{1.12}$$

$$\text{层流：}\lambda = \frac{64}{Re} \tag{1.13}$$

式中：d 为盐水管内直径，m；L 为盐水管长度，m；g 为重力加速度，$9.81m/s^2$；ω 为盐水流速，m/s；Re 为雷诺数。

(3) 盐水泵电动机功率按下式计算：

$$N = 1.25\frac{W \cdot H_c \cdot \gamma}{102 \times 3600 \times \eta_1 \cdot \eta_2} \tag{1.14}$$

式中：η_1 为盐水泵的效率，取 0.75；η_2 为电动机的效率，取 0.85。

(4) 按盐水循环计算总流量、盐水泵扬程和电机功率选择水泵型号和台数，配备盐水泵在计算扬程下的总流量不得小于计算流量，并应设足够的备用泵。

1.3.3　冷却水循环系统

1. 系统简介

冷却水循环系统是以水作为冷却介质并循环使用的一种冷却水系统，主要由冷却设备、水泵和管道组成。冷水流经需要降温的生产设备(换热器、冷凝器、反应器等)，温度上升，使升温冷水流过冷却设备则水温回降，可用泵送回生产设备再次使用，管外通常用风散热。

冷却设备有敞开式和封闭式之分。敞开式冷却设备有冷却池和冷却塔两类，主要依靠水的蒸发降低水温，此外冷却塔常用风机促进蒸发，冷却水常被吹失，因此敞开式循环冷却水系统必须及时补给新鲜水。由于蒸发，循环水浓缩，浓缩过程将促进盐分结垢。通常补充水量超过蒸发与风吹的损失水量，因此必须排放一些循环水(称排污水)以维持水量平衡。敞开式系统中，因水流与大气接触，灰尘、微生物等进入循环水，需及时处理循环水。

封闭式循环冷却水系统采用封闭式冷却设备，循环水在管中流动，管外通常用风散热。除换热设备的物料泄漏外，没有其他因素改变循环水的水质。为了防止在换热设备中造成盐垢，有时冷却水需要进行软化。为了防止换热设备被腐蚀，常加缓蚀剂。采用高浓度、剧毒性缓蚀剂时要注意安全，检修时排放的冷却水应妥善处置。

2. 水量计算

1) 冻结站冷却水总循环量

$$W_0 = W_1 + W_2 \tag{1.15}$$

式中：W_0 为冷却水计算总循环量，m^3/h；W_1 为冷凝器冷却水用量，m^3/h；W_2 为冷冻机冷却水用量，m^3/h。

其中采用壳管式冷凝器时的冷却水用水为：

$$W_1 = \frac{Q_z}{1000 \cdot \Delta T} \tag{1.16}$$

式中：Q_z 为冻结站总制冷能力，kJ/h。

采用蒸发式冷凝器时的冷却水用量为：

$$W_1 = \frac{3.6Q_1}{1000 \cdot c \cdot \Delta T} \tag{1.17}$$

式中：Q_1 为冷凝器负荷，kJ，等于压缩机制冷量和压缩机功率之和；c 为水的比热容，$c=4.1868$kJ/(kg·℃)；ΔT 为冷凝器进出水温差,℃，一般取 $\Delta T=3\sim5$℃。

冷冻机的冷却水用量由厂家提供。

2) 补充水量

$$W_3 = \frac{W_0(T_2 - T_1)}{T_2 - T_0} \tag{1.18}$$

式中：W_3 为补充水量，m^3/h；T_2 为冷凝器出水温度,℃；T_1 为冷凝器进水温度,℃；T_0 为补充水温度,℃。

实际工程中，常安装冷却塔以减少补充水量。

3) 其他要求

①冷却水宜采用生活用水，水温宜低于 28℃。

②按冷却水计算总循环量选择冷却水循环泵型号和台数，水泵扬程以 12～20m 左右为宜，冷却水循环泵应有足够备用，一般是一台工作、一台备用。

③必须保温的低温容器和管路有：制冷剂循环系统的中压、低压容器和管路、盐水箱、盐水干管和配集液管等。

④由于循环需要，需配备多台清水泵，以满足冷却水量要求，循环水总管常选用 ϕ127×4mm 钢管。

1.4 冻结壁参数设计计算

1.4.1 冻结壁厚度与平均温度设计

1. 冻结壁厚度设计

冻结壁厚度指保证施工安全所需要的冻结壁厚度，主要取决于地层压力及冻结壁强度，即一定温度下的冻结壁厚代表冻结壁强度，而冻土强度的确定与其力学模型有关，因此冻结壁厚度的确定最终要归结到冻土力学模型上。合理确定冻结壁厚度是冻结法设计中的一个重要问题。

冻结壁功能按表 1.9 分为三类。

表 1.9 冻结壁功能分类表

类别	功能与要求	说明
Ⅰ	仅用于止水　无承载要求	如岩石裂隙和混凝土界面缝隙止水
Ⅱ	仅用于承载　无止水要求	如不透水性黏性土层的加固
Ⅲ	既要求承载　又要求止水	如含水砂性土层的加固与止水

盾构隧道端头加固中，已有化学加固体时，无论水平冻结还是垂直冻结，都应按止水要求来设计冻结壁厚度，若事先地层未加固，则按承载、止水要求共同确定冻结壁厚度。目前联络通道一般都是未经化学加固的，则按照承载、止水要求设计。

1）联络通道冻结壁厚度设计

对Ⅰ类冻结壁，只需按止水要求确定冻结壁厚度，而对Ⅱ和Ⅲ类有承载要求的冻结壁应按承载力要求采用通用力学计算方法或有限元数值模拟计算确定冻结壁厚度。一般情况下可只进行抗压、抗折、抗剪强度验算。

$$K\sigma \leqslant R \tag{1.19}$$

式中：σ 为冻结壁应力，MPa；R 为冻土强度指标，MPa；K 为安全系数，Ⅲ类冻结壁按表 1.10 选取，Ⅱ类冻结壁取表中系数的 0.9 倍。

表 1.10 冻结壁强度验算安全系数

项目	抗压	抗折	抗剪
安全系数	2.0	3.0	2.0

2）有承载要求的水平杯型冻结壁厚度设计

圆板中心所受最大弯曲应力计算公式为：

$$\sigma_{max}=\frac{p(D/2)^2}{16}(3+\mu)\frac{6}{h^2} \tag{1.20}$$

式中：p 为水土压力，MPa；D 为开挖直径，m；μ 为冻土泊松比；h 为计算冻结壁厚度，m；σ_{max}为计算得加固体最大弯拉应力，MPa。

或运用日本计算理论计算板块加固体的厚度：

$$h=\left[\frac{K\beta\cdot p\cdot D^2}{4\sigma}\right]^{\frac{1}{2}} \tag{1.21}$$

式中：h 为冻结壁厚度，m；p 为水土压力，MPa；D 为开挖直径，m；β 为载荷系数，取 1.2；K 为安全系数，取 1.8。

并应按其剪切验算加固体厚度，沿槽壁开洞口周边验算加固体剪切应力：

$$\tau_{max}=\frac{pD}{4h} \tag{1.22}$$

式中：τ_{max}最大剪切应力，MPa，其他同上。

水平杯型冻结壁长度设计时，杯身长度应包裹整个盾构机，确保盾构始发或接收的安全冻结壁宜按受压结构设计，盾构始发一般可取 9～10m，接收取 6～7m。

冻结壁厚度确定后，同时要进行冻结壁有限元数值计算即通过建立冻结壁有限元计算模型，进行冻结壁的受力分析与变形计算，分析开凿洞门前后，冻结壁影响范围内地层应力场及位移情况，通过对冻结壁承载能力的分析，确定冻结法施工的安全性。

2. 冻结壁平均温度设计

冻结壁平均温度应根据冻结壁承受荷载大小(或开挖深度)、冻胀融沉可能对环境造成的影响及人工冻结工艺合理性确定。

冻结壁承受荷载大、安全要求高的工程宜取较低的冻结壁平均温度。如长江三角洲地区土质，当开挖深度≤12m 时，冻结壁平均温度可取－8℃；15m≤开挖深度≤30m 时，取－10℃；开挖深度＞30m 时，低于－10℃。

3. 冻结孔布置的基本原则

(1) 冻结孔布置参数包括冻结孔成孔控制间距、开孔间距、孔位、深度和冻结孔偏斜精度要求等。

(2) 冻结壁形成参数包括冻结壁交圈时间、冻结壁厚度和冻结壁平均温度等。

(3) 冻结孔成孔控制间距应按设计冻结壁厚度、冻结壁平均温度、盐水温度和冻结工期要求等确定，但不宜大于冻结壁设计厚度。

(4) 冻结孔宜均匀布置并避开地层中的障碍物。

(5) 冻结孔开孔间距不宜大于冻结孔成孔控制间距与冻结孔最大允许偏斜之差。

(6) 冻结孔深度可按下式确定：

$$L=L_1+L_2+L_3 \tag{1.23}$$

式中：L 为冻结孔深度，m；L_1 为从冻结孔孔口到冻结壁设计边界的距离，m；L_2 为不能循环盐水的冻结管端部长度，m；L_3 为冻结管端部冻结削弱影响深度，m。

1.4.2　冻结壁的形成与解冻

1. 基本概念

绘制人工冻结壁中的等温线(图 1.4)，以水平冻结外圈冻结壁为例，说明冻结温度场中几个重要的定义。

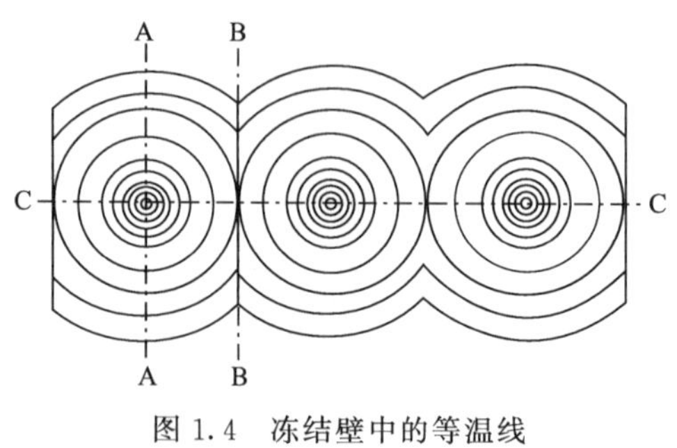

图 1.4　冻结壁中的等温线

1）冻结锋面

锋面指冷暖物质的交界面，即不稳定导热系统的物体中正负 0℃的面，人工冻结工程中，冻结锋面指地层温度达到起始冻结温度的面，被冻结锋面包围的面即为冻结壁区域。

2）主面

主面是通过冻结管的轴心，并垂直于布置冻结管的平面(AA 面)。

3）界面

界面是相邻两冻结管中心连线的中垂面(BB 面)。

4）轴面

轴面是通过各邻近冻结管中心的平面(CC 面)。

2. 冻结壁的形成

地层冻结之前具有初始地温。低温循环盐水将携带的冷量通过冻结管传给地层，又将地层传来的热量通过循环传递给冻结制冷系统，由制冷系统排放到大气中。低温盐水使冻结管获得冷量，进而与冻结壁周围的土体发生热交换，冻结管周围的土体温度逐渐降低，每个冻结管周围很快形成圆柱形的冻结土柱。随冻结时间增长，冻结管不断供冷，每个冻结管周围的冻土圆柱不断扩展，相邻各冻结管的冻土圆柱开始连接，即零度等温线相遇(图 1.4 中的三个冻结管周围，冻结区逐步扩展，相邻冻结管的界面处达到冻结)，直至相交成圈。当多个冻结管周围的冻土圆柱联结后，会形成一个连续的冻结壁。

人工冻结法施工时，常认为冻结壁扩展至冻结管外 4m 处即停止扩展，而冻结温度场影响范围可达冻结管外 6～7m；且工程实践中，由于冻结孔钻孔偏斜，实际冻结壁是一个并不十分规则但又能挡土和止水的临时结构物，加之地层性质不同造成冻结壁在环向及纵向的变形和力学性质也并非完全相等。

3. 冻结壁的解冻

1）自然解冻

天然冻土的自然解冻是利用天然能源(太阳辐射能、大气和地表水热能)对冻结结束后的冻土进行融化。人工冻土的自然解冻方法与天然冻土的解冻具有一定的相似之处，其解冻原理主要是依靠冻土与空气之间的热对流和周围未冻区土体的热传导使冻结区土体温度缓慢上升至相变温度，使冻结土体中的冰融化，达到解冻土体的目的。但是人工冻土通常冻结范围较小，埋深较深，在城市中限于周围环境条件的限制不便于对自然解冻过程进行人工干预，所以解冻周期较长。

以盾构始发与接收水平冻结为例，相比中间板块区的冻结管而言，外圈水平冻结管待盾构机正式始发或接收后才停止冻结，此时自然解冻主要指外圈环状冻结壁后期自然解冻。

2）强制解冻

天然冻土的强制解冻主要利用人工能源(燃料、地热、电能、物理性质等)进行解冻，人工冻土强制解冻原理与天然冻土强制解冻基本相似，主要强调人工行为对冻结壁解冻的干预性，即在一定的时间条件下通过人工施加热能对人工冻结壁进行后期人工解冻。强制解冻分为直接强制解冻法和间接强制解冻法，直接强制解冻法主要利用喷射热盐水及蒸汽的方法，防止盾构机在穿越人工冻结形成的加固体过程中盾构机刀盘和盾壳被抱死，它可以达到迅速局部解冻的目的。间接强制解冻主要是利用已有的冻结管，将冻结管中的低温冷盐水换成高温热盐水，利用部分原来冷盐水的冻结循环系统，进行热盐水循环，使冻结土体的温度逐渐上升，使土体中的冰融化，达到解冻土体的目的。在间接强制解冻过程中还要注意及时跟踪注浆控制沉降。盾构始发与接收端头和联络通道形成的冻结加固体需根据不同的工况选择适当的解冻方式，工程中通常采取人工间接强制解冻法。

盾构始发与接收时，水平冻结壁人工强制解冻过程如图 1.5 所示。热水循环强制解冻过程可分为两个阶段。第一阶段：从冻结管热盐水循环开始，此时由于冻结管中循环热水提供热量，在解冻管四周开始形成环形解冻锋面，但彼此没有交圈。在解冻圆柱内的融土区和其余冻土区，发生热传导。而在边界 1 附近冻土和管片的热物理变化与自然解冻初期相同，在解冻初期，边界 2 上由于内侧冻土温度低，冻土可能还会略微向外扩展。第二阶段：随着解冻锋面的扩展，各个解冻圆环开始相交，这一过程类似于冻结时的冻土圆柱交圈。随后解冻锋面开始整体向两侧扩展，其中内侧的解冻面很快与自然解冻锋面相遇，完成了解冻管布置圈径至隧道管片之间冻土的解冻过程，外侧解冻锋面不断向边界 2 推进直至完全解冻。

由于解冻管管壁很薄，加上金属的导热系数很大，热盐水循环开始不久后管壁温度立刻上升。热盐水循环一定时间后，解冻管管壁吸收的热量即可忽略不计，因此从管内热盐水到解冻管内壁之间的热对流换热以及从解冻管内壁高温侧到外壁低温侧的热量传

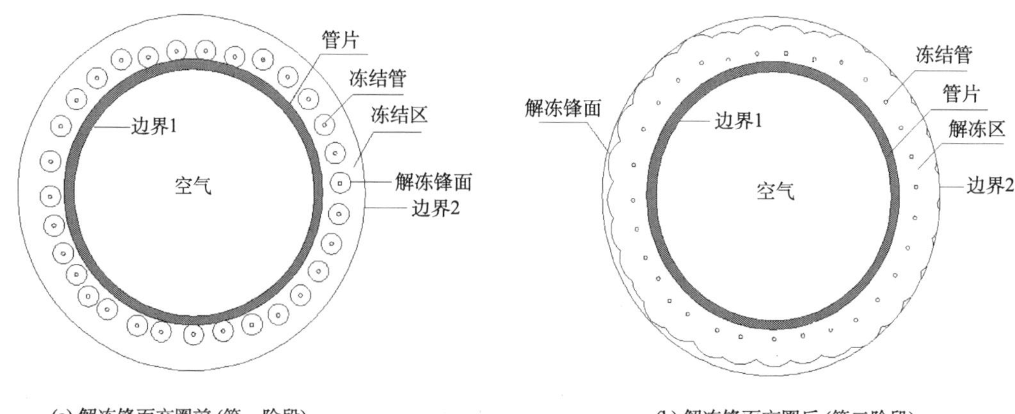

图 1.5 人工强制解冻两阶段温度场示意图

导不在本模型讨论范围之内。在冻结管外壁与其接触的冻土处发生圆管热传导，解冻锋面未交圈前[图 1.5(a)]，解冻区与冻土区在柱坐标系下的导热方程为：

$$\frac{1}{R}\frac{\partial}{\partial R}\left(R\frac{\partial T_i}{\partial R}\right)=\frac{1}{\alpha_i}\frac{\partial T_i}{\partial t} \tag{1.24}$$

式中：R 为计算点至解冻管中心距离；T_i 为土体温度，$i=1$ 时为解冻区温度；$i=\mathrm{s}$时为冻结区温度；α_i 为导温系数，$i=1$ 时为融土导温系数，$i=\mathrm{s}$ 时为冻土导温系数；t 为计算点时间。

在每个解冻圆柱产生的相变界面 $s(t)$上，有：

$$T_{\mathrm{s}}=T_{1}=T_{\mathrm{f}} \tag{1.25}$$

$$\lambda_{\mathrm{s}}\frac{\partial T_{\mathrm{s}}}{\partial R}-\lambda_{1}\frac{\partial T_{1}}{\partial R}=\rho L\frac{\mathrm{d}s(t)}{\mathrm{d}t} \tag{1.26}$$

式中：λ_{s}、λ_{1} 分别为固相区和液相区导热系数，W/(m·K)；T_{s}、T_{1} 分别为固相区和液相区的温度，℃；ρ 为密度，kg/m^3；L 为潜热，kJ/kg。

在边界 2 上内侧冻土区与外侧融土区发生热传导，在边界 1 上存在隧道内空气与混凝土管片间的热对流。

当解冻圆柱交圈后[图 1.5(b)]，在解冻管周围仍然为圆管导热，但由于各个解冻圆柱的交圈，此时由强制解冻产生的多个解冻锋面融合为两个解冻锋面，在相变界面上发生的热学过程如式(1.25)和式(1.26)。解冻管内侧形成的解冻锋面与由边界 1 管片散热形成的解冻锋面相遇，而解冻管外侧形成的解冻锋面则向边界 2 推进，完成外侧冻土区解冻。

1.4.3 冻结壁形成有效厚度计算

1. 冻结壁厚度理论计算方法

由于冻结管在轴向的尺寸较径向大得多，在轴向的热传导相对于径向弱得多，因此单管冻结温度场可简化为平面导热问题，分析模型如图 1.6 所示。

冻结壁厚度指地层温度已达到起始冻结温度区域的厚度，工程实践中常在冻结管圈径外侧布置测温点，并以此依据判断外侧冻结圆柱半径大小，常见的冻结圆柱半径的计算公式见式(1.27)：

$$r_2 = \exp\left(\frac{T_1 \ln r - T \ln r_1}{T_1 - T}\right) \tag{1.27}$$

式中：r_2 为冻结圆柱半径，m；T_1 为回路盐水温度,℃；r 为某一深度处测温孔离冻结管的距离，应考虑测温孔及冻结孔的偏斜，m；r_1 为冻结管内半径，m；T 为测温孔温度,℃。

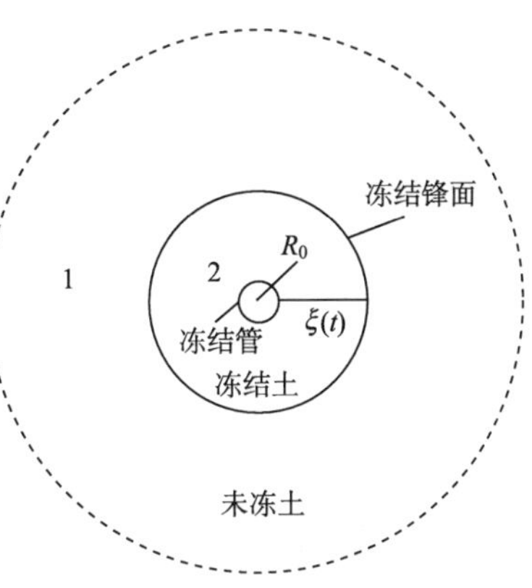

图 1.6 单管导热温度场分析模型

某冻结条件下，单管冻结距圆管不同距离处温度分布曲线见图 1.7。

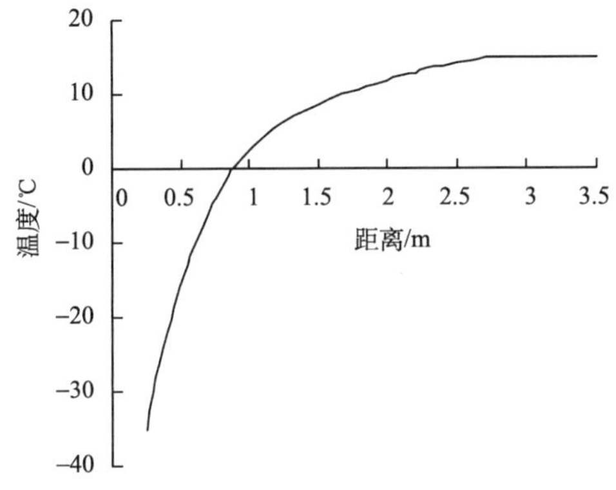

图 1.7 单管冻结温度场分布曲线

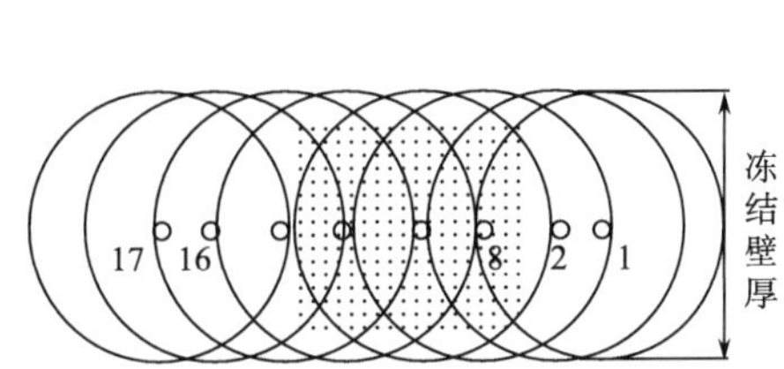

图 1.8 冻结壁交圈示意图

以某测温孔温度为依据，计算冻结圆柱半径，不考虑冻结孔与测温孔之间的偏斜，理想状态下冻结壁交圈图如图 1.8 所示，以此确定冻结壁厚度。实际工程中往往测温孔及冻结孔是偏斜的，因此冻结孔和测温孔施工完后必须进行测斜，以便按考虑测温孔及冻结孔的偏斜最不利条件下来计算冻结壁的有效厚度。

2. 冻结壁有效厚度的数值确定方法

在冻结管长度范围内冻结冷量沿冻结管轴线向四周扩展，除了用冻结圆柱半径推算冻结壁厚度之外，也可以通过数值计算方法确定冻结壁有效厚度。

在指定位置定义计算路径，在路径上等间距定义足够多的点，将计算出的温度映射到指定的路径上，对所有点进行逐一判断，当该点温度低于地层起始冻结温度时，可认为地层已冻结。确定温度符合要求的区域范围，以此判断比较精确的冻结壁有效厚度，确定方法如图 1.9 所示。

计算过程如下：

设整个路径的长度为 S，路径与水平轴之间的夹角为 α，整个路径共被分为 n 份，

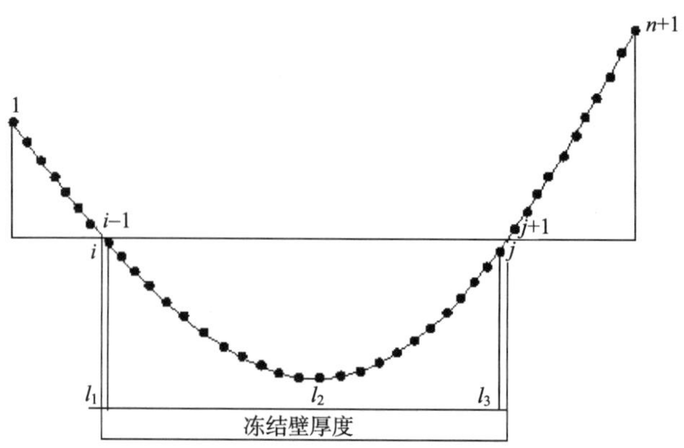

图 1.9　冻结壁有效厚度确定方法

则路径上共有 $n+1$ 个点。冻结壁厚度为 $E=l_1+l_2+l_3$。

通过计算可知从 i 到 j 点的温度低于冻结温度 t_d，i 到 j 点之间的距离：

$$l_2=(j-i)\cdot\frac{n}{S} \tag{1.28}$$

l_1、l_3 可利用三角形的相似原理求出。

$$l_1=\frac{V(i-1)}{V(i-1)-V(i)}\cdot\frac{S}{n} \tag{1.29}$$

$$l_3=\frac{V(j+1)}{V(j+1)-V(j)}\cdot\frac{S}{n} \tag{1.30}$$

则

$$E=\left[(j-i)+\frac{V(i-1)}{V(i-1)-V(i)}+\frac{V(j+1)}{V(j+1)-V(j)}\right]\cdot\frac{S}{n} \tag{1.31}$$

以盾构隧道端头水平杯型冻结为例，实际冻结壁发展轮廓见图 1.10，上述确定冻

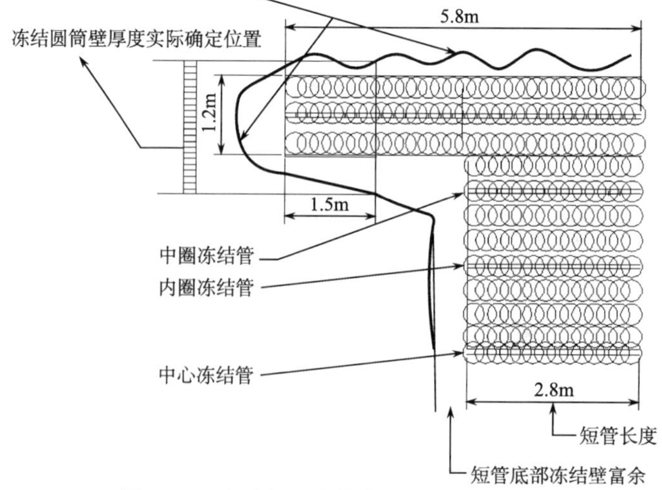

图 1.10　水平杯型冻结冻结壁发展示意图

结壁有效厚度的方法对于水平冻结圆筒壁来说更为保守，因为实际温度场发展时，影响冻结管布置圈径内侧地层温度的冻结管数量多，冻结壁外侧仅受外圈冻结管影响，因此冻结管布置圈径内侧地层温度较外侧下降更快。实际工程中应考虑冻结管布置圈径内、外地层冻结效果差异，以圆筒壁长度中间部位处两侧冻结壁厚度之和为依据来确定圆筒壁的有效厚度。

1.4.4　冻结壁形成平均温度计算

1. 解析公式

在冻结方案设计、冻结工程施工管理和冻结壁安全状态评判中，冻结壁的平均温度是一个必不可少的基本参数。在冻土工程的力学计算中，往往把冻结壁简化成均匀介质，其力学参数采用平均值。由于冻土力学参数是其温度的函数，故冻土力学参数的确定、冻结壁承载力的评估和安全状态评判都有赖于平均温度，人工地层冻结工程中，单排管冻结、双排管、多排管冻结均经常被采用。其中，单排管冻结温度场、平均温度的研究是人工地层冻结理论的重要部分，也是研究多排冻结管的基础。目前单排管冻结壁平均温度的计算方法的研究取得了一系列成果。冻结壁平均温度有多种解释，有指冻结壁上某一确定横截面上沿冻结壁厚度方向温度分布的平均值(与计算截面和冻结管的相对位置有关)，也有指整个冻结壁的平均温度。

当力学计算中假设冻结壁为均质的力学材料时，一般用整个冻结壁的平均温度；当需要考察某一特定横截面时，则平均温度指某一确定横截面上沿冻结壁厚度方向温度分布的平均值。如当考察冻结壁与结构之间的封水性能时，则考虑冻结壁与结构交接面上冻结壁厚度范围的平均温度。

根据平均温度定义(图 1.11)[132]：

$$\bar{T}=\frac{1}{V}\int_{V}T\,\mathrm{d}v \tag{1.32}$$

式中：$\bar{T}$ 为体积 V 中的平均温度,℃；V 为体积，m^3；$\mathrm{d}v$ 为微元体，m^3。

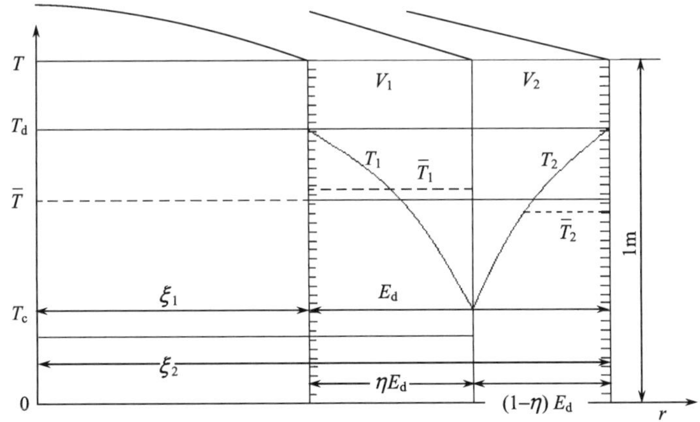

图 1.11　圆管冻结壁内平均温度

圆管壁内平均温度为：

$$\bar{T}=T_1+\frac{T_2-T_1}{\left(\frac{r_2}{r_1}\right)^2-1}\left[\left(\frac{r_2}{r_1}\right)^2\left(\ln\frac{r_2}{r_1}-\frac{1}{2}\right)+\frac{1}{2}\right] \tag{1.33}$$

冻结壁内侧的平均温度：

$$\overline{T_1}=T_d+\frac{T_c-T_d}{\left(\frac{\xi_1+\eta E_d}{\xi_1}\right)^2-1}\left[\left(\frac{\xi_1+\eta E_d}{\xi_1}\right)^2\left(\ln\frac{\xi_1+\eta E_d}{\xi_1}-\frac{1}{2}\right)+\frac{1}{2}\right] \tag{1.34}$$

冻结壁外侧的平均温度：

$$\overline{T_2}=T_c+\frac{T_d-T_c}{\left(\frac{\xi_2}{\xi_1+\eta E_d}\right)^2-1}\left[\left(\frac{\xi_2}{\xi_1+\eta E_d}\right)^2\left(\ln\frac{\xi_2}{\xi_1+\eta E_d}-\frac{1}{2}\right)+\frac{1}{2}\right] \tag{1.35}$$

将冻结壁内、外两侧加权平均得到冻结壁内的平均温度：

$$\bar{T}=\frac{V_1\bar{T}_1+V_2\bar{T}_2}{V_1+V_2} \tag{1.36}$$

式中：$\bar{T}$ 为冻结壁中的平均温度；V_1、V_2 为冻结壁内、外侧(沿轴向 1m 长)的体积，m^3；$\bar{T}_1$、$\bar{T}_2$ 为冻结壁内、外侧的平均温度,℃；T_d、T_c 为岩土的冻结温度及盐水温度,℃，当某一冻结壁面不是冻结锋面，而是与结构接触的界面时，如端头加固时垂直冻结冻土壁与维护结构的接触面，T_d 采用界面温度；ξ_1、ξ_2 为冻结壁内、外侧面的坐标，m；E_d 为冻结壁厚度，m；η 为冻结壁内侧向井心的扩散系数，一般 $\eta=0.55\sim0.60$，若是平面冻结壁则 $\eta=0.5$。

2. 巴霍尔金公式

巴霍尔金认为，由于冻结过程中冻结壁交圈后的波浪形表面很快会被填满，冻结壁侧表面可以用平面来代替，他在热力和水力相似原理的基础上，得到了单排管直线冻结壁交圈后温度场分布的解析解(假设地层起始冻结温度为 0℃)[133]。

巴霍尔金温度场解析解公式：

$$T(x,y)=\frac{T_c\left\{\left[\frac{\pi\xi}{l}-\frac{1}{2}\ln\left[2\left(\mathrm{ch}\,\frac{2\pi}{l}y-\cos\frac{2\pi}{l}x\right)\right]\right]\right\}}{\ln\frac{l}{2\pi r_0}+\frac{\pi\xi}{l}} \tag{1.37}$$

式中：$T(x, y)$为点(x, y)的冻土温度；T_c 为冻结管外表面的温度；l 为冻结管圆心的距离；ξ 为冻土半径；r_0 为冻结管的外半径。

巴霍尔金平均温度计算公式：

$$T_{cp}=\frac{2}{\xi l}\int_0^{\frac{l}{2}}\int_0^{\xi}T(x,y)\mathrm{d}y\mathrm{d}x \tag{1.38}$$

该公式求解非常复杂，不适合在工程中使用，但可以通过不同方法对公式进行简化处理。

3. 成冰公式

陈文豹等在煤矿井筒冻结法施工大量实测数据基础上，总结回归得到了单排管冻结壁平均温度的计算公式[134]：

$$T_{cp}=T_c\left(1.135-0.352\sqrt{l}-\frac{0.875}{\sqrt[3]{E}}+0.266\sqrt{\frac{l}{E}}\right)-0.466 \tag{1.39}$$

式中：T_{cp}为冻结壁的平均温度；T_c为冻结管外壁温度；E为冻结壁厚度，m；l为冻结管间距，m。

在用成冰公式计算双排管冻结壁平均温度时，常在原始成冰公式的基础上增加一项附加温度，该附加温度取值为：－1.5～－2.5℃。

成冰公式广泛应用于人工地层冻结法的冻结壁平均温度计算，冻结壁的平均温度是判别冻结壁是否具有足够强度的指标，影响着对冻结法施工进程的控制。目前国内工程界依旧广泛使用“成冰”公式来计算各种冻结管形式的冻结壁平均温度，但实际工程中这种方法的准确度不高。成冰公式计算冻结壁平均温度的结果与实际情况有定性规律上的出入，如实际冻结壁平均温度随冻结管间距减小而降低，但成冰公式却相反。因此尤其当冻结管间距较小时，成冰公式计算结果误差很大。

4. 多排管冻结壁平均温度计算

由于工程实践需要，多排管冻结壁被广泛应用于大水流地层盾构始发与接收端头地基加固中，常见多排管布置方式如图 1.12 所示。

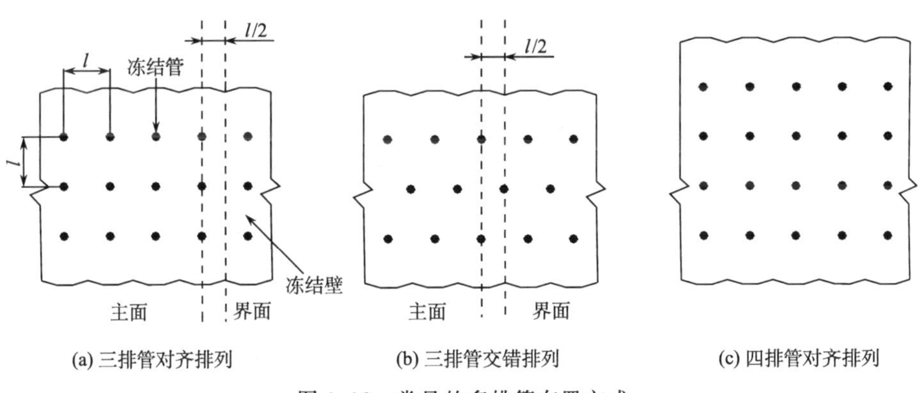

图 1.12 常见的多排管布置方式

以六排管为例，冻结壁平均温度计算方法如图 1.13 所示[135]，将冻结管大于三排的多排冻结管冻结温度场分为中间区域（格子阴影区）和两侧冻结区（斜线阴影区），研究结果表明中间冻结区温度变化不大且接近于冻结管温度 T_c，且随着冻结管排数增加越来越接近 T_c，在计算平均温度时，将中间区域等效为矩形，两侧冻结区按照等效梯形法计算。由于三排冻结管时中间区域不存在，因此可以按照式(1.40)来计算三排管乃至多排管冻结壁平均温度。

$$T_{k}=\frac{T_{c}}{\ln\frac{l}{2\pi r_{0}}+\frac{2\pi\xi}{l}}\times\left[\frac{\pi(2\xi+L)}{l}-\ln\left(2\text{ch}\frac{\pi L}{l}\right)-\left(\frac{8L}{l}\right)^{0.25}+\left(\frac{\xi}{l}\right)^{0.25}\right]\quad(1.40)$$

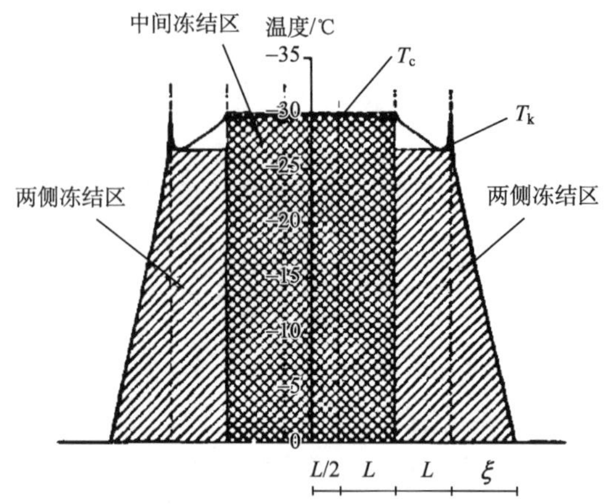

图 1.13　多排管(以六排管为例)冻结壁平均温度计算

冻结壁设计中，应首先考虑尽量降低冻结壁平均温度，以提高冻结壁整体强度与刚度，实现控制冻结壁变形的目的。只有在冻结壁降温对提高冻土强度影响甚小，或现有技术条件无法继续降低冻结壁温度时，才适合通过增大冻结壁厚度提高冻结壁的强度与刚度。

2 浅表土人工冻土物理力学性能

2.1 长江三角洲地区软弱地层简介

目前，上海、杭州、南京、苏州等长江三角洲(下文简称“长三角”)城市地铁建设俨然走在了全国前列，然而长三角地区的地层条件比较复杂，盾构隧道施工面临着严峻形势，尤其是软土地层和富含水砂层。城市地铁建设的高潮中，各种工程事故亦是频发。如南京地铁10号线过江隧道主要穿越粉砂、粉细砂，地层渗透系数大、地下水压力高和地层承载能力差。上海地铁2号线，隧道穿越的地层多属于饱和含水的流塑或软土黏土层，具有孔隙比大、压缩性高、含水率高、灵敏度高、抗剪强度低、渗透系数低等工程特点。杭州地铁1号线，隧道推进主要穿越淤泥质粉质黏土、粉土和粉砂，振动易液化，易坍塌变形，在地下水作用下易产生流砂。淤泥质粉质黏土具高压缩性、低强度、弱透水性、高灵敏度、易产生流变和触变现象，工程性质较差。

表2.1给出了部分长三角城市地铁所穿越的地层，表2.2给出了地铁穿越典型土层的基本指标。

表2.1 部分长三角城市地铁穿越典型土层汇总表

城市	地铁穿越土层	备注
南京	淤泥质粉质黏土，粉砂夹粉土，粉质黏土，粉土，粉砂	地铁1号线
	粉质黏土，粉砂，粉土	地铁2号线
	粉质黏土，粉砂，黏土	地铁4号线
	粉砂，粉细砂	地铁10号线
苏州	黏土，粉土，粉砂，淤泥质黏土	地铁2号线
常州	粉土，粉砂	地铁1号线
宁波	粉质黏土，粉土，粉砂，淤泥质粉质黏土	地铁2号线
上海	淤泥质黏土，黏土，粉质黏土	地铁2号线
	粉砂，粉质黏土	地铁4号线

表2.2 部分长三角城市地铁穿越典型土层基本指标汇总表

土层	宁波		南京		苏州		常州		上海	
	密度/(g/cm^3)	含水率/%	密度/(g/cm^3)	含水率/%	密度/(g/cm^3)	含水率/%	密度/(g/cm^3)	含水率/%	密度/(g/cm^3)	含水率/%
粉砂	1.91～2.03	23.9～31.3	1.70～2.13	18.3～35.3	1.86～1.98	21.0～26.6	1.89～2.00	23.1～29.7	1.83～1.91	25.1～29.0

续表

土层	宁波		南京		苏州		常州		上海	
	密度/(g/cm³)	含水率/%	密度/(g/cm³)	含水率/%	密度/(g/cm³)	含水率/%	密度/(g/cm³)	含水率/%	密度/(g/cm³)	含水率/%
粉土	1.87～1.93	31.4～35.2	1.75～2.06	20.6～37.3	1.90～1.96	21.6～30.2	1.89～1.99	26.3～33.7	—	—
淤泥质粉质黏土	1.72～1.83	40.6～51.4	1.79～2.02	21.4～46.9	1.85～1.96	24.0～36.5	—	—	1.75～1.89	38.6～45.4
粉质黏土	1.74～2.01	30.2～54.2	1.76～2.11	19.1～42.4	—	—	1.89～2.08	23.6～34.6	1.8～1.94	27.2～36.2
黏土	1.71～2.08	22.0～49.6	—	—	1.84～1.95	26.4～35.7	1.95～2.04	23.4～38.6	—	—

2.2 人工冻土热物理特性

2.2.1 土体起始冻结温度

冻结温度的研究对冻结壁设计有重要意义。当温度降到 0℃时纯水会结冰，实际上土中水溶解很多物质，土中冰点降低；此外，当温度降至冰点水发生相变时产生大量相变潜热，融化了刚生成的冰晶。土体起始冻结温度即土体结冰温度，受土质、含水率、干密度、冻融循环等因素影响，往往低于 0℃，因此人工冻结工程不能以 0℃作为判断土体冻结的标志。

1. 试验原理与方法

参照《土工试验方法标准》(GB/T50123—1999)中冻结温度试验原理与方法，该装置主要由零温瓶、低温瓶、塑料管、试样杯和温度采集系统组成，自动连续采集并连续记录试样降温过程中每个时间间隔的温度。起始冻结温度装置如图 2.1 所示。

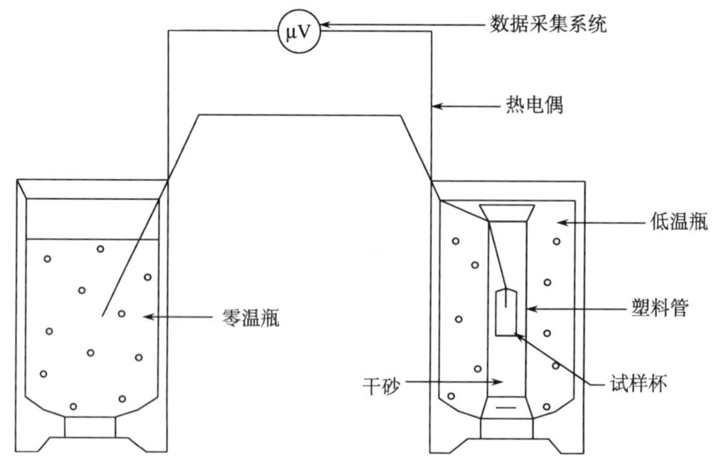

图 2.1 起始冻结温度试验装置示意图

2. 土体起始冻结温度曲线

图 2.2 为起始冻结温度测定时的试样降温曲线。

试样降温曲线分为五个阶段：

AB：冷却段。试样接受冻结初期，温度逐渐降至结冰点附近。

BC：过冷段。水与固体颗粒之间存在吸附作用，自由水尚未结冰，试样呈现过冷状态。

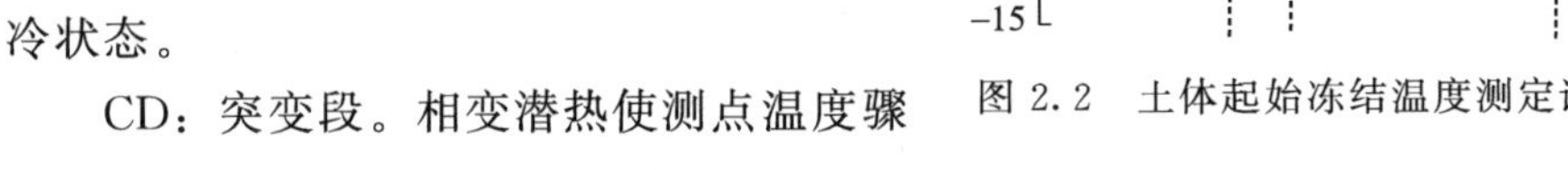

图 2.2 土体起始冻结温度测定试样降温曲线

CD：突变段。相变潜热使测点温度骤然上升。突变后的 D 点所对应的温度即土体起始冻结温度。

DE：冻结段。冷量与相变潜热平衡后试样温度开始稳定，土中大部分水开始结冰，土颗粒逐渐被胶结形成冻土。

EF：继续降温段。自由水结冰后，试样已完全冻结，但冷量继续供应，试样温度继续下降。

3. 不同因素对起始冻结温度的影响

1）土质的影响

相同含水率条件下，含水率 $\omega=24\%$时，淤泥质黏土、淤泥质粉质黏土、粉砂起始冻结温度分别为－0.65℃、－0.55℃、－0.30℃。各种土质起始冻结温度均低于 0℃，一是水中矿物成分增大了溶液浓度，使水的冰点降低；二是固体颗粒矿物成分所致。相同含水率、不同土质起始冻结温度差异较大，淤泥质黏土最低，说明土质变化对不同土质的起始冻结温度影响较为明显。相同含水率条件下粉砂中自由水含量高于淤泥质粉质黏土的自由水含量，同时矿物成分的差异导致土中水矿物浓度不同，因此不同土质起始冻结温度不同。

2）含水率的影响

表 2.3 给出了起始冻结温度与含水率关系式。

表 2.3 冻结温度与含水率关系式

土质	水质	关系式
淤泥质黏土	自来水	$\theta=0.2209\omega-8.033$
淤泥质黏土	去离子水	$\theta=0.0610\omega-2.616$
淤泥质粉质黏土	自来水	$\theta=0.0373\omega-2.439$
淤泥质粉质黏土	去离子水	$\theta=0.0683\omega-2.770$
粉砂	自来水	$\theta=0.0287\omega-2.220$
粉砂	沸腾后冷却水	$\theta=0.0525\omega-2.184$

注：θ 表示土体冻结温度

从表 2.3 可知，使用自来水时，三种土质起始冻结温度随含水率增加，增长的大小顺序为：淤泥质黏土＞淤泥质粉质黏土＞粉砂。使用去离子水时，淤泥质黏土和淤泥质粉质黏土冻结温度随含水率增长趋势基本相当。这是因为含水率大小直接影响土中自由水含量和矿物浓度：含水率大，自由水含量相对较多，土中盐分被稀释，起始冻结温度升高；含水率小，自由水含量少，土中盐分浓度相对增加，起始冻结温度降低。

3）含盐量的影响

地下水沿地层孔隙运动时，携带可溶物质，含有较多化学成分，常以离子、化合物、分子以及游离气体状态广泛分布在地下水中。起始冻结温度试验中含盐量特指试样中外加 NaCl，忽略土质及水质矿物成分影响。表 2.4 给出了淤泥质黏土、粉砂的起始冻结温度与含盐量之间关系。

表 2.4　起始冻结温度与含盐量关系

土质	含水率/%	关系式
淤泥质黏土	28	$\theta=-3.171\xi-0.8575$
粉砂	24	$\theta=-4.066\xi-0.754$

盐分对粉砂冻结温度影响较大，起始冻结温度随含盐量增加直线降低。盐分浓度每增加 1.0mol/L，淤泥质黏土冻结温度降低约 3.2℃，粉砂冻结温度降低约 4.1℃，外界盐分的增加对粉砂起始冻结温度影响较大。这是因为粉砂颗粒较粗，粉砂中水分多以自由水状态存在，水分与固体颗粒的胶结能力与淤泥质黏土相比相对较弱。

地下水中含有一定矿物成分，使其含盐量增加，结冰点降低，即地层起始冻结温度降低，若地层属盐渍土或受盐水侵害时，起始冻结温度将更低。因此人工冻结工程处在富含化学物质的地层或受盐水侵害时，相同冻结冷量下土中水冻结需要的温度更低，形成冻结壁有效厚度的时间更长，或者相同冻结时间的冻结壁厚度较小。所以在盐分较高地层中开展人工冻结时，应延长冻结时间，确保冻结效果。

4）干密度的影响

对淤泥质黏土进行相同含水率、不同干密度的起始冻结温度试验。结果表明干密度不同，试样起始冻结温度基本相同，亦有资料表明干密度对起始冻结温度影响不大。理论上，干密度变化仅使土中孔隙体积发生变化，未对冰晶核的生长产生明显影响，由此可知地层密实状态并不控制冻结效果。

5）冻融循环的影响

将试样放入低温环境（－15℃）中，冻结 24h 后取出试样，常温环境下使其完全融化，对淤泥质黏土试样进行 0～4 次冻融循环，测量冻融后试样的起始冻结温度，不考虑冻融循环引起的水分迁移和冻胀融沉影响，结果如表 2.5 所示。

表 2.5 冻融循环作用后淤泥质黏土起始冻结温度数据一览表

试样编号	冻融循环次数	含水率/%	冻结温度/℃
1	0	42.17	−0.47
2	1	42.06	−0.51
3	2	41.98	−0.43
4	3	41.52	−0.43
5	4	40.88	−0.37

表 2.5 表明，每经历一次冻融循环，试样含水率略有减小，但变化不明显。经 4 次冻融循环后，试样起始冻结温度变化不大，冻融前后起始冻结温度差异可认为含水率差异所致。冻融过程改变了土颗粒间结构连接及排列方式，冻融循环破坏了土体结构，使物理力学性质发生了变化。如干密度较大时，随冻融次数增加，土颗粒、水分、冰间黏聚力变小，土体相对疏松，密度呈降低趋势；干密度较小时，反复冻融则增加了土的密实程度；若地层孔隙率较大，反复循环将使地层变得更加密实。地层经冻融循环后不可能回到初始状态，即冰晶膨胀造成的孔隙增加在其反复冻结融化后并不能恢复到原始状态，从而改变了土的结构，因此反复冻融过程是土颗粒密度场、水分场、应力场重新排列的过程。但增加冻融循环次数并未明显影响干密度变化，也对起始冻结温度影响不大。

4. 长三角地区典型土层起始冻结温度

表 2.6 给出了长三角地区典型土层的起始冻结温度。

表 2.6 长三角地区部分城市典型土层冻结温度

土质	不同地区起始冻结温度/℃				
	宁波	南京	苏州	常州	上海
粉砂	−0.26～−0.73	−0.47～−0.54	−0.42～−0.51	−0.56～−1.02	−0.46～−1.00
粉土	−0.23～−0.81	−0.23～−0.26	−0.21～−0.37	−0.55～−1.13	—
淤泥质粉质黏土	−0.43～−0.55	0.48～0.62	−0.36～−0.48	—	—
粉质黏土	−0.28～−0.95	−0.34～−0.58	—	−0.78～−1.06	−0.10～−1.20
黏土	−0.57～0.75	—	−0.44～−0.53	−0.68～−1.29	—

2.2.2 导热系数

导热系数反映物质热传导能力，是物质基本热物性的重要参数之一。土体导热系数是表示土体导热能力的指标，也叫热导率。其定义为：在物体内部垂直于导热方向取两个相距 1m、面积为 $1m^2$ 的平行平面，若两个平面的温度相差 1K，则在 1 秒内从一个平面传导至另一个平面的热量就规定为该物质的导热系数[W/(m·K)]。导热系数的物理含义可按式(2.1)表达：

$$\lambda = \frac{QL}{S(T_2 - T_1)t} \tag{2.1}$$

式中：λ 为导热系数，W/(m · K)；Q 为通过的热量，J；L 为土层厚度量，cm；S 为热流通过面积，cm^2；$T_2 - T_1$ 为土层相对应的两个面的温度差，K；t 为热流通过的时间，s。

1. 含水率对导热系数的影响

1）常温土导热系数

淤泥质黏土、淤泥质粉质黏土、粉砂三种土质的导热系数与含水率关系表明(图 2.3)：常温时不同土质导热系数均随含水率增加基本呈线性规律增大，且增长速率随含水率变化而不同。随含水率增加，土中导热性较差的气体含量逐渐减少，以固体颗粒导热为主的热传导逐渐转变为以水导热为主，且水分增加了矿物颗粒骨架之间的联系，颗粒间接触点上出现的水膜减小了颗粒间的接触热阻，土的有效热传导能力增强。当含水率较大时土体导热系数在理论上将趋于固定值，该值与含水程度、固体颗粒的成分及比例相关。

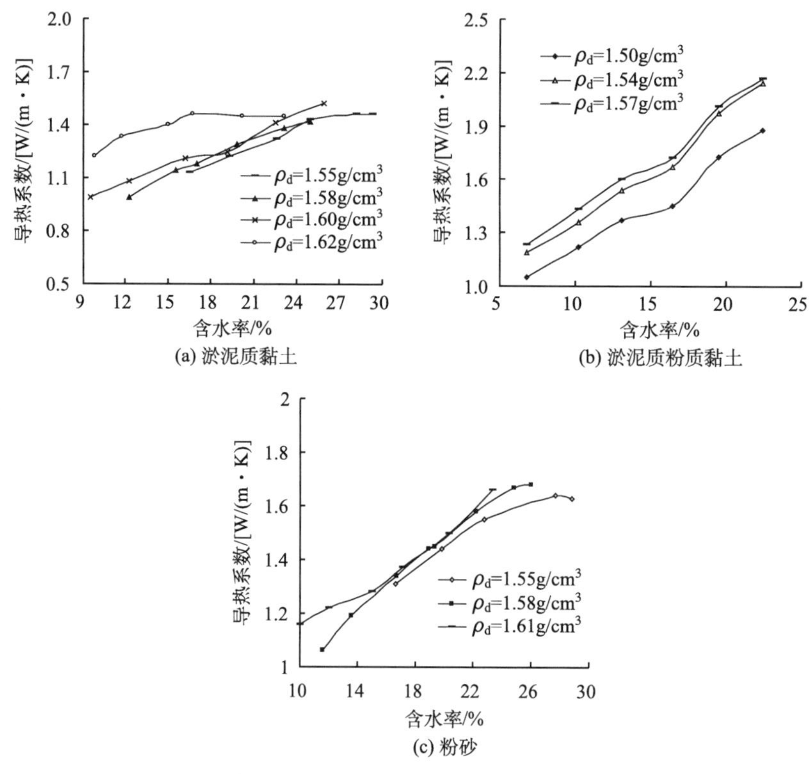

图 2.3　常温时不同土质含水率与导热系数关系曲线

2）冻土导热系数

冻土导热系数随负温降低略有增大，但增长率极小，温度变化 1℃，导热系数变化率小于5‰，因此一般人工冻结工程只考虑地层的冻结、融化状态，忽略温度影响。由于人工冻结工程中常见冻结壁设计平均温度多为－10℃，图2.4给出了－10℃冻结后冻土导热系数与物理指标的关系曲线，多数情况下导热系数随含水率增大而线性增大。

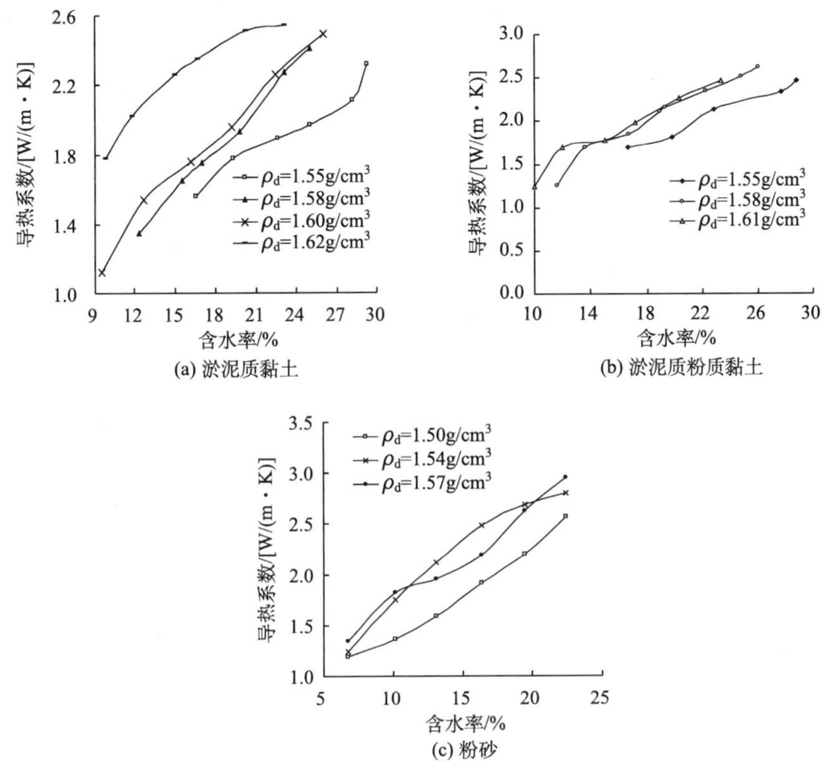

图2.4　－10℃时不同土质含水率与导热系数关系曲线

土质相同，黏性土含水率≤10%时，冻结后导热系数与常温土相比增加不大，且随含水率增大，导热系数呈线性规律增加，但增加速率不同，这种现象在淤泥质黏土干密度较大时较为明显；而干密度较小时导热系数变化规律与此相反，含水率越大，导热系数增长速度越大。土中矿物成分间导热系数差别较大，固体颗粒导热系数通常在1～5之间变化，而水、气导热系数分别为0.5和0.024，无论土体是否处于冻结状态，土体导热系数除与传导性差的空气含量有关之外，主要依赖于土颗粒的联结以及与水之间结合程度的属性变化及水膜界面的特性。

冻土导热系数主要由冰和固体颗粒的导热系数组成，含水率越小，常温土导热系数越依赖于土中矿物颗粒的导热系数，而冻结对固体颗粒的导热性能影响不大，因此含水率较小时冻土与常温土导热系数差别不大。

2. 干密度对导热系数的影响

研究表明含水率(ω)相同时，非饱和土导热系数随干密度增加而增大，且由于水的成冰作用，冻结后干密度对导热系数的影响大于冻结前影响(图2.5)。

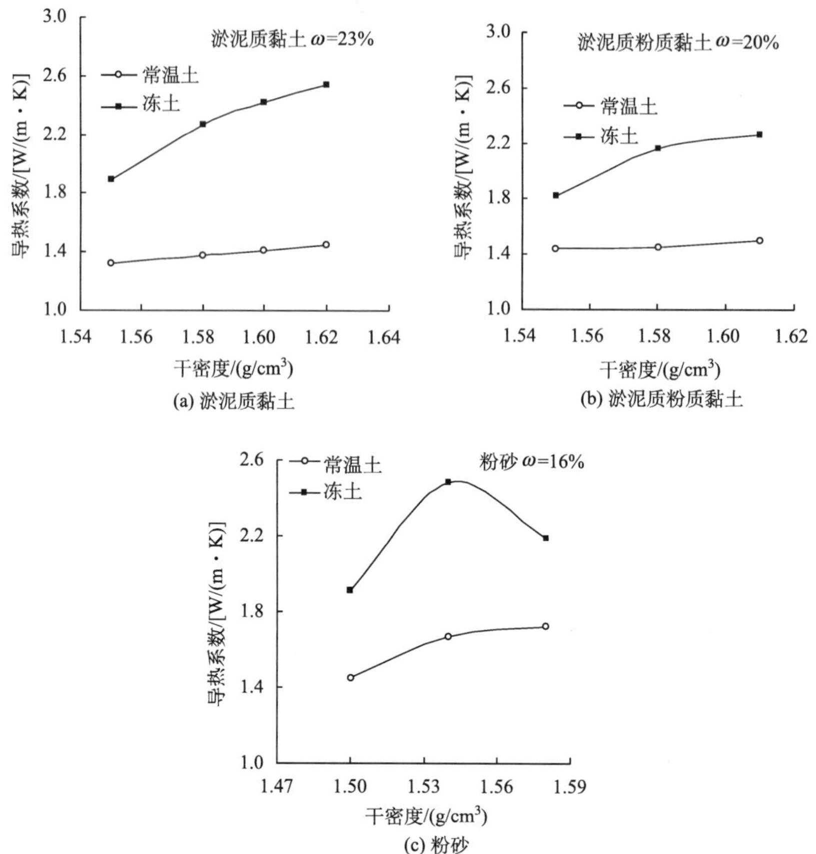

图 2.5　不同土质干密度与导热系数关系曲线

冻结前淤泥质黏土干密度每增加 0.01g/cm^3，导热系数平均增加 0.02W/(m·K)；经−10℃冻结后平均增加 0.05W/(m·K)。冻结前淤泥质粉质黏土干密度每增加 0.01g/cm^3，导热系数增加 0.01 W/(m·K)，冻结后平均增加 0.07 W/(m·K)。冻结前粉砂干密度每增加 0.01g/cm^3，导热系数平均增加 0.03 W/(m·K)，冻结后平均增加 0.15 W/(m·K)；但粉砂干密度＞1.54g/cm^3 后，导热系数随干密度增加反而呈减小趋势，说明对无黏性土导热系数随干密度变化存在最佳干密度。

常温或冻结条件下不同土质的导热系数随干密度增加而增大，干密度增加，单位体积土中矿物颗粒数量增多，颗粒之间接触越紧密，孔隙及气体相对减少，而土体骨架的导热系数远远大于孔隙中充填物(水和气)的导热系数，因此干密度越大越有利于温度传导，导热系数越大；冻结后土中部分水结冰影响土层导热系数，使导热系数与干密度之间的关系更为复杂。粉砂颗粒较粗，当含水率确定时，干密度增加到一定值后水与固体颗粒之间的联结加强，参与冻结的自由水含量相对减少，水的成冰作用被削弱，导热系数减小。

3. 长三角地区典型土层不同温度下的导热系数

表 2.7 给出了长三角地区典型土层不同温度下的导热系数。

表 2.7 长三角地区部分城市典型土层导热系数

土质	导热系数/[W/(m·K)]									
	宁波		南京		苏州		常州		上海	
	常温	−10℃	常温	−10℃	常温	−10℃	常温	−10℃	常温	−10℃
粉砂	1.5～1.7	1.6～1.9	1.4～1.6	1.6～2.1	1.4～1.6	1.7～2.2	1.6～2.0	1.8～2.5	1.5～2.2	2.4～2.9
粉土	1.4～1.6	1.6～1.8	1.3～1.5	1.5～1.7	1.4～1.7	1.8～2.1	1.4～1.9	2.0～2.1	1.1～1.4	2.1～2.2
淤泥质粉质黏土	1.2～1.3	1.4～1.5	1.1～1.4	1.9～2.1	1.3～1.8	1.9～2.2	—	—	1.0～1.2	2.2～2.4
粉质黏土	1.3～1.6	1.5～1.9	1.3～1.6	1.7～2.2	—	—	1.5～1.7	1.8～2.3	1.4～1.6	2.1～2.2
黏土	1.2～1.4	1.3～1.6	—	—	1.5～1.7	2.0～2.3	1.5～1.7	2.0～2.3	1.1～1.3	2.1～2.2

2.2.3 比热容

单位质量物质温度改变 1K 需要吸收(或放出)的热量称为比热容，简称比热。国际单位制中，比热的单位 J/(kg ·K)。比热容数学表达式见式(2.2)。

$$c=\frac{1}{m}\cdot\frac{\mathrm{d}q}{\mathrm{d}T} \tag{2.2}$$

式中：$\mathrm{d}q$ 为加入或放出的热量；$\mathrm{d}T$ 为物质温度的改变量。

已有试验表明，冻土的比热可按照其各物质成分的比热加权平均值计算：

$$c=\frac{c_{\mathrm{t}}+(\omega-\omega_{\mathrm{u}})c_{\mathrm{b}}+\omega_{\mathrm{u}}c_{\mathrm{s}}}{1+\omega} \tag{2.3}$$

式中：c 为冻土的比热容，J/(kg·K)；ω 为重量含水率,%；ω_{u} 为未冻水含水率,%；c_{t}、c_{b}、c_{s} 分别为土颗粒、冰和水的比热 J/(kg·K)。

表 2.8 给出了长三角地区典型土层不同温度下的比热容。

表 2.8 长三角地区部分城市典型土层比热容

土质	比热容/[kJ/(kg·K)]									
	宁波		南京		苏州		常州		上海	
	常温	−10℃	常温	−10℃	常温	−10℃	常温	−10℃	常温	−10℃
粉砂	1.0～1.1	1.1～1.2	1.1～1.3	1.2～1.3	1.0～1.2	12～1.4	1.0～1.1	1.0～1.2	0.9～1.1	1.3～1.6
粉土	0.9～1.1	1.1～1.2	1.1～1.2	1.0～1.2	1.0～1.1	1.1～1.3	1.0～1.2	1.2～1.3	1.0～1.1	1.3～1.6
淤泥质粉质黏土	1.1～1.2	1.2～1.3	1.0～1.2	1.3～1.5	1.1～1.3	1.2～1.3	—	—	1.2～1.4	1.7～2.0
粉质黏土	0.9～1.2	1.2～1.9	1.1～1.2	1.1～1.3	—	—	0.9～1.2	1.1～1.5	1.0～1.1	1.3～1.5
黏土	0.8～1.0	0.9～1.1	—	—	1.0～1.2	1.3～1.4	0.9～1.1	1.0～1.2	1.1～1.3	1.5～1.7

2.2.4 导温系数

导温系数是传热过程中的热惯性指标，反映在不稳定传热过程中温度变化速度，由式(2.4)求解：

$$\alpha = \frac{\lambda}{c\gamma} \tag{2.4}$$

式中：α 为冻土的导温系数，m^2/s；c 为冻土的比热，J/(kg · K)；γ 为冻土的重度，kg/m^3。

表 2.9 给出了长三角地区典型土层不同温度下的导温系数。

表 2.9 长三角地区部分城市典型土层导温系数

土质	导温系数/(m^2/s)									
	宁波		南京		苏州		常州		上海	
	常温	−10℃	常温	−10℃	常温	−10℃	常温	−10℃	常温	−10℃
粉砂	0.69~0.72	0.78~0.80	0.62~0.64	0.78~0.78	0.64~0.73	0.72~0.87	0.77~1.03	0.93~1.11	0.71~0.80	0.87~1.01
粉土	0.71~0.73	0.81~0.83	0.54~0.72	0.64~0.78	0.62~0.76	0.71~0.86	0.72~1.03	0.89~1.15	0.63~0.76	0.89~1.16
淤泥质粉质黏土	0.55~0.61	0.65~0.70	0.53~0.62	0.77~0.78	0.51~0.68	0.57~0.76	—	—	0.51~0.62	0.71~0.79
粉质黏土	0.62~0.76	0.61~0.82	0.59~0.67	0.72~0.89	—	—	0.67~0.95	0.96~1.06	0.55~0.80	0.88~1.02
黏土	0.57~0.73	0.66~0.84	—	—	0.48~0.60	0.53~0.67	0.77~0.96	0.86~1.08	0.69~0.72	0.77~1.01

2.3 人工冻土冻胀融沉特性

2.3.1 土体冻胀基本理论与试验方法

1. 冻胀基本理论

1）毛细理论

60 年代 Everett 提出了第一冻胀理论即毛细理论，认为地层冻结时存在一种抽吸力促使水分从未冻区向冻结区迁移，并在某处积聚成冰透镜体，这种抽吸力即为毛细压力；冻胀受热析出速度、孔隙大小、未冻土的渗透性及压缩性、冰透镜体所支撑的物质能量等因素影响，但毛细理论解释不了冻土中不连续冰透镜的形成，也低估了细颗粒土中的冻胀压力。

2）第二冻胀理论

Miller 通过试验发现冻胀压力试验值与毛细理论计算值不一致，试样接受单向冻结后，试样中间某处存在冻结边缘区，边缘区一侧为冰透镜体锋面，另一侧为冻结锋面，冻结时成冰、冻胀作用发生在冻结边缘区内。正冻结锋面边缘区内有孔隙冰形成，地层水分在温度梯度作用下通过边缘区内的未冻水膜向冰透镜体聚集并冻结成冰产生冻胀。

Miller将饱水粒状土中的冻胀驱动力归结为孔隙冰、孔隙水及温度之间的相互作用和冻结缘区中吸附水膜的膨胀特性，冻胀与否及其冻胀强弱取决于热析出速度、土中孔隙大小、不断增长的冰透镜体底部温度、冻结缘区内的渗透性和温度梯度、冻结缘区厚度、未冻土的渗透性和压缩性、上覆荷载压力。冻结缘理论克服了毛细理论的不足，对冰透镜体和冻胀驱动力进行了较好阐述，称为第二冻胀理论。

3）吸附力理论

Takagi的吸附力理论认为冻胀变形的根本原因是冰、水界面上未冻水薄膜中存在似固体应力，冰透镜体的重量由薄膜水层及固体颗粒支撑，冻胀应力由薄膜水中似固体应力决定，大小不超过覆盖在冰透镜体生长面上承担的材料重量；冻胀应力受分凝冻结温度限制，该温度不低于薄膜水的结冰温度。Takagi将正冻区称为冻结扩散区，该区下界面为原位冻结位置，上界面是冰透镜体的生长部位，并产生冻胀，冻结扩散区温度梯度是影响水分迁移速度的重要因素。

毛细理论、第二冻胀理论、吸附力理论均从不同角度认定了水分迁移导致的冻胀变形，仅在迁移驱动力上各有不同。毛细理论认为毛细压力促使土中水分由未冻区向冻结区迁移，并最终形成冰透镜体；Miller认为冻结缘区中吸附水膜的膨胀性促使水分迁移，且冻结缘两侧地层具有不同性质，且多种因素控制了冻胀特性；吸附力理论则指出似固体应力的存在、分凝冰的形成条件以及冻胀变形产生部位。这些理论均从不同角度阐述了地层冻胀的可能性、必然性及量化程度，为后续冻胀特性的研究提供了理论基础。

2. 冻胀率的计算

冻胀变形由土中水相变成冰、体积膨胀形成，而水的冻结包含两部分，一是土中水的原位冻结，二是冻结引起的迁移水结冰。

根据国家标准《土工试验方法标准》(GB/T50123—1999)，试样的最大冻胀量与试样原长的比值为试样的冻胀率。

$$\eta=\frac{\Delta h}{H_{\mathrm{f}}}\times 100\% \tag{2.5}$$

式中：η为冻胀率，%；Δh为最大冻胀量，mm；H_{f}为冻结深度，不包括冻胀量，mm。试验中为试样初始高度减恒温过程土体在荷载作用下变形量。

3. 冻胀试验设备与方法

冻胀试验采用南京林业大学自行研制的冻胀融沉试验仪，该仪器环境箱可控温(0～5)℃±0.3℃，采用半导体制冷，冷板温度可在(−2～−15)℃±0.3℃间控制，可同时开展三个试样，并实现开放和封闭两种条件的冻胀融沉试验，冻胀试验如图2.6所示。

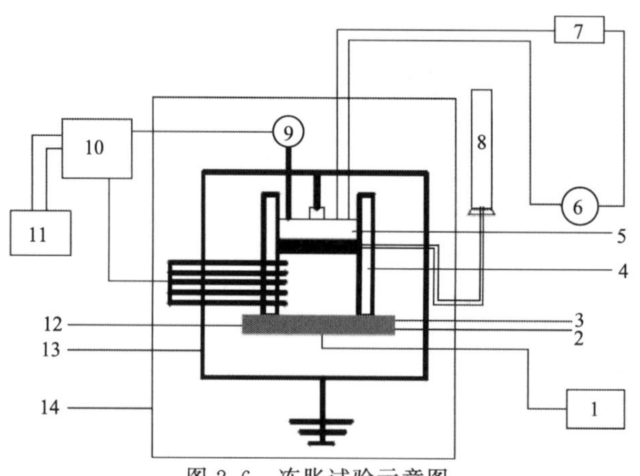

图 2.6 冻胀试验示意图

1-制冷块布置位置；2-循环冷水进口；3-循环冷水出口；4-试样筒；5-加压装置；6-循环水泵；7-恒温水槽；8-补水装置；9-位移传感器；10-数据采集仪；11-计算机；12-制冷板；13-加压设备；14-恒温箱

2.3.2 土体冻结过程中的水分迁移

土体冻结时宏观上表现为膨胀变形，但内部却进行着复杂的收缩和膨胀过程。单向冻结随着冻结锋面在土中自下而上推进，液态水发生相变、未冻水含量减少、试样密度变小，暖端未冻土部分以及冷端冻土段土颗粒、冰晶和空气随温度下降而收缩。伴随冻结时间延长，土中始终进行着收缩和膨胀变形。

1. 试验方法

单向冻结的全过程伴随着水分迁移，水分迁移曲线特指土体经单向冻结后的含水率与试样高度的关系，试样完全冻透以顶端温度达到试样的起始冻结温度为依据。试验分为低温环境下的单向冻结试验和试样冻结后的含水率试验。

1）单向冻结试验

单向冻结试验与土工试验标准中冻胀量试验方法基本一致，制备不同密度、不同含水率试样，试样底端保持负温，顶端为恒定的 1℃，在 1℃环境温度中进行单向冻结试验，试验中底部制冷板保持恒定的负温直至试样完全冻结，整个冻结过程中试样未接受外界水源补给。监测试样不同高度处的温度变化以及冻胀变形，待满足冻结要求(时间要求或完全冻结)时停止试验。

2）冻结后的含水率试验

单向冻结试验结束后，将试样从制冷板上及时取下，沿试样高度方向快速切成 8 段，分别测试每段试样的含水率。

2. 不同因素对水分迁移程度的影响

地层冻结过程中水分迁移受地下水位、温度梯度等因素影响，迁移过程较为复杂。

因此冻结过程中水分迁移现象是复杂的物理、力学过程，迁移程度及范围受物质的颗粒直径、化学成分、交换阳离子、土的密实程度、冻结时温度状况、补给水源情况、外部荷载大小等因素影响，其中温度条件主要控制水分迁移的方向和强度。无论是否存在有外界水源补给，整个冻结过程中，由于热能转换，使土-水体系共处的土转换为土-水-冰体系，引起土中水分重分布，进一步影响土层的冻胀特性。

1）冻结时间的影响

冻结时间对土中水分迁移影响较大，淤泥质黏土不同时间冻结后水分迁移曲线如图 2.7 所示。

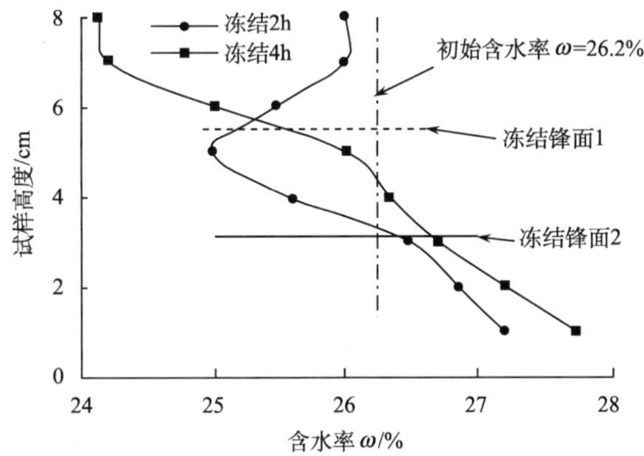

图 2.7　不同冻结时间的淤泥质黏土中水分迁移曲线

试样含水率分布曲线的变化趋势相同，试样下部含水率增加，上部含水率减少，切开试样后发现冻结 2h 后在 5cm 处有冰积聚现象，与曲线形态吻合。试样底端持续－10℃低温供冷，冻结作用 2h 后，试样顶端含水率减小了 0.23%，冻结锋面位于距离试样底端 3.1cm 处(锋面 1)；冻结 4h 后顶端含水率减小了 2.02%，该值为冻结 2h 后顶端含水率减小值的近 9 倍，冻结锋面位于距离试样底端 5.5cm 处(锋面 2)；后两个小时的冻结锋面发展速度(1.20cm/h)略小于前两个小时的发展速度(1.55cm/h)。因此冻结时间越长，试样中水分迁移量越大，水分迁移的范围也越广，实际工程中迁移到冻结壁位置的水分越多。

从促使水分迁移的动力来看，当负温施加到试样底端时，试样冻结锋面自下而上不断发展，可分为三个阶段：初始时刻冻结锋面快速发展阶段；稳定速度向试样顶端推进阶段；试样冻结，温度场稳定阶段。

比较冻结 2h 和冻结 4h 的曲线形态，发现冻结 2h 后淤泥质黏土试样未冻土段含水率分布存在含水率偏低区(试样高度距底端 5cm 左右)，该区域基本处于试样疏干段的中间位置。说明冻结初始时刻，距离冻结锋面较近位置的水分受到迁移驱动力最大，率先发生迁移，随冻结时间延长，试样温度逐渐降低，土中冰水比例发生变化，当土中一部分水冻结成冰时，土中未冻水含量降低，冰含量相对增加且体积膨胀。温度梯度促使水分朝温度降低的方向发生迁移，因此单向冻结后初始含水率均匀分布的试样含水率剖面发生了变化。对于人工冻结地层，过多的水分迁移会引起土体导热系数、比热容等热参数发生变化，对温度场发展有较大影响。

2）干密度的影响

图 2.8 为不同干密度的淤泥质黏土冻结后的水分迁移曲线。试验中干密度最小的试样含水率变化范围最大，说明干密度越小，土中自由水流动的孔隙空间越大，水分迁移量也越大，因此土体冻胀量也增大。初始含水率相同且干密度不同的淤泥质黏土试样饱水程度不同，减小干密度相当于增大了土中孔隙体积含量，饱和度降低，如土体具有较小干密度时，土中有足够的孔隙空间任水流动，此时冻结引起的含水率变化尤为显著，说明水分迁移能力越强，反之，土体越密实，水的相对含量及流动的通道减少，其水分迁移能力就越弱。

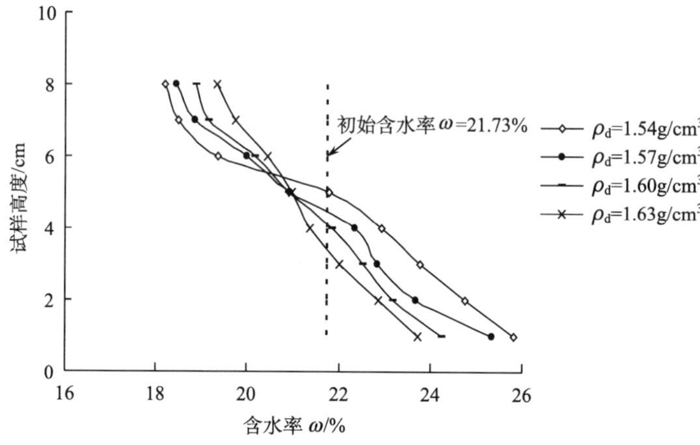

图 2.8　不同干密度时淤泥质黏土水分变化曲线

试样冻结后，底端含水率的增加量和顶端含水率的减少量与土体干密度有关，二者之间关系曲线如图 2.9 所示。干密度较小时，试样顶端含水率减小值小于底端含水率增

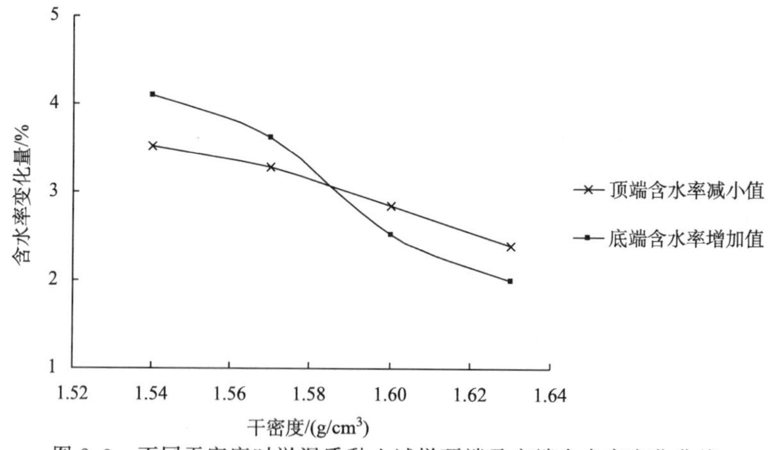

图 2.9　不同干密度时淤泥质黏土试样顶端及底端含水率变化曲线

加值；随干密度增加，试样中水分含量相对减少，顶端含水率减小值大于底端含水率增加值；随干密度增加，试样疏干段增长。

3）含水率的影响

图 2.10 给出了不同含水率的淤泥质黏土、粉砂的水分迁移曲线。结果表明：淤泥质黏土初始含水率较大，水分迁移能力较大，经单向冻结后顶端含水率比冻结前减少了 3.08%（曲线 1）；淤泥质黏土初始含水率较小时，受温度梯度影响的水分迁移能力也较小（曲线 2），试样底端的含水率变化量最大，水分总是向温度较低方向迁移，因此淤泥质黏土处于非饱和状态时含水率越大造成的水分迁移效果越明显。

粉砂经单向冻结后水分迁移引起的含水率重分布曲线形态与淤泥质黏土明显不同：粉砂冻结后含水率沿高度的重分布基本不受初始含水率大小影响，即冻结前后水分迁移曲线形态基本一致。离试样顶端 3cm 范围内，不同含水率的粉砂试样冻结后含水率变化情况基本相同：较初始含水率均减小，且减小程度相当，均比冻结前含水率减小了 3.20%；而迁移到距离粉砂试样底端 2～3cm 范围内的水量较多，含水率较试验前增加了 3.50%左右。

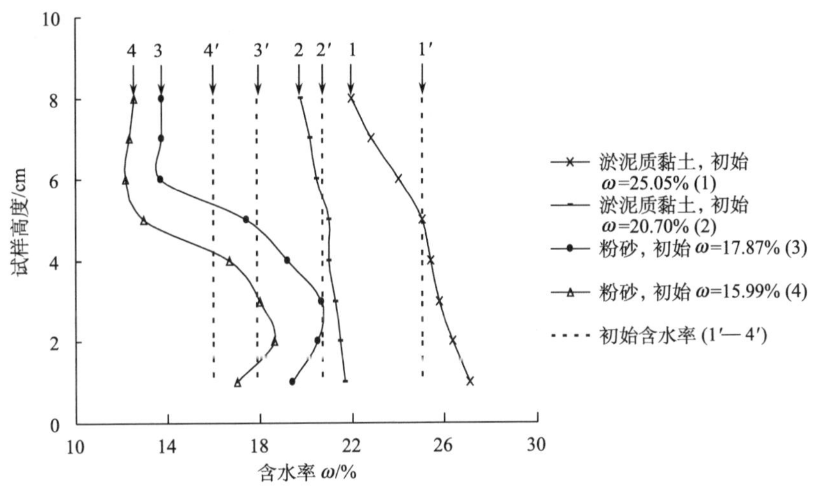

图 2.10 不同含水率与土质条件下土体冻结后含水率与高度关系曲线

图 2.11 给出了粉质黏土在不同含水率时完全冻结后的水分迁移曲线，粉质黏土的水分迁移介于淤泥质粉质黏土和粉砂之间。相同冻结条件下，粉质黏土中未冻水含量最多，相同高度的试样冻结后含水率的增加段较长，不同初始含水率试样经单向冻结，试样底部 5cm 范围内含水率均有所增加，但增加程度在整个含水率增加段基本一致，试样顶端 2cm 范围内由于水分迁移含水率平均减小了 2.13%。

试验结果表明：三种土质冻结完成所需时间中，粉砂试样完全冻透需要的时间最短，仅需 3h，淤泥质黏土 4.5h 左右，粉质黏土 4h 左右。砂性土颗粒较粗，表面积较小，土中水分以毛细水为主，孔隙中水冻结时体积膨胀，产生了会把孔隙中未冻的毛细水挤出的正压力，从而减小了整个水分迁移量，相同温度梯度作用下粉砂中

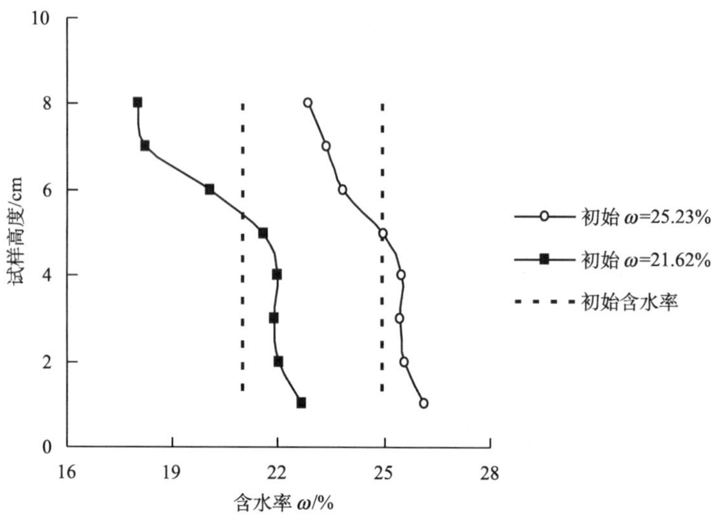

图 2.11　粉质黏土冻结后含水率与高度关系曲线

水分在很短的时间内更容易迁移到某一集中部位，易形成快速冻结，同时产生较小冻胀变形。

综上所述：水分迁移是温度梯度的必然产物，冻结时间越长，水分迁移量越大，迁移范围越广；且随干密度增加，水分迁移量减少，但试样疏干段增长。含水率变化对三种土质的水分迁移特性影响不同，处于非饱和状态的淤泥质黏土初始含水率越大，经单向冻结后造成的水分迁移效果越明显；粉砂冻结后水分在短时间内积聚到土中某一部位，形成快速冻结，水分迁移能力与初始含水率的大小无关；与前两种土质相比，淤泥质粉质黏土冻结后水分迁移范围广，含水率增大的区域中水分迁移程度基本相同。

2.3.3　不同因素对土体冻胀特性的影响

1. 颗粒大小及密实程度的影响

土的颗粒级配、矿物成分及密实程度对冻胀特性影响较大，且粒径大小是影响土体冻胀特性的前提条件，黏性土与砂性土相比属于冻胀敏感性较强的土质。干密度较小，冻胀率随干密度增加而增大，如淤泥质黏土干密度超过 1.60g/cm^3 时冻胀率又呈下降趋势。这说明干密度较小，地层中有充分容纳冰晶的孔隙，冻结后土中水体积膨胀，先侵占土中原有孔隙，因此宏观冻胀率较小；干密度增加，土中孔隙相对减少，冰晶体充填孔隙后引起颗粒重新排列，冻胀率增大；达到一定密实程度后土中孔隙很小，毛细作用减弱，冰晶数量减少，冻胀率随之减小。

2. 温度的影响

温度是地层冻胀变形的必要条件之一。相同冻结条件下开放系统中的冻胀率大于封闭系统，且冷端温度越高，地层冻胀变形越大。冷端温度较高时，试样两端产生的温度梯度小，冻结锋面推进速度慢，同一时间内地层中水分迁移量大，以迁移水冻结为主，因此冻胀变形较大。

图 2.12 给出了淤泥质黏土与粉质黏土冻胀率与冷端温度的关系曲线，淤泥质黏土、淤泥质粉质黏土的冻胀率与冷端温度满足 $\eta=a+b|T|$ 的线性关系，计算系数 a、b 与土质及试验条件密切相关，η 为冻胀率，T 为提供冻结的冷源温度，具体公式如表 2.10 所示。表 2.10 表明：相同温度作用下开放系统中冻胀率普遍大于封闭系统中冻胀率,各回归公式中冷端温度 T 影响系数反映了土体在对应冻结条件下冻胀率随冷端温度的变化程度。封闭系统中缺少充分的水源补给，冷端温度升高 1℃时冻胀率增长 0.090%；有水分补给时冷端温度升高 1℃冻胀率增大 0.357%，是前者的 4 倍。

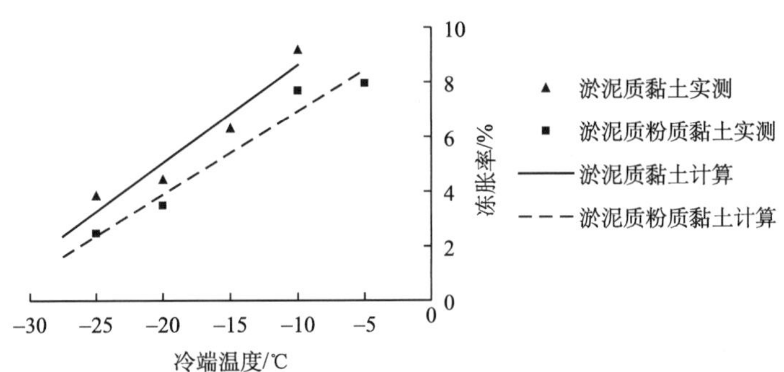

图 2.12　开放、冷端温度无变化时冻胀率与冷端温度的关系曲线

理论上，地层温度高于土体起始冻结温度时不发生冻结，不产生冻胀变形。因此上述冻胀率计算公式向较高温度外推时应受到限制，经验证温度不宜高于－5℃；另外不同冷端温度时粉砂土冻胀率较小且无规律可循，说明冷端温度变化对粉砂土的冻胀敏感性影响不大。冷源温度是引发地层冻胀的充分条件，只有低于地层起始冻结温度、且含水率大于地层起始冻胀含水率，水分才开始结冰膨胀。对于温度与冻胀率之间的关系，按表 2.10 出的公式计算，其中 T 取低温循环盐水温度。

3. 含水率的影响

图 2.13 为不同土质冻胀率与含水率之间的关系曲线，结果表明不论是否有水分补给，淤泥质黏土和淤泥质粉质黏土冻胀率均随含水率增加而线性增大，且开放系统冻胀率大于封闭系统，冻胀率与含水率之间关系如表 2.10 所示。

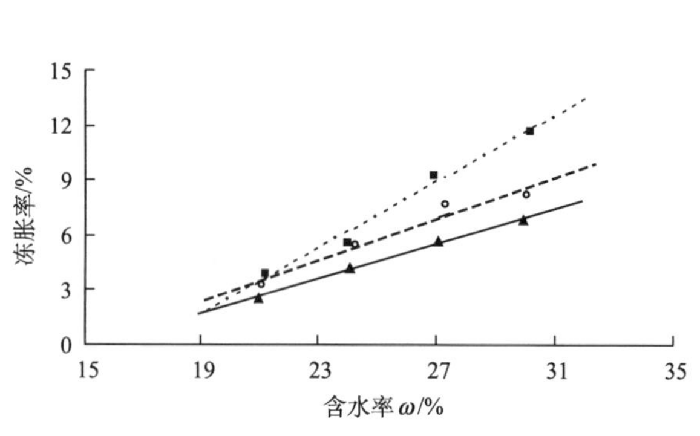

图 2.13　冻胀率与含水率的关系曲线

表 2.10　不同土质冻胀率与冷端温度、含水率、荷载关系式

土质	试验	与冷端温度关系	与含水率关系	与上部荷载关系
淤泥质黏土	封闭	$\eta=6.005-0.090\|T\|$	$\eta=0.485\omega-7.544$	$\eta=8.756e^{-0.0549P}$
淤泥质黏土	开放	$\eta=12.196-0.357\|T\|$	$\eta=0.904\omega-15.557$	$\eta=13.931e^{-0.0769P}$
淤泥质粉质黏土	开放	$\eta=9.953-0.303\|T\|$	$\eta=0.578\omega-8.737$	$\eta=8.8713e^{-0.0373P}$

注：η 为冻胀率，%；T 为冷端温度，℃，ω 为含水率，%；P 为荷载，kPa

人工冻结工程中，将地层冻结后开始产生冻胀变形的含水率称为地层起始冻胀含水率，给出了黏土与砂土的起始冻胀含水率。若含水率低于起始冻胀含水率，则地层中水含量相对较少，地层冻结后体积膨胀不足充填土中孔隙，地层几乎不产生冻胀。

分析含水率和冻胀率的关系，可知封闭、开放系统中淤泥质黏土起始冻胀含水率分别为 15.48%、17.05%，开放系统中淤泥质粉质黏土的起始冻胀含水率为 14.71%，这三个数值正好包含在表 2.11 给出的中、高液限黏土起始冻胀含水率范围内。

含水率变化时，粉砂冻胀率均很小且无规律可循，这进一步说明粉砂土不易产生冻胀变形，因此一般情况下认为砂性土不具冻胀性，但当有更细的充填物或由于长时间灌入泥浆后，在冻结时也会发生一定程度的冻胀变形，这也证明土体冻胀与否在很大程度上是有条件的。

表 2.11　不同土质的起始冻胀含水率

土质	中、高液限黏土	低液限黏土	粉质低液限砂土	砂土
含水率 ω_0/%	12～18	10～14	8～11	7～9

4. 荷载的影响

研究结果表明土体冻胀率与所受外界荷载大小成反比，由 $\eta=\eta_0 e^{-AP}$ 表示。η_0 为无载时冻胀率；A 为土质参数；P 为外界荷载，kPa，如表 2.10 所示。比较荷载影响系数 A 值的大小，说明荷载对淤泥质黏土冻胀率影响较粉质黏土大，且开放系统中冻胀率受荷载影响大于封闭系统。

含水率增加和温度降低均在不同程度上均使地层冻胀变形增加，但荷载更大程度上抑制了变形，荷载与冻胀率之间满足幂指数的关系(图 2.14，图 2.15)，可通过拟合给出表 2.10 计算公式。

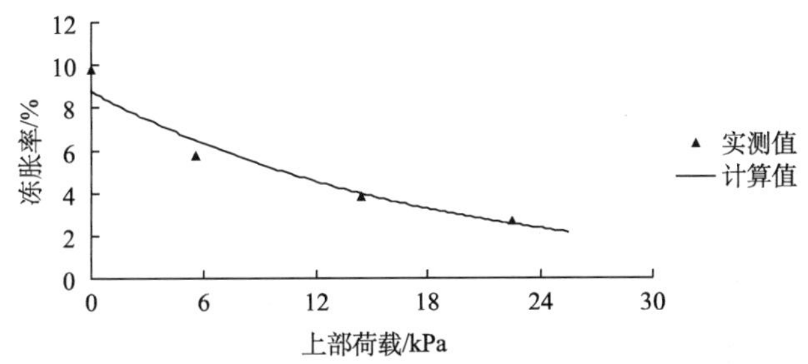

图 2.14 封闭、冷端温度有变化时冻胀率与上部荷载关系曲线

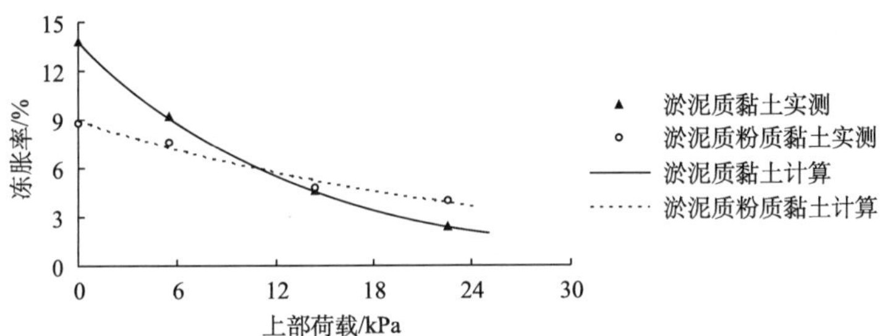

图 2.15 封闭、冷端温度无变化时冻胀率与上部荷载关系曲线

5. 冻胀率综合预报模型

根据淤泥质黏土 4 因素 3 水平正交试验(表 2.12)极差大小判断影响冻胀率的主次因素为：$\omega>T>\rho_d>P$，由此人工冻结法施工时常通过降水或较低盐水温度冻结来抑制冻胀。

考虑不同因素对冻胀综合影响，选择 $\eta=a|T|+b\omega+c\rho_d+d\mathrm{e}^{iP}+C_0$ 计算模型来预报冻胀率，a、b、c、d 与土质相关，i 是单因素试验中的荷载影响系数，C_0 为常数(表 2.13)。

表 2.12 淤泥质黏土冻胀正交试验规划与结果

组号	冷端温度/℃	含水率/%	干密度/(g/cm³)	荷载/kPa	冻胀率/%
1	−10	24.12	1.540	22.50	2.62
2		27.30	1.512	14.40	6.25
3		30.00	1.568	5.52	4.98

续表

组号	冷端温度/℃	含水率/%	干密度/(g/cm³)	荷载/kPa	冻胀率/%
4	−15	23.86	1.54	5.52	3.73
5		27.19	1.570	14.40	3.94
6		30.34	1.512	22.50	4.08
7	−20	24.00	1.565	14.40	2.15
8		27.11	1.534	5.52	3.98
9		30.06	1.510	22.50	3.27
K_1	4.617	2.833	4.543	4.230	
K_2	3.917	4.723	3.443	4.113	
K_3	3.133	4.110	3.690	3.323	
R'	1.484	1.890	1.100	0.907	

注：K_i 为 i 水平时各因素对应土体冻胀率平均值

表 2.13　黏性土冻胀预报模型

土质	试验	关系式
淤泥质黏土	封闭	$\eta=-0.0875\|T\|+0.5420\omega+11.0157\rho_d+8.8973e^{-0.0549P}-31.8073$
淤泥质黏土	开放	$\eta=-0.2709\|T\|+0.5404\omega+0.8407\rho_d+8.8421e^{-0.0769P}-31.1760$
淤泥质粉质黏土	开放	$\eta=-0.3024\|T\|+0.5321\omega+6.3697e^{-0.0373P}-7.6083$

6. 长三角地区典型土层冻胀率

表 2.14 给出了长三角地区典型土层的冻胀率大小。

表 2.14　长三角地区部分城市典型土层冻胀率会汇总表

土层	冻胀率/%									
	宁波		南京		苏州		常州		上海	
	封闭	开放	封闭	开放	封闭	开放	封闭	开放	封闭	开放
粉砂	3.5～3.8	4.6～4.9	3.5～7.5	4.6～5.1	1.3～1.4	2.4～2.7	4.9～6.1	6.3～7.1	4.1～6.0	—
粉土	4.9～6.30	8.9～11.8	6.9～7.4	13.1～14.1	9.9～10.0	13.4～14.2	7.2～8.5	14.8～18.8	—	—
淤泥质粉质黏土	6.6～8.8	11.1～13.1	9.0～16.7	18.0～21.3	10.7～12.4	15.2～16.2	—	—	10.6～11.7	14.6～16.7
粉质黏土	3.5～9.6	10.5～19.0	14.2～16.0	15.2～21.0	—	—	5.4～12.5	7.1～16.9	10.6～11.7	15.7～17.6
黏土	3.4～10.5	6.0～17.4	—	—	12.2～12.6	15.3～16.2	5.8～7.3	11.2～12.5	—	—

2.3.4　土体融沉基本理论与试验方法

1. 融沉基本理论

当冻结地层温度上升时，冻土发生融化，冰晶融化成水，体积缩小约 9%。另外，颗粒接触处的冰融化后，降低了冰和土颗粒包裹体的胶结程度，原来由包裹体承受的部分上部作用力转移到了土骨架上，增大了作用在土骨架上的有效应力，而在此过程中产生的未冻水则减小了土颗粒间的摩擦，土颗粒结构易于调整，在自重应力作用下，土体中的孔隙将被压缩，土体体积减小，发生融沉。

冻土融化后产生的沉降，由融化沉降和压缩沉降两部分组成，分别用融沉系数和融化压缩系数来表示。融沉系数的大小与压力无关，只与土体本身的属性及冻融条件有关，是衡量土体融沉特性的主要指标，其计算公式为：

$$\alpha_0=\frac{\Delta h_0}{h_0}\times 100\% \tag{2.6}$$

式中：α_0 为冻土融沉系数，%；Δh_0 为冻土融化下沉量，mm；h_0 为冻土初始高度，mm。

融化压缩系数反映了在上部荷载作用下融土固结产生的沉降量。某一压力范围内冻土融化压缩系数的计算公式为：

$$a_{ic}=\frac{S_{i+1}-S_i}{p_{i+1}-p_i} \tag{2.7}$$

式中：a_{ic} 为融化压缩系数，kPa^{-1}；S_i 为某一压力稳定后的单位固结变形量，cm/m；p_i 为某级压力值，kPa。

某一压力稳定后的单位固结变形量由式(2.8)计算：

$$S_i=\frac{\Delta h_i}{h_0} \tag{2.8}$$

式中：S_i 为某一压力稳定后的单位固结变形量，cm/m；Δh_i 为某一压力下的变形量，mm；h_0 为冻土初始高度，mm。

2. 融沉试验设备与方法

融沉特性试验在前述冻胀仪上进行，根据国家标准《土工试验方法标准》(GB/T50123—1999)中融沉相应部分试验。融沉试验包括两个阶段——试样融化沉降和压缩沉降，融化沉降是在试样自重作用下发生的，而压缩沉降则与外部压力有关。具体试验步骤如下：

(1) 装样。冻胀试验结束后，将加热传压装置放在试样上方，再安置好位移传感器并开始记录初始读数。为了减少试样与容器内壁的摩擦，安装好加热传压装置放后，在其上方施加 1kPa 的预压值，这样可加快下沉速度，又不会对融化土骨架产生过大的压缩，对融沉系数几乎不产生影响。

(2) 融化沉降、压缩固结。调节恒温水浴箱内温度至设计值，进行热水循环，试样开始融化下沉，当试样融沉变形率在 2h 内不大于 1%时，即认为融沉结束。随后对融沉稳定的试样逐级加载进行压缩固结，荷载等级取 50、100、200、300、400kPa，施加每级荷载后每小时变形量不超过 0.01mm 为稳定标准，记录每级荷载下的压缩变形量。

(3) 对一次加载冻胀的试样，融化过程采用一次卸载融沉和带载融沉两种形式。

2.3.5 不同因素对土体融沉特性的影响

1. 颗粒大小及密实程度的影响

图 2.16 给出了三种土质的干密度与融沉系数关系曲线。

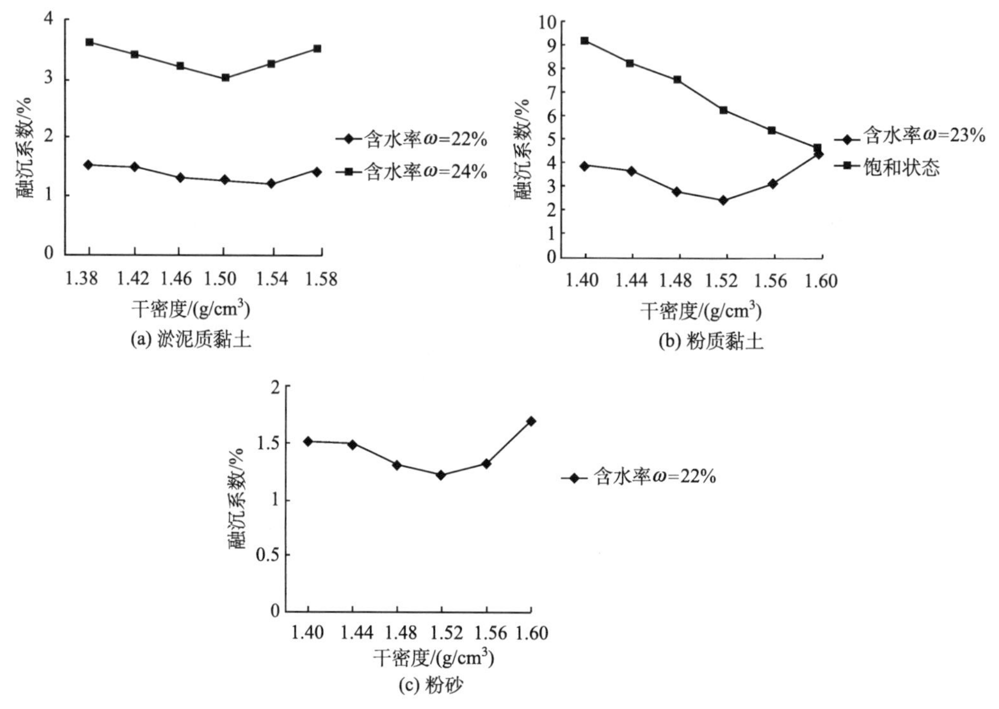

图 2.16 不同土质的融沉系数与干密度的关系曲线

在非饱和状态下，三种土样融沉系数与干密度关系中存在一个临界干密度，临界干密度对应土体最小的融沉系数。对于临界干密度，非饱和土干密度低于临界干密度时，土中孔隙较大，土体冻结后融沉量不仅包括因融化水排出而产生的体积减小，而且包括融化时因土体自重引起的土中孔隙减小，因此干密度较小时土体融沉系数相对较大。当干密度大于临界干密度时孔隙率变小，因自重引起土中的孔隙减小将不再明显，但干密度增加，土中孔隙会缩小，在不改变土体含水率时却改变了土体饱和度。在一定含水率条件下，密度较小的土体冻结时，土中有着充分的孔隙容纳固态冰的自由膨胀，不会影响到土体颗粒之间分离；密度增大时自由水充填孔隙程度增大，土体饱和度增高，因此在单向冻结温度场中冻胀率增大，也会引起融沉系数的增大。

临界干密度并非定值，随含水率、土质变化而变化，受冻结融化条件的影响。由试验可知：含水率 22%的粉砂临界干密度为 1.52g/cm³；含水率 23%的粉质黏土临界干密度为 1.52g/cm³；含水率 24%的淤泥质黏土临界干密度为 1.50g/cm³，在含水率为

22%时，临界干密度为1.54g/cm^3。

在饱和状态下，融沉系数随干密度增加而减小，不存在临界干密度。原因在于饱和状态下，干密度增加，土中孔隙率减小。封闭系统冻结产生冻胀主要是由于水冻结时体积增大。含水率减小，造成冻胀率减小，相应的融沉系数也会随之减小。

2. 冷端温度的影响

图2.17给出了淤泥质黏土单向冻结后融沉系数与冷端温度的关系曲线，图2.18为粉质黏土和粉砂无外界水源补给时的融沉系数与冷端温度关系曲线。

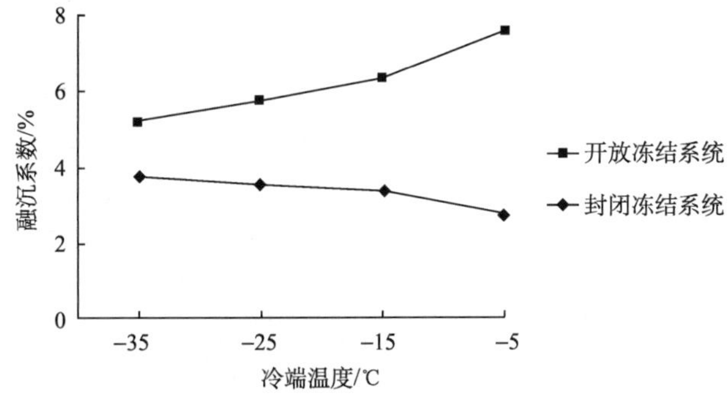

图2.17 淤泥质黏土融沉系数与冷端温度关系

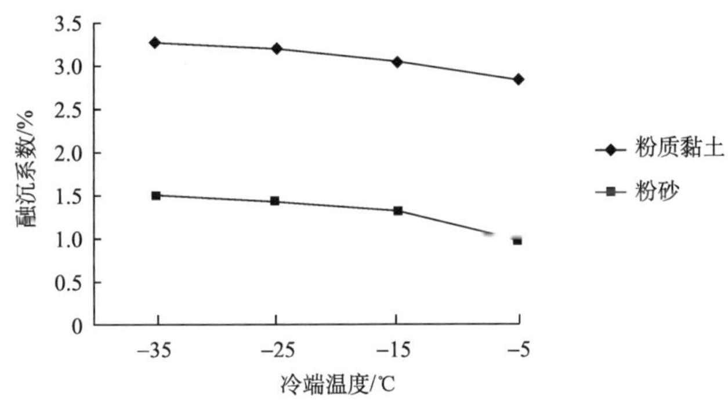

图2.18 不同土质无水源补给融沉系数与冷端温度关系

由图2.17和图2.18可以看出，开放系统时，融沉系数随温度降低而减小，这是因为冷端温度低，冻结速度快，土中弱结合水及毛细水来不及向冻结区迁移就冻结成冰，迁移和积聚的水分较少，冻胀较小，相应的融沉系数就较小。相反迁移和积聚的水量较大，冻胀则较大，相应的融沉系数就会较大。封闭系统时，融沉系数随温度降低而增大，这是因为封闭型冻结时无水源补充，仅土中水冻结体积增大。

因此，封闭系统时的融沉系数明显小于开放系统的融沉系数，但随温度降低两者逐渐接近，再次说明土体发生冻胀的主要原因是冻结时土中水分向冻结区迁移和积聚的结果。

3. 含水率的影响

图 2.19 为无水源补给时不同土质含水率与融沉系数的关系曲线。淤泥质黏土、粉质黏土融沉系数随含水率增大分段线性增大。当含水率较低时，融沉系数随含水率增大增长缓慢，当土体含水率超过某一界限含水率时，融沉系数随含水率增大增长加快。融沉量大小取决于热融沉陷和压缩沉降的叠加。当含水率较小时冻融对土的压缩性影响较小，融沉主要是由热融沉陷引起，当含水率增长到某一值时，冻融对土的压缩性影响开始发挥作用，此时融沉为热融沉陷和压缩沉降的叠加，因此融沉系数随含水率加大而增长加快。

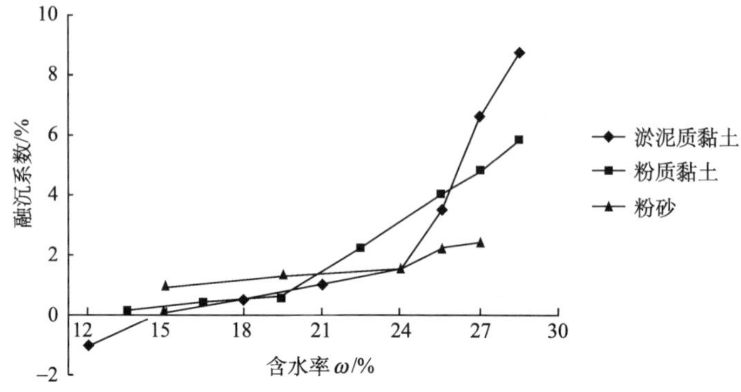

图 2.19　不同土质融沉系数与含水率关系曲线

粉砂融沉系数随含水率增大线性增大，并未出现分段线性增大现象，这是由于冻融对粉砂的压缩性影响很小，粉砂融沉量主要是热融沉陷。相同含水率下粉砂的融沉系数远小于淤泥质黏土、粉质黏土的融沉系数，且随含水率增加，粉砂的融沉系数增长率也远小于淤泥质黏土、粉质黏土的融沉系数增长率，这表明砂性土与黏性土相比属于非冻胀敏感性土。

表 2.15 给出了封闭系统时不同土质含水率与融沉系数之间的关系。

表 2.15　不同土质融沉系数与含水率关系式

土质	关系式	相关系数 R	含水率范围
淤泥质黏土	$a_0=0.26\omega-4.1712$	0.9902	≤24%
	$a_0=1.234\omega-25.775$	0.9931	>24%
粉质黏土	$a_0=0.0975\omega-1.3342$	0.9742	≤19%
	$a_0=0.5179\omega-8.6641$	0.9955	>19%
粉砂	$a_0=0.1466\omega-1.4589$	0.9261	>16%

并非所有含水土体都产生融沉，只有当土中含水率增长到某一界限后才会发生融沉现象(即融沉系数大于零)，此时对应的含水率定义为土的起始融沉含水率。根据试验成果可得出淤泥质黏土、粉质黏土、粉砂的起始融沉含水率分别为 15.8%、

13.5%、10.0%。

4. 荷载的影响

荷载对融沉系数影响的单因素试验采取三种不同方式：①融前卸载——试样冻结前加载压缩稳定，冻结时荷载保持不变，冻结结束后卸载，使试样在自重作用下融沉(融沉系数计算时应减去卸载引起的回弹量)；②带载融沉——试样冻结前加载压缩稳定，冻结时荷载保持不变，融沉时荷载保持不变；③融后加载——试样冻结前加载压缩稳定，冻结时荷载保持不变，融化前卸载，融化结束后再施加相同大小的荷载进行压缩。

表 2.16 给出了融前卸载方式下不同土层的融沉系数与荷载的关系式。

表 2.16 不同土层的融沉系数与上部荷载的关系式

土质	参数	经验关系式
淤泥质黏土	$\omega=24\%$，$\rho_d=1.54\text{g/cm}^3$	$a_0=1.769\times\ln 0.63936p+3.3$
粉质黏土	$\omega=25\%$，$\rho_d=1.56\text{g/cm}^3$	$a_0=0.944478\times\ln 0.05736p+4.41$
粉砂	$\omega=22\%$，$\rho_d=1.54\text{g/cm}^3$	$a_0=0.0041p+1.6184$

图 2.20 给出了不同融沉条件下上覆荷载对融沉系数的影响曲线，其他试验条件相同，先加载方式下的融沉系数大于后加载时的系数，说明已有上覆荷载的最终融化沉降量比融化后立即施加同样荷载要大。图 2.21 为先加载方式下的粉质黏土、粉砂融沉系数与荷载关系曲线，结果表明荷载变化对粉砂融沉系数的影响比对粉质黏土融沉系数的影响要小，进一步证明了砂性土与黏性土相比属于非冻胀敏感性土。

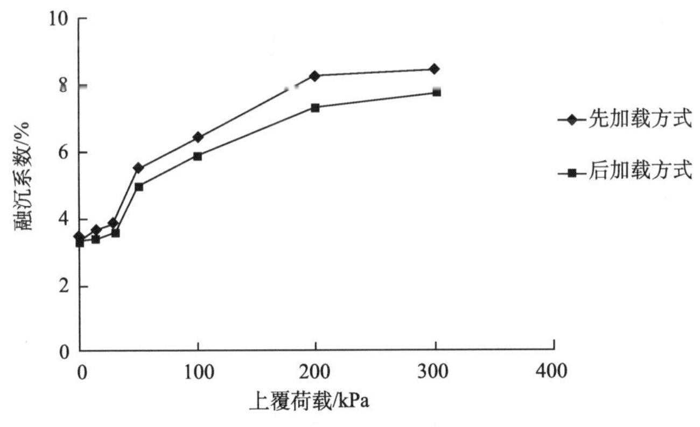

图 2.20 淤泥质黏土融沉系数与荷载关系曲线

5. 融化温度的影响

融化温度对人工冻土融沉系数的影响试验采用重塑淤泥质黏土进行，对初始含水率为 24%和 28%的试样进行单向冻结，然后在不同的融化温度下单向融化(图 2.22)。随

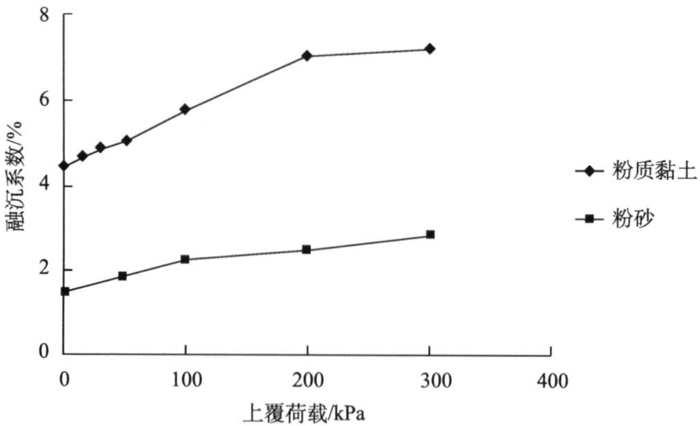

图 2.21　粉质黏土、粉砂融沉系数与荷载关系曲线

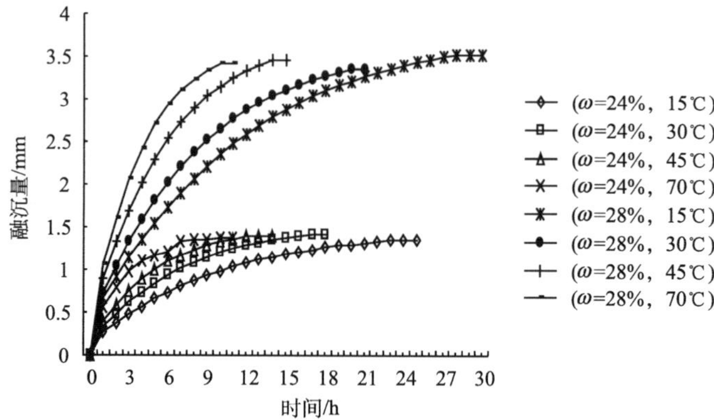

图 2.22　不同融化温度下淤泥质黏土融沉量与时间关系曲线

温度升高，融沉速度加快，但不同融化温度下的最终融沉量趋于一致。说明融化温度只影响融沉速度，对融沉系数基本无影响(图 2.23)。

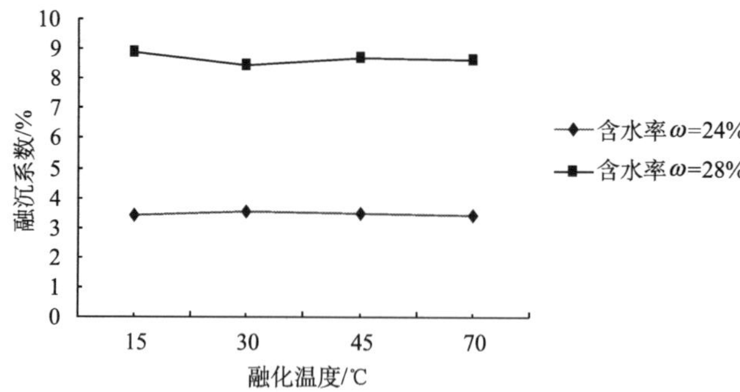

图 2.23　淤泥质黏土融沉系数与融化温度关系曲线

6. 融沉系数综合预报模型

对不同土质的数组融沉试验数据，可以建立如式(2.9)所示的相加模型来进行土体

融沉预报。

$$\alpha_0 = af_1(\omega) + f_2(\rho_d) + f_3(T) + f_4(p) + E_0 \tag{2.9}$$

1) 淤泥质黏土融沉预报模型

$$\alpha_0 = 0.128036 \times e^{0.159\omega} + 4.0166 \times |\rho_d - 1.5| - 0.031T + 1.7696 \times \ln(0.0639p + 1) - 2.945 \tag{2.10}$$

图 2.24 为封闭系统中淤泥质黏土融沉系数实测值与相加模型计算值的比较曲线，实测数据与计算数据吻合性很好，表明相加模型可以用来进行淤泥质黏土融沉系数。

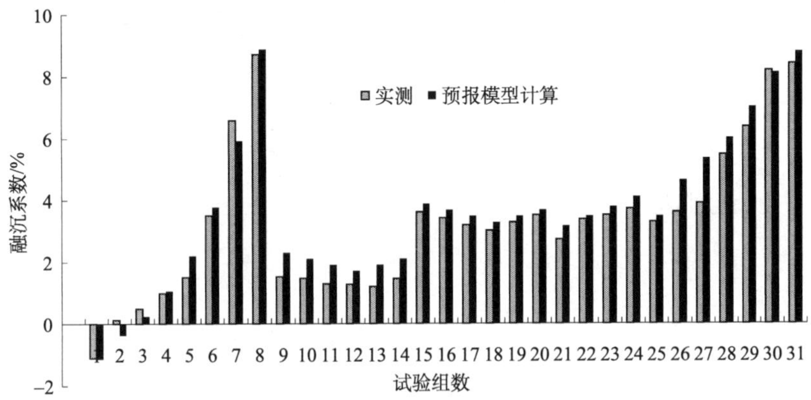

图 2.24 淤泥质黏土融沉系数实测与预报模型计算比较曲线

2) 粉质黏土融沉预报模型

$$\alpha_0 = 0.23449 \times e^{0.123861\omega} + 12.1666 \times |\rho_d - 1.52| - 0.0142T + 0.944478 \times \ln(0.057365p + 1) - 2.9993 \tag{2.11}$$

图 2.25 为封闭系统中粉质黏土融沉系数实测值与相加模型计算值的比较曲线。

$$\alpha_0 = 0.1466\omega + 6 \times |\rho_d - 1.52| - 0.0167T + 0.0041p - 1.9889$$

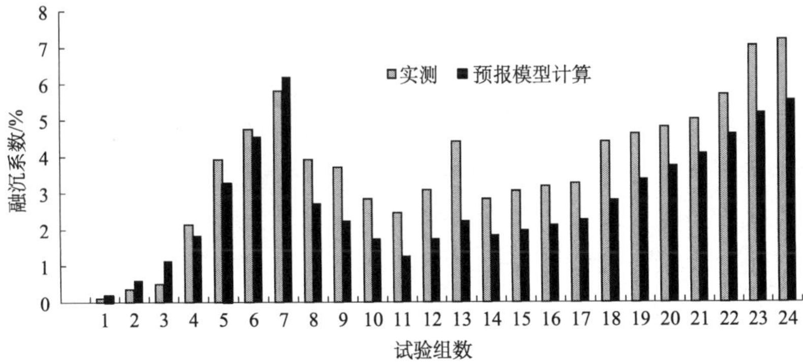

图 2.25 粉质黏土融沉系数实测与预报模型计算比较曲线

3）粉砂融沉预报模型

$$\alpha_0 = 0.1466\omega + 6 \times |\rho_d - 1.52| - 0.0167T + 0.0041p - 1.9889 \quad (2.12)$$

图 2.26 为封闭系统中粉砂融沉系数实测值与相加模型计算值的比较曲线。

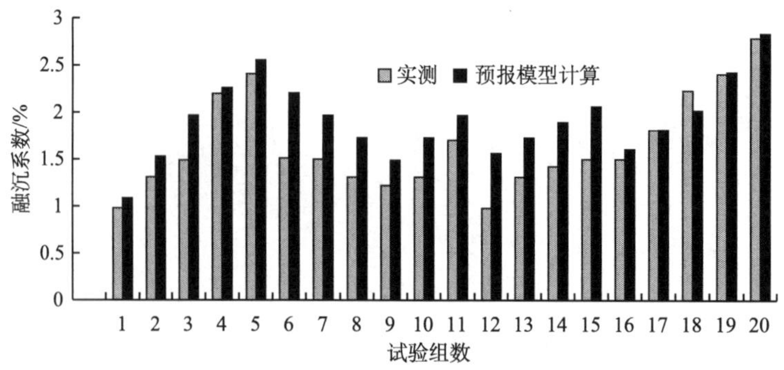

图 2.26　粉砂融沉系数实测与预报模型计算比较曲线

7. 长三角地区典型土层融沉系数

表 2.17 给出了长三角地区典型土层的融沉系数大小。

表 2.17　长三角地区部分城市典型土层融沉系数比较

土层	融沉系数/%									
	宁波		南京		苏州		常州		上海	
	封闭	开放	封闭	开放	封闭	开放	封闭	开放	封闭	开放
粉砂	3.7～4.0	5.6～5.9	2.4～4.1	5.5～6.4	2.3～3.5	5.1～6.3	4.9～5.2	5.8～7.2	4.9～5.5	6.2～7.1
粉土	4.1～8.6	8.4～10.4	4.8～5.3	8.6～9.5	10.7～11.1	15.0～15.6	6.7～9.8	14.0～17.2	—	—
淤泥质粉质黏土	6.4～10.0	9.8～13.0	7.3～12.5	14.9～19.2	11.2～12.6	14.9～15.2	—	—	11.0～12.1	15.5～19.3
粉质黏土	5.8～8.7	13.4～17.7	5.7～12.0	13.0～16.1	—	—	5.5～12.2	7.4～16.3	11.9～13.2	16.4～19.6
黏土	6.8～9.7	8.6～15.6	—	—	9.1～9.6	13.5～14.4	5.0～7.0	11.4～12.3	—	—

2.4　人工冻土强度特性

冻土强度主要与负温、含水率、矿物成分、颗粒组成、与外力作用的时间有关。冰和矿物颗粒胶结后具有较大的黏结力和内摩擦力，从而使冻土的抗压、抗剪、抗拉等强度较未冻状态大大提高。冻土属于弹性黏滞体，外力和温度一定时，其变形随加载时间的延续而增大。抗压强度是冻土力学性能的重要指标，是冻结壁设计的关键参数。

2.4.1　冻土应力-应变关系

土体受到外力作用时内部就会产生应力和应变。对冻土来说，因其中含有流变性极强的冰而使其应力-应变关系与外力作用时间或应变率密切有关。Vialov 提出了一个简单的幂函数应力-应变关系式：$\sigma = A\varepsilon^m$，其中 A、m 为参数，这种关系起初一直被广泛应用于描述冻土的应力应变性状，后来经过大量单轴压缩试验，得出冻土的应力应变关系并非完全服从上述幂指数的定律。

冻土应力-应变曲线受土质、含水率、温度及应变速率影响，所以将冻土应力-应变性状分为两种类型。

1. 黏弹塑性性状

单轴压缩过程中试样无明显的弹性屈服，应力-应变曲线呈连续的应变硬化—软化型，起始切线模量、破坏应变与应变率有关或无关，如图 2.27 所示[136]。

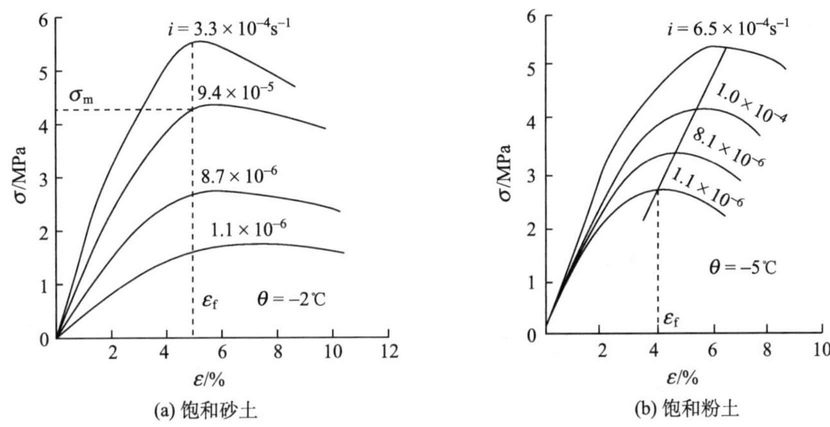

图 2.27　不同土质在不同应变速率下的 σ-ε 曲线

2. 弹塑性性状

应力-应变曲线具有明显的屈服点，主要有三类(图 2.28)。

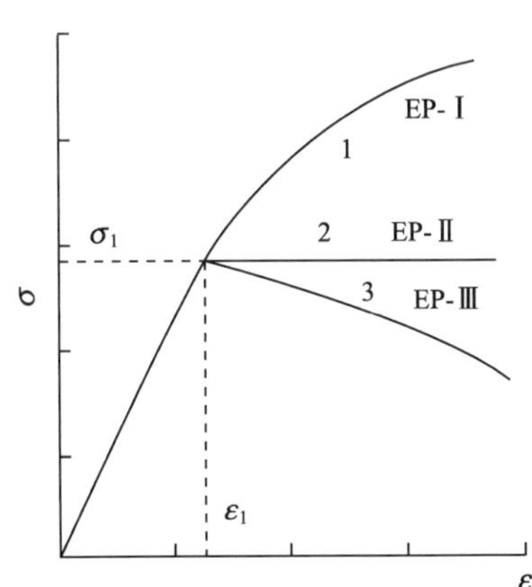

图 2.28　典型的弹塑性应力-应变曲线

1. 弹性-应变硬化；2. 弹性-理想塑性；3. 弹性-应变软化

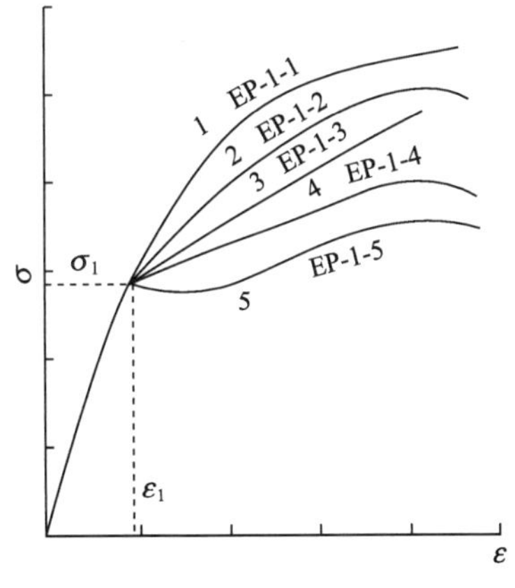

图 2.29　弹性-应变硬化型 σ-ε 曲线的 5 种情况

(1) 弹性-应变硬化型性状

包含较高负温和较低应变率下的富冰冻结中砂、高冰冻结粉土、少冰和富冰冻结粉质黏土及高温饱冰粉质黏土的应力应变关系(图 2.29)。

(2) 弹性-理想塑性型性状

包含中等应变率和较低负温下的富冰中砂和富冰粉质黏土及在较低应变率和较低负温下的饱冰粉质黏土的应力应变关系。

(3) 弹性-应变软化型性状

包括冻结中砂和饱冰粉质黏土在较高应变率和较低负温下的应力应变关系。

2.4.2 冻土单轴抗压强度特性

1. 单轴抗压强度试验设备与方法

人工冻土无侧限单轴抗压强度试验所用仪器为微机控制多功能冻土压力试验机(WDT-100B)，该仪器加载和控温精度高、范围广：最大试验力为100kN，荷载精度为0.05kN，温度控制范围为0～－50℃，温度波动度＜±0.3C，温度均匀度≤0.3℃。加载方式可实现恒试验力、恒位移、恒应变三种。人工冻土单轴抗压强度试验时，采用的加载速率控制式具备无级调速且能在其中任一加载速率值上恒定的特点。试验过程全部由计算机自动控制以及自动数据采集。

图 2.30　单轴抗压强度试验机

试验机外观如图 2.30 所示。试验操作严格按照中华人民共和国煤炭部行业标准《人工冻土物理力学性能试验》(MT/T593.4—2011)具体规程进行。试验结果以轴向应力为纵坐标，轴向应变为横坐标，绘制应力-应变曲线，取最大轴向应力作为冻土单轴抗压强度，冻土单轴抗压强度的一半与其所对应的轴向应变值($\varepsilon_{r1/2}$)的比值为弹性模量。

2. 冻土单轴抗压强度及其影响因素

1) 土质的影响

土质是影响冻土强度和弹性模量的重要因素。由各典型土层的单轴抗压试验中应力-应变曲线(图 2.31)可知，冻土温度相同时，强度大小依次为粉砂＞粉土＞粉质黏土＞黏土，弹性模量也遵循上述变化规律。土颗粒愈粗，冻土强度愈高，反之越低。主要原因是不同颗粒成分土中所含结合水有所差异。如砂土中几乎没有结合水，冻砂土中几乎不存在未冻水，因此冻砂土强度高。而粉粒、黏粒的颗粒较细，颗粒面积大，表面能也大，土中含有较多的结合水，冻结过程中结合水未能完全冻结，因此冻土中未冻水的存在增加了土体的黏滞性，使土的强度降低。

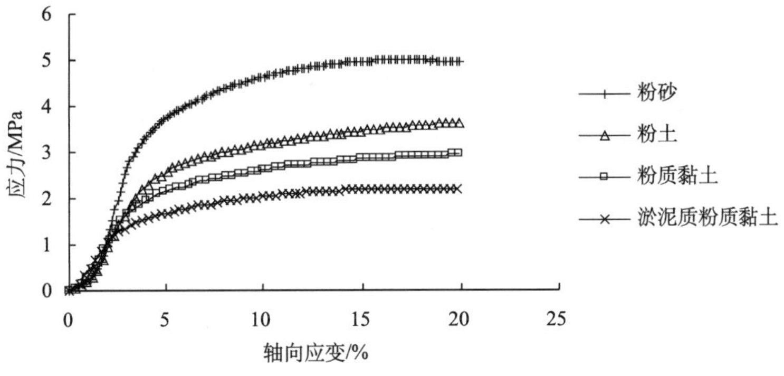

图 2.31　不同土质下－10℃时应力-应变曲线

2）温度的影响

图 2.32 和图 2.33 给出了温度对冻土单轴抗压强度及弹性模量的影响曲线。

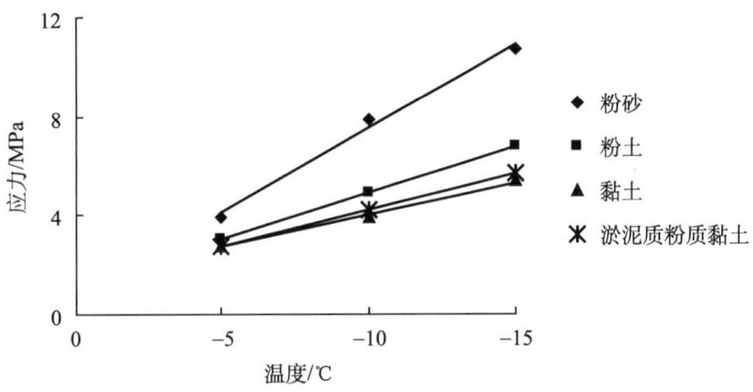

图 2.32　不同土质单轴抗压强度与温度关系曲线

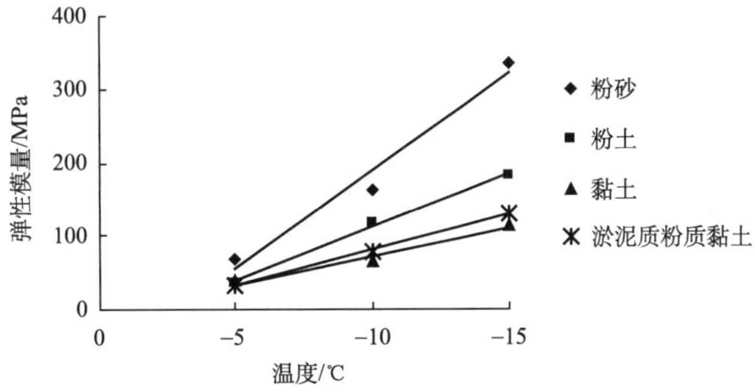

图 2.33　不同土质弹性模量与温度关系曲线

结果表明：冻土的温度是影响冻土强度的最主要因素，温度在－5～－15℃，同一土质的单轴抗压强度和弹性模量随温度降低而增大，并呈现良好的线性规律。试验表明，当温度低于－20℃时，冻土强度不再随温度呈线性关系，随温度变化率呈减小的趋势。

此外，冻结速率对冻土力学性能也有较大影响。冻结速率直接影响冰的结构及含量，若冻结速度快，冻土中易产生较多细粒冰，胶结作用大，冻土强度高，反之，冻土中粗粒冰含量增多，冻土强度降低。为此，人工冻结工程中，积极冻结期，尽快降低盐水温度，并维持较低的盐水温度，对提高人工冻结壁强度有重要意义。

3）含水率的影响

－10℃时不同土质的单轴抗压强度和弹性模量与含水率的关系见图 2.34 和图 2.35。

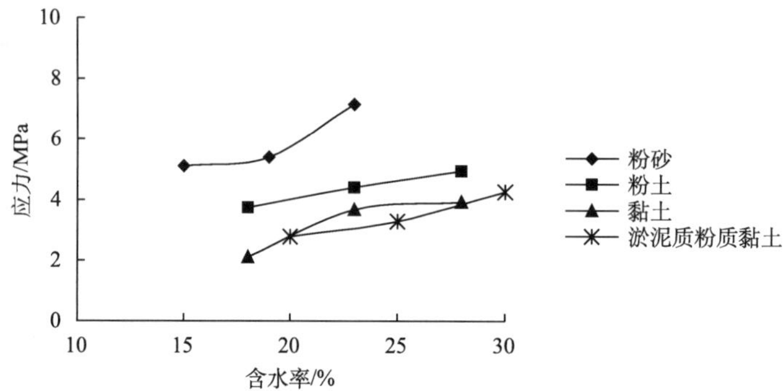

图 2.34 －10℃冻土单轴抗压强度与含水率关系曲线

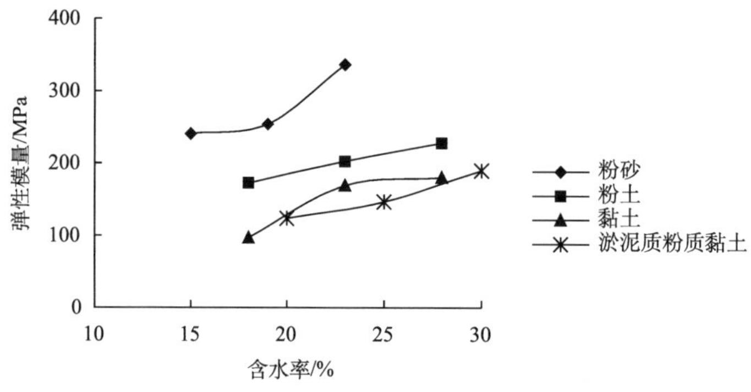

图 2.35 －10℃冻土弹性模量与含水率关系曲线

冻结条件相同时，冻结砂土单轴抗压强度、弹性模量随含水率的增大而增大，且曲线斜率不断增加。含水率增大，对于无黏性土，其自由水含量明显增大，冻结过程中冰的含量增多，颗粒之间的胶结力变大，强度增大。冻结黏性土单轴抗压强度和弹性模量随含水率增加先增加后趋于平缓，这是因为随含水率增大，土中自由水、结合水含量相对增多，但冻结后结合水不能充分冻结，在含水率不大时强度依然随着含水率的增长而近似线性增大，含水率较大时，未冻水含量多，颗粒和冰颗粒之间的胶结力减小，强度不再显著增长。粉土介于砂土和黏性土之间，随含水率变化，冻土单轴抗压强度和弹性模量随含水率增加线性增大。

4）干密度的影响

图 2.36 和图 2.37 给出了各土质其他条件相同时，不同土质－10℃冻结状态下单轴抗压强度和弹性模量随干密度的变化曲线。

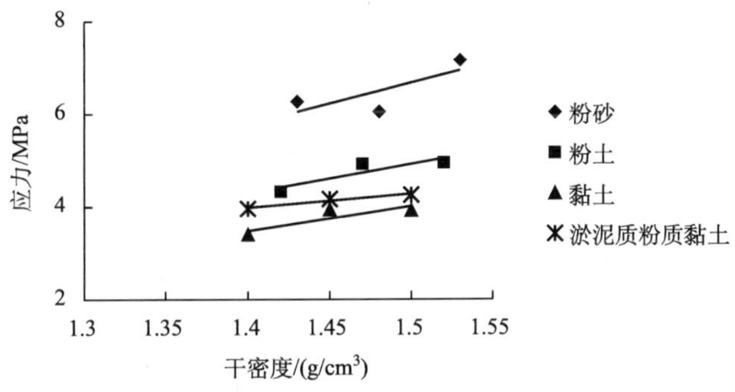

图 2.36 单轴抗压强度和干密度的关系曲线

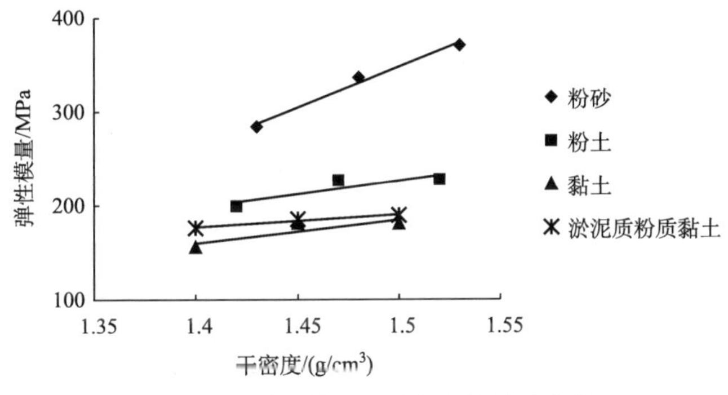

图 2.37 弹性模量和干密度的关系曲线

单轴抗压强度和弹性模量都随干密度的增大而线性增大。其中砂土强度和弹性模量随干密度的增大增长最显著，黏土增长最不明显，这说明冻土随着干密度增大，冻结后土骨架之间的黏结力增大。

5）电阻率的影响

付伟等研究发现，冻土单轴抗压强度和电阻率存在一定的关系[137]（图 2.38）。不同温度下试样初始电阻率不同，温度高于－20℃时电阻率随温度降低缓慢增长，而低于－20℃时电阻率变化敏感性增强。图 2.39 为典型的电阻率-应力-应变关系曲线。随着应力-应变曲线的增长，电阻率先减小后增大，试样应力达到峰值后电阻率仍不断增长。这是因为冻土在单轴载荷作用下经历了压密、弹性变形、塑性屈服、破裂阶段后，诸阶段对应电阻率变化趋势为快速减小至最小、稳定增加、剧烈增加。

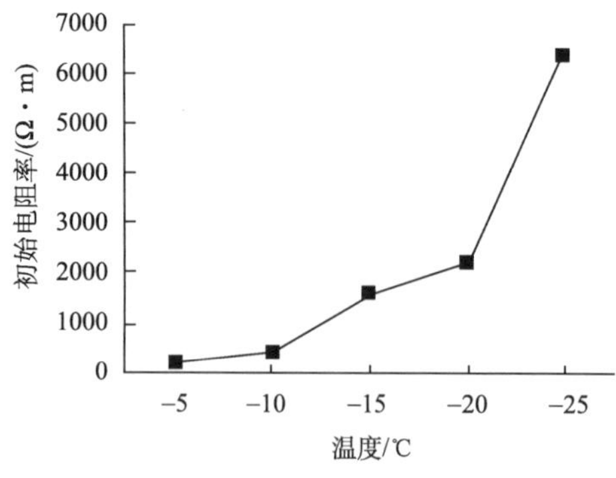

图 2.38　单轴抗压强度和初始电阻率关系曲线

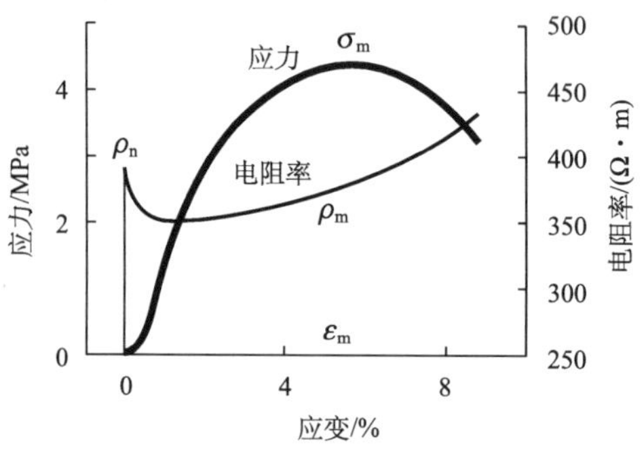

图 2.39　典型的电阻率-应力-应变曲线

3. 长三角地区冻土单轴抗压强度与弹性模量

表 2.18 和表 2.19 给出了长三角地区冻土单轴抗压强度及弹性模量。

2.4.3　冻土三轴剪切强度特性

1. 试验设备与方法

人工冻土抗剪强度试验所用仪器为美国 GCTS 公司研制和生产的 FSTX-100 型冻土动静三轴仪。冻土抗剪强度试验时，以恒应变 1%/min 加载，试验过程全部由计算机自动控制以及自动进行数据采集。三轴剪切试验强度试验装置见图 2.40。

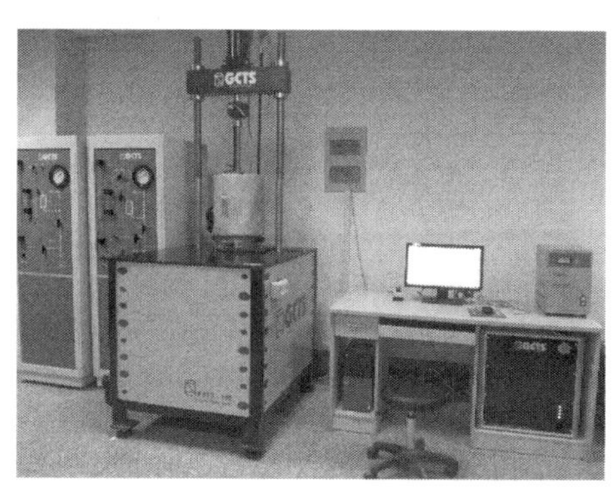

图 2.40　三轴剪切试验强度装置

采用冻结原状土多试样加载方式进行试验，其制备方法按 MT/T593.1—2009 之 6.2.2 和 6.2.3 的规定进行。试样尺寸$\phi 50\times 100$mm，每个土层取 4 个试样进行试验。

试验前首先根据要求削样，−10℃低温条件下恒温 24h 以上。考虑到地铁工程中土层埋深相对较小，本试验中采用 200、400、600、1000kPa 四级围压状态进行试验。试验时首先使试样进行固结，启动三轴试验仪进行剪切，轴向应变速率取 1%/min，测其体变，试验过程中围压波动度不大于±10kPa。试验过程中自动采集轴向荷载及变形以及试样体积变化；当轴向应力不再增加时，继续加载到轴向应变增加 3～5%，若压力传感器读数无明显变化，试验直至轴向应变达到 20%为止，记录荷载及变形终值；试验结束后卸去轴向荷载和围压，描述试样破坏后形状，测定试验后试样的含水率和密度；最后画出各土层莫尔应力圆，计算内摩擦角和黏聚力。

表 2.18 长三角地区部分城市典型土层人工冻土单轴抗压强度

土层	宁波			南京			苏州			常州			上海		
	−5℃	−10℃	−15℃	−5℃	−10℃	−15℃	−5℃	−10℃	−15℃	−5℃	−10℃	−15℃	−5℃	−10℃	−15℃
粉砂	2.2～3.2	4.1～4.5	5.8～6.1	3.8～4.9	6.5～8.3	8.7～10.3	4.2	6.8	9.8	4.5～4.9	5.3～8.4	6.4～10.4	3.0～4.2	4.6～6.5	7.3～8.8
粉土	1.8～2.3	3.3～3.6	4.3～5.0	3.5～3.6	6.0～9.9	8.6～8.9	3.01	4.37	5.94	2.7～5.2	3.2～7.3	4.9～9.4	—	—	—
淤泥质粉质黏土	1.6～2.3	2.8～3.2	4.1～4.3	1.9～2.6	3.8～5.1	4.7～6.1	2	4	5.7	—	—	—	1.6～2.0	2.4～3.6	4.6～5.8
粉质黏土	2.0～2.5	3.3～3.8	4.9～5.3	1.8～2.3	3.9～4.4	6.0～6.4	—	—	—	2.1～3.9	3.5～5.7	4.3～6.6	2.2～2.8	3.4～4.8	4.9～7.0
黏土	1.6～1.7	2.7～2.7	3.8～3.8	—	—	—	2	3.9	5	2.2～3.1	3.3～4.5	3.9～6.4	—	—	—

表 2.19 长三角地区部分城市典型土层人工冻土弹性模量

土层	宁波			南京			苏州			常州			上海		
	−5℃	−10℃	−15℃	−5℃	−10℃	−15℃	−5℃	−10℃	−15℃	−5℃	−10℃	−15℃	−5℃	−10℃	−15℃
粉砂	56～71	135～155	202～234	58～59	195～199	282～285	65	185	264	55～64	182～272	254～397	55～61	140～149	198～243
粉土	47～49	146～154	206～215	77～98	129～165	170～290	97	202	297	42～50	136～250	199～349	—	—	—
淤泥质粉质黏土	36～50	56～134	104～185	38～86	98～132	141～196	62	179	260	—	—	—	35～40	80～90	121～132
粉质黏土	37～89	54～155	168～204	67～126	168～192	289～293	—	—	—	33～45	103～196	172～259	41～50	101～111	140～152
黏土	49～57	70～101	100～161	—	—	—	67	179	238	54～66	109～148	181～255	—	—	—

2. 三轴剪切应力应变关系

强度的选取原则为：不出现峰值的选取 $\varepsilon=15\%$ 对应的强度为破坏强度 q_f；出现峰值时选取峰值强度为破坏强度 q_f。冻结粉质黏土三轴剪切试验得到的偏应力-应变[$(\sigma_1-\sigma_{3c})$-ε]关系曲线见图 2.41。

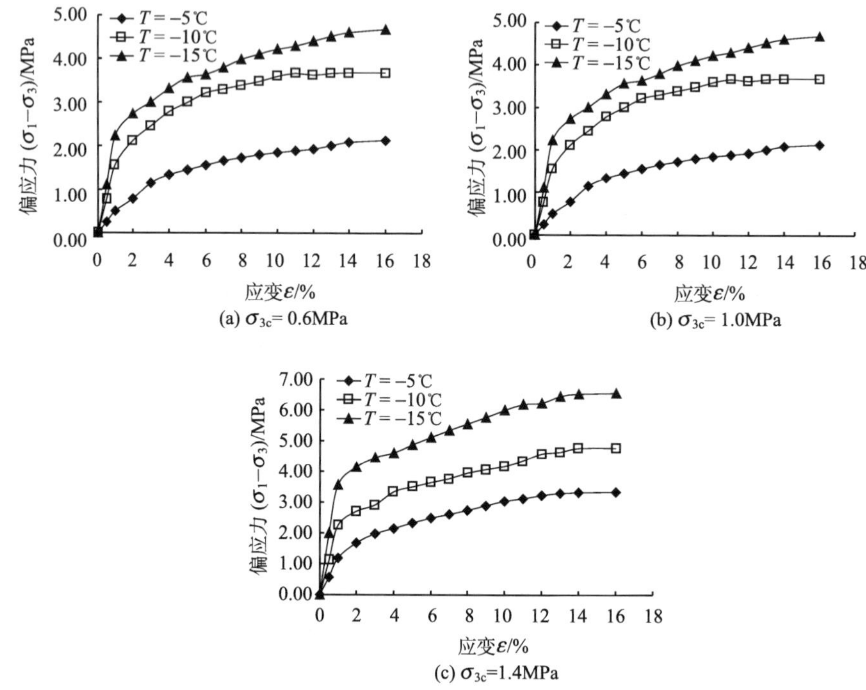

图 2.41　不同温度冻结粉质黏土的偏应力-应变 $(\sigma_1-\sigma_3)$-ε 曲线

(1) 人工冻结粉质黏土偏应力-应变[$(\sigma_1-\sigma_3)$-ε]关系曲线均呈应变硬化型，随着应变的不断增加强度也相应增大。这是由于在外加应力没有使冰颗粒达到破坏状态条件下，外加应力将会继续增大，从而试样没有出现峰值强度。因此本书采用 $\varepsilon=15\%$ 对应的强度为破坏强度 q_f。

(2)不论哪一种围压条件下，冻结粉质黏土三轴剪切试验的加载初期，试样处于线弹性变形阶段，应力增加较快，在应变达到 4%左右时，应力已达破坏强度的 60%以上。随着外加应力的不断增加，试样进入非线性变形阶段，应力增加较为缓慢，土体变形为非理想的弹塑性变形。

3. 温度与围压对三轴剪切试验结果的影响

冻结粉质黏土三轴剪切在围压一定时强度随着温度的降低不断增加，近似呈线性规律，这与人工冻土单轴抗压强度与温度的变化规律相似，图 2.42。

冻结粉质黏土三轴剪切强度在温度一定时随着围压的增大不断增大，增大的幅度相对较大，近似呈线性趋势。这是因为随着围压的不断增大，土体内部存在大量的微裂缝被有效地闭合，增强了冻土的整体性，从而冻土强度提高，见图 2.43。

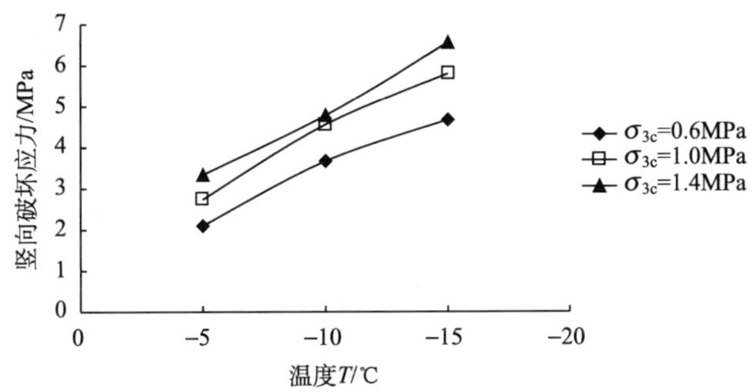

图 2.42 竖向破坏应力随温度变化曲线

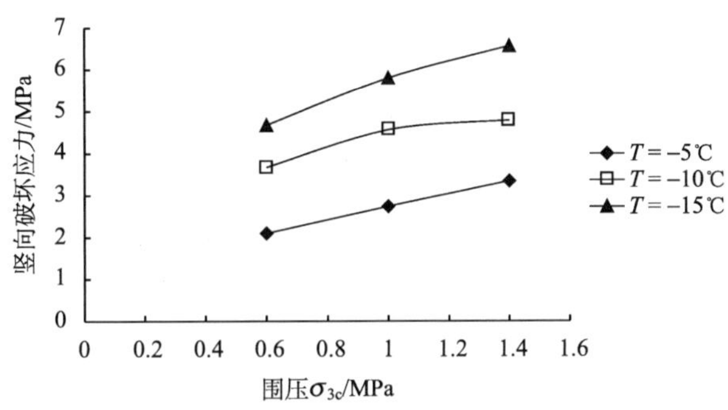

图 2.43 竖向破坏应力随围压变化曲线

4. 基于邓肯-张的冻结粉质黏土本构模型的建立与参数研究

1) 邓肯-张模型的提出

邓肯-张模型是建立于三轴压缩试验基础上，通过应力-应变曲线和压缩曲线计算分析得出模型参数的弹性模量和泊松比。但基于该模型研究冻结粉质黏土相对较少，其参数的研究中未对温度进行深入研究。

1963 年，康纳根据大量土的三轴试验的应力-应变曲线，提出用双曲线拟合出一般土的三轴试验$(\sigma_1-\sigma_{3c})$-ε 曲线，即

$$\sigma_1-\sigma_3=\frac{\varepsilon_a}{a+b\varepsilon_a} \tag{2.13}$$

式中：a、b 为试验常数。对于常规三轴压缩试验，$\varepsilon_a=\varepsilon_1$。邓肯等根据这一双曲线应力-应变关系提出一种目前被广泛应用的增量弹性模型。

式(2.13)可写成

$$\frac{\varepsilon}{\Delta\sigma}=a+b\varepsilon \tag{2.14}$$

将上述三轴剪切试验数据按 $\varepsilon/(\sigma_1-\sigma_3)$ 与 ε 进行整理，则可得出如图 2.44 所示的曲线。

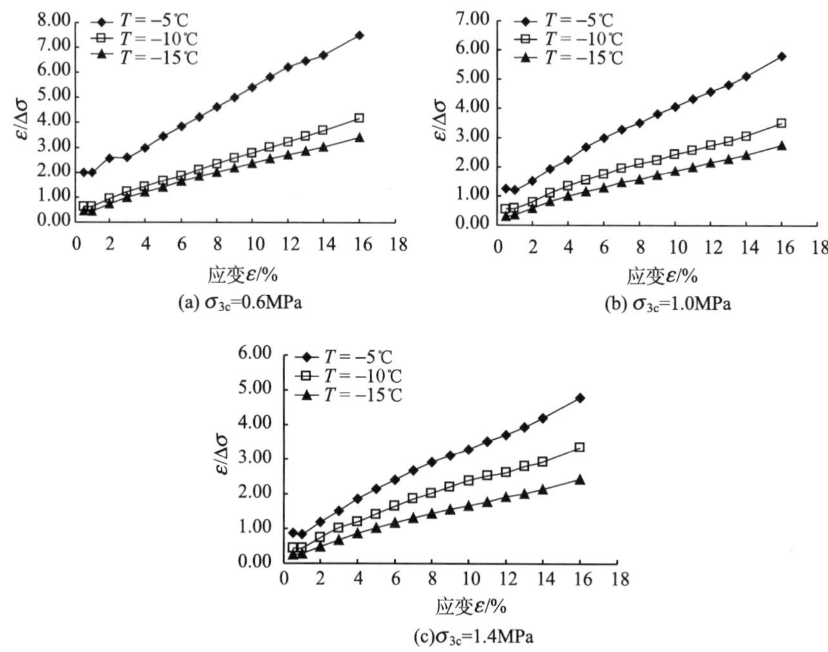

图 2.44　不同温度冻结粉质黏土的 $\varepsilon/(\sigma_1-\sigma_3)$-$\varepsilon$ 关系曲线

冻结粉质黏土的 K、m、a 与 ε 呈一阶线性关系。式中，a、b 拟合参数见表 2.20。由于 $d\sigma_2=d\sigma_3=0$，所以切线模量为：

$$E_t=\frac{d(\sigma_1-\sigma_3)}{d\varepsilon}=\frac{a}{(a+b\varepsilon)^2}=\frac{1}{a}[1-b(\sigma_1-\sigma_3)]^2 \tag{2.15}$$

在试验的起始点，应变很小时，试样变形处于弹性阶段，$\varepsilon_1=0$，$E_t=E_i$，则初始弹性模量为：

$$E_i=\left(\frac{\sigma}{\varepsilon}\right)_{\varepsilon\to 0}=\frac{1}{a} \tag{2.16}$$

当应变量趋于无穷时，极限偏应力为：

$$\sigma_{\mathrm{ult}}=(\sigma)_{\varepsilon\to\infty}=\frac{1}{b} \tag{2.17}$$

式中：σ_{ult}为无侧限抗压强度。

通常情况下，试样破坏时的强度$(\sigma_1-\sigma_3)_f$往往未达到极限偏应力$(\sigma_1-\sigma_3)_{\mathrm{ult}}$，定义破坏偏应力比 $R_f=(\sigma_1-\sigma_3)_f/(\sigma_1-\sigma_3)_{\mathrm{ult}}$表示偏应力与应变的变化关系。将 R_f、式(2.16)、式(2.17)代入式(2.15)中，得

$$E_t=E_i\left[1-R_f\cdot\frac{\sigma_1-\sigma_3}{(\sigma_1-\sigma_3)_f}\right]^2 \tag{2.18}$$

2) 模型参数的确定

为研究模型中参数 a 和 b 与温度 T 和围压 σ_{3c} 之间的关系，根据表 2.20 的数据，将不同条件下参数 a 和 b 的取值进行回归分析。

表 2.20 试验拟合参数 a、b、初始弹性模量、极限强度及破坏强度数据表

试验编号	围压 σ_{3c} /MPa	温度 T/℃	a	b	初始弹性模量 E_1/MPa	极限强度 σ_{ult}/MPa	破坏强度 σ_f/MPa
1	0.6	−5	0.0167	0.3676	59.82	2.72	2.10
2	0.6	−10	0.0078	0.2378	128.90	4.21	3.51
3	0.6	−15	0.0040	0.1937	249.75	5.16	4.67
4	1.0	−5	0.0107	0.2956	92.83	3.38	2.74
5	1.0	−10	0.0058	0.1977	173.67	5.06	4.26
6	1.0	−15	0.0031	0.1550	325.84	6.45	5.80
7	1.4	−5	0.0079	0.2504	127.03	3.99	3.34
8	1.4	−10	0.0043	0.1871	231.00	5.34	4.78
9	1.4	−15	0.0025	0.1394	390.17	7.17	6.56

数学回归公式：

$$a = 0.0213 - 0.0057\sigma_{3c} + 0.0009T \tag{2.19}$$

$$b = 0.4593 - 0.092\sigma_{3c} + 0.0122T \tag{2.20}$$

式中：σ_{3c} 为固结围压，MPa；T 为冻土温度，℃。

上两式表明邓肯-张模型中参数 a 和 b 与试验条件具有相同的变化规律，即 a 和 b 与 σ_{3c} 负相关，与试样的温度 T 正相关。

将式(2.19)和式(2.20)代入公式(2.13)得

$$\sigma_1 - \sigma_3 = \frac{\varepsilon}{a + b\varepsilon} = \frac{\varepsilon}{f(\sigma_{3c},\ T) + g(\sigma_{3c},\ T)\varepsilon} \tag{2.21}$$

式中：

$$f(\sigma_{3c},\ T) = 0.0213 - 0.0057\sigma_{3c} + 0.0009T$$

$$g(\sigma_{3c},\ T) = 0.4593 - 0.0926\sigma_{3c} + 0.0122T$$

将式(2.19)和式(2.20)代入公式(2.18)得

$$E_t = \frac{1}{a}[1 - b(\sigma_1 - \sigma_3)]^2 = \frac{[1 - g(\sigma_{3c},\ T)(\sigma_1 - \sigma_3)]^2}{f(\sigma_{3c},\ T)} \tag{2.22}$$

式(2.21)和式(2.22)表明冻结粉质黏土强度和弹性模量 E_t 随 σ_{3c} 的增加而增大，随 T 的升高而减小，这与试验结果是一致的。

试验得到的 a 和 b 与回归分析得到的参数对比结果(图 2.45)，将试验值与所计算出邓肯-张模型数值进行对比，吻合效果较好(图 2.46)，说明模型参数 a、b 值具有一

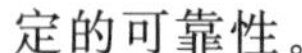
定的可靠性。

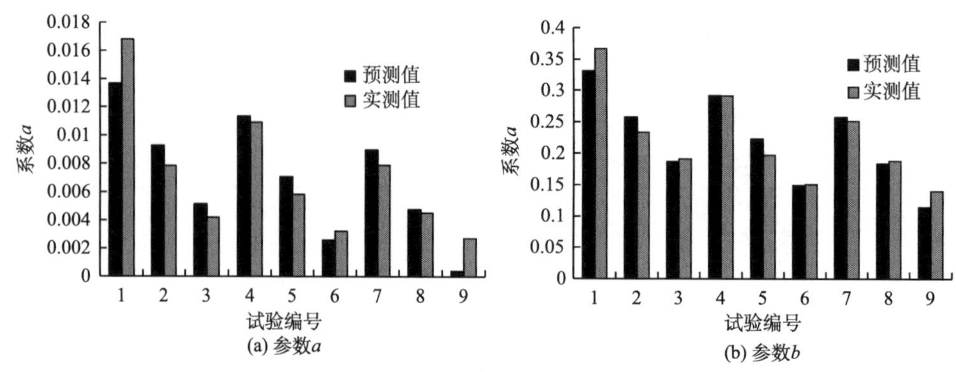

图 2.45　参数预测值和试验值对比曲线

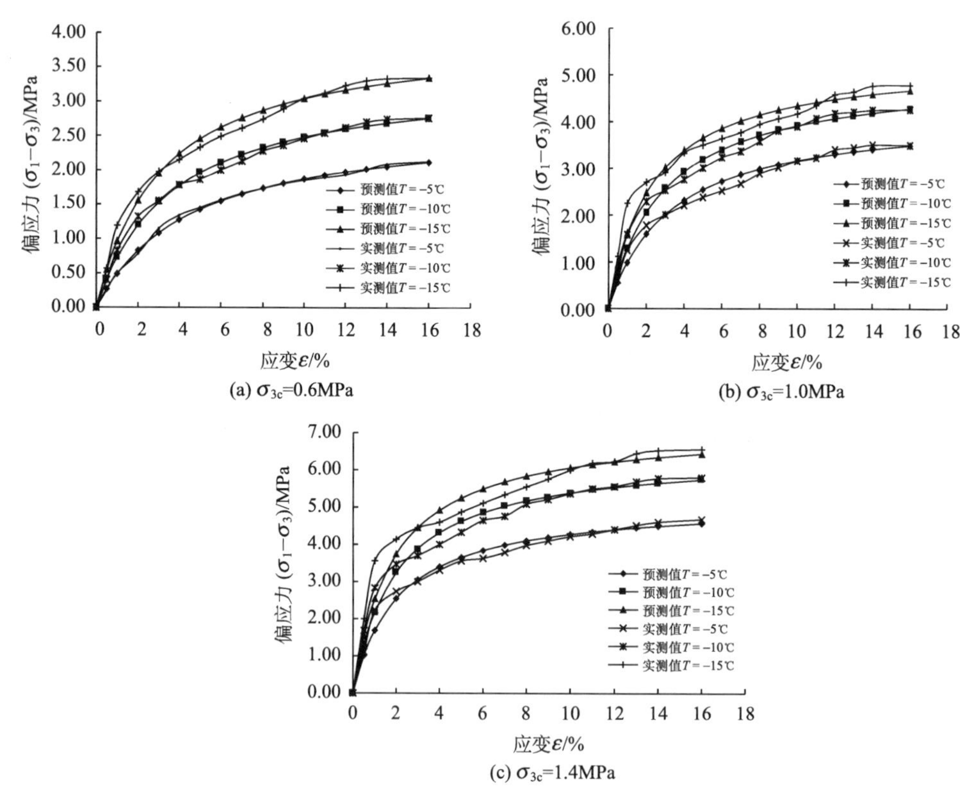

图 2.46　不同温度冻结粉质黏土的$(\sigma_1-\sigma_3)$-ε 试验值与预测值

通过邓肯-张模型预测的极限破坏强度比相同试验条件下实测破坏强度大(图 2.47)，验证了冻结粉质黏土应力-应变曲线呈应变硬化型。破坏强度与极限破坏强度的比值 R_f 是冻结粉质黏土强度和变形特性的主要参数。通过分析可得 R_f 基本在 0.77～0.91 之间，其均值为 0.86。

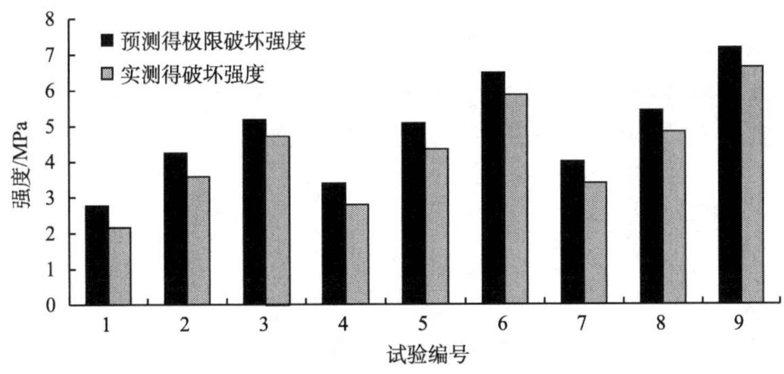

图 2.47 冻结粉质黏土预测得极限破坏强度与实测破坏强度对比

5. 长三角地区典型土人工冻土抗剪强度指标

表 2.21 长三角地区部分城市典型土层人工冻土(−10℃)抗剪强度指标

土层	宁波		南京		苏州		常州		上海	
	黏聚力/MPa	内摩擦角/(°)	黏聚力/MPa	内摩擦角/(°)	黏聚力/MPa	内摩擦角/(°)	黏聚力/MPa	内摩擦角/(°)	黏聚力/MPa	内摩擦角/(°)
粉砂	1.45～1.47	4.69～4.74	1.67	5.21	1.9	5.06	1.02～2.43	3.18～14.67	1.61～2.12	24.91～26.20
粉土	1.10～1.10	6.26～6.32	1.17	5.01	1.54	6.04	0.72～2.21	3.18～17.05	—	—
淤泥质粉质黏土	0.86～1.16	4.95～6.88	1.02～1.65	4.86～5.97	—	—	—	—	0.96～1.35	5.05～5.88
粉质黏土	0.95～1.95	4.28～9.20	1.06～1.62	6.12～8.41	1.35	7.46	0.72～1.95	2.29～17.05	1.50	24.40
黏土	0.94～1.45	4.16～5.74	—	—	1.36	6.28	1.24～1.80	2.29～8.59	—	—

2.4.4 冻土抗折强度特性

1. 试验设备与方法

试验仍然采用冻土压力试验机 WDT-100B，试验过程全部由计算机自动控制以及自动数据采集，只需将夹具改为抗折夹具。

目前国内人工冻土抗折试验主要依据国家安全生产监督管理总局出版的《人工冻土物理力学性能试验》(MT/T 593—2011)进行试验，此标准中关于抗折试验部分参考了2001 DLT《水工混凝土试验规程》中混凝土抗弯试验部分，加载方式为四点加载或三点加载。

图 2.48(a)加载装置为四点加载方式的钢制加压头，要求应使两个相等的荷载同时作用在小梁的两个三分点处；与试样接触的两个支座头和两个加压头应具有直径约15mm 的弧形端面(为防止接触面出现压融，弧形端面宜采用非金属材料制作)，其中一个支座头及两个加压头宜做成使之既能滚动又能前后倾斜。

图 2.48(b)加载装置为三点加载方式的钢制加压头，要求使荷载作用在小梁的二分点处；与试样接触的两个支座头和一个加压头应具有直径约 15mm 的弧形端面(为防止接触面出现压融，弧形端面宜采用非金属材料制作)，其中的一个支座头及一个加压头宜做成使之既能滚动又能前后倾斜的设计。

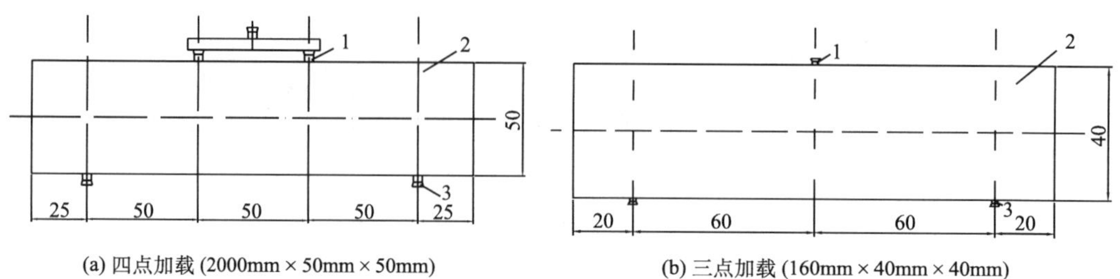

图 2.48　试样加载受力示意图

1-加压头；2-试样；3-支座头

2. 三点式加载方式下试验结果分析

三点式加载方式下抗折试验结果如表 2.22 所示。绘制抗折强度与加载速率关系曲线，如图 2.49 所示。

表 2.22　三点式加载方式下抗折试验结果

编号	加载速率/(N/s)	抗折强度/MPa	相对挠度/%
C3-2Z-1	30	5.99	1.24
C3-2Z-3	45	6.3	1.27
C3-2Z-5	60	6.68	1.32
C3-2Z-7	75	7.02	1.42

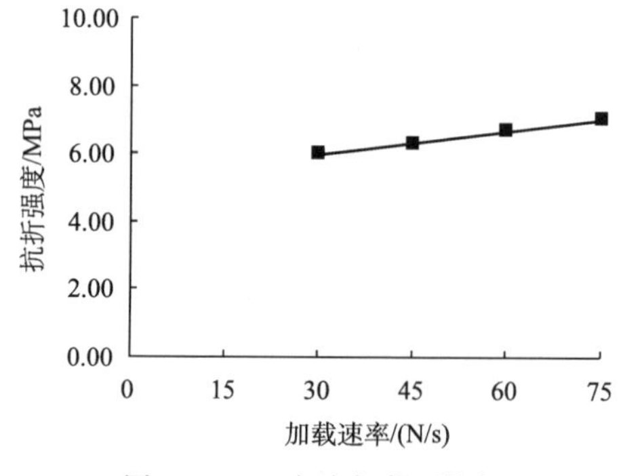

图 2.49　三点式加载下抗折强度与加载速率关系曲线

粉质黏土的抗折强度随加载速率增大而呈线性提高，加载速率提高 1N/s，强度增大 0.023MPa。

拟合关系式为：

$$f_{\mathrm{f}}=0.0231v+5.2846 \qquad (2.23)$$

式中：f_{f} 为抗折强度，MPa；v 为加载速率，N/s。

三点式加载情况下荷载与挠度的关系曲线以及跨中最大相对挠度(破坏时的相对挠度)与加载速率关系曲线分别如图 2.50 和图 2.51所示。

(1) 四种速率下，当挠度小于总挠度的

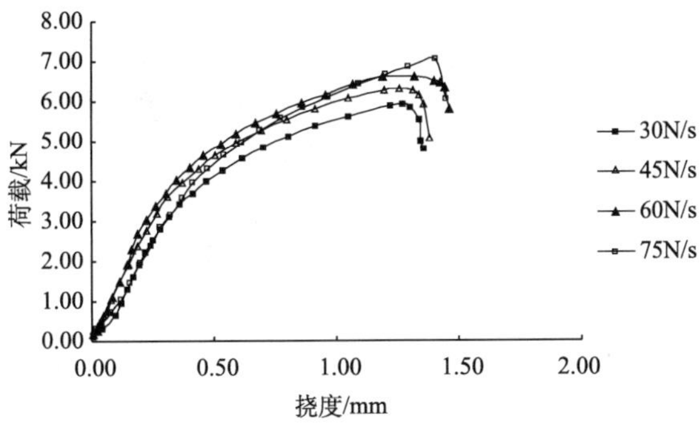

图 2.50　三点式加载荷载与挠度关系曲线

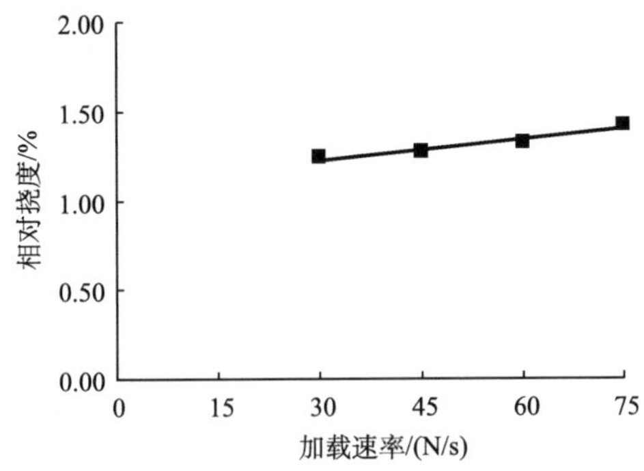

图 2.51　三点式加载跨中最大相对挠度与加载速率关系曲线

1/5 时，荷载与挠度的关系曲线基本均近似为线性增长方式，此时荷载与挠度比值约为 9.15kN/mm。

(2) 当挠度超过总挠度的 1/5 时，四种速率下荷载与挠度的关系曲线不再线性增长，且挠度变化速率增大。

(3) 当荷载达到峰值后荷载将急剧下降，试样破坏，说明不论加载速率多大，土的破坏类型均呈明显的脆性破坏特征，加载速率对其破坏特征的影响可忽略不计。

(4) 该加载方式下，加载速率越大，粉质黏土跨中最大相对挠度也越大，且呈线性趋势增大。

针对跨中最大相对挠度与加载速率关系，经拟合关系式为：

$$f_{max} = 0.0038v + 1.1092 \tag{2.24}$$

式中：f_{max}为跨中最大相对挠度；v 为加载速率，N/s；

试验范围内(加载速率 30～75N/s)，加载速率提高 1N/s，跨中最大相对挠度增大 0.038。

3. 四点式加载方式下试验结果分析

四点式加载方式下抗折试验结果如表 2.23 所示。

表 2.23　四点式加载方式下抗折试验结果

编号	加载速率/(N/s)	抗折强度/MPa	相对挠度/%
C3-2Z-2	30	5.65	1.27
C3-2Z-4	45	5.64	1.23
C3-2Z-6	60	5.94	1.27
C3-2Z-8	75	5.58	1.16

绘制抗折强度与加载速率关系曲线，并与三点式加载下情况对比(图 2.52)，结果表明纯弯曲下的四点式加载抗折试验，其抗折强度受加载速率影响变化不大，并且四点式加载下的小尺寸试样抗折强度在各加载速率下均小于三点式加载下的大尺寸试样。

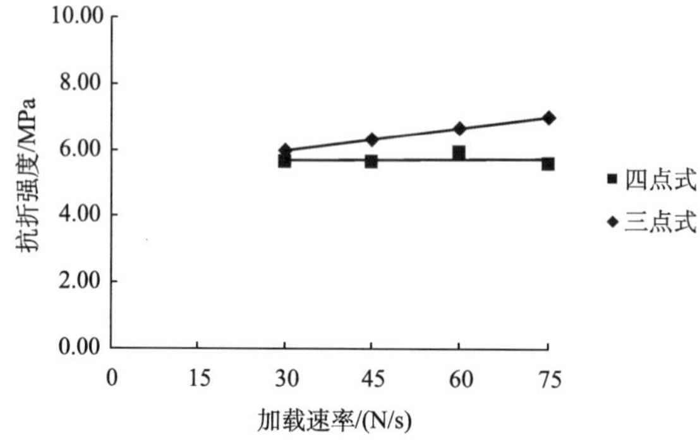

图 2.52　不同加载方式下抗折强度与加载速率关系曲线

四点式加载情况下荷载与挠度的关系曲线以及跨中最大相对挠度(破坏时的相对挠度)与加载速率关系曲线分别如图 2.53、图 2.54 所示。

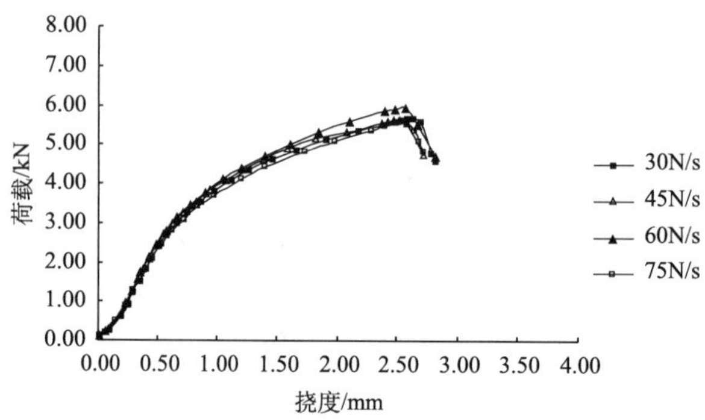

图 2.53　四点式加载下荷载与挠度关系曲线

研究结果表明：

(1) 四种速率下，当挠度小于总挠度的 1/5 时，荷载与挠度的关系曲线基本均为线性增长方式，此时荷载与挠度比值约为 4.25kN/mm，比三点式加载要小。

(2) 当挠度超过总挠度的 1/5 时，四种速率下荷载与挠度的关系曲线不再是线性增

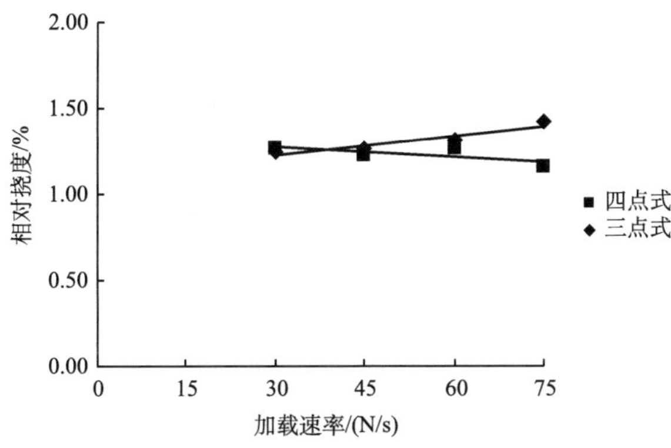

图 2.54　跨中最大相对挠度与加载速率关系曲线

长，且挠度变化速率增大。

(3) 当荷载达到峰值后荷载急剧下降，说明不论加载速率多大，土的破坏类型也均呈明显的脆性破坏特征，加载速率对其破坏特征的影响同样可忽略不计。

(4) 跨中最大相对挠度受加载速率影响变化不大，可认为基本不受影响。并且四点式加载下的小尺寸试样跨中最大相对挠度在各加载速率下(除 30N/s)均小于三点式加载下的大尺寸试样。

通过以上两种加载方式的比较研究表明：四点式加载方式其加载速率对抗折强度及试样破坏时跨中最大相对挠度均无影响，而三点式加载方式的抗折强度及试样破坏时跨中最大相对挠度均随加载速率成线性增长。究其原因可能是：在三点式加载和四点式加载下，冻土梁受力情况相异，其中三点式为非纯弯曲受力，四点式为纯弯曲受力。因此从研究冻土抗折强度基本特性出发，推荐采用四点式加载方式确定其抗折强度更合理。

2.5　人工冻土蠕变特性

2.5.1　蠕变试验设备与方法

蠕变试验仍然采用南京林业大学冻土试验室冻土压力试验机 WDT-100B，试验过程全部由计算机自动控制以及自动进行数据采集。主要依据《人工冻土物理力学性能试验》(MT/T 593.6—2011)第六部分人工冻土单轴蠕变试验方法中的规定进行。

2.5.2　蠕变曲线特征及其蠕变参数

冻土的蠕变曲线性状不仅受温度影响，也受应力水平、土质及其物理状态影响。

对同一试样在相同温度不同应力条件下进行一系列单轴压缩蠕变试验，就可以得到一组蠕变曲线，人工冻土单轴蠕变是指人工冻土在无侧向应力时轴向压应力不变的条件下，其变形随时间的延长而改变的性质。

恒定应力条件下，人工冻土蠕变变形与时间关系曲线可分为两类：衰减型蠕变和非衰减型蠕变。

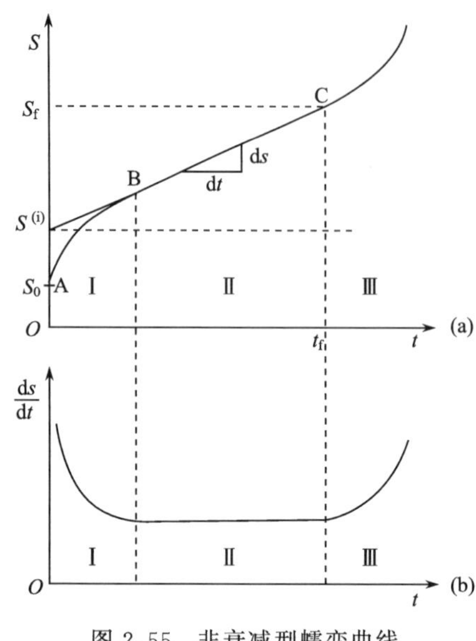

图 2.55　非衰减型蠕变曲线

(1) 衰减蠕变

蠕变速率随时间延长而减小，最后趋近于零。

在恒定应力 σ 作用下，冻土首先产生瞬时变形 S_0，而后变形迅速增加，最后趋于某一极限值。这种蠕变只有当冻土在一定物理状态和一定温度条件下，其应力不超过某一确定界限值(极限长期强度)时，才会出现。

(2) 非衰减蠕变

变形速率随时间延长而增大，冻土变形速率不断增加，并很快导致冻土的破坏。

从图 2.55 可以看出：在荷载作用下，冻土首先产生瞬时变形 S_0，随后变形迅速发展，至 B 点后，变形减慢，C 点起变形迅速增加，直至冻土破坏。

可以将非衰减蠕变变形过程划分为以下三个阶段：

阶段Ⅰ，非稳定蠕变阶段(AB)：在此阶段里，蠕变变形速率不像衰减蠕变那样趋近于零，而是趋近于某一恒定值。

阶段Ⅱ，稳定流动阶段(BC)：此阶段也称塑黏流动阶段，变形速率实际上是恒定的，即 ds/dt 为常数。

阶段Ⅲ，渐进流动阶段(CD)：其特征是变形速率越来越大，并以冻土的脆性或塑性破坏而告终。

蠕变过程发展的程度取决于荷载的大小和冻土的温度。当荷载固定时，温度愈低，蠕变发展的程度就越小。

1. 蠕变数学模型(一)

冻土变形随时间的发展过程可用式(2.25)表示：

$$\varepsilon=\left(\frac{\sigma}{K}t^{a}\right)^{\frac{1}{m}} \tag{2.25}$$

式中：ε 为相对变形(应变)；σ 为应力，kPa；t 为时间；K、m、a 是由试验确定的参数，均小于 1。

参数 K、m、a 取决于土的种类、含冰量和密度。参数 K 除与上述因素有关外，还是温度的函数。

$$K=\omega(|\theta|+1)^{n} \tag{2.26}$$

式中：n 为幂指数；ω 为试验参数；θ 为温度，℃。

K 与温度的关系也可用下面公式来表示：

$$K=a+b\sqrt{|\theta|} \tag{2.27}$$

式中：a、b 为试验参数。

2. 蠕变数学模型(二)

根据各级荷载状态下试样应变随时间变化曲线，建立相应的蠕变数学模型：

$$\varepsilon = f(T, \sigma_i, t) \tag{2.28}$$

本书采用下列函数描述蠕变数学模型(模型二)：

$$\varepsilon = \varepsilon_0 + A \cdot \sigma^B \cdot t^C \tag{2.29}$$

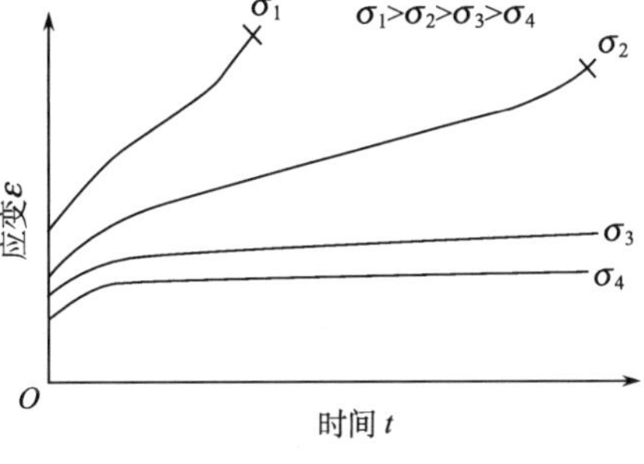

图 2.56 不同应力水平下的蠕变曲线

式中：T 为试验温度,℃；σ 为轴向恒应力，MPa；t 为蠕变时间，h；A、B、C 为与试验温度、轴向恒应力、蠕变时间相关的参数。

相同温度不同应力水平下的蠕变曲线如图 2.56 所示。

3. 长三角地区典型土的蠕变参数

长三角地区典型土质在－10℃下的蠕变参数如表 2.24 所示。

表 2.24 长三角地区典型土质－10℃下的蠕变参数

	宁波			南京			苏州			常州			上海		
	A	B	C	A	B	C	A	B	C	A	B	C	A	B	C
粉砂	1.473	2.001	0.322	0.999	1.525	0.341	0.194	1.825	0.341	1.328	1.942	0.298	—	—	—
粉土	0.927	1.748	0.142	0.056	2.065	0.354	0.106	1.950	0.337	1.273	1.999	0.284	0.532	1.216	0.300
淤泥质粉质黏土	1.092	1.958	0.198	0.0129	2.013	0.213	—	—	—	—	—	—	—	—	—
粉质黏土	1.358	2.01	0.235	0.116	1.853	0.267	0.136	1.753	0.277	0.793	1.169	0.162	0.602	1.210	0.239
黏土	1.057	2.101	0.266	—	—	—	—	—	—	1.448	1.718	0.141	—	—	—

2.6 人工冻土动力学特性

冻土动力学主要研究动荷载作用下冻土的变形和强度特征及土体稳定性，通过测量冻土的动态特性确定冻土动弹性模量、动剪切模量和动阻尼比，计算在小变形条件下土体在一定范围内所引起的位移、速度、加速度或应力随时间的变化。

2.6.1 动力参数测试方法

土体动力学测试技术的发展直接影响着土动力特性研究和土体动力分析计算的发展，这也是土动力学发展的基础。

1. 冻土动三轴试验法

动三轴试验通过对试样施加模拟的动主应力，掌握试样承受动荷载作用下的动态反应，获取动应力与动应变、动应力与相应孔隙压力的关系曲线，以此求出解岩土的各项动弹性参数及试样在模拟某种实际振动力作用下的工作性状。

施加等幅动应力作用对试样进行持续振动，经过一定振动次数后试样达到破坏的振动剪应力被称为动强度。通过记录动三轴试验中的动应力、动应变和孔压值随振动周次的变化过程曲线，以确定动强度、动模量和动阻尼比。

冻土动三轴试验法适用于大应变、低频率范围测试，可以模拟地震动荷载作用，是目前使用最多的一种方法。动三轴试验便于施加各种应力以尽可能地符合工程实际，且试样制备较为方便，属于可精确控制应力和应变的试验设备，操作方法易于掌握，但三轴仪加荷条件与现场地震应力条件差别较大。

2. 共振柱法

共振柱试验原理表现在将共振柱体系作为一端固定一端自由的杆件体系考虑，在无阻尼共振情况下，该体系具有一定的通解，可按照弹性体考虑。主要有两种方法，一是把共振柱视作单自由度振动体系，在发生共振后切断电源并记录振动衰减的自由衰减法，二是单自由度体系中获取以强迫振动不变振幅作用的反应曲线的稳态法。共振柱试验既可以强迫振动，也可以自由振动。如用于强迫振动试验时，在圆柱形试样的一端给以小振幅的扭转振动或纵向振动，改变强迫振动的频率直至共振为止。在强迫和自由振动过程中，通过共振频率、试样尺寸、边界条件求得试样材料的动剪切模量和动阻尼比。

共振柱试验适用于各种类型的土，适用于小应变、高频率范围测试土的动力特性，不破坏土的结构，是一种无损检测方法，较为精确地测定冻土的动力特性，但目前国内尚无这种设备。

3. 波速法

根据弹性理论，当介质受到动荷载作用时将引起介质的动应变，并以纵波、横波和面波等形式从振源向外传播，动应力不超过介质的弹性界限时所产生的波称为弹性波。介质的质量密度越高、结构越均匀、弹性模量越大，则弹性波在该介质中的传播速度也越高，力学特性也越好。弹性波速法以弹性理论为依据，在特性试验条件下测量岩土体中弹性波(速度、振幅、频率等)，获取冻土的动力参数，并以此评价冻土的工程性质。

2.6.2 冻土动应力-应变关系

分离式霍布金森压杆 SHPB(split hopkinson pressure bar)是 1914 年由 Hopkinson 提出的一种材料动态冲击试验技术，在这种试验原理的基础上，选择相应的试验条件可获得冻土的动态应力-应变曲线[138]。

1. 冻土的时温等效性

时间温度等效原理常被用作描述高分子材料的某种力学响应(如力学松弛)，既可在较低温度下通过足够长的观察时间来实现，也可在较高温度下短时间内观察来实现。

对于温度敏感性的人工冻土而言，也具备时温等效性，某试验条件下冻土的动应力-应变曲线如图 2.57、图 2.58 所示。同一应变率下，随着温度的降低其流动应力将增加，事实上温度对冻土的动、静态力学性能影响都很大，表现出明显的温度效应。同一温度下，随着应变率的增加，冻土的流动应力也将增加，表现出明显的应变率效应。同一应变率下，不同温度的动态应力应变曲线有明显的汇聚现象，且随着应变率的提高，汇聚现象更为明显，汇聚倾向于该组应变率下的高温应力应变曲线；同一温度下，不同应变率的动态应力应变曲线也有明显的汇聚现象，随温度降低，汇聚现象更为明显，汇聚倾向于该组温度下的低应变率应力应变曲线。

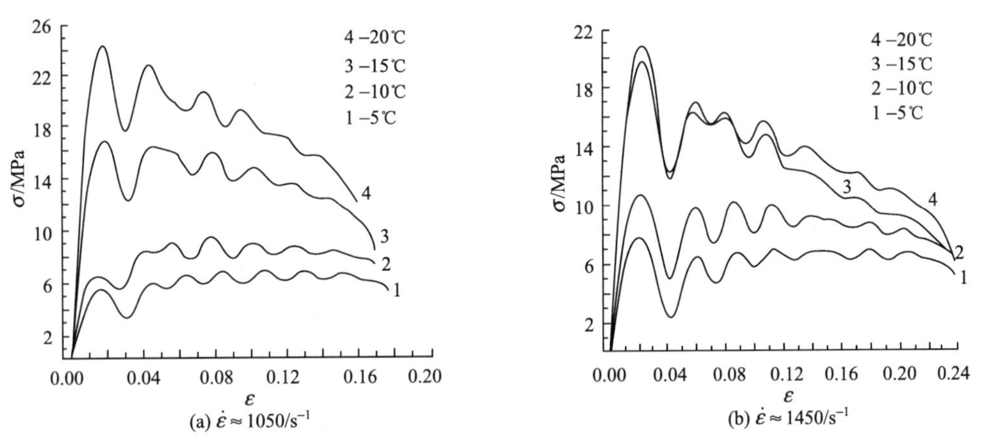

图 2.57 某一应变率下，不同温度的应力应变曲线

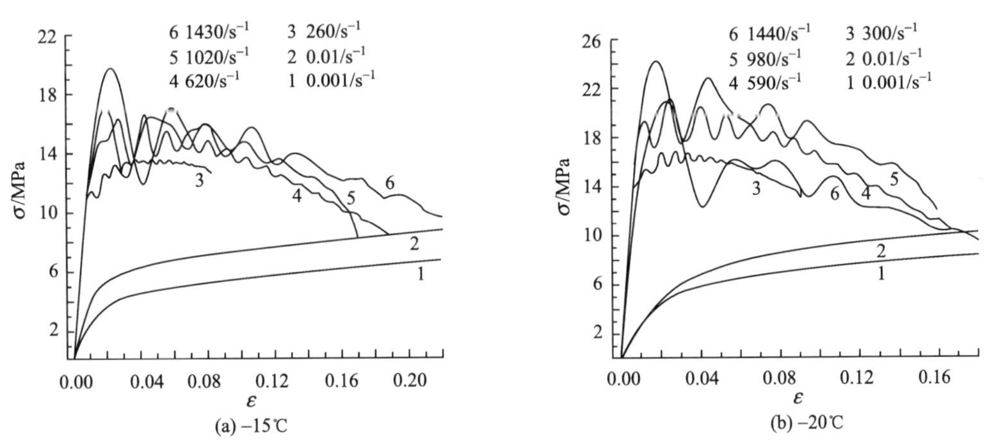

图 2.58 某一温度下，不同应变率的应力应变曲线

上述的温度效应、应变率效应以及引起的汇聚现象均表明冻土典型的时温等效性，即低温对应于高应变率，高温对应于低应变率，且温度降低或应变率增高都会产生汇聚现象，这种汇聚进一步说明了冻土材料的冻脆性和动脆性。

2. 冻土动应力-应变关系

在等幅正弦循环荷载作用下，不同温度的冻土动应力-应变关系曲线可以用Hardin-Drnevich双曲线模型描述[139]。

双曲线模型的表达式为：

$$\sigma_{\mathrm{d}}=\frac{\varepsilon_{\mathrm{d}}}{(a+b\varepsilon_{\mathrm{d}})} \tag{2.30}$$

式中：σ_{d}为动应力幅值，ε_{d}为动应变幅值，a，b为试验参数，该值受冻土温度的影响较大。不同温度下动应力幅值-动应变关系曲线见图2.59。

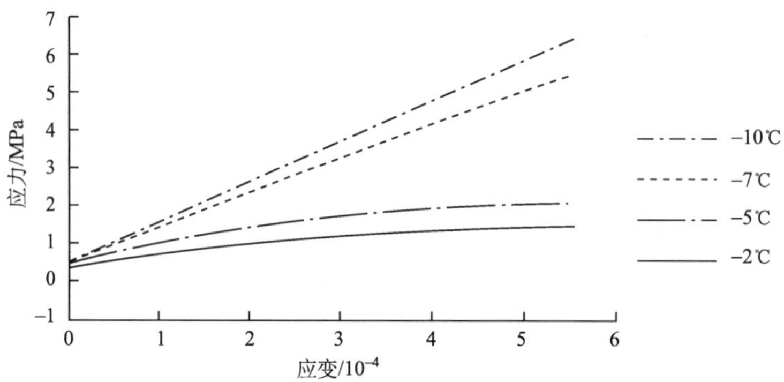

图2.59　不同温度下动应力幅值-动应变关系曲线

2.6.3　冻土动力学基本参数

1. 冻土动弹性模量

弹性理论中，弹性模量是衡量材料产生弹性变形难易程度的指标，其值越大，材料的刚度越大，即在一定荷载作用下，发生的弹性变形越小。在动荷载作用下，材料内部产生的应力、应变响应均为时间的函数，弹性模量在外荷载作用过程中不是一成不变的，动弹性模量是用动力法即根据弹性波在岩体中的传播速度测得的弹性模量，冻土动态弹性模量定义为：

$$E_{\mathrm{d}}=\frac{\sigma_{\mathrm{d}}}{\varepsilon_{\mathrm{d}}} \tag{2.31}$$

式中：σ_{d}、ε_{d}分别为各个时刻的冻土动应力和动应变。

冻土动弹性模量的最大值E_{dmax}：

$$E_{\mathrm{dmax}}=\sqrt{(c\omega)^2+E^2} \tag{2.32}$$

式中：c为黏性元件的黏滞系数；ω为振动荷载圆频率；E为弹性元件的弹性系数。

2. 冻土动泊松比

在岩土工程设计中，土体泊松比是反映土体侧向变形的重要参数，是土体应力-应变关系研究中必须要考虑的参数，泊松比的取值决定了土体的强度和变形特性。根据二维波动理论，利用无侧限与有侧限弹模的比值，可求解冻土动泊松比：

$$\frac{E}{E_c}=\frac{(1+u)(1-2u)}{1-u} \tag{2.33}$$

式中：u 为动泊松比；E 为冻土无侧限弹性模量；E_c 为冻土有侧限弹性模量。

3. 冻土动剪切模量

在循环单剪试验中，测定剪应变 γ_d 和剪应力 τ_d，可作出反映循环内各时刻动剪应力与动剪应变之间关系的滞回圈，如图 2.60 所示。由滞回圈顶点对应的动剪应力 τ_d 和动剪应变 γ_d，计算冻土动剪切模量为：

$$G_d=\frac{\tau_d}{\gamma_d} \tag{2.34}$$

若已知冻土动弹性模量和动泊松比。

$$G_d=\frac{E_d}{2(1+u)} \tag{2.35}$$

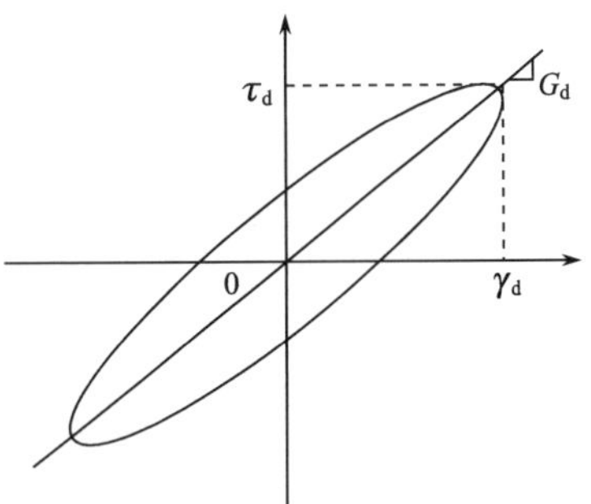

图 2.60　理想的动剪应力-剪应变关系曲线

冻土最大动剪切模量 G_{dmax} 定义为动剪应变 γ_d 趋于零时的剪切模量。试验的 $\tau_d-\gamma_d$ 骨干曲线形态接近双曲线，经过移项以后成为线性函数，制 $1/G_d$-γ_d 曲线，用直线拟合后延长，在 $\gamma_d=0$ 处的纵坐标截距的倒数即为 G_{dmax}。

4. 冻土动阻尼比

冻土地基土体在地震时对地震波传播起阻尼作用，衡量冻土吸收地震能量的尺度是动阻尼比，常采用公式(2.36)计算。

$$\delta=\frac{\Delta W}{4\pi W} \tag{2.36}$$

式中：ΔW 为阻尼耗能；W 为等效应变能。

在进行场地的地震动反应分析时，它是必不可少的重要参数，荷载频率相同条件下，冻土的阻尼比随冻土负温的降低而逐渐减小。这是由于冻土强度愈高，塑性特点愈不明显，试验加荷一周能量耗散降低的幅值愈大，导致阻尼比数值随温度降低而减小；而冻土负温条件相同，改变荷载频率发现随着荷载频率的增加，阻尼常数降低，降低幅值不如冻土的负温影响显著(图 2.61)。动阻尼比跟动弹性模量有很大关系，使动模量降低的因素常使动阻尼比提高。

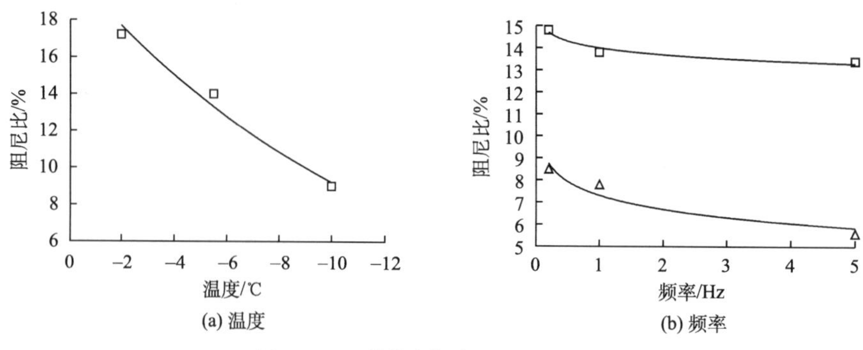

图 2.61　不同因素对阻尼比的影响

2.6.4　冻土声波特性

1. 试验基本原理

声波探测是利用频率为数千赫至数百千赫的声频弹性波通过土体，研究其在不同性质和结构的土体中传播特性，从而解决某些工程地质问题，是弹性波探测技术的一种。

无论室内外，按照相应的试验方法测试声波在冻结试块或冻土地基中传播的纵波波速 V_p 与横波波速 V_s，在弹性理论基础上，根据 V_p、V_s 与该冻土试样的密度 ρ，计算冻土的动弹性模量 E_d、动剪切模量 G_d 和动泊松比 u_d，计算如下：

$$E_d=\frac{\rho V_s^2(3V_p^2-4V_s^2)}{V_p^2-V_s^2} \tag{2.37}$$

$$G_d=\rho V_s^2 \tag{2.38}$$

$$u_d=\frac{V_p^2-2V_s^2}{2(V_p^2-V_s^2)} \tag{2.39}$$

2. 冻土中纵横波速与各因素之间的关系

试验主要以淮南矿区井下冻黏土、冻砂土为例，在室内通过冻结试样测试两种土质间声波特性的差别。

(1) 试样尺寸

无荷载时选用直径 50mm，长 100mm 的圆柱形试块，有荷载时选用 70.7mm×70.7mm 的方形试块，试块尺寸符合断面尺寸＞3λ(λ 为声波波长)要求。

(2) 温度

按－5、－10、－15℃三个温度水平考虑温度对冻土声波特性的影响，此外也进行－5、－10、－15、－20℃四个温度下的单因素试验。

(3) 含水率及重度

砂土含水率为 8.5％、14.4％、17.7％三个水平，黏土含水率为 18.8％，22.7％和25.7％三个水平。重度按 20kN/m^3 考虑。

1）冻土物理性质对波速的影响

(1) 在试验条件范围内，冻砂土和冻黏土纵波速度分别为2350～4300m/s和1600～2650m/s。

(2) 冻砂土和冻黏土纵波波速随温度降低而增大，且其增长率随温度降低有减小趋势，但在试验温度范围内，温度始终对纵波波速影响较明显(图2.62)，对横波波速的影响与纵波波速基本一致。此外，含水率很小时，由于土体冻结后不产生孔隙冰，温度对波速的影响不太明显，因此饱和冻土中体波的传播速度不仅与频率有关，而且还与未冻水的饱和度以及土体孔隙比等因素有关。

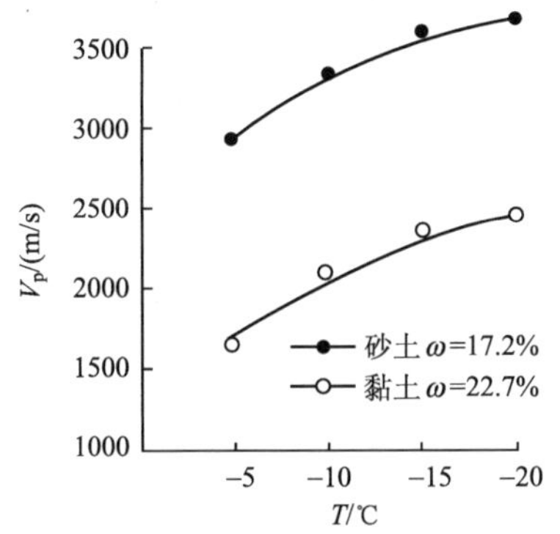

图2.62　V_p 与温度关系曲线(γ=20.4kN/m³)

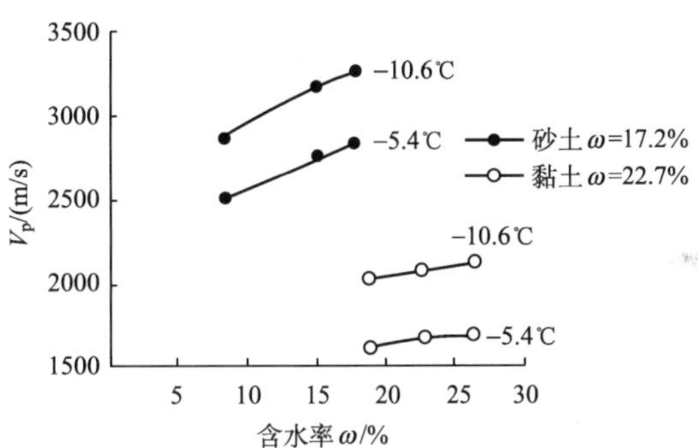

图2.63　V_p 与含水率关系曲线

(3) 对于不同类型的冻土土质，其纵波速度和横波速度随温度变化而变化的速率不同：黏土较大，砂土较小。

土中颗粒的胶结程度对波速有极为重要的影响(图2.63)。当土质较为疏松时，波速较小；当土质较为密实，胶结程度较好，纵波波速随冻土重度增加而迅速增大，且砂土的增长率大于黏土，重度每增加1kN/m³，冻砂土纵波波速增大350～550m/s，冻黏土增大50～100m/s。同一温度下冻砂土纵波波速是冻黏土的1.4～1.65倍。

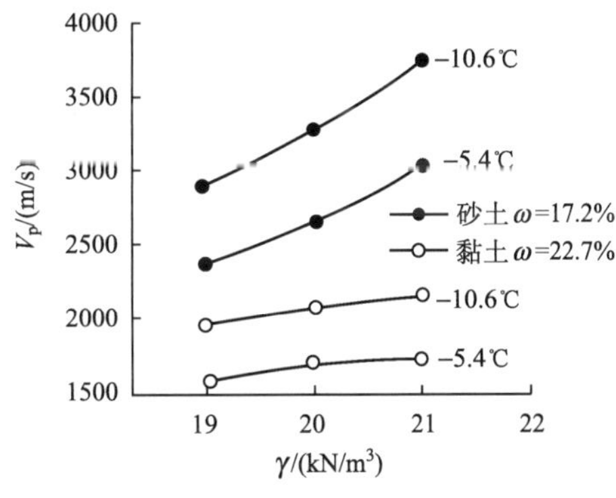

图2.64　V_p 与重度关系曲线

(4) 纵波波速随含水率增加而增大，且其增长率随含水率增加有所减小，含水率对纵波波速影响时，砂土大于黏土，且三个物理量中，重度对纵波速度影响最大，其次为温度、含水率。当含水率较小时，土的弹性性质比较明显，波速较大；当含水率较大时，尤其是有重力水存在时，土的弹性性质明显减弱，塑性增强，导致波速较小(图2.64)。

(5) 满足基本试验条件时，冻结砂土、冻结黏土中的纵横波速与各物理指标之间的关系可描述为：

$$冻砂土：v_p = 0.8450\omega^{0.174} \cdot \gamma^{2.303} \cdot |T|^{0.225} \tag{2.40}$$

$$v_s = 7.1431\omega^{0.017} \cdot \gamma^{1.438} \cdot |T|^{0.533} \tag{2.41}$$

$$冻黏土：v_p = 43.560\omega^{0.165} \cdot \gamma^{0.863} \cdot |T|^{0.319} \tag{2.42}$$

$$v_s = 148.32\omega^{0.081} \cdot \gamma^{0.420} \cdot |T|^{0.353} \tag{2.43}$$

2）含冰量对波速的影响

由于冻土中冰颗粒的存在，使得冻土中波的传播特性有别于一般的饱和土，在低频段冰颗粒对波速的影响不是很显著，而在高频段，随含冰量增加纵波的传播速度将增大，但横波传播速度在低频段增大，在高频段将减小。由此可知冰颗粒对波传播的影响与波的类型以及外界激励的频率有密切的关系。

3）冻土强度与波速的关系

根据弹性理论，泊松比与波速比有关，所以可以直接测量冻土的波速比研究冻土的强度及变形性能。

理论上，冻土中的超声波速度并不直接反映冻土的强度特征，但影响冻土强度的某一因素(如温度)改变时，冻土的超声波速度也会随之发生变化，只要冻土的强度变化与超声波速度的变化具有很好的相关关系，便可利用这种相关性来通过测试冻土的超声波速度估计冻土的强度。

当只改变冻土温度时，冻土的抗压强度与超声波纵波速度呈较好的幂函数关系，冻土温度越低，强度越高，冻土的超声波速度也越大．冻土抗压强度与超声波速度的这种良好关系使有可能只进行少量的压缩强度实验便可通过一个样品方便地测试冻土的超声波纵波速度来估计其他温度下冻土的抗压强度。冻结黏土的声波波速随温度的变化率较大，冻结砂土中最小。

4）未冻水含量对波速的影响

未冻水含量的多少直接影响着冻土中胶结作用的冰含量，有研究表明冻土超声波速度与冻土未冻水含量呈线性关系，未冻水含量越大，冻土的超声波速度就越低。未冻水含量对冻土超声波速度的影响涉及冻土的结构形式、未冻水存在方式及机械波的转变过程。

冻土的动弹性模量随着温度的降低而增加，这是因为温度降低，冻土内的含冰率提高，使土颗粒间的胶结能力增强，从而导致冻土本身强度提高。

3. 冻土纵波振幅衰减特性

根据长、短圆柱形试样振幅衰减值 N_1、N_2，由下式计算衰减系数。

$$\alpha = \frac{1}{\Delta x}\ln\frac{S_2}{S_1} = \frac{1}{\Delta x}(N_2 - N_1) \tag{2.44}$$

α 为振幅衰减系数(dB/cm)；S_1 为长圆柱试样声波振幅值；S_2 为短圆柱试样声波振幅值；N_1 为长圆柱试样声波振幅衰减值，dB；N_2 为短圆柱试样声波振幅衰减值，dB；Δx 为长、短圆柱试样长度的差。

研究结果表明：冻砂土、冻黏土的振幅衰减系数随温度降低而减小，且其递减梯度随温度逐渐减小(图 2.65)。从回归公式看，温度对振幅衰减系数的影响大于对波速的影响；随重度增大、衰减系数减小，其减小梯度随重度增大而减小，衰减系数随含水率增大而减小，但其影响程度相对较小。含水率每增加 10%，衰减系数减小 3%～4%，三个物理量中重度影响最为显著。重度每增加 10%，衰减系数减小 30%，且对砂土、黏土影响程度相近，幂指数值均在－3.8 左右。重度、含水率、温度对振幅衰减系数的影响均比对波速影响大，三者均增加 10%，纵波波速分别增加 30%(砂土)、14%(黏土)，而两种土质的衰减系数各减小 40%。因此衰减系数对物理性质的变化更为敏感，在本试验条件范围内，冻砂土、冻黏土的振幅衰减系数分别为 0.45～2.21dB/cm，0.62～2.01dB/cm。

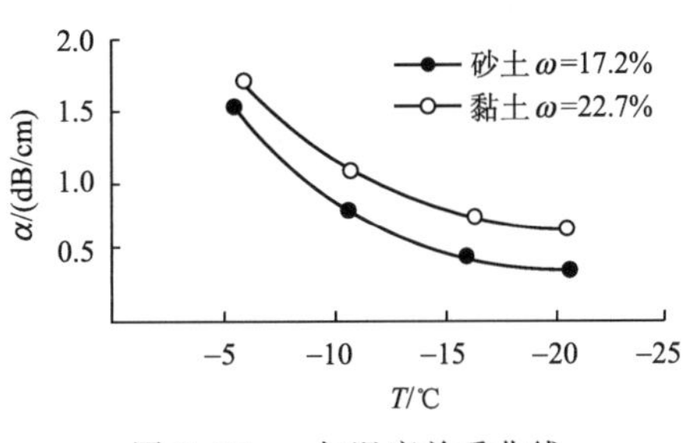

图 2.65 α 与温度关系曲线

(γ=20.4kN/m^3)

4. 加荷大小及加荷时间对冻土声波特性影响

采用方形试样，声测方向垂直于加载方向，试验获得荷载大小与声波纵横波速的变化关系如图 2.66 所示。结果表明，当荷载较小时，冻土纵横波速均随荷载增大而增加，荷载增加到一定值(约为 σ_c 的 10%)时，波速达到最大值，这时波速为加载前的 1.09 倍(纵波)和 1.25 倍(横波)，此后随荷载增加逐渐减小，直到 N 点(约为 σ_c 的 25%～30%)后，波速减小量暂时稳定，到 P 点后(约为 σ_c 的 40%～50%)，波速开始急剧下降，直到 D 点，波速无法测得。

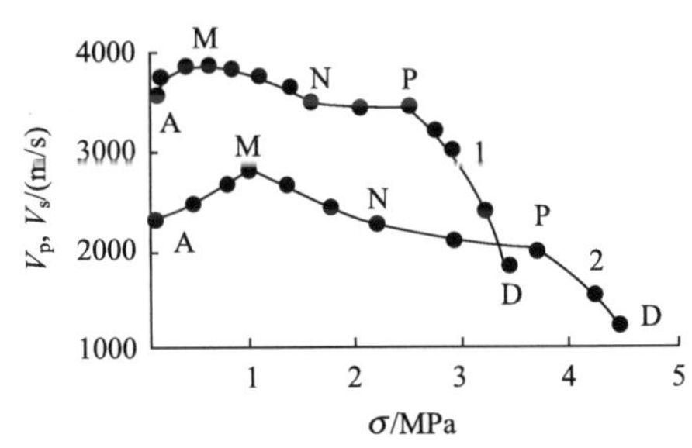

图 2.66 V_p、V_s 与 σ 关系曲线

1. V_p-σ 曲线 σ_c=7MPa，ω=14.4%

2. V_s-σ 曲线 σ_c=8MPa，ω=15.6%

究其原因，冻土试样受压荷载较小时，主要表现为压密，因此，波速增加(AM 段)当荷载达到一定值后，冻土试样一方面在加载方向压密，另一方面开始在垂直加载方向出现胀松，致使波速下降(MN 段)，到 N 点后，胀松发展相对减缓，波速下降亦减缓(NP 段)，P 点后冻土在垂直加载方向的胀松进一步加剧，并出现微裂隙，波速急剧下降，直至 D 点(约为 σ_c 的 60%)，此后波速很难测到。

加载时间与波速关系曲线如图 2.67 所示，其蠕变加载值为 0.09σ_c，表明冻土纵波波速开始随加载时间的延长而增大，加载一段时间后(约 3.5h)波速开始下降，且下降幅度不大，加载后，峰值点最大波速为加载前的 1.15 倍。

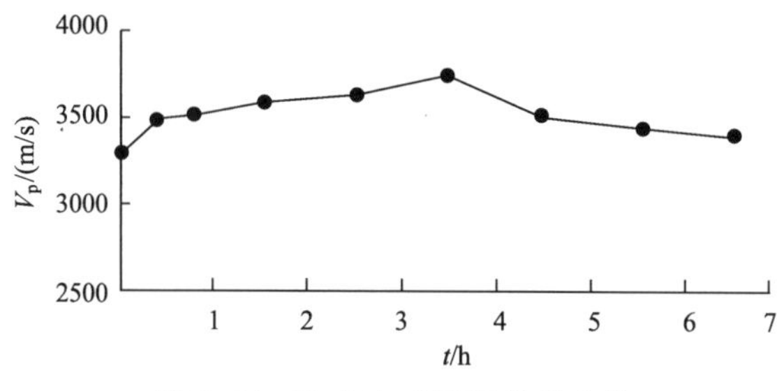

图 2.67 V_p 与加载时间关系曲线

砂土 $T=-10.6℃$，$\sigma=0.09\sigma_c$

2.7 人工冻土接触面剪切特性

2.7.1 人工冻土剪切试验设备

1. 设备功能

为研究人工冻土接触面剪切特性，作者课题组研制了一台 DDJ-1 大型多功能冻土-结构接触面循环直剪仪，其主要结构包括加载系统(包括水平和竖直加载装置)；传感器系统(包括水平、竖直位移传感器；水平、竖直荷载传感器；温度传感器)；制冷及温控系统；数据采集及自稳系统和辅助构件。DDJ-1 的实物照片如图 2.68 所示。

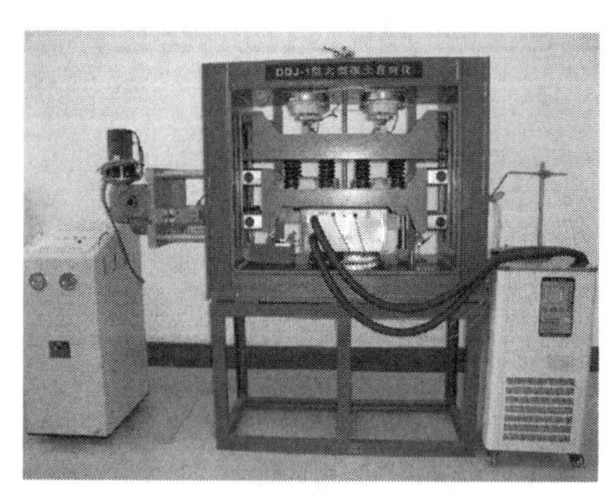

图 2.68 DDJ-1 实物照片

该设备功能强大：

(1) 能提供较大的接触面尺寸 200mm×100mm×87mm，可更加逼真的再现冻土剪切行为和减小尺寸效应。

(2) 温控系统精准高效，能实现 0～−20℃范围内对接触面温度的精确控制(温控精度为±0.3℃)且降温速度快，试样从常温降到−20℃的时间不超过两小时。

(3) 能精确施加常刚度、常位移、常应力升温、常刚度升温四种法向边界条件。

(4) 能够提供多种粗糙度的接触面，使模拟不同工程表面粗糙度的剪切性能成为可能。

(5) 能实现循环剪切和单调剪切两种剪切形式。

(6) 法向应力由四个串联的竖向汽缸施加，并经荷载传感器由计算机控制软件智能监控和调节，因此应力施加迅速而精准。

(7) 剪切方式为位移控制式，剪切速率范围是 0～20mm/s。

(8) 数据采集精准，而且提供两种采集方式，一种是时间控制式，另一种为位移控制式。

(9) 传感器系统精度高，其中法向、水平向位移传感器精度为 1μm、10μm，荷载传感器的精度为 0.03kN，温度传感器的精度为 0.1℃。

鉴于粗糙度对试验结果的重大影响，使用不同形态的钢板来模拟不同表面粗糙度的混凝土结构，如图 2.69 所示。

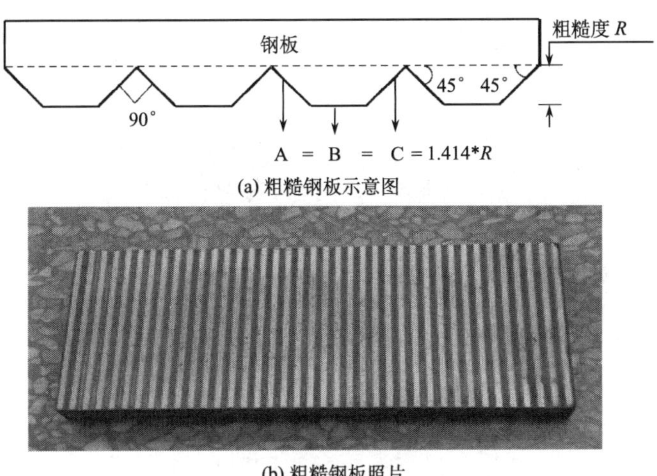

(a) 粗糙钢板示意图

(b) 粗糙钢板照片

图 2.69　粗糙度钢板示意图

2. 试验原理和步骤

(1) 试样制备

将试样分三层装入铜制试样盒，装填前两层试样时，需均匀击实三遍并用切土刀划毛表面；装完第三层试样后，迅速击实试样并用切土刀整平表面，同时使试样表面微微下凹，以抵消试样冷冻时由于冻胀作用引起的表面轻微隆起。

(2) 试样安装

将试样盒放到 DDJ-1 的水平导轨上，启动伺服电机的快速前进按钮，使粗糙钢板的中心位置与试样盒的中心位置相互重合；并安装和调整位移传感器(包括法向位移传感器和水平位移传感器)，在土盒侧面的预留孔插入温度传感器；最后将温控系统的制冷管与土盒上的铜管相连。

(3) 试样降温

待上述试验步骤完成之后，启动制冷系统对试样实施降温，温度传感器实时记录试样温度并同步反馈给温度自稳调节系统，当试样温度降到设定的数值，温度自稳系统转入保温模式。

(4) 启动剪切系统

待整个试样温度稳定(温度波动小于±0.3℃)后，启动竖向加载系统将试验选定的法向边界条件通过结构面板下部的粗糙面板施加在冻土表面上；待温度再次稳定及法向位移稳定后，启动水平加载系统以试验设定好的剪切速率实现单调或循环剪切；试验过程中，接触面的切向位移、切向荷载、法向位移、法向荷载以及接触面温度都由各自的传感器采集并和计算机控制软件实时交互；达到设定剪切位移或剪切次数后，试验自动结束，关闭竖向加载系统和温控系统，提升结构面板，取出试样。

2.7.2 人工冻土与结构接触面单剪特性

1. 试验条件

砂土含水率为24%，恒温试验温度为−6℃，温度误差小于±0.2℃，法向刚度K为80kPa/mm，常法向应力和起始法向应力均为500kPa，剪切幅度为11mm，剪切速率为5mm/min，数据采集周期为2.4s，剪切面尺寸为200mm×100mm。由于剪切时，接触界面面积保持不变，所以可以用相对法向位移的变化来表征冻土体积的变化，并规定剪胀为负，剪缩为正。相对剪切位移以向右为正，向左为负；剪应力以向右剪切为正，向左为负。

2. 单程剪切特性

图2.70给出了单调剪切条件下剪应力(τ)与剪切位移(μ)的关系曲线。当粗糙度(R)为0mm时，出现最大剪应力对应的剪切位移为0.37mm；当粗糙度为0.3mm、0.8mm和1.4mm时，出现最大剪应力对应的剪切位移区间为0.65～0.75mm。在最大值之后剪应力会进入缓慢减小阶段。最大剪应力是由冻结力和静摩擦力共同作用产生的，而缓慢减小阶段的剪应力仅由滑动摩擦力组成。滑动摩擦力也会随着粗糙度的增大而增大，但是增大趋势不断减小。

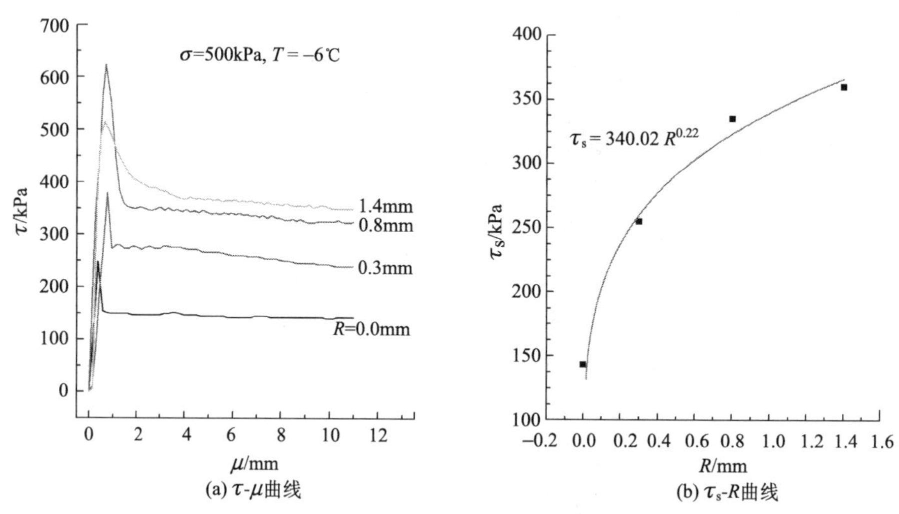

(a) τ-μ曲线 (b) τ_s-R曲线

图2.70 单程剪切试验中剪应力随剪切位移的变化曲线

图2.70表明：剪切开始时随相对剪切位移增大，冻土与结构面板间的剪应力不断增大，当相对剪切位移达到1 mm左右时剪应力达到峰值，此后便迅速回落，在相对剪切位移约为2 mm处进入相对稳定状态。这说明前2mm是冻土工程中控制剪应力的有效范围。出现该种曲线形态的原因如下：粗糙面板和冻土界面之间不但存在着由于冰的胶结作用而形成的胶结力F，还存在着两者之间的摩擦力f。开始剪切时，F和f共同作

用，故剪应力会出现峰值，随着剪切的进一步进行，冰的胶结作用在粗糙面板的剪切作用下快速破坏，F 也迅速衰减到零，此后只存在 f 的单独作用，于是剪应力进入稳定状态。

图 2.71 为相对法向位移随相对剪切位移的变化曲线，从 v-u 曲线可知，相对法向位移随相对剪切位移的变化规律与剪应力随相对剪切位移的变化规律非常相似，不过是在相对剪切位移为 1.4 mm 时出现剪胀峰值，而后逐渐回落到稳定状态。很显然，冻土接触面的相对法向位移始终为负值，说明在结构面板的单程剪切作用下冻土的体积呈增大趋势。这是因为在结构面板的剪切作用下原来均匀致密的冰土胶结体变的相对松散和杂乱，所以会出现剪胀的现象。

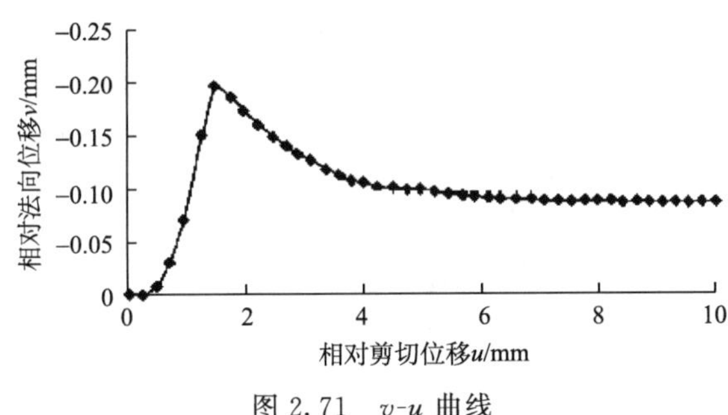

图 2.71 v-u 曲线

2.7.3 人工冻土与结构接触面循环剪切特性

试验条件与单程剪切相同，只是试验循环次数为 30 次，研究人工冻土与结构接触面循环剪切特性。

1. 剪应力随循环剪切次数的变化

研究结果表明(图 2.72～图 2.74)：

(1) 在 30 个剪切循环(N)的每个循环内总会存在峰值剪应力，且最大峰值剪应力始终出现在第一个循环的初期阶段，与接触面粗糙度无关。

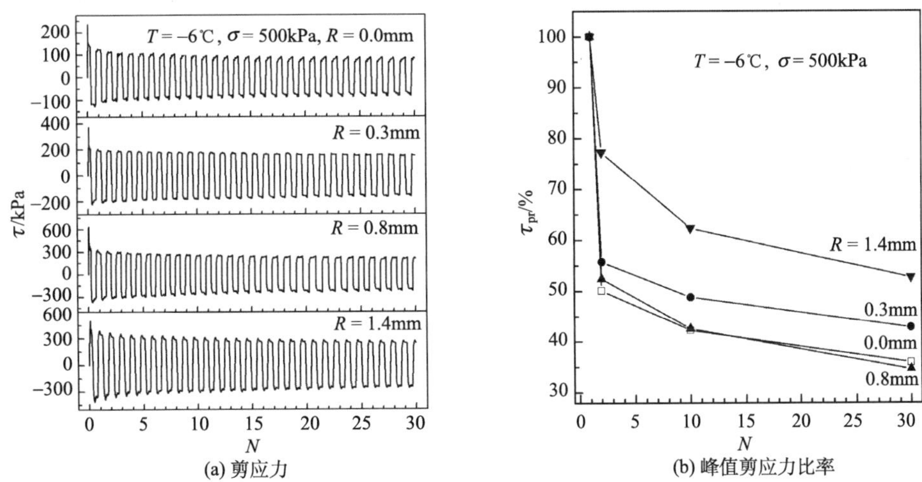

(a) 剪应力　　(b) 峰值剪应力比率

图 2.72 剪应力和峰值剪应力比率随循环次数的变化曲线(常法向刚度边界)

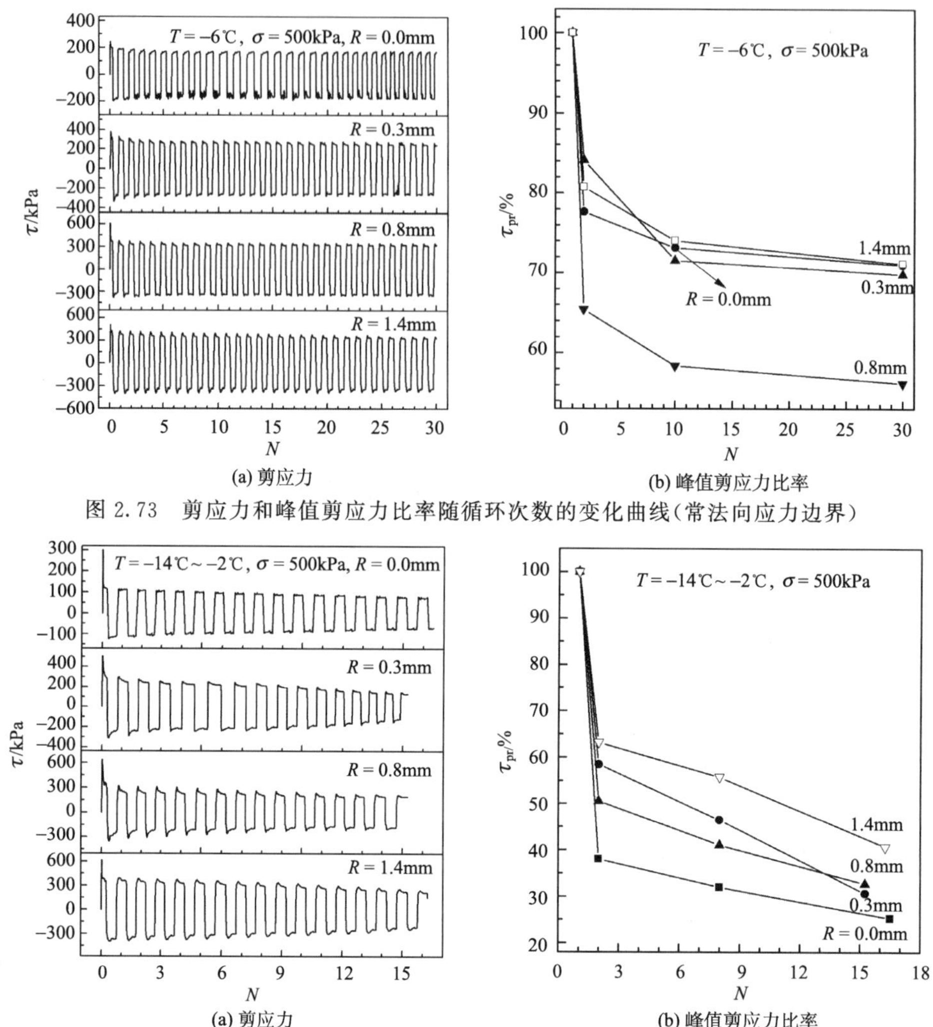

(a) 剪应力　　(b) 峰值剪应力比率

图 2.73　剪应力和峰值剪应力比率随循环次数的变化曲线(常法向应力边界)

(a) 剪应力　　(b) 峰值剪应力比率

图 2.74　剪应力和峰值剪应力比率随循环次数的变化曲线(升温常法向应力边界)

(2) 峰值剪应力随剪切循环次数的增加呈减小趋势。

(3) 常法向刚度试验中的峰值剪应力减小比例显著大于常法向应力试验中减小值，这是因为常法向应力剪切试验中，法向应力始终为 500kPa；常法向刚度剪切试验中，法向应力却从第一个循环开始由 500kPa 开始逐渐减小，根据莫尔-库伦(Mohr-Coulomb)定律，剪应力会随着法向应力的减小而减小，于是在两组试验中就出现了剪应力下降幅度不一致的试验结果。

(4) 冻土由−14℃上升到−2℃大约需要 16 个循环的时间，峰值剪应力随着循环的进行而减小，在升温常法向应力条件下剪应力的平均减小比例大于常法向应力和常法向刚度剪切试验中的减小值。

2. 剪应力随粗糙度的变化

图 2.75、图 2.76 给出了五种试验条件的最大剪应力随粗糙度的变化曲线，最终峰

值剪应力随粗糙度的变化曲线，表明：

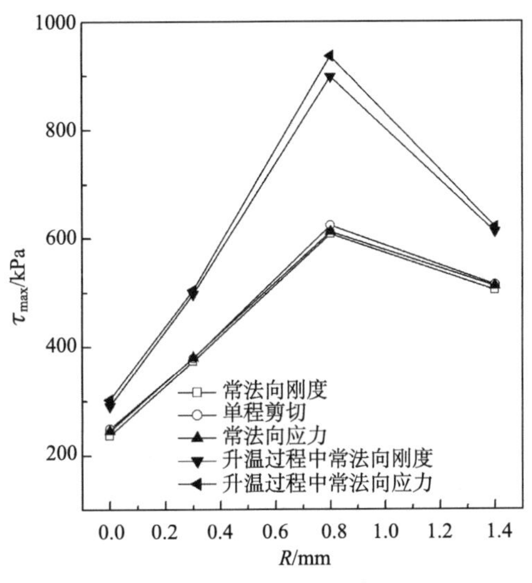

图 2.75 基于五种试验条件的最大剪应力随粗糙度的变化曲线

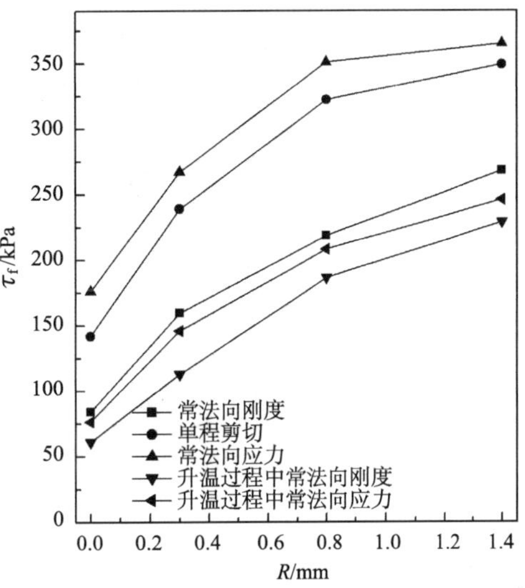

图 2.76 基于五种试验条件的最终峰值剪应力随粗糙度的变化曲线

(1) 最大剪应力随粗糙度先呈增大趋势，在粗糙度达到某个数值后最大剪应力又会随着粗糙度增加而减小，研究得出一定试验条件下的临界粗糙度是 0.8mm。当表面粗糙度不大于 0.8mm 时，接触面的滑动摩擦力与粗糙度存在正增长关系，而当粗糙度为 1.4mm 时，钢板和冻砂土之间接触面积将会显著减少，因此在假定动摩擦系数不变的前提下，最大剪应力会出现一定幅度的减小(当结构面板粗糙度较大时，由于粗糙面板沟槽距离和深度增加，沟槽进入冻土阻力加大，致使冻土不能充分进入结构面板的沟槽，所以冻土与面板实际接触面积会减小)。

(2) 最大剪应力-粗糙度曲线明显可分成两组，第一组试验条件是升温常法向刚度边界和升温常法向应力边界，而第二组的试验条件则是常法向刚度边界、常法向应力边界，且第一组的最大剪应力显著大于第二组的最大剪应力。这是由于接触面温度相同(升温或恒温－6℃)的前提下，边界条件对最大剪应力的影响很小，而最大剪应力由接触面的冻结力和最大静摩擦力组成，其中后者取决于法向应力(不同试验边界下法向应力基本一致，试验条件对最大静摩擦力影响不大)。冻结力取决于接触面温度，第一组温度约为－14℃，第二组为－6℃，接触面冻结力与温度之间存在负增长关系，因此第一组曲线对应的冻结力大于第二组冻结力。

(3) 最终峰值剪应力随粗糙度的增大而增大，但是其增大速率却逐渐减小。此外，无论接触面粗糙度如何，最终峰值剪应力在四种试验边界中由大到小的顺序是：恒温常法向应力边界＞恒温常法向刚度边界＞升温常法向应力边界＞升温常法向刚度边界。

(4) 最终峰值剪应力和冻土温度、法向应力、粗糙度三个因素有关。具体说来就是，最终峰值剪应力随着法向应力增大而增大，随冻土温度升高而降低。

3　人工冻结数值模拟理论与方法

3.1　冻结温度场数值模拟理论与方法

3.1.1　温度场基本概念

1. 温度场分类

自然界中热量传递主要包含热传导、热对流、热辐射三种：热传导指完全接触的两个物体间或一个物体不同部分间由温度梯度引起的热量交换；热对流即固体表面与它周围接触的流体之间由温差引起的热量交换；热辐射即物体以电磁波形式随时向外传递热量的方式。

温度场指物质系统内各点温度的集合，是时间与空间的坐标函数，属标量场。图 3.1 给出了温度场分类简图，地下工程人工冻结壁温度场为非稳定的三维温度场，即冻结壁影响范围内的各点温度变化不仅与空间坐标相关，还与时间相关。

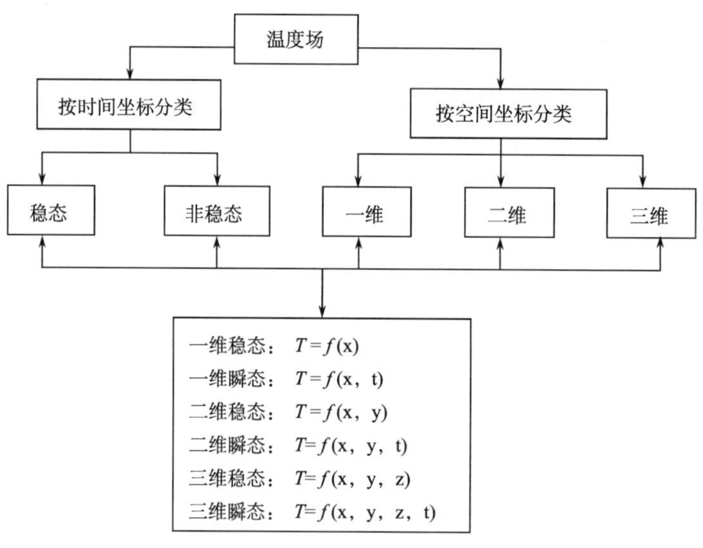

图 3.1　温度场的分类简图

2. 定解条件

求解温度场导热微分方程的定解条件包含时间条件和边界条件。时间条件反映温度场随时间发展的特点，稳态导热温度场发展不随时间发生变化，瞬态导热时某时刻温度分布为下一时刻温度计算的时间起算点，即传热过程开始时刻，研究对象各点具有相同温度，随时间延长，各点温度发生变化，系统能量始终守恒；边界条件指明物体边界处温度或物体表面热交换情况，即允许边界上研究对象和外部介质间存在能量交换，但导热微分方程解首先必须满足边界上的条件。

边界条件主要包含三类：

① 第一类边界条件：已知物体边界上任何时刻的温度分布，用式(3.1)表示。

$$T_w = f(x,\ y,\ z,\ t) \tag{3.1}$$

② 第二类边界条件：已知物体边界上任何时刻的热流密度或温度变化率，见式(3.2)。

$$q_w = f(x,\ y,\ z,\ t) \tag{3.2}$$

③ 第三类边界条件：给出与物体边界直接接触的流体温度 T_f 及边界面与流体之间的对流换热表面传热系数 λ，通过式(3.3)描述。

$$\left.\frac{\partial T}{\partial n}\right|_w = \frac{\lambda}{k}(T_w - T_f) \tag{3.3}$$

式中：λ、T_f 已知，$\left.\frac{\partial T}{\partial n}\right|_w$、$T_w$ 未知，这也是第三类边界条件与第一类、第二类边界条件区别所在。

3.1.2 温度场数值模拟基本理论

1. 基本假定

1) 地层为各向同性弹塑性体；

2) 冻结管周边温度均匀分布，冻结管边界温度比冻结管中的低温盐水温度高出2℃，且该边界为冻结冷源的主要荷载施加位置；

3) 由于一般冻结管长度相对较短，冷量仅在垂直于冻结管方向热传导，不考虑沿冻结管方向的损失；

4) 考虑冰水相变作用，忽略温度引起的对流及热辐射，未冻水含量仅是温度的函数，由未冻水含量计算的潜热仅在相变温度区间内产生，由第二章实验结果，地层相变温度范围，取－1～0℃；

5) 不考虑施工对地层冻结效果的影响，假定几何模型外边界(远离冻结管布置区域)为绝热边界；

6) 假设导热物质密度 ρ、比热容 c、导热系数 λ 均为常量，只考虑地层冻结状态、非冻结状态，冻结状态、非冻结状态下具有独立热参数；

7) 温度场计算中不考虑地下水渗流作用的影响。

2. 圆管导热及三维瞬态温度场微分方程

人工冻土冻结、融化温度场是伴有相变的非稳态温度场，根据传热学理论[140]，土体中不同位置任意时刻的土体温度为：

$$T = f(x,\ y,\ z,\ t) \tag{3.4}$$

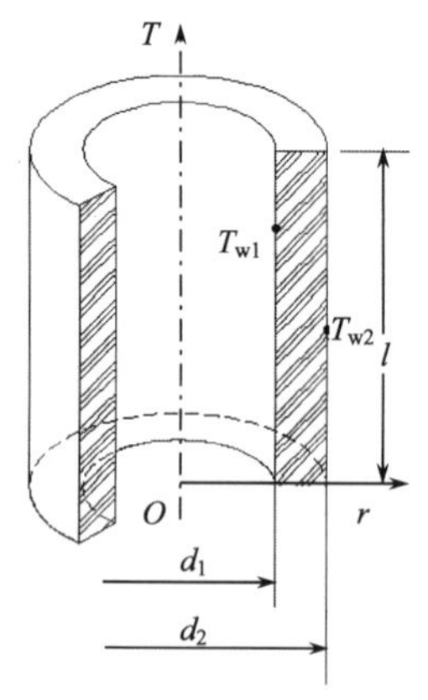

图 3.2　圆管稳定导热

式中：T 为土体温度,℃；t 为时间，s；x，y，z 为坐标位置，m。

圆管导热模型中，只在径向方向上发生变化，管长 $l \gg$ 内外径 d_1、d_2，材质均匀、各向同性，导热系数为常数，管内外壁温度均匀恒定，分别为 T_{w1}，T_{w2}，如图 3.2 所示。

圆柱坐标系下具有恒强度内热源非稳态导热微分方程：

$$\frac{\partial T}{\partial \tau}=\alpha\left(\frac{\partial^2 T}{\partial r^2}+\frac{1}{r}\frac{\partial T}{\partial r}+\frac{1}{r^2}\frac{\partial^2 T}{\partial \varphi^2}+\frac{\partial^2 T}{\partial z^2}\right)+\frac{q_V}{c\rho} \tag{3.5}$$

式中：α 为导温系数。

无内热源时：

$$\frac{\partial^2 T}{\partial r^2}+\frac{1}{r}\frac{\partial T}{\partial r}=0 \tag{3.6}$$

热量从圆管内壁向外壁传递的过程中，能量守恒，即穿过各个与圆管同轴的不同半径的圆筒截面时的热量相等；但各个不同半径的圆筒面积不同，故热流密度并不相等。

实际冻结工程中，温度场随时间发生变化，可用三维的瞬态温度场方程求解冻结过程中的温度场发展状况：

$$c\frac{\partial T}{\partial t}=\lambda\left(\frac{\partial^2 T}{\partial x^2}+\frac{\partial^2 T}{\partial y^2}+\frac{\partial^2 T}{\partial z^2}\right)+Q \qquad t>0,\ (x,\ y)\in A \tag{3.7}$$

式中：c 为土的比热容，J/(kg·K)，应区分冻前比热容 c_u 和冻后比热容 c_f 的差别；T 为地层温度；λ 为导热系数，W/(m·K)，应区分地层冻结前导热系数 λ_u 和冻结后导热系数 λ_f 的差别；t 为冻结时间，h；Q 为冷源，冻结区为冻结管的吸热，未冻区则 $Q=0$；A 为计算的冻结壁区域。由于假设土体为各向同性的非线性弹性体，因此，导热系数 λ 和比热容 c 在 x 和 y 方向取同一值。

正冻土中冰水相变界面上，始终满足温度连续、能量守恒条件，这种连续性和平衡性正是冻结壁形成过程中的水热耦合过程的体现。相变界面上的温度既满足冻土区计算结果，也满足未冻土区计算结果，界面两侧平均温度即为地层发生相变的温度。

相变潜热与未冻土间的热传导总保持能量守恒，可用公式(3.8)表示。

$$\lambda_f\frac{\partial T_f}{\partial n}-\lambda_u\frac{\partial T_u}{\partial n}=L\frac{\mathrm{d}s(t)}{\mathrm{d}t} \tag{3.8}$$

式中：λ_f，λ_u 为已冻土和未冻土的导热系数，W/(m·K)；$\frac{\partial T_u}{\partial n}$、$\frac{\partial T_f}{\partial n}$分别为未冻区和已冻区温度梯度，K/m；$L$ 为潜热，kJ/kg；$s(t)$为相变界面上的温度变化。

在土体冻结过程中，因土中孔隙水和外来补给水向冻结界面迁移冻结形成冰晶或冰夹层等，液态水相变体积增大，引起土体体积增大，产生冻胀现象。当大气温度升高使冻结土体温度变为正温时，土中的冰消融，出现融沉现象，液态水的增加使土体强度显著降低，还可导致水分迁移发生。冻结融沉过程是水热力相互影响、同步变化的过程，冻融变形是水热变化的表现，又时刻影响着水热变化。

3. 几何模型

1）盾构端头水平冻结

地铁隧道常有一定埋深，研究中被简化为半无限空间体中的孔洞问题，仅受围压(常简化为隧道中心处的自重应力)影响。考虑盾构始发与接收工程中水平杯型冻结壁轴对称性，各向同性的3-D温度场计算模型可取1/2尺寸，模型上边界取至地表，几何模型尺寸为垂直距离取 $5R+H$，纵向长度为 $5R+L$，宽度方向为 $5R$。其中，R 指盾构半径，H 为隧道中心埋深，L 为圆筒壁长度，冻结与解冻温度场几何模型如图3.3所示。

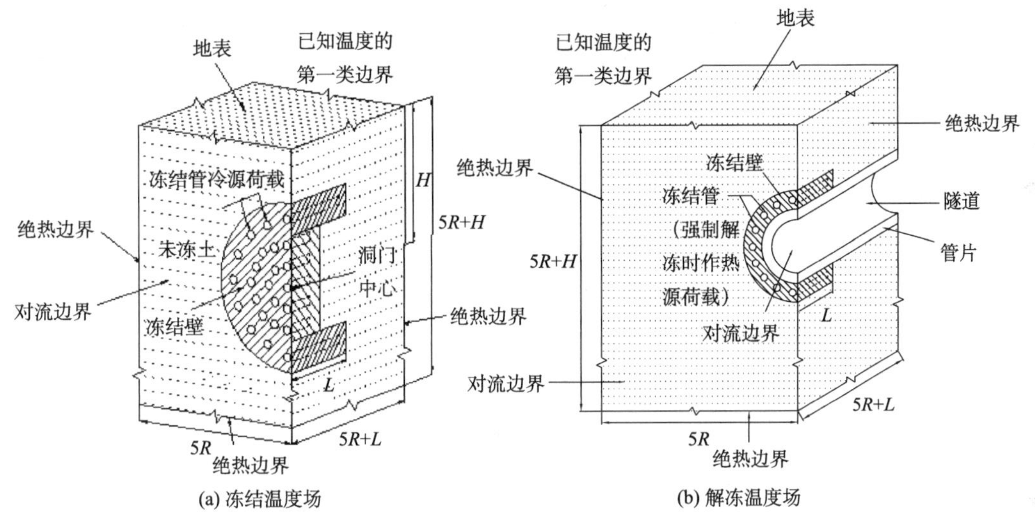

图3.3　水平冻结温度场数值模拟几何模型

2）盾构端头垂直冻结

为了模拟垂直冻结加固对周边环境的影响，以冻结区中心点为坐标原点，垂直冻结加固端头的几何模型见图3.4。考虑盾构始发与接收工程中冻结壁轴对称性，温度场计算模型亦取1/2尺寸，模型上边界取至地表，几何模型尺寸为垂直距离取 $5R+H$，纵向长度为 $5R+E$(E 为垂直冻结壁厚度)，宽度方向为 $5R$。

3）地铁联络通道冻结加固

考虑地铁联络通道冻结加固的对称性，几何模型取一半，通道轴向为联络通道本身长度 L(通常可简化为平面问题)，宽度方向为 $5W$，深度方向取 $3D+H$。其中，这里 D 指联络通道竖向高度，W 为联络通道横向宽度的一半，H 为隧道中心埋深。联络通道数值模拟几何尺寸示意见图3.5。

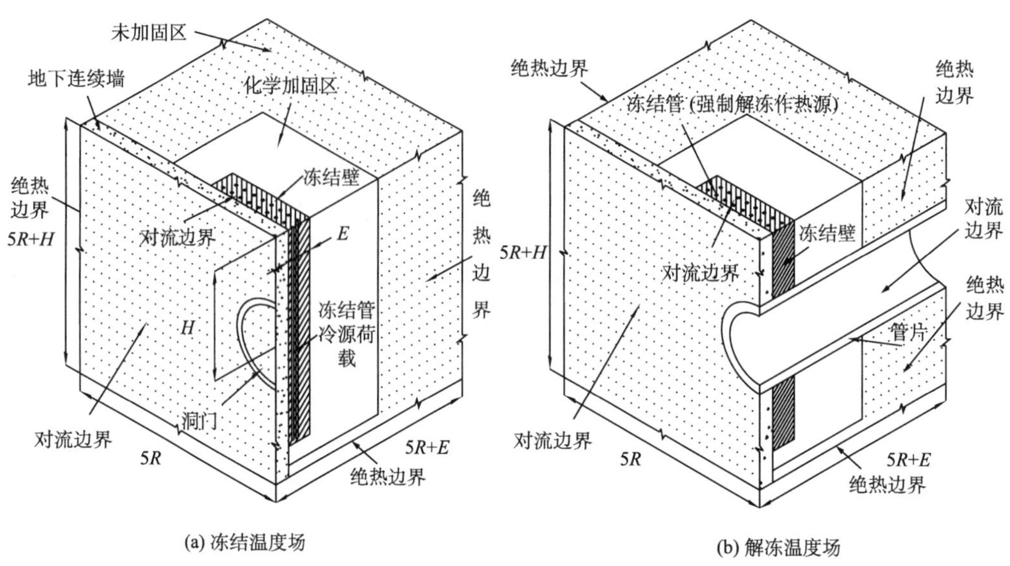

(a) 冻结温度场　　(b) 解冻温度场

图 3.4　垂直冻结温度场模拟几何模型

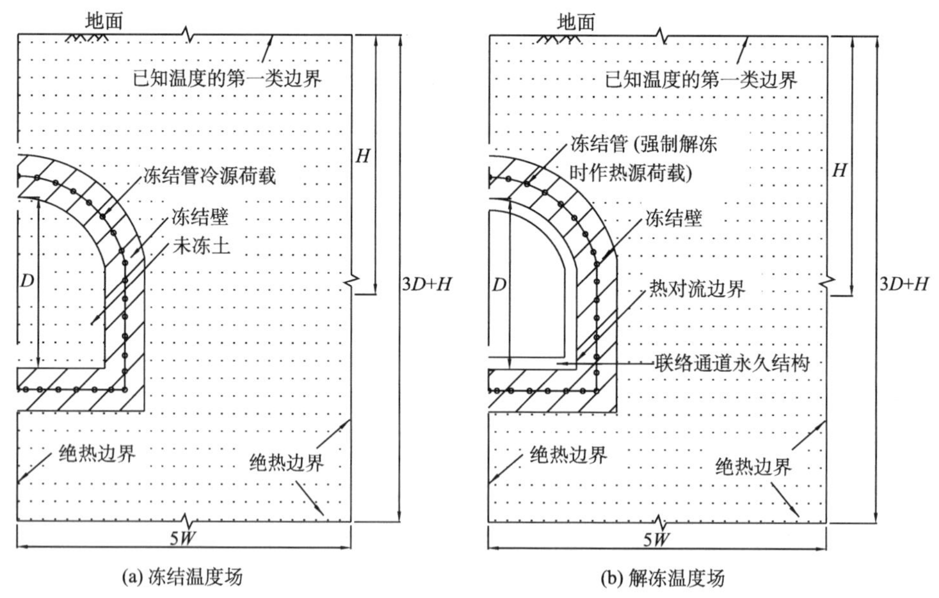

(a) 冻结温度场　　(b) 解冻温度场

图 3.5　联络通道数值模拟几何模型

4）盾尾刷更换管片上直接打孔冻结

由于冻结管底部散热有限，即其影响方位较小，计算范围取管片一周厚度为 $4R$ 的扇形土体即可，沿隧道走向取三环管片宽度，即 $3l$，管片厚度按实际尺寸取 e。冻结管从混凝土管片内壁埋入地层，按一定间距均匀布设，冻结管布置剖面图如图 3.6(a)所示，几何模型取 1/2 尺寸计算，见图 3.6(b)。解冻几何模型与之相同，仅在管片表面施加盘管热源荷载。

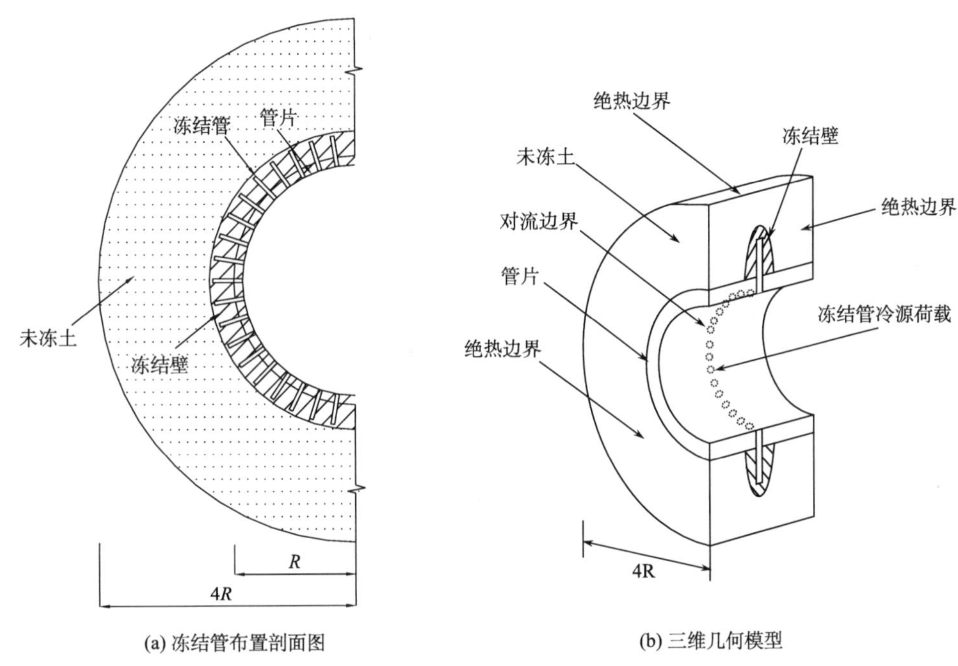

(a) 冻结管布置剖面图 (b) 三维几何模型

图 3.6 管片上直接打孔冻结止水几何模型

5）盾尾刷更换预制环形管片

所建模型为整体模型，不锈钢管保护层厚度取 10cm，其余尺寸同上。预制环形管片冻结止水断面图见图 3.7，其二维几何模型与管片上直接打孔冻结止水几何模型类似，计算范围取管片一周厚度为 4R 的扇形，如图 3.8 所示。解冻几何模型与之相同，只是冷源改为热源。

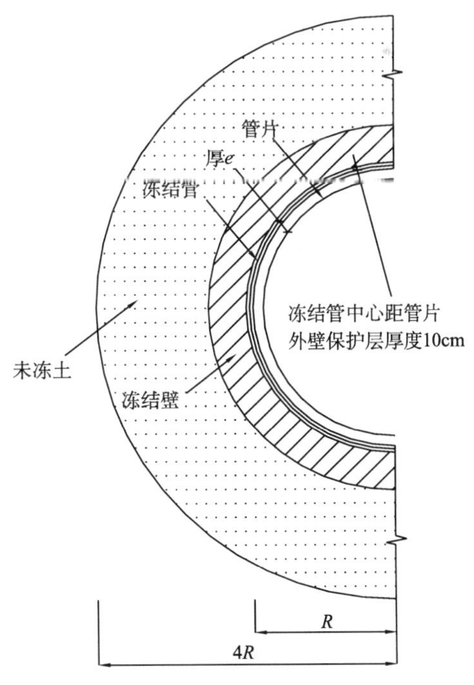

图 3.7 预制环形管片冻结止水断面图

4. 边界条件

1）已知温度的边界条件

(1) 冻结期间

仅在冻结管部位施加低温盐水温度（提供冻结的冷源荷载仅作用在冻结管部位），则在冻结区靠冻结管一侧的边界条件为：

$$\lambda_{\mathrm{f}} \left.\frac{\partial T}{\partial n}\right|_{r=R} = Q \tag{3.9}$$

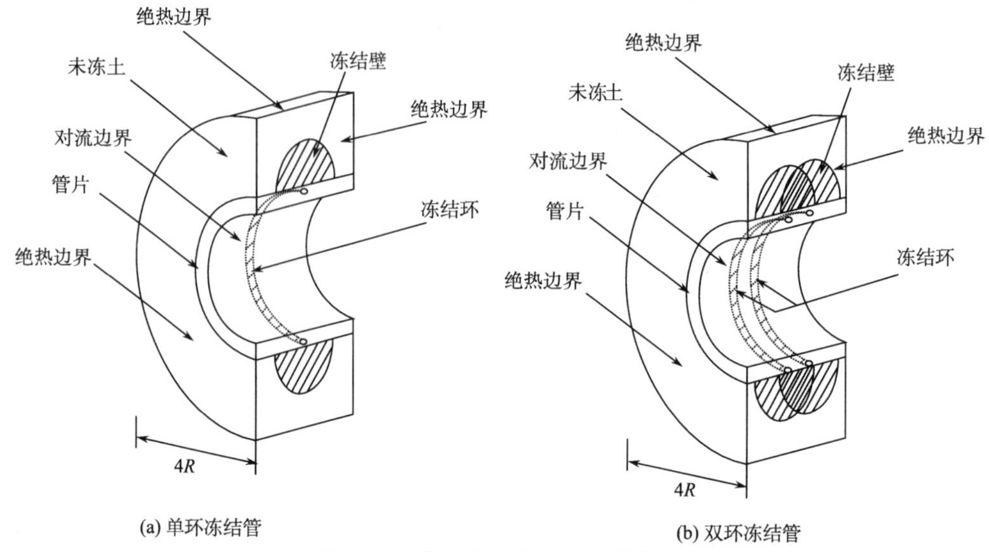

图 3.8　预制冻结管片三维几何模型

式中：Q 为热流密度，$Q=aQ_{\mathrm{T}}T_{\mathrm{y}}^{b}$，J/m·s；$Q_{\mathrm{T}}$ 为管壁散热系数，J/m；a、b 为统计系数；T_{y} 为盐水温度；T 为冻结区靠冻结管一侧的温度，℃；n 为边界法线方向；R 为冻结管所在轴面的半径，m。

在非冻结区的固定边界上的边界条件为：

$$T(\infty,\ \infty,\ t)=T_{\mathrm{u}}\big|_{t=0} \tag{3.10}$$

$$T(0,\ 0,\ t)=\text{有限} \tag{3.11}$$

(2) 解冻期间

以水平冻结为例，开凿洞门后盾构开始掘进，冻结壁进入解冻状态。以自然解冻为例，管片与冻结壁之间存在热传导，当管片与冻结壁接触面温度达到相变温度时，相变界面就开始以环状向外扩展(图 3.9)。未受冻结影响的地层温度相对较高，也会与冻结

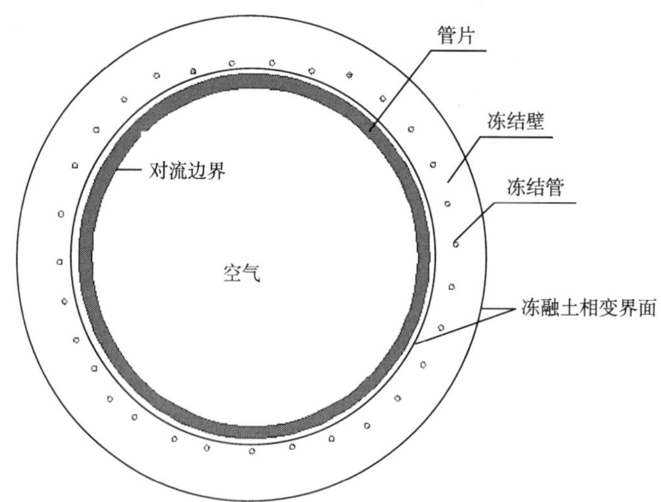

图 3.9　水平冻结自然解冻示意图

壁之间发生热传导。

在相变界面上有：

$$T_s(x, t) = T_l(x, t) = T_f \tag{3.12}$$

$$T_s(y, t) = T_l(y, t) = T_f \tag{3.13}$$

$$T_s(z, t) = T_l(z, t) = T_f \tag{3.14}$$

$$\left[K_s\left(\frac{\partial T_s}{\partial x}\right) - K_l\left(\frac{\partial T_l}{\partial x}\right)\right] + \left[K_s\left(\frac{\partial T_s}{\partial y}\right) - K_l\left(\frac{\partial T_l}{\partial y}\right)\right] + \left[K_s\left(\frac{\partial T_s}{\partial z}\right) - K_l\left(\frac{\partial T_l}{\partial z}\right)\right] = L\rho\,\frac{\mathrm{d}X(t)}{\mathrm{d}t} \tag{3.15}$$

式中：$X(t)$为相变界面位置，T_f 为冻结温度，L 为相变潜热，K_s、K_l 分别为固相区和液相区导热系数，T_s、T_l 分别为固相区和液相区温度。

强制解冻期间，在图 3.9 所示的基础上，在冻结管部位应施加解冻热源荷载。

冻结温度场计算时，可将冷源荷载(解冻时为热源荷载)作为指定的温度边界条件输入在冻结管的相应位置。

2) 对流边界

与空气相关的对流属于自然对流，往往自然发生，主要由温度不均匀引起，空气作为传热介质实现了将自身温度向冻结壁低温区转移的过程。对于盾构始发与接收工程，盾构机掘进后冻土表面有一圈 35cm 厚的混凝土管片，解冻时管片内侧与空气之间存在自然对流(图 3.9)，可通过下式表示：

$$q = h(T_s - T_f) \tag{3.16}$$

式中：q 为热流密度，指单位时间内通过物体单位横截面积上的热量，W/m^2；h 为表面对流换热系数，表示一种换热能力，指物体表面与附近空气温差为 1℃时，单位时间单位面积上通过对流与附近空气交换的热量，$W/(m^2 \cdot ℃)$；T_s 为边界温度，T_f 为温度在边界面上的给定值。

按照这一思路，温度场计算过程中，与空气交界、且有温差的位置均可设为对流边界。

3) 绝热边界

绝热边界的数学方程表示为：

$$\lambda\left(\frac{\partial T}{\partial x} + \frac{\partial T}{\partial y} + \frac{\partial T}{\partial z}\right) = 0 \tag{3.17}$$

绝热边界隔绝并阻止了热量的传递、散失、对流，使得整个计算模型区域内温度和热量不受外界影响。

本章涉及的几何模型中，远离冻结管边界基本不受冻结影响，可视为不与周围环境进行热交换，因此除与空气接触的地表和靠近地下连续墙的一侧外，计算区域其他外边界可视为不发生热交换的绝热边界。

5. 初始条件

人工冻结温度场与解冻温度场是一个不仅在空间上变化而且随时间变化的不稳定温度场，满足热传导微分方程的解有无限多个。为了确定某一特定冻结条件下真实的温度场分布，除上述边界条件外，还需根据具体问题给出分析对象的初始条件，即必须明确地层 $t=0$ 时刻(开始计算时刻)的瞬时温度分布，明确各单元的初始温度值，因此初始条件也常被称为第一类边界条件。

三维温度场 $T=f(x, y, z, t)$ 初始时刻 $t=0$ 的温度场初始条件为：

$$T_u\big|_{t=0}=T_0, \quad T_f\big|_{t=0}=f(x, y, z) \tag{3.18}$$

式中：T_0 为土的初始温度(假设地层初始温度均匀分布)，℃；$f(x, y, z)$ 为冻结管所在轴面上的冷源边界平均温度，可用冻结管外壁温度和界面处温度 $T\big|_{t=0}=T_0$ 线性插值求得。

初始温度场的选择与冻结工程所在地的地温基本一致，若地层事先进行了化学加固，应考虑化学加固体中水泥水化热的影响，因此可以将事先测量的地温作为温度场计算的初始条件。

6. 材料参数

温度场计算过程中，需通过室内试验获取基本的热物理参数，如各层土常温及冻结状态的导热系数、比热容、相变潜热等。地层冻结后“水—冰”相态转换使导热性能发生变化，只考虑地层冻融状态，分段输入不同的热参数。

不同区域土的比热容和导热系数可按下式确定：

$$c^*=\begin{cases} c_f, & T<T_m-\Delta T \\ \dfrac{c_f+\left[c_u+L\rho_d\dfrac{dW_u(T)}{dT}\right]}{2}, & T_m-\Delta T<T<T_m \\ c_u+L\rho_d\dfrac{dW_u(T)}{dT}, & T>T_m \end{cases} \tag{3.19}$$

导热系数为：

$$\lambda^*=\begin{cases} \lambda_f, & T<T_m-\Delta T \\ \dfrac{(\lambda_f+\lambda_u)}{2}, & T_m-\Delta T\leqslant T\leqslant T_m \\ \lambda_u, & T>T_m \end{cases} \tag{3.20}$$

式中：T_m 为相变温度，一般假设在 $T_m-\Delta T\leqslant T\leqslant T_m$ 范围内发生相变；c_f 和 c_u 表示已冻区和未冻区土的比热容，J/(kg · K)；λ_f，λ_u 分别表示已冻土和未冻土的导热系数，W/(m · K)；$L\times\rho_d\times(W-W_u)$ 为未冻水在逐渐冻结过程中单位体积水不断放出的潜热，包括从外界迁移来的水分和原位冻结成冰的水分潜热，kJ/m^3。L 为潜热，kJ；ρ_d 为土的干密度，kg/m^3；$W_u(T)$ 为 T 温度时未冻水量，包括从外界迁移来的水分和原位水分的未冻水量，m^3；其他参数意义同前。

上述方程是一个耦合方程，主要体现在相变区土的热容与土的含水率之间有一定关系，土在任一点的比热容和该点发生的相变水量密切相关。

土体中的温度变化会引起水份迁移使含水率变化，含水率的变化又会引起土的导热系数、比热容发生变化，从而影响传热过程及温度分布，温度引起土体冻融相变还会使水分向冻融界面迁移，水分迁移过程中会携带热量使温度分布发生变化，应力场和位移场的变化可使土体冻融温度、孔隙比、孔隙水压力发生变化，从而影响温度场和水分场分布，同样，温度场和水分场分布的变化导致土体冻融状态含水率的变化，又会对应力场和位移场产生影响。人工冻结壁形成时，由冻结引起的水冰相变、水分迁移、冻胀变形均为多场耦合结果。

7. 荷载类别

1）冻结温度场荷载

冻结温度场计算主要包含冷源荷载、气温荷载、潜热荷载三种类型，各类荷载施加位置及大小如下所述。

(1) 冻结管携带的冷源荷载

冷源荷载是与地层作用的直接荷载，冻结管与地层接触面近似第一类边界条件，即冻结过程中冻结管表面的温度始终是已知的，为低温循环盐水温度，计算时给冻结管所在位置施加低温盐水温度荷载。

冻结管传给地层实际温度与管内循环盐水间存在 1～2℃温差，考虑实际盐水降温过程和冻结壁发展情况与去、回路盐水温差，实际施加在计算模型中的低温盐水温度荷载值比预定的低温盐水温度值应高出 2℃。

(2) 地表气温荷载

模型上边界位于地表，水平冻结时距离冻结壁较远，基本不受人工冻结温度场的影响，因此忽略边界与空气间的对流(无温差)，仅在地表施加大气温度作为第一类边界条件参与计算，但垂直冻结时应该考虑与空气接触界面上的热对流荷载，计算时需要输入边界的对流换热系数和对流的环境温度，其取值应根据边界材料和施工时的气温确定。

与土体接触的侧面边界和底面边界上的恒温荷载。在不与空气接触的侧面边界和底面边界，传热形式以热传导为主，当离冻结区较远时，可以认为不受冻结区影响，温度为恒温，计算时对这些边界施加恒定温度作为荷载。

(3) 土中水冰相变释放的潜热荷载

人工冻结壁形成时，水冰相变释放潜热对温度场影响较为明显，潜热减缓了地层开始冻结段的降温速度，即克服潜热需要消耗一定的冷量，因此潜热延缓了地层冻结的时间。

潜热只能施加在单元组上，但无需输入时间函数，即整个计算步长范围内都存在潜热，在相变区间参与计算。

地层潜热常用公式(3.21)进行估算。

$$Q = L \times \rho_d \times (W - W_u) \tag{3.21}$$

式中：Q 为相变潜热；L 为水的结晶或融合潜热，取 334.56kJ/kg；ρ_d 为土体干密度；W 为土体总含水率；W_u 为冻土中未冻水含量。

2）解冻温度场荷载

（1）自然解冻

① 地表及盾构井内内衬墙与空气接触处取施工时平均气温作为温度荷载。

② 隧道内空气与混凝土管片之间为散热边界，自然解冻期间，隧道内环境温度有所回升，可根据实际监测温度施加相应荷载数值，空气与混凝土管片间散热系数 50 kJ/(h·m^2·K)。

（2）强制解冻

① 直接将热水入口温度作为冻结管外壁恒定温度。由于在进行人工强制解冻时利用的是原有冻结供冷循环系统，因此可以借鉴冻结过程的简化方案，在计算人工强制解

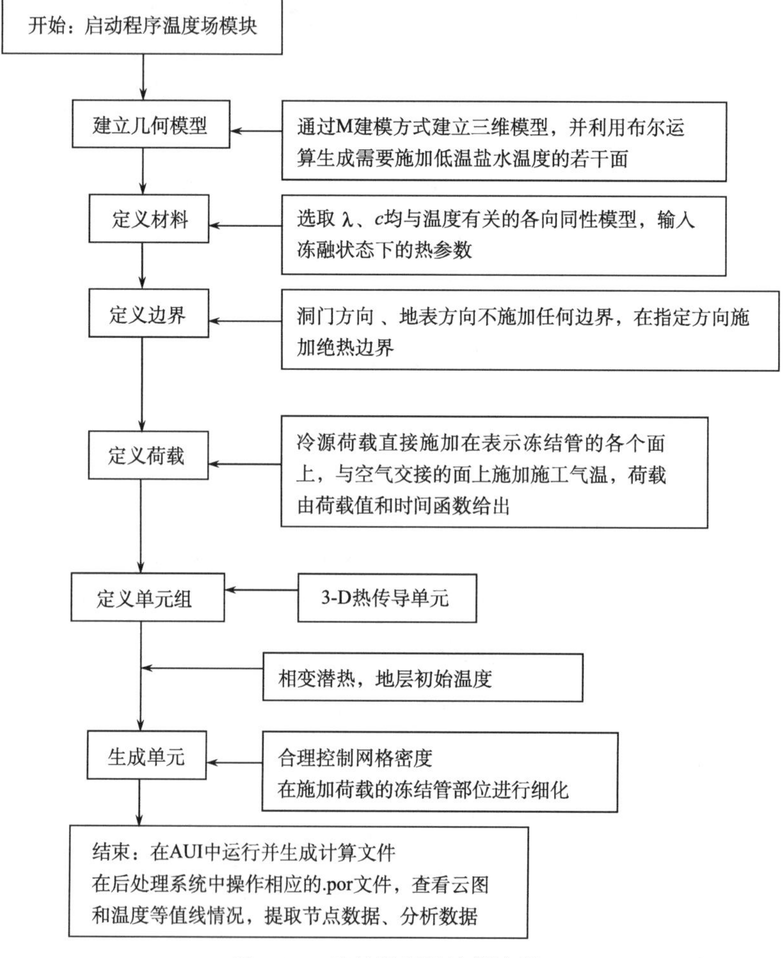

图 3.10　冻结温度场计算流程

冻时将循环热水的温度荷载直接施加于最外圈水平冻结管(解冻管)上。

② 采取强制解冻时，冻结管带来的集中冷流应换成集中热流。

③ 将冻结结束后的温度场作为解冻温度场的初始条件。

3.1.3 温度场计算流程

1. 冻结温度场

以水平冻结三维几何模型为例，图 3.10 给出了冻结温度场的计算流程。

2. 解冻温度场

冻结末期温度场可以作为解冻温度场的初始温度直接施加到各单元节点上，温度场计算的温度应力可直接传递给相应的位移场计算模型，图 3.11 给出了解冻温度场的计算流程。

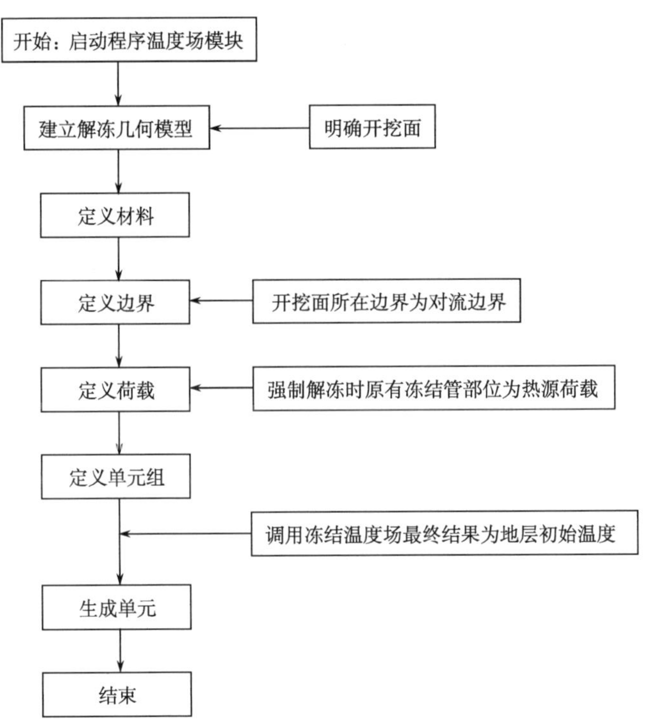

图 3.11 解冻温度场计算流程

3.2 位移场数值模拟理论与方法

本节以水平冻结为例阐述位移场数值模拟理论与方法。

3.2.1 冻融土体的应力应变关系

1. 冻融土的变形组成

在荷载作用下，土将发生弹性变形和塑性变形；土体冻融过程中温度变化会引起土的热胀冷缩；相变时将产生冻胀融缩变形。由于土的热胀冷缩远小于相变时产生的冻胀融缩变形，计算时可忽略土体中温度引起的热胀冷缩变形，只考虑相变时产生的冻胀融缩变形。这样，冻融时土的变形由三部分组成，即

$$\varepsilon(t_i)=\varepsilon^{e}(t_i)+\varepsilon^{p}(t_i)+\varepsilon^{T}(t_i) \tag{3.22}$$

式中：$\varepsilon(t_i)$为t_i时的总应变，$\varepsilon^{e}(t_i)$为弹性应变，$\varepsilon^{p}(t_i)$为塑性应变，$\varepsilon^{T}(t_i)$为冻胀融缩变形引起的应变。$\varepsilon^{e}(t_i)$和$\varepsilon^{p}(t_i)$是由应力引起的，$\varepsilon^{T}(t_i)$则与应力无关。

另外，冻融过程中土体由未冻土变成冻土，再变成融土，即土性发生变化。土性的变化将引起应力的变化，这种变化可以以应力应变关系中的初应力项表示。

2. 弹性变形

弹性应变ε^{e}应满足虎克定律，即

$$\varepsilon^{e}=\frac{\sigma}{D} \tag{3.23}$$

式中：σ是应力矩阵，D是弹性刚度矩阵。

处理未冻土的应力应变关系时，采用未冻土的变形模量而不是弹性模量，也就是将未冻土作为已考虑了塑性变形影响在内的弹性体，处理冻土应力应变关系时，采用随温度变化的冻土变形模量。

3. 塑性变形

土体在荷载作用下变形包含弹性变形和塑性变形两部分，非线性和非弹性是土体变形的突出特点，土体这种非线性和非弹性的特点可以用弹塑性模型来反映。弹塑性模型是把总的变形分成弹性变形和塑性变形两部分，用虎克定律计算弹性变形部分，用塑性理论来解塑性变形部分。对于塑性变形，要解决好如下几个问题：①破坏准则；②屈服准则；③流动规则；④硬化规律。另外还必须根据加载与卸载准则来判断某过程是加载还是卸载，从而确定采用弹塑性本构关系还是采用弹性本构关系。

土体达到破坏后，变形会不断发展，与破坏前截然不同。建立土的应力、应变关系，必须弄清土体在什么情况下破坏，破坏准则给出了判别破坏与否的标准。因土体的破坏决定于应力状态，故破坏准则可写成：

$$f^{*}(\sigma_{ij})=k_{f} \tag{3.24}$$

式中：$f^{*}(\sigma_{ij})$是应力分量的某种函数值，叫破坏函数；k_{f}是实验确定的常数。若$f^{*}(\sigma_{ij})=k_{f}$,则破坏；$f^{*}(\sigma_{ij})<k_{f}$，不破坏；$f^{*}(\sigma_{ij})$不可能超过k_{f}，由于破坏与坐标的选取无关，所以函数$f^{*}(\sigma_{ij})$的自变量为某种形式的应力不变量。

土体受力变形，屈服前应力应变关系是线弹性的，屈服后开始出现塑性变形。屈服

准则给出了在一般应力状态下开始进入塑性变形的条件，用公式表达为：

$$f(\sigma_{ij})=k \tag{3.25}$$

式中：$f(\sigma_{ij})$叫屈服函数，和破坏函数一样，它与坐标选择无关，因此是应力不变量的函数；k 是与应力历史有关的常数，是随应力历史而变的变量。对某一 k 值，函数 $f(\sigma_{ij})$在应力空间对应一确定的曲面，叫屈服面。当 k 值变化时，$f(\sigma_{ij})$对应一系列的屈服面。

屈服准则给出了判别屈服的标准，土体达到屈服后应变增量各分量之间的比例则需要用流动法则来规定。流动法则给出了土体进入塑性应变后的塑性应变增量在各个方向上的分量和应力分量以及应力增量之间的关系，用公式表示为：

$$\{d\varepsilon^{p}\}=d\lambda\left\{\frac{\partial g}{\partial\sigma}\right\} \tag{3.26}$$

式中：g 为塑性势函数，它是应力状态的函数。$d\lambda$ 是比例常数。

对岩土材料，一般采用相关联的流动规则，即塑性应变增量 $\delta\varepsilon_{ij}^{p}$ 与塑性势面正交，同时又与屈服面正交，两种曲面重合，塑性势函数与屈服函数一致。

硬化规律是用来规定材料进入塑性变形后的后继屈服函数在应力空间中变化的规则。可以采用下式表示：

$$F(\sigma_{ij},\ H)=0 \tag{3.27}$$

式中：H 为硬化参数，可以取塑性变形或塑性功。

式(3.27)也可以写成：

$$f(\sigma_{ij})=F(H) \tag{3.28}$$

它是完整的屈服准则。

材料达到屈服状态后，加载和卸载时的应力应变规律不同。加载、卸载准则可用以判别从一塑性状态出发是继续塑性加载还是弹性卸载，从而判定是否继续塑性变形，以及决定是采用弹塑性本构关系还是弹性本构关系。该准则可表达如下：

① 若 $F=0$，且$\dfrac{\partial f}{\partial\sigma_{ij}}d\sigma_{ij}>0$，则继续塑性加载。

② 若 $F=0$，且$\dfrac{\partial f}{\partial\sigma_{ij}}d\sigma_{ij}<0$，则由塑性按弹性卸载。

③ 若 $F=0$，且$\dfrac{\partial f}{\partial\sigma_{ij}}d\sigma_{ij}=0$，则中性变载。

当材料的应力点已处于屈服面上并继续弹塑性加载时，需要用弹塑性增量的应力应变关系进行分析。此时的应力应变关系可表达为：

$$\{d\sigma\}=[D_{ep}]\{d\varepsilon\} \tag{3.29}$$

其中

$$\{d\varepsilon\}=\{d\varepsilon^{e}\}+\{d\varepsilon^{p}\} \tag{3.30}$$

弹性应变与应力之间的关系为：

$$\{d\sigma\}=[D]\{d\varepsilon^{e}\} \tag{3.31}$$

式中：[D]为弹性矩阵。

$$[D]=\frac{E(1-v)}{(1+v)(1-2v)}\begin{bmatrix}1 & \frac{v}{1-v} & \frac{v}{1-v} & 0 & 0 & 0\\ & 1 & \frac{v}{1-v} & 0 & 0 & 0\\ & & 1 & 0 & 0 & 0\\ & \text{对} & & \frac{1-2v}{2(1-v)} & 0 & 0\\ & & \text{称} & & \frac{1-2v}{2(1-v)} & 0\\ & & & & & \frac{1-2v}{2(1-v)}\end{bmatrix}$$

综合利用式(3.29)至式(3.31)可推导出：

$$[D_{\text{ep}}]=[D]-\frac{[D]\left\{\frac{\partial g(\sigma)}{\partial \sigma}\right\}\left\{\frac{\partial f(\sigma)}{\partial \sigma}\right\}^{\mathrm{T}}[D]}{A+\left\{\frac{\partial f(\sigma)}{\partial \sigma}\right\}^{\mathrm{T}}[D]\left\{\frac{\partial g(\sigma)}{\partial \sigma}\right\}} \tag{3.32}$$

式中：$A=F'\left\{\frac{\partial H}{\partial \varepsilon^{p}}\right\}^{T}\left\{\frac{\partial g(\sigma)}{\partial \sigma}\right\}$，$A$ 是反映硬化特性的变量，与硬化参数 H 的选择有关。

3.2.2 冻胀位移场数值模拟理论与方法

1. 基本假定

(1) 忽略温度引起的土颗粒热胀冷缩特性，假定土颗粒为刚性体，只考虑由土中水分冻胀引起的土体体积变化；

(2) 将冻土假设为理想的非均质弹性体，冻土的变形指标采用为温度函数的变形模量 $E_0(T)$；将未冻土视为各向同性的非线性弹性体；

(3) 荷载对冻胀的影响，利用荷载和冻胀率实验结果，对未冻水分冻结成冰量进行修正；

(4) 已冻土中的水分迁移忽略不计，只考虑从外界迁移到冻结缘的水分引起的体积膨胀和已冻土中未冻水的冻结引起的体积膨胀之和；

(5) 认为热、湿传导只是发生在隧道的横截面上，因此可将水平冻结的隧道简化为平面应变模型；

(6) 假定相变温度在同一种土中和同种外力条件下为常值；

(7) 假设在水分补给过程中外界水源以恒定的速度补给。

2. 冻胀位移

1) 冻结中的水分迁移

土体在冻结过程中造成的体积膨胀现象叫冻胀，冻胀分原位冻胀和分凝冻胀。原位冻胀是正冻土中的孔隙水或已冻土中的未冻水原位冻结造成体积增大9%；分凝冻胀是指当土体冻结以后，由于土颗粒表面能的作用，土中始终存在未冻结的薄膜水在温度梯度的诱导下，薄膜水会从温度高处向温度低处迁移，正是由这种水分迁移使水分聚积在前进的冻结锋面后方并冻结，水分迁移是引起体积膨胀主因。将温度和水分场耦合的瞬态过程简化为每个微小时间增量步的准稳态过程，因此，可以利用稳定渗流情况下的水分迁移量公式。如果能测出外界水分入流量随时间的变化关系，就可利用以下关系计算外界水分迁移的冻胀量，水分入流速度等于时间 t_1 和时间 t_2 之间的入流量的平均值，即

$$dW_1 = \frac{q_2 - q_1}{t_2 - t_1} \tag{3.33}$$

而外界水的总入流量与时间的平方根呈正比关系：

$$q = mt^{\frac{1}{2}} + n \tag{3.34}$$

式中：q 为总入流水量，cm^3；t 为冻结历时，h；m 和 n 值是和土的性质和边界条件有关的常数。

如果把每个时间段取为1h，并假设在这一个小时内的入流速率为这个小时内的平均值，那么，外界水分入流量在这一个小时内产生的平均冻胀应变为：

$$\Delta\varepsilon_q = 1.09\frac{dW_1}{h} \tag{3.35}$$

式中：$\Delta\varepsilon_q$ 为外界水分入流量在每个时间段内的冻胀应变；h 为土柱的原始总高度，cm。

这样可便于对时间步长取为一个小时的准稳态冻胀过程进行模拟。而由土中原位水冻结产生的在任一时间段的冻胀应变为：

$$\Delta\varepsilon_u = 0.09\frac{dW_0}{dT} \tag{3.36}$$

式中：W_0 为土体的初始含水率，%；$\Delta\varepsilon_u$ 为土中原位水在每一时间段内的冻胀应变；T 为冻土中任一时刻的温度，℃。

2) 冻胀位移计算

冻胀应变的变化可用结构中无冻胀应力时参考温度的变化量来决定，即

$$\frac{\partial\varepsilon_{ij}^{th}}{\partial_t} = \alpha_{ij}(T)\frac{\partial T}{\partial t} \tag{3.37}$$

式中：$\frac{\partial\varepsilon_{ij}^{th}}{\partial_t}$是冻胀应变张量的变化率，$\alpha_{ij}(T)$是随温度变化的瞬时冻胀系数。

孔隙水的冻结导致了体积应变，由于冰为透镜形状，体积膨胀一般是各向异性的。然而，为简化而言，假设冻胀为各向同性的，其相应的增量应变由下式给出：

$$d\varepsilon_{ij}^{h} = d\varepsilon^{h}\delta_{ij} \tag{3.38}$$

式中：$d\varepsilon^h$是 dt 时间内由于冻胀引起的体积膨胀应变，冻土中的冻胀由两部分组

成，第一部分是由原位水冻结引起的土体体积膨胀，第二部分是由于迁移水量的冻结引起的，即

$$d\varepsilon^{h} = 0.09dW_{f} + 1.09dW_{1} \tag{3.39}$$

式中：dW_f 为孔隙冰体积含量增量，即等于从 t_{i-1} 到 t_i 时刻的未冻水含量的减少量；dW_1 为孔隙水体积含量增量，也就是冻土中的水分迁移量。

假设正冻土和未冻土是各向同性的，因体积膨胀在各方向引起的应变为：

$$\left.\begin{aligned} \varepsilon_x^h = \varepsilon_y^h = \varepsilon_z^h = \frac{1}{3}\varepsilon^h \\ \gamma_{xy}^h = \gamma_{yz}^h = \gamma_{zx}^h = 0 \end{aligned}\right\} \tag{3.40}$$

由于 $d\varepsilon = [B]du$，du 为冻胀位移增量，$[B]$为形函数矩阵。根据有限元分析中增量形式的初始应变方法，由冻土中原位水和水分迁移冻结的体积膨胀引起的节点位移可表示为：

$$du = \int [B]^{-1} \Delta\varepsilon \, dA \tag{3.41}$$

在考虑荷载对冻胀的影响时，采用经验公式

$$\eta = \eta_0 e^{-ap} \tag{3.42}$$

式中：η 为冻胀率，%；p 为荷载，kPa；a 为经验系数。

对冻结成冰的水量乘上 e^{-ap} 来考虑荷载的影响，有了冻胀应变，就可求出土体表面的冻胀位移。

3. 几何模型及边界条件

1）几何模型

冻胀位移场与冻结温度场几何模型一致，只是其边界条件和初始条件不同。

2）边界条件

纯热分析中的边界条件符合热传导方程定解条件，热力耦合分析时，需要在适当位置设置位移约束条件。

各类冻结几何模型中，在冻结管部位施加固定约束，即地层冻胀与融沉过程中，冻结管部位不允许出现任何位移。

远离冻结壁区域的计算边界对应温度场计算中的绝热边界，不受冻结效果影响，该边界按固定端考虑，地表按自由端考虑。

在地下围护结构(地连墙)接触面上，竖向为可移动、垂直于墙面方向位移为受约束边界。

4. 初始条件、荷载、材料选择

1）初始地应力

初始地应力是指在进行人工冻结法施工之前地层的初始应力场，它的形成与地层构

造、性质、埋藏条件及荷载历史等有关。

对于没有超载作用的天然地基，其初始应力场只考虑自重应力的作用，包括竖向应力 σ_z 和水平应力 σ_x、σ_y：

$$\sigma_z = \sum \gamma_i \cdot h_i \qquad \sigma_x = \sigma_y = K_0 \sigma_z \tag{3.43}$$

式中：γ_i 为第 i 层土的重度，kN/m^3；h_i 为第 i 层土的厚度；K_0 为土层静止土压力系数，$K_0 = \frac{\mu}{1-\mu}$，μ 为土体的泊松比。

对于存在地面超载的情况，除考虑自重应力作用外还需要考虑由超载引起的附加应力，附加应力的计算可以根据超载的类型利用附加应力计算公式或根据数值计算得到。

2）地面超载

人工冻结法施工区域，有时会存在地面超载。地面超载的存在会加大对土体冻胀变形的抑制作用，使冻结土体的冻胀率减小，相应减小了地层冻胀量。地面超载的大小应根据实际工况确定。

3）材料选择

（1）土体材料

常用岩土材料有 Cam-clay 材料模型、Curve-description 材料模型、Mohr-Coulomb 材料模型、Drucker-Prager 材料模型。Cam-clay 材料模型属于与压力相关的塑性材料模型，遵循椭圆屈服函数、相关流动法则，由临界状态线控制材料破坏与否，该模型考虑了黏土材料的固结行为，适用于 2-D 和 3-D 实体单元，计算中需要输入的参数较为复杂；Mohr-Coulomb 模型涉及的参数较少且容易获取，是目前数值模拟计算中常用的岩土材料模型，该模型的应力应变关系满足理想弹塑性模型、且基于屈服函数、非相关流动法则和拉伸破坏准则，适用于 2-D 和 3-D 实体单元，各种位移情况下采用的计算公式与 Cam-clay 模型相同。

Mohr-Coulomb 模型计算时需要输入的参数有杨氏模量、泊松比、密度、内摩擦角、黏聚力、拉伸截止极限，需要计算体积膨胀时，则可设置膨胀角选项，它是土体的一个材料属性，比内摩擦角略小，控制了土体的塑性变形。膨胀角取 0°，材料不发生体积膨胀；当材料屈服准则和塑性势函数都采用 Mohr-Coulomb 模型、内摩擦角等于膨胀角时，材料会发生严重的体积膨胀。对于未冻土体材料，多采用 Mohr-Coulomb 模型，其屈服面为多边形。对于冻结壁范围内的土体，温度改变时其状态会发生变化，冻结时由未冻土变成冻土，融化时由冻土变成融土，状态改变时，本构模型参数的数值也随之变化，因此采用温度相关的双线性塑性模型。另外，温度变化会引起土的热胀冷缩，由于土的热胀冷缩远小于相变时产生的冻胀融沉变形，计算时忽略土的热胀冷缩特性，假定土体热膨胀系数为零。

（2）衬砌管片材料

隧道衬砌管片采用 C50 混凝土制作，计算时视为弹性材料。

(3) 接触面处理

进行应力位移场分析时，土体与混凝土墙和混凝土管片两种材料性质相差很远，在一定的受力条件下有可能在其接触面上产生错动滑移或开裂，应在此两种材料的接触面上设置接触面单元。本书通过在程序中定义“接触对”来解决两种材料的接触问题，在接触界面建立运动方程和动力方程，动力方程中增加一个附加自由度(接触压力)，通过多次迭代以满足不侵入条件。

不同位置的单元材料如图 3.12 所示。

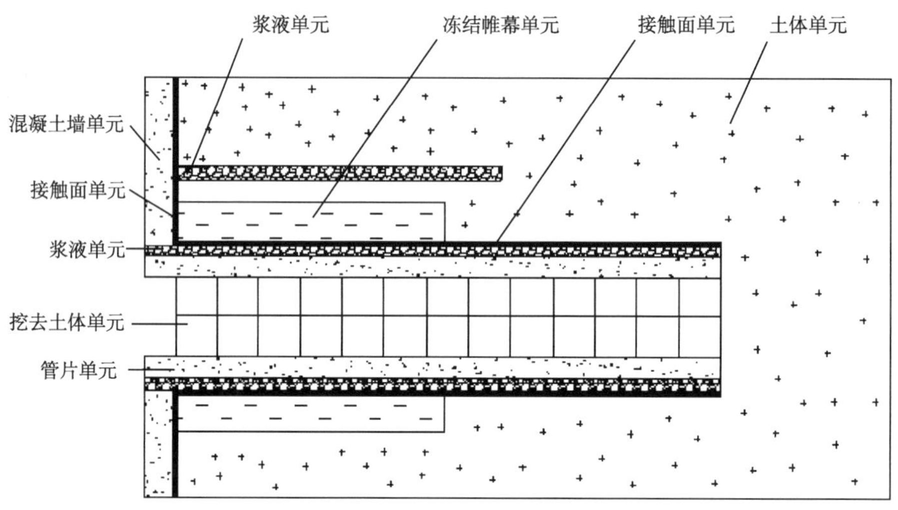

图 3.12　不同位置单元材料示意图

5. 冻胀位移场计算流程

图 3.13 给出了冻胀位移场的计算流程。

3.2.3　融沉位移场数值模拟理论与方法

1. 基本假定

(1) 忽略盾构推进或联络通道开挖时对周围土体的扰动，融化阶段引起地层位移的主要因素是冻土融沉、融土压缩；

(2) 融化过程中假定土体膨胀系数为零；

(3) 以单向融沉系数计算土体三维融沉，以融土压缩系数计算土体三维融沉融土压缩，且融沉系数、融土压缩系数取常值；

(4) 其余假定条件与前面所述的温度场、冻胀位移场基本假定相同。

2. 融沉位移

冻土融化后，冻土中的固相冰变为液态水，使土体积减小，同时由于冰所产生的固化凝聚力的消失，土的强度减小，在自重及颗粒电化学力作用下，土的颗粒结构将发生

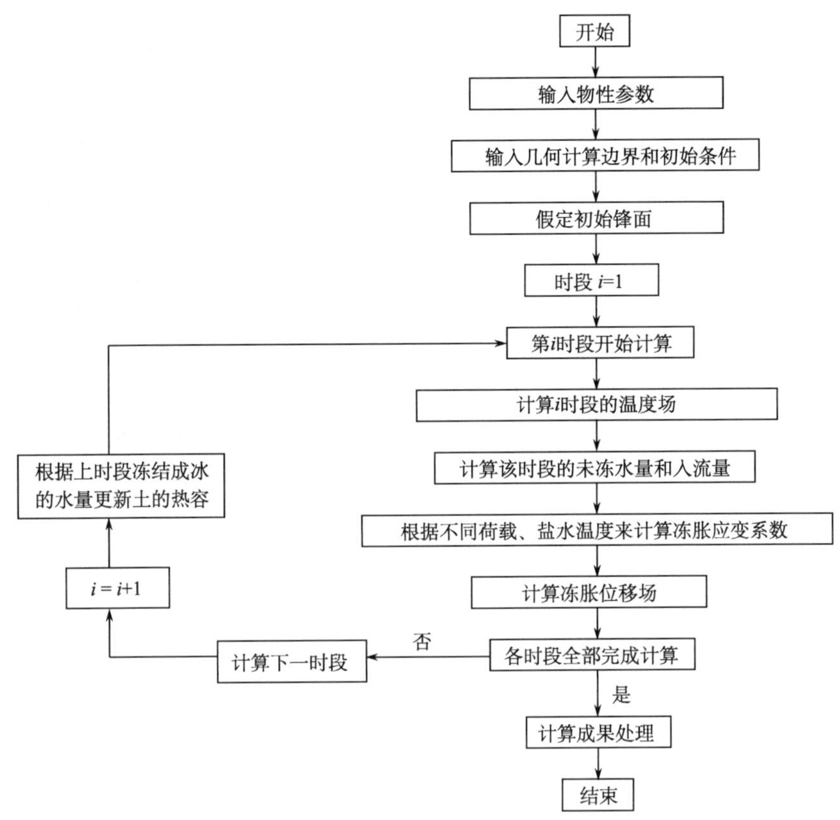

图 3.13 冻胀位移的水、热、力耦合计算流程图

调整，产生压密变形，即产生融沉，常用融沉系数 α_0 表示，即冻土融化后减小的体积与融前体积之比。

三维状态下，冻土融化过程中的 $\varepsilon^{\mathrm{T}}(t_i)$ 的表达式为：

$$\varepsilon^{\mathrm{T}}(t_i)=\begin{Bmatrix}\frac{1}{3}\alpha_0\cdot\Delta f_s\\ \frac{1}{3}\alpha_0\cdot\Delta f_s\\ \frac{1}{3}\alpha_0\cdot\Delta f_s\\ 0\\ 0\\ 0\end{Bmatrix} \tag{3.44}$$

式中：Δf_s 为固相率的变化值，表征相变完成的程度。

3. 几何模型及边界条件

几何模型与解冻温度场几何模型一致；温度边界条件与解冻温度场边界条件一致，

力学边界条件与冻胀计算边界条件一致；只是其初始条件不同。

4. 初始融化温度场

在进行人工冻土融化对周围环境影响的三维有限元分析时，温度升高是冻土融化和

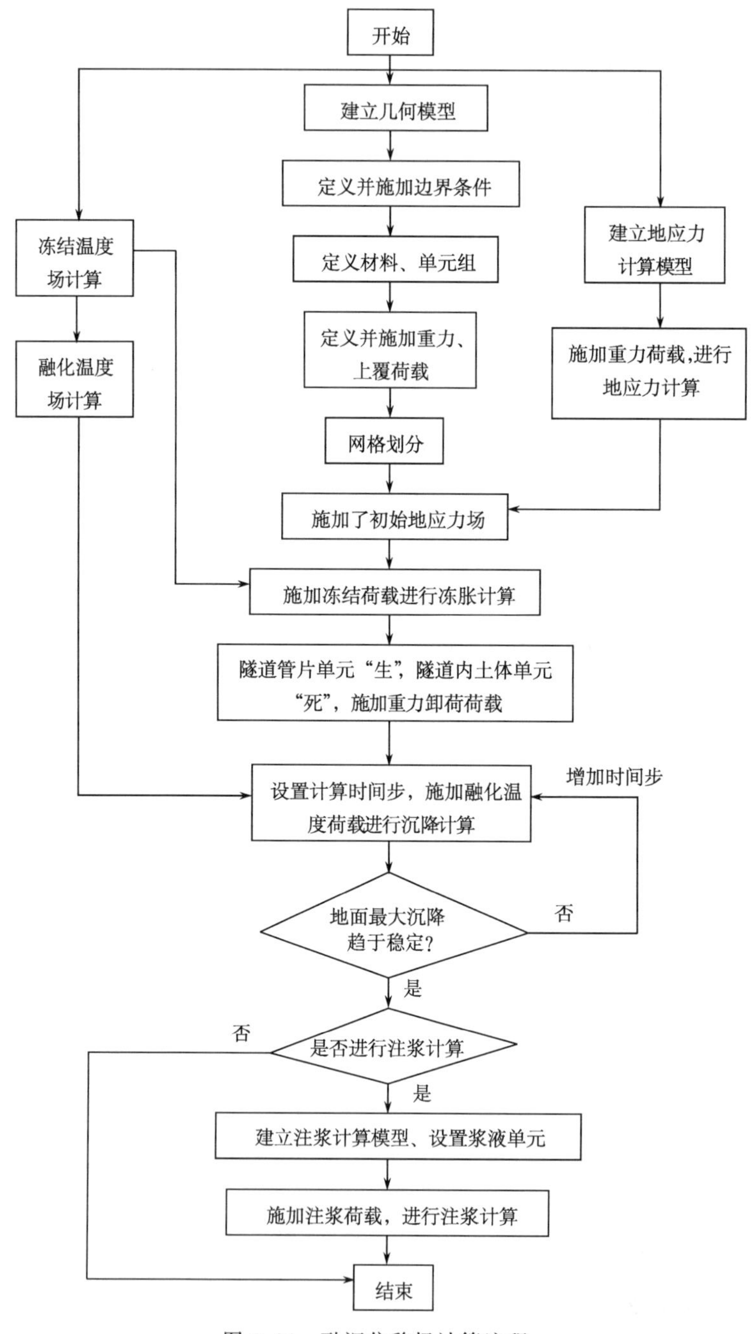

图 3.14　融沉位移场计算流程

地层位移的条件，进行应力场和位移场计算必须以温度场计算的结果作为荷载输入，而人工冻土融化温度场是三维非线性瞬态温度场，必须指定初始条件才能求解。维护冻结最后时刻即停止冻结的温度场，为人工冻土融化的初始温度场，要想获得初始融化温度场必须进行冻结温度场计算。

5. 荷载条件

1）地面超载

当地面超载是在冻土融化阶段施加时，不仅会增加融土二次压缩时的荷载，而且会对整个地层产生固结作用，进行有限元模拟时应对这两种作用分别计算，后处理时再对两种计算结果进行叠加。

2）重力卸荷荷载

盾构推过后，隧道内部土体被挖除会引起重力的卸荷，重力卸荷将引起隧道下部土体回弹，同时减小了融土进行二次压缩时的荷载。本节数值模拟时，在盾构推过后将隧道内部土体单元“杀死”，土体单元“杀死”后，其刚度变为零，重力荷载自动卸除。

3）注浆荷载

人工冻土融沉时，为防止地表产生过大沉降，应进行跟踪注浆。人工冻土融沉时的跟踪注浆具有充填、压密和劈裂注浆的综合作用机理，产生的上抬力对地基土体的顶升作用非常显著，是治理地表沉降过大问题的有效手段。

模拟注浆过程时忽略浆液凝固时的收缩，不考虑浆液对土体性质的改变，仅考虑浆液对土体的填充和挤密作用，可在注浆部位同时设置土体单元和浆液单元，注浆时使土体单元“死”、浆液单元“生”，把注浆量转换成浆液单元的膨胀，通过改变浆液单元的膨胀系数来调整注浆量的大小。

6. 融沉位移场计算流程

图 3.14 为融沉位移场的计算流程。

3.3 ADINA 软件在人工冻结数值模拟中应用

ADINA(automatic dynamic incremental nonlinear analysis)是动力非线性有限元分析的代表，它专注于求解结构、温度场、流体及耦合场等复杂非线性问题，并力求程序的求解能力强、可靠性好、求解效率高[141]。ADINA 在人工冻结法数值模拟分析中使用越来越广泛，因此本节仅对 ADINA 计算温度和位移场做一简要介绍，其具体应用及其软件在冻结法中的应用可参见相关专著。

1. ADINA 主要功能模块

1）ADINA-AUI 前后处理模块

ADINA 是一个全集成有限元分析系统，所有分析模块使用统一的前后处理用户界面，即 ADINA user interface(AUI)，主要特点包括：采用 Parasolid 为核心的实体建模技术，通过点、线、面或者整体方式创建各种复杂的几何模型，提供各种几何数据接口，可以与当前的各种主流 CAD 软件实行无缝集成（如 Unigraphics、Solid Edge、Pro/ENGINEER、I-DEAS、AutoCAD 等），直接利用 CAD 软件生成的几何模型进行有限元分析计算。

物理特性、载荷和边界条件可直接赋予模型几何特征，能提供各种时间函数和空间函数，空间函数能够实现各种非均布载荷的加载，同时提供多种网格划分工具，具有强大的网格划分功能，能对复杂模型进行自动六面体网格划分，单元大小易于调整，同时也具有自适应网格重划分功能，另外 ADINA 不但可以与 CAD 软件实现无缝连接，而且还可以与其他相关软件交换有限元模型数据。

后处理系统支持各种结果变量可视化处理方法，具有网格变形图、彩色云图、等值线图、矢量图、曲线图及其他实用绘图功能。同一窗口可以显示不同的结果图形，可对模型图进行隐藏、透明显示，方便地绘制出模型的任意点任一计算结果参量随时间或其他参量的变化曲线，例如应力-应变曲线、位移-时间曲线、应力-时间曲线等等，可以进行变量运算，从输出变量中定义导出变量，可以对相对结果进行图形显示（如最终时刻相对于 t_1 时刻的变形情况-相对位移），常用于含地应力问题的变形结果处理。

2）ADINA-T 热分析模块

（1）模块简介

ADINA-T 模块主要用来解决固体和结构中的热传递问题，确定结构由于温度场的变化引起的温度应力，在土木行业中应用也相当广泛，例如模拟矿山人工冻结及城市地铁人工冻结法冻结温度场、解冻温度场及冻胀融沉位移场等；模拟水坝等大型重要结构随日照变化而产生的不均匀温度应力；模拟大跨度钢筋混凝土屋面结构在由于温度（火灾）的变化引起的附加应力和变形等。主要包括：分析 2-D 和 3-D 热传导、对流和辐射问题；立体和壳体结构；稳态和瞬变条件；任意表面间的辐射；单元“生、死”选项；随时间和温度变化的材料特性；自动时间步进；静电、渗流和压电分析；潜热效应等。ADINA-T 具备任意几何图形表面间的辐射、单元“生、死”选项和高度非线性材料特性等功能。

（2）建立映像文件

在进行热分析时通常包含两个步骤：一是计算温度场；二是利用温度场的结果作为结构热载荷计算热应力，ADINA-T 中的映像文件专门用于结构分析时的网格和热分析的网格不同时的热应力分析问题，可以用于从一个温度场求解模块向另一个结构求解模块传递计算结果，特别是当两个模块使用不同的网格划分时的情况，还可以用于同一求解模块通过修改网格进行多次运行时的结果传递，ADINA-T 映像文件包含每一个求解时刻的温度解。

(3) ADINA-T 材料模型

ADINA-T 模块提供的热分析材料模型主要包括热传导、热对流、热辐射三大类型，其中热传导本构由导热系数、比热容确定，适应于 2-D 或 3-D 热传导单元，可以输入与温度相关或不相关的导热系数与比热容；热对流材料适用于表面热对流单元，对流系数可以为常数，也可以与温度或时间相关；热辐射材料材料适用于表面热辐射单元，辐射常数可以与温度相关也可以与温度无关。

(4) 温度荷载

温度荷载属标量荷载，有限元计算时只需输入荷载大小，不涉及荷载方向；可施加在模型的几何元素(点、线、面、体)上，也可以施加在节点和单元上。

ADINA 计算温度场时，温度荷载被看作时间的函数，即通过"荷载数值×时间函数"的方式作用在荷载施加位置。荷载通过假定数值给出，时间函数由数据点(时刻、数值)给出，相邻两点时间函数由计算机自动分配，只要满足"数值×时间函数＝某时刻的荷载大小"即可。冻结温度场计算的时间函数取值主要依据合理的盐水降温计划。人工冻结工程中，低温盐水从常温一般经 7～12d 降至设计低温，随后保持积极冻结直至冻结壁满足厚度与强度要求，积极冻结时间的长短与工程规模、地质条件相关。

(5) 有限元模型

在各类几何模型的基础上，通过定义单元组、划分单元控制参数、剖分网格生成有限元模型。

3-D 热传导实体单元，适合分析各种几何非线性问题。确定单元控制参数，包括确定网格密度和划分网格，前者解决模型细分问题，即确定沿着线或者边的间隔长度或细分个数；后者保证划分网格时将单元类型与相应材料单元组匹配。计算时，在冻结管部位和模型边界上采用等份数确定网格密度，计算中不把楔形体看作退化体考虑。

3-D 热传导单元包括 8～27 节点的等参或次参曲边六面体单元，其中等参数单元对单元几何形状和单元内的参变量函数采用相同数目的节点参数和相同的形函数进行变换，不管被积函数如何复杂，仍然采用标准化数值积分方法计算，目前已成为有限元法中应用最为广泛的单元形式。

考虑水平杯型冻结壁发展与时间的相关性，温度场模拟计算时，计算步长取 24h (1d)，可计算 50 步(50d)，即通过计算可获得冻结 50d 内地层温度场以及冻结壁厚度发展情况。

(6) 温度场计算说明

温度场数值模拟包括三大部分：前处理、计算分析、后处理。

前处理包括三维建模和网格剖分两大部分，前者主要将要进行分析的对象按三维实体模型输入计算机(图 3.3～图 3.8)，后者则将已输入的三维实体剖分成计算所需的网格单元(3-D 或 2-D 热传导实体单元)。

计算分析模块先要进行初始条件和边界条件的设置，在此基础上对前处理所得的网格系统进行温度场分析。

后处理主要任务是数据的可视化，将计算分析得到的温度场结果，真实、生动、形象地显示出来。后处理系统包含计算机图形学、多媒体技术、图形处理技术等科学的理论与方法。

3）ADINA-Structures 模块

（1）模块说明

ADINA 程序提供了世界领先的、用于 2-D 和 3-D 固体应力分析以及静力学和动力学中结构分析的功能，结构求解模块(ADINA-Structures)可完成静态分析、模态分析、模态叠加及模态应力计算、振型参与因子计算、瞬态动力分析、线性及非线性屈曲分析等求解问题，分析对象可以是线性的或者非线性的，譬如：材料非线性特性的影响、巨大变形和接触条件，在接触分析方面具有超强的实力，为固体、桁架、梁、管道、金属板、壳体和缝隙提供了多样化和通用的有限元，材料模型有金属、土壤与岩石、塑料、橡胶、织物、木材、陶瓷和混凝土可选。该模块具有有效的线性分析；小型和大型的变形、大型应变；弹塑性、徐变分析，包括热效果；屈曲和后屈曲分析；静力学和动力学中的接触问题等功能。

（2）设置温度荷载来源

进行地层冻胀融沉位移场数值模拟时，需要利用冻结温度场计算结果，温度荷载来源可以设定为“来自映射文件”，即将温度场当做荷载直接施加在求应力场的有限元模型上。

（3）自由度与约束

对于只包含二维实体单元的模型，不选三个转动自由度和 x 方向的平动自由度(二维模型位于 yz 平面)；对于只包含三维实体单元的模型，不选三个转动自由度。在原有温度场几何模型的基础上，删除已有的温度场计算边界，在几何模型的相应位置设置约束条件。

2. 土木建筑专用材料

ADINA 的材料模式十分丰富，除了通用的线弹性、弹塑性、粘弹、粘塑、蠕变等材料模式外，还提供了 7 种专用于土木方面的材料模式：曲线描述的地质材料、Drucker-Prager 材料、Cam-clay 材料、Mohr-Coulomb 材料、混凝土材料、LUBBY2 徐变模型、多孔介质属性(骨架可以是任何材料模型或用户自定义的材料本构)。

1）曲线描述的地质材料(curve description material model)

这种材料模型主要用来模拟地质材料。材料曲线用分段线性的方式给出了加载和卸载两种不同状态下的体积模量和剪切模量与体积应变的关系。这种材料的一个重要特点是如果主拉伸应力超过了给定值，材料将会发生弱化。程序提供了两个弱化选项：tension cut-off 和 cracking，一旦弱化发生材料将变为正交各向异性材料，对应于最大主拉伸应力方向的法向刚度和剪切刚度将会变小。在 tension cut-off 模式中，对应于最大主拉伸应力方向的法向刚度和剪切刚度将会变小，但是应力将会保持不变，此种方式主要用于模拟材料的弹塑性流动。在 cracking 模式中除了法向刚度和剪切刚度变小，对应的法向应力和剪切应力也将释放，这主要用来模拟裂纹，如拉伸失效面。

2）Drucker-Prager 材料

这种材料模型基于 Drucker-Prager 屈服条件，具有理想塑性 Drucker-Prager 屈服性能和 Cap 硬化性能，采用 Drucker-Prager 和 Cap 屈服方程。除了在 Cap 曲线存在材料硬化外，一般 Drucker-Prager 材料为理想弹塑性材料，不具有材料硬化性能。材料的拉应力不允许大于给定值(tension cut-off)，一旦超过 tension cut-off 值，程序自动把全部剪应力置为零，全部正应力置为 $T/3$(T 为 tension cut-off 值)。

3）Cam-clay 材料

这种材料模型是一种取决于压力的塑性材料，以椭圆屈服方程作为破坏判定准则。主要用来模拟黏土材料在正常固结和超固结情况下的应变硬化和软化、模拟静水压力和弹性体积应变的非线性关系。

4）Mohr-Coulomb 材料

这种材料模型服从理想塑性 Mohr-Coulomb 破坏准则。当使用 Mohr-Coulomb 材料时，由剪力引起的材料体积变形只取决于扩展角，因此为避免材料病态的大变形，应令扩展角小于摩擦角。另外，材料的拉应力不允许大于给定值(tension cut-off)，一旦超过 tension cut-off 值，材料采用最大拉应力准则。

5）LUBBY2 徐变模型

LUBBY2 徐变模型主要用来模拟混凝土和岩石材料的长期徐变行为，用户可选择使用应变强化或时间强化。徐变方程的系数既可以是常数也可以随温度而变化，另外在徐变模型中还考虑了卸载和周期载荷的影响，当材料的徐变过大时可能会导致材料破坏，用户也可以根据需要定义不同温度下的徐变破坏准则。

6）多孔介质属性

多孔介质属性主要用于承受静态或动态载荷的岩土多孔结构，它可以处理多孔固体骨架和通过它的流体之间的相互作用。多孔介质属性可用来解决下列类型的问题：不排水条件多孔结构分析(undrained analysis)、瞬态静力分析(固结分析 consolidation)、瞬态动力分析(多孔结构失效，如土壤液化)。在瞬态静力分析中，可以得到孔压、位移和应力分布以及它们随时间的变化。在瞬态动力学分析中除可以得到瞬态静力分析所能得到的结果外，更关心的可能是土壤的液化失效，在地震灾害中，地下结构土壤液化(liquefaction)往往是一种重要的失效模式。

7）其他材料本构

除此之外，ADINA 提供的本构包括 Duncan-Zhang 标准 E-B 模型以及随时间变参数材料模型，这些材料模型的使用通过动态链接库实现。

3. 载荷与边界条件

ADINA 可以根据需要施加各种载荷：力、力矩、位移、线压力、面压力、场力(离心力、重力、电磁力等)、管的内压力、温度、温度梯度、孔流、孔压力、热流密度、速度等。这些载荷既可以是恒定载荷，也可以随时间和空间位置的变化而发生变化，即载荷均被表达为时间和空间位置的函数。其特点主要包括：载荷可以是时间和空间位置的函数，即定义时间函数和空间函数；既可以模拟方向不变的力也可以模拟跟随力，在大变形问题中这将产生截然不同的两种结果，并且力的方向可以是任意的；既可以模拟方向不变的压力也可以模拟结构表面跟随压力。

边界条件在微分方程求解中是为了限定变量值，最终满足定解要求。ADINA 在设置边界条件时，可以固定某个节点、线、面等几何对象的六个自由度中的一个或几个自由度，或者直接限定自由度的变化范围，且边界条件具有生死功能，可以随时间而变化，这在冻结壁的形成与解冻过程、混凝土浇注等应用中具有重要意义，可以方便给定任意方向的约束条件。

4. ADINA 中非线性的概念

ADINA 是目前世界上非线性功能最有效、可靠的分析软件，在静力分析中能够有效地考虑各种非线性效应，即几何非线性、材料非线性、状态非线性等。另外，ADINA 在土木结构中，允许设置梁柱节点的刚度，可以指定其为刚性节点、有限刚度节点、铰节点(释放某一点的内力)，以便更加真实地反映框架结构、框架剪力墙结构的实际工作状态。

1）几何非线性

ADINA 在结构计算中可以考虑大变形、大应变、应力刚化等几何非线性问题，在土木行业中应用相当广泛，例如在大跨度悬索结构、薄膜结构、各种类型桥梁结构中(悬索桥、斜拉桥等)、高层钢结构、固液耦合分析中均需考虑多种几何非线性。

2）材料非线性

ADINA 提供各种非线性材料模式，例如多种弹塑性、非线性弹性、超弹、黏弹、黏塑、蠕变、复合材料、混凝土材料及专用的岩土材料模式、多孔介质材料模型等等，同时程序允许用户自定义材料模型。丰富的材料模式及其高效可靠的非线性求解功能使得 ADINA 在各种工程问题中得到广泛应用，例如，土体的固结沉降分析、孔隙水的消散问题、堤坝开挖及回填对土体的扰动问题、混凝土坝、土坝等的渗流分析、钢筋混凝土结构徐变分析、预应力钢筋松弛问题分析、薄膜结构的找形问题等。

3）状态非线性

ADINA 可以有效模拟接触、单元生死、流固耦合、结构/孔隙流体/温度等多种状态非线性问题。

（1）接触分析

在许多工程问题的分析计算中都需要用到接触分析，如钢筋与混凝土的锚固黏结、握裹力情况、桩土相互作用、基岩中节理、裂隙、隧洞岩土体与衬砌间的相互作用、钢结构中支撑与结构间的相互作用等等。ADINA 可以根据接触表面的实际情况定义摩擦系数，摩擦系数可以随接触压力而变化，能够考虑物体间的黏结、滑动等状态，模拟多实体间重复的接触、分离过程。

接触分析中考虑的工况有：多体接触、柔性体或刚体、无摩擦接触或有摩擦接触、支持物体的小应变、大应变及各种材料非线性、接触物体可以处于低速（静态）或高速运动状态（碰撞、冲击）、可以指定接触面偏移、设定接触面的死活状态等等。

（2）单元生死

ADINA 单元生死主要用于模拟材料的添加和减少等土木结构施工仿真模拟中，如基岩中洞室的开挖及加设支撑、基坑和隧道的开挖与支护、堤坝施工，以及结构修复分析的托换过程（如震灾后高层结构、桥梁结构中替换局部破坏的结构构件等）、结构加固分析等。

4　盾构始发与接收端头人工冻结加固技术与应用

4.1　盾构始发与接收端头加固方式比选

收集和调研南京、上海、苏州等城市隧道端头加固方式经验，对不同地质条件以及不同周边环境条件下盾构隧道端头的加固方式作比选分析。结合各类地质条件下的施工经验，将盾构隧道端头的地层分为以下三类：软土、富水砂性土和岩石或特殊土。不同地层所适宜的加固方式如表 4.1 所示。

表 4.1　不同地层适宜的加固方式

地层	加固方式	周边环境条件
软土	高压旋喷桩	不受周边环境条件限制时
	深层搅拌桩＋高压旋喷桩	
	SMW 工法桩＋高压旋喷桩	
	人工冻结法	受周围环境限制不能进行化学加固时
富含水砂性土	深层搅拌桩＋高压旋喷桩＋深井降水	周边条件允许降水时
	高压旋喷桩＋深井降水	
	深层搅拌桩＋高压旋喷桩＋人工水平冻结	周边条件不允许降水时
	深层搅拌桩＋高压旋喷桩＋人工垂直冻结	
岩石	分层注浆	正常情况下
	冻结法	岩石裂隙水特别丰富，涌水量大时

4.2　盾构始发与接收端头加固范围确定

在土层软弱地区，当盾构隧道端头加固采用化学加固方式时，确定盾构隧道端头加固所需范围、各种加固技术的加固时机和加固工艺等就成为需要解决的关键问题。端头加固所需范围，包括隧道纵向加固范围和盾构横向(径向)加固范围的确定。纵向加固长度的确定应视有无止水要求，无止水要求时应满足强度、稳定性和变形的要求，有止水要求时还应满足止水要求。

软土地区盾构隧道端头横向加固主要起止水和稳定地层的作用，横向加固区可以和盾壳共同作用抵抗周围水土压力。根据国内软土地层盾构施工经验，横向加固范围一般取盾构壳体以外 1.5～3.0m。纵向加固范围取 3.0m，富含水软弱地层中取 9～10m。

4.2.1 化学加固范围确定

国内关于盾构始发与接收土体加固计算设计理论尚不成熟，仍采用工程类比法。一般运用弹性力学板块理论求算加固土体厚度，此外也从构造上对加固土体的厚度进行确定。本节主要介绍目前设计施工中常用的计算理论。

1. 解析解确定端头加固范围

1）板块强度分析设计理论

研究发现，薄板公式计算出的弯曲应力比 FEM 解大，故将薄板理论的解析解公式应用到厚板的设计中，是偏于安全的。所以，在盾构法隧道始发与接收工程中，将由薄板弯曲理论得出的解析解用于加固土体厚度的计算，是偏安全的[142]。

假定加固土体为整体板块，根据日本 JET GROT 协会(JJGA)规范[143]中所采用的计算公式，加固体厚度应为

$$h=\left[\frac{K_0\beta pD^2}{4\sigma_t}\right]^{\frac{1}{2}} \tag{4.1}$$

式中：p 为封门中心处的水土压力合力，kPa；D 为封门直径，m；σ_t 为加固土体的极限抗拉强度，kPa；K_0 为安全系数，取 1.5～2.0；β 为计算系数，取 1.2。

2）砂性土静力理论验算方法

砂性土中，为确保加固土体的质量，主要是确定加固区的安全可靠性，可采用图 4.1所示的加固模式进行验算。将加固土体视为厚度为 h 的周边自由支撑的弹性圆板，在外侧水土压力作用下，圆板中心处的最大弯曲应力及支座处的最大剪力按弹性力学板块理论求得，强度验算公式为：

$$\sigma_{\max}=\frac{p\times\left(\frac{1}{2}D\right)^2}{h^2}\times\frac{3}{8}(3+\mu)\leqslant\frac{\sigma_t}{K_1} \tag{4.2}$$

$$\tau_{\max}=\frac{p\times D}{4h}\leqslant\frac{\tau_c}{K_2} \tag{4.3}$$

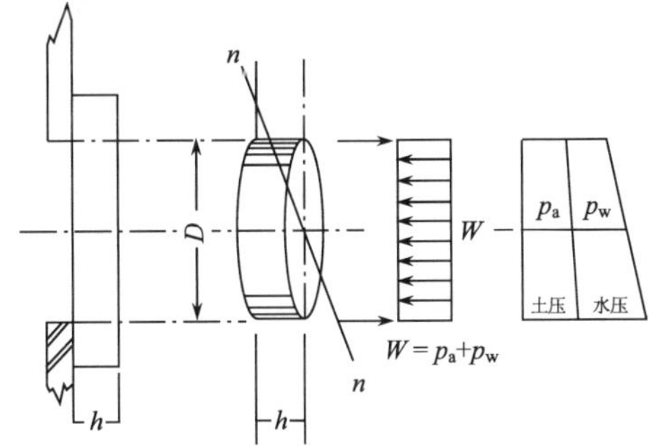

图 4.1 板块理论计算模型

式中：K_1 和 K_2 分别为最大弯曲应力和最大剪应力的计算安全系数。

3）黏性土滑移失稳理论验算方法

隧道直径和埋深不同，滑移模式也不一样。针对黏性土加固地基，目前国内主要用图 4.2 所示模型进行安全验算。

假设加固体在地面荷载 P 和上部土体覆重下沿某滑动面向洞内整体滑动，并假定

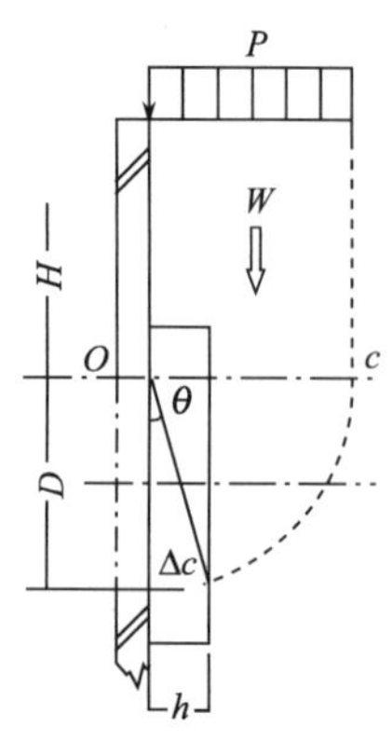

图 4.2 滑移失稳理论计算模型

滑动面形式为：下部是以端墙开洞外顶点 O 为圆心、开洞直径 D 为半径的圆弧面，整个滑移面如虚线所示，则引起的下滑力矩为：

$$M = M_1 + M_2 + M_3 \tag{4.4}$$

式中：M_1 为地面荷载 P 引起的下滑力矩，$M_1 = \dfrac{PD^2}{2}$；M_2 为上覆土体自重引起的下滑力矩，$M_2 = \gamma H\dfrac{D^2}{2}$；$M_3$ 为滑移圆环线内土体的下滑力矩，$M_3 = \gamma\dfrac{D^3}{3}$；

抵抗下滑力矩为：

$$M_\mathrm{d} = M_\mathrm{r} + \Delta M_\mathrm{r} \tag{4.5}$$

式中：M_r 为土体改良以前的抵抗力矩，$M_\mathrm{r} = \dfrac{1}{2}c\pi D^2 + H\cdot c\cdot D$；$\Delta M_\mathrm{r}$ 为土体改良以后增加的抵抗力矩，$\Delta M_\mathrm{r} = \Delta c\cdot\theta\cdot D^2$；$c$ 为加固前土体的黏结力；Δc 为加固后土体的黏结力；H 为上覆土体的高度；P 为地面荷载；θ 如图 4.2 所示。

土体保持滑移面稳定的平衡条件为：

$$K_3\cdot M = M_\mathrm{d} \tag{4.6}$$

将各项代入上式，得：

$$\theta = \frac{K_3(M_1 + M_2 + M_3) - M_\mathrm{d}}{\Delta c\cdot D^2},\ \mathrm{rad} \tag{4.7}$$

式中：K_3 为滑移稳定安全系数，可取 1.5。

加固土体的厚度为：

$$h = D\cdot\sin\theta \tag{4.8}$$

4）土体扰动极限平衡理论

加固横断面的尺寸与注浆加固的尺寸相同，可根据挖掘隧道时断面周围产生的塑性范围来进行确定，如图 4.3 所示。塑性范围 R 可按隧道上部松动的方法推求，在挖掘地层的情况下，土体应力失去平衡，掘削断面的周围将产生附加应力。在 $a<r<R$ 的范围内，根据摩尔应力圆包络线破坏条件，联合塑性松动圈应力平衡和破坏条件可得平衡方程。

$$\begin{cases}\sigma_\theta - \sigma_r = 2c\\[4pt] \dfrac{\partial\sigma_r}{\partial r} = \dfrac{(\sigma_\theta - \sigma_r)}{r}\end{cases} \tag{4.9}$$

代入注浆加固边界条件 $r=R$，$\sigma_r=\sigma_m$，$r=a$，$\sigma_r=0$，得：

$$\ln R + \frac{R\cdot\gamma_\mathrm{t}}{2\Delta c} = \frac{H\cdot\gamma_\mathrm{t}}{2\Delta c} + \ln a \tag{4.10}$$

其中，R 为到塑性范围外侧的距离；γ_t 为上覆土体的平均重度；Δc 为改良土体的

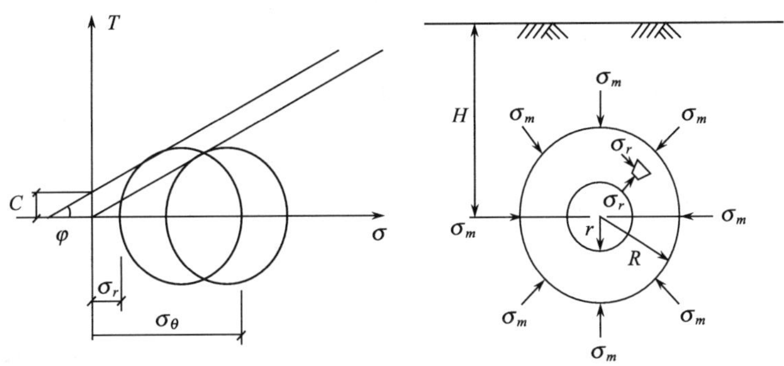

图 4.3　土体破坏包络线

黏聚力；H 为到隧道中心的换算覆盖层厚度；a 为盾构机外径。

由此，可以求出 R，则洞周上部加固土体厚度为 $R-a$，计入安全系数后，则上部加固土体厚度为 $H_1=k(R-a)$。

洞周两侧改良土体的宽度 B，根据朗肯土压力理论，土体破坏角为$\frac{\pi}{4}+\frac{\varphi}{2}$，又根据塑性松动圈观点，如图 4.4 所示，则有：

$$\beta=\arccos\left(\frac{a}{a+H_1}\right)-\left(\frac{\pi}{4}-\frac{\varphi}{2}\right) \tag{4.11}$$

$$B=(a+H_1)\cdot\cos\beta-a \tag{4.12}$$

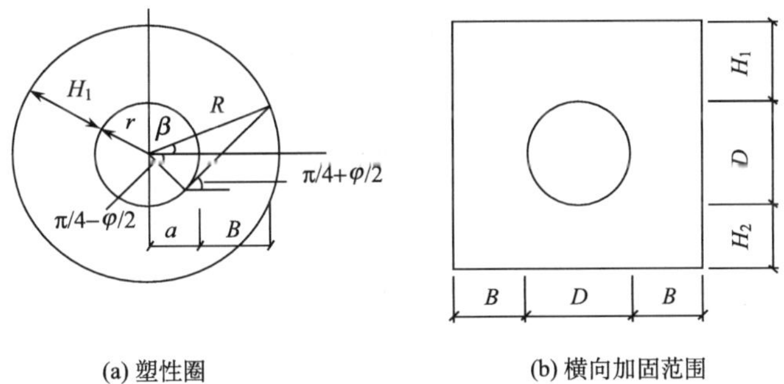

(a) 塑性圈　(b) 横向加固范围

图 4.4　塑性圈和横向加固范围示意图

软土地区盾构隧道始发端头横向加固长度取值如表 4.2 所示。

表 4.2　土体横向加固长度取值

D/m	$1.0\leqslant D<3.0$	$3.0\leqslant D<5.0$	$5.0\leqslant D<8.0$	$8.0\leqslant D<12.0$	$12.0\leqslant D<15.0$
B/m	1.0	1.5	2.0	2.5	3.0
H_1/m	1.5	2.0	2.5	3.0	3.5
H_2/m	1.0	1.0	1.5	2.0	3.0

2. 数值解确定端头纵向加固范围

1）计算说明

基本假定：假定地表和各土层均呈均质水平层状分布；不考虑衬砌管片的横向连接及各管片环之间的纵向连接对衬砌结构整体刚度的折减作用；不考虑盾壳本身与土体的挤压、剪切作用；不考虑受施工扰动影响范围内的土体物理力学参数的变化。

考虑到现场问题的对称性，并以洞门中心为对称轴取一半模型，几何模型尺寸如图 4.5 所示。其中，R 为隧道半径，H 为隧道中心埋深。模型底面取固定边界；上表面为自由面，无约束；沿隧道轴线方向的面约束轴向位移；横向表面约束横向位移。采用 Mohr-Coulomb 材料模型，不考虑剪切膨胀效应。主要参数包括土层重度、泊松比、压缩模量、黏聚力及内摩擦角。

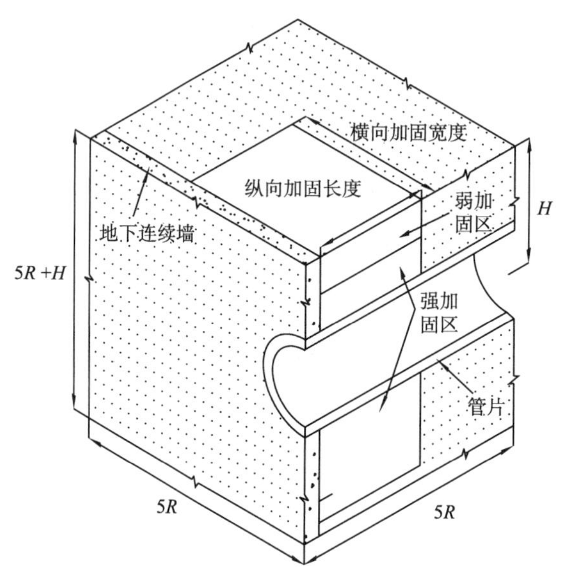

图 4.5　三维有限元数值模拟模型示意图

计算地层重力引起的初始应力场，此时冻结壁依然被混凝土洞门封堵，模型板块区不产生横向位移。凿除洞门后，开挖面土体完全暴露、盾构机又未开始推进，若杯型冻结壁强度不足以抵抗地层水土压力，洞门区域有可能涌水、涌砂。计算时卸除板块区的约束，使开挖面土体完全暴露，杯底板块承担洞门外侧水土压力。

2）不同纵向加固长度时数值计算结果

不同纵向加固长度时数值解的各参数对比如表 4.3 所示。在纵向加固长度达到一定范围以后，再继续加大纵向加固长度对盾构始发开挖的位移场、应力场不再有明显影响，该加固长度即为最佳纵向加固长度。对于本模型所得的最佳纵向加固长度为 3m。

表 4.3　不同纵向加固长度时各参数汇总表

参数	纵向加固长度/m						
	1	3	3.5	5	6	7	9
横向最大位移/mm	32.1	12.9	12.7	12.0	11.6	11.1	9.3
轴向最大位移/mm	5.4	2.8	2.4	2.0	1.8	1.6	1.2
竖向最大沉降量/mm	7.8	4.5	4.4	4.3	3.8	3.5	3.0
压应力最大值/MPa	1.021	0.681	0.648	0.576	0.568	0.562	0.558
剪应力最大值/MPa	0.248	0.231	0.228	0.224	0.222	0.218	0.214
拉应力最大值/MPa	0.101	0.065	0.060	0.052	0.048	0.044	0.038

3）软弱富含水端头地层加固范围讨论

（1）盾构始发纵向加固长度确定

土层较好时如硬塑黏土等，始发端头地层纵向长度可取 3.5m；在软土地段，特别是在盾构隧道端头有富含水层时，端头地层纵向加固长度应为盾构主机长度加一定厚度的保护层(一般为 1.5～2.0m)。

加固土体长度小于盾构主机长度时，由于盾构隧道一般均位于地下水位以下，故当盾尾尚未进入洞门圈时，盾构刀盘已经脱离加固区，加固区前方隧道洞周的水土(特别是砂性或粉土地层)可能沿着盾壳与岩土之间的空隙而进入端头井(始发井)，造成地层损失和地表沉降，严重时，可能造成盾构始发失败。纵向加固土体长度如图 4.6 所示，盾构穿越加固区长度大于盾构主机长度时，盾尾进入洞圈注浆后，盾构机刀盘尚未脱离加固区土体，这样，加固区前方地层的水土完全被加固土体及隧道背衬注浆所隔断，不至于产生水土流失而引起地层损失造成地表沉降。根据地铁施工经验，加固区长度一般大于盾构主机长度 1.5～2.0m 较为安全。纵向加固土体长度如图 4.7 所示。

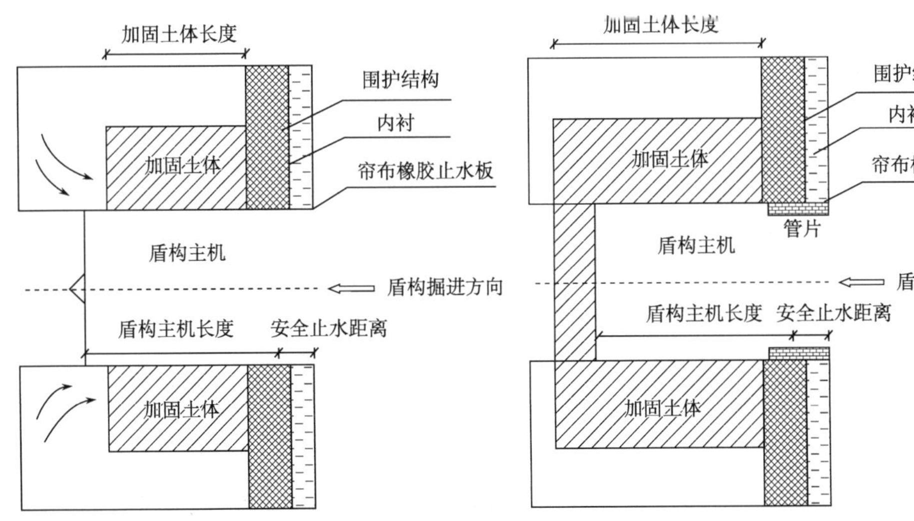

图 4.6　盾构始发时纵向加固长度小于盾构主机长度

图 4.7　盾构始发时纵向加固长度大于盾构主机长度

因此，在南京、上海等沿江沿海地区城市的地铁施工过程中，当盾构始发端头位于地下水位以下的软弱土地段时，该端头地层纵向加固长度一般为盾构主机长度加上1.5～2.0m的止水厚度，即一般纵向加固长度取9～10m。

(2) 盾构到达纵向加固长度的确定

盾构到达端头地层纵向加固长度和始发纵向加固长度一样，多年来一直存在颇多争议，一种观点认为：到达端地层纵向加固长度定为3m即可；另一种观点认为：到达端地层加固长度需定为6m；还有一种观点认为：到达端头地层加固纵向长度应为盾构主机长度加上1.0～1.5m。

对于黏性土等渗透系数相对较小的软土地层，根据目前该地层成功的施工经验，加固长度一般取为3.5m，主要为了防止当拆除车站或到达井围护结构时发生地层失稳。对于盾构到达端头有富含水层(特别是含水砂层)，隧道大部分位于地下水位下方，因此对于该地层，其加固长度必须谨慎选取。若端头加固长度小于盾构主机长度，地下水土则可能沿着盾壳与围岩空隙流入到达井(图4.8)，造成地层沉降和建(构)筑物的损坏。对于该类地层，纵向加固长度应取为盾构主机长度加上1.0～1.5m止水层厚度(图4.9)，则可很好的解决水土流入到达井的问题。

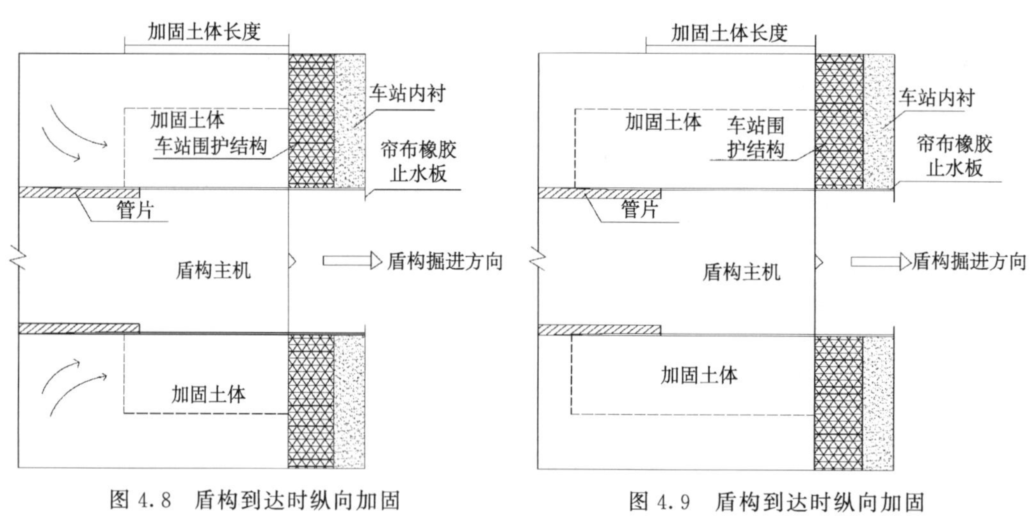

图4.8 盾构到达时纵向加固长度小于盾构主机长度

图4.9 盾构到达时纵向加固长度大于盾构主机长度

4.2.2 水平杯型冻结加固范围确定

1. 加固范围确定依据

1) 化学加固+水平冻结

经过化学加固的水平冻结加固范围主要取决于化学加固的质量，若化学加固质量差，止水性满足不了要求，则水平冻结加固长度应取为盾构主机长度加上1.0～1.5m止水层厚度；若化学加固只是局部满足不了止水要求，水平冻结加固长度超过该区段即可；若只是为了封堵洞门与加固体间的薄弱带，由于地面不具备垂直冻结施工条件需要采用水平冻结时，水平冻结加固长度取 3～3.5m，视盾构直径大小杯底厚度取 1.6～2m。

2）无化学加固水平冻结

对于未做任何化学加固的水平冻结，应按受力及止水要求确定加固范围，以下具体以南京地铁 2 号线西安门车站为例进行冻结加固范围确定计算。

南京地铁 2 号线西安门站—大行宫站区间隧道，盾构从西安门车站西端头始发；端头加固区地面为龙蟠中路和中山东路交叉口，受地面环境限制，无法从地面对土体进行加固施工。区间隧道位于粉质黏土层，根据地质及环境条件，选用地下水平冻结法加固土体，使盾构机外围及开洞口范围内土体冻结，形成水平杯型冻结壁确保盾构机顺利始发。冻结壁加固体设计厚度 1.2m，杯底加固体厚度 2.0m，冻结孔按水平角度布置(图 4.10)。

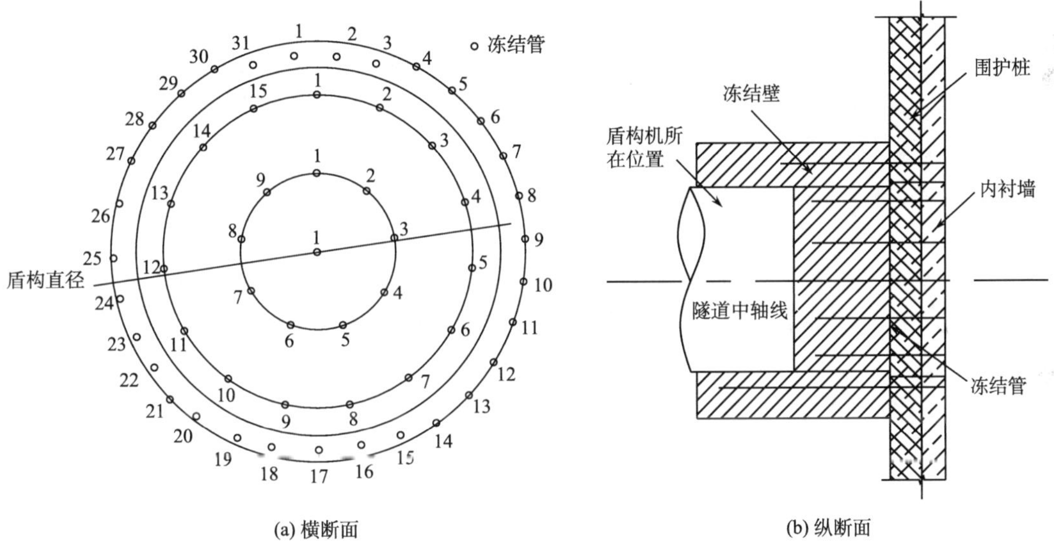

图 4.10　盾构始发与接收水平冻结管布置示意图

进行水平杯型冻结壁稳定性研究。隧道直径一定，通过控制水平杯型冻结壁关键尺寸 δ、h、L(图 4.11)，建立三维有限元模型，结合工程实际情况进行开凿洞门最危险情况下地层的应力场和位移场的分析。冻结壁几何参数如表 4.4 所示，阴影部分尺寸为分析冻结壁尺寸敏感性因素对地层稳定性影响不变参数。

表 4.4　冻结壁几何参数

部位	取值/m					
杯底板块厚度 h	1.8	2.0	2.0	2.4	2.6	2.8
圆筒厚度 δ	1.0	1.4	1.8	2.2	2.4	2.6
圆筒壁长度 L	4.5	5.0	5.5	6.0	6.5	7.0

2. 水平杯型冻结数值模拟

1）计算说明

计算假定：假定地层均质且各向同性，地层参数不因施工扰动而改变，冻结过程对地层初始应力无影响，仅考虑加固区冻土及非加固区常温土的工程特性；水平杯型冻结壁视为等温材料；忽略盾构机外壳与地层接触作用。水平杯型冻结壁稳定几何模型见图 4.12，模型外轮廓几何尺寸取竖向高度×横向宽度×纵向长度＝40m×30m×45m。

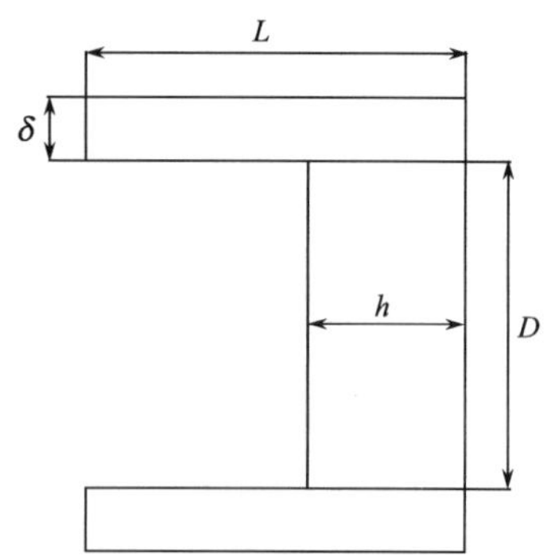

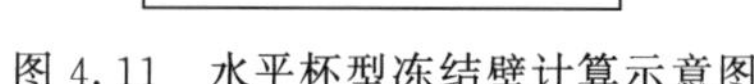
图 4.11　水平杯型冻结壁计算示意图

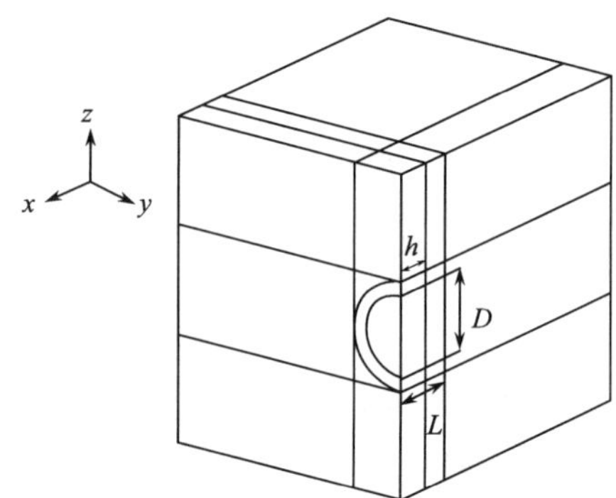

图 4.12　水平杯型冻结壁稳定计算模型示意图

不考虑外界荷载在地基中产生的附加应力对计算模型位移场和应力场的影响。考虑重力荷载与超载(超载按 20kPa/m^2 考虑)对杯型冻结壁稳定性的影响，自重应力视为初始应力，重力加速度取值为 9.81，m/s^2；超载按均布压力直接施加于地表。

边界处理，假设沿隧道轴向两个面上仅产生竖直方向位移，模型下端为固定端，地表上边界为自由变化平面，不进行约束，力学模型示意图如图 4.13 所示。

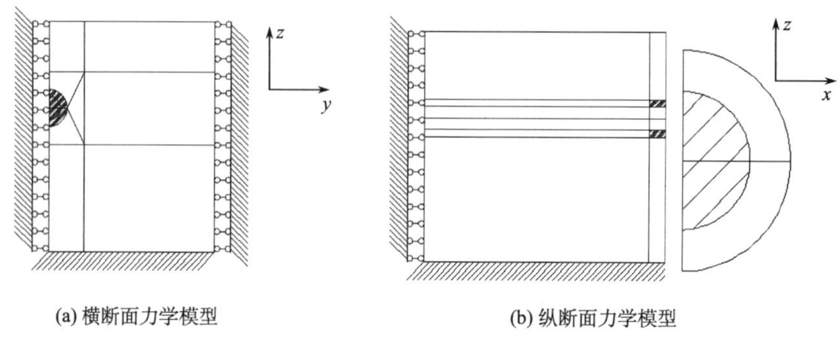

(a) 横断面力学模型　　(b) 纵断面力学模型

图 4.13　水平杯型冻结壁力学模型示意图

冻结壁稳定性计算流程如图 4.14 所示。

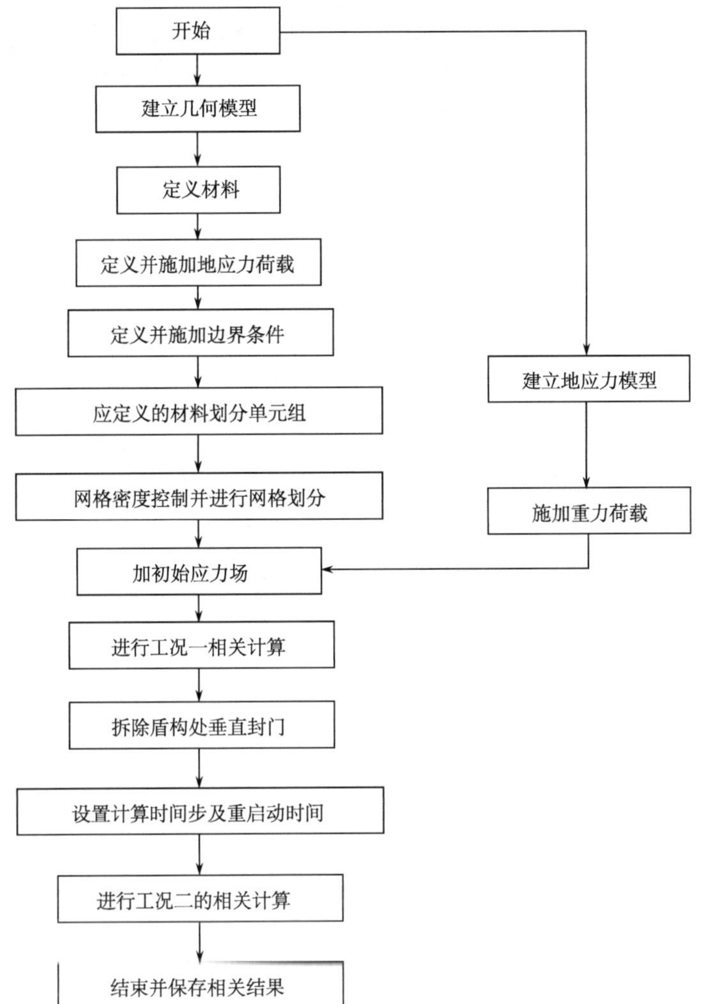

图 4.14　水平杯型冻结壁稳定性计算流程图

2）杯底板块厚度确定

增加杯底板块厚度，能有效提高水平杯型冻结壁的承载性能；但过多地增加冻结壁杯底厚度除了增加成本之外，也增加冻结壁体积，不利于地层冻胀、融沉变形控制。因此，在保证冻结壁稳定的前提下，板块厚度越小越经济(表 4.5)。

图 4.15 表明杯底厚度对于减小应力、位移具有积极意义，且不同板块厚度计算得出应力值的安全系数均远大于 2，有利于水平杯型冻结壁的稳定，与理论计算结果一致。但杯底厚度超过 2m 后，地层应力及变形均增长不明显，因此水平杯型冻结工程中的杯底厚度建议取值 2.0～2.5m。

表 4.5　不同杯底有效厚度的参数对比

比较参量	杯底有效厚度/m				
	1.0	1.5	2.0	2.5	3.0
轴向(x 向)最大位移/mm	10.8	8.7	8.1	7.2	6.7
横向(y 向)最大位移/mm	2.8	2.5	2.3	2.2	2.1
竖向(z 向)最大沉降量/mm	3.5	3.2	3.1	2.9	2.8
压应力最大值/MPa	1.051	0.880	0.814	0.786	0.772
剪应力最大值/MPa	0.312	0.292	0.270	0.265	0.258
拉应力最大值/MPa	0.270	0.198	0.161	0.148	0.124

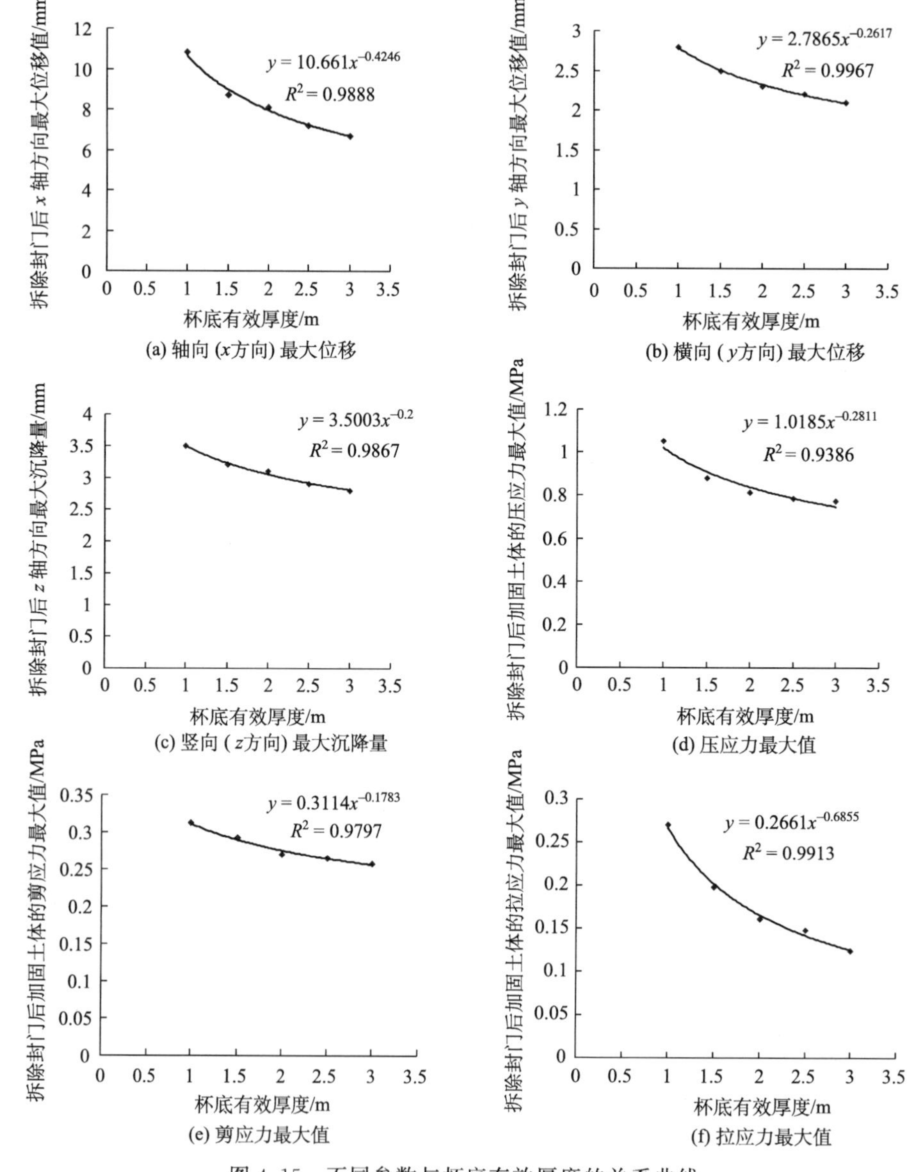

(a) 轴向 (x方向) 最大位移　(b) 横向 (y方向) 最大位移

(c) 竖向 (z方向) 最大沉降量　(d) 压应力最大值

(e) 剪应力最大值　(f) 拉应力最大值

图 4.15　不同参数与杯底有效厚度的关系曲线

3）水平杯型冻结壁圆筒壁长度

板块理论计算结果表明，水平杯型冻结圆筒壁在整个加固体中重要性不明显，但从盾构始发与接收工艺方面考虑，圆筒壁厚度及长度有效确保了盾构始发与接收时地层整体稳定性及封水性要求。图 4.16 给出了圆筒壁长度变化后杯型冻结壁附近地层应力、位移的计算结果，结果表明圆筒壁长度变化(4.5～7.0m)对地层应力影响不明显。因此圆筒壁长度仅取决于盾构推进封水的要求。考虑洞门凿除后地层位移与圆筒壁长度之间的关系，建议水平杯型冻结工程中的圆筒壁长度取值与盾构机头部长度相当。

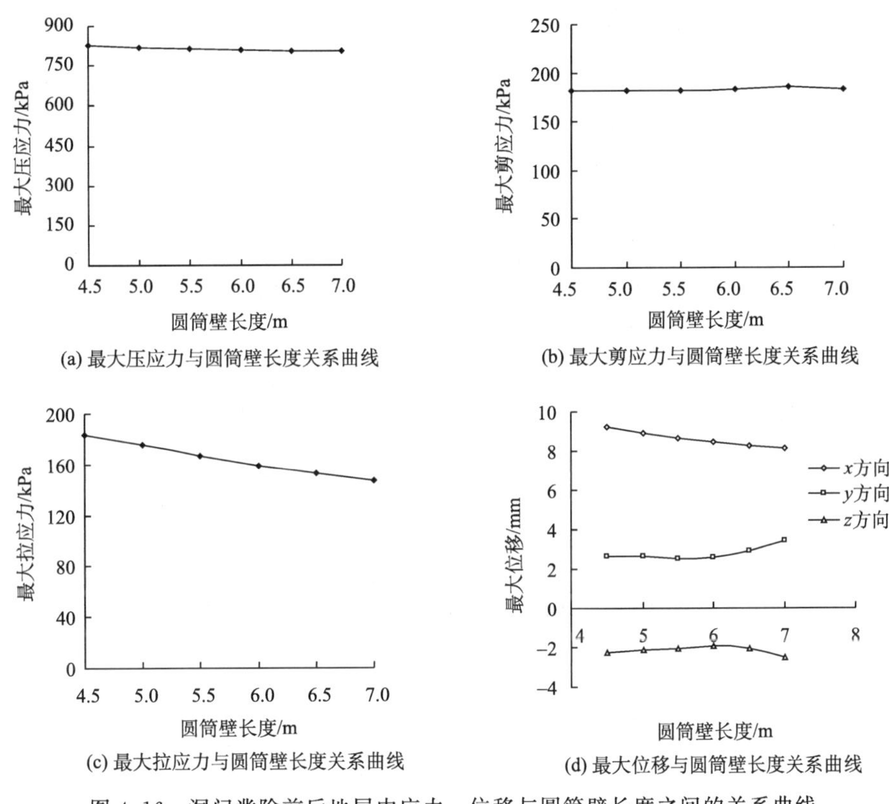

(a) 最大压应力与圆筒壁长度关系曲线

(b) 最大剪应力与圆筒壁长度关系曲线

(c) 最大拉应力与圆筒壁长度关系曲线

(d) 最大位移与圆筒壁长度关系曲线

图 4.16　洞门凿除前后地层中应力、位移与圆筒壁长度之间的关系曲线

4）水平杯型冻结壁圆筒壁厚度

图 4.17 给出了圆筒壁厚度变化对地层应力和位移的影响曲线，厚度增加对开凿洞门引起的地层应力场、位移场影响不大，因此水平杯型冻结工程中不能以增加圆筒壁厚来减小地层的位移。说明水平杯型冻结壁中圆筒壁部分对地层稳定性贡献不大，其厚度仅依赖于盾构推进的工艺要求，并不是越厚越好。从封水角度来讲，常见水平杯型冻结工程中圆筒壁厚度取值为 1.2m 是可靠且较为合理的，因此水平杯型冻结圆筒壁厚度建议取值 1.0～1.2m。

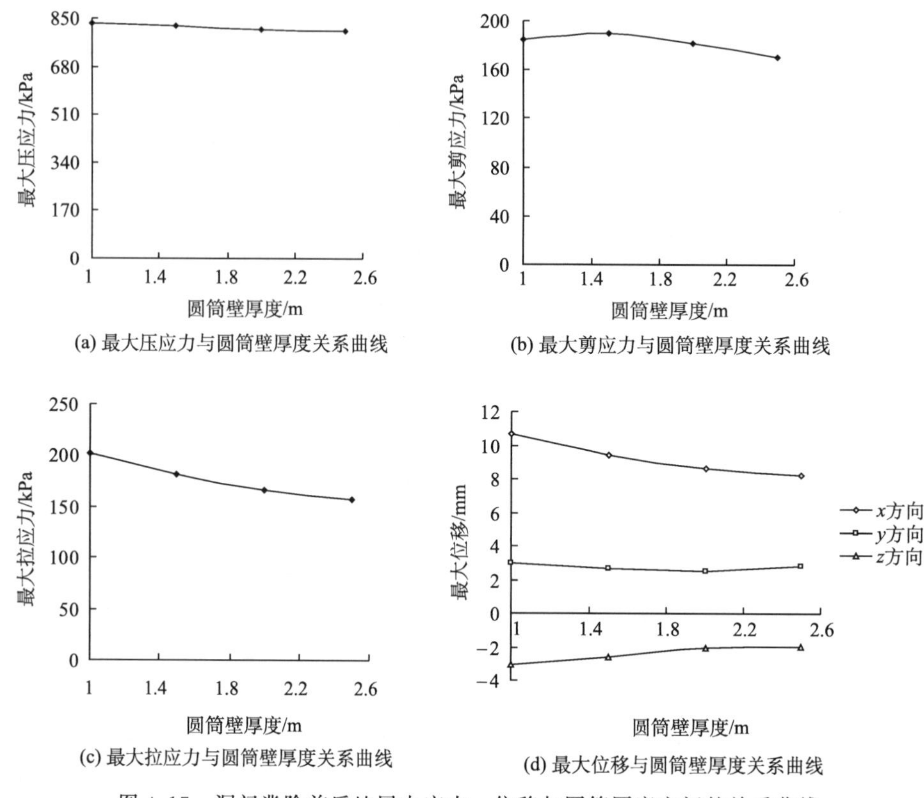

图 4.17　洞门凿除前后地层中应力、位移与圆筒厚度之间的关系曲线

4.3　盾构始发与接收端头冻结加固设计与施工

4.3.1　冻结设计一般规定

1. 设计依据

1）工程地质资料

（1）勘察孔地质柱状图及相关描述。应主要包括勘察孔位置和深度，勘察孔主要施工工艺及主要施工过程，勘察孔全深范围内的土层分布图、土层名称、层顶标高、层厚、取样点位置、土体性状及物理特征等。

（2）含水层及地下水活动特征。应主要包括含水层埋深、厚度、渗透系数、地下水水位及其变化幅度，以及含水层与地表水体的水力联系等。当盾构始发和接收附近含水层地下水活动频繁、地下水流速有可能超过 5m/d 时，还应提供该含水层的地下水流向和流速等资料。

（3）岩土的常规物理力学参数。应主要包括土层的密度、含水率、塑性指标、颗粒组成、内摩擦角和黏聚力、膨胀量和承载力等。

(4) 岩土的热物理参数。应主要包括原始地温、冻结温度、原状土及冻土导热系数、原状土及冻土导温系数、原状土及冻土比热容、冻胀率和融沉系数等。

(5) 冻土的物理力学参数。应主要包括抗压强度、抗剪强度、抗折强度等。

2) 相关结构图及环境资料

应主要包括周边地面及地下建(构)筑物结构、设备、管线特征及其与端头的位置关系和特殊保护要求等，有无河流等水域存在，有无正在实施降水的地下工程。

3) 地层试验数据

人工冻结法设计时，地质资料中不可缺少的是地层常温土以及人工冻土的物理力学性能指标，不仅需要常温土的密度、含水率、液塑限、颗粒组成、强度指标及压缩性指标等，也需要相应地层的冻土物理力学性能指标，包括原始地温、地层起始冻结温度、导热系数、比热、冻胀率、融沉系数、冻土抗压强度、抗剪强度、抗折强度、蠕变参数等。当盾构始发和接收隧道端头在冻结法加固之前已采用深层搅拌、高压旋喷等化学加固方法时，还需要隧道端头典型土层水泥改良后冻土的热物理、力学特性资料。

4) 其他资料

其他与盾构始发和接收冻结法加固设计和施工有关的资料，如端头井附近的交通条件、场地条件和地区气象资料等。

2. 设计原则

(1) 冻结壁的技术性能需满足盾构始发与接收施工的安全和质量要求。

(2) 人工冻结方案必须满足现场施工的可行性，且具有良好的可操作性。

(3) 施工方案及措施需满足城市环保及节能要求。

(4) 注意控制冻胀与融沉变形的危害。

4.3.2 水平杯型冻结设计与施工

当施工地面场地内有管线、道路、建构筑物，不具备地面施工条件时采用水平冻结方案；水平冻结方案宜选用杯型冻结壁形式。

1. 水平杯型冻结设计

水平冻结设计包括确定冻结壁的工作状态、冻结壁的厚度、冻结孔位布置、测温孔和卸压孔位的布置，冻结参数设计及提出环境保护要求等内容。

1) 冻结壁工作状态

(1) 冻结壁平均温度

冻结壁平均温度应根据冻结壁能够承受荷载的大小、冻结壁变形可能对周围环境造成的影响及工艺合理性来确定。结合大多数冻结工程经验，常以平均温度为－10℃的冻结壁强度作控制指标，因此设计中需要明确相应地层的冻土强度指标。冻结壁承受荷载大、安全要求高的工程宜取较低的冻结壁平均温度。

冻结壁平均温度主要与盐水温度、冻结孔间距、冻结壁厚度、冻结管直径等因素有关。从冻结孔布置间距的角度出发，冻结壁平均温度随孔间距的增大而升高。

(2) 冻结壁功能

通常根据冻结壁功能选择不同形式的冻结壁类别，如表 4.6 所示。对于长三角地区软弱地层的地铁隧道来说，人工冻结加固一般按第Ⅲ种类别考虑。

表 4.6 冻结壁功能分类表

类别	功能与要求	说明
Ⅰ	仅用于止水而无承载要求	如岩石裂隙和混凝土界面裂隙止水
Ⅱ	仅用于承载而无止水要求	如不透水黏性土层的加固
Ⅲ	既要求承载也要求止水	如含水砂土层的加固与止水

2) 冻结壁厚度

对仅作为止水要求的冻结壁(化学预加固后)，只要按止水要求确定冻结壁厚度，而对有承载要求的冻结壁应按承载力要求设计冻结壁厚度，杯身厚度一般可取 1.2～1.6m，杯底厚度取 1.8～2.5m。

有承载要求的冻结壁杯底厚度宜采用通用力学计算方法计算，或运用日本计算理论计算板块加固体的厚度。

冻结壁长度设计时，杯身长度应包裹住整个盾构机，确保盾构始发的安全冻结壁宜按受压结构设计，盾构始发时一般取 9～10m，接收时取 6～7m。

冻结壁厚度确定后，同时要进行冻结壁有限元数值计算作冻结壁受力分析与变形计算，分析开凿洞门前后，冻土结构的应力场及位移场，进一步分析冻结壁承载能力，确保冻结法施工的安全。

3) 冻结孔布置设计

冻结孔布置参数包括冻结孔孔位、成孔控制间距、冻结孔开孔间距、冻结孔深度和冻结孔偏斜精度要求等。

(1) 冻结孔孔位

冻结孔布置圈径由地铁隧道直径确定，在冻结管布置圈径已经明确的情况下还需给定冻结孔开孔及终孔控制间距。目前，冻结孔圈径常通过表 4.7 给出的公式进行初步计算，结合工程实践经验综合确定圈径。

(2) 内部冻结孔成孔控制间距可取边孔的 1.3～1.4 倍，孔圈距基本一致，孔圈一般按四圈考虑，最内圈为一个中心孔。圆柱体冻结孔开孔间距为 0.7～0.8m(弧长)，冻结孔数视布置外圈径大小而定，常规地铁隧道沿开洞口 ϕ7.5m 圆形布置，板块冻结孔沿开洞口 ϕ5.1m、ϕ2.7m 圆形布置，开孔间距为 1.14～1.21m(弧长)，开洞口中心布设 1 个冻结孔。

表 4.7 冻结孔圈径计算与示例

公式		符号说明	单位	取值	D	实际
$D=D_1+2(k\times E+e\times H)$	D_1	盾构隧道直径	m	6	7.99	可按照8m布置
	k	冻结壁内侧扩展系数，一般为0.55～0.60		0.55		
	E	冻结壁计算厚度	m	1.8		
	e	冻结孔允许偏斜率，冲积层要求小于0.30%	%	0.10		
	H	冻结深度	m	5.8		

(3) 冻结孔成孔控制间距应按设计冻结壁厚度、冻结壁平均温度、盐水温度和冻结工期要求等确定，但不宜大于冻结壁设计厚度。

(4) 冻结孔开孔间距不宜大于冻结孔成孔控制间距与冻结孔最大偏斜之差。

(5) 冻结管应选用导热和低温性能好的材质，宜采用 ϕ89×8mm，20＃的低碳无缝钢管，管壁厚度宜取 8～10mm。

4) 测温孔及卸压孔布置设计

(1) 测温孔的布置应满足判断冻结壁形成质量的要求。

(2) 测温孔宜布置在冻结孔间距较大的冻结壁界面上或预计冻结薄弱处。

(3) 每圈冻结孔最大终孔间距界面处共布置不少于 8 个测温孔，其中不少于 4 个孔深与杯身长度一致，4 个孔深与杯底冻结孔长度一致，与盾构壳体同一圈径处应有不少于 2 个与圆筒壁长度一致的测温孔。

(4) 测温孔管选用 ϕ32×3mm，20＃低碳无缝钢管，采用钻孔埋设，并进行测斜，每孔每米设置一个测点，冻结壁与槽壁交界面内外 5cm 处个设置 1 个测点，通过插值方法确定界面处温度。

(5) 当端头地表周围有需保护的建(构)筑物、道路或管线时，应在冻结壁上方设置一排卸压孔(兼注浆)。

5) 冻结参数设计

(1) 低温盐水温度

参照工程经验，认为冻结壁平均温度≤－10℃时就能满足各类工程的加固需要，需要的最低盐水温度为－28～－32℃。

盐水温度应逐步下降，避免冻结管因骤然降温而断裂。一般积极冻结要求 7 天盐水温度降到－18℃以下，15 天盐水温度降至－24℃以下，冻结壁厚度及强度满足要求后进行维护冻结时可适当升高盐水温度 1～2℃，确保推进期间冻结壁的厚度和强度保持不变。维护冻结期间去、回路盐水的温差不宜高于 1.5℃。冻结壁与围护结构交界面处温度不高于－5℃。如盐水温度达不到设计要求，应延长积极冻结时间。

(2) 冻结时间

冻结壁形成期应不少于预计冻结壁厚度和平均温度达到设计要求的时间，冻结壁交圈后的温度分布可简化为定常温度场计算，冻结壁扩展过程和平均温度可采用通用数值方法或通用经验公式计算。

冻结壁扩展厚度可按式(4.13)计算：

$$E_{yj}=v_{pj}t \tag{4.13}$$

式中：E_{yj}为预计冻结壁厚度，m；v_{pj}为冻结壁平均扩展速度，m/d，具体可参见后文表5.4；t 为冻结时间，d。

冻结壁交圈时间可按式(4.14)估算：

$$t_{jq}=\frac{S_{max}}{v_{pj}} \tag{4.14}$$

式中：t_{jq}为预计冻结壁交圈时间，d；S_{max}为冻结孔成孔控制间距，m；v_{pj}为冻结壁平均扩展速度，m/d。

冻结时间的经验公式常通过式(4.15)来描述：

$$\tau=\frac{\eta E_d}{v_{pj}} \tag{4.15}$$

式中：τ 为冻结时间，d；E_d 为冻结壁设计厚度，m；η 为冻结壁向冻结管布置圈径中心的扩散系数，0.55～0.60；v_{pj}为向冻结管布置圈径中心的平均扩展速度，m/d。

6) 盐水流量控制

盐水流量越大，供冷量越足，地层冻结效果越明显，每米冻结管(包括冷冻排管)的设计散热量不应小于100kcal/h；冻结孔单孔盐水流量应根据冻结管散热要求、去回路盐水温差和冻结管直径确定；冻结管内盐水流动状态宜处于层流与紊流之间，一般要求冻结孔单孔流量不小于5m³/h。

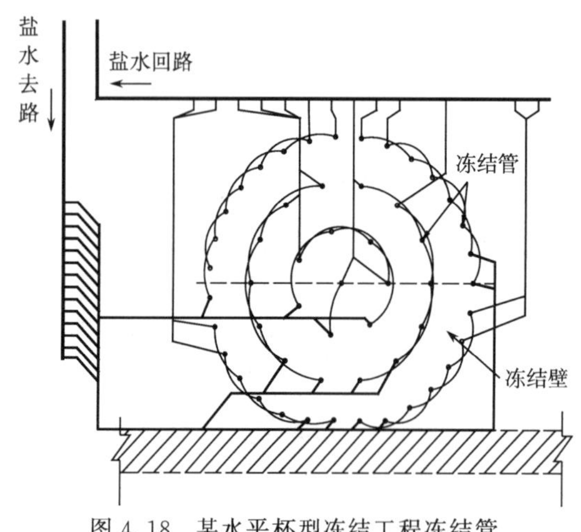

图4.18　某水平杯型冻结工程冻结管串联分组示意图

从提高冻结效率和节约成本的角度出发，一般可采用串并联循环方式，冻结管的串联分组以充分发挥低温盐水冷量为前提，同时也满足设计方案中去回路盐水温差的要求。水平杯型冻结壁形成过程中，可将3～5根冻结管作为一组串联后供应低温盐水，并根据流量及去回路盐水温差监控冻结管内的盐水流量及其均匀性，进而确保冻结壁的可靠性。图4.18给出了某水平杯型冻结工程中冻结管串联分组的示意图。

2. 水平杯型冻结法施工

1）工艺流程

盾构始发与接收端头加固工程中，采用水平杯型冻结加固，即在已有车站内钻孔施工，在工作井内利用水平冻结和部分倾斜孔冻结加固地层水平冻结技术，施工工艺流程如图 4.19 所示。

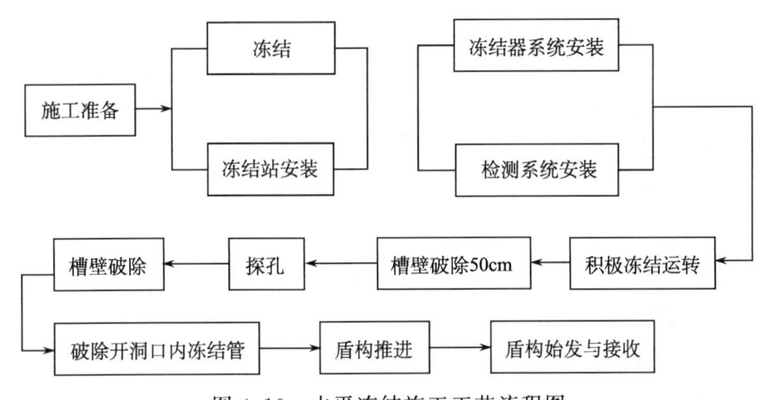

图 4.19　水平冻结施工工艺流程图

2）冻结孔、测温孔、卸压孔施工

水平冻结孔施工采用钻进法，为杜绝钻孔涌水喷砂问题，采用二次开孔方法开孔并安装孔口密封装置。孔口管及孔口装置示意图见图 4.20。

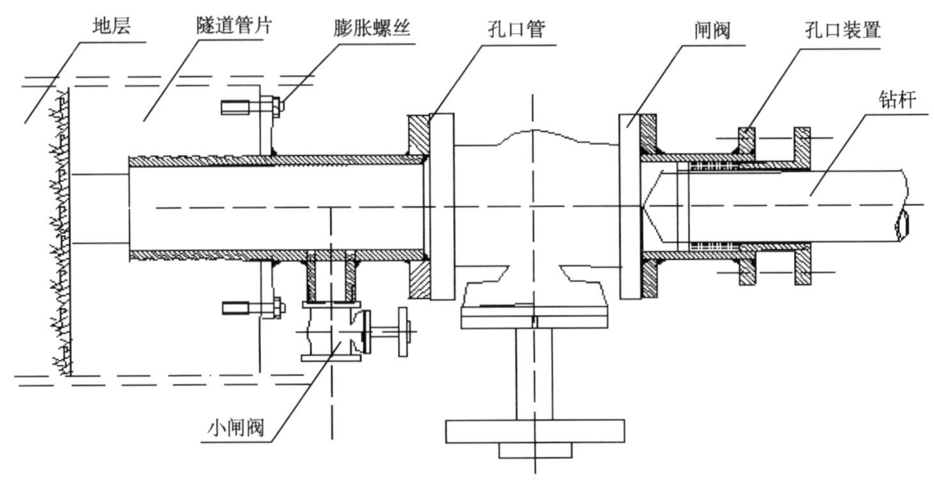

图 4.20　孔口管及孔口装置示意图

(1) 冻结孔要求

① 如受端头井内梁、板等结构限制冻结孔不能按设计布置，冻结孔宜按放射状钻

进，即孔底位置按设计确定，开孔位置向预留洞门边缘移动。

② 冻结孔开孔位置误差不应大于50mm。冻结孔最大允许偏斜不宜大于150mm(冻结孔成孔轨迹与设计轨迹之间的距离)。

③ 冻结孔有效深度不小于冻结孔设计深度。冻结管管头碰到冻结站对侧管片的冻结孔，不能循环盐水的管头长度不得大于150mm。

④ 冻结管选用ϕ89×8mm，20＃低碳钢无缝钢管，冻结管耐压不低于0.8MPa，并且不低于冻结工作面盐水压力的1.5倍。

⑤ 冻结管接头采用螺纹加焊接，抗拉强度不低于母管的75%。

⑥ 施工冻结孔时土体流失量不得大于冻结孔体积，否则应及时注浆阻止地层沉降。

(2) 测温孔要求

① 测温孔管宜选用大于等于ϕ32×3mm，20＃低碳无缝钢管，应采用钻孔埋设，并进行测斜。

② 温度测量精度应达到±0.5℃，测温元件和仪器应经过标定。

③ 测温管内安装测温电缆和测温元件后，管口应进行密封和保护，防止测温元件及电缆被移位、损坏。并且测温管前端应焊接密封，确保管内不得渗水。

④ 开始冻结前应测量原始地温。

⑤ 所有温度检测应有原始记录，并有观测者签字。并应根据温度监测结果定期分析冻结壁的形成状况，评价冻结壁形成的质量与安全性。

(3) 卸压孔要求

① 在卸压孔上安装压力表，可以很直观的监测冻结壁内的压力变化情况，通过每日观测，及时判断冻结壁的形成，并可直接释放冻胀压力。

② 盾构始发和接收水平冻结时，可在最外圈冻结孔上部水平布置热水循环孔和卸压孔(兼注浆)。热水循环孔采用ϕ89×8mm无缝钢管，卸压管可选用ϕ45×3mm无缝钢管，卸压管长度与杯身冻结管长度一致。

③ 卸压管前端开口，进入土体段管壁上钻若干孔，呈梅花状分布，以确保冻结壁内的压力有效传递。

④ 在冻结站运转前，必须检测地层初始水压，并与卸压孔附近地层水文勘察资料比较，发现异常必须查明原因并及时进行处理，确保卸压孔畅通。

⑤ 冻结站运转前期，应每隔12～24h观测一次地层水压。水压开始上涨后，应每隔6～12h测量一次以上。所有观测应有原始记录，并有观测者签字。

⑥ 卸压孔水压上涨、地层隆起量较大时应及时打开卸压阀进行卸压。

3) 水平冻结施工的技术要点

(1) 槽壁凿除需满足的条件

① 系统运转情况

从开机到准备凿除槽壁之前，冻结系统工作正常，无停机现象发生。若冻结过程中出现过停机现象，应及时排除故障，确保冻结壁整体质量。

② 盐水降温情况

循环盐水温度自开机后降温正常，并在设计时间内达到了积极冻结盐水温度；在整个冻结过程中，去回路盐水温差逐渐变小并趋于稳定。

③ 温度场发展情况

通过测温孔监测冻结过程中的温度发展情况，若地层温度已趋于稳定，结合测温孔与相邻冻结管之间距离，可计算冻结壁的平均发展速度和平均温度，进而判断冻结壁的厚度是否满足要求。

④ 冻胀压力变化情况

监测中若发现卸压孔数据已出现最大值，说明形成的冻土圆柱已完成交圈，并基本形成满足厚度要求的冻结壁，冻结壁内水分迁移已基本停止。打开卸压孔，开始有少量的水和泥水混合物流出，几分钟后停止，且孔内不再有水流出，也能说明已经形成了良好性能的冻结壁。

⑤ 凿除洞门前的探孔工作

若槽壁厚度为 0.8～1.0m，可先破除洞口槽壁 0.5m，然后施工探孔，判别冻结效果良好时再将剩余槽壁完全破除。

探孔位置及深度：均质地层中常在冻结管布置圈径内以“米”字形布置探孔，非均质地层中除了“米”字形之外，还应在薄弱地层中布置探孔，以便全面检查薄弱地层的冻结效果。探孔深度一般与所在位置的冻结管深度相同。

探孔内没有水流出证明冻结壁扩展范围内的水已经结冰，说明设计中要求的冻结壁已经形成，满足盾构接收条件。

(2) 软弱地层冻结孔技术要求

① 为保证软弱地层的成孔质量，水平冻结孔的成孔主要采用双套管钻进和跟管钻进两种方法：前者通过内外两层带钻头的套管(套管也作钻杆)同时钻进，内外管转速同步，外管保护孔壁，内管起钻进和取土作用，后者则是钻杆兼作冻结管，钻至设计深度时钻杆留置孔内作冻结管，钻头留在土中。

冻结工程中多用 ϕ108×6mm 的无缝钢管作冻结管并兼作钻杆，各管节之间丝扣连接，单根长度 2.0～4.0m。测温孔成孔方法与一般冻结孔成孔方法基本相同，测温孔形成后需及时安放测温线，并在孔口安装密封装置，避免测温孔内空气与外界空气间形成热交换，测温孔口的密封性能直接影响着测温结果的可靠性。

② 孔位密封

在富含水的砂性地层及软弱地层中，水平钻孔会导致泥砂、泥浆沿孔口流出，因此施工过程中应尽量减少对地层的扰动，成孔后应及时采取相应的密封措施。冻结管的密封问题主要体现在两方面：一是管件连接的密封处理；二是保证冻结管的端部密封质量。实际冻结孔施工中，开孔时应预留保护层厚度(一般取 8cm)，等安装孔口密封装置后再打穿，并及时关闭孔口阀，减少孔口的暴露时间。根据孔口检测装置，若判断有突然涌水、涌砂的可能，则需要进行孔口加固注浆(水泥、水玻璃双液浆)，待加固体发挥作用后进行二次开孔并安放冻结管。

③ 孔位偏斜及处理措施

钻孔偏斜分为平面方向和垂直方向偏斜两种。

平面偏斜表现在四个方面：由于钻孔中需要克服的阻力不同，钻孔易向软弱土层方向偏斜；砂质土层中水平钻孔容易向上偏斜，原因在于砂粒由泥浆循环带出过程中，粒径较大的砂粒逐步在孔下部淤积，使钻杆逐步抬高；黏土中水平钻孔容易向下偏斜，由于重力作用泥浆不断向孔壁下方冲刷，带走部分土体，另外随着钻进长度的增加，钻杆整体刚度变小，钻进过程受钻杆的自重影响也容易向下偏斜；一般顺钻杆右旋方向偏斜。垂直方向上一般受冻结管自重影响易向下偏斜。

为减少冻结管偏斜，可采取如下措施：严格控制开孔孔位误差，通过准确固定钻机位置、减少由于钻机震动带来的偏斜；选用标准泥浆做好钻进中的泥浆循环，减少对孔壁的冲刷；根据土层的性质，设置一定仰角(0.1°～0.5°)适当抬高钻杆，以平衡钻杆因受自重作用而产生向下的偏移，使钻孔终止位置不致偏离轴线太大；加强钻孔的偏斜监测。每钻进 2m 测斜一次，偏斜超出设计要求时应采取调整钻孔角度及钻进参数等措施进行纠偏，偏斜过大时则需要补钻冻结孔。

④ 孔位填充

冻结孔施工中，钻头直径一般比冻结管直径大(如 ϕ108mm 钻头、配备 ϕ89mm 冻结管)，冻结管与孔壁之间存在充满泥浆的空隙，若在施工过程中由于孔口封堵不及时，或孔口密封质量不好，致使土体挤出。冻结孔在钻进过程中，泥浆循环伴随着水土带出，使孔壁周围存在一些空洞，当孔口周围土体应力释放后，土中初始应力平衡状态遭到破坏，地层产生变形。

人工冻结壁充分发挥其性能之后，需要拆除冻结系统。为尽量减少对地层或周围环境的影响，通常将冻结管留在地层中。施工中卸除冻结管孔口装置后可对冻结管进行封孔处理，将冻结管内盐水吹出，对冻结管口封填速凝水泥，并加焊两道 10mm 厚钢板进行密封。

3. 盾构始发与接收水平冻结壁人工强制解冻施工

目前国内仅在上海轨道交通 8 号线虹口足球场站—曲阳路站区间隧道联络通道、上海轨道交通 4 号线修复工程以及钱塘江越江隧道液氮人工冻结更换盾尾刷工程中采用了强制解冻法进行试验，由于缺少基础研究和工程经验，强制解冻的相关施工工艺尚在探索当中。

1) 人工强制解冻工艺流程

水平冻结条件下人工强制解冻的施工工艺流程，如图 4.21 所示。

为缩短施工时间、提高效率，尽量利用原有的外圈水平冻结管作为人工强制解冻的解冻管，有必要时可在冻结前适当预留解冻管或补充打设解冻管，选择电加热器对盐水进行加热，加热器功率可选用 15～60kW，选用流量 200m^3/h 的盐水泵，电机功率 45kW。

在解冻管长度范围内，从隧道内的管片二次注浆孔中，利用花管注浆法向周围地层注浆，要注意：①注浆部位应穿透水平冻结壁，如注浆部位太浅则可能无法控制融沉，甚至可能在解冻管周围形成水泥硬壳影响热盐水热量的扩散；②控制注浆压力不能过

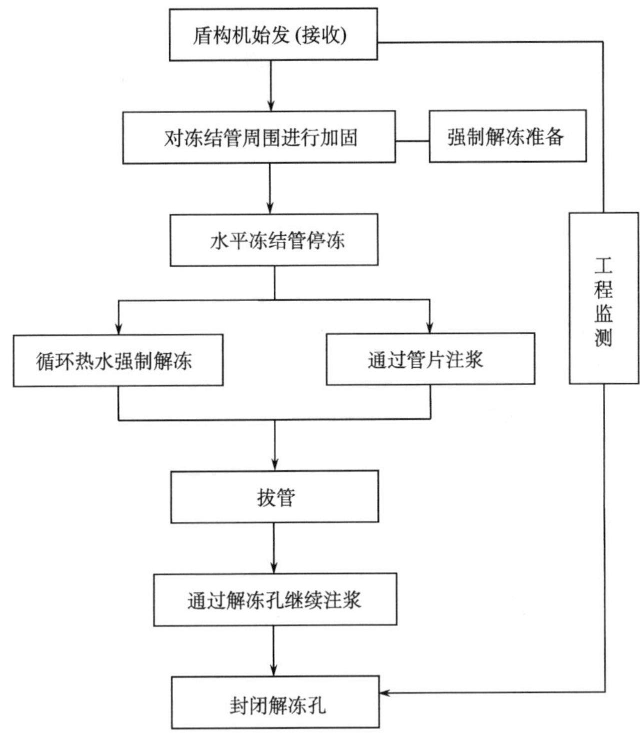

图 4.21　水平冻结人工强制解冻施工工艺流程图

大，一般为 0.2～0.6MPa，当注浆压力增大时，地面会出现抬升趋势，因此需要适当控制注浆压力；③为防止低温对注浆强度的影响，可在水泥-黏土浆内掺防冻早强剂(2%～3%氯化钙)。土体温度在一段时间内稳定在≥5℃时停止解冻，通过解冻孔继续注浆或直接拔管封孔。

人工强制解冻的过程中，盾构井端头应避免有较大荷载(包括动荷载，如大型吊车、起重机械和静荷载，如吊出盾构井的盾构机部件)存在，否则可能引起短期内地表产生较大沉降。

2) 人工强制解冻施工技术参数

针对不同的冻结壁厚度和强制解冻时限需要，可对人工强制解冻的施工参数进行调整，以达到施工效果和经济性的平衡。以某端头 80cm 厚水平冻结壁完成人工强制解冻为例进行说明，盾构始发与接收水平冻结壁人工强制解冻施工技术参数指标如表 4.8 所示。

表 4.8　某车站北端头水平冻结壁人工强制解冻施工参数

控制指标	施工参数	备注
热盐水温度/℃	70	热水循环初期应先循环 50℃～60℃热水对解冻管进行预热，应避免管内外壁温差过大导致管壁破裂

续表

控制指标	施工参数	备注
冻结管间距/cm	72	
冻结壁平均解冻速率/(cm/d)	6.8	
强制解冻完成时间/d	12	
注浆距离/m	3～6	在洞门下部注浆范围为5环管片，在洞门上部注浆范围为3环管片
注浆压力/MPa	0.2～0.5	
注浆量/ m^3	22.8～30.5	按照整个冻结壁体积的15%～20%计

4.3.3 垂直冻结设计与施工

垂直冻结进行隧道端头加固，是指在盾构工作井外利用垂直冻结孔冻结加固地层，使盾构机外围及开洞口范围内土体冻结成强度高和不透水的板块，为凿除洞门提供条件。经积极冻结后，通过测温孔观测，确定冻结满足洞门凿除条件后，开始凿除洞口槽壁，盾构始发与接收前将洞口范围内冻结管拔出。

1. 垂直冻结设计

1）冻结孔布置

冻结孔布置情况通常有三种：①冻结壁有效厚度0.8m(很少用，仅当地层中无含水砂层时用)，设计采用一排冻结孔，冻结孔距槽壁0.4m，孔间距均可按0.8m；②冻结壁有效厚度1.6m(常用)，设计采用两排冻结孔，第一排冻结孔距槽壁0.4m，排间距、孔间距均可按0.8m设计，排与排间梅花形布置；③冻结壁有效厚度2.4m(大盾构始发接收时用)，设计采用三排冻结孔，第一排冻结孔距槽壁0.4m，排间距、孔间距均可按0.8m设计，排与排间梅花形布置。三种情况其冻结范围端部均应超过接收洞门边线2～3m。如两排垂直冻结孔布置示意图见图4.22。为准确掌握冻结温度场变化情况，每洞门各布置3个测温孔监测冻结壁厚度、冻结壁平均温度、冻结壁与地连墙交界面温度。

2）冻结参数设计

（1）冻结壁平均温度－10℃。

（2）冻结壁有效厚度0.8～2.4m，常取1.6m。

（3）冻结孔深度应超过隧道底部3m。

（4）冻结7天盐水温度降至－20℃以下，积极冻结期盐水温度为－28～－30℃。

（5）维护冻结期温度为－25～－28℃。

（6）冻结孔终孔间距 l_{max}≤1200mm。

（7）冻结壁平均发展速度按10～25mm/d考虑，可计算冻结壁的交圈时间和达到要求设计厚度的时间。

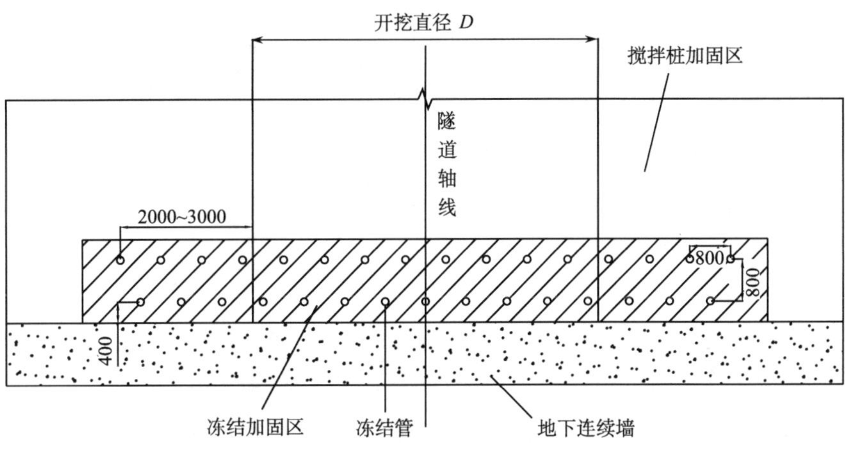

图 4.22　垂直冻结孔布置示意图(mm)

3）冻结制冷系统设计

（1）冻结需冷量计算

$$Q = 1.2 \times \pi \times d \times k \times (H_1 + rH_2) \tag{4.16}$$

式中：H_1 冻结区冻结管总长度，m；H_2 为非冻结区冻结管总长度，m；d 为冻结管直径，m；K 为冻结管散热系数，取 250kcal/(m^2 · h)；r 为非冻结区冷量折损系数，取 1.3。

（2）制冷设备选型

① 冷冻机组均选用 YSLGF300 型 2 台，运行 1 台，备用 1 台，每组标准制冷量 23.65 万 kcal/h，实际工况制冷量 8.5 万 kcal/h，电机功率 110kW。

② 盐水循环泵均选用 IS150-125-400 型 2 台，运行 1 台，备用 1 台，流量 200m^3/h，扬程 32m，电机功率 30kW。

③ 冷却水循环泵均选用 IS125-100-250 型 2 台，运行 1 台，备用 1 台，流量 100m^3/h，扬程 20m，电机功率 11kW。

④ 冷却塔均选用 NBL-50 型 2 台，运行两台，电机总功率 8kW。

（3）管路选型

① 冻结管采用 ϕ127×10mm，或 ϕ108×8mm 20＃的低碳无缝钢管，内接箍焊接，测温管采用 ϕ108×5mm 或 ϕ89×4.5mm 的低碳无缝钢管。

② 供液管选用 ϕ40×3mm 低碳无缝钢管，每孔非冻结段为两根供液管进行盐水充填式局部冻结。

③ 盐水干管和集配液管均选用 ϕ159×5mm 无缝钢管，集、配液管与羊角连接选用 2″高压胶管。

④ 冷却水管选用 ϕ127×5mm 无缝钢管。

(4)其他选配

① 盐水箱一个，容积 4.5m^3；冷却水箱一个，容积 8m^3。

② 冷冻机油：选用 N46 冷冻机油。

③ 制冷剂：选用 R-22 制冷剂。

④ 冷媒剂：用氯化钙溶液作为冷冻循环盐水。

⑤ 冻结制冷施工冷却水补充量为 15m^3/h。

4）冻结加固主要技术要求

(1) 冻结孔开孔位置误差不大于 50mm，在施工受限时可适当调整孔位或调整钻孔角度，但要保证不超过最大孔间距，第一排冻结孔距地连墙不超过 400mm。

(2) 冻结孔终孔最大允许间距为 1200mm。

(3) 冻结孔钻进深度不小于设计值，不大于设计 0.5m。不能循环盐水的管头长度不得大于 150mm。

(4) 设计积极冻结时间为 30d。要求冻结孔单孔流量不小于 5m^3/h；积极冻结 7d 盐水温度降至－18℃以下；冻结 15d 盐水温度降至－24℃以下；开挖时盐水温度降至－28℃以下，去、回路盐水温差不大于 1.5℃。如盐水温度和盐水流量达不到设计要求，应延长积极冻结时间。

(5) 开挖区冻结孔布置圈冻结壁与地连墙交界处温度不高于－5℃，其他部位冻结壁平均温度为－10℃及以下。

5）盾构始发、接收条件

盾构在始发、接收之前，冻结参数必须具备如表 4.9 所示的条件。

表 4.9 盾构始发、接收冻结应达到的条件

参数名称	指标
冻结壁厚度	≥设计厚度
冻土的平均温度	≤－10℃
各探孔内冻土与槽壁界面温度	≤－5℃
盐水温度	－28～－30℃
盐水去回路温度差	≤1.5℃

2. 垂直冻结施工

1）工艺流程

盾构始发和接收冻结法施工流程图见图 4.23。

2）冻结孔施工

(1) 依据施工基准点，按冻结孔施工图布置冻结孔。孔位偏差不应大于 50mm。

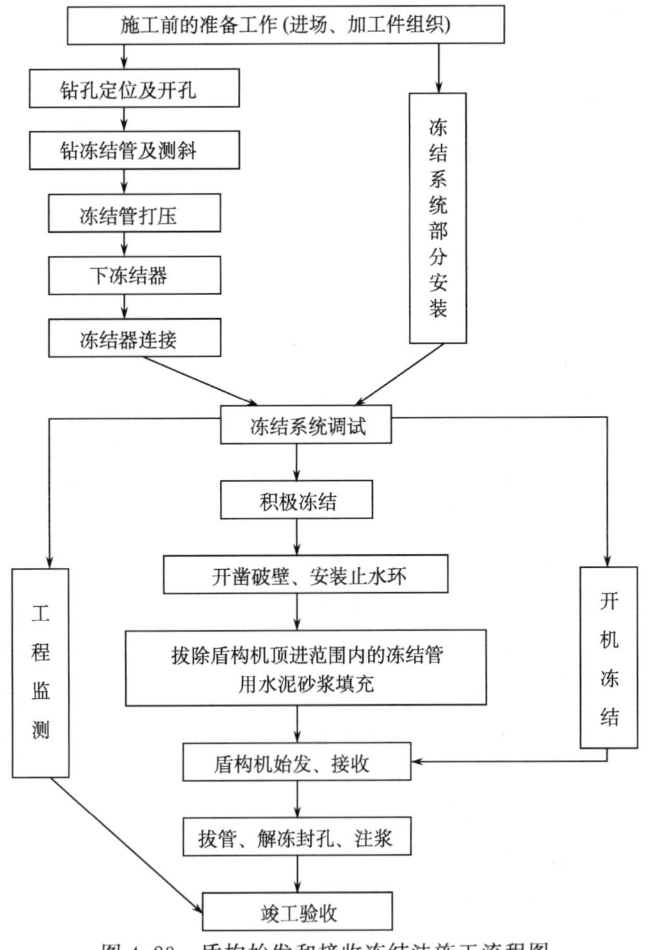

图 4.23　盾构始发和接收冻结法施工流程图

(2) 选用 GXY-1 型钻机，配备 BW-160 泥浆泵，流量为 160 L/min。钻机和泥浆泵总功率为 19kW。土层用 ϕ150mm 的三翼刮刀钻头钻进。

(3) 为了保证钻进精度，开孔段是关键。钻进前 5m 时，要反复校核钻杆垂直度，调整钻机位置，并采用减压钻进，检测偏斜无问题后方可继续钻进。施工中要求 5～8m 测斜一次。

(4) 冻结管下入孔内前要先配管，保证冻结管同心度。焊接时，焊缝要饱满，保证冻结管有足够强度，以免拔管时冻结管断裂。下好冻结管后，采用经纬仪灯光测斜法检测，然后复测冻结孔深度，并进行打压试漏。冻结孔试漏压力控制在 0.8MPa，稳定 30 分钟压力无变化或前 30 分钟压降小于 0.05MPa，后 15 分钟不降为试压合格。

(5) 试压不合格的冻结管必须进行处理达到密封要求后方可使用。可逐根提出孔内管，并用泥浆泵对逐个焊缝打压，找出泄漏焊缝及原因，及时处理，并做好记录，二次下入后仍须自检。

(6) 在冻结管内下入供液管。供液管底端连接 300mm 长的支架，ϕ12mm 钢筋焊接。然后安装去、回路羊角和冻结管端盖。

(7) 冻结管安装完毕后，用木塞等堵住管口，以免异物掉进冻结管。

(8) 测温孔施工方法与冻结管相同。

3) 冻结制冷施工

(1) 冻结站布置与设备安装

(2) 管路连接、保温与测试仪表安装

盐水和冷却水管路用法兰连接，并用管架架设。盐水管路要离地面安装，避免浸水和高低起伏。回路盐水干管上要做“∩”字形弯起。集配液圈与冻结管的连接用高压胶管，冻结管每 3～4 个一串联，串联尽量间隔进行，应以每组冻结孔总长度相近或每路盐水循环阻力接近为宜。

在配液圈与冻结管之间安装两个阀门，以便控制冻结管盐水流量，在冷冻机进出水管上安装温度计，在去、回路盐水管路上安装压力表、温度传感器和控制阀门，在盐水管出口安装流量计，在盐水箱安装液面传感器，去路盐水干管上安装单向阀，在盐水管路的高处安装放气阀，盐水和冷却水管路耐压分别为 0.7MPa 和 0.3MPa。

冷冻机组的蒸发器及低温管路、盐水箱、盐水干管表面用 50mm 厚的聚氨酯保温材料保温。

(3) 溶解氯化钙和机组充氟、加油

先在盐水箱内注入约 1/4 的清水，盐水箱上部要设过滤网，然后启动泵并逐步加入固体氯化钙，直至盐水浓度达到设计要求。溶解氯化钙时要除去杂质。盐水箱内的盐水不能灌得太满，以免高于盐水箱口的冻结管盐水回流时溢出盐水箱。

机组充氟和冷冻机加油按照设备使用说明书的要求进行。首先进行制冷系统的检漏和氮气冲洗，在确保系统无渗漏后，再充氟加油。

(4) 积极冻结与停止冻结

① 冻结系统试运转与积极冻结

设备安装完毕后进行调试和试运转。在试运转时，要随时调节压力、温度等各状态参数，使机组在有关工艺规程和设计要求的技术参数条件下运行。

冻结过程中，每天检测盐水温度、盐水流量和冻结壁扩展情况，必要时调整冻结系统运行参数。冻结系统运转正常后进入积极冻结。

每天监测测温孔温度，并根据测温数据，分析冻结壁的扩展速度和厚度，预计冻结壁达到设计厚度时间。

② 探孔与停止冻结

实测冻结壁温度和厚度达到设计值后，打开探孔确认无泥水涌出，即可拔管始发和接收。若盾构还未达到始发和接收位置可进行维护冻结，但维护冻结盐水温度不宜高于－25℃。待盾构机完全进始发或接收后即可停止冻结。

4) 盾构始发与接收施工

冻结壁与槽壁完全胶结并达到设计强度和厚度后，探孔观测无水、泥砂流出，且探孔内温度在－5℃以下已结冰，验收合格后方可破槽壁盾构机始发和接收。盾构推进到离冻结壁1m处停止推进，破除洞口槽壁直至最后一层钢筋混凝土(不少于200mm)，而后将洞口内冻结管拔出，之后槽壁完全破除，最后实施盾构始发和接收推进。

5）拔除冻结管措施

(1) 拔管方案

在盾构始发和接收前，所有位于盾构推进轮廓内的冻结管需拔离盾构上部外壳0.3m，然后再进行二次冻结。待所有冻结管全部拔完后，即可恢复冻结，应24h全部完成。利用热盐水在局部冻结管里循环，冻结管周围的冻土融化达到50～80mm时开始拔管。

① 盐水加热：用1m^3左右的盐水箱储存盐水一台，用18组5kW的电热丝进行加热盐水。

② 盐水循环：利用流量为50m^3/h以上盐水泵循环盐水，先用40～50℃的盐水循环10分钟左右，即可进行边循环边试拔。

(2) 冻结管起拔

用两个10t的千斤顶进行试拔，拔起0.3m左右时，可停止循环热盐水，用空压机将管内盐水排出。然后用20t吊车快速拔出冻结管。拔管注意冻结管与挂钩要成一线，拔管时要常转动冻结管，不能硬拔，如拔不动，要继续循环热盐水解冻，直至拔起。

4.4 盾构始发与接收端头冻结加固数值模拟

4.4.1 水平杯型冻结温度场数值模拟

1. 计算说明

以南京地铁2号线西安门车站冻结施工为背景，数值模拟几何模型见第三章图3.3(a)，竖向长度×横向宽度×纵向长度＝40m×30m×45m。冻结管布置平面图见图4.24(一半)。冻结管直径108mm，外圈冻结管长度5.8m，开孔间距0.76m(弧长)；内圈和中圈冻结管长度2.8m，开孔间距为1.14～1.21m(弧长)。

温度场计算参数取值见表4.10，表中各因素变化值斜体加粗部分为敏感性因素分析时的不变参数。

表4.10 温度场研究中的参数取值说明

序号	考虑因素	变化值
1	地层初始温度 T/℃	8、12、16、20、24、28
2	积极冻结盐水温度 θ/℃	−24、−26、−28、−30、−32
3	冻结管直径 d/mm	68、108、127，159
4	导热系数 λ/[W/(m·K)]	减小25%、初始值1.15(1.75)、增加25%
5	潜热 Q/(kJ/kg)	减小40%、初始值9500、增加40%、增加80%
6	热容量 C/[J/(m^3·K)]	减小40%、初始值1850(2050)、增加40%、增加80%

为研究不同区域温度场的发展，选取 4 个代表性点位 P1～P4 进行分析，温度场分析点位示意见图 4.25。由于模型只取二分之一计算，计算模型的局限性使靠近中心管处的 P1 点地层温度计算值高于实际值，这是因为由于实际工程的 P1 点位于内圈管中间，受外围所有冻结管影响，而计算时无法考虑其他冻结管对 P1 点的影响。

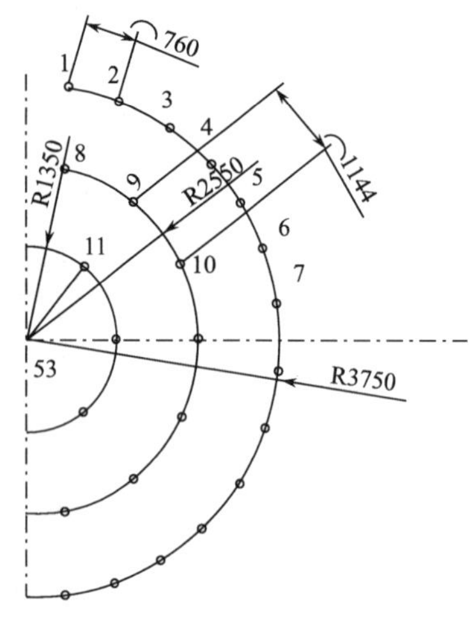

图 4.24　实际冻结管布置平面图(mm)

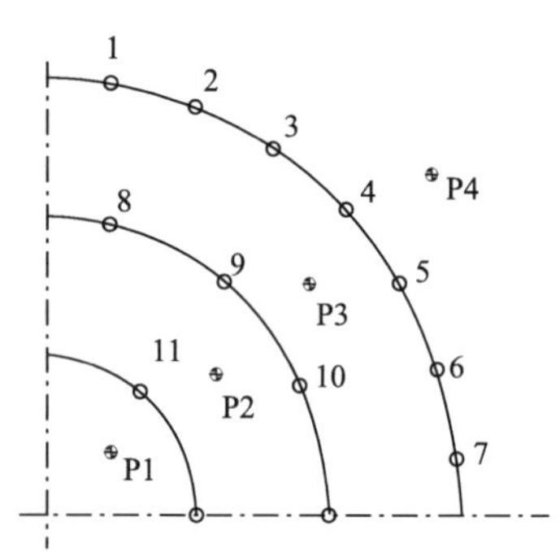

图 4.25　温度场分析点位示意图

2. 不同因素对水平杯型冻结温度场的影响

1) 地层初始温度的影响

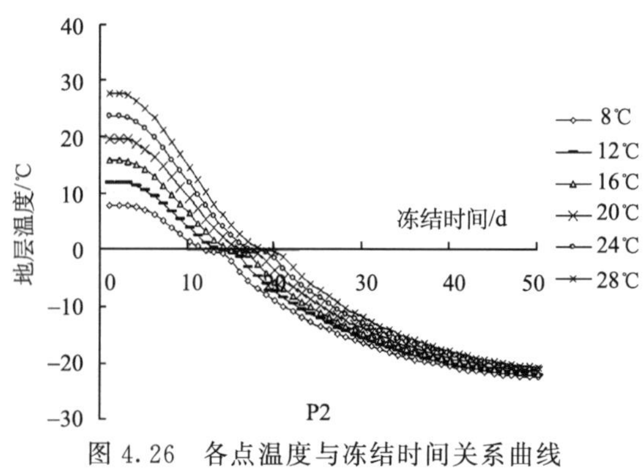

图 4.26　各点温度与冻结时间关系曲线

当地层初始温度分别取 8℃、12℃、16℃、20℃、24℃、28℃ 时，图 4.26 给出了 P2 点温度与时间关系曲线。不管地层初始温度多大，冻结 50d 内降温曲线呈明显分段现象，冻结管布置圈径内三个目标点温度变化规律基本相同。由于盐水温度逐步降温，因此冻结初期地层初始温度变化不大，各点温度曲线在初始几天范围内基本不变。

2) 盐水温度的影响

以 P2 点为例(图 4.27)，低温盐水温度越低，相同冻结时间内，冻结效果越好。冻结开始 15d 内，该点处于降温阶段且降温速度较快；不同降温计划的盐水温度变化引起的地层温度差别不大，盐水温度变化对冻结管布置圈径内的地层温度场发展基本未产生明显影响，冻结 15～40d 期间由于盐水已降至设计温度，地层处于积极冻结期，随时间延长，盐水温度越低，地层温度降低越大，但降温速率均逐渐减小，说明积极冻结期保持稳定的低温盐水温度对提高冻结壁质量非常重要。

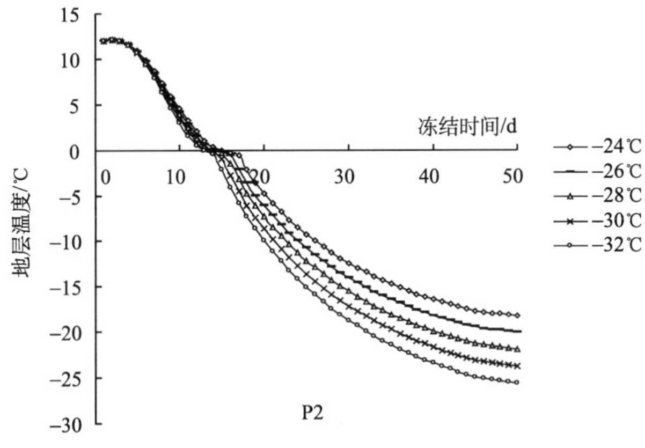

图 4.27 盐水温度引起的地层温度随时间变化曲线

3）不同降温方式的影响

不考虑冻结管布置位置与直径影响，仅考虑盐水的降温速率，冻结 50d 内始终保持−28℃的低温盐水循环(一次降温)。图 4.28 为两种降温方式引起的地层温度与时间关系曲线，逐步降温的降温速度相对较慢，相同时间内地层温度总是高于一次降温引起的地层温度，且这种温差从冻结一直持续到结束，不同降温方式引起的地层温度变化规律基本一致。

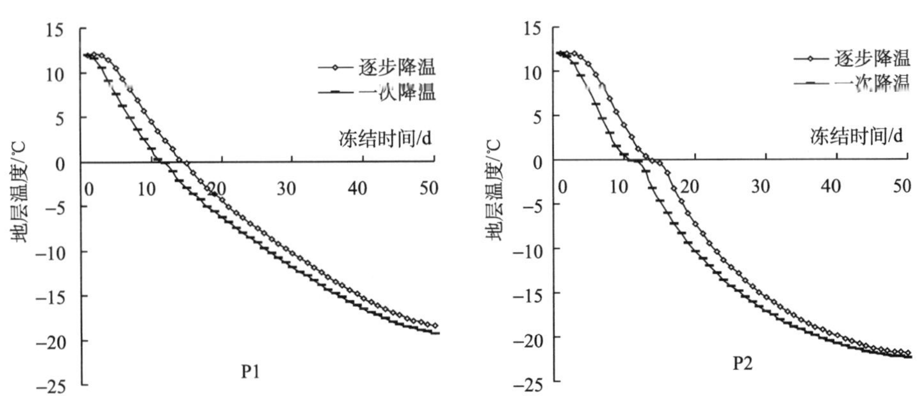

图 4.28 不同降温方式引起的各点温度与时间的关系曲线

4）冻结管直径的影响

人工冻结中常用冻结管直径有 68、108、127 和 159mm，以单管冻结为例，图 4.29 给出了冻结管直径变化时距离冻结管 80cm 处一点温度变化曲线。冻结 15d 前，冻结管直径变化对该点降温过程几乎未产生影响；温度低于 4℃后由冻结管直径变化引起温度差异逐渐增加，冻结管直径越大，地层开始冻结时间越早，降温速度越快冻结后期，冻结管直径越大，冻结供冷越充足，地层温度越低，但降低速率减小。

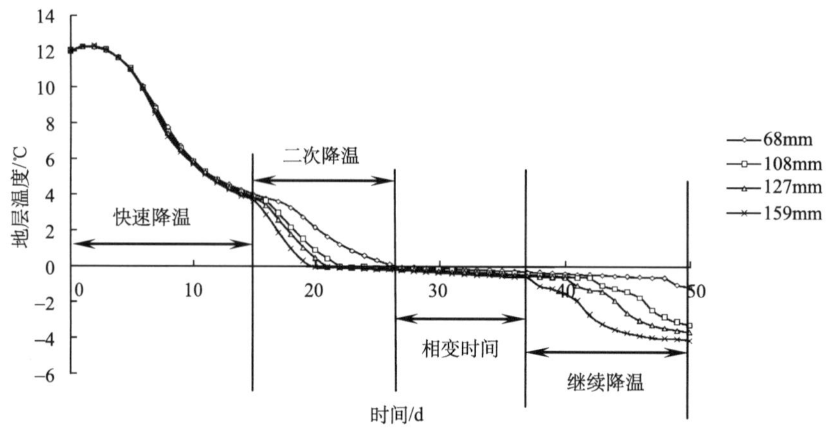

图 4.29　不同冻结管直径距离冻结管 80cm 处温度与时间关系曲线

不同冻结管直径的地层降温曲线分为四个阶段：快速降温段，冻结管直径变化对地层温度影响不大，该阶段持续了 15d 左右；地层冻结前的二次快速降温阶段，对应降温曲线 4℃左右。

盐水开始降温至起始冻结段，该阶段与“热胀冷缩”普遍规律不同，这是由于水分子在 4℃时的联结作用力最大，密度最大，克服这种联结作用要消耗较多能量，因此冻结管直径变化时，在 4℃两侧降温速率明显不同，且冻结管直径变化使该点进入相变状态的时间不同，直径越大，地层越早冻结；相变时间，冻结管直径越小，进入相变时间越晚，持续相变时间越长；地层冻结后的继续降温阶段，此时冻结区域增加，冻结壁平均温度降低，冻结壁强度增加。

5）导热系数的影响

导热系数反映了地层导热能力大小，是求解温度场的必要参数之一。数值模拟时保持模型与其他计算参数不变，将导热系数减小 25%或增加 25%后分析导热系数变化对杯型冻结壁温度场的影响程度。

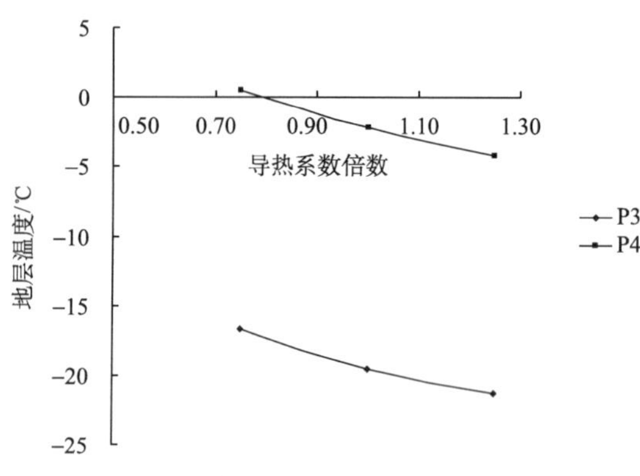

图 4.30　导热系数与地层温度关系曲线(40d)

图 4.30 为不同冻结区域内由导热系数变化引起的地层温度与时间关系曲线。导热系数越大，地层导热性能越好，相同冻结条件下地层温度越低，且导热系数在冻结后期产生的影响差异大于冻结前期。冻结时间内，导热系数变化对冻结管布置圈径内外地层温度影响差异不大，这是由于循环盐水还未降到设定温

度，导热系数差异并未影响各点温度变化；冻结 10d 后随冻结时间延长，积极冻结盐水温度已降至设计温度，导热系数变化引起地层温度差异越来越大。

3. 不同因素对短管底部冻结壁厚度的影响

1）冻结壁厚度确定方法

以温度场计算结果为依据，在模型靠近中心管底部位置，沿 15cm 间距绘制各点温度曲线，曲线与地层起始冻结温度(取平均冻结温度 $T=-0.5$℃)交点处即相应冻结时间的短管底部冻结壁厚度。

2）各因素对短管底部冻结壁最小厚度影响

冻结 40 天的短管底部冻结壁厚度与各因素之间关系曲线如图 4.31 所示。

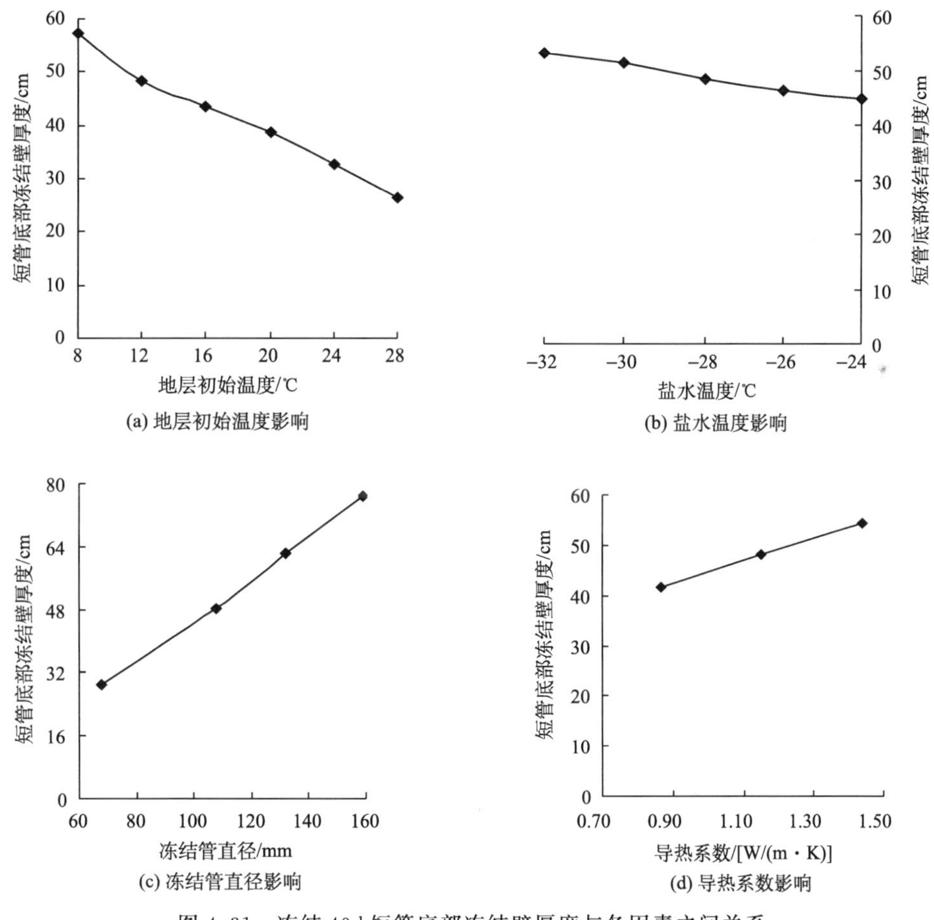

图 4.31　冻结 40d 短管底部冻结壁厚度与各因素之间关系

结果表明：其余情况相同冻结条件下，地层初始温度、低温盐水温度越低，冻结管直径、导热系数越大，则短管底部冻结壁厚度越大。这是因为地层初始温度作为温度场求解的初始条件，温度越低，相同冻结时间内冻结壁达到设计平均温度的时间越短，冻结壁厚度越大；盐水温度越低、冻结管直径越大，供给地层冻结的冷量越多，且导热性能越好，越有利于热量的传递，加快了冻结速度，冻结壁厚度越大。

较低的地层初始温度、盐水温度和较大的冻结管直径、导热系数对应较低的地层温度与较大的短管底部冻结壁厚度。如地层初始温度每降低 1℃，冻结壁厚度平均增加 1.5cm，盐水温度每降低 1℃，冻结壁厚度平均增加 1cm。因此，已知人工冻结工程的地层初始温度及各热物理参数，选择积极冻结期保持较低的盐水温度和较大的冻结管直径有利于增加短管底部冻结壁厚度。各因素取值范围内，短管交圈时间 7～17d 左右，冻结 40d 时，短管底部冻结壁厚度可达 30～77cm，该“保护层”厚度有效确保了拔除板块区冻结管后杯型冻结壁的整体稳定性。

4. 不同因素对冻结壁交圈时间的影响

虽然内圈管间距大于外圈管间距，但内圈地层受所有冻结管影响，冻结壁交圈较早，外圈管间间距小，同圈交圈时间与中圈管及其两侧位置相比也较早。相邻圈冻结管距离大于同圈中相邻管的间距，不同圈径的冻结孔间交圈时间较晚，冻结十几天之后不同圈径的冻结管间开始交圈。

1) *地层初始温度的影响*

地层初始温度变化对冻结壁交圈有明显影响，且地层初始温度越低，冻结壁交圈时间越短(表 4.11)。

表 4.11 不同地层初始温度条件下的交圈时间

		地层初始温度/℃						冻结管间距/m	计算参数
		8	12	16	20	24	28		
交圈时间/d	内圈管间	8	9	10	12	14	14	1.14	初始温度可变、盐水温度－28℃、导热系数 1.15W/(m·K)、热容量 1850J/(m^3·K)、潜热 9500J/m^3
	内中圈管间	12	15	16	16	18	19	1.20	
	中圈管间	13	15	16	16	17	19	1.21	
	中外圈管间	12	14	15	15	16	17	1.20	
	外圈管间	8	10	11	13	14	15	0.76	

2) *盐水温度的影响*

盐水温度越低，冻结壁达到设计厚度与平均温度的时间越短，与地层初始温度相比，盐水温度变化对交圈时间影响较小(表 4.12)。

3) *冻结管直径的影响*

冻结管直径越大，与周围地层热交换较快，因此地层降温速度越快，地层冻结需要的时间越短(表 4.13)。理论上冻结管直径越大越好，但直径越大水平钻孔难度越大，对地层扰动越大，施工风险也越大。

表 4.12　不同低温盐水温度条件下的交圈时间

		盐水温度/℃					冻结管间距/m	计算参数
		−24	−26	−28	−30	−32		
交圈时间/d	内圈管间	11	10	9	8	8	1.14	盐水温度可变、地层初始温度 12℃、导热系数 1.15W/(m·K)、热容量 1850J/(m³·K)、潜热 9500J/m³
	内中圈管间	17	16	15	14	13	1.20	
	中圈管间	17	16	15	14	13	1.21	
	中外圈管间	16	15	14	13	12	1.20	
	外圈管间	12	11	10	9	8	0.76	

表 4.13　不同冻结管直径条件下的交圈时间

		冻结管直径/mm				冻结管间距/m	计算参数
		68	108	127	159		
交圈时间/d	内圈管间	10	9	6	5	1.14	初始温度可变、盐水温度 −28℃、导热系数 1.15W/(m·K)、热容量 1850J/(m³·K)、潜热 9500J/m³
	内中圈管间	17	15	12	12	1.20	
	中圈管间	16	15	12	11	1.21	
	中外圈管间	16	14	13	12	1.20	
	外圈管间	11	10	7	7	0.76	

冻结管直径相同时，水平杯型冻结壁各区域交圈时间最大相差 6d，因此可通过调整冻结管间距来协调不同区域的交圈时间差异，如减小中圈冻结管间距可有效缩短中圈管及其两侧区域的交圈时间。目前人工冻结工程中，根据工程性质选择冻结管直径端头加固多选用 ϕ108mm 和 ϕ127mm。

4）导热系数的影响

表 4.14 为导热系数变化时冻结壁交圈时间，结果表明：增加或减小导热系数引起内、外圈管交圈时间变化不大，导热系数变化 50%，内外圈管交圈时间基本保持在 8～10d，仅变化 1～2d，其中外圈管交圈时间比内圈晚 1d；中圈管内外与中圈管交圈时间相比，各推后 1d，导热系数增加 50%，交圈时间减小 4d。

表 4.14　不同导热系数条件下的交圈时间

		导热系数			冻结管间距/m	计算参数
		0.75λ	λ	1.25λ		
交圈时间/d	内圈管间	10	9	8	1.14	导热系数初始值 1.15W/(m·K)、地层初始温度 12℃、盐水温度 −28℃、热容量 1850J/(m³·K)、潜热 9500J/m³
	内中圈管间	16	15	12	1.20	
	中圈管间	17	15	13	1.21	
	中外圈管间	16	14	12	1.20	
	外圈管间	11	10	9	0.76	

交圈时间对人工冻结工程质量控制较为关键，常用交圈时间经验计算公式如式(4.17)所示：

$$\tau_j = \frac{S^2}{86400a_2}(c_1 + c_2t_0) + \tau_c \tag{4.17}$$

式中：τ_j 为冻结管交圈时间，d；S 为冻结管间距，mm；a_2 为土体导热系数，W/(m·K)；c_1、c_2 为试验参数，0.047～0.057；τ_c 为冷源从常温下降到设计温度的时间，d。

从交圈时间经验公式本身看，其他因素保持不变，冻结管间距对交圈时间影响最大。当“土体导热系数取 1.05、试验参数 c_1 与 c_2 分别取 0.047 和 0.057、盐水降至设计温度的时间取 7d”时，改变冻结管间距，使其从 500mm 变增至 1500mm，交圈时间与冻结管间距及导热系数的关系曲线如图 4.32 所示。

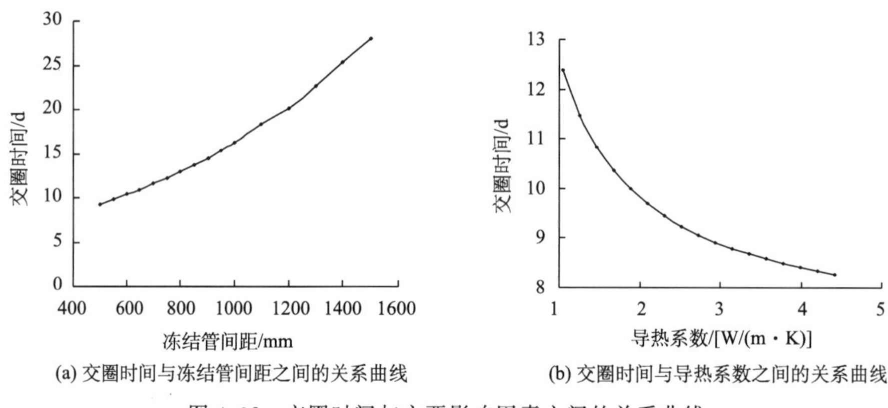

(a) 交圈时间与冻结管间距之间的关系曲线　　(b) 交圈时间与导热系数之间的关系曲线

图 4.32　交圈时间与主要影响因素之间的关系曲线

结果表明：冻结管间距越大，冻结壁交圈时间越长且增长幅度越来越大，冻结管间距小于 1200mm 时，间距增加 500mm，交圈时间延长 7 天；冻结管间距大于 1200mm 时，间距增加 500mm，交圈时间延长 13d。冻结管交圈时间经验计算未考虑冻结管直径的影响，结合实践与冻结孔施工影响，当冻结管直径为 108mm 时，目前人工冻结工程中冻结管间距取 0.7～1.2m 是较为合理的。

地层导热系数的范围为 0.8～3.0，为了分析经验公式计算的交圈时间随导热系数的变化规律，将导热系数取至 5。结果表明：随导热系数增加，冻结壁交圈时间呈指数规律减小，较小的导热系数变化对交圈时间影响程度更高；如导热系数由 1.15 增加到 2.31，交圈时间减少了 3d；当导热系数从 2.31 增加到 3.57 时，相同的导热系数增量，交圈时间计算结果仅减少 0.8d。因此当导热系数增加到一定值后，增加导热系数对减少交圈时间影响不大。

通过水平杯型冻结壁交圈时间的计算结果分析，当各圈冻结管间距确定时，内圈管间、外圈管间的交圈时间在整个冻结壁区域内相对较早，这是由于杯底板块区受所有冻结管影响、外圈管间距最小所致。若工程上要保证水平杯型冻结区域交圈时间基本一致，可通过减小中圈冻结管间距、增加中圈冻结管直径乃至增加冻结管布置圈数来减小中圈管及其两侧地层的冻结壁交圈时间，对于缩短工期、保证水平杯型冻结壁的均匀性有重要意义。

4.4.2 水平杯型自然解冻温度场数值模拟

仍以南京地铁 2 号线西安门车站冻结施工为背景，在水平杯型冻结温度场研究的基础上进行自然解冻温度场数值模拟，模型见图 3.3(b)，有限元模型竖向高度×横向宽度×纵向长度＝40m×30m×45m。

自然解冻的影响因素较多，主要有原始地温、隧道内的环境温度、土体导热系数和冻结时间。以下对各因素进行控制变量法研究原始地温(10℃、15℃、20℃、25℃、30℃、35℃、40℃)、隧道内温度(5℃、10℃、15℃、20℃、25℃)、导热系数(0.6λ，0.8λ、λ、1.2λ、1.4λ)和冻结时间(40d、60d、80d、100d、120d)时的影响。

1. 不同因素对自然解冻温度场的影响

1) 原始地温的影响

研究不同原始地温时的解冻温度场(盾构隧道端头预先经过水泥土改良，水泥水化热的散发使得加固体的原始地温较高，有时可达 35～40℃，这种较高的原始低温在地下工程中少见)。

研究结果表明(图 4.33 和图 4.34)，不同的原始地温下自然解冻初始温度(即冻结后得到的温度场)有所差别。在自然解冻过程中，原始地温越低相变时间越长，自然解冻时间也越长，自然解冻时间随原始地温的变化关系基本呈线性。

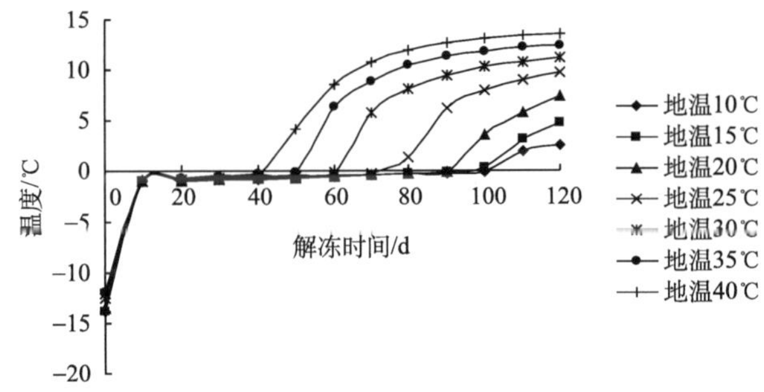

图 4.33 不同原始地温下 6m 深处冻结壁轴面温度随时间变化曲线

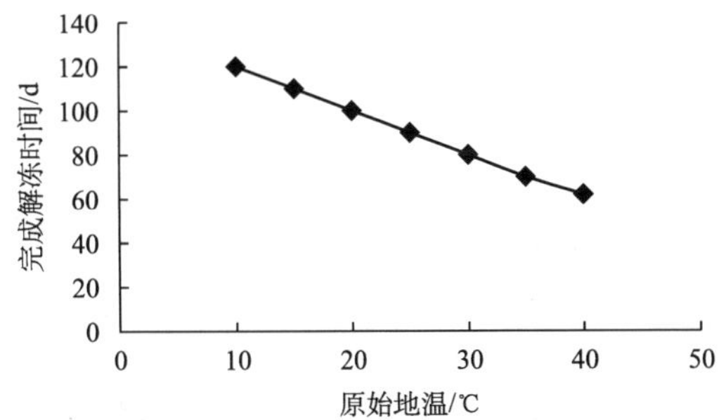

图 4.34 水平冻结壁完全解冻时间随原始地温变化曲线

2）隧道内环境温度的影响

研究隧道内温度为 5、10、15、20 和 25℃对自然解冻温度场的影响。图 4.35、图 4.36 为 6m 处冻结壁轴面处温度随解冻时间的关系曲线。

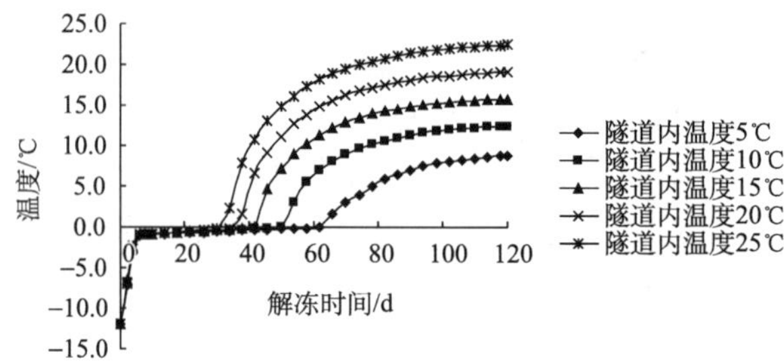

图 4.35　隧道内不同温度条件下 6m 深处冻结壁轴面温度随时间变化曲线

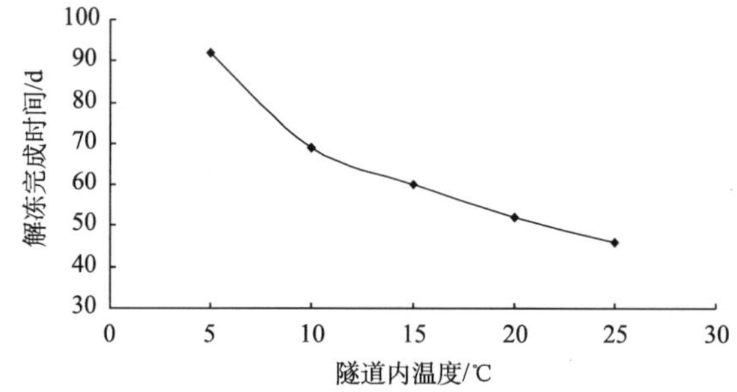

图 4.36　水平冻结壁完成解冻时间随隧道内不同温度变化曲线

隧道内温度的变化对自然解冻温度快速上升阶段的影响并不明显，在相变阶段随着隧道环境温度的上升相变时间逐渐缩短，可见随着隧道内环境温度的降低，自然解冻过程中相变周期的影响将越长。

3）导热系数的影响

对指定地层的导热系数分别取 0.6λ，0.8λ、λ、1.2λ、1.4λ，研究其对自然解冻温度场的影响，地层温度与解冻时间的关系曲线如图 4.37 所示，完成解冻的时间与导热系数的关系如图 4.38 所示。

研究结果表明：导热系数的改变对自然解冻过程的影响主要反映在相变时间上。相变时间随着导热系数的增大而延长。这主要是因为含水率是影响导热系数的主要因素，其他条件相同的情况下，其含水率越大，土层导热系数越大，解冻过程中需要吸收更多的相变潜热。冻土最终完全解冻时间随导热系数的增大而减小，且近似为线性变化关系，且导热系数的减小引起的解冻周期的延长幅度要大于导热系数增加引起的解冻周期的缩短幅度。

地层导热系数与土的物理特性相关，含水率增大也使得相变潜热增大。因此在饱和含水层和孔隙比大的地层中形成的冻结壁自然解冻时间较长，应适当延长注浆周期。

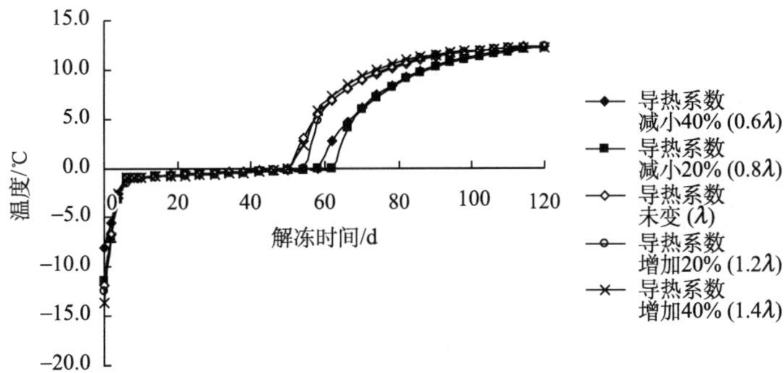

图 4.37 不同导热系数下 6m 深处冻结壁轴面温度随时间变化曲线

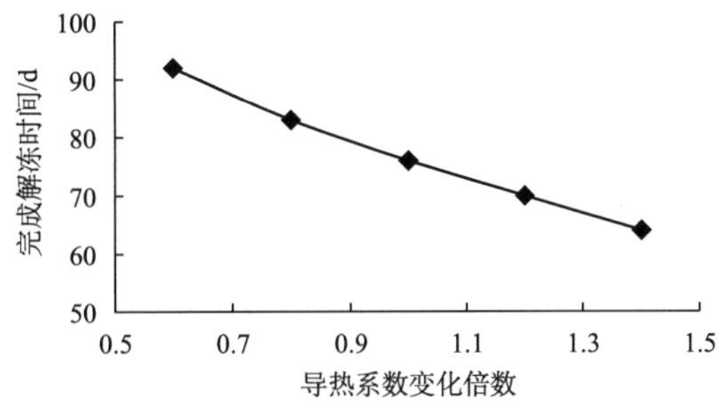

图 4.38 水平冻结壁完全解冻时间随导热系数变化曲线

4）冻结时间的影响

随着冻结时间延长，冻结壁平均温度逐渐降低。选取冻结时间分别为 40、60、80、100、120d，研究自然解冻的温度场(图 4.39 和图 4.40)。

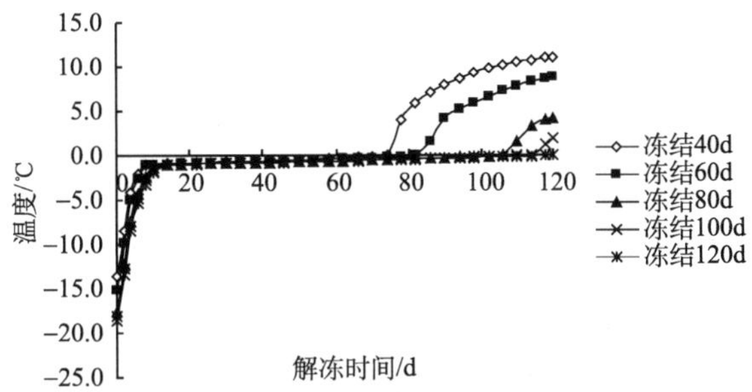

图 4.39 不同冻结时间下 6m 深处冻结壁轴面温度随时间变化曲线图线

隧道轴线以上冻结壁长度仅有 3m，因此在 3 m 深度处冻结区受到周围地温影响较大，自然解冻时间比 6m 深度处快 1 倍。当对水平冻结管循环冷媒时间超过 80d 后，其对冻结效果和自然解冻温度场发展的影响都大大减小，冻结 100d 较冻结 80d 自然解冻过程中平均升温速率减慢 0～0.3℃/d，解冻锋面发展速率减慢 0.03cm/d；冻结 120d

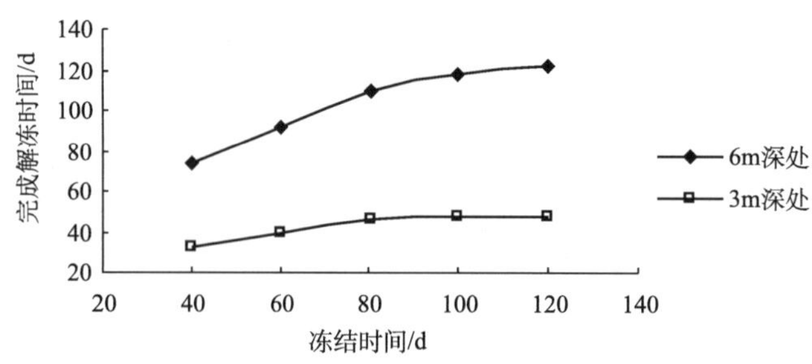

图 4.40　不同深度处冻结壁完成解冻时间随冻结时间变化曲线

较冻结 100d 自然解冻过程中平均升温速率减慢 0.1～0.4℃/d，解冻锋面发展速率减慢 0.02cm/d。说明随着冻结时间的延长，解冻时间也相应延长，即冻结时间对解冻时间有一定影响。

4.4.3　水平杯型强制解冻温度场数值模拟

1. 不同阶段解冻锋面

1）三条分析路径

对强制解冻温度场计算结果分析采用三条路径，见图 4.41。

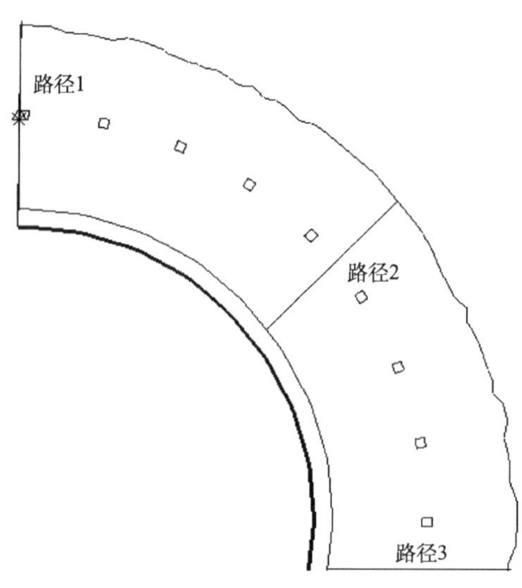

图 4.41　强制解冻温度分析路径

2）不同路径冻土融化相变、解冻完成时间

图 4.42 为不同位置冻土区进入相变时间及解冻完成时间，曲线出现两个峰值和三个峰谷，呈现为波形。轴面处，即冻结管布置圈径处(距离管片 40cm 处)冻土进入相变温度时间和完成解冻时间较两侧一定范围内(20～70cm)冻结壁要短，曲线为凹曲线，这是由于距离管片 20～70cm 的范围内冻土受强制解冻管热水循环的影响，此范围以外冻土升温至相变温度及完成解冻的时间随距离冻结壁轴面越远而越短，冻结壁内侧边界与隧道混凝土管片接触，而管片外存在着与空气之间的热对流，因此在距离隧道管片 0～20cm 范围内的人工冻土主要受对流边界影响。冻结壁外侧为未冻区，虽然受冻结影响，但由于原始地温相对较高，所以该区域内仍然储存大量的热量，可以通过热传导的方式不断传递给冻结区，所以在 70～80cm 的范围内冻土主要受地温影响。

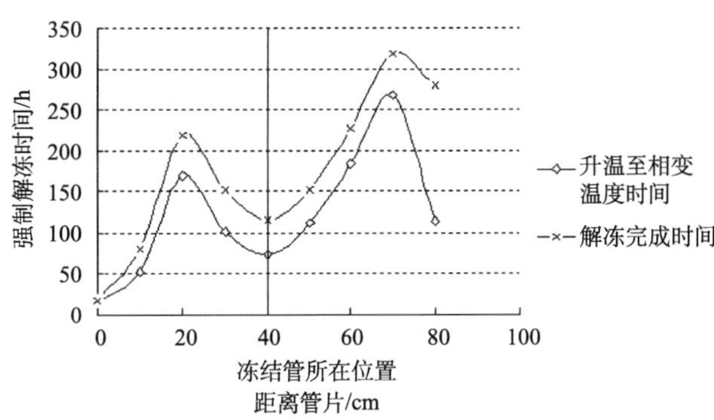

图 4.42　不同位置冻土进入相变、解冻完成时间

3）解冻锋面的发展速度

表 4.15 为不同阶段解冻锋面发展速度一览表。采用人工强制解冻能够显著加快水平冻结壁内冻土的融化速率，缩短解冻周期。

表 4.15　不同阶段各个解冻锋面发展速度一览表

阶段起始描述	数值计算云图	解冻锋面 1 发展速度 /(cm/d)	解冻锋面 2 发展速度/(cm/d)（主面/界面）	解冻锋面 3 发展速度 /(cm/d)
人工强制解冻圆柱在冻结壁中形成开始直至交圈结束(0～6d)	解冻锋面1 解冻锋面2 解冻锋面3	2.0	14.2	0.1
人工强制解冻圆柱交圈开始直至其与管片散热引起的解冻边界相遇为止(7～9d)	解冻锋面2 解冻锋面1与解冻锋面2相遇 解冻锋面3	0.3	3.3/13.3	0.2

续表

阶段起始描述	数值计算云图	解冻锋面 1 发展速度 /(cm/d)	解冻锋面 2 发展速度/(cm/d) (主面/界面)	解冻锋面 3 发展速度 /(cm/d)
解冻锋面 2 与解冻锋面 3 相遇开始直至冻结壁完全解冻为止(9～14d)	解冻锋面2 解冻锋面3	—	4.0	0.2

2. 不同因素对强制解冻温度场的影响

1) 循环热水温度的影响

强制解冻过程中，循环热水温度是控制水平冻结壁解冻速度的重要技术指标。盐水温度不能太低，否则影响冻土解冻效率，然而加热后盐水温度也不宜太高，以防连接管因过热膨胀而破裂。

研究热盐水入口温度分别为 60、70、80 和 90℃时对强制解冻冻结壁温度场的影响。结果表明(图 4.43～图 4.45)：循环热水温度对冻结壁相变过程的影响主要集中在轴面内侧及 20～40cm 轴面外侧的范围内，距离远则影响不明显。冻结壁的平均消减速率与循环热盐水的温度呈线性关系。由于不同循环热水温度对解冻速率的影响较为明显，因此，当冻结壁厚度大于 1m 时尽量采取 80～90℃水温，当冻结壁厚度较小时可适当降低水温。

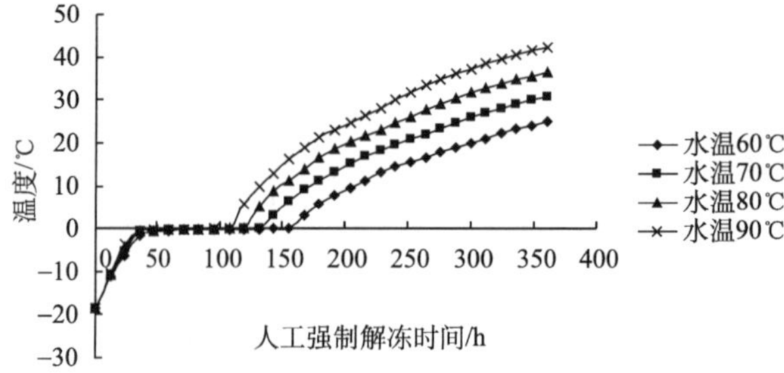

图 4.43 不同循环水温下冻结壁轴面处温度随解冻时间变化曲线

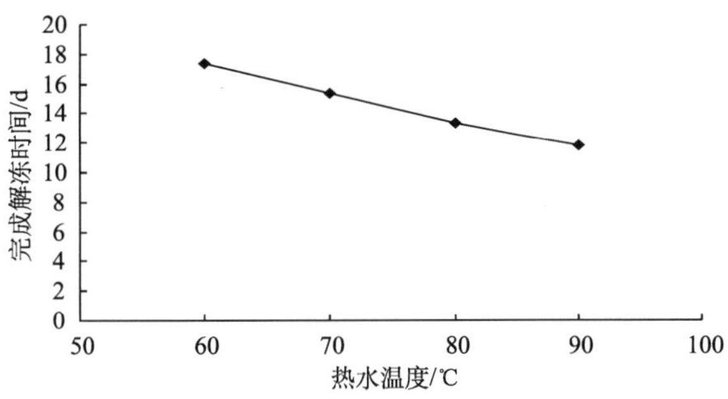

图 4.44 不同循环水温冻结壁完成解冻时间曲线

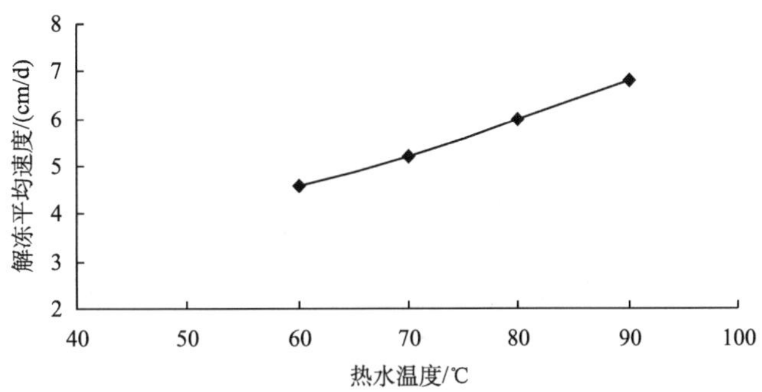

图 4.45 不同循环水温冻结壁平均解冻速度曲线

2）循环热水时间的影响

采取人工强制解冻能够有效缩短盾构始发与接收后外圈的环状水平冻结壁解冻时间。这一过程中，热水循环时间不宜过短，否则容易残留大量人工冻土，达不到缩短解冻时间的既定效果；如果热水循环时间太长则容易造成能源和资金的浪费。一般认为当测温孔测得的温度达 5℃时即可停止热水循环，因此确定合理的热水循环时间是十分必要的。此外，根据东京都下水道局尾久上干线下水道工程中人工强制解冻监测结果反映，热水循环停止后，在解冻管附近一定范围内的地温随着时间仍然有一定的上升。利用 80℃热水循环 5、10、12、15d 后停止人工强制解冻，随后自然解冻。

研究结果表明(图 4.46～图 4.48)：在已经强制解冻的区域，一旦停止热水循环后，在大约 10h 内温度仍然会有一定增长，幅度为 1℃左右，之后温度由于周围低温区的冷量传递而降低，其后由于自然解冻而重新缓慢上升。而在没有完成强制解冻的区域则不存在这一温度变化过程。

热水循环 5d 就停止则冻土区主面及界面温度仍然小于等于 5℃，且由于剩余的冻土量仍然较多导致后期留给自然解冻的时间依然很长，当热水循环时间达到 10～15d 时热水循环时间对冻结壁完全解冻时间的影响逐渐减小。循环热水 10d 后停止循环时，冻结区解冻后温度能稳定在 5℃以上。因此建议如使用 80℃热水强制解冻厚度大于等于

1m 的冻结壁时，热水循环时间应 10d 以上，有条件最好待冻结壁完全解冻后停止循环热水。

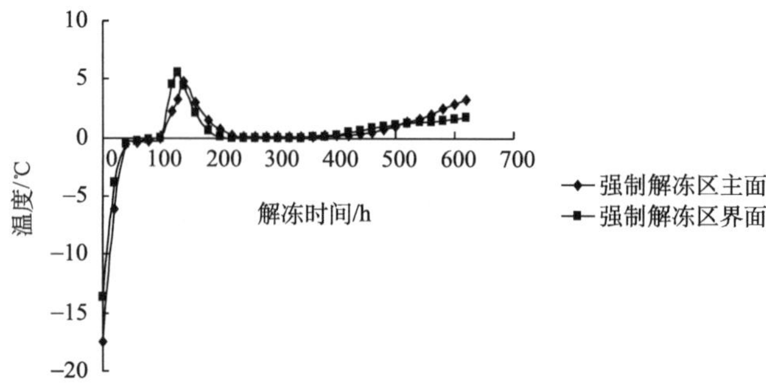

图 4.46　强制解冻 120h 后停止热水循环温度曲线

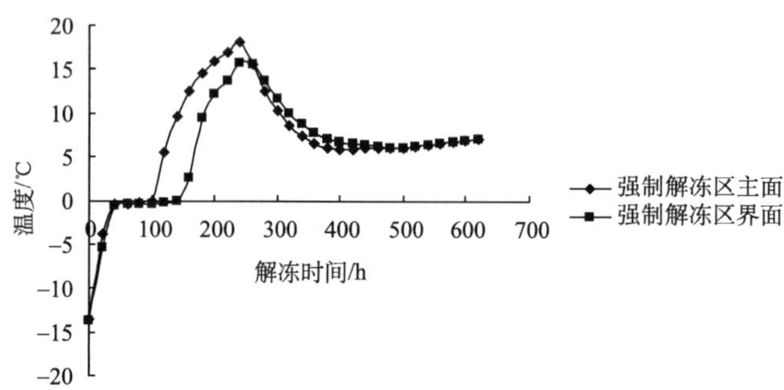

图 4.47　强制解冻 240h 后停止热水循环温度曲线

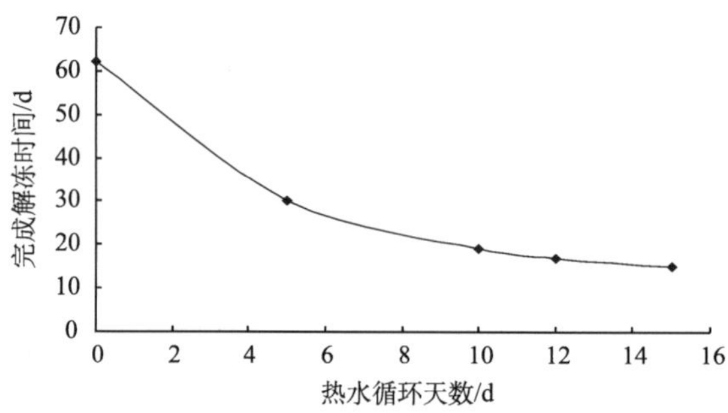

图 4.48　热水循环时间对完全解冻时间影响曲线

3）解冻管间距的影响

利用原有冻结循环系统进行人工强制解冻过程中，可通过改变循环热水的解冻管数量来减少加热和循环水量，从而达到减少解冻用电节约成本的目的。假设解冻管热水循环分组情况分别为以下三种方案(图 4.49)，解冻管分别按 4 组、3 组、2 组进行连接，相应的解冻管中心线间距分别为 72cm、144cm、216cm。

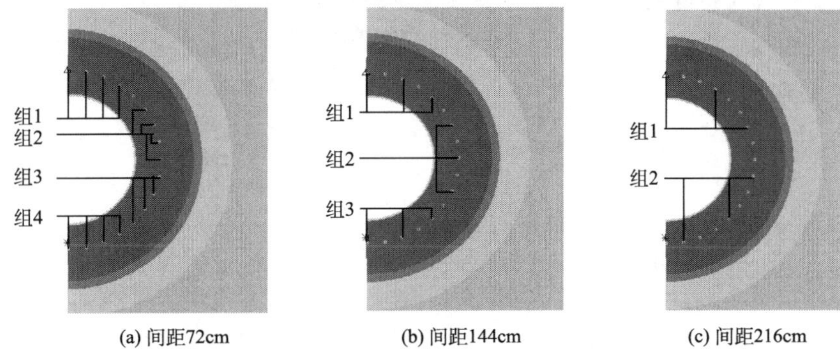

(a) 间距72cm (b) 间距144cm (c) 间距216cm

图 4.49 人工强制解冻管不同连接方案分组示意图

图 4.50 和图 4.51 为不同解冻管间距强制解冻 240h 和 360h 后的 0℃等温线图。结果表明解冻管间距的改变没有对冻土圆柱发展半径产生明显影响，解冻管中心线间距为 144cm、216cm 时水平冻结壁的消减速率明显小于解冻管中心线间距为 72cm 时的速率，没有循环热水的冻结管周围是解冻过程中冻土残留的主要区域。

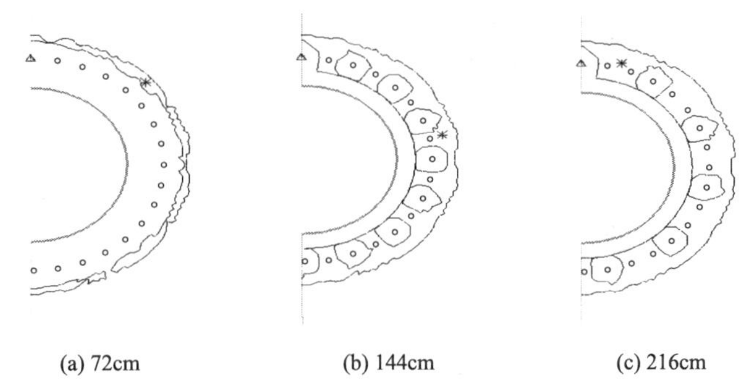

(a) 72cm (b) 144cm (c) 216cm

图 4.50 不同解冻管间距强制解冻 240h 后 0℃等温线图

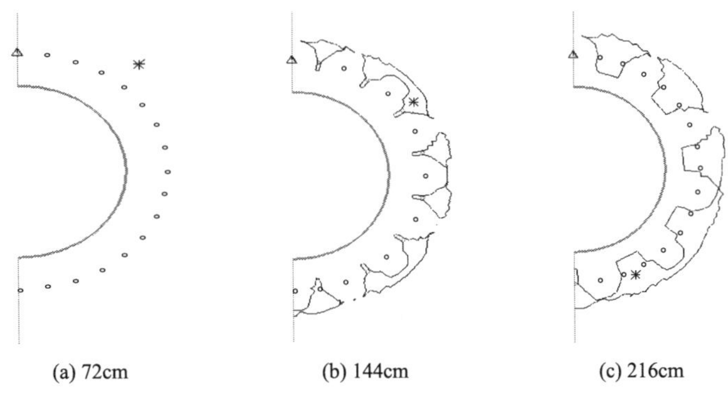

(a) 72cm (b) 144cm (c) 216cm

图 4.51 不同解冻管间距强制解冻 360h 后 0℃等温线图

图 4.52 为解冻完成时间随解冻管中心线间距变化曲线。完成人工强制解冻的时间与解冻管中心线间距的变化曲线可近似为线性关系，解冻管间距每增加 72cm，冻结壁完成解冻时间约延长 10d，因此可以根据该线性关系估算安排不同解冻管间距的条件下完成强制解冻人工冻土的时间。为了方便施工，同时为了缩短解冻完成时间，建议直接利用原有的冻结盐水循环系统进行强制解冻，解冻管间距尽量小于等于 1m，否则根据图示线性插值计算。

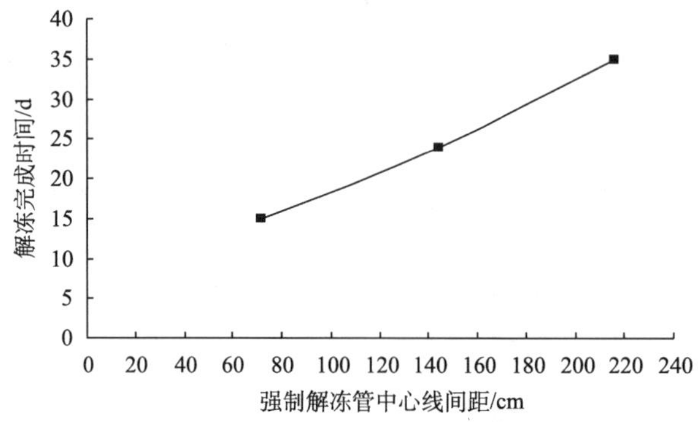

图 4.52　解冻完成时间随解冻管中心线间距变化曲线

4.4.4　水平杯型融沉位移场数值模拟

基于 4.4.1 节工程背景(西安门车站水平杯型冻结法施工)，在进行冻结温度场计算的基础上，进行冻结位移场的计算，分析覆土厚度、地面超载、冻结壁厚度和长度、隧道外径及融沉系数对融沉位移场的影响。

1. 覆土厚度对位移场的影响

取覆土厚度 H=14、18、22、26 和 30m 进行计算，不考虑覆土厚度变化对冻胀率和融沉系数的影响。不同覆土厚度情况下地表沉降及竖向位移见图 4.53 和图 4.54。

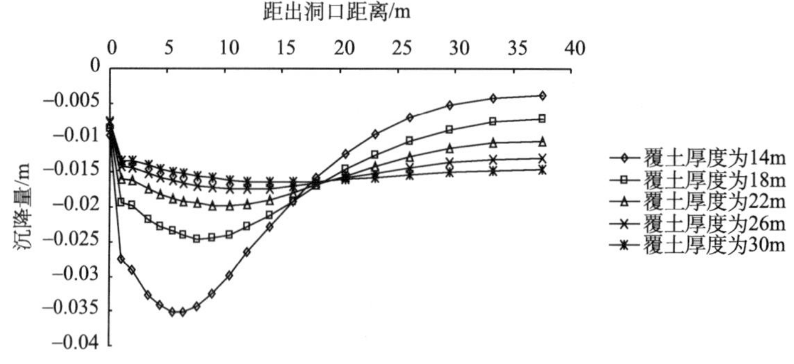

图 4.53　不同覆土厚度下底面沉降分布曲线

随覆土厚度增加，地表最大沉降减小，当覆土厚度从 14m 增加 30m 时，地表最大

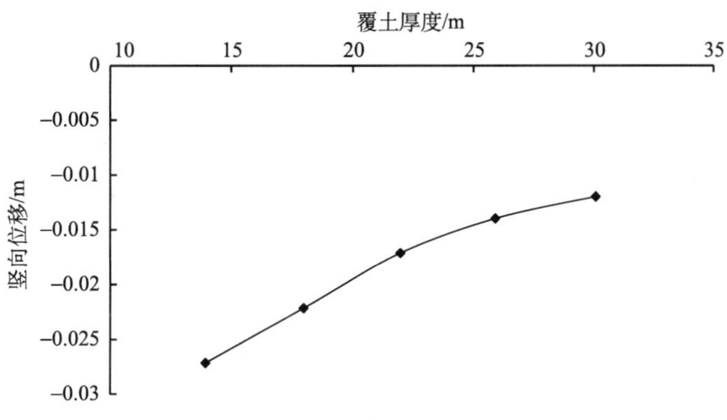

图 4.54　地表最大竖向位移与覆土厚度关系曲线

沉降量减小一半。随着与冻结区水平距离的增加，地表沉降量减小，当覆土厚度较小时，地表沉降随与冻结区间距离增大变化幅度较大，当覆土厚度增大，变化幅度减小，由此可知覆土厚度越大，冻土融沉对地面的影响范围越大，产生的沉降槽范围越大。

已知上部荷载增加，土体冻胀率和融沉系数减小。因此，计算时如果考虑覆土厚度变化对冻胀率和融沉系数的影响，则随着覆土厚度增加，地表最大沉降减小的趋势会更明显。在隧道设计时可以通过增加隧道埋深来减小由冻土融沉引起的地面沉降。

2. 地面超载对位移场的影响

为反映地面超载对地表沉降的影响，分别取地面超载等于 0、40、80 和 150kPa 进行计算，计算时不考虑地面超载变化对冻胀率和融沉系数的影响。不同地面超载情况下地表沉降如图 4.55 和图 4.56 所示。研究结果表明：随地面超载增加，地表最大沉降量增大，但增大的幅度很小。若考虑地面超载引起的冻胀率和融沉系数的减小，则地表最大沉降增加的幅度会更小，即地面超载对因冻土融沉引起的地表沉降影响不显著。

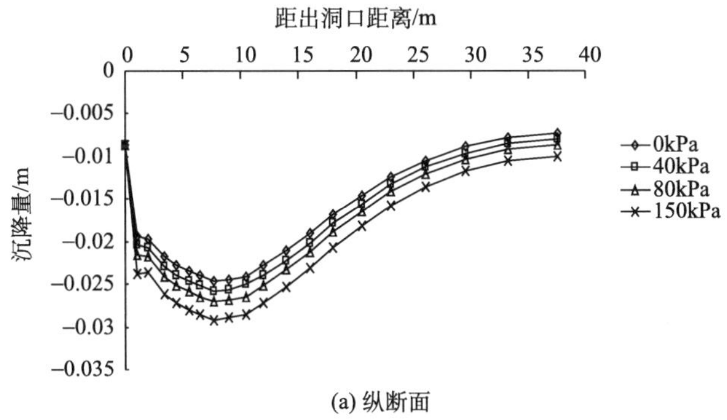

(a) 纵断面

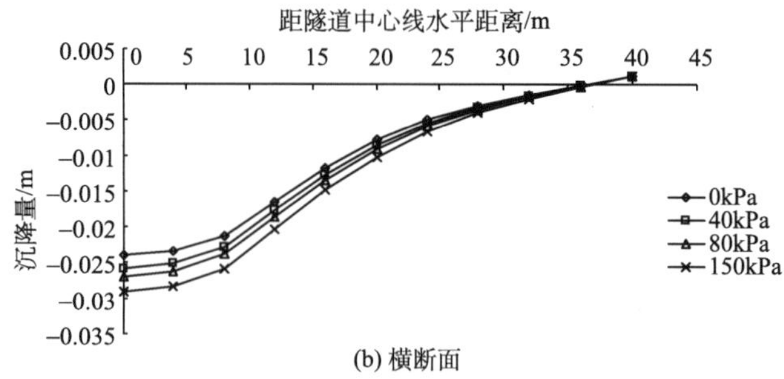

(b) 横断面

图 4.55　不同地面超载下地面沉降曲线

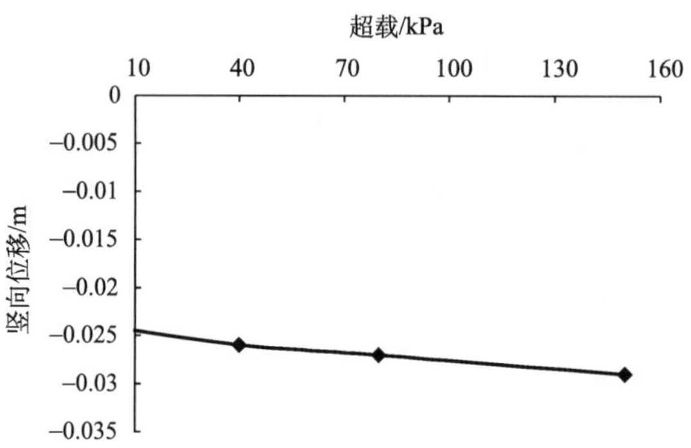

图 4.56　地表最大竖向位移与地面超载关系曲线

3. 冻结壁厚度、长度对位移场的影响

分别取冻结壁厚度 0.9、1.2、1.5、1.8、2.1m，冻结壁长度 4.5、5.6、6.5、7.5m 进行计算，进行不同冻结壁厚度计算时，冻结壁长度取 5.6m，进行不同冻结壁长度计算时，冻结壁厚度取 1.2m，其他参数不变。图 4.55 给出了不同冻结壁厚度情况下地表沉降曲线，图 4.57、图 4.58 为地表最大竖向位移随冻结壁厚度变化曲线。

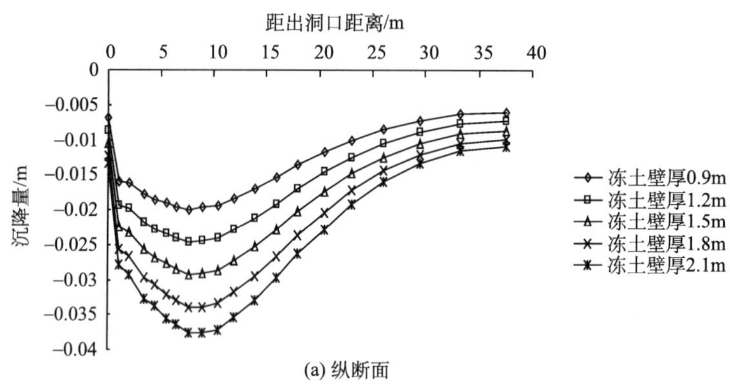

(a) 纵断面

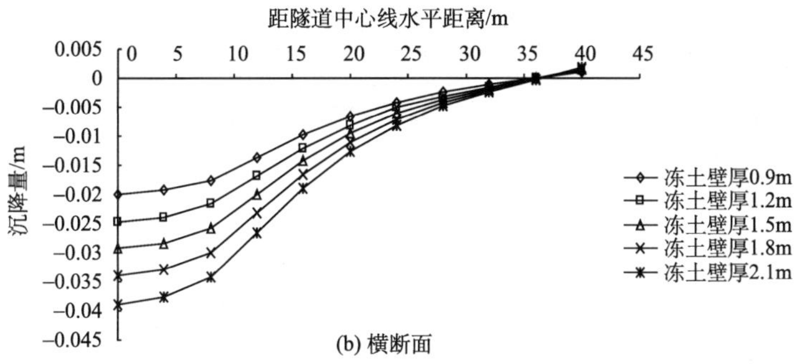

(b) 横断面

图 4.57 不同冻结壁厚度时地面沉降曲线

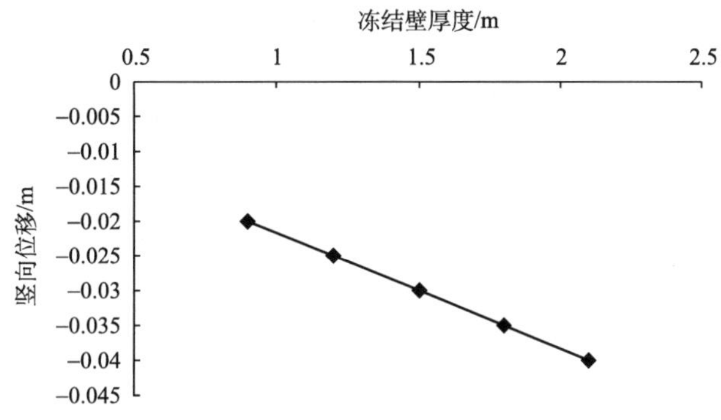

图 4.58 地表最大竖向位移与冻结壁厚度关系曲线

冻结壁厚度增加，地表最大沉降有较大幅度的增加，当冻结壁厚度从 0.9m 增加到 2.1m 时，地表最大沉降增加了将近 1 倍。冻结壁厚度变化时，产生的沉降槽范围基本不变，即冻结壁厚度与融沉对地面的影响范围之间关系不明显。

图 4.59、图 4.60 给出了不同冻结壁长度情况下地表沉降分布曲线。

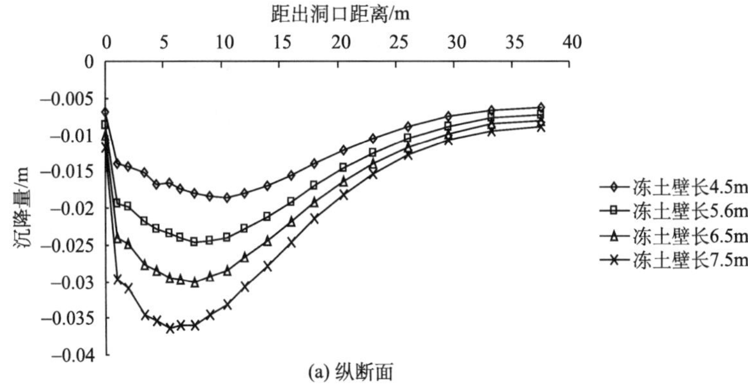

(a) 纵断面

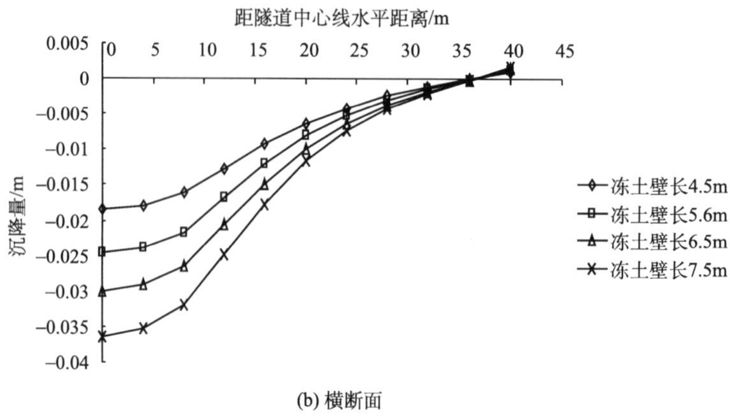

图 4.59　不同冻结壁长度时地面沉降曲线

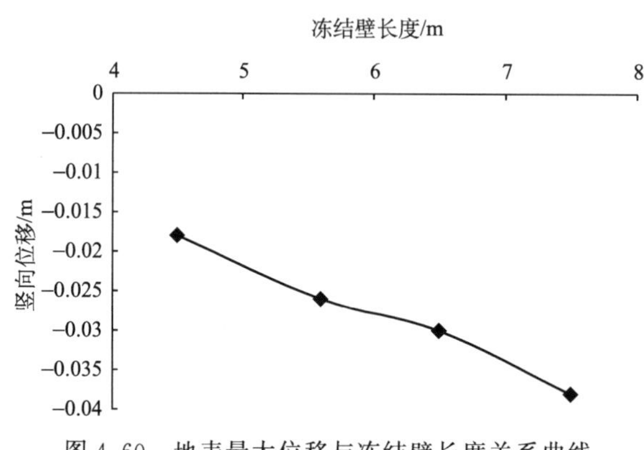

图 4.60　地表最大位移与冻结壁长度关系曲线

当冻结壁长度增加时，地表最大沉降有较大幅度的增加，当冻结壁长度为 4.5m 时，地表最大沉降为 1.8cm，当冻结壁长度为 7.5m 时，地表最大沉降为 3.7cm，增加了 1 倍多。冻结壁长度与融沉对地面的影响范围之间关系不明显，冻结壁长度变化时，产生的沿纵断面沉降槽范围有一定变化，但沿横断面沉降槽范围基本不变。

由此可知，冻结壁尺寸对由冻土融沉引起的地表沉降影响非常显著。为减小由人工冻土融沉引起的地表沉降，工程设计时，在满足强度要求的前提下，应尽量减小冻结壁的厚度和长度；组织施工时应加强对冻结区土体温度的监测，既要防止冻结壁尺寸不足造成的强度过低，又要防止冻结壁尺寸过大引起解冻时期过量的地表沉降。

4. 隧道外径对位移场的影响

取隧道半径 $R=3.15$、4、4.5、5 和 5.5m 进行计算，计算时隧道中心埋深不变。不同隧道外径情况下地表沉降分布如图 4.61 所示，图 4.62 为地表最大位移随隧道外径变化曲线。图中表明其他条件不变的情况下地面最大沉降都随隧道外径的增加而增加，且基本呈线性关系。原因是：冻结壁厚度不变时，增加隧道外径，冻结壁的总体积会相应增加，另外，在隧道中心埋深不变的前提下，增加隧道外径也相当于减小了隧道的覆土厚度。

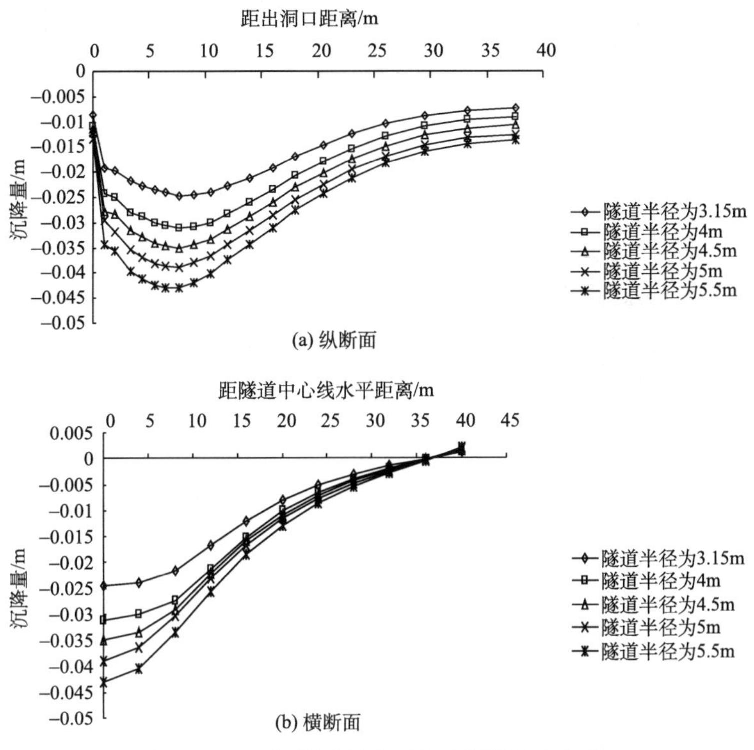

图 4.61　不同隧道外径时地表沉降分布曲线

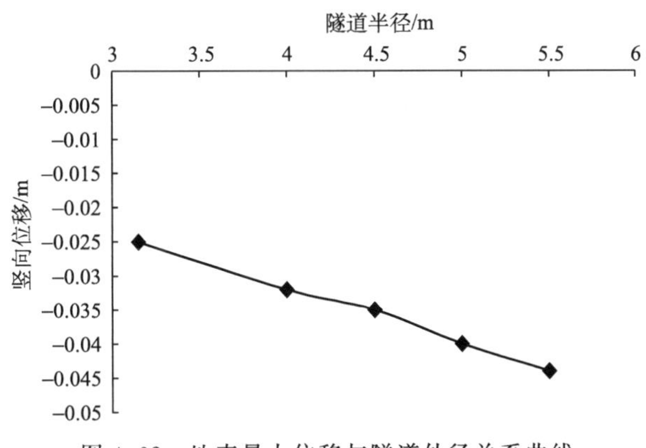

图 4.62　地表最大位移与隧道外径关系曲线

不同隧道外径情况下地面沉降都随距隧道中心线的距离增加而减小，在距离隧道中心线 36m 处沉降都变为 0，说明不同隧道外径情况下，冻土融沉对地表的影响范围一致，隧道外径变化对由冻土融沉产生的地表沉降槽范围基本无影响。

5. 融沉系数对位移场的影响

取融沉系数为2%、4%、6%、8%进行计算，图4.63为不同融沉系数情况下地表沉降分布曲线，图4.64为地表最大位移随融沉系数变化曲线。

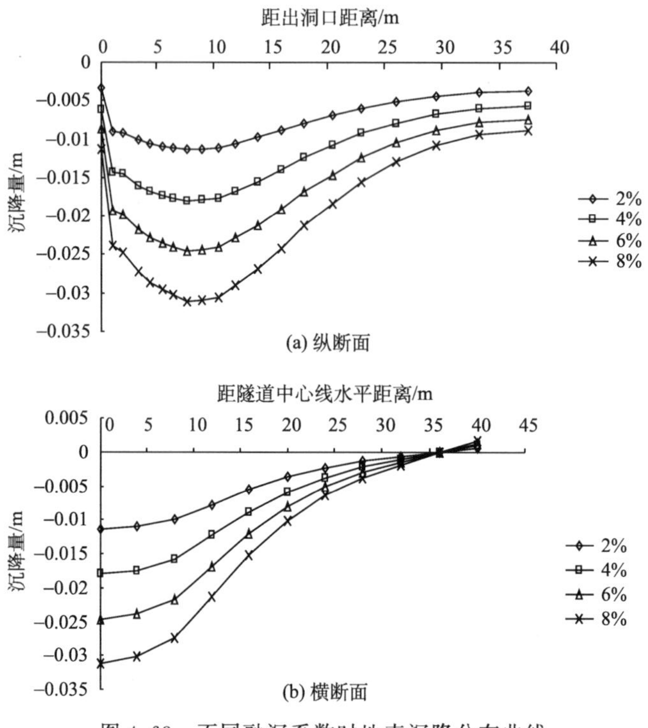

图4.63　不同融沉系数时地表沉降分布曲线

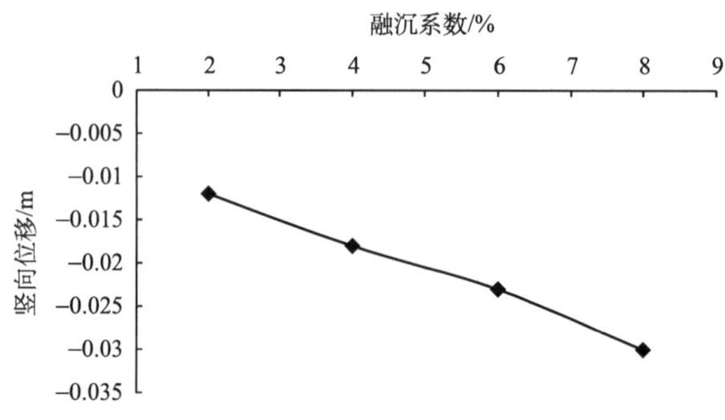

图4.64　地表最大竖向位移与融沉系数关系曲线

研究结果表明：其他条件不变的情况下地面最大沉降随融沉系数的增加而大幅度增加，当融沉系数为2%时，地表最大沉降为1.1cm，当融沉系数为8%时，地表最大沉降为3.2cm，增加了近3倍。地表最大沉降与融沉系数之间的关系基本呈线性。

融沉系数与人工冻土融沉对地面的影响范围之间关系不明显，融沉系数变化时，产生的沉降槽范围基本不变。

4.5 大直径盾构隧道端头冻结加固工程实例

4.5.1 工程概况

南京地铁10号线越江段中间风井—江心洲站区间全长3598.97m，平面位置如图4.65所示，地层剖面图如图4.66所示。区间采用一台海瑞克生产的复合式泥水气压平衡盾构机施工，盾构刀盘开挖直径11.64m，盾体直径11.57～11.61m，长度(含刀盘)14.23m。盾构隧道管片内径10.2m，外径11.2m，厚度0.5m，环宽2m。盾构接收段处于浅覆土地层，地质土层特征见表4.16，隧道中心标高约为－9.65m，上部覆土约为10.48m，隧道坡度为2.8%。江心洲站为地下两层构筑物，明挖法施工，江心洲盾构接收井宽24.1m，基坑深24.50m，接收井围护结构为1200mm厚地下连续墙。

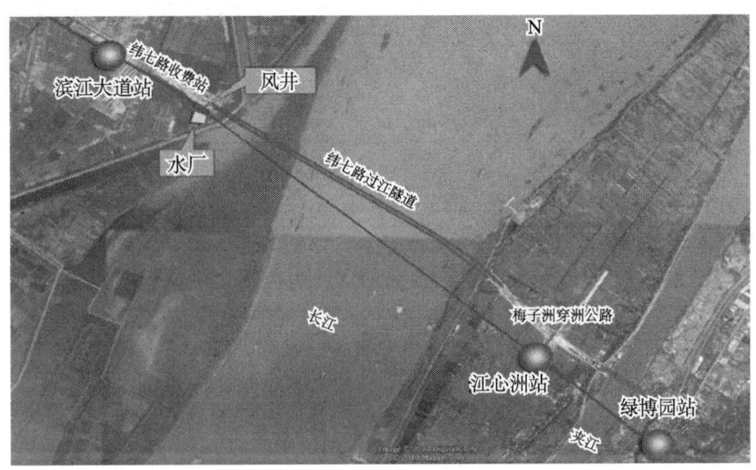

图4.65 平面示意图

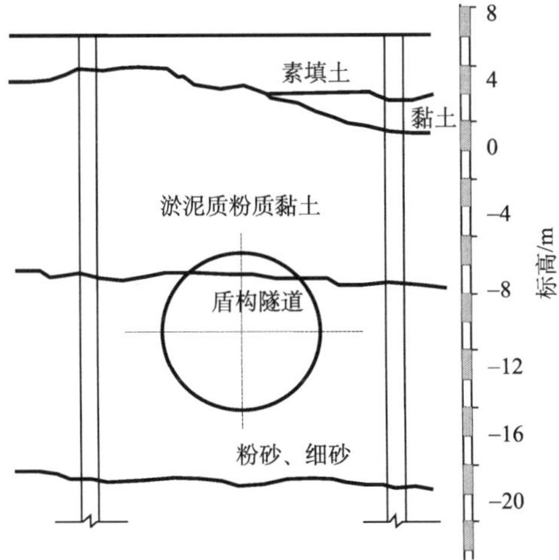

图4.66 盾构接收端头地层分布图

表 4.16　盾构接收端头地质土层特征

层号	层底标高/m	层底深度/m	分层厚度/m	岩性描述
①-2	5.941	0.4	0.4	杂填土：局部为耕植土，以粉质黏土、粉砂为主，含植物根系及少量生活垃圾
②-2b_4	1.841	4.5	4.1	淤泥质粉质黏土：细腻光滑，含贝壳碎片及腐殖质，有腥臭味，夹粉砂、粉土薄层，单层厚 0.1～1.0cm，具层理
②-3$d_{3\text{-}4}$	−7.159	13.5	9	粉细砂：呈透镜体分布于浅部②-2b_4 层土中，厚度小，含云母碎屑
②-3$b_{2\text{-}3}$	−8.659	15	1.5	粉质黏土：局部揭露，呈透镜体分布于②-3$d_{3\text{-}4}$ 层之中，土质不均，夹粉砂、粉土薄层，单层厚 0.2～10cm，具层理
②-4$d_{1\text{-}2}$	−26.159	32	17	粉细砂：饱和，颗粒级配较差，主要矿物成分以石英、长石为主，含云母碎片，局部夹粉质黏土薄层，单层厚 0.5～2cm，底部偶含石英质卵、砾石，粒径 1～3cm，亚圆形，含量一般小于 5%

4.5.2　盾构始发重、难点

在本工程始发过程中有如下重难点，需要提前预防，并且在始发过程中加强控制。

(1) 洞门密封失效：盾构机始发端头埋深约 16m，洞门圈底部埋深 28m，水土压力超过 2.8bar，全部依靠洞门密封止水。如果洞门密封性不足，可能会造成洞门密封失效，地下水倒灌。

(2) 洞门破除时掌子面坍塌：洞门破除后的稳定性，是本工程盾构始发的重、难点之一。在洞门破除后直至盾构机刀盘完全顶到掌子面上，期间需进行洞门渣土清理、焊接密封刷、安装橡胶帘布、导轨延伸、盾构机前移等工作。

(3) 地表沉降坍塌：控制地表沉降是本工程的重难点。盾构始发推进过程中施工参数设定不合理，可能造成始发段地表沉降。始发段隧道上方埋设有自来水厂 ϕ1.4m 自来水管，地面沉降可能造成自来水管破坏，对浦口区市民生活造成影响。

(4) 盾构机栽头：防止盾构机栽头也是本工程的重难点。从始发基座前端至开挖掌子面有 5.3m 的空当。盾构机前移过程中如果没有可靠的延伸基座支撑，极有可能发生盾构机的栽头现象。

(5) 穿越冻土层时刀盘冻住：防止刀盘在二次密封时被冻住，是始发时施工控制的重点。因为盾构机穿越冻土层期间需要停机进行二次洞门密封。

(6) 负环管片失稳：防止负环管片的失稳是本工程的重难点。本工程中−8、−7环采取空拼的方式拼装，拼完后整体后移到指定位置处与反力架连接。在拼装、移动的过程中如果加固不到位，容易发生负环管片失稳。同时，负环管片拼装成脱出盾尾后，由于没有周边土体的约束，负环管片轴线易出现位移。

4.5.3 盾构接收方式与技术

本工程接收端头在富水砂性土层中，由于水压高、工程地质条件差，为确保万无一失，选用了三轴深层搅拌桩＋高压旋喷桩＋垂直冻结＋应急降水＋水中接收的方式。

1. 工艺流程

本工程采用水中接收，施工流程如图 4.67 所示。

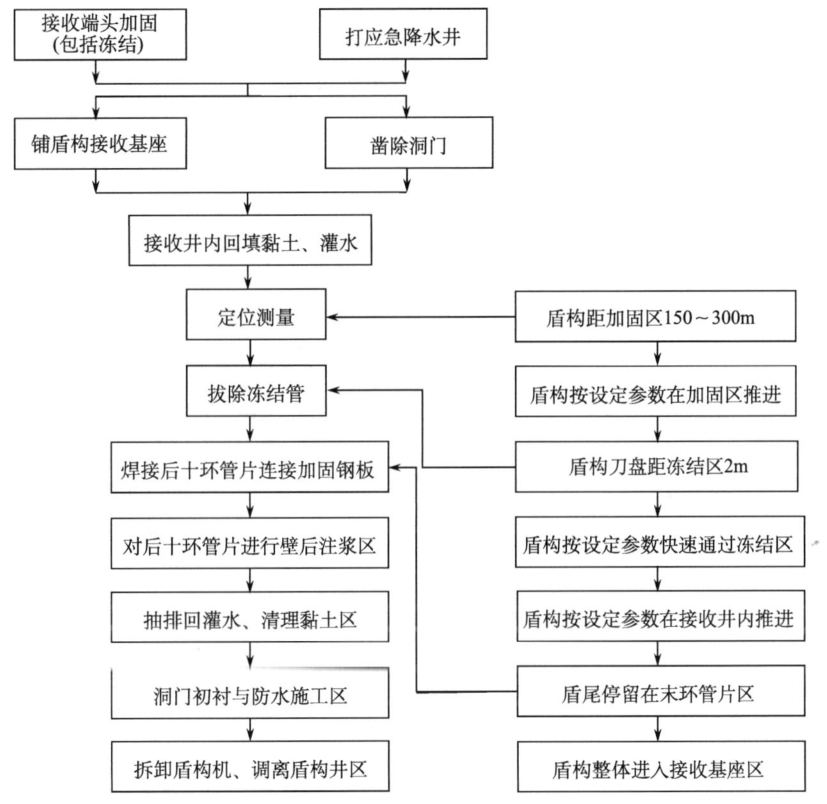

图 4.67 水中接收流程图

2. 盾构接收施工准备

1）洞门环设计、安装和验收

洞门环内径 12.1m，20mm 的钢板组成。洞门环在江心洲站西端头井主体结构施工内侧墙时预埋。整环分 8 块埋设，要求竖直和水平精度在±10mm 范围以内。在整体洞门环安装完成后，再进行验收测量，并根据验收测量的最终结果考虑盾构机贯通时的接收位置。

2）接收基座施工

采用水中接收的方式，盾构接收基座采用 M7.5 水泥砂浆结构。接收基座分两列六块，接收基座顶部标高比盾构机刀盘开挖直径高出 2.3m，提供盾构机前行时的反作用力。基座底部打满 50cm 高的基础，将六块基座连起来，方便盾构前移。基座的上表面为 2.8%的坡度，与隧道轴线坡度一致。

3）洞门破除

当冻结壁满足设计指标要求，达到设计强度和止水性要求后方可破除洞门范围内的连续墙。洞门凿除的条件如表 4.17 所示。为确保盾构机的安全接收应尽量减少对洞圈区域内土体的影响，分两次对洞门范围内的连续墙进行凿除。第一次凿除地下连续墙外侧的 10cm 混凝土，剥除内层钢筋；在第二次破除洞门之前在洞门上打探温孔（米字形布置共计 9 个），当洞门探测孔满足温度≤－5℃设计要求后，可确定冻结壁已达到设计要求，开始破除剩余 1.1m 洞门，破除完成后将混凝土碴清理干净，吊运出基坑。洞门破除完成后立即开始回填黏土和回灌水。

表 4.17　洞门凿除条件

内容	指标
冻结壁厚度	≥2m
冻结壁平均温度	≤－10℃
盐水温度	－28～－30℃
盐水去回路温差	≤1.5℃
冻土与围护结构表面温度	≤－5℃

4）竖井内堆填黏土和灌水

在洞门区域内混凝土破除完成后，为防止大直径盾构与洞门圈间隙涌泥、涌砂，造成地表沉降过大或者端头地层坍塌事故，应向接收井内回填黏土，并进行压实，回填黏土厚度为洞圈顶部以上 3.5m 处。当盾构机通过洞门圈后下部回填黏土可对其提供支撑。回填黏土后向接收井内灌入清水，保证盾构接收时内外压力的平衡，灌水深度为洞圈顶部以上 9.0m。

5）冻结管拔除

当盾构机快到达冻结壁时，利用 70±10℃的热盐水在冻结管中循环，每个冻结孔的盐水循环流量控制在 5～7m^3/h，使包裹冻结管的冻土融化达到 5～8cm 时，拔除所有位于盾构推进范围内的冻结管。

冻结管应分二个步骤进行拔除，第一步在盾构穿越冻土之前，将所有位于盾构推进范围内的冻结管拔至隧道顶部以上 0.5m 处，继续冻结。第二步为盾构全部穿越冻结壁后，拔出所有的冻结管并用黄砂水泥砂浆对拔除冻结管后留下的孔洞进行充填。

6）后十环管片钢板预埋、焊接加固

当盾尾还停留在最后一环管片时，为加固管片的环缝和纵缝，确保接收段的止水效果，停机开始焊接后十环管片预埋钢板。预埋钢板分纵向预埋钢板和环向预埋钢板，钢板尺寸为 25cm×25cm×1.6cm(长×宽×厚)。

除了洞门管片以外的其余九环管片在内弧面对应位置预埋钢板，洞门管片除了内弧面预埋钢板外，在其外弧面预埋厚 16mm 满铺的钢板(钢板边比成品管片外弧面往内收 4cm)。焊接管片用 15cm 高的 H 型钢或者 2cm 高的钢板。

7）后十环管片壁后和洞门注浆加固

当盾尾还停留在末环管片时，应对最后十环管片进行壁后二次注浆加固。二次注浆采用双液浆(水泥＋水玻璃)，浆液配比为水泥浆：水灰比 0.8～0.9；水玻璃与水按1：1.5 进行稀释。浆液与水玻璃体积比为水泥浆：水玻璃＝4：1；注浆压力为双液浆注浆压力控制在 0.3～0.5MPa。

注浆完成后抽出工作井内水，盾构前移至盾构基座，将洞门环与末环管片的外弧面预埋钢板进行焊接止水，再对洞门圈与管片之间间隙立模浇筑混凝土，将暴露土体完全隔离，以确保工程安全。

8）洞门衬砌与防水施工

洞门施工前将洞门管片预埋钢板凿出，并作除锈处理；在洞门环上铺设防水层，并在洞门管片外弧面和预埋的钢环上贴遇水膨胀橡胶条，同时在洞门环上预留注浆孔；然后在洞门环上绑扎钢筋，确保洞门钢筋与端头连续墙结构联系牢靠，立模，浇灌混凝土，在洞门砼达到一定强度后，及时通过预埋的注浆管向洞门混凝土背后压注水泥浆，提高洞门防水性。洞门封堵施工流程如图 4.68 所示。

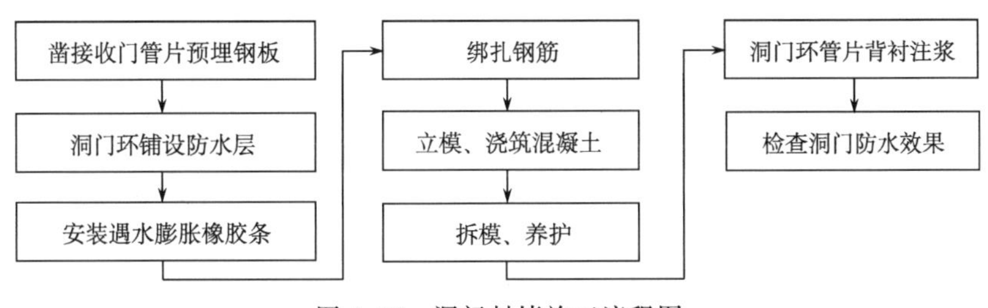

图 4.68 洞门封堵施工流程图

3. 盾构接收推进技术及参数控制

1）盾构接收段推进施工

对于接收段施工，根据工况及地质条件的不同，分为三个区段：到达段、加固区及接收段。

(1) 到达段推进(距离洞门 50m 处)

盾构在接收段推进时为减少对土体的扰动，推进速度应保持相对平稳。根据推进速度与出渣量适当调整同步注浆量和注浆压力，并应注意加强对盾构隧道沿预定轴线的控制。盾尾刷在盾构长时间的推进过程中已经出现了一定程度的磨损，为防止盾尾出现漏浆现象，应以压力控制同步注浆量，且注浆量不宜过大。

(2) 加固区推进

由于加固土体强度较高，在加固区推进时速度要放缓至 15～20mm/min，泥水压力根据监测数据及时调整并严格控制。总要求为：低速度、小推力、合理的泥水压力和及时饱满的回填注浆。在最后 10 环管片拼装中要加强定位销的安装控制，严格按照要求安装定位销。为避免推力很小时管片之间的松动，在破除洞门连续墙后，洞门前应采用黏土回填压实。

盾构机在贯通的最后一环推进时，速度保持在 10～15mm/min 之间、推力为 4500×10kN、扭矩保持在 7～10MN·m 之间、刀盘转速为 0.9rpm、切口水压为 1.5bar、气泡压力为 2.11bar，并在上一环注入的同步注浆凝结后推进贯通区间隧道，在盾构贯通前应逐步降低压力至切口压力为 0.7bar(回填水土压力)。盾构穿越冻土层时需注意：盾构接收前，所有位于盾构推进区域的冻结管需全部拔除；盾构机在通过冻结区时易发生盾构机刀盘被冻住不能转动的事故，为避免类似事故发生，盾构在穿越冻结区时不能停留。

(3) 工作井内推进

盾构机刀盘破开冻结壁进入工作井后，应继续向前推进，推进过程中使泥水循环进排泥泵流量保持一致，同步注浆应均匀充盈，进行管片拼装时油缸伸缩顶推加力应缓慢进行，避免拼装时盾构前移或千斤顶松动，确保管片环环之间密封良好，无渗水发生。

2) 接收段参数控制措施

(1) 泥水压力

在计算泥水压力时地下水位取为 5m，当盾构进入接收段降水影响范围后，应根据实测数据调整地下水位。且应按推进参数严格控制泥水压力，偏差幅度控制在±0.1bar 之间。

(2) 推进速度及刀盘转速

到达段推进速度及刀盘转速如表 4.18 所示。

表 4.18 到达段推进速度及刀盘转速

项目	刀盘转速	推进速度	锥入度	地层特征	备注
距离洞门 50m 处推进	1rpm	20～30mm/min	25～35	⑦-1 层粉细砂 ⑧层粉细砂	低速度小扭矩
加固区推进	1rpm	15～20mm/min	25～30	加固土体强度 6～8MPa	低速度小推力

(3) 壁后注浆

根据勘察报告，接收区段内粉细砂层级配不良，为保证同步注浆质量，需对壁后注浆加强控制，防止地层失稳、盾尾漏浆及隧道上浮等现象的发生。

浆液配合比为：水泥∶粉煤灰∶砂∶膨润土∶外加剂∶水＝200∶200∶1230∶80∶3.0∶440，浆液比重为1.988g/cm^3，在接收段浆液的坍落度控制在18～22cm，为防止浆液击穿盾构上部浅覆土层，应严格控制注浆压力，同时注浆量控制在25～30m^3。

(4) 盾构接收段泥浆质量控制

泥浆的黏度一般控制在18～20s。进浆泥水比重控制在1.23～1.26，出浆泥水比重控制在1.30～1.45。

(5) 出渣量控制

盾构机在推进过程中，应对每环出渣量进行严格控制，出渣量控制在97%～100%范围内。为保护掌子面稳定，可出现少量欠挖，决不允许超挖，防止地表沉降过大。

(6) 盾构机姿态控制

当盾构上覆土层较浅时盾构机易发生上浮，为使盾构推进姿态与设计轴线吻合，保障盾构顺利接收，盾构在到达段推进时应严格控制盾构姿态，不能使盾构推进路线与设计轴线的水平及竖向偏差超出±20mm的范围。

4.5.4 冻结加固方案

垂直局部冻结，设计采用两排冻结孔，孔间距800mm，距槽壁400mm，各端头始发及到达冻结孔数均为16个。

冻结主要参数如下：

(1) 冻结7d盐水温度降至－20℃以下，积极冻结期盐水温度为－28～－30℃。

(2) 维护冻结期温度为－25～－28℃。

(3) 冻结壁设计平均温度－10℃，冻结壁有效厚度0.8m。

(4) 冻结孔终孔间距l_{max}≤1200mm。

(5) 冻土平均发展速度按25mm/d；冻结壁交圈时间为24d，达到要求设计厚度时间为29d。

4.5.5 实测方案

1. 测温孔温度监测

垂直冻结区内设置3个测温孔，其中测温孔C1位于外排冻结管外侧，测温孔C2、C3位于内排冻结管与地连墙之间，每个测温孔有8个测温点，分别位于地表以下5、8、11、14、17、19、22、25m，编号依次为Ci-j(i表示测温孔号，j表示测点编号，随埋深增加编号逐次增加)。冻结孔和测温孔平面位置详见图4.69，冻结管与测温管的实际位置如图4.70所示。

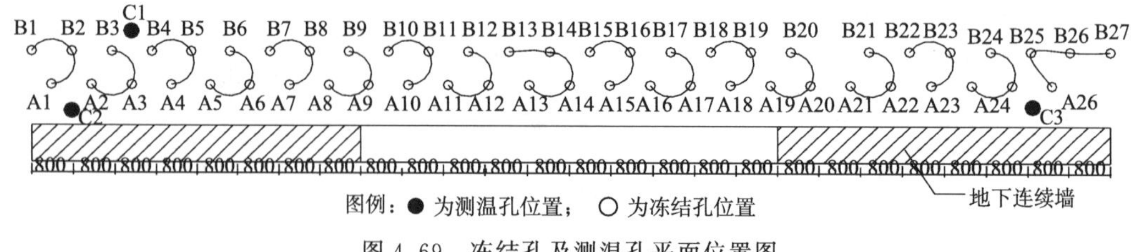

图 4.69　冻结孔及测温孔平面位置图

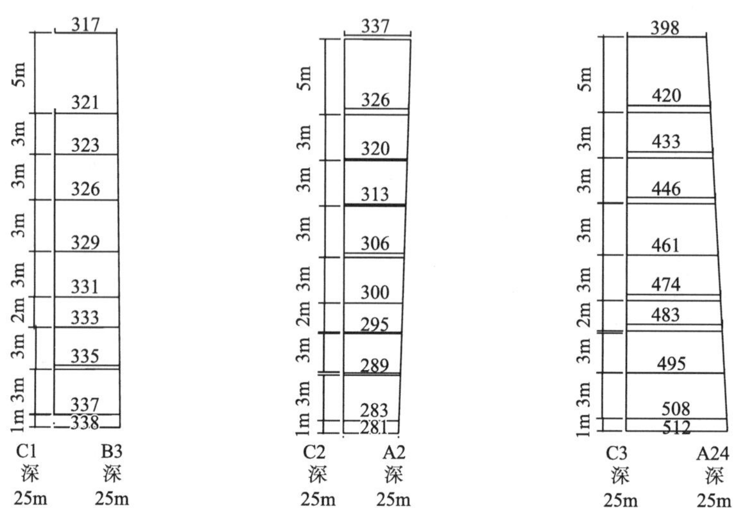

图 4.70　测温孔中测点位置及与最近冻结管距离剖面图

2. 去回路盐水温度监测

去回路盐水的温度监测，包括总管去、回路盐水温度 1 组、冻结孔串联分组的回路盐水监测，总共设 17 个盐水温度测温点。

3. 冻结壁与槽壁界面温度监测

为了监测洞门开挖一半时冻土与槽壁的胶结情况，在断面开“米”字形探孔，测量冻土与地下连续墙边界范围以及冻深 1m 处的冻结壁温度。埋深 17.5m 洞门上部处地层情况较为复杂，是黏土地层和砂土地层交界处，特增加两个探孔。探孔深度进入地连墙内 10～15cm，各测点编号 Ti（i 表示测点编号）。断面布设如图 4.71 所示。

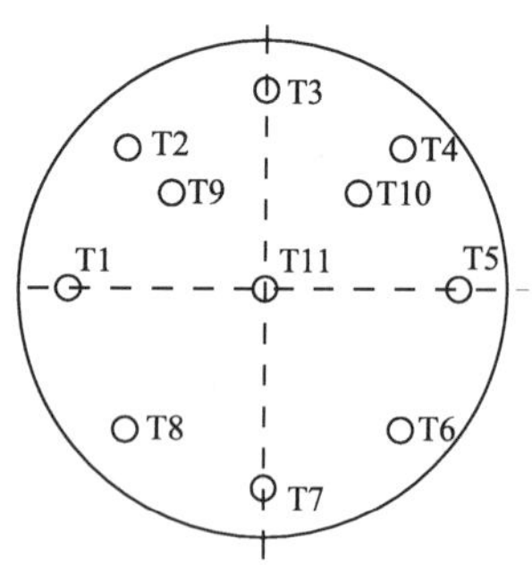

图 4.71　探孔布置平面示意图

4. 地表冻胀位移

在冻结区域内沿隧道推进方向布设 2 个地表土体位移监测断面 DB1 和 DB2，DB1 断面位于 A 排冻结孔和围护结构中间，DB2 断面位于 A 排和 B 排冻结孔中间。在冻结区域后方再布设 3 个地表位移监测断面 DB3、DB4 和 DB5，距 DB2 监测断面的距离分别为 5、10、20m，每个断面布设 13 个监测点，以隧道中心轴线为对称轴对称布设，间距 1.9m。测点布置详见图 4.72。

图 4.72　各监测点布设图

4.5.6　实测结果分析

1. 去回路盐水温度实测分析

冷冻机自 2013 年 3 月 26 日开机，经过 38d 的冻结，5 月 3 日停机拔除冻结管。去回路盐水温度实测数据记录自冷冻机开机当日开始，至冻结第 38 天结束。图 4.73、图 4.74 为两组盐水去回路总管的温度及温差变化图。从冻结第 4 天开始，盐水温度快速下降，1 号冻结机冻结 5d 时总管去路温度稳定在－20℃左右，2 号冻结机 7d 时总管去路温度稳定在－20℃左右，冻结 17d 时总去总回管温度皆降到－30℃，维护冻结期间总管去路温度基本维持在－30℃。1 号及 2 号冻结机的总去、回路温差变化趋势相近。皆在前 20d 的积极冻结期内相差较大，平均温差为 1.5℃，之后的 18d 维护冻结期内，温差逐步减小，平均温差为 0.8℃。在冻结第 18 天时由于停电几小时，导致总去总回盐水温度在该天产生了突变。

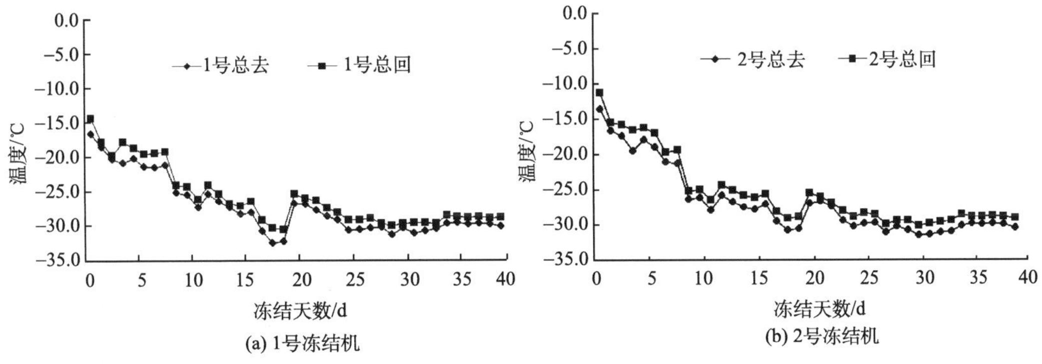

图 4.73　盐水去回路总管温度变化曲线

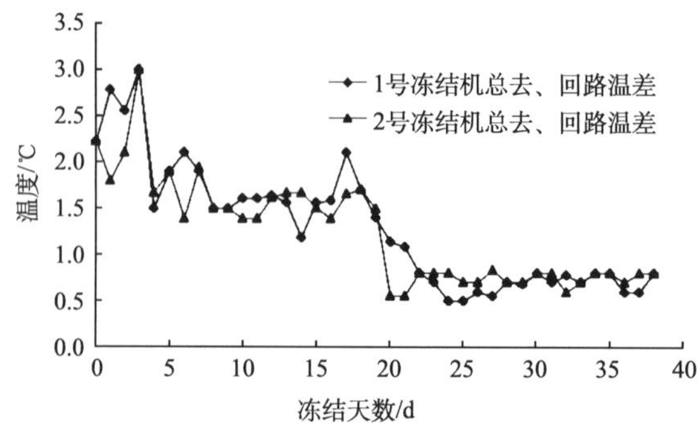

图 4.74　1、2 号冻结机盐水去回路总管温差变化曲线

2. 冻结温度场实测结果及分析

图 4.75 为实测期间各测温孔内测点所得的温度监测数据。

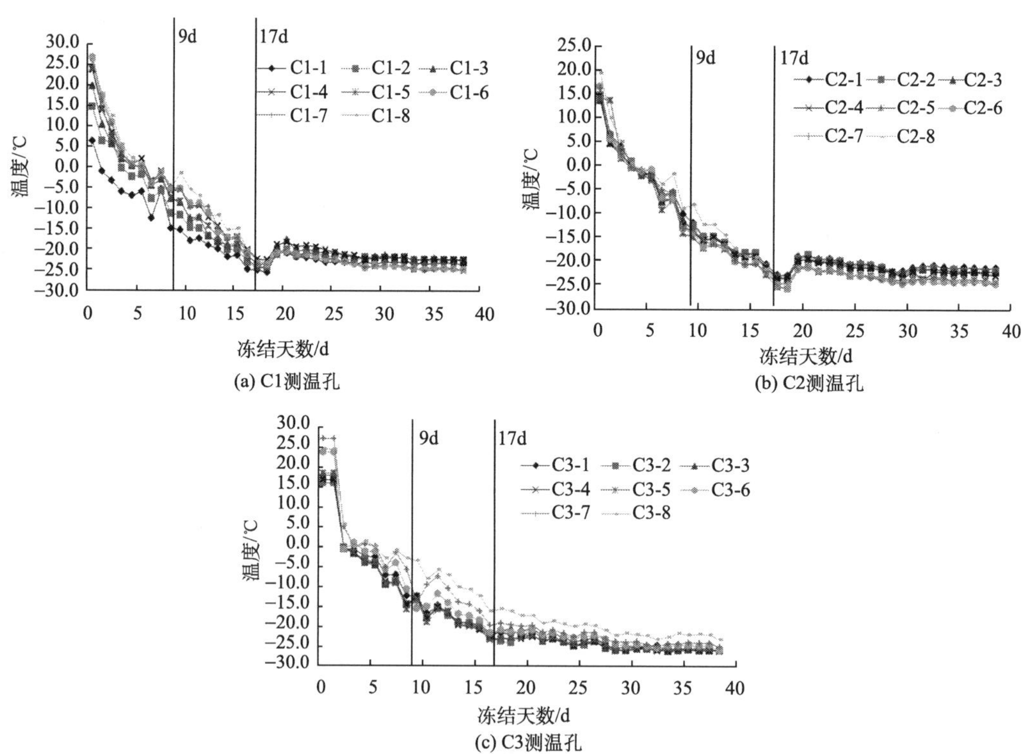

图 4.75　各测温孔测点温度随时间变化曲线

C1、C2 和 C3 测温孔温度变化规律相似：开始冻结后 4d 内，土体温度迅速下降，从原始地温下降到 0℃以下，盐水温度亦迅速下降到－19℃。此阶段土体与冻结管内盐水温度相差较大，热交换剧烈。从冻结 5d 开始温度下降速度变缓，进入相变阶段，相变约结束于冻结第 9 天，说明此时已经基本形成整体的垂直冻结壁，这与冻结温度场计

算结果相吻合。从冻结 10d 起又出现一个迅速下降阶段，直至第 17 天，土体温度达到 －25℃，此时冻结管内盐水温度在 －28～－30℃。之后冻结管内盐水温度基本保持在 －30℃左右，总管去回路盐水温差从 2℃逐渐减至 1℃左右。C2，C3 各测温点基本维持在 －25℃，其底部埋深 25m 的点周围未冻土较多，故温度较其他各点略高。C2 和 C3 位于内排管与围护结构之间，各点最终温度维持在 －25℃左右。C1 位于外排管外 0.4m 处，其各点温度基本在 －20℃和 －25℃之间。受到冻结第 18 天停电的影响，在此时各测点也都受到影响。

在深度方向上，垂直冻结壁中部 12m 范围内温度下降趋势大体一致，而靠近地面和冻结管底部测点温度趋势与其他测点有所偏差，降温速度明显慢于垂直冻结壁中部的测点，这是因为冻结区域顶端受到大气热对流、热辐射的影响，底部受到未冻结土体吸收热量的影响。

提取三个测温孔位于 18m 处的三个测点 C1-3、C2-3、C3-3 温度变化规律进行比较，见图 4.76。通过比较可知：位于外排管外侧的 C1 测温孔各点降温速度明显慢于位于冻结区域内的 C2 和 C3 测温孔，且 C1 测温孔的最终稳定温度也较 C2、C3 高。

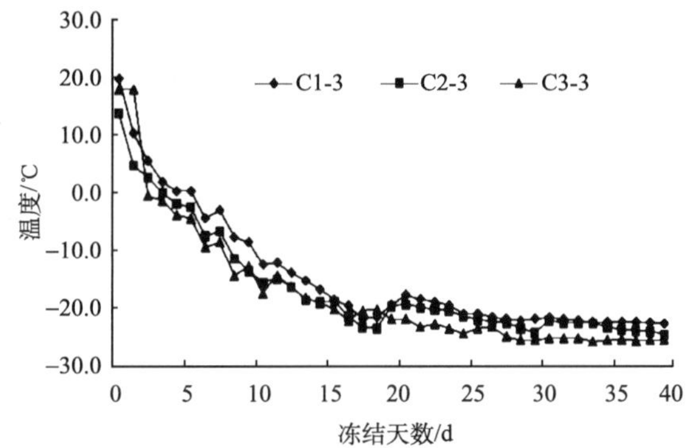

图 4.76　同一深度处各测温孔测点温度随时间变化曲线

取各测温孔最不利测点计算冻结圆柱半径推算冻结壁发展速度，如表 4.19 所示。

表 4.19　冻结圆柱半径计算表

测点编号	测点温度/℃	回路盐水温度/℃	测点距最近冻结管距离/mm	冻结圆柱半径/m	冻结壁发展速度/(mm/d)
C1-5	－18.3	－28.3	329	0.82	21.5
C2-5	－19.2	－28.1	306	0.90	23.6
C3-1	－20.0	－27.2	398	0.95	25.0

从表 4.19 可知：外排冻结管外侧冻结壁发展速度明显小于外排冻结管内侧区域，外排冻结管内侧区域与外排冻结管外侧冻结壁发展速度之比约为 1.1∶1.0。外排管外侧是冻结壁发展的最不利的部位，应在冻结设计时进行充分考虑。这个规律跟冻结温度场数值模拟的结果是一致的，再次验证了数值模拟的正确性。

为验证冻结温度场计算模型的正确性，取冻结温度场计算模型中位于地连墙与内排冻结管之间的代表点 1-3 与外排冻结管外侧的代表点 3-2，跟实测温度点 C1-6、C2-2 的温度变化曲线进行对比，如图 4.77 所示。

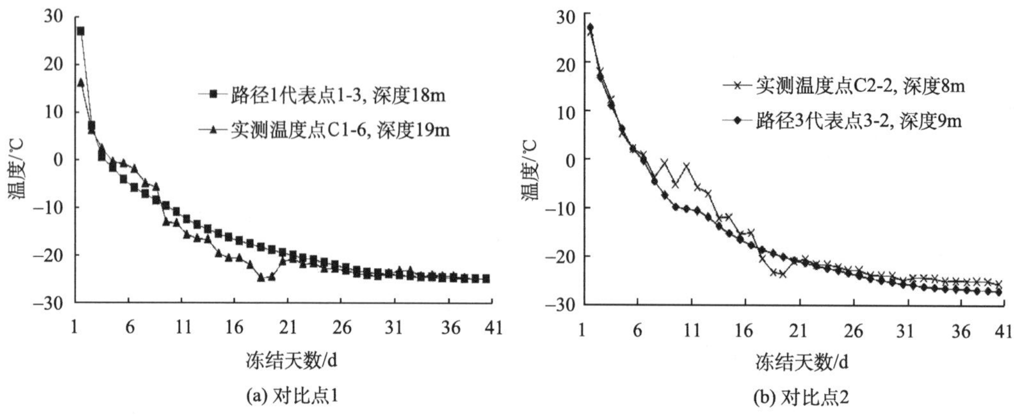

图 4.77　冻结温度场数值模拟温度值与实测温度值对比曲线

图 4.77 表明，数值模拟温度变化曲线与实测温度变化曲线基本一致，不同的是数值模拟温度曲线相对光滑，而实测曲线有起伏。其主要原因为：在冻结第 18 天时由于停电的影响，盐水温度发生了突变。

综上所述，冻结温度场数值模拟计算方法、模型和参数都基本正确，较好地模拟了真实情况，故用该模型来模拟冻结温度场的变化过程是可行的。

3. 冻结壁与围护结构界面处温度

通过探孔监测冻结壁与围护结构界面处温度，温度监测从 4 月 29 日开始，至 5 月 3 日结束，温度曲线见图 4.78。结果表明：探孔温度多集中在－7℃至－18℃，全部探孔在实测期间内温度均低于－5℃，可断定冻结壁与围护结构胶结状况良好，故从 5 月 3 日开始凿除洞门。探孔 1、2 与探孔 3、4 温度较大，这是因为探孔 1、2 与探孔 3、4 位于不同的土层，且探孔 3、4 深入冻结壁内部深度较大，所以温度较低。

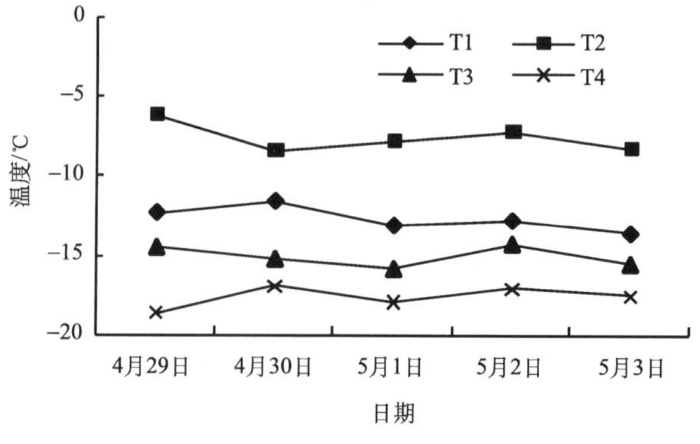

图 4.78　探孔实测温度曲线

4. 解冻温度场实测

冷冻机自 5 月 3 日起停止运行，冻结区地层温度开始回升。大部分测点都在盾构接收及拔除冻结管施工中遭到破坏，较完整记录了解冻过程的只有位于外排冻结管外侧的 C1 测温孔的 C1-3、C1-4 和 C1-6 三个测温点，三个测温点分别位于地下 11m、14m、19m，对应地层分别为粉细砂、粉质黏土、粉细砂，其温度回升曲线详见图 4.79。

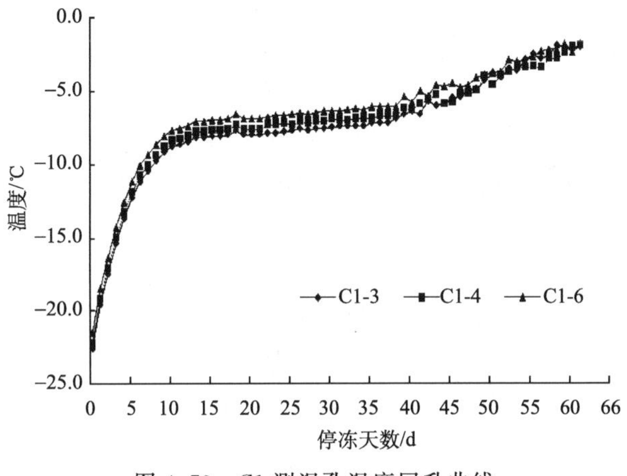

图 4.79 C1 测温孔温度回升曲线

由图 4.80 可知，5 月 3 日即冷冻机停机前一天，土体温度达到－25℃左右。冷冻机停机后 10d 内，土体骤然失去冻结管内低温盐水的维持，与周围土体和大气产生大量的热交换，导致土体温度迅速上升至－10℃。从停机第 10 天开始，温度上升速度变缓。从曲线的斜率可见，5 月 14 日至 6 月 14 日(第 11 天至第 42 天)的一个月中，土体温度的上升速度慢于 6 月 15 日至 6 月 25 日(第 43 天至第 53 天)这 10 天，这是因为从 6 月中旬开始，南京气温有较大上升，且开始进行了跟踪注浆，加速了冻结土体的融化过程。6 月 27 日左右(第 55 天)，土体温度上升至－1.9℃，根据前述实验研究成果，20%掺入比的水泥土冻结温度为－1.64℃，可知其进入相变阶段，整个温度回升阶段曲

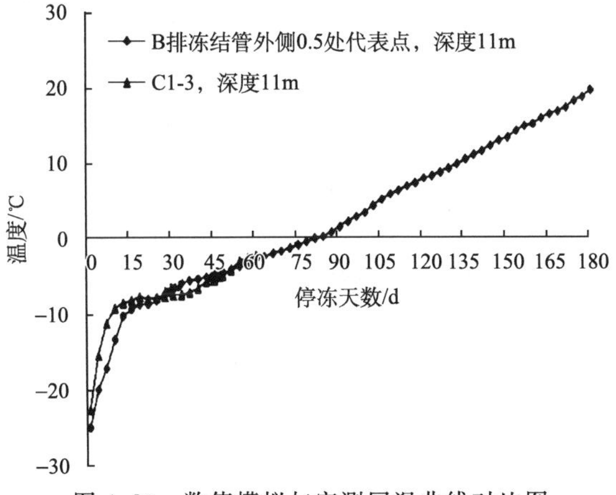

图 4.80 数值模拟与实测回温曲线对比图

线斜率下降，温度上升速度变缓。测温结束于 7 月 5 日(因施工测点被破坏)，距冷冻机停止运行 62d。此时 C1 测温点周围土体温度为－1.8℃，仍处于相变阶段。

为验证解冻温度场的正确性，提取位于外排冻结管外侧 0.5m 处深度为 11m 处代表点的回温曲线与测温点 C1-3 的回温曲线进行比较，如图 4.80 所示。

从图中可知：两条曲线的变化规律基本一致，都是停冻 10d 内温度急剧上升，之后上升斜率稍稍变缓，从解冻温度场数值结果来看，在深度 11m 时，外排冻结管外侧 0.5m 处土体完全融化时间约为 80d，需要半年才能完全恢复到原始地温 20℃。从两条曲线的变化趋势上可以看出，解冻温度场数值计算很好地模拟了冻土融化规律。

5. 端头地表位移实测分析

在施工过程中，冻结孔施工，冻土冻胀融沉，洞门凿除，盾构到达推进都会影响端头地表位移。

(1) 冻结区域后方地表位移实测结果及分析

图 4.81 为 DB3、DB4 和 DB5 各断面地表位移累计变化值最大点 DB3-4、DB4-6 和 DB5-9 的累计位移随时间发展变化曲线。三个断面的监测开始于 2013 年 3 月 7 日，此时盾构机距地表位移监测断面 DB5 为 50m，当 5 月 10 日盾构接收完成后结束监测，共计 64d。三个断面最大累计位移最大点为 DB3-4，累计位移最大值为 4.6mm，远远小于累计位移报警值±30mm，可知采用深层搅拌桩＋高压旋喷桩的水泥土加固方式能够很好地抑制盾构接收过程中的地表冻胀融沉位移。

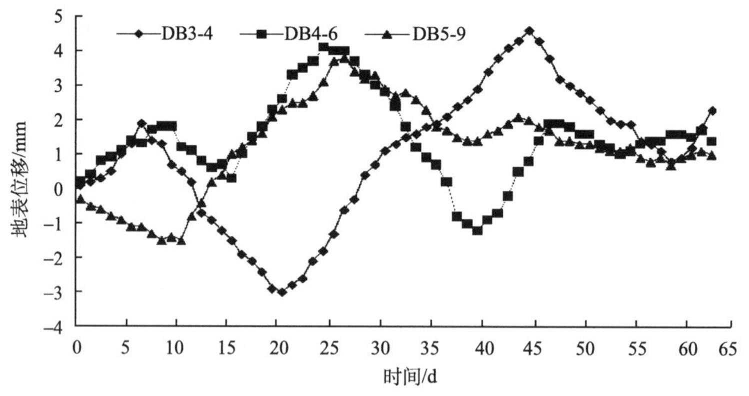

图 4.81 各断面累计位移最大点位移随冻结时间发展变化图

(2) 冻胀位移实测结果及分析

冻结过程中，土体内水结成冰，体积膨胀，产生冻胀力，从而引起冻结区地表变形隆起。图 4.82 中给出了垂直冻结区自冻结开始第 2 天至冻结 38 天断面 DB1、DB2 地表的位移变化情况。冻结阶段，随着温度下降，土体中水分冻结成冰，体积膨胀变大，DB1 和 DB2 断面均出现冻胀。冻结 38d 时 DB1 断面冻胀量为 0.5～2.5mm，DB2 断面冻胀量为－0.3～3.2mm，说明水泥土加固对人工垂直冻结引起的冻胀变形起到了很好的约束作用，这主要是因为原状土的冻胀敏感性经水泥深搅加固后明显减弱，使得冻胀区域土体变形大大减小。

由于大盾构接收端头大型桁吊荷载及测量仪器精度等原因造成实测冻胀位移曲线波动幅度较大，导致无法从曲线变化趋势上与数值模拟冻胀位移变化曲线进行比较分析。但是从数值上分析比较，数值模拟计算值与实测值差别不大：在冻结结束第 38 天时，A 排冻结管与地连墙之间区域实测地表冻胀范围为 0.5～2.5mm，此时该区域数值模拟冻胀量最大点为 1.5mm；A 排冻结管与 B 排冻结管间区域实测地表沉降范围为－0.3～3.2mm，此时该区域数值模拟冻胀量最大点为 3.0mm。总体上看，实测值和数值计算值保持了较好的一致性，数值模拟计算较好地模拟了真实情况。

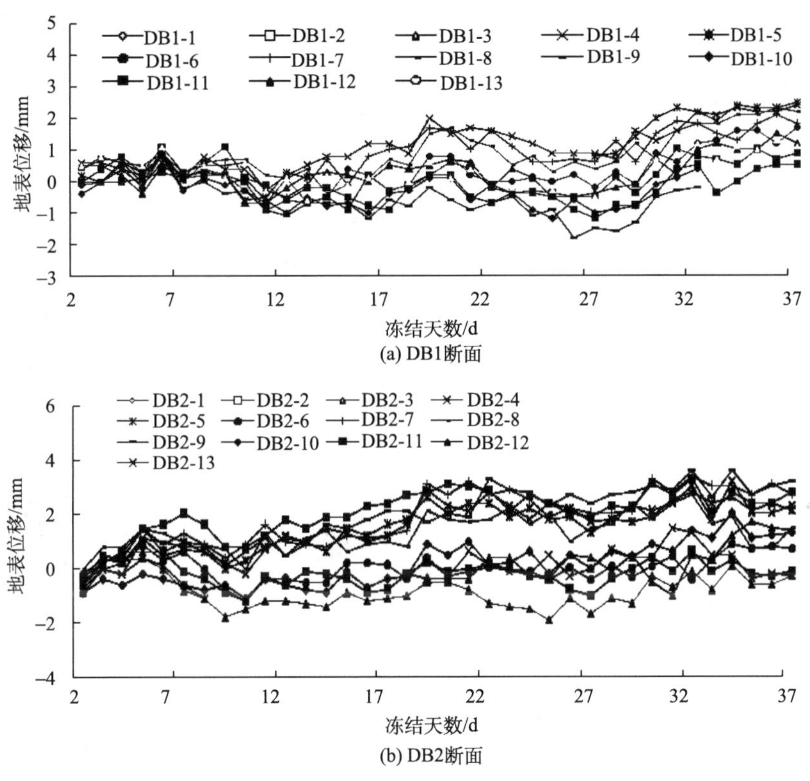

图 4.82 地表冻胀位移变化曲线图

（3）融沉位移实测结果及分析

冻结结束后，土体温度上升，冻结体融化，土体强度下降，继而产生融沉变形。从图 4.83 看出，DB1 和 DB2 断面均出现了融沉，停止冻结 62d 时 DB1 断面融沉量为－1.3～－5.1mm，DB2 断面融沉量为－0.6～－6.4mm，一方面说明水泥土加固很好地抑制了融沉变形，另一方面说明后期的跟踪注浆效果较好，减少了冻土融沉对周边环境的影响。

虽然实测融沉位移曲线离散性较大，但还是可从曲线的趋势找出规律：停冻 3d 内融土非常少，所以前三天土体位移几乎不发生变化，停冻 3d 至 10d 内曲线斜率较大，土体热交换剧烈，融沉位移变化量较大，10d 之后曲线下降斜率变缓，融沉位移量缓慢增加。

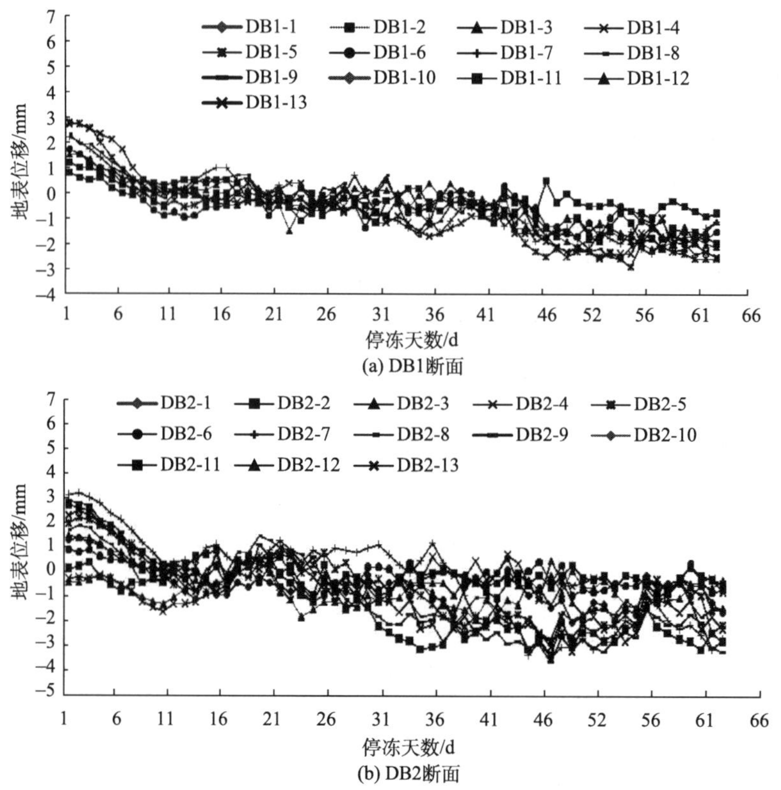

图 4.83　地表融沉位移变化曲线图

图 4.84 为内排冻结管与地连墙之间地表位移最大点与 DB1-4 测点地表融沉量随时间发展变化曲线图。比较两条曲线的变化趋势可知：两条曲线的地表位移值在停冻前 10d 内皆变化较大，停冻 10d 后，虽然 DB1-4 曲线后期波动幅度较大，但趋势上还是跟曲线 1 一样：融沉位移缓缓增加。二者从数值上进行比较可知：在地表融沉实测的 62d 内融沉位移值跟数值模拟计算出的融沉位移值相近，证明了融沉位移场计算的可行性及正确性。

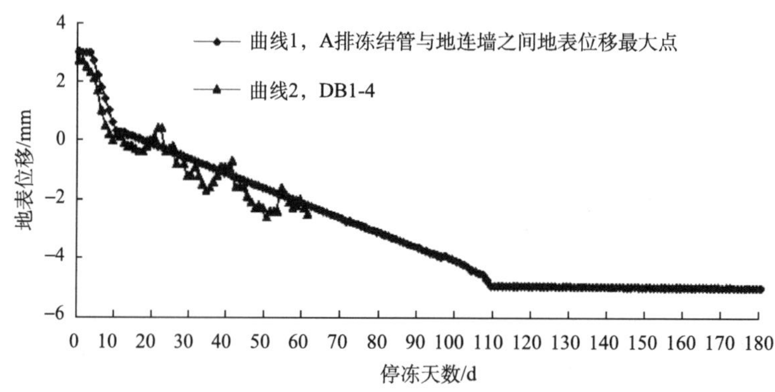

图 4.84　数值模拟与实测地表融沉位移对比曲线图

曲线 1：数值模拟结果，110d 时该处冻结壁完全解冻

5　地铁联络通道人工冻结施工技术与应用

5.1　联络通道加固与开挖方法及对比分析

在地铁的建设过程中，联络通道是一个十分重要的部分，联络通道的施工方法主要有明挖法、暗挖法以及新近出现的先明挖后暗挖法。

5.1.1　联络通道明挖法

联络通道明挖法施工是指先开挖，支护至设计标高后绑扎钢筋笼、立模、浇注混凝土形成联络通道主体结构，最后回填覆土的施工方法。明挖法的优点为：

(1) 适应性广，适用于各类土层。

(2) 造价较低，主要取决于支护系统费用。

(3) 联络通道施工过程中，如果出现事故，对主隧道结构影响较小。

(4) 明挖法对施工技术要求较低，施工进度快。

当联络通道埋深较浅且场地周围环境允许的情况下，可以考虑使用此方法。联络通道明挖法施工主要缺点在于占用较大的地面场地且环境影响大。由于地铁线路所经地区通常交通繁忙、商业繁华，故在城市中修建地铁联络通道施工很少采用明挖法。

5.1.2　联络通道暗挖法

联络通道暗挖法施工可根据采用地层加固方法不同，分为以下几类：

1. 地面加固，暗挖构筑

此工法应用较为广泛，主要适用于淤泥质黏土、粉土以及粉质黏土等黏性土地层，地下水较少时可采用搅拌桩加固，地下水较多时采用旋喷桩加固。

此工法是沿海地区地铁联络通道施工中最常用的加固方法之一。该法对环境影响较大，占用地面场地。深层搅拌桩土体加固，受布桩密度、水泥掺量、搅拌成桩均匀性和土体组成等因素影响，施工质量不易控制。如果加固质量不好，土体不能联成一体，桩间夹有为未加固土块，开挖时易产生冒顶、漏水现象；如果土体加固均匀，其抗压强度、抗剪强度，抗渗能力都有很大程度提高，开挖时不需要对开挖面施加过强的支撑。该法应用广泛、施工经验丰富，工程造价相对较低。

2. 冻结法加固，暗挖构筑

冻结法加固在矿井施工中已积累了许多成功的经验，目前在地铁联络通道施工中的应用也越来越广泛，已逐渐成为联络通道的主要施工方法。

此工法应用较为广泛，对于上海、南京、苏州等富水软土地层，冻结法加固地层是一种极为有效的手段，特别对于流砂地层，只能采用冻结法加固，在南京地铁1号线中新模范马路站—南京站、张府园站—新街口站区间联络通道施工中冻结加固效果已得到充分的验证。冻结加固安全可靠，地层适应性较广，缺点是费用较高，工期时间较长，后期融化期间沉降较大。

3. 隧道内顶管法开挖构筑

顶管法是一种较为现代化的地下管道施工方法，借助于主顶油缸及管道中继间等的顶推力，使工具管或掘进机从工作井内穿过土层，并一直推到接收坑内后吊起。与此同时，将紧随工具管或掘进机后的管道埋设在两井之间，是一种非开挖的铺设地下管道的施工方法。顶管法同土体加固后矿山暗挖法最大的不同是管形构筑物作为建筑结构构件的同时也起到开挖面支护的作用。这也是顶管法区别于矿山暗挖法的地方和优越性的体现，正因此顶管法施工技术难度更大，对工程人员素质要求更高。

隧道内联络通道顶管暗挖构筑施工工法一般应用于粉质黏土、粉土、黏土等自立性较好。透水性较差的地层，优点是简便易行，安全可靠，工期较短；缺点是地质的适应性较为单一，且修建泵房时要另外采取其他工法。

4. 管棚法加固，矿山法开挖构筑

管棚法是把一系列 ϕ10～60mm 的钢管，沿联络通道轴线方向依次打入开挖面的地层内，以支撑地层土压力，并结合注浆技术进行土体加固。管棚的排列形状有方形和拱形，可根据工程需要及断面形式确定，而管棚设置的范围、间距、管径则应根据工程地质和水文地质条件以及隧道的埋深等因素确定。此种工法最早应用于北京地铁建设中，并积累了一定的工程经验。

目前，深层搅拌法与冻结法为常用的联络通道周围土体加固方法，上海地铁1号线主要采用的是深层搅拌法与旋喷法加固地层，从上海地铁2号线开始，南京地铁、上海地铁1号线延伸线、上海地铁4号线、广州地铁的联络通道施工加固越来越多的采用冻结法进行联络通道在富含水地层加固的施工。与其他加固法相比，冻结法具有加固强度提高快、整体稳定性与隔水性好、对地面影响小等优点，但冻结法费用相对较高。

5.1.3　联络通道竖井暗挖法

该法是指在两条主隧道中间的加固土体上方采用人工挖孔桩或者其他支护方法施工一个竖井至联络通道设计标高，再由竖井分别向两条主隧道方向采用矿山法掘进施工形成联络通道；在联络通道结构施工完毕后打开主隧道中封口的钢管片，再回填竖井，或将竖井改造为排风、排水通道。

暗挖法由主隧道与联络通道共同承担联络通道施工过程中的各种风险，而先明挖后暗挖法(竖井暗挖法)则主要靠联络通道本身承担这些风险。因此，具体联络通道施工中，应根据工程地质条件及周围环境选择安全、经济的施工方法。

5.1.4　各种工法技术经济分析比较

如何针对具体工程选择合适的施工方法，既需要对现场工程条件的深刻把握，还需要熟悉各种施工方法的技术经济指标。针对常用的联络通道的施工方法，经济技术指标如表5.1所述。在市郊场地开阔环境允许的地段，可采用深层搅拌桩或注浆加固矿山法施工，经济效益好，施工技术难度低，便于组织施工。当施工场地狭小，不允许阻碍交通时应选用冻结法和顶管法。顶管法机械化程度高，对周围环境影响小，机械可重复使用，综合成本低，可优先选用顶管法施工。冻结法需要一系列的制冷工艺设备，工艺已经比较成熟。市区环境要求比较严格的区段联络通道施工应优先采用冻结法。

表5.1　联络通道常用工法综合指标比较

<table>
<tr><th colspan="2">施工方法</th><th>适用范围、施工难度及风险</th><th>地质要求</th><th>进度</th><th>造价</th><th>环境影响</th></tr>
<tr><td colspan="2">明挖法</td><td>①适应性广，能适用于各类土层；②联络通道施工过程中，如果出现事故，对主隧道结构影响较小；③明挖法对施工技术要求较低，施工进度快</td><td>几乎适用于各类土层，多应用于有一定硬度的地层</td><td>快</td><td>造价较低，其造价主要取决于支护系统的费用</td><td>占用较大的地面场地并且环境影响大</td></tr>
<tr><td rowspan="2">暗挖法</td><td>深层搅拌桩或注浆加固，矿山法施工</td><td>①适用于冲击软黏土地区，工艺成熟，南京地铁联络通道60%～70%由此法施工；②土体加固质量好时，施工安全快速，风险小；③土体加固质量不好时，开挖时易引起掌了面坍塌以及冒顶漏水现象</td><td>主要适用于淤泥质黏土、粉土以及粉质黏土等黏性地层，地下水较少时可采用搅拌桩加固，地下水较多时一般采用旋喷桩加固；加固后的土体具有良好的抗渗性，能够有效地隔绝地下水</td><td>较快（约75d）</td><td>低（约100万元，其中土体加固费用占到一半以上）</td><td>土体搅拌加固时要封锁交通，有泥浆、噪声污染及地面沉降的问题</td></tr>
<tr><td>冻结加固，矿山法施工</td><td>①主要用于含水率较高的土层或承压含水层中；②土体加固强度高、止水性能好，且不占用地面场地；③但施工周期长、造价高，对地面的隆沉有一定影响</td><td>对于上海、南京等富水软土地层，冻结法加固地层是一种极为有效的手段，特别对于流砂地层，只能采用冻结法加固；适用于任何含水地层，尤其软弱的含水、松散、不稳定地层，采用冻结法加固的土体，其止水性能和强度是其他加固方法所无法比拟的</td><td>较慢（约90d）</td><td>最高（约300万元，电费占大部分，且夏季施工费用高于冬季施工）</td><td>地面无污染无噪声，冻融控制不好会引起地面的隆起或下沉</td></tr>
</table>

续表

施工方法		适用范围、施工难度及风险	地质要求	进度	造价	环境影响
暗挖法	顶管法	①适用于含水率小、自立性好的土层；②千斤顶的顶力作用在管片上，对管片以及主体隧道的稳定性有影响；③须对主体隧道进行加固处理并设置合理的后顶装置	适宜于软土地层，一般应用于粉质黏土、粉土、黏土等自立性较好、透水性较差的地层，但该联络通道位置有微承压水时，不能用该工法	最快（约45d）	总造价较高（约180万元），但顶进设备可重复使用，综合造价低	地面地下无污染，地表可能稍有沉降，顶力控制不好引起主体隧道的位移
矿山法竖井开挖施工		①施工中不占用隧道，且具有两个工作面，施工速度快；②施工到最后才打开钢管片，对主隧道影响小；③土体如加固不好，易造成工作井坍塌或发生涌砂涌水现象	多应用于有一定硬度的地层，南京、上海、苏州等地质为含水丰富的软土地层，不适宜采用；即使采用，不仅技术难度高，而且将产生较大地面沉陷	快（约60d）	较低（约120万元）	土体搅拌加固时要封锁交通，有泥浆、噪声污染及地面沉降

5.1.5　联络通道加固措施

联络通道结构断面尺寸较小，采用直墙拱顶形断面，开挖前应在地面或隧道内对通道周围地层进行加固。

1. 地面加固

地面加固法是联络通道施工中应用较为广泛的方法，比较成熟，加固效果容易保证，费用相对较低，但场地必须具备地面施工作业条件，对地面的环境有较大影响。根据地质条件不同，常采用旋喷加固法或深层搅拌加固法等。

2. 隧道内注浆加固

在盾构隧道即将开口部位打设注浆加固管，加固周围地层，从目前施工技术看，饱和砂性地层中洞内注浆效果不稳定，不易保证注浆质量。

3. 冻结法加固

冻结法在地下工程中已被广泛应用，属于比较成熟的地层加固法，加固对象为含水介质，尤其适用于饱和砂层和淤泥等含水率高的不稳定地层。全国地铁施工中不乏冻结法应用的成功案例。

这三种加固措施技术经济比较见表5.2。

综上所述，当地层软弱、尤其是地层含水丰富时应优先选用人工冻结法进行联络通道地层加固。

表 5.2　联络通道加固措施技术经济比较

比较内容	地层加固措施		
	洞内地层冻结法	洞内注浆加固法	地面旋喷或深层搅拌加固法
地层加固效果	冻土强度高，冻土均匀，能够自立，止水性最好	加固强度较高，但在两层界面处的土体加固不均匀，封水性较差	加固土体强度较低，但加固效果均匀性，封水性较好
适用的地层	各种地层，尤其是含水丰富的粉细砂层、黏质粉土等易液化土层	圆砾层进入承压水	粉细砂层、黏质粉土进入承压水
施工精度	易保证	不易保证	易保证
风险预防	抗风险能力好	抗风险能力一般	抗风险能力较好
工程实施难易程度	设备复杂，实施较难	工艺繁杂，实施最难	工艺简单，最易实施
成功工程实例	有	有	有
加固范围	最小	较大	最大
施工设备	最复杂	较复杂	单一
可靠性	最可靠	较可靠	较可靠
工期	3 个月左右	2 个月左右	1 个月左右
地层加固费用	较高	较低	较低

5.2　联络通道人工冻结设计与施工

5.2.1　联络通道冻结设计

冻结设计主要包括以下内容：

(1) 冻结壁结构形式的方案比较与选择；

(2) 冻结壁主要参数确定，包括冻结壁厚度和冻结壁平均温度；

(3) 冻结孔、测温孔和卸压孔的布置设计；

(4) 冻结壁形成验算；

(5) 冻结制冷系统设计；

(6) 隧道预应力支架、安全门、开挖临时支架设计；

(7) 对冻结壁的监测与保护要求；

(8) 对周围环境和建(构)筑物的影响监测与保护要求。

1. 冻结壁结构形式的方案比较与选择

(1) 冻结壁的几何形状应与联络通道的轮廓接近，以方便冻结孔布置；

(2) 冻结壁结构形式选择应利于控制地层冻胀与融沉对周围环境的影响；

(3) 有止水要求时，冻结壁应设计为封闭结构；

(4) 一般联络通道冻结壁采用直墙拱顶形，在有泵房时泵房所在地层范围应全部冻结，且作为单独的冻结区域。

2. 冻结壁主要参数

1) 冻结壁厚度设计

(1) 对仅作为止水要求的冻结壁，按止水要求确定厚度，对有承载要求的冻结壁应按承载力要求设计其厚度。

(2) 联络通道喇叭口处的冻结壁设计厚度不应小于 0.8m，其他部位的冻结壁设计厚度不应小于 1.6m，冻结壁与隧道管片的交界面宽度不得小于 0.8m。

(3) 冻结壁荷载应包括水压力、土压力和临时荷载。土压力和水压力对砂性土宜按水土分算原则计算，黏性土宜按水土合算的原则计算；也可按经验公式计算。临时荷载主要包括土方开挖影响范围以内地面建(构)筑物荷载、地面超载，可按 20kN/m^2 计算。

(4) 垂直土压力按计算点以上覆土重量及地面建(构)筑物荷载、地面超载计算，且应考虑冻胀力作用，冻结壁上部地层产生被动土压力，且上、下垂直土压力应相等；侧向土压力按主动土压力计算，可采用朗肯土压力理论计算。

(5) 开挖后冻结壁应设初期支护或内支撑，但冻结壁承载力设计仍按承受全部荷载计算。根据联络通道的结构组成，冻结壁各节点可认为刚接，力学计算模型按均质线弹性体简化，冻结壁内力宜采用结构力学方法计算。联络通道冻结壁结构荷载和受力示意图如图 5.1 和图 5.2 所示。

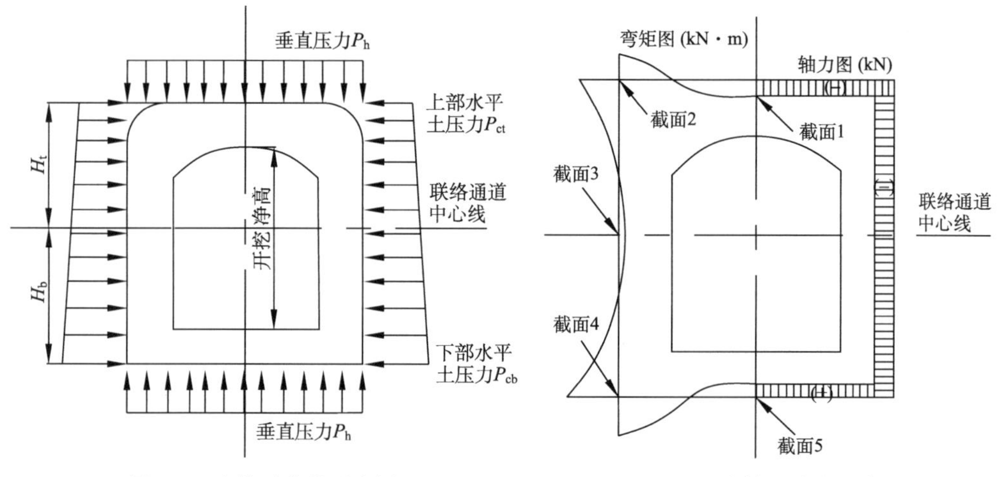

图 5.1　冻结壁荷载示意图　　　图 5.2　冻结壁受力示意图

通道垂直土压力(P_h)和侧向上、下荷载(P_{ct}、P_{cb})，按下式计算：

$$P_h = \gamma \cdot H = \gamma \cdot (H_0 + H_b) + 20 \tag{5.1}$$

$$P_{ct} = k_0 \cdot P_s = k_0 \cdot \gamma \cdot (H_0 - H_t) \tag{5.2}$$

$$P_{cb} = k_0 \cdot P_b = k_0 \cdot \gamma \cdot (H_0 - H_t + h) \tag{5.3}$$

式中：γ 为土的重度，kN/m^3（地面超载 20 kN /m^2）；H 为计算点的埋深，m；H_0 为隧道中心线的埋深，m；H_b、H_t 为联络通道下部、上部冻结管到联络通道中心线的距离，m；k_0 为土层侧压力系数；h 为开挖净高＋冻土厚度，m。

(6) 根据联络通道开挖轮廓高计算该结构内部的弯矩和轴力，得到截面内的压应力、拉应力和剪应力。冻结壁承载力验算采用容许应力法，取最不利条件下的最大应力与冻土强度的比值作为强度检验安全系数。其中冻结壁力学特性参数宜取设计冻结壁平均温度下的冻土力学特性参数，由室内人工冻土力学性能试验得出。

(7) 根据安全系数取值及冻结壁受力情况综合确定合理的冻结壁厚度，并在此基础上通过有限元数值计算。冻结壁受力分析与变形计算，分析联络通道开挖后冻结壁应力场、位移场以及承载能力，综合确定冻结法施工的安全性。

2) 冻结壁平均温度确定

(1) 冻结壁平均温度应根据冻结壁承受荷载大小(或开挖深度)、冻胀融沉可能对环境造成的影响及工艺合理性确定。

(2) 冻结壁温度决定其物理、力学特性，冻结壁平均温度越低，强度就越高，因此对于承受荷载大、安全要求高的工程宜取较低的冻结壁平均温度。冻结壁平均温度设计参考值见表 5.3。

表 5.3 冻结壁平均温度设计参考值表

联络通道冻结壁埋深/m	＜12	12～30	＞30
冻结壁平均温度/℃	−6～−8	−8～−10	≤−10

3. 冻结壁形成验算

冻结壁形成时间主要取决于冻结壁的扩展速度，冻结壁扩展速度主要取决于盐水温度及土质。一般来讲，盐水温度越低，冻结壁形成越快。盐水温度相同的情况下，砂土的扩展速度最快，粉土、粉质黏土次之，黏土最慢。

长三角典型土层冻结壁扩展速度见表 5.4。

表 5.4 长三角地区典型土层冻结壁平均扩展速度 v_{pj} （单位：mm/d）

	冻结时间/d			
	20	30	40	50
粉土、粉质黏土	25～30	25～28	22～25	21～23
粉砂、细砂	30～35	28～30	25～28	23～25
黏土	24～28	24～26	20～23	19～20

注：取决于盐水温度和地层含水率及地温等

冻结壁扩展厚度按式(5.4)计算：

$$E_{yj} = v_{pj}\, t \tag{5.4}$$

式中：E_{yj}为预计冻结壁厚度，m；v_{pj}为冻结壁平均扩展速度，m/d；t为冻结时间，d。

冻结壁交圈后的温度分布可简化为定常温度场计算。冻结壁扩展过程和平均温度可采用通用数值方法或通用经验公式计算。

冻结壁交圈时间按式(5.5)估算：

$$t_{jq}=\frac{S_{max}}{v_{pj}} \tag{5.5}$$

式中：t_{jq}为预计冻结壁交圈时间，d；S_{max}为冻结孔成孔控制间距，m；v_{pj}为冻结壁平均扩展速度，m/d。

冻结壁形成期应不少于预计冻结壁厚度和平均温度达到设计要求的时间。

4. 冻结孔、测温孔和卸压孔的布置设计

1) 冻结孔布置设计

(1) 冻结孔成孔控制间距应按设计冻结厚度、冻结壁平均温度、盐水温度和冻结工期要求等确定，但不宜大于冻结壁设计厚度。多排冻结孔密集布置时，内部冻结孔成孔控制间距可取边孔的1.2倍。布置冻结孔时冻结孔成孔间距可按表5.5选取。

(2) 冻结孔开孔间距不宜大于冻结孔成孔控制间距与冻结孔最大偏斜之差，冻结孔成孔偏斜精度不大于1%。冻结孔偏斜精度可按表5.6控制。

(3) 冻结孔宜均匀布置并避开地层中的障碍物。在隧道管片上布置冻结孔时，开孔位置应避开管片接缝和螺栓口，并且应避开钢筋混凝土管片主筋和钢管片肋板。

(4) 为了保证联络通道及泵站开挖安全，常采用在两条隧道内分别钻孔的方案：除在一条隧道内施工大部分冻结孔外，同时在另一条隧道底部打二排孔，将联络通道和泵站封闭。冻结孔按上仰、近水平、下俯三种角度布置在联络通道和泵站的四周，在通道及泵站之间布置一排冻结孔(3～5个)，加强通道冻结效果，把泵站和通道分为两个独立的冻结区域开挖时采用联络通道和泵站分别开挖构筑的方式。

(5) 对于隧道轴线间距大于20m的联络通道，应采用两条隧道内分别布孔、两条隧道内分别设置冷冻站冻结的方案，两侧冻结管在联络通道中间交叉长度不宜小于1.5m。

(6) 碰到对侧隧道管片而不能循环盐水的冻结管端部长度不得大于150mm。

表5.5 冻结孔成孔控制间距设计参考值表

水平冻结孔孔深/m	≤8	8～10	10～30
冻结孔或成孔间距/mm	700～900	900～1100	1100～1300

表5.6 冻结孔偏斜精度要求

水平冻结孔孔深/m	≤8	8～10	10～30
冻结孔最大偏斜/mm	100	100～150	150～300

2）测温孔和卸压孔布置设计

（1）测温孔及测点的布置应满足判断冻结壁形成质量的要求；测温孔宜布置在冻结孔间距较大的冻结壁界面上或预计冻结薄弱处，且冻结薄弱区域均应有测温孔布设。

（2）检测冻结壁厚度的测温孔不得少于 2 个，在不同地层的冻结壁内外设计边界处均应布置测温孔，检测冻结壁温度的测温孔不应少于 4 个，在冻结壁内外边界及冻结壁中部均应布置测温孔，在冻结壁上下设计边界上均应布置 1 个以上测温孔，其中对侧隧道布置 4～6 个。

（3）测温孔深度 3～6m，测温孔管选用 ϕ32×3mm，20＃低碳无缝钢管，应该采用钻孔埋设，并进行测斜，每个孔设置 4～6 个测点，间距根据实际情况确定 500～1000mm。

（4）对于隧道轴线间距大于 20m 的联络通道，应增加测温孔，测温孔深度宜与冻结孔深一致，且必须设置通长的测温孔。

（5）测隧道管片界面温度时，应在界面里外两侧各布置 1 个测温点，通过插值方法确定界面处温度。

（6）卸压孔布置满足消散冻胀压力和检验冻结壁是否交圈的作用。卸压孔宜贯通布置于开挖区域，上下行线宜对称布置，数量取决于冻结壁的温度和范围。

5. 冻结制冷系统设计

一般情况下，冷冻机组应选用效率高、体积小、制冷量大、便于运输安装和操作控制的螺杆制冷机组。此外还要求配置盐水循环泵、冷却水循环泵、冷却塔。对于冷媒的选择一般用工业氯化钙（$CaCl_2$）作为溶剂。

1）冷冻机

（1）制冷剂循环系统的冷凝温度高于冷却水循环系统的出水温度 3～5℃。

（2）制冷剂循环系统的蒸发温度低于设计最低盐水温度 5～7℃。

（3）由计算制冷能力、制冷剂循环系统的冷凝温度、蒸发温度确定冷冻机的型号与数量。选定冷冻机的总制冷能力不得小于计算制冷能力，并应考虑足够的备用。

2）盐水和盐水管路

（1）地层冻结用盐水（冷媒剂）可采用氯化钙水溶液。氯化钙水溶液的凝固点应低于设计盐水温度 8～10℃，比重不宜高于 1.27。盐水中可掺氢氧化钠或重铬酸钠以减轻盐水对金属的腐蚀。

（2）氯化钙水溶液应充满循环系统中所有的容器和管路。

（3）按盐水流速计算供液管、干管和配集液管管径。盐水在冻结管环形空间的流速宜为 0.1～0.3m/s，在供液管中的流速宜为 0.6～1.5m/s，在干管及配集液管中的流速宜为 1.5～2.0m/s。

（4）盐水干管及配集液管可选用普通低碳钢无缝钢管或焊接钢管，管壁厚度不宜小于 5.5mm。供液管可选用钢管或聚乙烯增强塑料管，供液管接头必须有足够强度以防断裂。

(5) 在盐水干管中可安装软接头以减小温度应力和制冷设备运转引起的振动。

(6) 按盐水循环计算总流量、盐水泵扬程和电机功率选择水泵型号和台数，配备盐水泵在计算扬程下的总流量不得小于计算流量，并应设足够的备用泵。

3) 盐水温度与盐水流量设计

(1) 盐水温度和盐水流量应满足在设计的时间内使冻结壁厚度和平均温度达到设计值，一般情况下，最低盐水温度可按表 5.7 选取。

表 5.7 最低盐水温度设计参考值表

冻结壁平均温度/℃	−6～−8	−9～−10	≤−10
最低盐水温度/℃	−26～−28	−28～−30	−30～−32

(2) 积极冻结 7d 盐水温度下降至−18℃以下，积极冻结 15d 盐水温度下降至−24℃以下，开挖过程中盐水温度维持设计最低盐水温度，在初衬施工结束后，盐水温度可适当提高，但盐水温度不能高于−22℃。

(3) 开挖时，去回路总管内盐水温度相差不宜高于 1.5℃。开挖区外围冻结孔布置圈上冻结壁与隧道管片交接面处温度不高于−5～−7℃。如盐水温度和盐水流量达不到设计要求，应延长积极冻结时间。

(4) 每米冻结管(包括冷冻排管)的设计散热量不应小于 100kcal/h。冻结孔单孔盐水流量应根据冻结管散热要求、去回路盐水温差和冻结管直径确定。

(5) 冻结管内盐水流动状态宜处于层流与紊流之间，一般要求冻结孔单孔流量不小于 $5m^3/h$，可按表 5.8 选取。

表 5.8 单孔盐水流量设计参考值表

冻结孔总长度/m	≤40	40～80	≥80
单孔盐水流量/(m^3/h)	3.0～5.0	5.0～8.0	≥8.0

4) 冷却水及冷却水泵

(1) 冷却水宜采用生活用水，水温宜低于 28℃。

(2) 按冷却水计算总循环量选择冷却水循环泵型号和台数，水泵扬程以 12～20m 左右为宜。冷却水循环泵应有足够备用。

(3) 必须保温的低温容器和管路有：制冷剂循环系统的中压、低压容器和管路、盐水箱、盐水干管和配集液管等。

5) 冻结系统保温

(1) 所有盐水管路、冻结范围车站结构全部及外部不少于 1m 的范围均应设置有效保温层。

(2) 保温应采用导热系数和吸水率小、阻燃性好的保温材料。导热系数应不大于0.04W/(m·K)，吸水率不应大于2%。可采用聚氨酯、橡胶、聚苯乙烯和聚乙烯软质泡沫等保温材料，保温层厚度不应小于30mm。

(3) 宜采用现场喷涂施工的聚氨酯发泡保温层。采用保温板材时，应采用专用胶水将保温板密贴在隧道管片上，板材之间搭接宽度不得小于150mm。

(4) 保温层敷设应使其外表面温度比环境露点温度高2℃左右，不产生凝结水，使冷量损失在允许范围内。

(5) 保温层宜采用聚苯乙烯等泡沫塑料制品，导热系数宜小于0.17W/(m·K)。

(6) 所有低温容器、管路的保温层均应铺设防潮层。

6. 隧道预应力支架、安全门、开挖临时支架设计

1) 隧道预应力支架

(1) 为了减少联络通道施工过程中冻胀融沉对隧道变形的影响，保证隧道安全，在上、下行线隧道联络通道口两侧各架2榀隧道预应力支架，分别安装在洞口两侧的第一条隧道管片环缝处，在联络通道两侧沿隧道方向对称布置。

(2) 每榀支架设7～8个支点，由6个OLD50螺旋千斤顶提供预应力，施加预应力最大为500kN。应对支架采用相关软件设计计算，隧道预应力支架示意见图5.3。

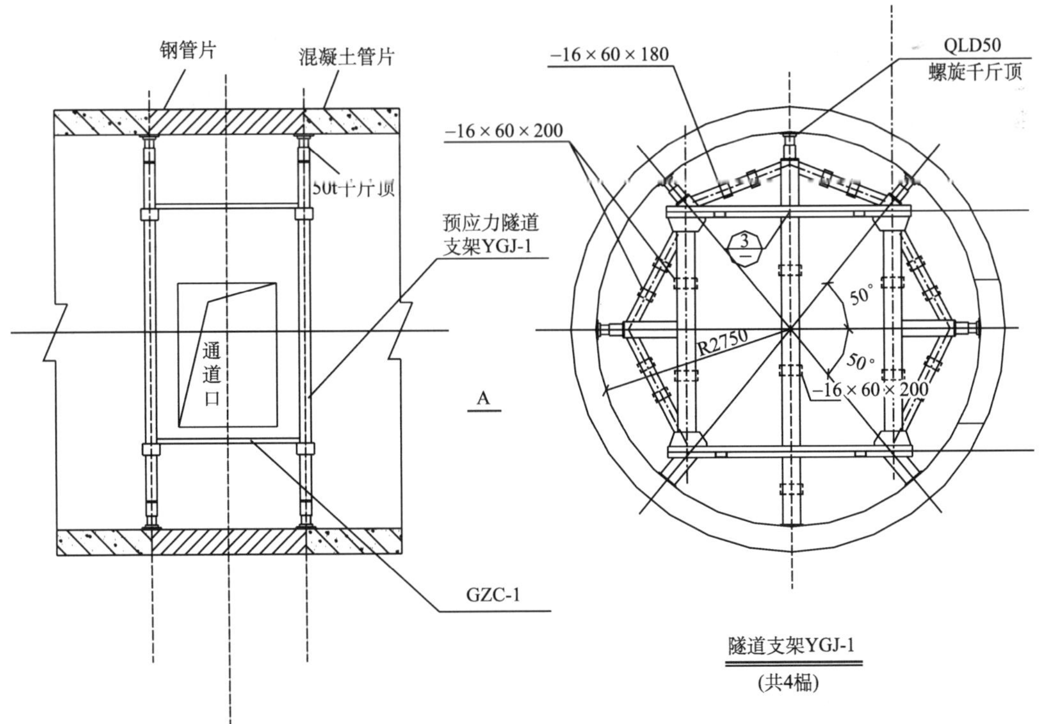

图5.3 隧道预应力支架示意图(mm)

(3) 隧道支架安装偏离隧道管片环缝处截面应不大于 20mm，隧道支架和冻结管位置冲突时可适当调整支撑位置。

(4) 安装好隧道支架后顶实千斤顶，但每个千斤顶的顶力不得大于 100kN，且各个千斤顶的顶力要基本均匀。

(5) 根据实测隧道收敛变形调整各个千斤顶的顶力，收敛大的部位要求千斤顶力大，不收敛的部位千斤顶不加力。隧道收敛达到报警值 10mm 时，千斤顶顶力达到设计最大值 500kN。

(6) 如千斤顶顶力达到设计最大值后隧道仍继续收敛，则应采取其他措施加强隧道支撑。

(7) 隧道支架框架用型钢制作，应满足有关钢结构设计规范(GB50017—2003)要求。

2) 安全门

(1) 安全防护门的作用是当连接通道开挖过程中突发涌砂冒水无法堵住时，采取关闭防护门方式密闭连接通道，然后通过在门上加压气平衡水土压力防止连接通道坍塌破坏。根据隧道埋深和水土压力，利用结构力学行安全门设计计算。通道开挖设置通道安全门，透水砂性地层集水井开挖时应设置安全门。通道及集水井安全门结构示意图见图 5.4 和图 5.5。

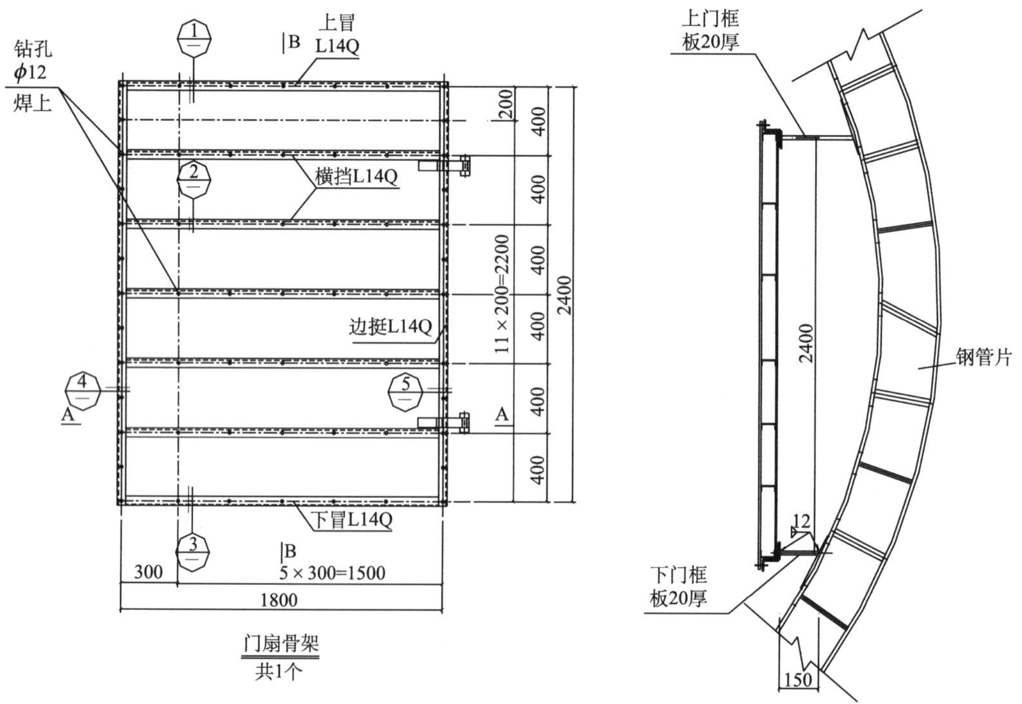

图 5.4　通道安全门结构示意图(mm)

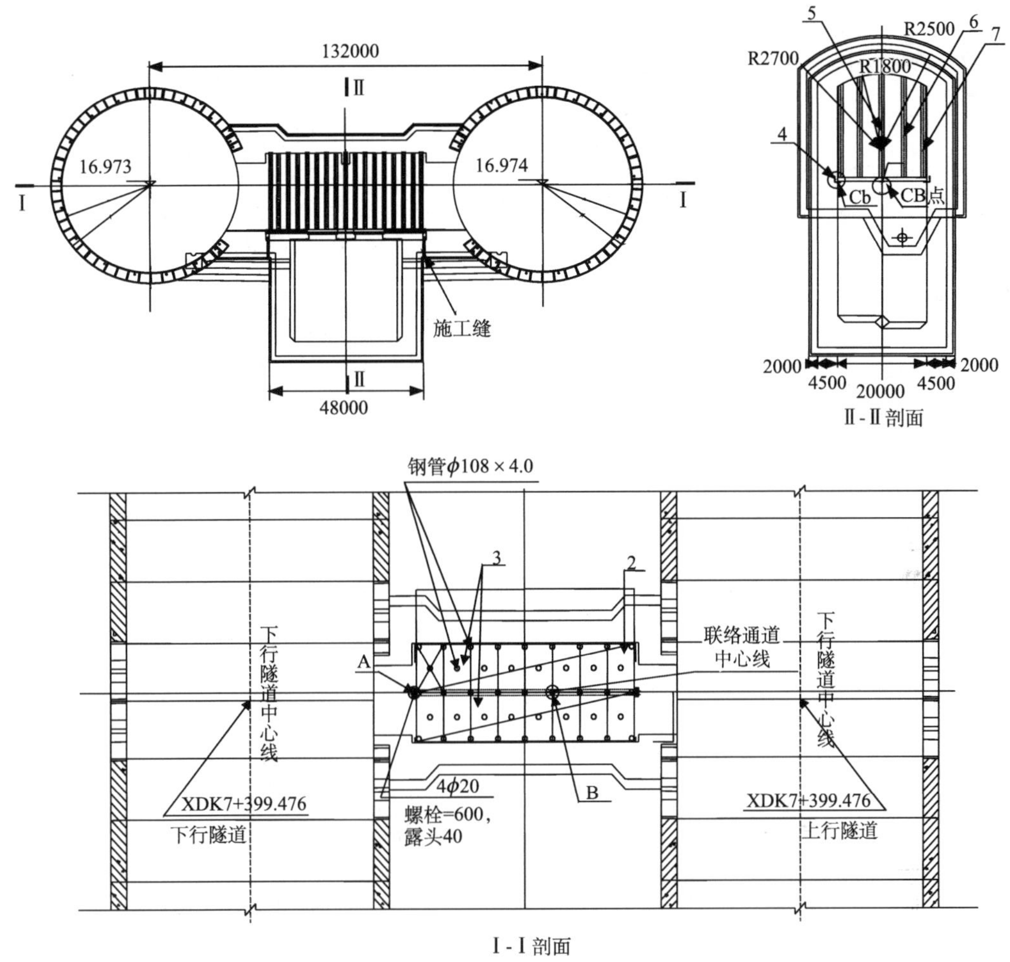

图 5.5　集水井安全门示意图(mm)

(2) 防护门由门框及门组成，在联络通道开挖前安装完成。

(3) 防护门应能灵活开关，关闭后应能承受安装位置的地下水压，有效阻止联络通道内水、土流出，开启后不得影响正常开挖和结构施工。

(4) 在防护门上应安设压风管、排水管、注浆管及控制阀门，并配备风量不小于 $6m^3/min$ 的空压机为防护门供气。

(5) 防护门开关应便于人工操作，紧固螺栓、风管及连接件、扳手等配件及操作工具应准备到位。

(6) 防护门耐压设计值为应根据隧道埋深及水土压力确定。安装好防护门后应进行水密性试验，先用水泵在防护门内注满水，再用空压机加压，要求在不停止空压机时，压力能保持设计值为合格。

(7) 当联络通道开挖时发生透水、冒砂事故，应立即关闭防护门，并向防护门内压气，使防护门内气压维持在设计压力。

(8) 联络通道完成初期支护后方可拆除防护门。

3) 开挖临时支架设计

(1) 联络通道土方开挖过程中，要对暴露段的土体及时施加临时支护，它一方面对冻结壁起到保温和隔热的作用；另一方面能承受冻土压力和控制冻结壁的位移。

(2) 临时支护采用钢支架和木背板进行支护，钢支架为封闭支护结构，为防止通道底板底鼓，支架加有底梁。支架间距为 0.3～0.5m，为增加支架的稳定性，相临两排支架间必须用支撑杆相互连接。

(3) 泵房的临时型钢支架为矩形且上下支架用 ϕ16mm 圆钢吊挂，支架间距 0.5m。所有支架间冻土体全用木板背实背紧，少量空隙用木楔背严。

在开挖和临时支护过程中，布设通道收敛变形测点，掌握开挖引起的隧道变形，通过调整开挖步距和支护强度来控制冻结壁的位移量，确保施工安全和施工进度。

7. 对冻结壁的监测要求

(1) 冻结壁形成前后的监测包括：冻结壁的发展速度，冻结孔间距较大处、隧道管片与冻结壁交界面温度的监测。开挖面暴露的冻结壁位移监测，强制解冻时冻结壁温度监测。

(2) 冻结壁温度监测，在测温孔内安装康铜线热电偶进行测量，或使用高精度点温计或用精密水银温度计测量。监测频率每天 1～3 次，当工作面温度过高等不利情况时，每 2 小时一次。

(3) 冻结壁表面位移监测，在开挖面安装测点，用收敛仪测量。每天一次，当工作面温度过高等不利情况时，每 2 小时一次。

(4) 在两条隧道内均应设置测温孔监测冻结壁厚度、冻结壁平均温度和冻结壁与隧道管片界面温度，测温孔(点)应布置在冻结孔间距较大的界面上或预计冻结薄弱处。

(5) 应对去、回路盐水温度进行监测，包括总管去、回路盐水的温度和冻结孔串联安装的回路盐水监测。去、回路总管的盐水温度监测点可利用设在总管上预留测孔；支路回路盐水温度监测点可设在回路调节阀门附近，对每组串联回路管的盐水温度进行监测。

8. 对周围环境和建(构)筑物的影响监测要求

(1) 主要包括卸压孔水压力监测，一次支护型钢支架轴力监测，开挖面冻结壁收敛变形监测。在施工期间应监测隧道管片变形、地面及周围管线、建构筑物变形；监测范围为：联络通道两侧隧道管片各 25m，联络通道正上方地面投影外侧 H(联络通道底埋深)$\times\tan 45°$以内。隧道管片变形、地面及周围管线、建构筑物变形监测应会同监测单位编制专业监测设计，并经有关方面批准后实施。

(2) 自然解冻或强制解冻及融沉补偿注浆过程中隧道、联络通道变形监测。

(3) 既有隧道垂直位移监测。每侧隧道各布设一个断面，自联络通道中心线沿隧道轴线向前后两侧每隔 4m 设置一个测点。

(4) 联络通道拱架变形监测。沿土体开挖顺序，分别在第一榀拱架、中间位置拱架、最后一榀拱架设置监测断面，每断面设置 1 组监测点，共 3 组测点。

(5) 地表沉降监测点按地铁测量监测规定执行，即 10mm、-30mm 为累计报警值，±3mm 作为日变量报警值。地下管线沉降监测点，以±10mm 作为累计报警值，±3mm作为日变量报警值。周围建筑物沉降累计沉降报警按地下管线报警值为参考，其差异沉降推算为房屋倾斜率报警值为 1/300。隧道沉降变化报警值以±10mm 作为累计报警值，±3mm 作为日变量报警值。

既有隧道收敛监测。在联络通道洞门左右两侧相邻砼管片上各布设一个断面，每个断面各布设 2 组观测点。

5.2.2　联络通道冻结加固施工

联络通道冻结施工工序见图 5.6。

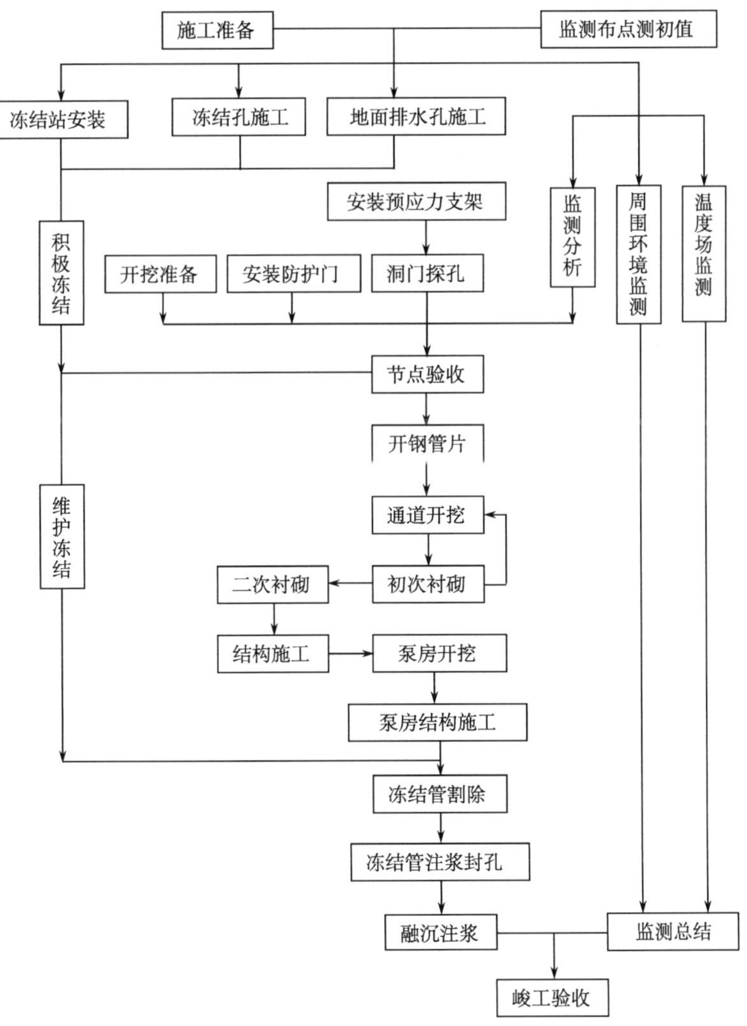

图 5.6　联络通道冻结施工工序

1. 冻结站安装

冻结站位置可选择在地铁车站地面广场、车站地下平台或冻结工作面附近的隧道内，冻结站设在地面时，制冷系统的高压部分应避免阳光直晒。冻结站应通风良好，采用冷却塔散热时，冻结站要加强通风排热，必要时可安装轴流风机强制通风。冻结站采用的设备、压力容器及管道阀门必须清洗干净并经压力试验合格。浮球阀、液面指示器、安全阀等安装前应进行灵敏性试验。冷却水源水质不符合冷凝器等设备的使用要求时，应安设冷却水水质处理装置，提高冷却效率。

冻结站盐水系统的管路应采用低碳无缝钢管，弯头、法兰盘应采用耐低温的碳素钢制作。

冻结管宜采用串、并联方式分组与配、集液圈连接，每组串联冻结管长度宜适中并基本一致，一般每组不宜超过三个冻结管，以保证各冻结管盐水流量均匀并满足设计要求。冻结管与配、集液圈之间宜用软管连接，软管在工况温度下耐压不应低于 1MPa。在冻结管匹配、集液圈之间的连接管路上应安装控制阀门和温度测点，管路连接应便于安装流量计检测单孔盐水流量。盐水循环系统最高部位处应设置排气阀，盐水箱应安设盐水液面可视自动报警装置，干管上及位于配液管首尾冻结管的供液或回液管上，应设置流量计。

2. 冻结系统调试

冻结设备安装完毕后进行调试和试运转。冻结站机充制冷剂前，制冷系统各部位必须进行试漏检验。盐水管路系统必须进行压力试验，试验压力不得小于冻结工作面盐水压力的 1.5 倍，并持续 15min 压力不下降为合格。冻结站管路密封性试验合格后，对制冷系统的低压、中压容器、管路及盐水箱、盐水干管、配集液管等必须按设计要求铺设保温层和防潮层，并对制冷系统按统一规定的颜色刷漆。

(1) 冻结站正式运转前，应对冷却水、冷媒剂及制冷剂系统进行试运转，各系统应达到以下设计要求。

① 冷却水系统：补充水量、水温及水质应达到设计要求，循环水系统运转正常。

② 盐水系统：盐水浓度及总流量应达到设计要求，循环系统正常运转，空气放净，无杂物堵塞。

③ 冷却水、盐水系统试运转后可充制冷剂。在正式充制冷剂前应进行试充，系统压力应控制在 0.2～0.3MPa，用专用仪器检漏，合格后才能正式充制冷剂。制冷剂充量应达到设计要求。

(2) 冻结站正式运转应具备下列条件：

① 充制冷剂过程中，制冷剂、盐水、冷却水系统应运转正常，盐水温度逐渐下降。

② 配电系统应能连续正常供电。

③ 冻结站内灭火器材、防毒面具、防雷装置、电气接地等安全设施应齐全。

④ 冻结机易损件、仪表和冻结机油均应有足够备用。

(3) 冻结站正常运转应符合下列条件：

① 制冷剂、盐水、冷却水循环系统温度、流量、压力应正常，经过3～7d盐水温度应逐渐下降并达到设计要求，各冻结管回液温度正常、基本一致，头部、胶管结霜均匀。

② 制冷剂冷凝压力和蒸发压力应与冷却水温度、盐水温度相对应。

③ 冷媒温度比制冷剂蒸发温度应高5～7℃，冷凝温度应高于冷却水出水温度3～5℃。

④ 冷却水进出水温差宜为3～5℃。

⑤ 盐水去回路温差：积极冻结期宜为1～4℃；开挖期间不宜大于1.5℃。

(4) 冻结站应有运转日志，包括下列内容：

① 冻结机及其辅助设备中的温度、压力、流量、液位、电流、电压等的班记录，运转日志，每次制冷剂充量及冻结润滑油加油量的记录。

② 冷媒泵班运转日志，冷媒泵压力、流量、冷媒箱水位及温度的班记录。

③ 配集液管冷媒温度，冻结管头部冷媒温度，以及冻结管头部胶管结霜情况的班记录。

④ 补充水及循环水水泵班运转日志，补充水的流量及水温，冷凝器进、出水温度及流量的班记录。

3. 积极冻结

(1) 冻结设备安装完毕后进行调试和试运转。在冻结过程中，定时检测盐水温度、盐水流量和冻结壁扩展情况，根据冻结监测情况调整冻结系统运行参数。冻结系统运转正常后进入积极冻结。要求一周内盐水温度降至－18℃以下，以后逐渐降至－30℃。

(2) 在开挖期间不得擅自停止或减少冻结孔供冷。如确因施工需要停止个别冻结孔供冷时，应分析对冻结壁整体稳定性的影响，并制定相应技术措施，确保开挖和结构施工安全。

(3) 对冻结孔偏斜较大时，可增设辅助冻结孔，确保冻结壁不留薄弱环节。

(4) 采用串并联循环方式，加大盐水在冻结管内的流量，加快冻结管的热交换。

(5) 采用地层冻结实时监测系统，自动定时检测冻结壁温度和冻结系统运转工况，包括盐水温度、流量，冻结壁的扩展速度和扩展厚度等。

(6) 在盐水管路高处设自动放空阀，并定时观察冻结管头部结霜情况，根据分组去回路盐水温度分析冻结管运转是否正常。

(7) 在卸压孔上安装压力表，通过检测冻结壁内的孔隙水压力，判断冻结壁是否交圈。

(8) 快速降低盐水温度，并在管片上铺设保温板，以加快冻结速度，减少冻胀量。

(9) 冻结过程中可在联络通道内布置多个卸压孔，以减小冻胀对隧道的影响。

(10) 提前安装隧道支撑，防止冻胀造成隧道管片变形。

(11) 做好冻结站的运转记录，严格执行各项规章制度和冻结站的岗位责任制。

(12) 当施工中地层及环境条件与原设计依据资料有重大变化时，应及时与设计单位联系修改冻结壁设计。对冻结管供冷发生异常或冻结效果难以确定的部位应打探孔检测冻结壁温度或检测开挖区内土体的稳定情况。

4. 冻结壁开挖要求

应根据测温孔测温数据、冻结孔及测温孔测斜数据，推算冻结壁发展速度，计算冻结壁有效最小厚度，计算冻结壁平均温度。

当满足以下要求时方可拉管片，开始开挖：

(1) 达到设计的积极冻结天数；计算的冻结壁有效最小厚度达到设计值。

(2) 冻结壁平均温度达到设计值，冻结壁与隧道管片交界面处平均温度不高于−5℃。

(3) 去、回路盐水温差不大于1.5℃，设于冻结壁外边界处的测温孔温度低于0℃。

(4) 在冻结壁设计厚度的边界打探孔，探孔中温度达到设计温度。

(5) 在联络通道开挖区内打探孔，探孔中无线状流水流砂。

(6) 防护门安装后气密性试验合格，应急物资储备到位，以及其他准备工作就绪。

(7) 总包单位应在开挖前按照节点验收管理规定提请业主相关部门组织土方开挖节点验收。

(8) 当施工中地层及环境条件与原设计依据资料有重大变化时，应及时与设计单位联系修改冻结壁设计。

(9) 对冻结管供冷发生异常或冻结效果难以确定的部位应打探孔检测冻结壁温度或检测开挖区内土体的稳定情况。

5. 维护冻结

(1) 初期支护结构完成后可进入维护冻结。

(2) 在开挖和联络通道主体结构施工期间盐水温度宜保持在设计值范围。

(3) 维护冻结盐水温度不高于−28℃，单个冻结孔盐水流量不小于$5m^3/h$。

(4) 维护冻结过程中，要与积极冻结时一样进行冻结施工监测，确保冻结系统运转正常，及时分析冻结壁的温度变化。

(5) 在开挖过程中，每天监测暴露冻结壁的表面温度和位移量，如发现局部冻结壁温度较高、变形较大，采用串接管道泵的方法加大对应位置的冻结孔流量。开挖期间，不允许提高盐水温度和减小盐水流量。

(6) 在开挖过程中，应监测开挖面四周的冻结壁温度、冻结壁进入开挖面厚度和冻结壁的收敛情况，监测频率宜为每个掘进循环一次。

6. 停止冻结

(1) 在开挖期间不得停止或减少冻结孔供冷。如因施工需要停止个别冻结孔供冷时，应分析对冻结壁整体稳定性的影响，并制定相应技术措施，确保开挖与联络通道结构施工安全。

(2) 如在积极冻结期间发生短暂停冻，应按停冻时间的2倍相应延长积极冻结时间。

(3) 联络通道主体结构施工结束后方可停止冻结，拆除制冷设备和管路。

(4) 停止冻结并完成冻结孔封孔工序后，应进行衬砌后充填注浆和地层融沉补偿注浆。

7. 充填注浆

(1) 注浆管宜在联络通道结构施工时预埋。注浆管预埋深度以穿透结构层为宜，布孔密度以 1.5～2.5m²/个为宜。

(2) 停止冻结后 3～7 天内进行衬砌壁后充填注浆。注浆时要求完成冻结封孔且衬砌混凝土强度达到设计强度的 60%以上。

(3) 衬砌壁后充填注浆采用 1∶0.8～1 单液水泥浆，注浆压力取决于地层深度，一般浅埋地层注浆压力控制在 0.2～0.5MPa。

(4) 注入水泥浆前应先注清水，检查各注浆孔之间衬砌后间隙是否畅通。注浆宜按由上而下的顺序进行，当上一层注浆孔连续返浆后即可停止下一层注浆，直至注到拱顶结束。泵站处注浆压力不大于 0.1MPa，通道处注浆压力不大于静水压力。

(5) 充填注浆结束后根据地层监测情况进行冻结壁融沉补偿注浆。

8. 强制解冻

(1) 冻结壁解冻采用强制解冻时，强制解冻施工要求主体结构混凝土强度达到设计强度 75%以上后进行。

(2) 通过冻结孔循环热盐水进行强制解冻。由施工单位根据测温资料确定选用哪个冻结孔作为热盐水循环孔，热盐水温度控制在 60～70℃，加热盐水的电加热器功率不宜小于冷冻机电机功率。

(3) 强制解冻的顺序是联络通道下部——联络通道两侧——联络通道顶部。

(4) 强制解冻过程中应配合冻结壁温度监测，当 95%以上的测温点的温度达到 0℃以上时，视为解冻结束。

9. 融沉补偿注浆

(1) 无论是自然解冻还是强制解冻，都应遵循“多次、少量、均匀”原则，且应根据地层实际情况及时融沉补偿注浆。

(2) 融沉补偿注浆通过预埋的注浆管和隧道内的管片注浆管进行。

(3) 融沉补偿注浆可配合强制解冻进行，注浆顺序和强制解冻顺序一致。

(4) 融沉补偿注浆浆液以水泥-水玻璃双液浆为主，单液水泥浆为辅。水泥-水玻璃双液浆配比为：水泥浆和水玻璃溶液体积比为 1∶1，其中水泥浆水灰比为 1∶1，水玻璃溶液采用 B35～B40 水玻璃和加 1～2 倍体积的水稀释。注浆压力不大于 0.5MPa，注浆范围为整个冻结区域。

(5) 当一天内联络通道沉降大于 0.5mm，或联络通道累计沉降大于 3.0mm 时，应进行融沉补偿注浆；当联络通道隆起 3.0mm 时应暂停注浆。

(6) 严格控制注浆压力和注浆量不超过设计范围，通过补偿注浆逐步控制地层沉降趋于稳定。

(7) 浆管端部的接头丝扣应检查完好无损，阀门密封可靠，在出现孔口喷泥水时能及时关闭。并准备一些木楔，在丝扣失灵或阀门关闭不严时能堵塞孔口。

(8) 注浆时监测隧道变形，保证在注浆压力作用下变形量在设计允许范围内，防止注浆压力对管片的影响。

(9) 注浆是否结束，应根据解冻时间及沉降监测反馈的信息和最大注浆压力控制，冻结壁已全部融化(一般软土最少 4 个月，砂土最少 3 个月)，且实测连续一个月每半个月的沉降不大于 0.5mm，累计沉降量小于 1mm，可以结束融沉注浆。

10. 冻结孔封孔及钢管片处理

(1) 强制解冻结束后应割除隧道管片上的孔口管或冻结管，割除深度要求进入管片不得小于 60mm。

(2) 割除孔口管或冻结管后留下的孔口应立即用速凝堵漏剂封堵，并预埋注浆管进行注浆堵漏。

(3) 所有冻结孔应用压缩空气吹干管内盐水，用强度不低于 M10 的水泥砂浆密实充填孔口段，充填长度不少于 1500mm，孔口采用厚度 10mm 的标准钢板全圈焊接密封。

(4) 封孔结束后，所有预留隧道钢管片格仓采用微膨胀性 C35 素混凝土填满钢管片格仓。

5.3 联络通道冻结加固实例

5.3.1 工程概况

苏州市轨道交通 1 号线玉山公园站—苏州乐园站区间隧道联络通道及泵站工程联络通道位置里程上行线 DK4+226.162、下行线 DK4+225.000，线间距 13.79m，联络通道位置隧道中心标高左线−12.63m、右线−12.62m。联络通道地面对应的施工位置在长江路西侧，附近有雨水管和通信电缆。构筑联络通道所在位置的隧道管片为钢管片，隧道内径 5.5m，管片厚度 350mm。衬砌采用二次衬砌方式；临时支护层和永久结构层之间设防水层，在联络通道结构层底部上、下行线各预埋一根排水管。联络通道及泵房结构图见图 5.7 和图 5.8。

联络通道所处土层为④-2 粉砂层和⑤-3 粉质黏土层。④-2 粉砂层，灰色，流塑，偶夹少量粉土薄层，无摇振反应，刀切面稍有光泽，干强度、韧性中等。层底标高−25.99～−19.58m，层厚 2.90～10.20m，平均厚度 8.2m。该层压缩性中等偏高。⑤-3 粉质黏土层，灰色，局部 65 青灰色，中密为主，局部为稍密，饱和，夹薄层粉质黏土，摇振反应迅速，层底标高−16.68～−12.60m，层厚 5.20～10.90m，平均厚度 6.5m。该层压缩性中等偏低，矿物成分以石英、长石为主，含少量云母碎片。联络通道处在位置土层含水率大，地下水为微承压水，地下水补给源较近。据区域资料，最高微承压水头标高为 1.74m，最低微承压水头标高 0.62m。

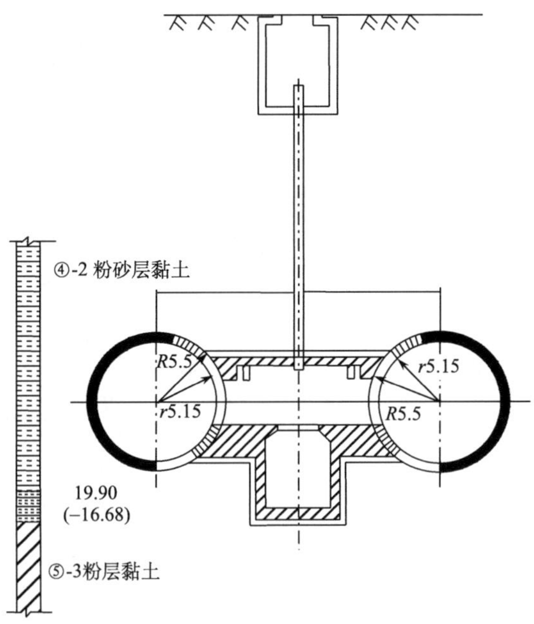

图 5.7　联络通道及泵房结构图(m)

5.3.2　冻结加固方案

1. 冻结设计参数

冻结设计参数如表 5.9 所示。

2. 冻结设备参数

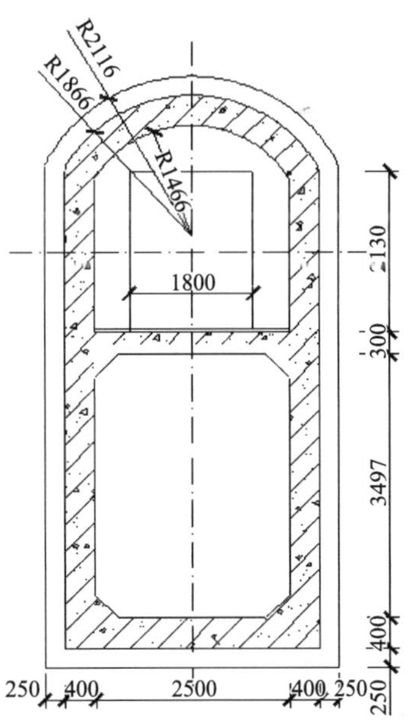

图 5.8　联络通道具体尺寸图(mm)

冻结孔钻孔设备使用 MD-50 钻机，配用 BW250 型泥浆泵，利用 ϕ89×8mm 冻结管作钻杆；冻结管之间采用套管丝扣连接，接头螺纹紧固后再用手工电弧焊焊接，确保其同心度和焊接强度。冷冻机组选用 W-YSLGF300Ⅱ型螺杆机组 1 台，盐水循环泵选用 IS150-125-315 型 1 台，冷却水循环选用 IS150-125-315 型 1 台，冷却塔选用 KST-80 型 2 台。

供液管选用 ϕ48×3.5mm 钢管，采用焊接连接；冷却水管选用 ϕ127×5.5mm 无缝钢管；冷冻排管选用 ϕ45×3mm 无缝钢管；盐水干管和集、配液圈选用 ϕ159×6mm 无缝钢管；制冷剂选用氟利昂 F-22；冷媒剂选用氯化钙($CaCl_2$)溶液。

表 5.9 冻结设计参数

项目	单位	数量	备注
冻结壁厚度	m	≥1.8	
冻结壁平均温度	℃	≤−10	
积极冻结盐水温度	℃	≤−28	7d 盐水温度降到−18℃以下
冻土与管片界面温度	℃	≤−5	
冻结孔个数	个	72	
冻结孔最大终孔间距	mm	≤1300	
冻结孔允许偏斜	mm	≤150	
冻结孔单孔流量	m^3/h	5～7	
积极冻结时间	d	45	
测温孔数量	个	8	
测温孔深度	m	>3m	
卸压孔个数	个	4	
冻结管总长	m	680	
需冷量	10^4kcal/h	6.85	

3. 冻结管布置

苏州地铁玉山公园站—苏州乐园站区间联络通道共设计冻结管冻结孔 72 个，其中下行线 51 个，上行线共 13 个，冻结管布置如图 5.9 所示。

5.3.3 测点布置

1. 测温孔温度监测

1）测点布设

土体温度监测共布设 8 个监测点，编号 C1～C6，如图 5.10 所示。其中 C1、C4 测点从冻结站所在隧道打孔直接打到对面隧道管片位置，以布点对联络通道冻结壁区域进行温度监测，孔内共设 6 个测温点，Ci-1、Ci-6（i＝1、4）两个测点位于隧道管片与土体交界位置处，其他测点以这两个测点为基准向土体内部每隔 1.5m 布设一个测点。C2、C3、C5、C6 测温孔打入土体深度 3m，第一个测点布设在隧道管片与土体交界面处，其他测点经最外侧点为基准向土体内每隔 1.5m 设一个测点。

2）布设方法

测温孔管材选用 $\phi32\times3.5$mm，20＃低碳钢无缝钢管，从设计冻结壁内外两侧边沿平行于联络通道轴线的方向打入土体内，打设测温管时应校准测温管的偏斜角度，保证测温孔和冻结孔平行，同时严格控制测温孔的入土深度。

3）实测方法

采用热电偶进行测温，监测之前对每组热电偶进行标定，标定系数用于温度测量时的换算。

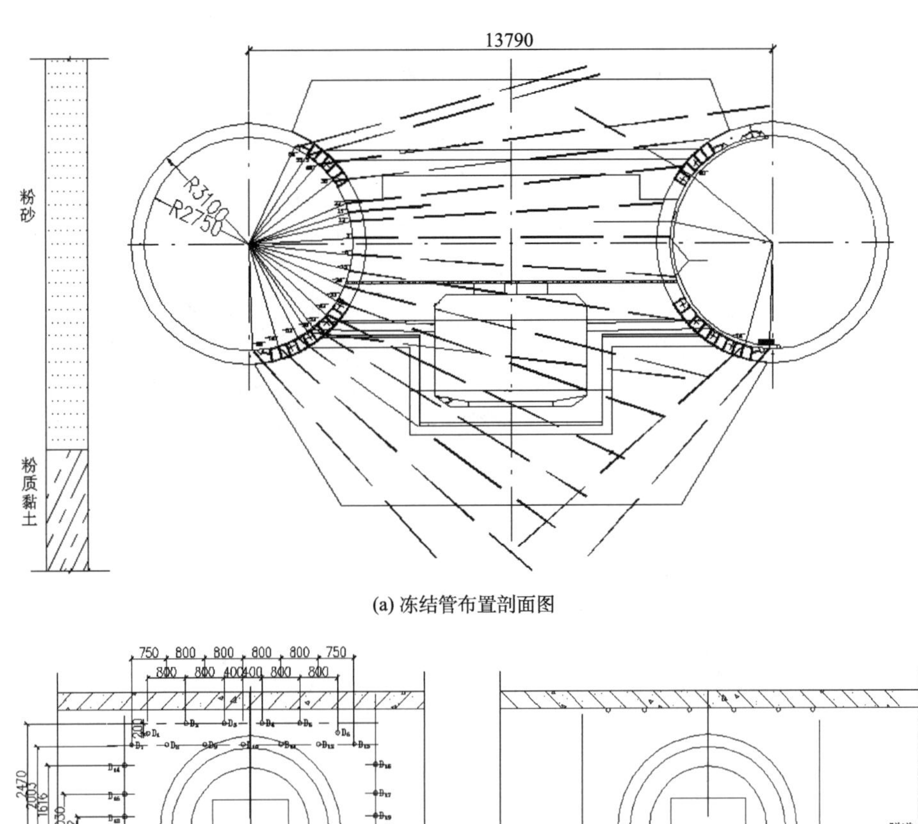

(a) 冻结管布置剖面图

(b) 冻结管布置平面图

图 5.9　冻结管布置图(mm)

2. 地表沉降监测

在对加固区影响范围内进行地表沉降监测时，沿联络通道开挖方向设置 6 个监测断面。在联络通道的中间位置设 1 个监测断面，具体编号依次为 DB4-i(i=1、2…6)，在 D4-i 断面两侧布设五排沉降观测断面，具体编号依次为 DB1-i、DB2-i、DB3-i、DB5-i、DB6-i(i=1、2…7)，覆盖联络通道上方的冻结区域。每个断面上在通道中轴线上以及距中轴线上对称布设共 7 个观测点。测点布置如图 5.11 所示。

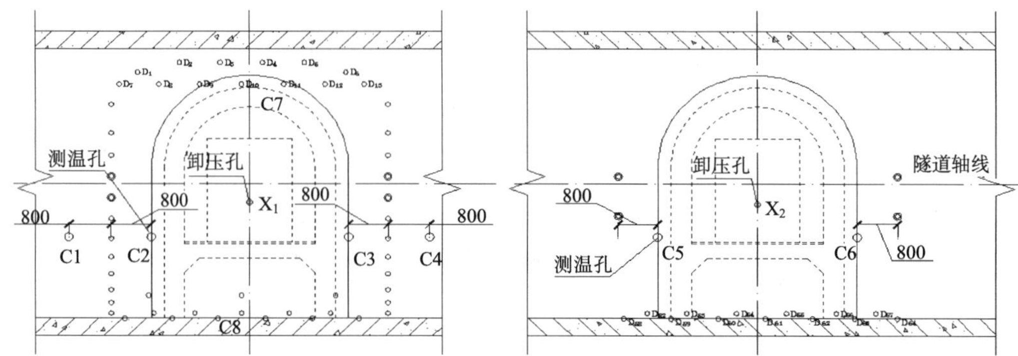

图 5.10　联络温度场实测布点图(mm)

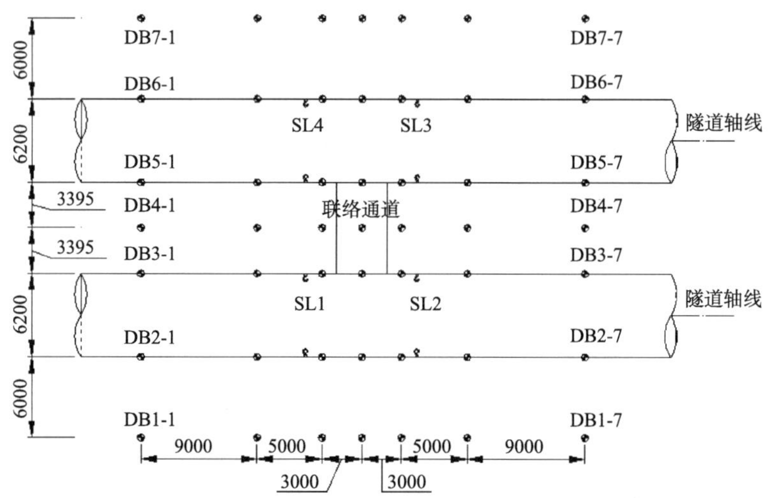

图 5.11　地表变形沉降观测点布置示意图(mm)

5.3.4　数值模拟与实测结果分析

1. 计算说明

1）几何模型

联络通道沿通道中心线方向截面相同，在通道正中间位置有正方体泵房，开挖区域和冻结区域具有对称性，取联络通道洞门处断面和中间泵房断面进行分析。水平方向60m，竖向50m。分析区域上部边界为地表。冻结管在从隧道管片上打入地层中，呈上仰、水平、下俯三种角度；联络通道底部和顶部冻结管水平间距均相同，为700mm，在洞门位置通道左右两侧冻结管间距600mm，在泵房位置左右两侧冻结管间距为700mm。模型中部设置温度分析点，如图 5.12 所示。

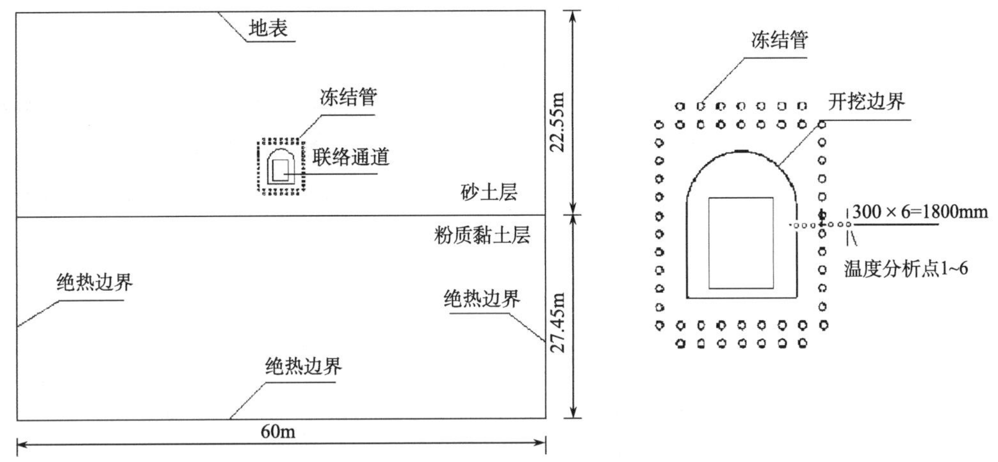

(a) 联络通道洞口计算模型及温度分析点

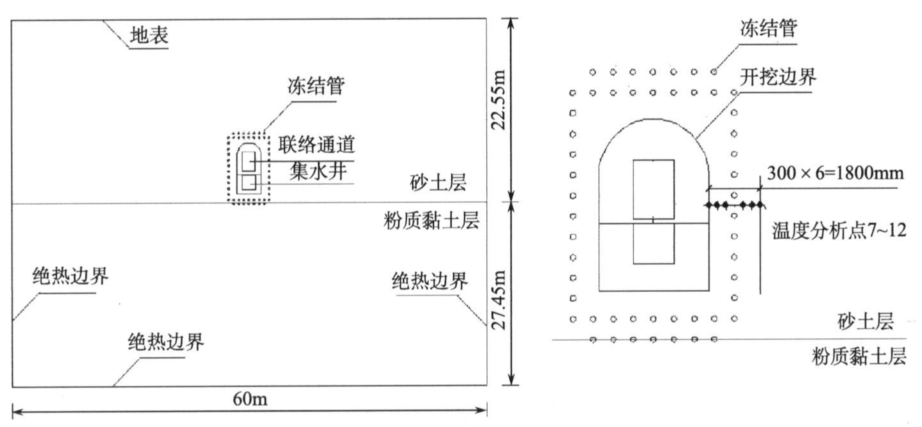

(b) 泵房处计算模型及温度分析点

图 5.12 计算模型范围及温度分析点

2）参数选取

工程实际中冻结天数 50d，考虑到数值计算软件在最后时间步会进行截尾处理，为保证模拟工况与现实工况相吻合，此次模拟计算冻结时间选取 55d，提取 50d 数据进行分析；设置 11 个计算时间步，每个计算时间步 5d。苏州地铁玉苏区间联络通道主要涉及的土层温度场计算参数如表 5.10 所示。

表 5.10 土层参数

土层	含水率/%	密度/(g/cm³)	干密度/(g/cm³)	冻结温度/℃	导热系数/[W/(m·K)]		比热容/[(J/(kg·K)]	
					室温	−10℃	室温	−10℃
④-2 粉砂	25.75	1.956	1.568	−0.44	2.06	3.11	2.18	1.52
⑤-3 粉质黏土	38.57	1.938	1.399	−0.35	1.80	2.22	2.20	1.81

3）温度初始条件

玉山公园站—苏州乐园站区间联络通道冻结施工时间为 2009 年 9 月至 11 月，分析范围内土层初始地温取实测地温 18℃；地面与大气接触，边界温度取为冻结施工期间大气平均温度 22℃；分析范围左、右、下部三个边界定为绝热边界；根据冻结实测情况，冻结盐水温度取实际随时间变化的曲线，如图 5.13 所示。

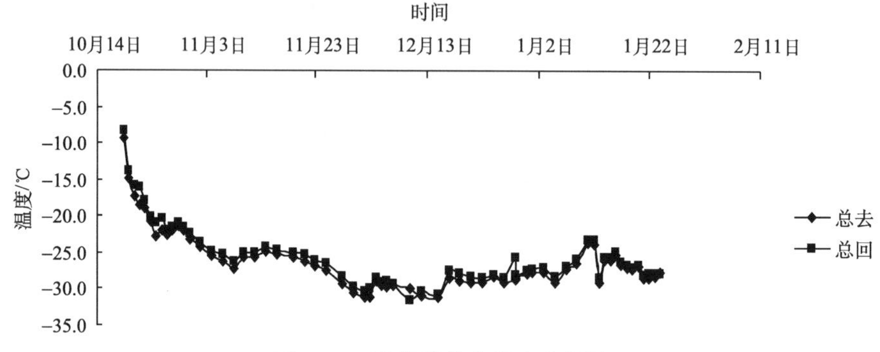

图 5.13 冻结管盐水温度变化图

2. 冻结温度场分析

联络通道洞口处冻结壁轮廓线如图 5.14 所示。

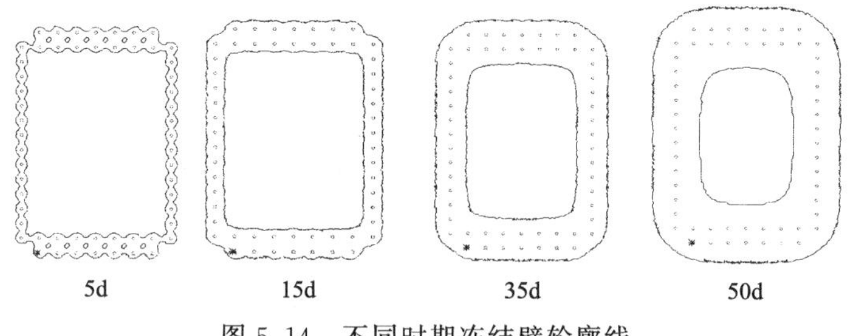

图 5.14 不同时期冻结壁轮廓线

如图 5.14 所示，冻结 15d 后冻土柱交圈，35d 后冻结壁发展速度减慢。冻结土体的发展速度先快后慢，冻结时间越长，冻结壁发展速度越慢。由于顶部和底部分别布置两排冻结管，直立段冻结壁厚度明显小于顶部和底部水平冻结壁厚度，冻结壁最小位置在直立段最中心处，转角处的冻结壁发展良好、厚度均匀，不存在死角，冻结壁最薄的环节在直立冻结壁的中部位置。在联络通道两侧冻结区域，冻结壁厚度均大于 1.8m；在联络通道顶部和下部冻结区域，冻结壁厚度大于 2.5m。

在计算模型中，提取温度分析点的温度数据，其温度随冻结时间变化曲线如图 5.15 和图 5.16 所示。

从图 5.15 可以看出：离冻结管 300mm 的分析点为 3、4：点 3 冻结 8d 温度下降到

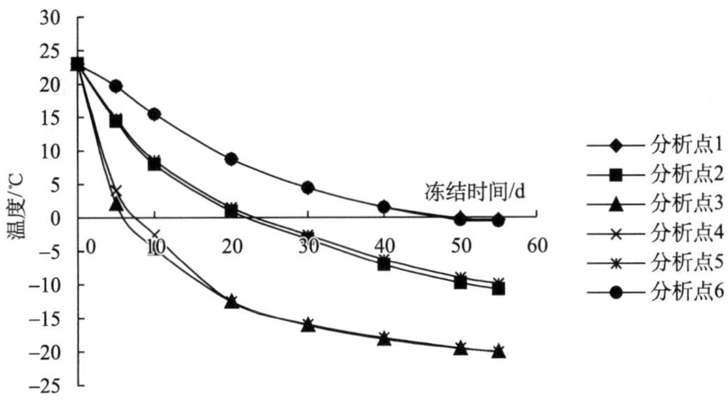

图 5.15 不同分析点的温度变化曲线

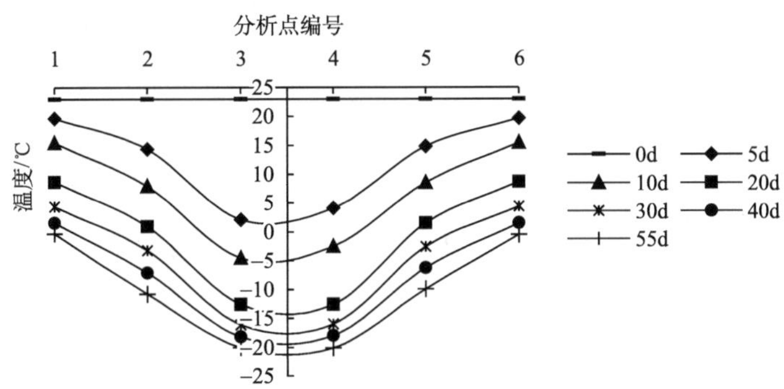

图 5.16 冻结管两侧土体温度梯度曲线

0℃，点 4 冻结 9d 温度下降到 0℃；离冻结管 600mm 的分析点 2 和 5：点 2 冻结 24d 温度下降到 0℃，点 5 冻结 26d 温度下降到 0℃；离冻结管 900mm 的测点为分析点 1 和 6：点 1 冻结 45d 温度下降到 0℃，点 6 冻结 47d 温度下降到 0℃。冻结壁内外部离冻结管等距各点温度变化对比说明：冻结壁内侧温度下降比外侧下降快，离冻结管越远的点差异性越大。点 2、5 点温度变化有明显潜热释放阶段，点 1、6 点离冻结管近，潜热释放阶段不明显。

图 5.16 给出了冻结壁温度冻结管中心处温度最低，向两侧逐渐升高。离冻结管中心 300mm 范围内的土体温度与冻结管温度相比上升趋势小；随着离冻结管中心距离的增大，离冻结管中心 300～600mm 范围内，土体温度与冻结管温度相比上升趋势增大；离冻结管中心 600～900mm 范围内，土体温度与冻结管温度相比上升趋势减小。冻结壁温度测点安装于直立段冻结壁中部，是冻结壁最弱环节，积极冻结 45d 时，离冻结管 900mm 区域的土体下降到－0.5℃，其他部分离冻结管 900mm 的土体温度均匀低于－0.5℃，说明此时冻结壁厚度已经达到 1.8m 的厚度；积极冻结到 50d 时，冻结壁厚度已经超过 1.8m。

3. 冻胀位移场分析

土体冻结后，水平方向土体的冻胀力可以任意释放，水平方向的冻胀对地铁隧道的影响可以通过预应力支架、卸压孔卸压的方式进行排除。冻胀对联络通道上覆土体产生影响。由于联络通道埋深不大，冻胀可能会影响到地表。基于温度场的计算运用有限元软件进行位移场数值模拟，分析冻结过程中联络通道上部土体冻结引起的冻胀变形。

冻结时间选取 55d，盐水温度变化同温度场的计算时的变化规律。全部冻结计算过程中，联络通道上部离冻结管 1.45、3.45、5.45、7.45m 和地表处的土体位移如图 5.17 所示，其中正值代表土体抬升。

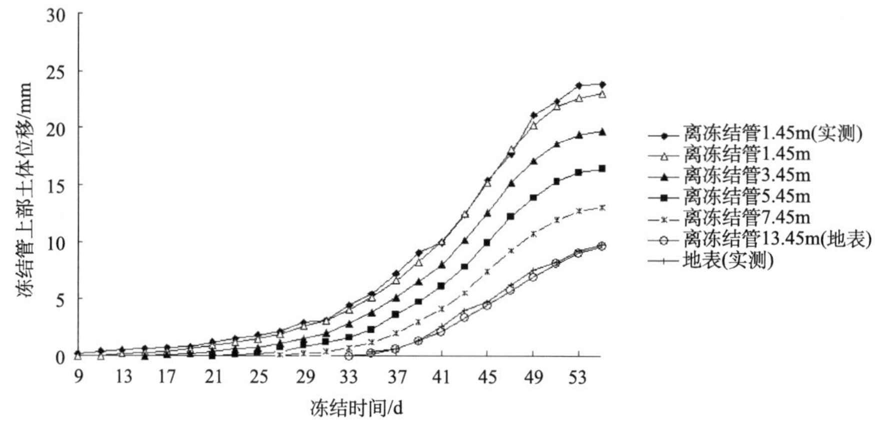

图 5.17　冻结管上部土体位移曲线

数值计算结果表明：联络通道顶部地层离冻结管越近，受冻结影响位移越大，离冻结管越远，受冻结影响位移越小，受影响的时间也越晚。离冻结管 1.45m 位置的土体位移量最大为 23.1mm，离冻结管 13.45m(地表处)受到的影响最小，冻结 53d 不足 10mm。离冻结管 1.45m 位置处在冻结 10d 后有较为明显的冻胀位移，离冻结管 3.45、5.45、7.45m 的土体分别在冻结 15、22、29、35d 受到冻胀的影响，说明冻胀对周围地层的影响随冻结壁区域的增加而增大。

冻结管上部地层受到冻结影响的大小随着冻结时间的变化分为三个阶段。第一阶段，从冻结开始到冻结 30d，此阶段冻结管周围土体冻结范围较小，冻结圆柱逐渐增加，并开始交圈，此阶段冻结壁没有形成，少量的冻胀对上部地层的影响较小；第二阶段，从冻结 30d 到冻结 50d，此阶段冻结圆柱已交圈，冻结土体范围持续向外扩展，冻结壁厚度增加，冻结壁形成后，将冻结管内侧土体和外侧土体分割成两个相互独立的部分，联络通道顶部冻结管的冻胀力只能向上释放，因此土体在这个阶段的位移量明显增加；第三阶段，从冻结 50d 后，土层的上升明显变缓，冻结壁向外扩展的速度变小，冻结壁外的土体冻结需要的时间较长，因此土体的冻胀变小，联络通道顶部土体的位移变缓。

5.4　联络通道冻结加固敏感因素分析

5.4.1　不同因素对冻结温度场的影响

冻结温度场是人工冻结法中最关键的部分，由于受到复杂地质条件的影响，冻结温度场是冻结法成功与否、经济与否的决定性条件，也是冻结法在施工过程中的安全性、合理性的参考标准。利用有限元软件对上述工程联络通道冻结法施工进行模拟试验，对不同导热系数、冻结盐水温度和冻结管间距进行其他参数相同条件下单因素数值模拟分析和比较。

1. 导热系数的影响

土体导热系数 λ 按 0.70λ、0.85λ、λ、1.15λ、1.30λ 的规律变化。表 5.11 给出了不同导热系数时的冻结壁交圈天数和最终平均温度，结壁发展到 1.0m、1.5m、1.8m、2.0m 厚度时所需要的冻结时间如表 5.12 所示。

表 5.11　不同导热系数时冻结圆柱交圈时间

	导热系数				
	0.70λ	0.85λ	λ	1.15λ	1.30λ
交圈时间/d	24	21	18	15	13
最终平均温度/℃	−6.7	−10.4	−13.6	15.3	17.2

表 5.12　不同导热系数时冻结壁发展时间

冻结壁厚度/m	0.70λ	0.85λ	λ	1.15λ	1.30λ
1.0	39	32	27	21	16
1.5	57	43	35	27	20
1.8	—	54	45	35	25
2.0	—	67	55	45	32

由表 5.11、表 5.12 可知：当导热系数增加时，交圈时间缩短，导热系数等幅度降低，冻结圆交圈时间并不等幅下降。导热系数对最终冻结壁平均温度也会产生较大影响，导热系数越高，地层导热性能越好，冻结壁平均温度也越低。

2. 盐水温度的影响

低温盐水温度直接影响冻结壁的形成时间，理论上其他条件不变时，盐水温度越低，冻结效率越高。选择最低盐水温度 −24、−26、−28、−30、−32℃ 进行数值计算，不同盐水温度情况下冻结壁发展情况如图 5.18、图 5.19 所示。

从图 5.18、图 5.19 可以看出：随盐水温度的降低，冻结圆柱交圈时间越来越短。五种温度条件下冻结壁的形成过程一致，都呈现出先快后慢的趋势，冻结 45d 以后，冻结壁发展速度明显降低，即随冻结时间增长，冻结壁的发展速度减慢。积极冻结期间，即从冻结圆柱交圈到冻积极冻结 40d，各种盐水温度条件下冻结壁厚度相差较小，冻结 40d 以后，不同盐水温度下，冻结壁厚度相差越来越大。五种温度条件下，冻结 55d 后，冻结壁厚度增长均十分缓慢，单纯增加冻结时间对提高冻结壁厚度效果已不再明显。

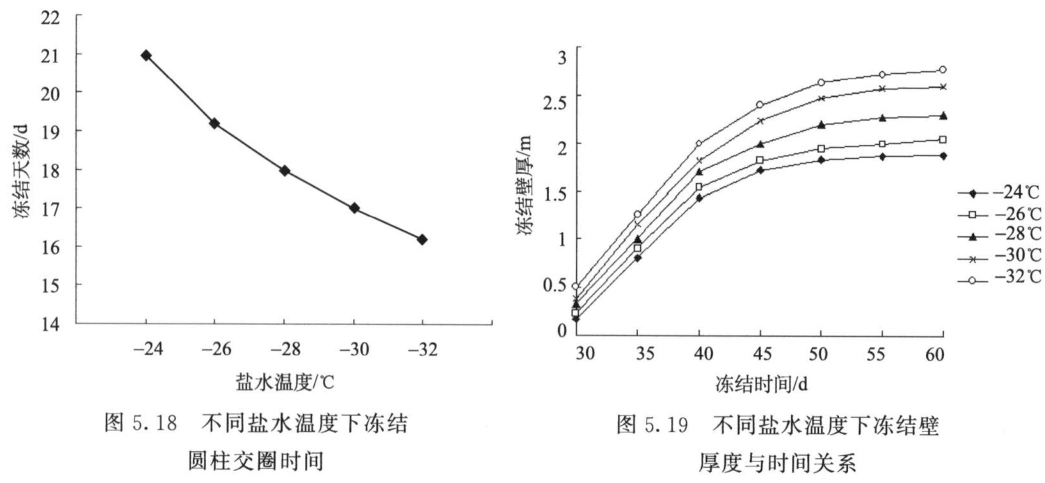

图 5.18　不同盐水温度下冻结圆柱交圈时间

图 5.19　不同盐水温度下冻结壁厚度与时间关系

3. 冻结管间距的影响

冻结圆柱交圈是冻结壁开始形成的标志，不同的冻结管间距会直接影响到冻结圆柱交圈所需的半径大小，将影响联络通道冻结壁达到设计厚度的时间和冻结壁发展速度。冻结施工中，受施工空间影响，冻结管间距太小则无法施工，间距太大则打入地层的冻结管数量少，冻结时间相同时无法满足地层冻结所需冷量。取联络通道中心泵房位置处的断面进行分析。

计算得出交圈时间如表 5.13 所示，冻结壁厚度与时间关系如图 5.20 所示。

表 5.13　冻结圆柱交圈时间表

冻结管间距/mm	500	600	700	800	900
交圈时间/d	10	13	17	22	28

从图表 5.13，图 5.20 可看出：冻结管间距是影响冻结壁形成的重要因素，冻结管间距越小冻结壁形成时间越短，冻结效率越高，但是不利于冻结管的施工；冻结管间距越大，冻结圆柱的交圈时间越长，交圈后冻结壁的发展速度缓慢。

5.4.2　不同因素对冻胀位移场的影响

基于上述工程实例，对不同覆土厚度(埋深)、冻结壁厚度、盐水温度的水平人工冻结冻胀位移量进行了其他参数相同条件下单因素数值模拟分析和比较。

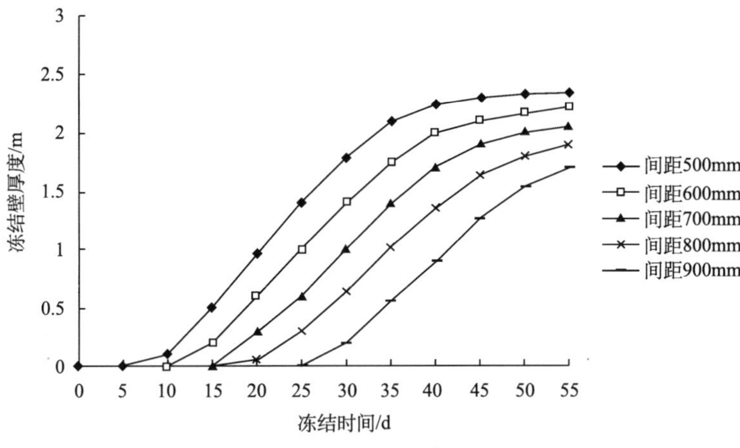

图 5.20　冻结壁厚度随时间变化曲线

1. 覆土厚度的影响

计算结果表明，地表最大位移受覆盖层厚度的影响非常明显(图 5.21)。地表最大垂直位移和水平位移均随覆盖厚度有着相同的变化趋势，即随着覆盖厚度的增加而减少，且最大垂直位移和水平位移的减小趋势越来越小，直到最后会趋于不变。这是因为上覆土层厚度增大，即作用于冻结壁上的荷载会增大，由于上部荷载的存在，土体膨胀受到约束，产生冻胀力。冻胀力作为压力势(正值)施加于未冻水中，减小未冻水势(负值)，相应减小冻土段的未冻水势梯度，外界水分入流量也减小。入流量和冻胀量按指数规律减少，荷载对冻胀的抑制作用有随荷载增大逐渐减弱的趋势。实验表面冻土所受荷载达到一定值后，荷载对冻胀的抑制作用会趋于稳定。另外，上覆土层厚度增大，因冻胀力使土层压缩，从而消化部分冻胀量。

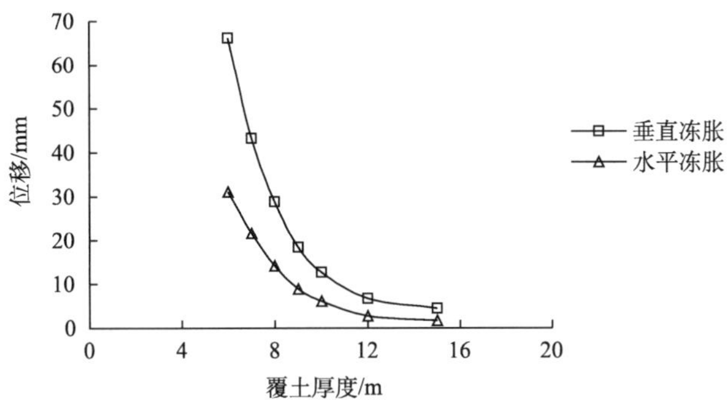

图 5.21　覆土厚度对地表最大冻胀位移的影响

地表垂直位移随覆盖层厚度的变化比水平位移大。地表水平位移达到最大值的位置随覆盖厚度增加而增大，但其增量逐渐减小(图 5.22)。

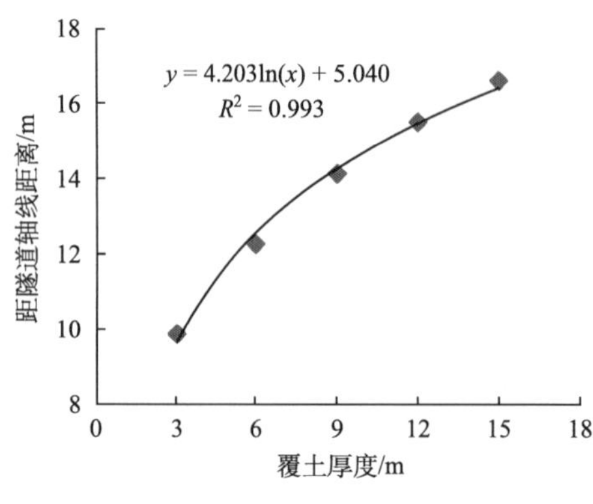

图 5.22　覆土厚度对地表最大水平冻胀位移位置影响

2. 冻结壁厚度的影响

地表最大垂直和水平位移都随着冻结壁厚度增大而增大(图 5.23)，且有相同规律，在冻结壁厚度较小时，增大较快，冻结壁厚度较大时，地表位移增大速度减慢。这是外界水分迁移的总入流量和时间的平方根成正比 $Q=at^{1/2}+b$ ，入流通量总是随时间变化，且有一个最大值，然后又随着时间增大而减小，到后期入流通量随时间变化趋于稳定。同时由于盐水温度一定时，随冻结壁厚度增加，温度梯度减小，尽管冻结壁厚度是增加了，但所增加的那部分冻结壁温度往往较高，大部并未冻结成冰，未冻水含量高。但水平位移最大值的位置基本不随冻结壁厚度而变。地表垂直位移受冻结壁厚度的影响比水平位移大。

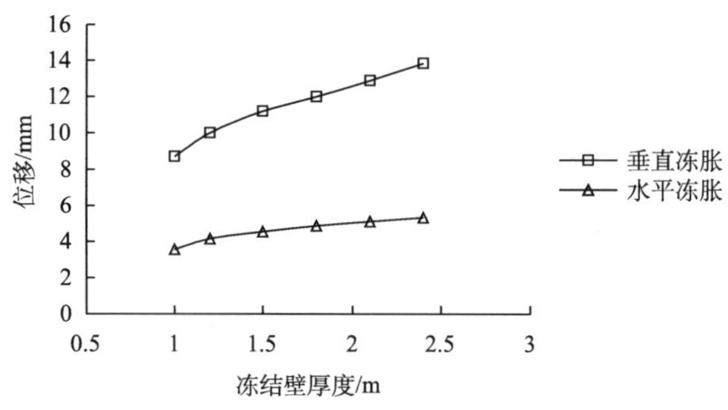

图 5.23　冻结壁厚度对地表最大位移影响

3. 盐水温度的影响

地表最大冻胀位移随轴面温度变化曲线呈开口向下的抛物线形(图 5.24)，存在着

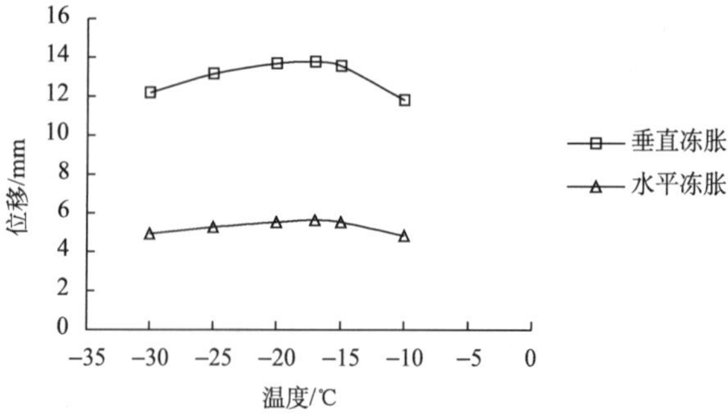

图 5.24　盐水温度对地表最大冻胀位移的影响

一个峰值，在峰值的左边，随盐水温度的降低，地表最大位移呈指数减小的规律，而在峰值的右边，又随盐水温度的增大而呈指数减小的规律，且两边不对称。一方面，盐水温度降低时，土中的未冻水含量减少，原位水冻结成冰的数量增加，原位水产生的冻胀是随着盐水温度的降低而增加的；但另一方面，盐水温度较低时，由于冻结速度比较快，使得外界水分来不及充分迁移，而只是迁移了一部分就冻结了，这样，通过冻结缘的外界水分入流量减少，外界水分迁移引起的冻胀量小。当两者达到平衡时，即为峰值点。

在峰值点左边，外界水分迁移引起的冻胀量随盐水温度降低而减少的趋势大于原位水冻胀量随盐水温度降低而增加的趋势，因此，其总的冻胀位移就表现为随盐水温度的降低而减小；而在峰值点右边，外界水分迁移量随盐水温度增大而增大的趋势小于未冻水随盐水温度增大而增大的趋势，则冻胀位移又表现为随盐水温度增高而降低的趋势。根据本书计算结果，这个峰值所对应的盐水温度大概在－17℃左右。因此实际人工冻结工程中，应避免使盐水温度在－17℃左右的范围，以免增大冻胀量。计算结果表明，冻结壁厚度对水平位移最大值位置影响不大。

6 盾尾刷渗漏防治技术

6.1 盾尾渗漏与防治技术分析

盾构隧道施工中，盾尾主要用于掩护隧道管片的拼装工作及盾体尾部的密封，通过铰接油缸与盾构中体相连，为防止水土及压注材料从盾尾进入盾构内，盾构机均采用密封结构。密封结构主要体现在 3 个关键部位：前盾的主轴承密封、中盾与后盾间的铰接密封、后盾与管片间的盾尾密封。其中主轴承密封和铰接密封一般在施工中不易出现问题，但盾尾漏水、漏浆情况则相当普遍。由于盾构推进过程中，采用管片背填双液(即水泥浆和水玻璃溶液)同步注浆方式来填充管片与围岩的间隙，从而达到减小地层沉降，限制管片位移和变形，提高结构稳定性，加强隧道防水性能的目的。因此，若盾尾发生渗漏，就会破坏泥水平衡和注浆质量，并污染盾构管片安装的工作面，给管片安装造成不便，严重影响盾构的正常推进。

盾尾密封一般采用钢丝刷＋充填油脂技术，一方面靠装在盾尾内壁的若干道钢丝刷密封，一方面靠充满钢丝刷之间油脂腔的油脂建立起压力进行密封，工程中由于很多原因使盾构盾尾壳体与管片之间密封不足，易形成盾尾渗漏。

6.1.1 盾尾渗漏原因分析

1. 管片组装施工偏差

1) 管片变形

管片拼装后要求形成一个标准的圆形断面，管片之间采用错缝拼装，但由于操作不熟练而有时拼装成椭圆形，实际施工中由于自重等因素影响，横向椭圆较为多见，这就增大了管片之间止水条外缘纵缝的宽度(理论设计值为 6mm)。在盾构机推进一环至 1.4m 左右时，尾刷末端正好到达上一环管片，此时尾刷就正处在该环管片上，由于注浆压力和泥水压力都较大，而纵缝开口度 $d>6$mm，纵缝处的油脂无法承受浆液和泥水的压力，就形成一个渗漏通道，造成盾尾渗漏。

2) 管片错台

由于管片拼装操作不熟练，造成管片错台严重，特别是在纵缝错台产生后，使得盾尾刷无法紧密包裹整环管片，很易形成渗水通道，虽然盾构推进时盾尾仓内有盾尾油脂填充纵缝，但在较高的注浆压力和泥水压力等作用下，极有可能将油脂冲脱而击穿盾尾刷，造成管片渗漏。

3）管片碎裂

当隧道轴线产生较大偏差时，组装工艺不合理或野蛮施工，引起管片安装缺少足够的空间，采用盾构千斤顶强行顶进，造成相邻管片外壁处(尤其螺栓孔、角根部)在千斤顶高压状态下顶裂或破碎，而带进盾尾舱，损坏盾尾刷，形成渗水通道而造成漏浆。

2. 盾尾密封脂使用不当

盾尾密封油脂是盾构钢丝刷型盾尾的主要配套材料之一，具有润滑、密封、防水及防蚀等作用，通过压力注满钢丝刷的孔间间隙，可有效保护盾尾和隔离泥浆，增强钢丝刷的密封性能，防止泥砂渗入，减少盾尾磨损和防止或减轻盾尾腐蚀，可充分保障盾构顺利推进。

选取时应首先保证油脂材料的泵送性能良好，同时抗水压、抗水冲的性能也需要保证，其他工作性能应根据实际工程情况确定。若盾尾密封脂选取不当、施工时操作不当而导致盾尾密封不足，盾构机的盾尾极易出现渗漏现象。

密封脂的涂抹是盾尾密封的重要环节，涂抹不到位或涂抹后稳定性得不到保证均会造成盾尾密封质量下降。

盾尾密封油脂注入系统的控制模式有压力控制模式、行程控制模式和压力行程控制模式三种方式，可根据现场工程情况和施工条件选取，但无论在何种控制模式下，都应保证在盾构推进前开启油脂泵，避免影响盾尾密封效果。

3. 同步注浆不合理

1）注浆浆液的选择

在盾尾间隙形成的同时立即注浆，饱满和均匀的砂浆则会形成对盾尾的第一道保护。

常注浆液有单液浆和双液浆。单液浆施工工艺简单、易于控制、不易堵管等优点，较广泛地应用于盾尾同步注浆系统；其中惰性浆液初凝时间长，制备成本低，在长三角等软弱地层为主的地区应用较为广泛，但由于其强度较低，不利于隧道衬砌的早期稳定。而硬性浆液制备成本相对较高，初凝时间一般在12～16h左右，早期强度较大，有利于隧道结构稳定。

双液浆施工工艺相对复杂，制备成本高，但浆液初凝时间短，适应于各种地层的盾构施工，尤其是断裂带、极软土层以及需要进行特殊处理的地段，采用双液浆是最佳之选。施工中必须严格控制双液浆配比，提高现场抽检频率，当注浆压力剧增时应立即停止注浆，查明原因或更换孔位后再进行注浆。

浆液选择或配比不当造成渗漏的原因有：

(1) 浆液因和易性差易离析而渗透到地层中导致发生浆液损失、浆液凝结收缩量大、双液浆过早初凝等，致使未能有效填充盾尾间隙。

(2) 浆液流动性太好，导致管片最重要的顶部无浆液填充。

(3) 双液浆混合不充分，在土中逐渐流失。

(4) 坍落度过低、泵送性差，易发生堵管现象，并导致注浆量不足；坍落度过高，会导致初凝时间过长，砂浆强度偏低。两种情况均会造成盾尾从管片脱离后的管片错台。

2) 注浆压力和注浆量

注浆压力和注浆量是注浆过程中最重要的两个参数：注浆量过大时可能击穿盾尾，过小会导致盾尾从管片脱离后管片错台，从而导致盾尾刷磨损引起盾尾渗漏；同理，注浆压力如过大，可能会击穿盾尾，过小又不能让饱满和均匀的砂浆形成对盾尾的第一道保护，从而造成盾尾渗漏。

4. 其他原因

1) 盾构机体施工

大直径盾构机盾体部分由较多盾体块现场拼装而成，相邻盾体块之间、盾体块和主轴承之间的连接法兰面不能完全密贴，致使开挖舱的泥浆通过间隙涌入到盾体后部，应在这些间隙部位加工油脂通道以注入密封油脂，封堵空腔。另外，盾尾刷整体耐压能力不足、选型不当或工作状态不良也会降低密封质量。

2) 盾构推进施工

泥水加压平衡盾构施工时，泥水仓与盾尾连通，泥水仓各参数的合理设定对预防盾尾渗漏极为重要，若设定不当，则会出现下列情况：

开挖面泥水压力设定值过高或切削下来的岩块堵塞排泥管道时，盾尾刷抗压能力不足时会被击穿。

泥水质量不高，如盾构机在高比重、低黏度的情况下推进，泥浆很容易后窜至盾尾，降低盾尾刷的密封性能，需对泥水指标如黏度、比重等进行控制。

同时，推进过程中盾构姿态的控制也是一个关键性环节。盾构姿态向轴线某一侧偏离时，盾尾间隙大的一侧注浆体容易被盾尾外部的泥水或砂浆击穿，导致泄漏，盾尾间隙小的一侧密封刷的磨损会急剧加大，一段时间后更易被击穿。纠偏过急会导致盾尾轴线与管片轴线形成一定的夹角(大直径盾构没有盾尾铰接装置)，管片前沿会严重拉擦盾尾密封刷，甚至会导致下一环管片拼装时与盾尾壳的间距不符合拼装条件。停止推进时，泥水舱内的泥水压力导致盾尾后退，使刷毛反卷，密封性能下降。

3) 泥水压力过大

开挖面的泥水压力设定值过高，或切削下来的岩块堵塞排泥管道口或泥水舱，都有可能导致泥水舱内泥水压力过高，超过盾尾刷的抗压能力，瞬间击穿盾尾刷而造成漏浆。

6.1.2 盾尾渗漏预防措施

1. 提高拼装质量

(1) 要求管片拼成圆形，且一环管片安装后必须使用整圆器进行整圆，以减少椭圆和纵缝、环缝错台现象。

(2) 每次管片安装前，应清除盾体内的渣土，避免过程中难以定位，造成错台现象。

(3) 封顶块拼装前，必须调整好开口尺寸，使封顶块能顺利插入到位。

(4) 管片构造可减小管环纵缝沿止水条外缘的构造缝宽度和高度，建议高度小于20mm，以减少渗漏水力通道。

2. 盾尾密封脂的选取、涂抹及注入管理

1) 选取密封脂

为了防止密封刷损坏，宜采用遇水不易分解的油脂。实践表明砂性地层中盾构施工，需要黏性较大、稠度较小的油脂，这样可以更好地填充盾尾内的缝隙，降低砂土流动性；普通黏土对油脂要求相对较低，可选择成本较低的油脂，且根据油脂泵性能，适量提高黏稠度，减少油脂泵送量和使用成本；岩层中含水较多时，需要硬度尽量小而黏稠度较大的油脂，尽量填充前后仓室的缝隙。

2) 密封脂涂抹措施

为确保涂抹质量，尽量采取手工涂抹措施，涂抹时分开盾尾密封刷的钢板与钢丝、中间钢丝网与钢丝，同时在整道尾刷的根部涂抹尽可能多的油脂，避免钢丝刷内形成空腔从而成为整个盾尾密封的薄弱点。

手工涂抹盾尾刷油脂是在管片未拼装前进行的，宜采用高黏度、高稠度、非下坠的油脂，并进行多次涂抹，使油脂充满整个密封刷内，以防止油脂下坠。

另外，盾尾密封刷焊接前将其直接浸泡在加热深化后的油脂中，使其内部全部充满油脂。

3) 密封脂注入管理

密封油脂消耗与盾构推进速度成正比，注脂量需根据盾构推进速度进行调整，盾构机始发期间，宜适当加大盾尾密封油脂的注入量；注脂压力也应根据推进切口压力和注浆压力的变化调整设置。根据不同地质条件和覆土埋深选择不同的油脂注入模式，及时调整油脂注入参数以补充油脂，确保盾尾无渗水漏浆现象。

3. 同步注浆

1) 合理选择浆液

为了进一步确保盾尾密封质量，要求浆液满足：

(1) 浆液流动性好，易泵送，浆液稠度控制在 7～9 cm 范围。

(2) 浆液注入孔隙后尽快硬化，要求浆液终凝强度应约等于原状土的无侧限抗压强度，注浆土层 28d 强度约 1.0～2.0 MPa，注浆岩层 28d 强度约 3.0～4.0 MPa。

(3) 浆液硬化后要有一定的动强度，能满足地震基本烈度Ⅷ度条件下不液化的要求。

(4) 浆液硬化后的体积收缩率和渗透率小。

(5) 浆液稳定性好，不离析，不易受地下水稀释。

(6) 每环推进前对同步注浆浆液进行小样试验，严格控制初凝时间，使注浆压力、注浆量、注浆速度与推进速度等施工参数形成最佳匹配参数。

2) 注浆量控制

压入衬砌背面的浆液会发生收缩，实际注浆量往往超过脱出盾尾的管片与土体间出现的理论“建筑空隙”体积，因此有必要控制注浆量。

同步注浆量不仅影响盾尾渗漏水，也影响到后期地层沉降及隧道防水。同步注浆量应与推进速度成正比，避免某时间段内局部注浆量过大，造成注浆压力突增，注浆量大小视推进速度、盾尾渗漏等情况及时调整，以保护盾尾不渗漏为优先条件。当发现注浆压力剧增时应立即停止注浆，查明原因后减少压力剧增点位的注浆量。

应严格按照技术交底进行注浆量控制，并将每环的注浆量记录到推进参数记录表。输送泵打砂浆时，应尽量少冲洗砂浆滑槽，避免冲洗滑槽的水混入砂浆内改变其特性。

注浆过程由注浆压力控制，以注浆量为参考。注浆压力不应超过该处外部泥水压力过多，也不可超过盾尾密封油脂的压力，这样既能有效地防止注浆浆液进入盾尾刷，又能防止盾尾被击穿。

加大监测力度，及时绘制 P-Q-t 曲线(其中 P 为注浆压力，Q 为注浆量，t 为时间)，分析注浆效果，实现注浆过程的信息化控制。如遇某些特殊地段、较小转弯半径或其他特殊原因，出现地层损失加大、出土量剧增、地层特性发生变化或黏性较高的黏土层推进时，应及时调整注浆量，防止盾壳外壁黏附一层较厚的固结土体影响注浆效果。

4. 施工控制

1) 盾构始发

盾构始发时，可在洞圈预埋钢板上设置一个与盾构外形基本一致的箱体结构，箱体内安装两道止水帘布橡胶圈和铰链板，并在预埋洞圈上安装两道钢丝刷并涂满油脂，以增强止水效果。

2) 泥水压力控制

泥水加压平衡盾构施工中，切口水压设定与作用在开挖面上的土压保持平衡。设 P_0 为土压(含水压)，即自然状态下盾构机头部 2/3 高度处的水土压力，则切口水压＝

P_0＋(0.01～0.02)MPa。

当泥水循环管路发生堵塞时，若开挖面水压高于上限值则应立即暂停推进，通过旁路调节使压力从逸流阀卸掉，开挖面水压恢复正常后逸流阀自动关闭，再把泥水送进土仓进行逆洗清通管路；或通过检查判断具体堵塞位置后人工清除岩块。

3) 盾构推进姿态控制

盾构姿态控制是个动态过程，与油缸伸长量、盾尾间隙、注浆量等相协调，应及时根据VMT(针对各类隧道推进机而研发的导向系统，能按照设计的线路指导推进施工，大大提高了劳动效率和施工质量)测量结果并结合人工测量，掌握盾尾间隙变化趋势，利用注浆量、推进油缸伸长量、管片转向等调节盾尾间隙，确保盾尾间隙大于45mm。

在保证盾构机沿设计轴线推进同时，为确保盾构机尾部上下左右间隙均匀分布，应避免短距离内较大纠偏，造成盾构姿态突变，进而损坏盾尾刷。

4) 盾尾密封控制

当条件允许时，可更换最里面一道盾尾刷或全部盾尾刷，以保证盾尾刷密封质量。

6.1.3 盾尾渗漏封堵技术分析

工程中常将盾尾漏水分为轻微漏水、小规模漏水、中规模漏水、大规模漏水4种情况，将4种情况分为预控、预警和应急。在预控阶段由盾构机长负责进行常规堵漏，按照轻微漏水处理方案，及时控制渗漏水；若渗漏水情况进一步扩大发展到预警阶段，应根据小规模漏水及中规模漏水应急预案采取措施；当渗漏情况发展到应急阶段时，需根据应急预案采取一切可行办法堵漏。

根据国内外类似工程经验，盾尾发生渗漏水往往是从轻微渗漏开始，因为处理不及时或者不彻底，使泥砂逐步进入盾尾刷内，造成盾尾刷非正常磨损，密封效果变差。

如发生盾尾间隙突变(盾构机急转或管片选型错误)，有可能引起中等规模漏水，若未及时处理，受泥水冲刷，盾尾油脂将不断泄漏，从而引发更大规模漏水。当发生中、大规模漏水时，盾构机已无法正常推进，需要采用特殊方法封堵盾尾，并对盾尾刷进行修复。如果盾尾封堵失败，则会酿成盾构机设备被淹、隧道报废的严重后果。所以，一定要坚持预防为主的方针，切实做好盾尾保护工作。

6.2 盾尾刷更换止水方案比选

盾尾刷更换止水可选方案有化学注浆止水和冻结法止水，冻结法止水又可按冻结管排布形式分为预制冻结管片冻结止水和管片上直接打孔冻结止水，按冻结法制冷工质可分为盐水冻结和液氮冻结。

6.2.1 化学注浆止水

1. 施工方法

化学注浆止水是用凝结时间较短的化学浆液，将原本松散的土粒或裂缝、混凝土裂缝胶结成一个整体，使岩土体形成强度高、抗渗性能好、稳定性高和防水性能好的新结构体，以此抵抗盾尾刷更换时外侧水土压力的施工方法。通过浆液使地基固化形成结石体，达到抗渗要求。溶剂包括主剂和助剂，对某种注浆材料来说无论主剂或溶剂均可能是一种或是几种，助剂在浆液中的作用分为催化剂、固化剂、速凝剂等。

2. 优点

盾尾刷更换化学注浆止水工艺施工工期短，耗资少，在盾尾刷更换中注浆封水技术得到不少成功应用，同时随着各种改性工艺的发展，对某些特殊情况的土层也能较好地适应。

(1) 先骨料注浆，再速凝材料注浆减水，最后单液注浆加固或袖阀管深孔注浆和前进式注浆工艺相结合，这些联合注浆工艺可以对某些大量涌水的情况先加以控制，再进行精细注浆，以此达到预期的止水效果。

(2) 双浆液对改善地层渗透性有较好效果，采用调节浆液配合比和注浆压力的办法可人为控制注浆范围及凝结时间，并宜复合注入施工，如二重管端头的浆液混合器能使两种浆液完全混合均匀。

(3) 注浆方向可任意选择，可垂直注浆，亦可倾斜注浆。

(4) 钻孔至注浆完毕，可连续作业。

(5) 适用范围广泛，可用于多种土层。

3. 缺点

(1) 普通注浆法对地层适应性很差，尤其是承压水和动水吃浆量较小，而各种改进工艺施工较为复杂。

(2) 注浆帷幕的连续性差、均匀性差以及注浆土体与盾构及管片的胶结缺乏柔性和韧性，增加盾尾漏水的风险。

(3) 不适合饱水软土或注浆均匀性差的地层、水底隧道以及盾尾刷更换工期长等条件下的高风险工程。

6.2.2 冻结法止水

冻结止水方法是采用冻结技术，将盾尾渗漏处外围土层冻结形成一道封闭的冻结壁，以此抵抗盾尾刷更换时外侧水土压力的施工工艺。在盾尾刷更换时，根据冻结管布置形式和冻结制冷工质不同还可分为多种形式。

1. 按冻结管布置方式分类

1）预制冻结管片冻结止水

盾尾刷更换预制冻结管片冻结止水施工中，在盾构壳体盾尾位置处预留一个环形管道空间作为循环冷媒剂的冻结管，另外制作一环其中预埋环向冻结管的特殊管片(图 6.1)，在应用时两者同时冻结以形成环状冻结壁进行盾尾间隙的封水(图 6.2)。在盾尾刷更换位置先拼装特殊管片环，接着拼装一环常规构造的需拆卸的“临时管片”。推进盾构使得待更换的钢丝刷到达临时管片环位置后停机，开始冻结。当冻结壁达到设计要求时，拆除临时管片环的部分管片，让钢丝刷暴露出来，以便及时更换。完成更换后再复位临时管片，再拆除相邻的临时管片并更换钢丝刷，如此循环直至整圈盾尾刷更换完毕。

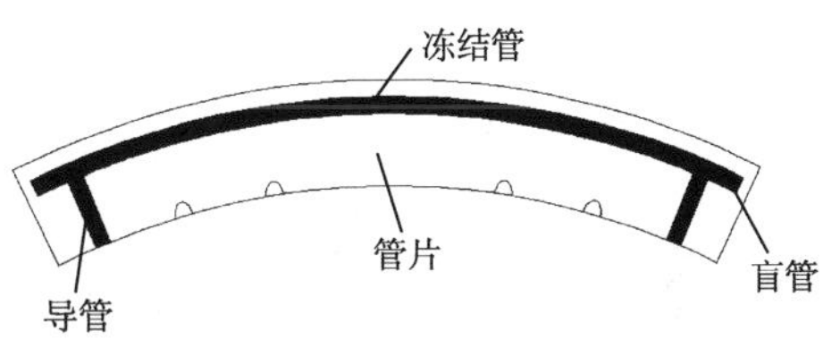

图 6.1　预制管片中冻结管的埋设

盾尾刷更换后也无须封堵钻孔，有利于缩短工期，对盾构隧道结构稳定性无不利影响，但需提前做好盾尾刷更换计划，且不能应对突发性事故。

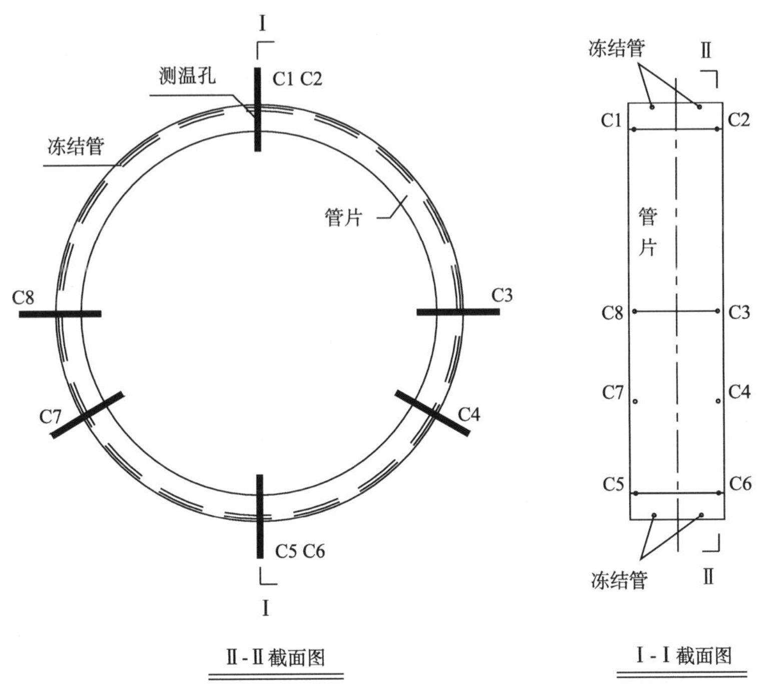

图 6.2　预制冻结管片冻结管布置图

2）管片上直接打孔冻结止水

管片上直接打孔冻结止水是在该处管片上直接打孔形成冻结去、回路支管

(图 6.3)，将低温盐水或液氮输入其中进行冻结的施工工艺。其中，若采用液氮冻结，循环过的氮气通过回路干管(不设保温措施)排放至大气中。

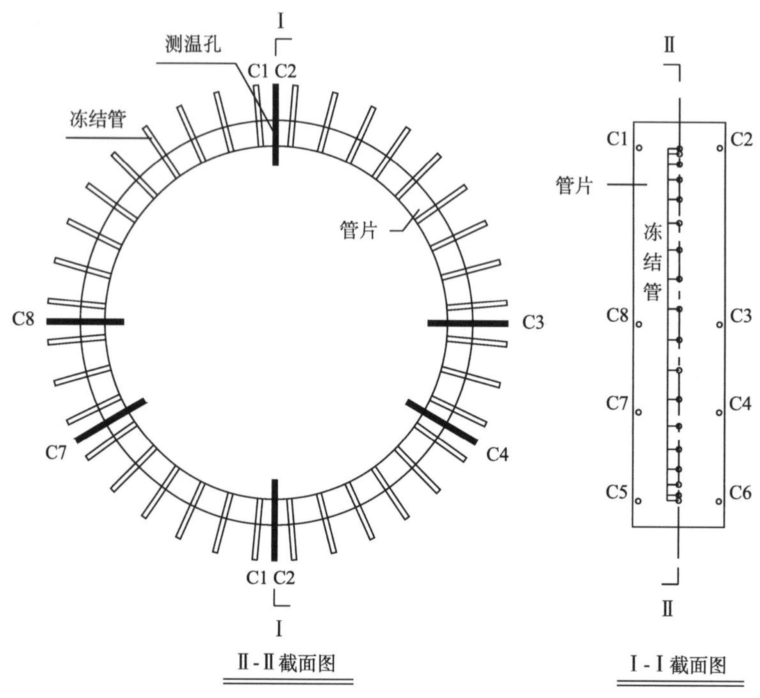

图 6.3　管片上直接打孔冻结管布置图

更换盾尾刷时，将盾构推进至第 3 道盾尾刷外侧，在混凝土管片内壁垂直钻孔→利用负温盐水或液氮在管片与盾壳之间形成一个封闭的冻结环→拆除第 3 道盾尾刷处管片→进行盾尾刷的更换。

管片上直接打孔止水可应对突发性事故，打孔形式灵活多样，可根据现场实际情况进行调整，但管片上直接打孔会对隧道结构耐久性造成不利影响。

2. 按冻结制冷工质分类

1）盐水冻结止水

相比于注浆止水，冻结止水方案施工无噪音，无污染，对地下水位和水质没有影响，在对环境保护要求高的城市地铁建设中意义更大。

盾尾刷更换需使用焊接作业，作业时会影响冻结温度场，此时应该严格监控温度场变化，避免冻结壁融化引起安全质量事故；盾构停机期间采用冻结施工有可能使盾构机体被冻住，导致再次推进困难，因此应控制好冻结壁与盾构壳体界面温度，并采取相应的强制解冻措施。

2) 液氮冻结止水

液氮冻结是依靠液氮的直接气化吸热带走土层中的热量，实现地层冻结。液氮能够在冻结管内直接通过气化而吸热制冷，然后气氮经过管路排向大气，与盐水冻结相比，液氮冻结具有冻结速度快、冻结壁强度高等优点，已成为盾尾刷更换止水工程的首选方案。

(1) 液氮冻结法优点

① 冻结系统简单、稳定性好

液氮冻结法无需建立冻结站和维护制冷工序的循环系统，液氮能够直接在冻结管内通过气化而吸热制冷，然后气氮经过管路排向地面，释入大气，循环冻结系统较盐水冻结系统要简单许多。用液氮冻结法冻结加固土体的形式灵活，随时可人为控制加固土体的强度，并且冻结规模可根据工程的实际情况而定，小体积的液氮局部快速冻结引起的土体融沉，对隧道管片变形影响较小，对隧道稳定性无影响。另外液氮的惰性很强、稳定性很好。

② 温度低、冻结速度快、工期短

液氮的温度在－195.8℃以下，从日平均降温值对比分析液氮冻结与常规盐水冻结，液氮冻结速度较之常规盐水冻结要快 6～10 倍，冻结时间大大缩短。

③ 冻结壁强度更高

一般冻结壁强度和弹性模量比未冻土大几十到一百多倍，而－60℃液氮冻结冻结壁弹性模量比－20℃的弹性模量还要大 4 倍，强度很高，但温度低到－70℃～－80℃以下，强度不但不增，反而略有减小趋势。

(2) 液氮冻结缺点

① 耗资更大

没有盐水冻结方案经济，只能用做抢险或工期紧张时的方案。

② 能量损失大

由于液氮温度极低，管路内外温差大，很容易散失冷量，因此对于暴露的管路必须做保温隔热处理。

③ 盾构容易被冻住

液氮冻结地层平均温度较盐水冻结更低，要做好盾构机的防冻工作。

6.2.3 止水方案对比分析

1. 止水方案适应性分析

表 6.1 列出了化学注浆、盐水冻结和液氮冻结的特点，化学注浆止水因其止水帷幕连续性差、均匀性差、封水性差等特点，应用于承压土层中的盾尾刷更换时，具很大风险，不建议使用，冻结止水更适合富含水特别是承压含水层的隧道施工。

表 6.1 不同止水方式优缺点

特点	化学注浆止水	盐水冻结止水	液氮冻结止水
工期	短	较长	较短
耗资	低	较高	最高
止水性	差(富含水砂层不可用)	较好，但冻结效果受空气和动水影响大	最好
工艺复杂性	简单，但改性工艺复杂	较复杂，需建立冻结站	较简单，冻结形式灵活
对盾构再推进的影响	基本无影响、但在承压条件的土层或软土层中施工有风险	冻结可能导致盾构再推进困难，需做解冻工作	盾构极易被冻住，盾尾刷更换后需做解冻工作

表 6.2 为不同冻结管布置方式冻结止水方案的优缺点。

表 6.2 不同冻结管排布方式优缺点

特点	预制冻结管片冻结止水	管片上直接打孔冻结止水
优点	安装冻结管时无须另外打孔，盾尾刷更换后也无须封堵钻孔，有利于缩短工期；对盾构隧道结构稳定性无不利影响	可应对突发性事故，打孔形式灵活多样，可根据现场实际情况进行调整
缺点	需提前做好盾尾刷更换计划，不能应对突发性事故	隧道管片上直接打孔会对其结构耐久性造成不利影响

液氮冻结止水时，输送液氮的方式有液氮供用槽车长距离输送液氮及盾尾刷更换处直接使用液氮罐两种，其优缺点比较见表 6.3。

表 6.3 不同液氮输送方式优缺点

特点	液氮供用槽车长距离输送液氮	盾尾刷更换处直接使用液氮罐
优点	输送系统化，较安全	输送形式灵活、适用距离无上限
缺点	温度损失较大，需做好保温工作，适用的距离存在上限	因隧道内空间较小，在盾尾更换处只能使用液氮罐，更换频率较大，操作不便，安全性较差，需格外做好安全防护工作

2. 止水方式经济性分析

1）盐水冻结止水

以南京地铁 10 号线过江隧道为例，盾尾刷更换采用盐水冻结止水时，管片内冻结管长度为 69.08 延米，集配液圈长度初步定为 50m，冻结管总长度为 119.08m，则盐水总容积约为：$\pi\times0.05852\times119.08=1.28m^3$；首次溶化氯化钙为：$1.28\times0.4=0.51t$；首次充氟利昂定为 0.20t；冻结时间为 69d。初步概算见表 6.4。

表 6.4 盐水冻结止水初步概算

项目名称	单位	工程数量	单价/元	合价/元	备注
冻结管、测温管安装	m	69.08	170.76	11796	
供液管安装	m	69.08	20.71	1431	
集配液圈制作	m	50.00	398.80	19940	
集配液圈安装	m	50.00	136.32	6816	
冻结管头部安装	孔	12.00	477.11	5725	
盐水干管安装	m	50.00	228.59	11430	
首次充氟利昂	T	0.20	17684.80	3537	
首次溶化氯化钙	T	0.51	4650.06	2372	
冻结制冷人工、材料消耗	月	2.30	20052.56	46121	
冻结运转	台班	207.00	2891.54	598549	
冷冻站材料摊销	站	1.00	20000.00	20000	估计值
合　计				727717	

2）液氮冻结止水

液氮冻结止水时，液氮消耗量参照杭州庆春路过江隧道的液氮使用量，取每小时1.3t，总用量为：1.3×24×20＝624t。初步概算见表6.5。

表 6.5 管片上直接打孔液氮冻结止水初步概算

项目名称	单位	工程数量	单价/元	合价/元	备注
垂直钻孔	100m	0.576	40170	23138	
不锈钢冻结管等安装	100m	0.576	39540	22775	
不锈钢供液管安装	100m	15.5	7944	123140	
不锈钢软管制作、安装	6m	36	2485	89470	
冻结管头安装	10个	3.6	12873	46343	
不锈钢干管安装	10m	5	4842	24210	
液氮充放	t	624	1504	938463	
融沉液浆	m^3	50	1845	92229	
液氮槽车使用费	d·台	40	3000	120000	两台
合　计	个	1		1479768	

由以上分析可知：液氮冻结费用约为盐水冻结的2倍，而盐水冻结时间约为液氮冻结的3.5倍，从性价比及缩短工期的方面考虑，选用液氮冻结为较优方案。

6.3 盾尾刷更换冻结止水方案设计与施工

6.3.1 水土压力计算

1. 切口水压

富含水砂层计算切口水压时，均采用水土分算。

静止土压力上限值：

$$P_0=\gamma_w\cdot(h_w+h_s)+\sum h_i\cdot(\gamma_i-\gamma_w)\cdot K_{0i}+\alpha \tag{6.1}$$

主动土压力下限值：

$$P_a=\gamma_w\cdot(h_w+h_s)+\sum h_i\cdot(\gamma_i-\gamma_w)\cdot K_{ai}+\alpha \tag{6.2}$$

式中：γ_w 为水的重度；h_w 为上层水位厚度；h_s 为土层总厚度；h_i 为各层土厚度；γ_i 为各层土重度；K_{0i} 为各层土静止土压力系数；K_{ai} 为各层土主动土压力系数；α 为移动荷载(经验值)，根据地表监测数据调整，一般取 20～70kPa。

根据上式求出 P_0、P_a，则盾构中心处压力为二者的平均值：

$$P_m=(P_0+P_a)/2 \tag{6.3}$$

而盾构机顶和盾构机底的压力分别为：

$$P_1=P_m-\gamma_g\cdot\frac{D}{2} \tag{6.4}$$

$$P_2=P_m+\gamma_g\cdot\frac{D}{2} \tag{6.5}$$

式中：P_1 为盾构机顶压力(切口水压)，kPa；P_2 为盾构机底压力，kPa；γ_g 为泥水仓泥水重度，kN/m^3；D 为盾构机壳体直径，m。

2. 盾尾注浆压力

管片顶部的注浆孔注浆压力比切口水压高 250kPa；位于管片中部的注浆孔比管片中心压力高 250kPa；位于管片底部的注浆孔比盾构机底压力高 250kPa。

最大注浆压力为：

$$P_{max}=P_2+250 \tag{6.6}$$

6.3.2 冻结加固体厚度确定

1. 水土荷载

如图 6.4 所示，I-I 截面上单位长度的水土荷载计算公式为：

$$P_{\text{I-I}}=k\beta P_{max}(D+2h_s+2h_c) \tag{6.7}$$

式中：k 为安全系数，取 1.5；β 为同以往计算盾构进出洞冻结加固体厚度的公式中的系数，取 1.2；P 为水土压力，为保证在盾尾刷更换时的盾尾安全，取最大注浆压力；D 为盾构机壳体内直径；h_s 为盾尾壳体厚度；h_c 为冻结加固体厚度。

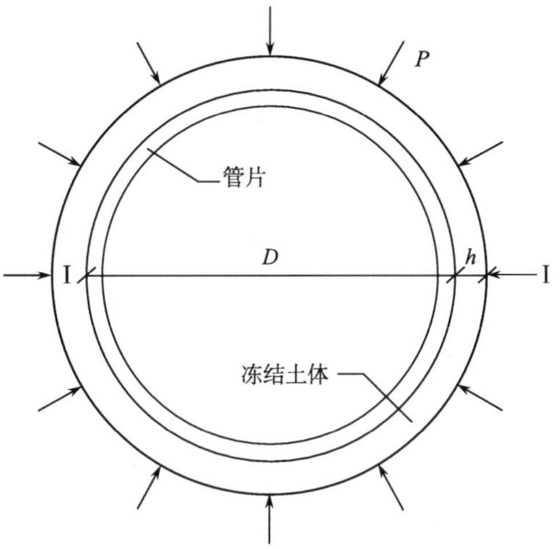

2. 冻土抗压强度验算

因钢材的弹性模量比土的大很多，所以截面处变形计算为：

$$\varepsilon = P_{\text{I-I}}/(E_s(D+2h_s+2h_c)) \tag{6.8}$$

式中：E_s 为钢的弹性模量，取 200GPa，其余符号同前所述。

此时冻土应力为：

$$\sigma = \varepsilon \times E_c \tag{6.9}$$

式中：E_c 为冻土的弹性模量。

图 6.4 盾尾刷更换冻结加固体 I-I 截面受力示意图

冻土单轴抗压强度$[\sigma]_c$，若 $\sigma<[\sigma]_c$，则冻土抗压强度足以抵抗水土压力。

6.3.3 冻结参数设计

1. 冻结时间

1）单管冻结时间

假定冻结体在 dt 时间内向外扩展 $d\xi$，由于冻结而放出的热量 $dq_1=2\pi\xi Q d\xi$，若不考虑降温区的影响，则冻结管吸热量(或冻结管放出的冷量)为：

$$dq_2=\frac{(T_d - T_c)\,dt}{\dfrac{1}{2\pi r_0}+\dfrac{1}{2\pi\lambda_2}\ln\dfrac{\xi}{r_0}} \tag{6.10}$$

因 $dq_1=dq_2$，则冻结时间为：

$$\begin{aligned} t &= \frac{Q}{T_d-T_c}\int_{r_0}^{\xi}\left(\frac{1}{\alpha r_0}\xi+\frac{1}{\lambda_2}\ln\frac{\xi}{r_0}\right)d\xi \\ &= \frac{Q}{2(T_d-T_c)}\left[\frac{(\xi^2-r_0^2)}{\alpha r_0}-\frac{(\xi^2-r_0^2)}{2\lambda_2}+\frac{\xi^2}{\lambda_2}\ln\frac{\xi}{r_0}\right] \end{aligned} \tag{6.11}$$

因 $r_0 \ll \xi$，同时$\dfrac{1}{\alpha r_0}\approx\dfrac{1}{2\lambda_2}$，上式可变为：

$$t=\frac{Q\xi^2}{2(T_d-T_c)\lambda_2}\ln\frac{\xi}{r_0} \tag{6.12}$$

考虑到降温区地热对冻结时间的影响，增加地热影响系数单管冻结时间为：

$$t=\frac{(1+\varphi)Q\xi^2}{2(T_d-T_c)\lambda_2}\ln\frac{\xi}{r_0} \tag{6.13}$$

式中：t 为冻结时间，s；r_0 为冻结管半径，m；ξ 为冻结圆柱半径，m；T_d 为岩土中水的结冰温度,℃；T_c 为盐水温度,℃；λ_2 为冻土的导热系数，W/(m・K)；α 为冻结管内的换热系数，W/(m^2・K)；φ 为地热影响系数，当 $\xi=0.5\sim3.0$m 时，$\varphi=0.3\sim0.5$；Q 为 1m^3 岩土冻结时放出的热量，J/m^3，按冻土的热容量计算。

Q 按式(6.14)计算：

$$Q=Q_1+Q_2+Q_3+Q_4+Q_5 \tag{6.14}$$

式中：Q_1 为单位体积湿土中的水从原始温度 T_0 降到地层起始冻结温度 T_d 所放出的热量，kJ/m^3。Q_2 为单位体积湿土中的水结冰放出的潜热，kJ/m^3。Q_3 为单位体积冻土中的冰从结冰温度 T_d 降到指定温度 T 所放出的热量，kJ/m^3。Q_4 为单位体积冻土中的未冻水从结冰温度 T_d 降到指定温度 T 所放出的热量，kJ/m^3；Q_5 为单位体积冻土中的土颗粒的温度由 T_0 降到 T 所放出的热量，kJ/m^3。

$$Q_1=\omega c_w(T_0-T_d)\rho_w \tag{6.15}$$

式中：ω 为含水率,%；c_w 为水的质量比热，其值为 4.2kJ/(kg・K)；ρ_w 为水的密度，kg/m^3；

$$Q_2=(\omega-\omega_u)\Omega\rho_s \tag{6.16}$$

式中：ω_u 为未冻水含量(冻土中未冻水的质量与干土质量之比),%；Ω 为水的相变潜热，其值为 336kJ/kg；

$$Q_3=(\omega-\omega_u)c_i\rho_i(T_d-T) \tag{6.17}$$

式中：c_i 为冰的质量比热，其值为 2.1kJ/(kg・K)；ρ_i 为冰的密度，kg/m^3；

$$Q_4=\omega_u c_w(T_d-T)\rho_w \tag{6.18}$$

$$Q_5=c_p\rho_s(T_0-T) \tag{6.19}$$

式中：c_p 为土颗粒的质量比热，一般取 0.71～0.84kJ/(kg・K)；ρ_s 为冻土干密度(单位体积冻土中土颗粒的质量)，一般取 $\rho_s=1300\sim1500$kg/m^3。

2）预制冻结管片盐水冻结止水冻结时间

冻结管在预制管片外圈形成一个回路，因此，要保证冻结壁厚度，同时计入冻结管的保护层厚度，从图 6.5 中可得出冻结管的冻结半径，可以近似采用计算单管冻结时间的方法，来进行计算。

对盾尾刷进行更换的时候需要一定冻结壁厚度才能保证其安全施工，而预制管片冻结止水只相当于单根冻结管对周围土体进行冻结，所需时间较长。若一环管片只预埋一环冻结管的方案所需时间太长而不适用，则继续对一环管片预埋两环冻结管的方案进行计算，冻结管布置示意见图 6.6。

取某工程设计参数进行计算，预制冻结管片盐水冻结止水冻结时间计算结果如表 6.6。

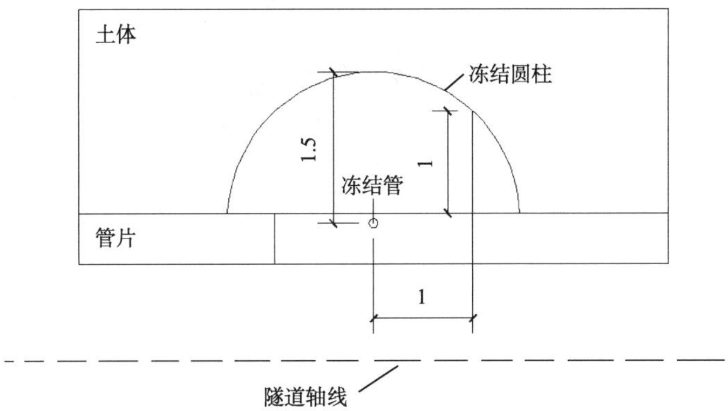

图 6.5 预制管片冻结止水横断面图(m)

表 6.6 预制冻结管片盐水冻结止水冻结时间计算表

地热影响系数 φ	冻土的热容量 Q/(J/m³)	冻结圆柱半径 ξ/m	结冰温度 T_d/℃	盐水温度 T_c/℃	冻土的导热系数 λ_2 /[W/(m·K)]	冻结管半径 r_0/m	冻结时间 t/d
0.35	162116000	1.1	0	−30	2.12	0.0585	71

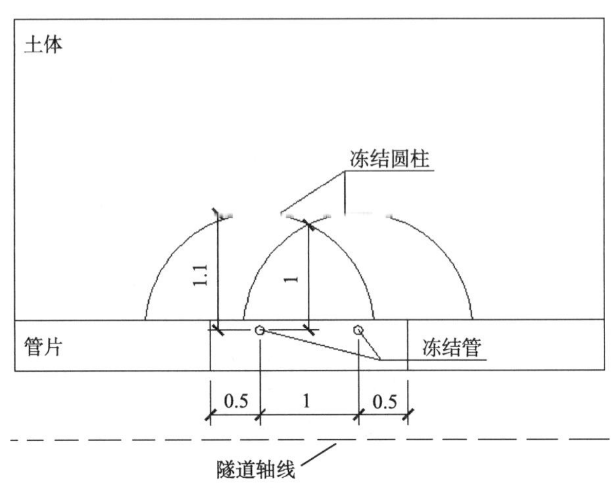

图 6.6 单环管片预埋两环冻结管纵剖面图(m)

3) 预制冻结管片液氮冻结止水冻结时间

液氮温度较低，长距离液氮输送绝热保温与回气系统密封成为盾尾刷更换液氮冻结止水施工的重要环节，需根据实际情况重新拟定保温措施并进行现场实验，使液氮的进气温度仍能保持在−110℃左右。设液氮的进气温度为−110℃，对冻结时间进行计算，计算结果见表 6.7。

表 6.7　预制冻结管片液氮冻结止水冻结时间计算表

地热影响系数 φ	冻土的热容量 Q/(J/m^3)	冻结圆柱半径 ξ/m	结冰温度 T_d/℃	进气温度 T_c/℃	冻土的导热系数 λ/[W/(m·K)]	冻结管半径 r_0/m	冻结时间 t/d
0.35	162116000	1.1	0	−110	2.12	0.0445	20

4）管片上直接打孔长距离输送液氮冻结止水冻结时间

采用管片上直接打孔长距离输送液氮冻结止水的方案，如按冻结半径可达 1.0m 考虑，计算应设置冻结管的根数，则要达到冻结壁厚度 h 的要求，如图 6.7 所示，根据采用冻结孔个数，每孔夹角度数，开孔间距，终孔间距，利用式(6.11)计算所需冻结时间，计算结果见表 6.8。

表 6.8　管片上直接打孔长距离输送液氮冻结止水冻结时间计算表

地热影响系数 φ	冻土的热容量 Q/(J/m^3)	冻结圆柱半径 ξ/m	结冰温度 T_d/℃	进气温度 T_c/℃	冻土的导热系数 λ/[W/(m·K)]	冻结管半径 r_0/m	冻结时间 t/d
0.35	162116000	1.15	0	−110	2.12	0.0445	23

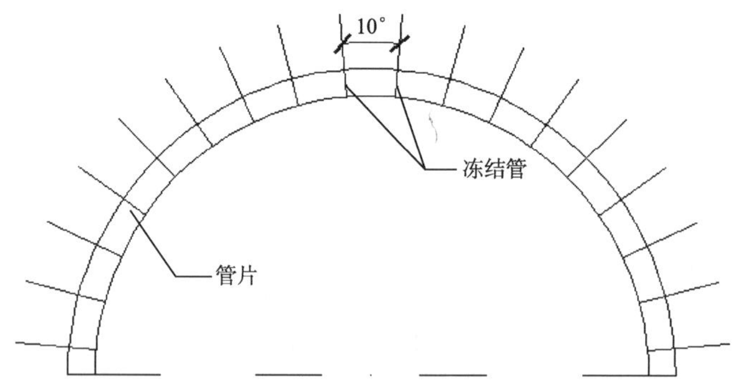

图 6.7　管片上直接打孔冻结管布置图

2. 冷冻液温度

采用低温盐水进行冻结施工时，盐水温度应＜－28℃，满足在设计的时间内使冻结壁厚度和平均温度达到设计值的需要。

液氮冻结属于深冷冻结，冻结温度较常规低得多，梯度大，冻结管壁温度达到－180℃。液氮冻结的冻土温度离液氮管越近，其差值越大，充分体现了液氮冻结的快速性。液氮冻结的温度是按对数曲线变化规律变化的，冻土温度与空间位置、时间及输送等许多因素有关，其中与液氮的输送状态关系十分密切。液氮输送状态的改变会灵敏地引起冻土温度的改变。

温度控制是液氮冻结的关键环节，根据相关工程液氮冻结经验，液氮贮罐出口的温度一般控制在－150～－170℃，温度可使用相关阀门进行调节。

6.3.4　测温系统布置

为了掌握冻结壁交圈时间及冻结壁扩展情况，在整个冻结施工过程中需进行温度场监测，测温孔分别设置在盾尾底部、中部及顶部位置，为判断盾尾密封刷更换时机提供依据。

盾尾刷更换期间，管片拆除后可以在紧靠剩余管片端部增设测温点，以掌握焊接前后盾尾壳的温度变化，为是否采取和如何采取隔温措施提供依据，以确保盾尾刷焊接质量和防止冻结壁升温，并根据实际温度场监测情况进行调整。

温度监测频率宜保持在每天 1 次以上，及时掌握温度场的发展情况，以便指导冻结施工。

6.3.5　强制解冻设计

盾尾刷更换完成后，为保证盾构尽早继续推进，需对冻结壁进行强制解冻。利用冻结管作解冻管，其内循环热盐水(70～80℃)，使冻结壁温度上升，土体中的冰融化，达到快速解冻土体的目的。也可以沿管片内壁环形布置热水循环盘管，利用膨胀螺栓将盘管固定在管片上。

采用电热法提供热盐水，通过冷板内管路进行循环，从而使盾尾外壳周围土体解冻。加热器可在盐水箱上或其他部位布设，根据工程现场的具体条件确定加热方式和解冻间距。再根据要求对解冻管的布置和热盐水的温度进行调整。盐水泵的位置也可根据现场需要进行调整。

6.3.6　盾尾刷更换条件

由于工期限制，实际工程中多采用液氮冻结止水进行盾尾刷更换施工。

(1) 液氮冻结时间达到或超过 10d，液氮冻结效果达到设计要求。

(2) 根据测温孔测温推测承压含水层范围冻结壁有效厚度达到设计要求 1.8m，冻结壁有效冻土平均温度要达到－15℃及以下。

(3) 测温孔温度达到设计要求。

(4) 施工应急预案完善，并具有可操作性。

(5) 盾尾刷更换之前，在盾尾刷附近管片位置分别打设两个探孔，应无水流出。

6.3.7　盾尾刷更换冻结施工工艺

盾尾刷更换冻结施工工艺流程如图 6.8 所示。

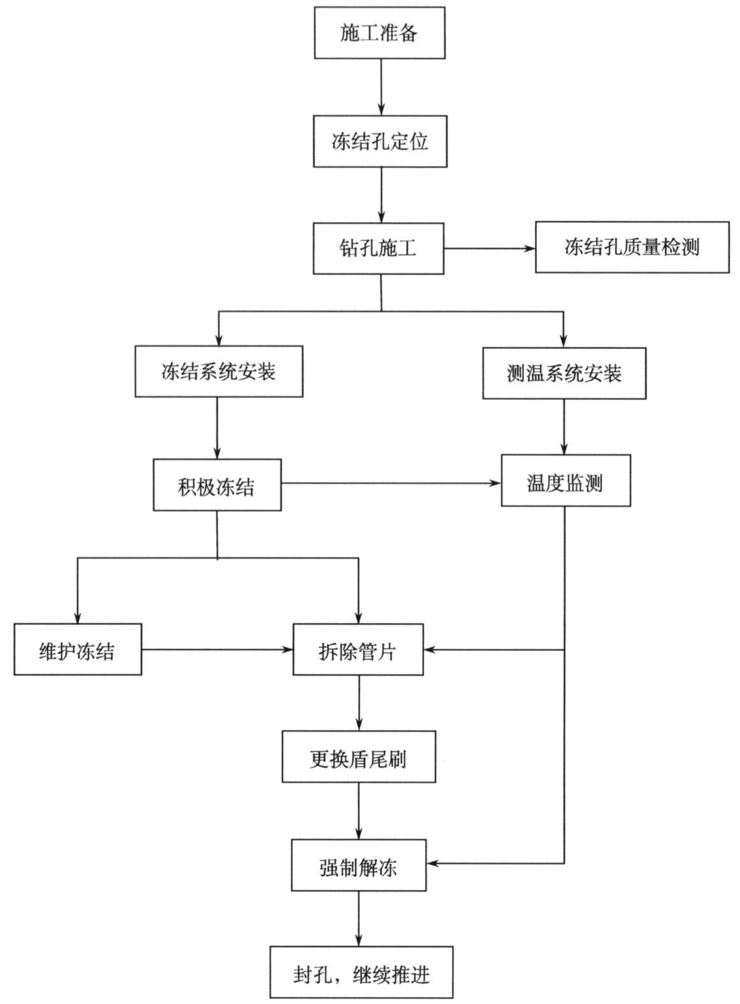

图 6.8　盾尾刷更换冻结施工流程

6.4　盾尾刷更换液氮冻结温度场数值模拟研究

由于盾尾刷更换施工中一般要求在短时间内完成盾尾刷的更换，盐水冻结法所需冻结时间较长，而液氮冻结法能够在较短时间内完成对周围土体的冻结，因此，在盾尾刷更换施工选用冻结止水时，一般建议选用液氮冻结。以南京地铁 10 号线过江隧道为例进行数值模拟分析。

6.4.1　计算说明

盾尾刷更换管片上打孔冻结止水数值模拟有限元模型见第三章图 3.6。

管片上直接打孔冻结止水有限元计算时，隧道半径取 5.1m，冻结影响范围内土层

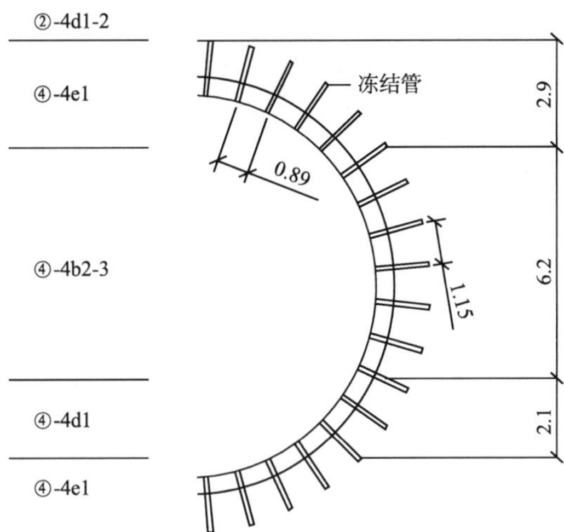

图 6.9　管片上直接打冻结孔布置图/m

分布及冻结管布置方式见图 6.9，计算参数见表 6.9，土体的初始温度取现场实际平均温度 15℃。

表 6.9　土体的基本物理参数、热物理参数

土层号	含水率 ω/%	密度 ρ/(kg/m³)	导热系数 λ/[W/(m·K)]		比热 C/[J/(kg·K)]		潜热 Q /(×10⁸J/m³)	对流换热系数 /[W/(m²·K)]
			未冻土	冻土	未冻土	冻土		
粉细砂 ②-4d1-2	24.5	19.4	1.46	2.03	1461	803	0.98	—
卵石④-4e1	35.0	19.1	1.52	2.12	1663	860	1.51	—
粉质黏土 ④-4b2-3	31.4	19.0	1.65	2.06	1735	878	1.33	—
混凝土管片	—	—	2.94	—	1040	—	—	4.11

冻结过程有限元模型采用 4 节点单元，对冻结管及其周围区域进行局部网格细化处理，冻结时间步取 24h 为一步。

6.4.2　管片直接打孔有限元计算结果分析

从计算结果中截出距冻结管轴面 1m 的平面，其 10d、20d、30d 温度云图如图 6.10 所示。

为了进一步观察冻结壁厚度是否达到要求，取距混凝土管片 1m 位置的三个点(冻结管之间)的温度变化曲线，三点的位置如图 6.11 所示。三点温度变化曲线如图 6.12。

从土体 30d 冻结过程可以看出，三点的降温速率基本相同，因此时周围土体原始地温较高，前 3d 降温较慢；从第 4 天开始，降温速度逐渐增大，并逐渐趋于稳定；第 15 天，温度降至 0℃附近，此时冻土体开始进行相变，由于相变潜热的影响，降温速度减缓，相变完成后，降温速度恢复至相变前的稳定速度。

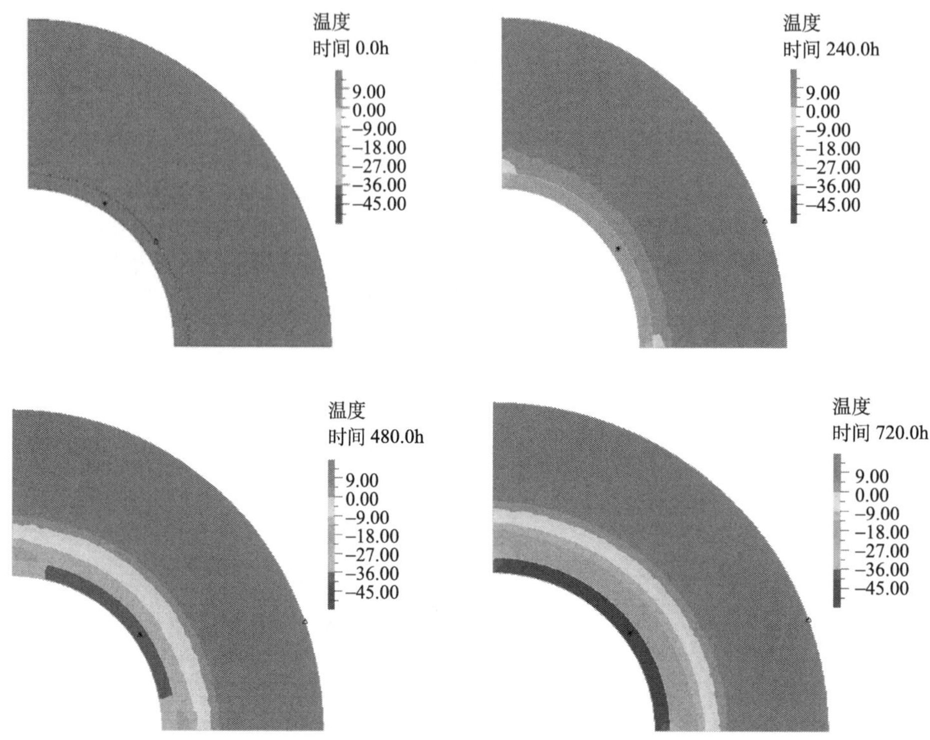

图 6.10　距冻结管轴面 1m 处平面温度云图

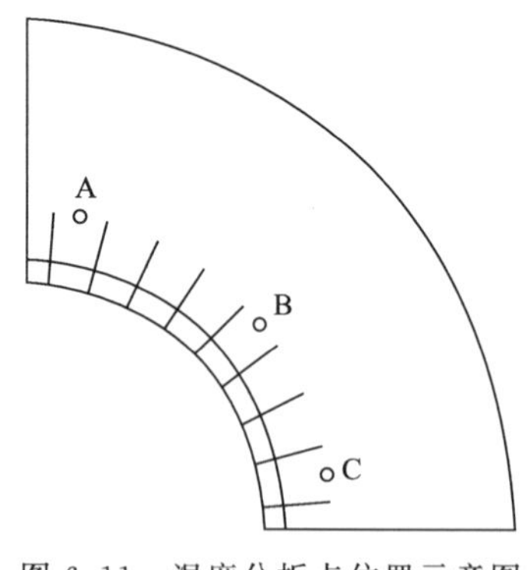

图 6.11　温度分析点位置示意图

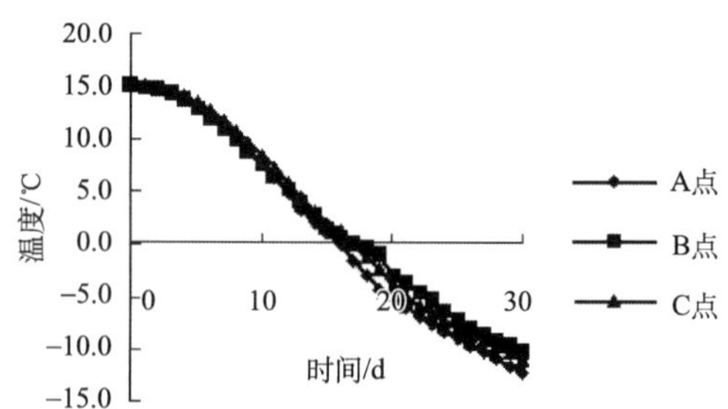

图 6.12　温度随冻结时间变化曲线

沿冻结管方向截取垂直于冻结管轴面的剖面，绘制 0℃冻结等温线图 6.13。通过对比各时期的 0℃等温线图，发现围绕冻结管中心冻结区域呈扇形形状扩散，在冻结交圈后仍然继续扩散，说明液氮冻结效果较为明显。

在 B 点位置距轴面 0.2、0.5、0.8、1.1m 处各取温度分析点，分别绘制温度—时间曲线如图 6.14，由图可知，土体在冻结过程中温度变化主要分两个阶段：

第一阶段为温度快速下降阶段，主要由于在低温液氮气化吸热的条件下，土体中的

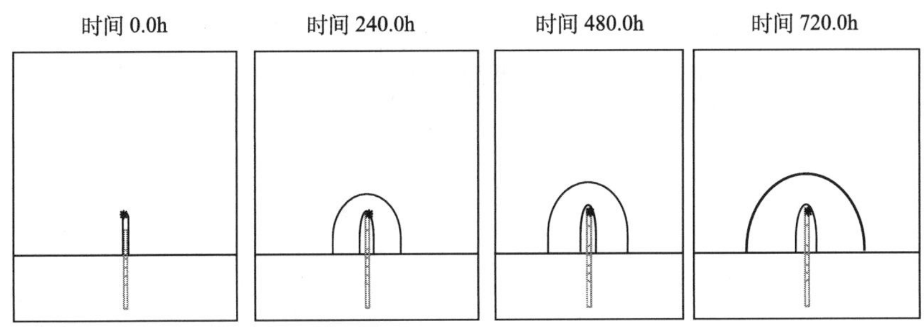

图 6.13 冻结管周围 0℃等温线图

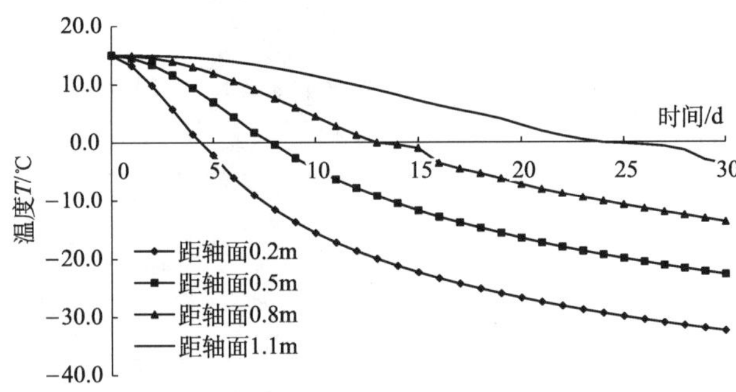

图 6.14 距轴面不同距离温度-时间曲线

热量被冻结管不断吸收，冻结管中的液氮和土体存在极大的温度差，土体中自由水和部分结合水产生相变形成冻土体。在垂直于冻结壁轴面的方向上由远及近的降温速率逐渐增大，距离冻结壁轴面 0.2m 处最大降温速率为 4.3℃/d，0.5m 处降温速率为 2.7℃/d，0.8m 处降温速率为 1.5℃/d，而 1.1m 处由于距离太远降温速率在 1.0℃/d 以下，其温度变化较为平缓，无快速下降阶段。

第二阶段为温度稳定阶段，当冻结管周围的土体相变(0℃)完成后，土体温度和液氮温度差减小，土体中水分迁移减弱，土体温度基本维持恒定。其中距离冻结壁轴面较近的 0.2m 和 0.5m 处，因距冻结管较近，热交换较快，土中水的相变较早出现，同时因为降温较快，没有明显的相变阶段；距离冻结壁轴面 0.8m 处在 13～15d 曲线转为平缓，表现出明显的相变特征，第 16 天开始转入温度稳定阶段；而距离冻结壁轴面较远距离的 1.1m 处土体中的水 28d 才完成相变。

图 6.15 是 B 点处垂直于冻土帷幕轴面温度空间分布曲线，可见冻结开始后，各点温度接近。随着冻结时间推进，各点温度迅速下降，其温度值与距离轴面的距离呈线性关系。

通过对距冻结管轴面 1.0m 的截面 0℃等温线分析得出表 6.10。可见在此截面上，冻结 12d 时交圈，交圈时此面上冻土厚度为 42.6cm，30d 时冻土厚度达 149.5 cm，19d 时冻结壁有效厚度可达满足拆除管片更换盾尾刷的所需条件 1.0m。与解析理论计算的 23d 有所差别，主要是因为理论计算采用的计算公式为单管冻结计算公式，没有考虑冻结管之间冻结的耦合作用。

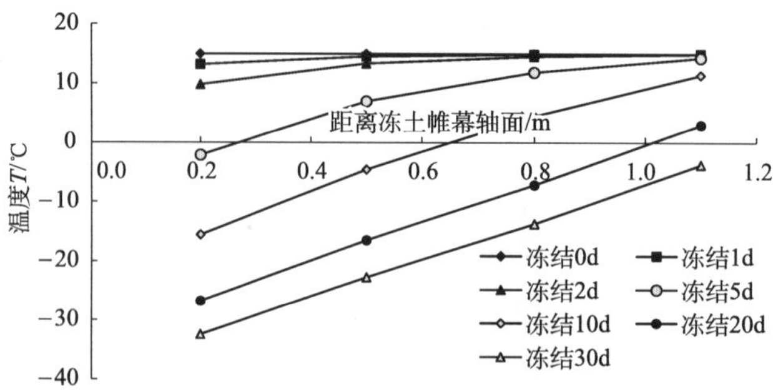

图 6.15　B 点处垂直于冻结壁轴面温度空间分布曲线

表 6.10　距冻结管轴面 1.0m 处截面冻土厚度随时间变化表

冻结时间/d	冻土厚度/cm
12	42.6
15	79.3
20	114.3
30	149.5

沿垂直于冻结管轴面的截面，从零温线随时间的发展规律计算出冻结锋面的推进速度，如图 6.16 和图 6.17 所示。冻结锋面的推进速度基本呈光滑曲线，随着冻结时间的延长，其推进速率逐渐减小。

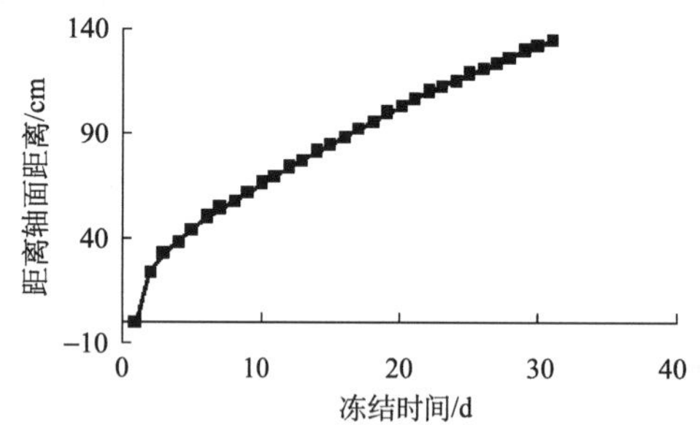

图 6.16　冻结锋面推进距离随时间变化曲线

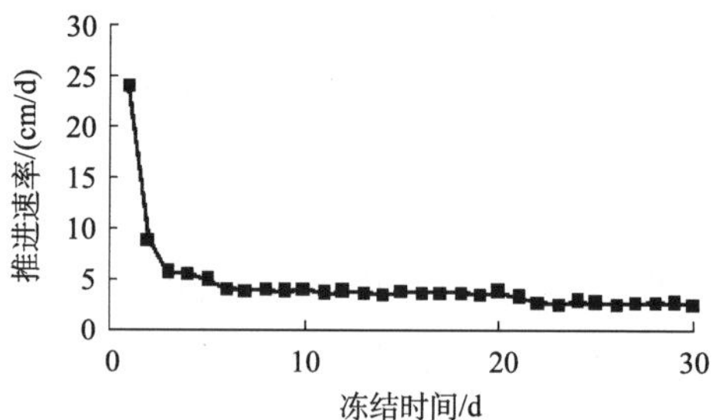

图 6.17　冻结锋面推进速率随时间曲线

6.4.3　管片直接打孔冻结温度场影响因素分析

通过改变土体导热系数、容积热容量、潜热及去路液氮温度四个因素来分析其对温度场的影响。

1. 冻土导热系数的影响

对液氮冻结实施区域内土层导热系数分别减小或增大 20％和 40％分析其对液氮冻结温度场的影响。

由图 6.18 和图 6.19 可得出，随着冻土导热系数增大，节点达到相变的时间越来越短，达到更换盾尾刷条件的时间也越来越短，土的导热系数与冻结时间接近线性关系。主要原因为：土质导热性能增强，使土的传热量增加，冻结速度加快，导致到达相变的时间缩短。当导热系数增大 40%，B 点达到冻结状态的时间为 15d，比原导热系数冻结时间缩短了 4d。

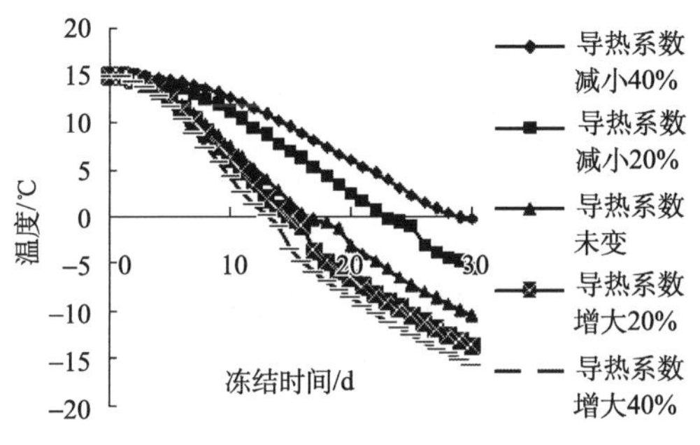

图 6.18　B 点不同导热系数时温度-时间曲线

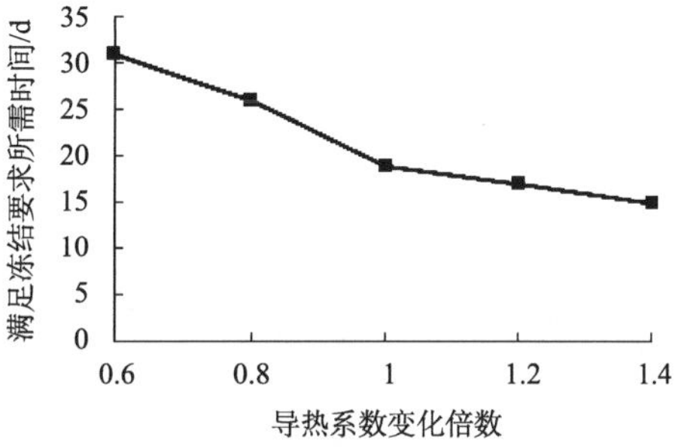

图 6.19　冻结壁满足要求时间-导热系数曲线

2. 容积热容量的影响

为研究容积热容量对液氮冻结温度场的影响，同样对 B 点的土体冻结和未冻状态下的容积热容量分别减小和增大 20%、40%进行分析。

由图 6.20 和图 6.21 可得出，随着容积热容量的增大，土体降温减慢，冻结壁厚度达到设计要求的时间则越长，近似呈线性变化。究其原因，容积热容量增大，土体中未冻水的储热性能随之提高，导致冻结管提供的冷量通过土体传递的速度减缓。

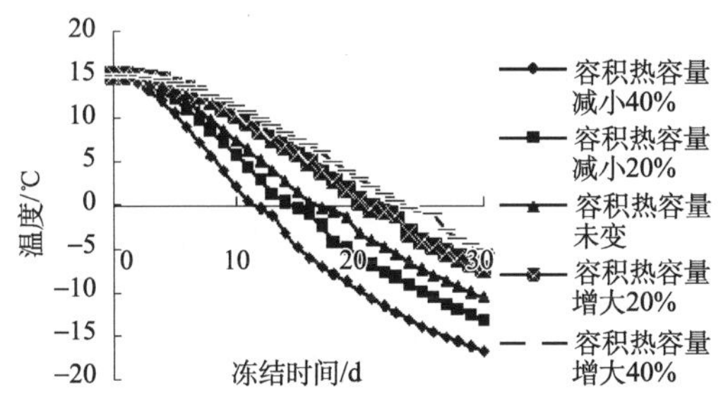

图 6.20　B 点不同容积热容量温度-时间曲线

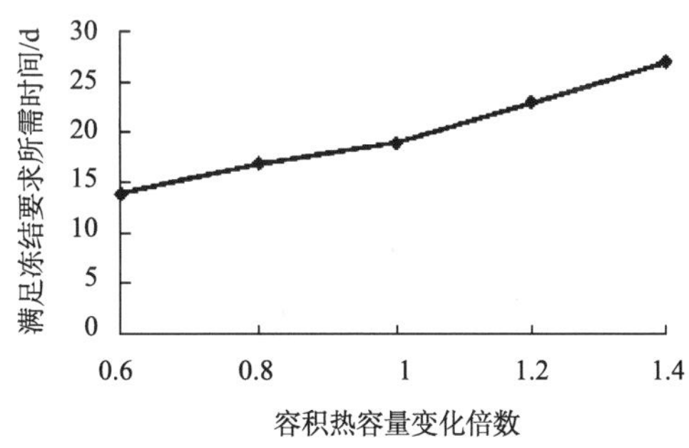

图 6.21　冻结壁满足要求时间-容积热容量曲线

3. 土体相变潜热的影响

为研究相变潜热对液氮冻结温度场的影响，对 B 点处的土体冻结和未冻状态下的容积热容量分别减小和增大 20%、40%(相当于含水率改变)进行分析。

由图 6.22 和图 6.23 可见，相变潜热对温度场的影响集中体现在 0℃附近，在 0℃之前几乎没有影响；在 0℃附近，由于相变潜热的不同，致使相变完成的时间发生改变；而在相变完成后，降温曲线又趋于相同。相变潜热与冻结时间呈现较好的线性关系。

4. 冻结管去路液氮温度的影响

设定液氮到达冻结工作面的温度为－110℃，为了研究到达冻结工作面的液氮温度对液氮冻结温度场的影响，同样对 B 点处的土体冻结和未冻状态下的去路液氮温度分别减小和增大 20%(－88℃、－132℃)、40%(－66℃、－154℃)进行分析。

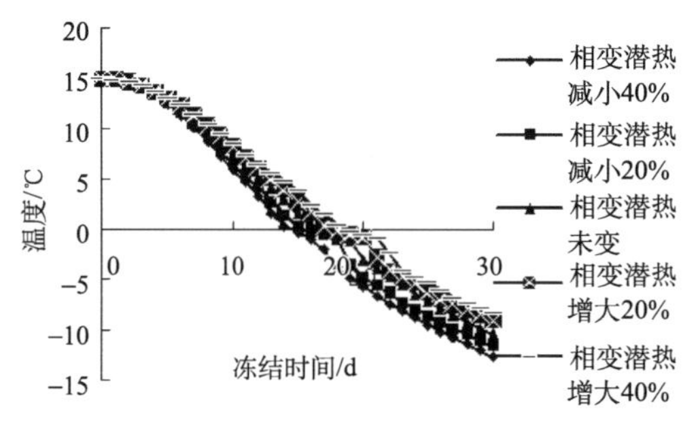

图 6.22　B 点不同相变潜热温度-时间曲线

图 6.23　冻结壁满足要求时间-相变潜热曲线

图 6.24 和图 6.25 为不同的液氮温度下 B 点的温度时间曲线图。由图可见，液氮温度越低，其与土体间温度梯度越大，冻结效果越好。当液氮到达工作面温度处于－66～－154℃降温区间内，冻结壁满足条件的时间随温度的降低逐渐缩短，对冻结工期有着显著的影响。但随着液氮到达工作面温度继续降低，该曲线呈衰减性变化。

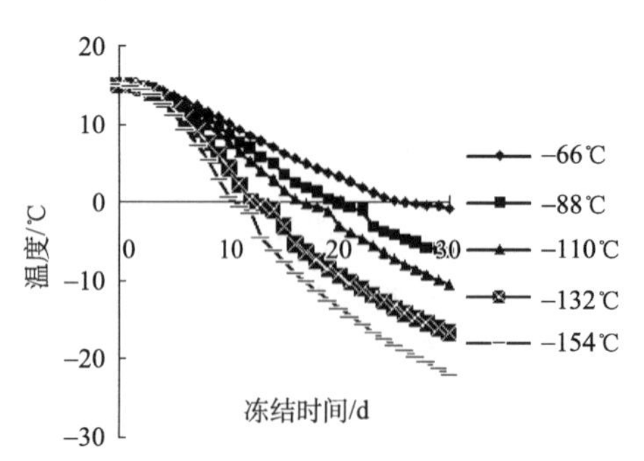

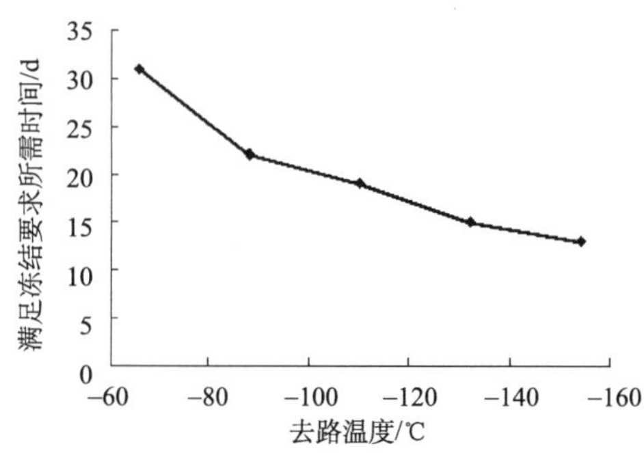

图 6.24　去路温度不同时 B 点温度-时间曲线　　图 6.25　冻结壁满足要求时间-去路温度曲线

5. 敏感性比较

土体的导热系数、容积热容量、相变潜热以及液氮的去路温度都是土体冻结效果的重要影响因素，当改变这些因素使其对土体冻结效果产生不利影响时，其影响的效果见

图 6.26及图 6.27。当各因素发生对冻结不利的变化时(变化量 40%)，对冻结形成时间的影响效果为：去路液氮温度≈导热系数>容积热容量>相变潜热。

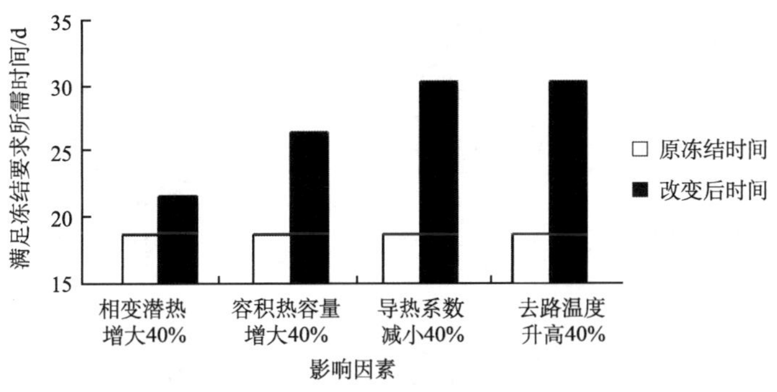

图 6.26 各因素改变冻结满足要求时间曲线 1

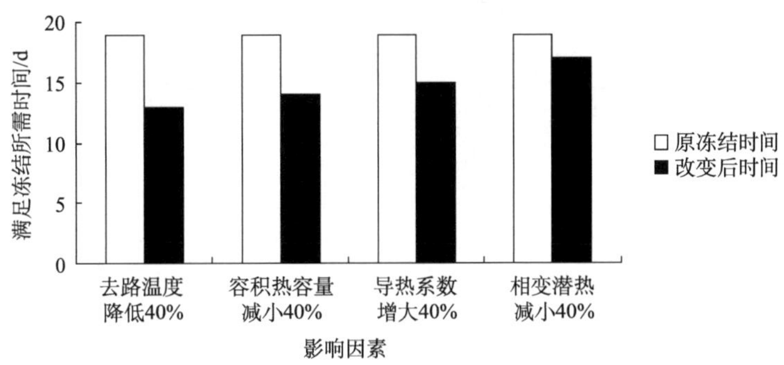

图 6.27 各因素改变冻结满足要求时间曲线 2

由此可知，在去路液氮温度、土的导热系数、容积热容量、相变潜热这四个影响因素中，相变潜热的改变对土体的冻结效果影响最小，因为其影响只发生在土体产生相变期间，而其余三要素的影响则贯穿整个冻结期间。导热系数和容积热容量的影响则随着变化量的大小有所不同：产生不利影响时，导热系数影响>容积热容量影响；产生有利影响时，容积热容量影响>导热系数影响。在四个因素中，去路液氮温度的影响效果最大，可见，在管片上直接打孔长距离输送液氮冻结时，做好保温工作十分必要。

6.4.4 预制冻结管有限元模型计算结果分析

盾尾刷更换预制管片冻结止水数值模拟有限元模型见第三章图 3.7 和图 3.8，相关计算参数与管片上打孔冻结止水数值模拟计算参数相同。

1. 预制冻结管片单环冻结有限元计算结果分析

从计算结果中截出距冻结管轴面 1m 的平面，由图可知在此截面上也同管片上直接打孔云图相似，形成低温环状冻土体，其 15d、30d、45d 温度云图如图 6.28 所示。

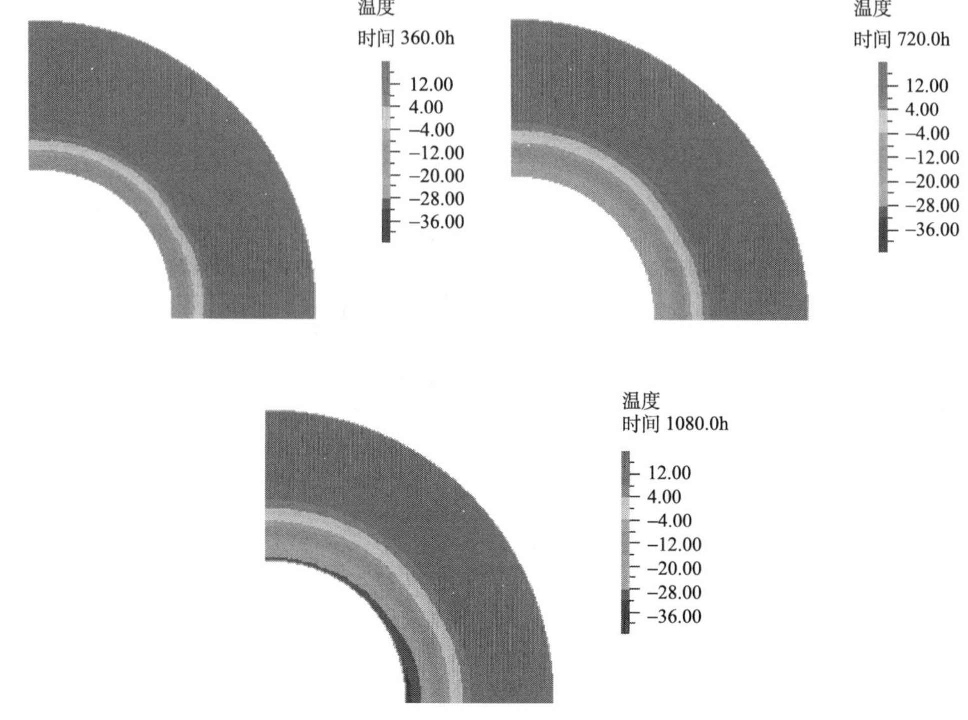

图 6.28　距冻结管轴面 1m 处平面温度云图

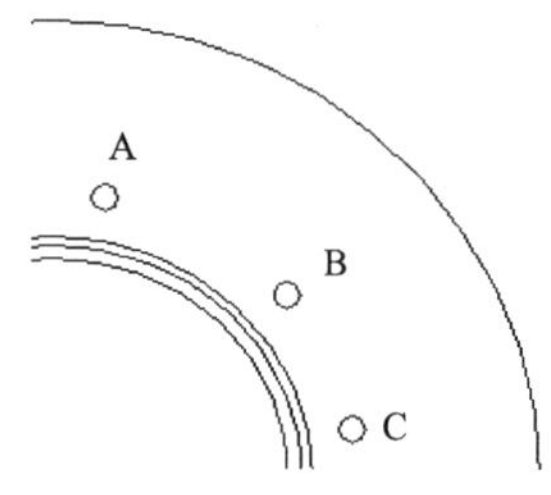

图 6.29　冻结土体厚度 1m 处取点示意图

为了进一步观察冻结壁厚度是否达到要求，从距冻结管轴面 1m 的平面上取出距混凝土管片靠土一侧 1m 位置与图 6.29中 A、B、C 三点位置相同点的温度变化曲线，三点的温度-时间变化曲线见图 6.30，由图可知：距冻结管轴面 1.0m 处截面的温度于 35d 时降至 0℃附近，进入相变阶段，于 41d 完成相变。

从 B 点沿 xz 截面距轴面一侧 0.2、0.5、0.8、1.1m 处各取温度分析点，共 4 个，分别绘制其冻结曲线如图 6.31 所示。

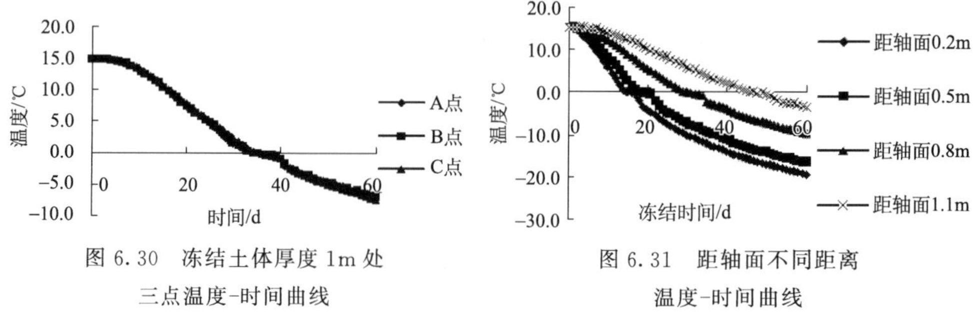

图 6.30　冻结土体厚度 1m 处三点温度-时间曲线

图 6.31　距轴面不同距离温度-时间曲线

与管片上直接打孔冻结的模型相对应，处于相同位置的点从降温开始到完成相变期间的平均降温速率比较结果见表 6.11。

表 6.11　距冻结管轴面不同距离处降温速率比较

冻结方式	距轴面 0.2m 处降温速率/(℃/d)	距轴面 0.5m 处降温速率/(℃/d)	距轴面 0.8m 处降温速率/(℃/d)	距轴面 1.1m 处降温速率/(℃/d)
管片上直接打孔	3.42	1.96	1.07	0.59
预制管片单环冻结管	0.95	0.77	0.47	0.32

由表可知：在冻结土体范围内，管片上直接打孔长距离液氮冻结止水的降温速率远大于预制管片单环冻结管冻结止水的降温速率：距轴面 1.1m 处约为两倍，而距轴面 0.2m 处达 3.6 倍。

图 6.32 是过 B 点垂直于冻结壁轴面温度空间分布曲线，冻结开始后，冻结壁轴面两侧温度随着距离轴面越远温度越高，也近似呈线性变化。

最后，沿冻结管做垂直于冻结管轴面的截面，从此面上零温线随时间的发展规律中得出图 6.33，其反映了冻结锋面推进随时间发展的曲线。

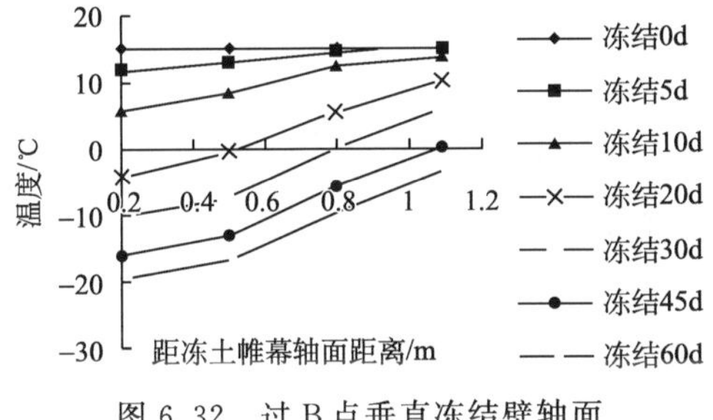

图 6.32　过 B 点垂直冻结壁轴面温度空间分布曲线图

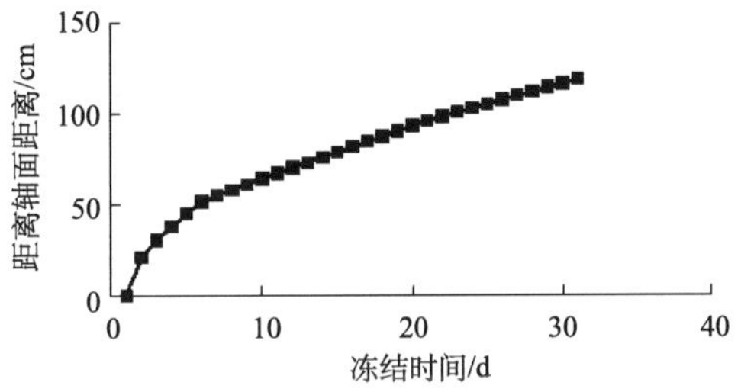

图 6.33　冻结锋面推进距离随时间变化曲线

2. 预制冻结管片双环冻结有限元计算结果分析及比较

同样从云图中取出如图 6.29 中三点 A、B、C 位置的温度变化曲线见图 6.34。

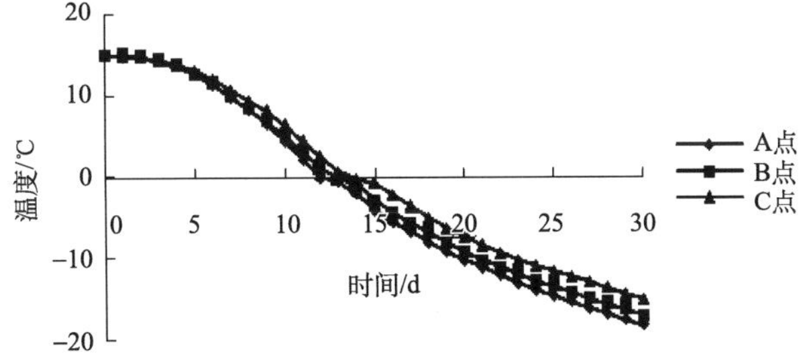

图 6.34　两环冻结管中间轴面处冻结温度曲线

由图可知：该截面的温度于 13d 时开始降至 0℃附近，进入相变阶段，于 16d 完成相变。

处于相同位置的 A、B、C 三点从降温开始到完成相变期间的平均降温速率比较结果见表 6.12。

表 6.12　设计冻结壁上降温速率比较

冻结方式	A 点降温速率/(℃/d)	B 点降温速率/(℃/d)	C 点降温速率/(℃/d)
管片上直接打孔	1.00	0.90	0.92
预制管片单环冻结管	0.42	0.41	0.41
预制管片双环冻结管	1.22	1.19	1.07

由上表可知：模型中采用液氮冻结时，在预计的冻结壁面上，预制管片双环冻结管施工工艺的冻结效率略大于管片上直接打孔施工工艺，而比预制管片单环冻结管施工工艺高出了一倍多。

再通过对冻结设计范围内最高温度截面处(前两者为距冻结管轴面 1.0m 的截面、后者为两环冻结管中间截面)的 0℃等温线的分析，得出表 6.13。

表 6.13　冻结设计范围内最高温度截面处冻土厚度随时间变化表

冻结时间/d	管片上直接打孔冻土厚度/cm	预制管片单环冻结管冻土厚度/cm	预制管片双环冻结管冻土厚度/cm
12	42.6	未交圈	85.6
15	79.3	未交圈	95.1
20	114.3	58.3	115.1
30	149.5	87.1	158.6

同时得出各施工工艺在该截面处的交圈时间和交圈时该截面上的冻土厚度，详见表 6.14。

表 6.14　冻结设计范围内最高温度截面交圈比较

施工工艺	交圈时间/d	交圈时冻土厚度/cm
管片上直接打孔	12	42.6
预制管片单环冻结管	17	41.6
预制管片双环冻结管	4	32.1

最后做垂直于冻结管轴面的截面，从此面上零温线随时间的发展规律得出图 6.35，其反映冻结锋面的推进随时间发展的规律。

将其与图 6.16 及图 6.33 比较，结果见表 6.15。

由表 6.15 可看出，当只分析冻结管处的冻结锋面推进速度时，由于去路液氮温度、土体的导热系数、容积热容量及相变潜热均相同，预制管片冻结施工工艺与管片上直接打孔的施工工艺相差不多。预制管片单环冻结管冻结工艺的冻结锋面推进速度低于管片上直接打孔，原因是：预制管片冻结施工工艺中，冻结管被混凝土管片所包裹，热传导受到一定的影响，而双环冻结管因其耦合作用，冻结锋面推进速度略高于管片上直接打孔。

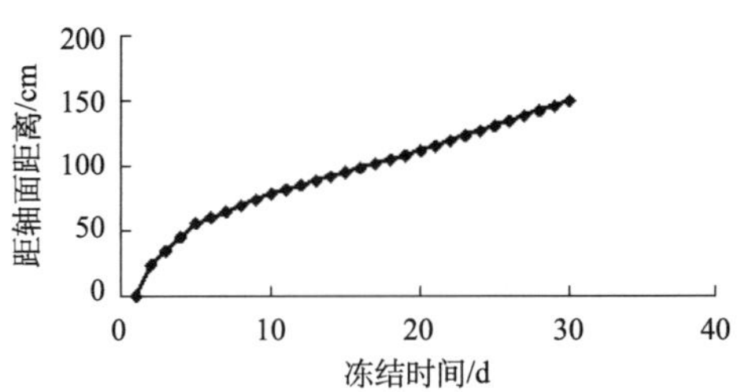

图 6.35 冻结锋面推进距离随时间变化曲线

而从表 6.13 及表 6.14 中可看出，当分析冻结设计范围内最高温度截面处时，三者相差较多，原因是：预制管片单环冻结管冻结施工工艺相当于单管冻结，在模型中，冻结半径需要达到 1.5m 时才能保证满足设计要求；管片上直接打孔冻结施工工艺是群管冻结，互相间产生有利于冻结效果的影响，同时通过加密冻结管间距的方法可以减少实际所需的冻结半径，当均匀布设 36 根冻结管时，其冻结半径只需达到 1.15m 即可；而预制管片双环冻结管冻结施工工艺所需冻结半径只需达 1.1m，因此所需时间更短，三种情况下达到冻结设计要求的时间分别为 41d、19d 及 16d。

表 6.15 冻结锋面推进比较

冻结时间/d	管片上直接打孔冻结锋面与冻结管距离/cm	预制管片单环冻结管冻结锋面与冻结管距离/cm	预制管片双环冻结管冻结锋面与冻结管距离/cm
5	50	51.6	56.0
10	70	67.5	78.6
20	107.5	96.2	112.2
30	135.2	118.9	150.5

6.5 液氮冻结人工强制解冻温度场数值分析

6.5.1 计算说明

液氮冻结更换盾尾刷工程的强制解冻不同于一般工程的强制解冻，地下承压水的压力较大，在冻结孔中布设解冻管的风险很大，因此常在管片内壁布置热水盘管来实现，只需将盾壳外壁的土体解冻，使冻土对盾构机失去冻结力从而不影响盾构继续推进。强制解冻有限元模型与冻结模型相同，计算时将冷源荷载适当改为热源荷载。

6.5.2 人工强制解冻温度场影响因素敏感性分析

通过改变土体的热物理参数、循环热水温度等因素分析不同参数人工强制解冻效果的变化，对人工强制解冻施工具有一定的指导意义。以杭州庆春路隧道为例进行模拟分析。

1. 导热系数的影响

对土体的导热系数分别增大和减小 20%、40%分析导热系数对人工强制解冻温度场的影响，分别以冻结时相应的导热系数为初始条件来计算解冻温度场。

图 6.36 给出了管片与土体接触面距离冻结轴面不同距离处温度随导热系数的变化。导热系数对人工强制解冻的影响主要反映在相变发生时和正温阶段，相变时间随着导热系数的增大而延长，相变结束后正温阶段温度随着导热系数的减小而增大，这与土体中温度的变化是相反的。主要原因是，盾构机继续推进的前提条件是土体与管片接触面的解冻，而土体导热系数越大，土体负温对管片与土体接触面上温度影响越大，因此相变需要时间越长，而相应的相变结束后接触面上需要吸收更多的热量来升高温度，而导热系数越大，土体负温对接触面的影响也就越大，升温的阻力也越大，因而接触面的温度越低。图 6.37 表现了随着导热系数的增大，解冻完成的时间相应延长，但导热系数增大至一定数值，解冻完成时间稳定不变。

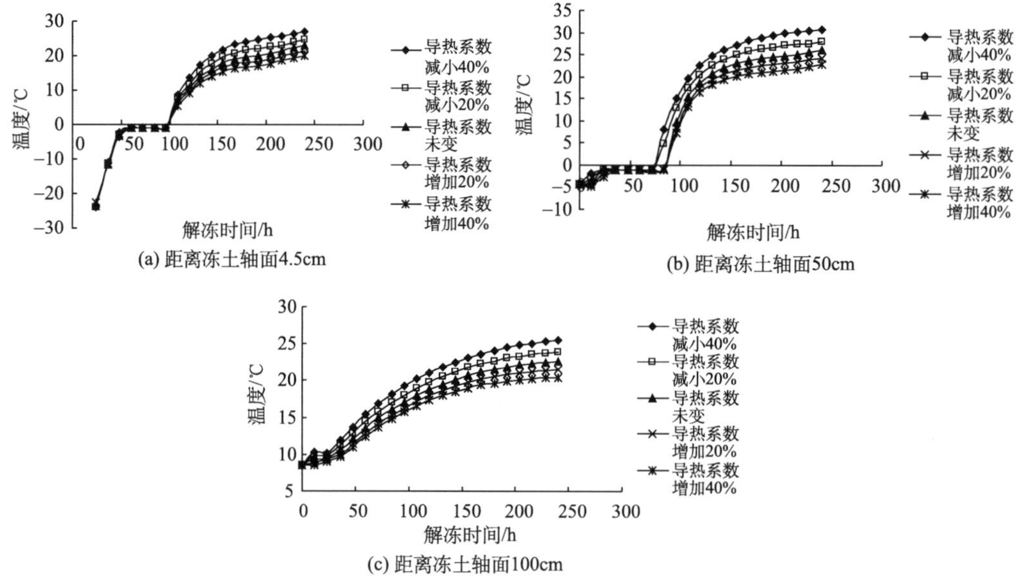

图 6.36　不同导热系数下冻土轴面一定距离的管片与土体接触界面温度-时间曲线

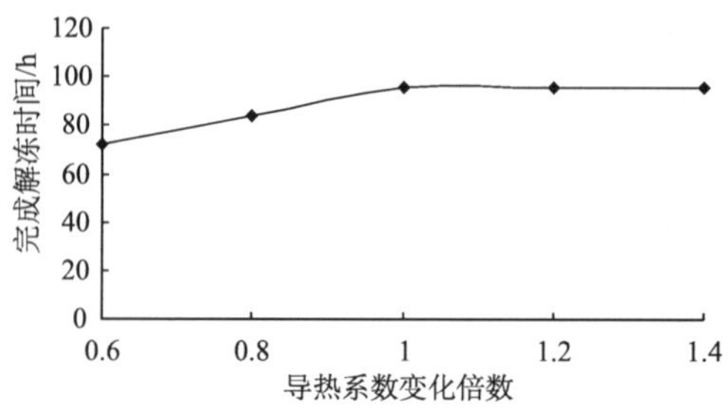

图 6.37　管片与土体接触界面解冻完成时间随导热系数变化曲线

2. 容积热容量的影响

为了研究容积热容量对人工强制解冻温度场的影响，对管片与土体接触面距离冻土轴面 4.5cm、50cm 和 100cm 处的土体冻结和未冻状态下的容积热容量分别减小和增大 20%、40%分析其对人工强制解冻温度场的影响。改变容积热容量，解冻温度场的计算必须建立在以相应容积热容量的液氮冻结计算结果为初始温度场的条件下。

图 6.38 给出了管片与土体接触面距离冻结轴面不同距离处温度随容积热容量的变化。在土体冻结的过程中，随着容积热容量增加，热量传递减慢，在解冻过程中，随着冻土体容积热容量的增大，土体的储冷性能随之提高，热量传递随之减缓。反映在相变过程中，随着冻土和融土容积热容量的增大，土体相变的时间延长，正温阶段的温度上升减缓，从而导致人工强制解冻的周期变长。

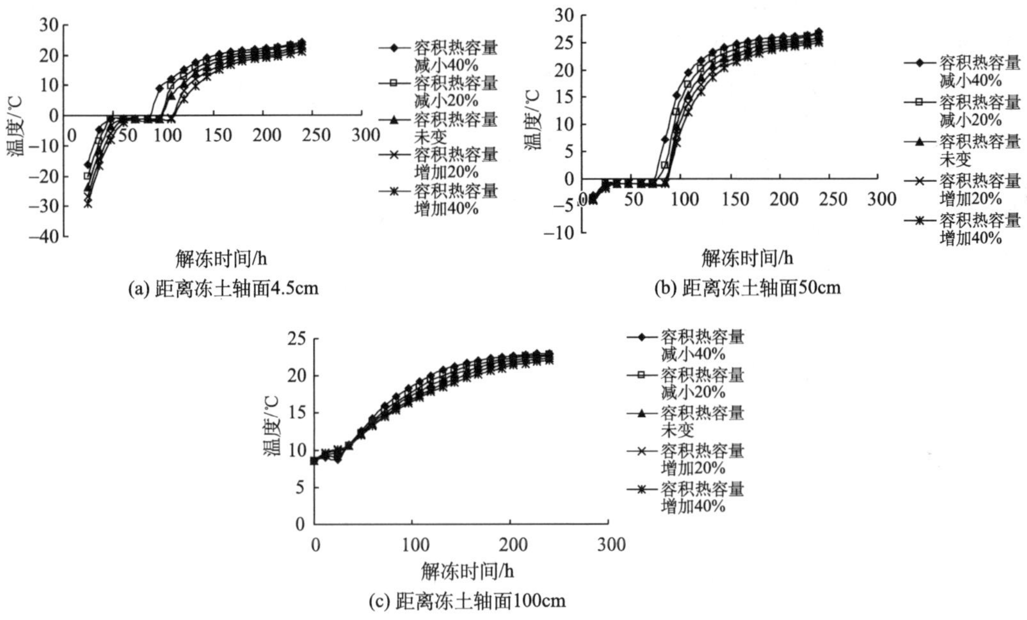

图 6.38　不同容积热容量下冻土轴面一定距离的管片与土体接触界面温度-时间曲线

图 6.39 为管片与土体界面解冻完成时间随容积热容量变化曲线，结果表明随着容积热容量的增大，解冻完成时间相应延长，近似为线性变化，但容积热容量减小到一定的数值后，解冻完成时间将稳定不变。

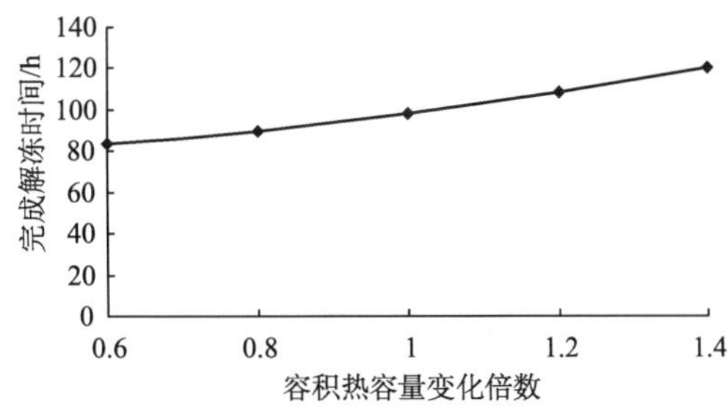

图 6.39　管片与土体界面解冻完成时间随容积热容量变化曲线

3. 循环热水温度的影响

循环热水的温度是对解冻效果最为直接的控制指标。热水箱中的水通过电加热达到较高的温度，一般热水温度不能过低，否则会影响到解冻的效率。一般工程经验是循环热水温度控制在60℃以上，例如：鹿岛冻土急速解冻法中解冻盐水的入口温度控制在90℃左右，上海延安东路隧道复线的盾构出洞采用的人工强制解冻的盐水温度控制在60℃以上。液氮冻结更换盾尾刷工程的强制解冻不同于一般工程的强制解冻，地下承压水的压力较大，在冻结孔中布设解冻管的风险很大，因此人工强制解冻只能在管片内壁布置热水盘管来实现，而只需将盾壳外壁的土体解冻，使得冻土对盾构机失去冻结力从而不影响盾构的继续推进。本节分别取热水温度为60、70、80和90℃来分析其对管片与土体接触面解冻温度场的影响。

图6.40反映了不同循环热水温度时管片与土体接触面的温度随解冻时间变化曲线。冻土的相变主要集中在冻土轴面两侧的80cm范围内，因此图6.40(c)的初始温度处于零上，改变循环热水温度只对其正温阶段的温度上升有直接影响。从图6.40(a)和图6.40(b)可以得出，循环热水的温度越高，土体处于相变阶段的时间越短，正温阶段的温度上升越快。

图6.41反映了解冻完成时间随循环热水温度的变化曲线，随着循环热水的温度的提高，解冻完成时间明显缩短，在循环热水到达80℃以上时，对解冻时间的缩短影响已经不大，说明循环热水温度提高到一定数值，解冻完成时间趋于稳定。

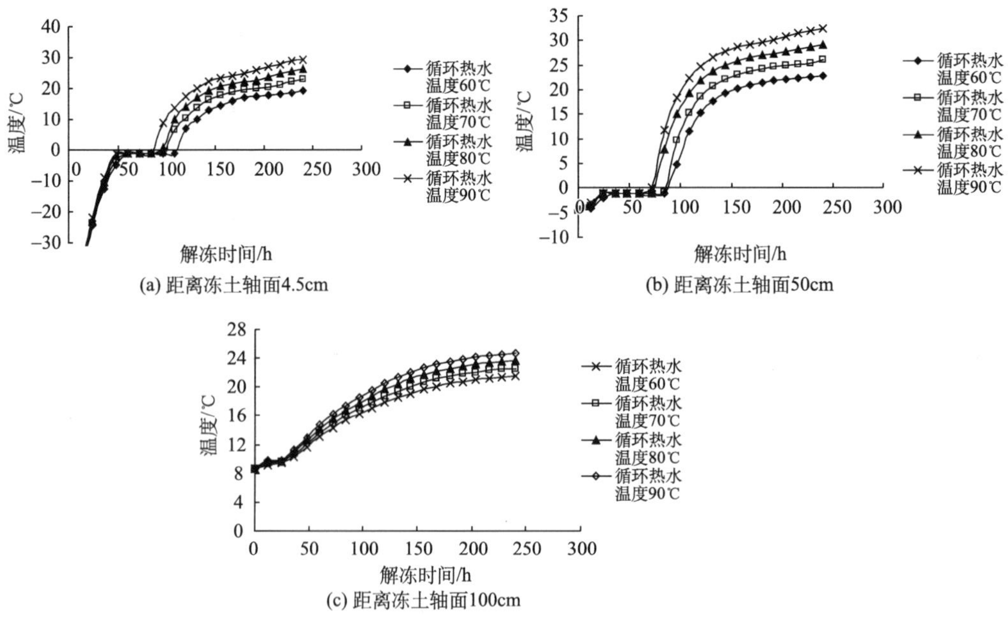

图6.40　不同循环水温下冻土轴面一定距离的管片与土体接触界面温度-时间曲线

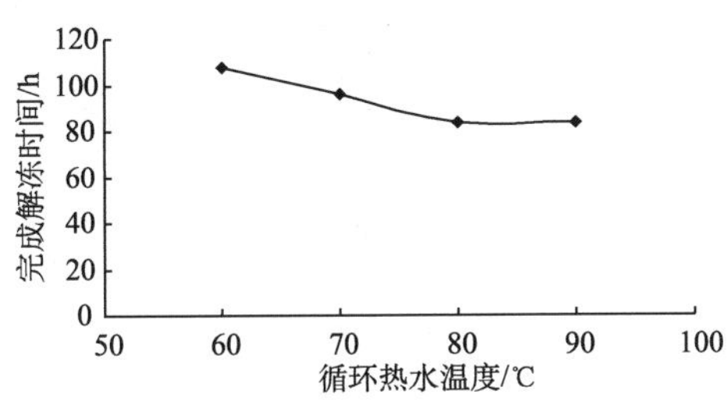

图 6.41 管片与土体接触界面解冻完成时间随循环热水温度变化曲线

6.6 工程应用

6.6.1 工程概况

杭州庆春路钱塘江过江隧道采用泥水加压平衡盾构进行推进，其中东线盾构段长1765.72m，于 2009 年 9 月 20 日出现漏浆，伴随油脂、同步注浆浆液和少量砂砾的泥浆被挤出。分析原因系同步注浆液进入油脂腔体固结占位导致盾尾密封失效，对盾尾密封系统进行检查分析后，决定采用更换并增加盾尾刷的措施进行处理，以保证后续盾构的安全推进。

盾构隧道上覆层深度 22.9m 左右，主要为粉、砂性土层，受钱塘江冲刷作用，呈现中间薄南北两侧略厚。出现故障的盾构区间段为⑤-2 层粉质黏土、⑥-1 层粉质黏土、⑦-1 层粉质黏土夹粉砂、⑦-2 层粉细砂、⑧-1 层圆砾，其中下卧层为⑦-2 层粉细砂、⑧-1 层圆砾，具有上细下粗结构，均匀性略差。隧道推进段主要为孔隙承压水，赋存于下部⑦层、⑧层砂及圆砾、卵石层内，实测承压水位标高为－3.80m～－4.00m，承压水压力达 0.3MPa(图 6.42，表 6.16)。

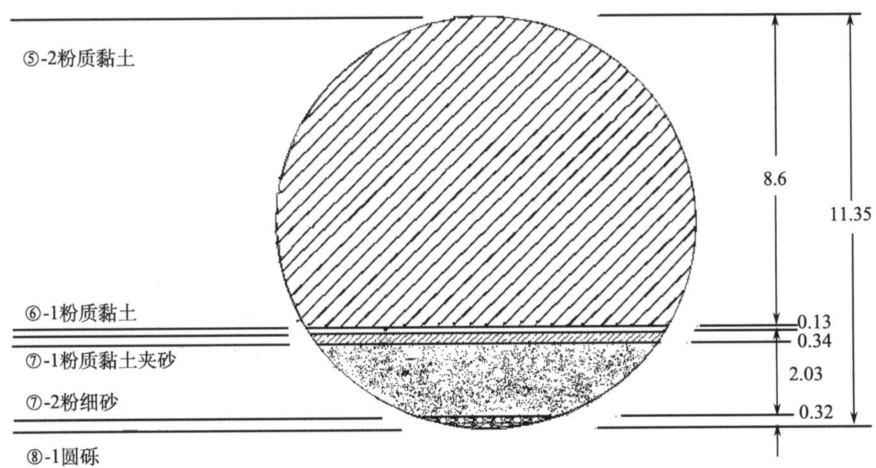

图 6.42 盾构机刀盘位置地质横断面图(m)

表 6.16 盾构穿越土层的主要物理力学指标

土层号	含水率	重度 γ	比重	孔隙比	液限	塑限	压缩		固结快剪	
	ω/%	/(kN/m³)	G_s	e	W_L/%	W_P/%	a/MPa⁻¹	E_s/MPa	c/kPa	φ/(°)
⑤-1	26	19.8	2.73	0.74	35.3	19.8	0.23	6.57	42.5	19.1
⑥-1	35.8	18.6	2.73	1.003	39.4	22.2	0.46	4.57	32	16.7
⑦-1	23.3	20.2	2.71	0.659	28.8	16.3	0.25	6.84	29.4	21.7
⑦-2	21.1	20.3	2.69	0.601	25.6	16.3	0.17	9.6	4.5	27.2
⑧-1	26.41	19.43	0.784	2.72	38.95	22	0.35	5.72	—	—

6.6.2 冻结方案设计

1. 冻结参数设计

液氮冻结方案采用 36 个冻结孔，分为 5 组。冻结孔开孔间距 0.9m，终孔间距为 1.1m，孔深 1.1m，进入土层 0.6m，进气管为 ϕ40×4mm 低温不锈钢软管，长 400m；排气管为 ϕ108×5mm 的 R304 不锈钢管，长 400m。冻结孔严禁碰到止浆板，不能打透盾尾外壳。

根据以往液氮冻结的经验，液氮储罐出口的温度控制在－150～－170℃，压力控制在 0.05～0.10MPa 为宜，冻结管出口温度控制在－50～－70℃，压力控制在0.05～0.1MPa 为宜，压力调节可使用液氮储罐上的截止阀，使用每组回路中散热板进行温度调节。

由于液氮温度极低，管内外温度差较大，易产生冷量损失，因此需对管路进行保温处理，具体措施为：供氮干管采用 2 层 1cm 厚的聚乙烯保温材料和 3 层密封薄膜交替包裹，各冻结去、回路支管均采用 2 层 1cm 厚的聚乙烯保温材料外加 1 层密封薄膜进行包裹。回路干管不设保温，液氮汽化后直接排放至洞外大气中。

2. 测温系统布置

隧道底部穿越粉细砂和圆砾两个高承压含水层，为确保不同含水层冻结壁发展速度与厚度，共设 8 个测温孔监测冻结温度场，判断盾尾刷更换时机。其中 C1、C2 为垂直隧道前进方向剖面 12 点钟位置的测温孔，对应土体为粉质黏土层；C3、C4 为垂直隧道前进方向剖面 3 点钟位置的测温孔，对应土体为粉质黏土层；C5、C6 为垂直隧道前进方向剖面 6 点钟位置测温孔，对应土体为粉细砂层；C7、C8 为垂直隧道前进方向剖面 7 点钟位置测温孔，对应土体为圆砾层。C1、C3、C5、C7 测温孔中各布设两个测温点，测点间距为 410mm，孔深 0.5m；C2、C4、C6、C8 中各布设 6 个测温点，其中土体中测点间距 300mm，管片中测点与邻近的土体测点间距 400mm，孔深 1.7m。冻结孔与测温孔具体孔位如图 6.43 所示。测温孔采用底端密封的 ϕ76×5mm 无缝不锈钢管直接打入。

盾尾刷更换期间，在已拆除的第 179 环管片盾壳位置布设测温点，以掌握焊接前后

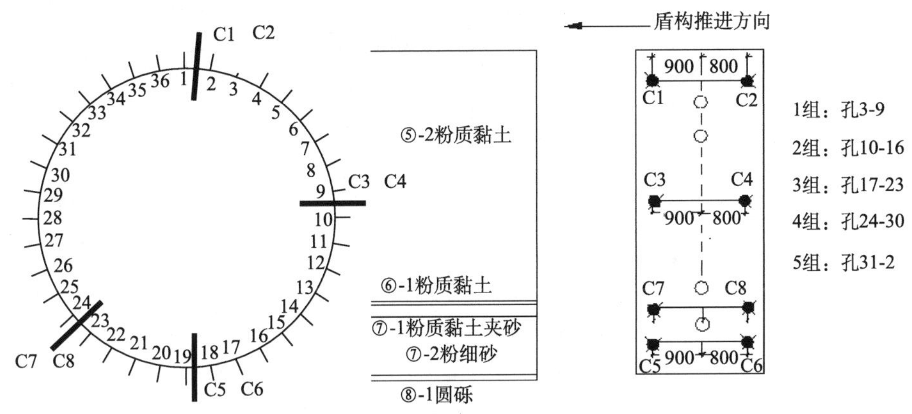

(a) 冻结孔与测温孔布置剖面图与断面图

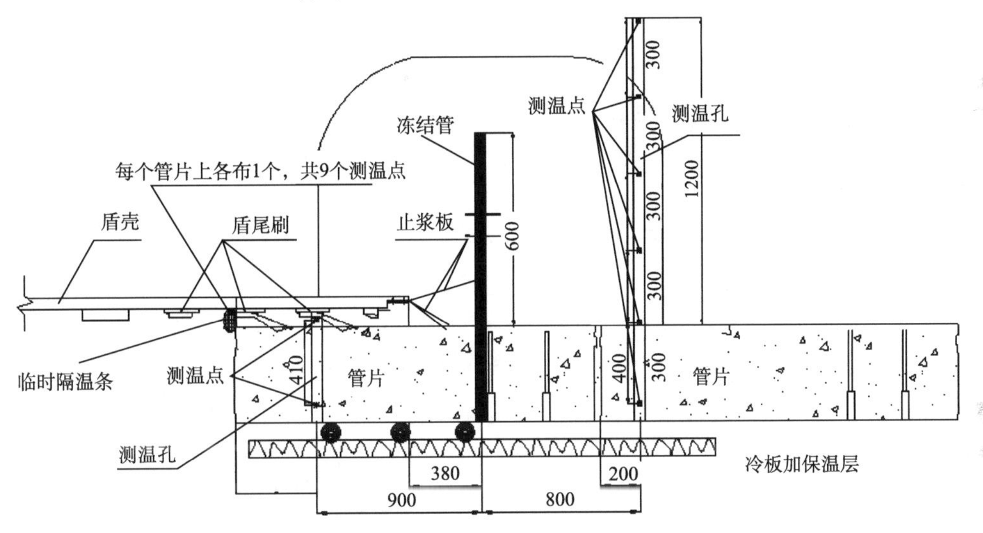

(b) 冻结孔与测温孔布置盾尾与管片位置局部放大图

图 6.43 冻结孔与测温孔布置图(mm)

盾壳的温度变化，为确保盾尾刷焊接质量和防止冻结壁升温，是否需要采取、何时采取隔热措施提供依据。每块已拆管片范围(F 或 L2 分别为已拆除的第 179 环原管片位置)布设 20 个测点(图 6.44)。其中横向两点之间距离 1m，纵向两点距离 0.5m，邻近第 178 环管片测点贴近第二道盾尾刷。管片拆除顺序为先拆除底部(承压水所处位置)的 F 块和 L2 块，然后按逆时针顺序依次拆除，盾尾刷焊接完成后采取错位通缝拼装管片，图 6.44 中虚线框为第 179 环新管片位置。

3. 强制解冻设计

盾尾刷更换完成后，需要对冻土体进行强制解冻，使盾尾外壳周围冻土体解冻以保证盾构尽早继续推进。

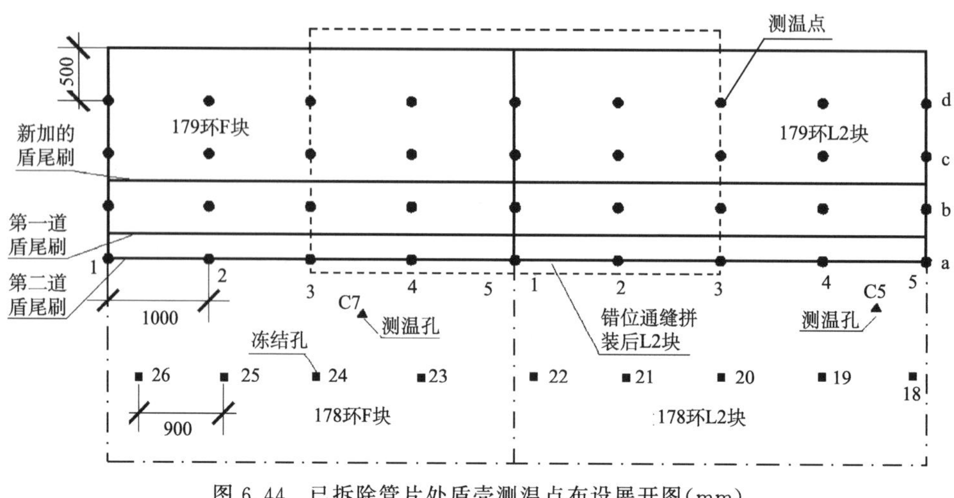

图 6.44　已拆除管片处盾壳测温点布设展开图(mm)

为此，沿管片内壁环形布置 5 道管径为 ϕ40×4mm 的热水循环盘管，以冻结孔为中心，于隧道推进方向内侧布置 4 道，外侧布置 1 道，相邻盘管间距为 30cm，利用膨胀螺栓将盘管固定于管片上。

在冻结区附近布置容积为 0.75m^3 电加热热水循环箱，利用 0.5m^3 循环水泵将水箱中 60℃以上的热水循环于盘管中，以达到强制解冻的目的。为判断冻结壁解冻随时间变化情况，强制解冻期间仍需进行温度监测，共设置 5 个测温孔，C1、C3 和 C5 各布设 2 个测点，监测解冻时管片温度以及管片与盾尾钢板接触面温度；C2 仍布设 6 个测点；C4 为原冻结孔位置，埋设 4 个测点，以监测解冻时冻结壁轴面的温度变化情况。测温孔布置如图 6.45 所示。

6.6.3　液氮冻结施工工艺

1. 钻孔

按设计定出孔位，安装直径 108mm 孔口管和 DN100 闸阀，采用干式钻进。钻机选用 MD-50 型锚杆钻机，钻机扭矩 2000N·m，推力 17kN。

2. 冻结系统安装

冻结管使用 ϕ89×5mm 不锈钢管，内管及系统连接管路使用 ϕ32mm×4mm 不锈钢管。

冻结孔液氮冻结共分 5 组，分组原则要求每组的冻结孔管长度基本相近。液氮供用槽车设置在盾构始发井地面位置，利用 ϕ40×4mm 不锈钢管将液氮接至冻结工作面进行冻结，用 ϕ108×5mm 不锈钢管作为总排气管(图 6.46)。配备液氮槽车两辆，容量分别为 17t、13t，根据积极冻结和维护冻结期间的相邻两日同一时间用氮量计算得出，积极冻结期间每小时的液氮需求量为 1.2～1.3t，维护冻结期间每小时的液氮需求量为

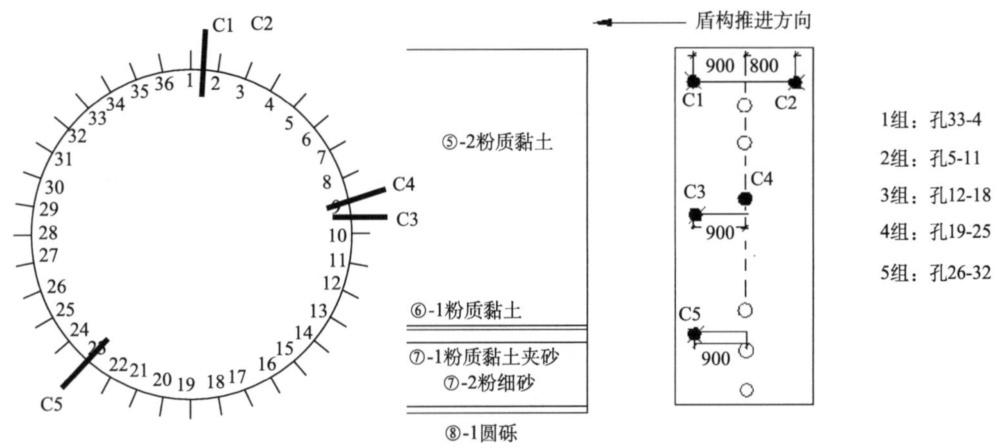

(a) 强制解冻测温孔布置剖面图与立面图

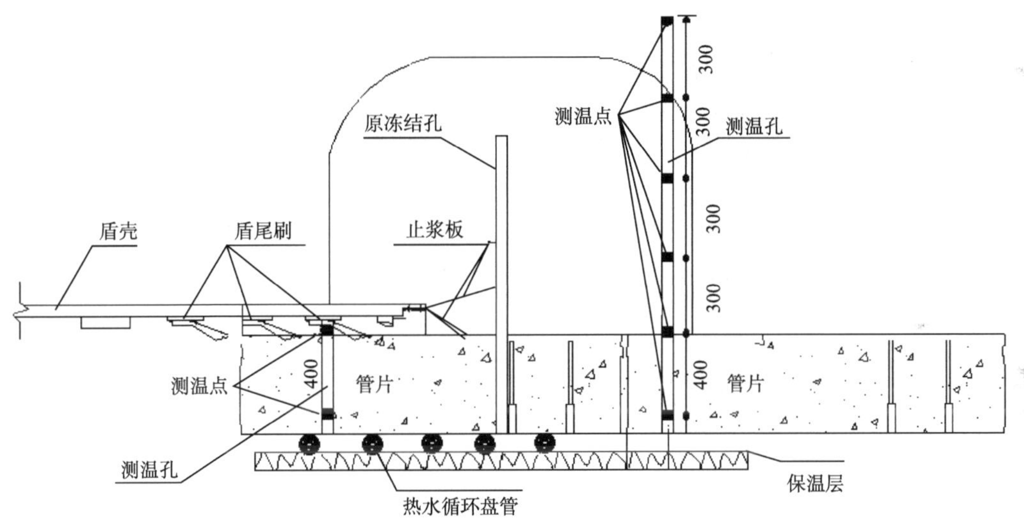

(b) 强制解冻测温孔布置盾尾与管片位置局部放大图

图 6.45 强制解冻测温孔布置(mm)

1t。在管片内壁冻结孔两侧 0.9m 范围内铺设内径 ϕ16 的无缝盘管共 4 圈，并在冻结孔两侧 1m 范围内铺设 1cm 厚保温板作为冷板保温层。

3. 冻结孔密封处理

冻结管安装完成后，利用注浆机通过孔口管预留的注浆接口对冻结管周边进行注浆填充，冻结完成后，截去露出隧道管片的孔口管和冻结管，然后在孔口管管口焊接 8mm 厚的钢板，利用膨胀螺栓将钢板焊接固定于混凝土管片上，同时利用高强度细石混凝土将冷冻管回填密实，以防止隧道管片中冻结孔位置渗水。

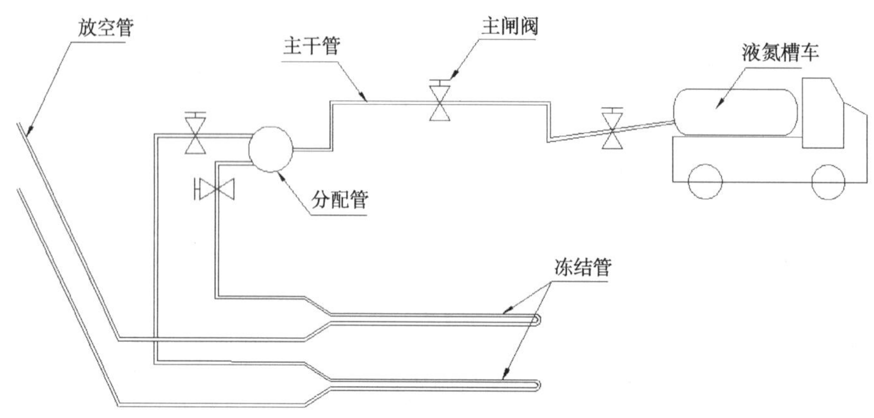

图 6.46 液氮冻结系统示意图

4. 盾尾刷更换

冻结壁厚度与平均温度达到设计要求后，开始对盾尾刷进行更换。在盾构前进方向加设一道盾尾刷，用以提高盾尾密封效果，使盾构推进期间不再出现盾尾密封失效的现象。

管片拆除顺序为先拆除底部的 F 块和 L2 块，然后按逆时针顺序依次拆除，盾尾刷焊接次序为：新加的一道→第一道→第二道，平均每块管片的三道盾尾刷更换时间为 18h。

更换时，可利用碳弧气刨方法(使用碳棒与工件间产生的电弧将钢板熔化，并用压缩空气将其吹掉)实现在盾尾钢板表面上加工沟槽，用以焊接新加的一道盾尾刷，碳弧气刨时要对盾尾钢板和未拆除管片接触处进行喷水降温，防止其产生的高温融化冻结壁。

6.6.4 温度场实测分析

1. 去回管路温度分析

去回路干管温度与时间曲线见图 6.47。曲线表明到达工作面的去路温度基本稳定在－110～－120℃左右。积极冻结期(7d)液氮回路温度下降明显，从－5℃降至－80℃附近，说明地层冻结消耗大量冷量；此后液氮回路温度在趋于稳定，基本维持于－80℃附近，与去路有约 20℃的温度差，说明土体消耗冷量处于基本稳定。冻结 15d，回路温度突变上升，稳定于－50～－60℃附近，与去路有约 50～60℃温度差，这是因为此时拆除管片，焊接盾尾刷引起冷量损失，地层需要更多的冷量来维持冻结状态。

积极冻结历时 13d，冻结壁达到设计要求，累计消耗液氮量 335t，积极冻结前期液氮输入量为由少至多渐进增加，使管路适应液氮防止爆管；维护冻结历时 11d，累计消耗液氮量 276t。

液氮去路干管保温措施采用 3 层 1cm 厚的聚乙烯保温材料和 3 层密封薄膜交替包

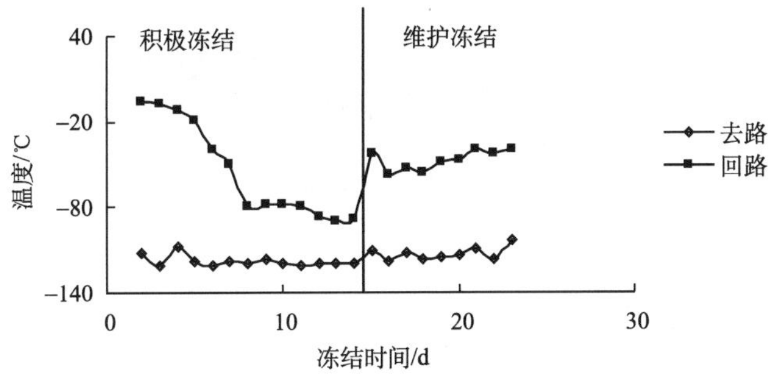

图 6.47　干管温度-时间曲线

裹，保温层厚度为 2.6cm。根据公式(6.20)：

$$T_S = \frac{(T_1 - T_2)}{s} \tag{6.20}$$

式中：T_s 为每米温度损失值；T_1 为工作面液氮温度；T_2 为槽车出口液氮温度；s 为槽车与工作面距离。

计算得出温度损失为 0.070℃/m，对比西线只有两层保温材料的隔热措施温度损失要小(西线采用 2 层 1cm 厚的聚乙烯保温材料包裹，无密封薄膜交替包裹，温度损失为 0.133℃/m)，根据温度衰减规律取液氮储罐出口温度 −170℃，到达工作面温度 −100℃，计算得出该保温形式下最长可用距离为 1000m。保温质量好坏对液氮供输中冷量消耗有重要影响，加强液氮供给管路的保温可以减少液氮经长距离输送后的温度损失，对比西线温度损失，实测结果证明使用密封薄膜加强管路接头的密封措施可以使输送中液氮冷量消耗大大减小。

2. 测温孔温度分析

从图 6.48～图 6.50 降温曲线看，虽然地层不同，但降温过程仍然具有相似性。初始相同深度、不同地层的原始地温基本一致，经一段冻结时间后，处于夹有粉砂的圆砾层中的土体温度最低，其次是粉细砂层，而粉质黏土层温度最高。究其原因为：圆砾层中所含水基本都为自由水，且圆砾之间的孔隙较大，含水率高；粉细砂含有少量结合水，含水率较圆砾层小，表现为冻结速度稍慢；而粉质黏土中结合水含量相对较高，因人工冻结主要是冻结土体中的自由水，所以粉质黏土中冻结速度较慢。由图中分析，冻结 13d 后，处于粉细砂和圆砾层中的测温点的降温曲线渐至平缓，说明土体基本完成冻结，冻结壁的强度和厚度基本达到要求，可以进行管片拆卸开展盾尾刷的更换工作。

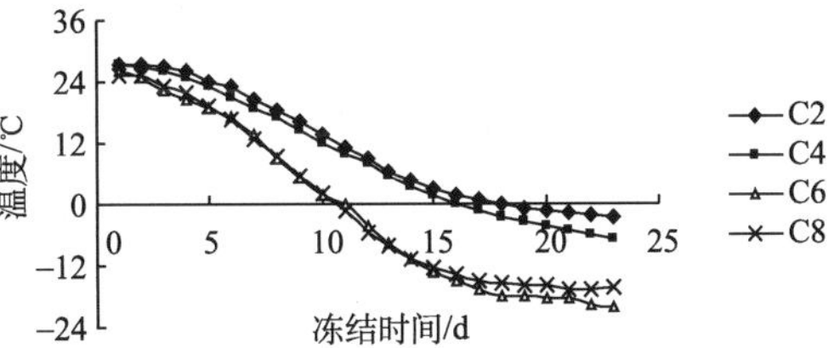

图 6.48　距管片外壁 0.3m 处温度-时间曲线

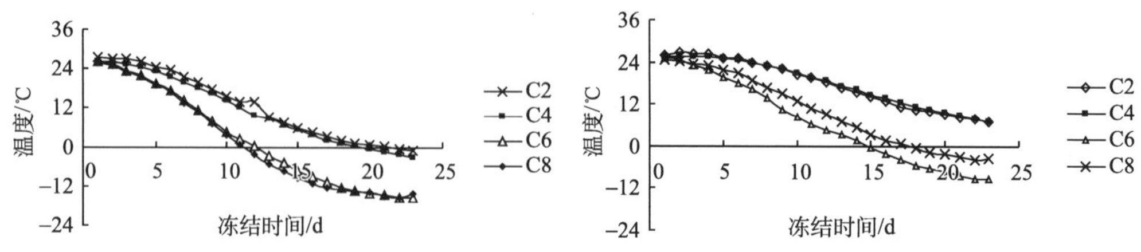

图 6.49 距管片外壁 0.6m 处温度-时间曲线

图 6.50 距管片外壁 1.2m 处温度-时间曲线

从图 6.51 和图 6.52 降温曲线分析不同土层对应的管片内和盾壳位置的测点降温速率有明显不同，粉质黏土层(C1、C3)对应管片降温稳定后温度较高，而夹有粉砂的圆砾层和粉细砂层(C5、C7)温度较低，和不同土层的温度变化曲线基本吻合，说明混凝土管片和盾壳位置的温度变化主因是受地层温度影响，变化规律与相应地层中的温度场发展规律基本一致。冻结 13d，承压含水层中管片与盾壳接触面测点(C5-1、C7-1)温度分别达到－11℃、－15℃。

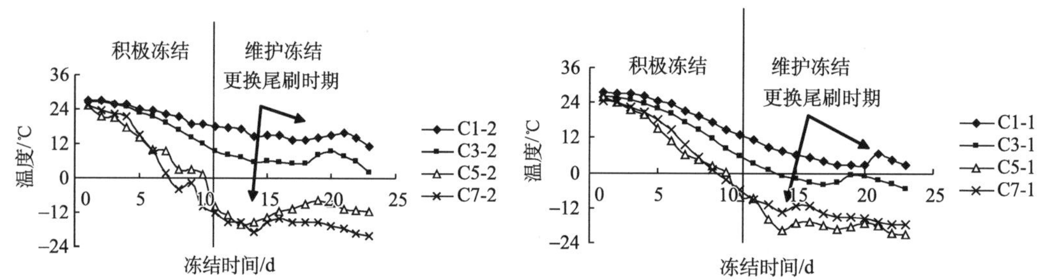

图 6.51 管片中测点温度-时间曲线

图 6.52 盾壳与管片接触面测点温度-时间曲线

更换盾尾刷期间，承压含水层中管片中的测点(C5-2、C7-2)温度因受外界环境影响较大，且升温明显；管片与盾壳接触面测点(C5-1、C7-1)温度稳定在－15℃左右，说明冻结壁依旧处于冻结状态，拆除管片更换盾尾刷对土体冻结壁几乎无影响。

选取布置于相同土层不同深度的测温孔降温情况进行分析，获得不同深度条件下不同时期的温度场变化规律。

从图 6.53 和图 6.54 可以看出冻结过程中，土体中的测点基本表现为随着冻结时间的延长温度越低，说明盾尾刷更换对冻结壁温度影响较小。同一测温孔中土体温度基本呈现测点越深温度越快的发展规律，其中圆砾层距管片内壁 0.8m 处温度最低，可达－22℃，主要原因如下：

(1) 冻结管长度至管片内壁 1.1m 处，液氮在冻结管循环过程中与浅部地层温差更大，液氮在冻结管中吸收热量更多；

(2) 1.1m 以内的测点与冻结管距离较近，因此降温速率较快，深部测点距离冻结管距离较远，受到冻结壁扩展速度的制约，降温速率较慢，稳定时温度较高。

冻结 13d 除距管片内壁大于 1.4m 的测点处于 0℃上外，土体温度基本处于－3～－8℃，据此温度计算的冻结壁厚和冻结壁平均温度都达到了设计要求。

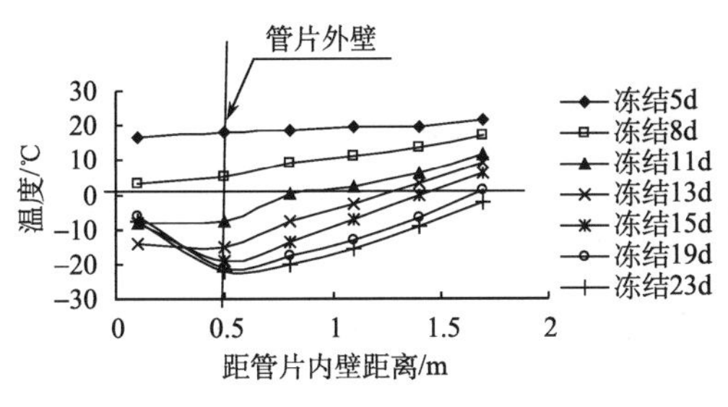

图 6.53　C6 测温孔不同时刻温度场曲线

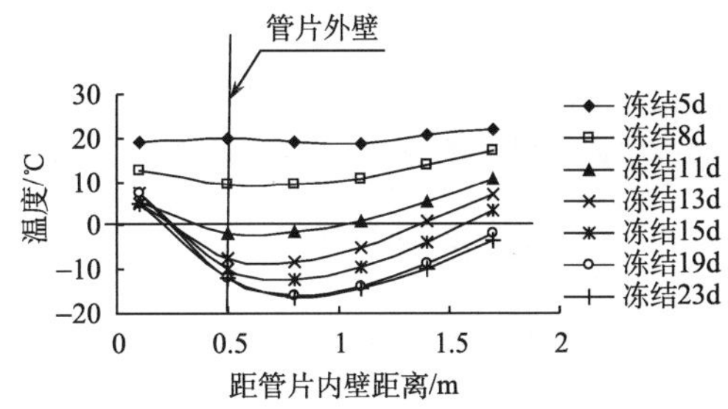

图 6.54　C8 测温孔不同时刻温度场曲线

3. 盾壳-管片界面温度分析

盾壳-管片界面温度是保证焊接质量和盾尾刷成功更换的关键因素，表 6.17 给出了承压含水层中盾尾刷焊接前后温度变化情况，表中数值对应图 6.44 中 a 断面位置的测点温度，其中 F、L2 号管片对应含粉细砂和圆砾的高承压富含水土层。焊接前后 a 位置测点温度曲线见图 6.55。

表 6.17　焊接前后 a 位置测点温度值　　（单位：℃）

	F（处于粉细砂层位置）					L2（处于圆砾高承压富含水层位置）				
	F-1	F-2	F-3	F-4	F-5	L2-1	L2-2	L2-3	L2-4	L2-5
尾刷焊接前	1.2	5.4	4.1	3.8	4.3	3.3	0.6	−1.8	−3.2	−2.3
尾刷焊接时	12.1	16.3	16.8	16.9	19.3	15.6	10.3	11.1	8.7	11.8
焊接完成	8.6	8.9	11.6	11.8	11.2	12.7	10	8.6	4.8	5.2
每小时上升值	0.25	0.12	0.25	0.27	0.23	0.31	0.31	0.35	0.27	0.25

实测结果表明：处于圆砾层位置的测点 L2-1～L2-3 升温速度最快，这与该土层的降温速度是一致的，由于该土层中自由水含量较高，与外界进行热传递速率较快。

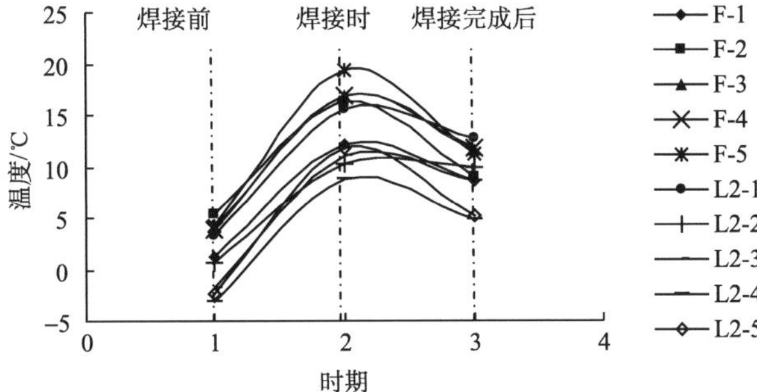

图 6.55　焊接前后 a 位置测点温度曲线图

4. 冻结效果分析

冻结 13d，根据冻结施工成冰公式计算得到承压含水层冻结壁有效厚度最低达到

1.806m，达到了设计要求的1.8m，冻结壁有效冻土平均温度低于－25℃，达到设计要求的－15℃，符合拆除管片进行盾尾刷更换的条件。冻结23d，盾尾刷更换完成，需要进行人工强制解冻来保证盾构的继续推进。

5. 解冻实测分析

强制解冻50h后，土体与盾尾壳体接触处温度有明显上升，都达到0℃以上，符合盾构继续推进条件。

图6.56～图6.58中，各土层处于管片与盾尾壳体接触处位置的测点(表中各测温孔0.5m处测点)都处于0℃以上，说明盾构壳体与土体之间已解冻。因C4中的测点位于冻结孔中，测点温度与热水循环盘管的温度差较大，因此在解冻过程中，C4温度上升速率较快。图表中表明承压含水层中的测点C5升温速度要比黏土层的测点C1、C2温度要快，其中靠近盾壳体的测点每小时升温值C1为0.11℃、C2为0.124℃、C5为0.162℃。原因主要有以下两个方面：①解冻管与冻土体之间的温差较大，热交换进行较快；②承压含水层为含水率较大的砂性土层，导热性较好。

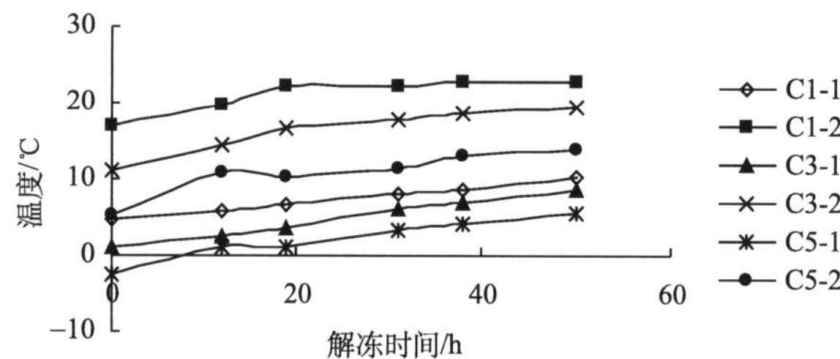

图6.56　C1、C3、C5解冻温度-时间曲线

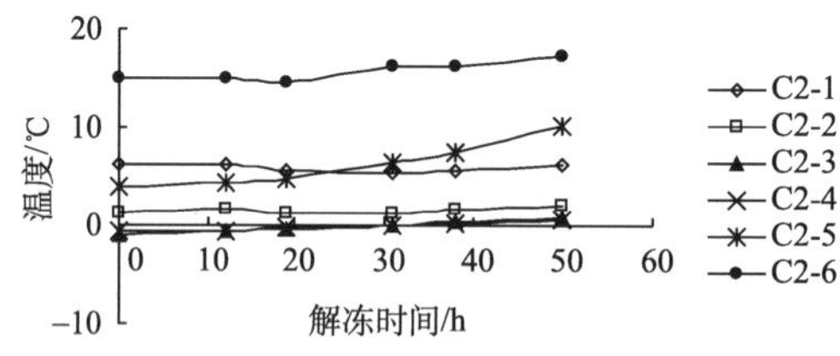

图6.57　C2解冻温度-时间曲线

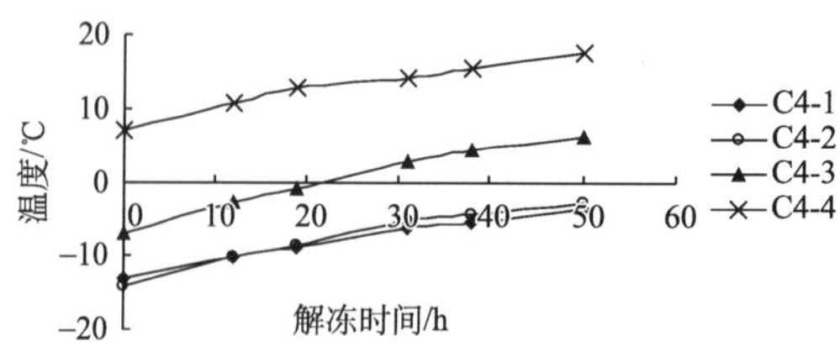

图6.58　C4解冻温度-时间曲线

表 6.18 给出了各测点每小时的升温值，同处于粉质黏土层相近位置的测点，C4 升温速率明显快于 C3，其中靠近盾壳体的测点 C4 比 C3 快 0.116℃。这是因为 C4 处于土体中的低温成冰区，C3 处于冻结区，解冻时 C4 周围土体的温度梯度较大，因此升温较快。

表 6.18 各测点每小时升温值 （单位：℃）

孔号	深度/m					
	1.7	1.4	1.1	0.8	0.5	0.1
C1					0.11	0.12
C2	0	0.016	0.036	0.026	0.124	0.044
C3					0.15	0.164
C4			0.19	0.226	0.266	0.212
C5					0.162	0.176

解冻使地层与盾尾壳体接触处的温度处于 0℃以上，说明冻结壁已失去对盾构外壳的围抱黏结力，符合盾构推进的条件。本工程不需要使冻结壁全部融化后推进，因此强制解冻时间仅需 2～3d 即可。

7 水泥土加固抑制冻胀融沉技术

长三角地区常含有高含水、软弱地层，盾构始发和接收的风险控制是整个盾构隧道成功施工的关键环节，为保证盾构安全始发或接收，有必要对端头土体进行加固。人工冻结法能够良好的达到止水、承载的作用，在盾构始发和接收及联络通道中被广泛应用，但冻胀和融沉对周围环境产生不良影响。水泥土是采用注浆法、深层搅拌法、高压旋喷法将水泥浆液同土体拌和所形成的固结体的统称。水泥土的强度特性和冻胀融沉特性如何，是否能有效地抑制冻胀融沉是值得研究的课题。

7.1 冻结水泥土热物理特性

热物理参数是冻土的基本特性之一，也是采用人工冻结法施工设计时必须考虑的设计指标。本节以粉细砂、粉质黏土为主要研究对象，重点研究这两种土质在不同掺入比、不同龄期和不同温度下的热物理参数，包括起始冻结温度、导热系数和容积热容量。

土样采用南京地区的典型粉细砂和粉质黏土，基本物理指标见表 7.1。

表 7.1 土样基本物理指标

土质	密度/(g/cm^3)	含水率/%	液限/%	塑限/%
粉细砂	1.93	16.5	—	—
粉质黏土	1.96	30.0	32.8	15.8

7.1.1 水泥土起始冻结温度

1. 掺入比对起始冻结温度的影响

图 7.1 给出了砂土质水泥土和黏土质水泥土的起始冻结温度和水泥掺入比的关系曲线，研究结果表明水泥土起始冻结温度和水泥掺入比存在良好的线性关系，水泥掺入比越大，其起始冻结温度越低，水泥掺入比对黏土质水泥土起始冻结温度影响大于砂土质水泥土，表现为水泥掺入比变化 1%时，砂土质水泥土起始冻结温度变化－0.028℃，而黏土质水泥土变化－0.0829℃。

产生以上现象原因主要有三个方面：

① 水泥的水解和水化反应。水泥中熟料矿物硅酸三钙、硅酸二钙、铝酸三钙、铁铝酸四钙和硫酸钙都与水发生水解和水化反应，土体中相当一部分的自由水转化为结合水，使得土体中自由水含量减小，水结冰时释放的潜热少，起始冻结温度降低。②物理

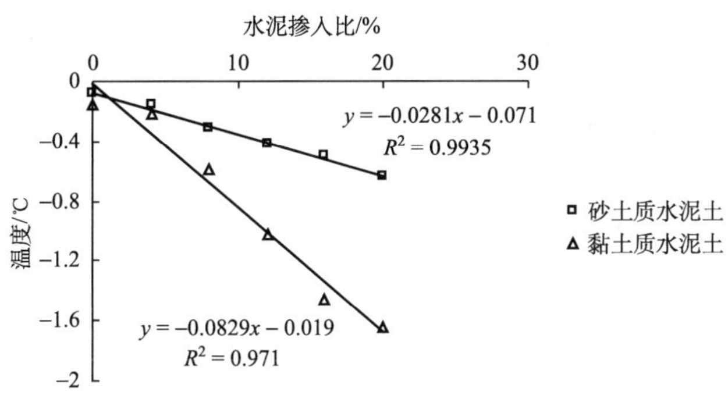

图 7.1 起始冻结温度与水泥掺入比关系曲线

填充。水泥颗粒粒径范围(0.074～0.002mm)，是粉粒级的，砂土颗粒粒径范围(2～0.074mm)，黏土颗粒粒径范围(<0.002mm)，把水泥加入到不同粒径级配的砂土和黏土中，增大了砂土质水泥土和黏土质水泥土的密实度。③水泥和土粒反应。水泥水解水化形成的凝胶颗粒会硬化形成水泥石骨架，并且与具有一定活性的土颗粒进一步反应胶结；黏土质水泥土骨架中的孔隙要比砂土质水泥土的少，随着水泥掺入比的增加，黏土质水泥土骨架的孔隙越来越少于砂土质水泥土，黏土质水泥土的起始冻结温度越来越低于砂土质水泥土的起始冻结温度。

2. 龄期对起始冻结温度的影响

图 7.2 给出了两种水泥土起始冻结温度和龄期的关系曲线。砂土质水泥土和黏土质水泥土的起始冻结温度和龄期呈现良好的对数关系，随龄期增加砂土质水泥土和黏土质水泥土的冻结温度均减小；黏土质水泥土的起始冻结温度低于砂土质水泥土的，且随着龄期的增加二者的差值基本不变；龄期达到 28d 之后，两种水泥土起始冻结温度随龄期的变化趋势减缓。

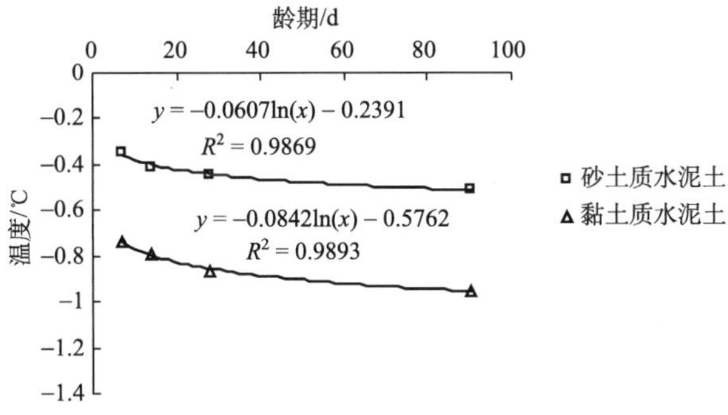

图 7.2 起始冻结温度与龄期关系曲线

受水泥土中水泥的影响，在 28d 以内，水泥的水解水化反应最为激烈，结构也基本稳定成型，水泥土土质和含水率的改变已基本稳定，所以在这段时间中两种水泥土的冻结温度的变化都较为明显。

7.1.2　水泥土导热系数、容积热容量

1. 掺入比对导热系数、容积热容量的影响

图 7.3 给出了不同掺入比时砂土质水泥土和黏土质水泥土的导热系数，结果表明：温度降低，砂土质水泥土和黏土质水泥土的导热系数增大，即 20℃时，黏土质水泥土和砂土质水泥土的导热系数均小于－10℃时的导热系数。冻融状态下，两种土质水泥土的导热系数均随水泥掺入比增加呈线性减小趋势，但未冻结时，水泥掺入比的变化对黏土质水泥土导热系数的影响大于对砂土质水泥土的影响，冻结后水泥掺入比的变化对黏土质水泥土的影响小于对砂土质水泥土的影响。冰的导热系数约是水的 4 倍，－10℃时土样中的水变成冰，故冻结后土样导热系数增大；20℃时随着水泥掺入比的增大，水泥的水解和水化反应使土中自由水的含量降低，故导热系数降低，与砂土不同，水泥和黏土颗粒形成了更为密实的水泥-黏土骨架，导热系数降低的较快。水泥土冻结后随水泥掺入比增加以及水泥-黏土骨架形成，黏土质水泥土中自由水含量减小，所以在－10℃条件下砂土质水泥土导热系数的变化要比黏土质水泥土明显。

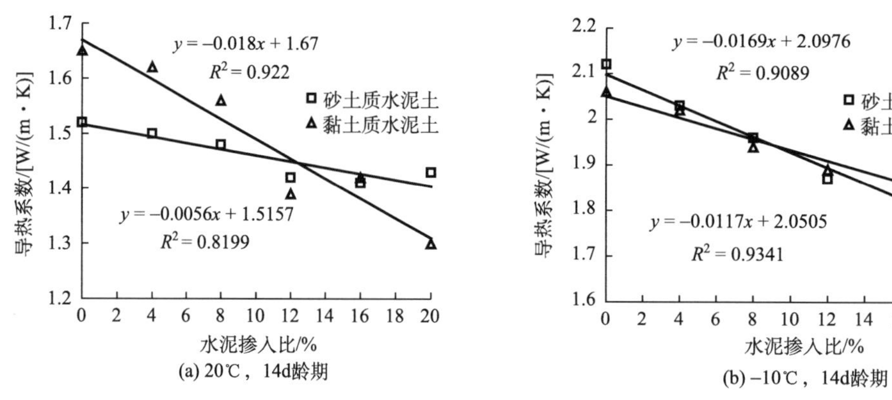

(a) 20℃，14d龄期　　(b) －10℃，14d龄期

图 7.3　导热系数与水泥掺入比关系曲线

图 7.4 为冻融状态下两种土质水泥土的容积热容量与水泥掺入比关系曲线，表明 20°C 和－10°C 下砂土质水泥土和黏土质水泥土的容积热容量均随水泥掺入比的增大线性减小；相同水泥掺入比时－10°C 下水泥土的容积热容量小于 20°C 时的容积热容量；20°C 时随水泥掺入比的增大两种水泥土的容积热容量减小较－10℃条件下快。这是因为常温下随着水泥掺入比增大，水泥的水解水化反应使水泥土中的自由水减少，水的容积热容量大于土的容积热容量，所以水泥土的容积热容量减小；－10°C 条件下，土中自由水已结冰，而冰的容积热容量比水大，所以在水都结成冰的条件下，水泥掺入比对砂土质水泥土和黏土质水泥土的容积热容量影响不明显。

2. 龄期对导热系数、容积热容量的影响

图 7.5 表明了常温和负温下砂土质水泥土和黏土质水泥土导热系数随龄期增加缓慢

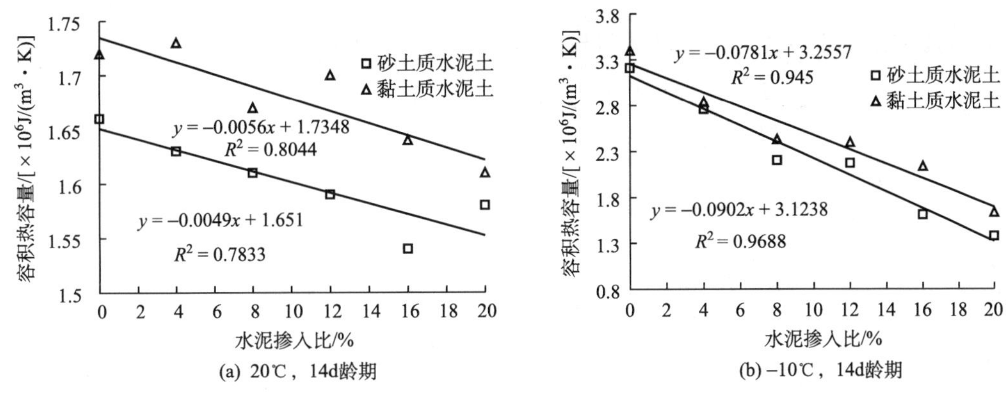

图 7.4 容积热容量与水泥掺入比关系曲线

减小，呈明显对数关系；比较龄期 28d 和 90d 的导热系数发现变化量不大，即后期龄期对两种水泥土导热系数的影响较小；常温下水泥土的导热系数小于－10℃时的导热系数，且随着龄期的增长二者差值并无明显变化。水泥掺入比 10％时，冻融状态下砂土质水泥土和黏土质水泥土的导热系数十分接近，龄期对黏土质水泥土的影响略大于对砂土质水泥土的影响。龄期为 7～28d 时，水泥土导热系数减小较快，龄期影响显著；28d 以后，龄期增长对水泥土导热系数的影响越来越小。因此，水泥水化完成后龄期对导热系数的影响可忽略不计。

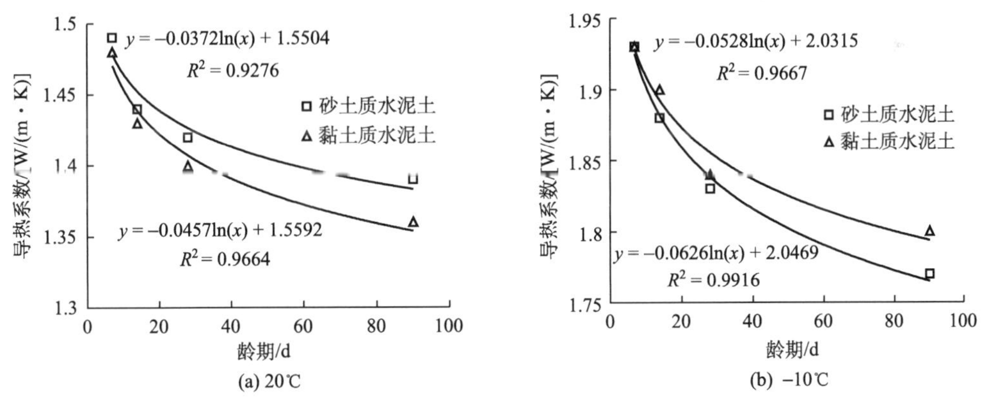

图 7.5 10％掺入比时导热系数与龄期关系曲线

图 7.6 表明常温和负温下砂土质水泥土和黏土质水泥土的容积热容量随龄期增加而减小，二者呈良好的对数关系。水泥掺入比为 10％时，砂土质水泥土比黏土质水泥土的容积热容量略大，且与龄期无明显关系。比较龄期常温下 7d 和 90d 时水泥土的容积热容量，两种土质的变化几乎一致，说明常温下，不同土质的水泥土在水泥掺入比相同的条件下，龄期对不同土质的水泥土容积热容量的影响基本一致。与导热系数变化趋势一致，龄期 28d 以后，龄期对容积热容量的影响逐渐减缓，可忽略不计。常温下龄期对容积热容量的影响较－10℃时明显，主要因为常温下水泥和水发生了较为充分的化学反

应，且和土颗粒形成了较为紧密的土骨架，而负温下土中的水结冰，容积热容量较土小，因此负温下水泥土的容积热容量较常温时大。

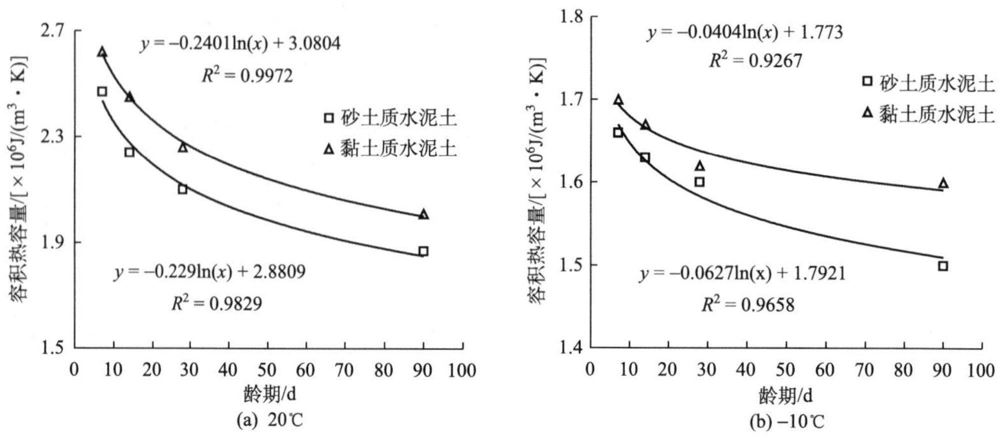

图 7.6　10%掺入比时容积热容量与龄期关系曲线

7.2　水泥土冻胀、融沉特性

7.2.1　水泥土冻胀特性

砂土质水泥土和黏土质水泥土的试验规划见表 7.2 和表 7.3。

表 7.2　砂土质水泥土单因素冻胀试验规划

掺入比/%	含水率/%	龄期/d	冷端温度/℃	荷载/kPa	考虑因素
0，1，3，4，5，7，9	16.5	28	−10	1	掺入比
5	13，16.5，19，22，24	28	−10	1	含水率
5	16.5	7，14，21，28，90	−10	1	龄期
5	16.5	28	−2，−5，−10，−15	1	冷端温度
0，1，3，4，5，7，9	16.5	28	−10	1	封闭
5	16.5	28	−10	1，50，100，200，300	荷载

注：无冻结条件的为开放冻胀

表 7.3 黏土质水泥土单因素冻胀试验规划

掺入比/%	含水率/%	龄期/d	冷端温度/℃	荷载/kPa	考虑因素
0、1、3、5、7、9、11、15、20	30	28	−10	1	掺入比
10	24，26，28 30，32	28	−10	1	含水率
10	30	7，14，21，28，90	−10	1	龄期
10	30	28	−2，−5，−10，−15	1	冷端温度
0，1，3 5，7，9 11，15，20	30	28	−10	1	封闭
10	30	28	−10	1，50，100 200，300	荷载

注：无冻结条件的为开放冻胀

1. 水泥掺入比对冻胀特性影响

图 7.7 给出了砂土质水泥土和黏土质水泥土的冻胀率和水泥掺入比的关系曲线。封闭系统中，未掺入水泥的粉质黏土冻胀率为 11.56%，属于强冻胀土；砂土胀率为 2.73%，属于弱冻胀土。随掺入比增大，水泥熟料中的矿物发生水化反应，水化产物填充了孔隙并将土颗粒连接在一起，增大了固体颗粒结构之间的抗力，且随水泥掺入比增大，抵抗破坏颗粒骨架能力越大，冻胀率越小。

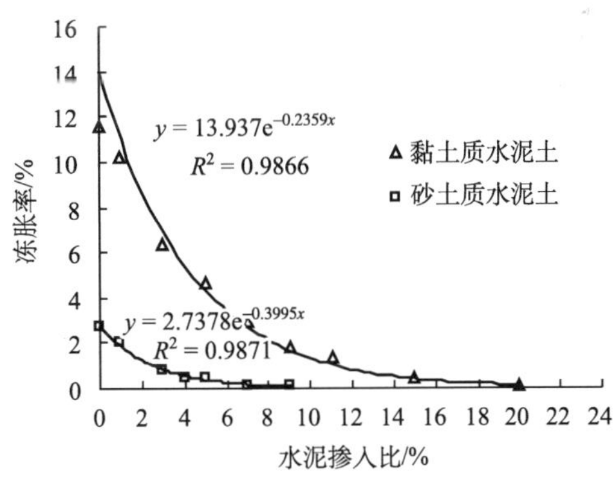

图 7.7 冻胀率与水泥掺入比关系曲线

两种水泥土的冻胀率随水泥掺入比增大均呈下降趋势，满足较好的指数关系。黏土、砂土中水泥掺入比对冻胀率影响均存在一最佳掺入比，当水泥掺入比小于最佳掺入比时，水泥土对冻胀的抑制较显著，当大于最佳掺入比时，随掺入比增大，冻胀抑制效果增大不明显。最佳掺入比随土质不同而不同，黏土和砂土的最佳掺入比分别为 10%、5%(此时冻胀率分别为 1%和 0.5%)。因此冻结法施工时，可预先采用水泥土改良相应的冻结地层来抑制冻胀，减轻冻胀对周围环境的影响。

2. 含水率对冻胀特性影响

图 7.8 给出了砂土质水泥土和黏土质水泥土的冻胀率和含水率关系曲线。相同密度、

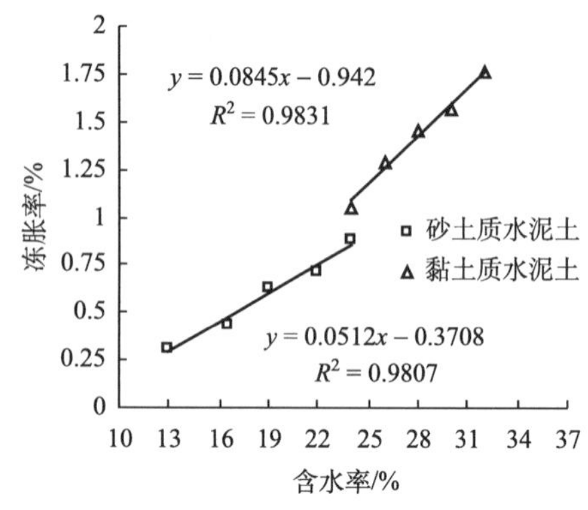

图 7.8　冻胀率与含水率关系曲线

龄期、冷端温度和荷载条件下，两种水泥土的冻胀率与含水率呈良好的线性关系，黏土质水泥土的斜率略大于砂土质水泥土的斜率，即含水率的变化对黏土质水泥土的影响略大于砂土质水泥土。由于水泥掺入土中后经过 28d 的标准养护，已具备了一定的强度，砂土质水泥土较黏土质水泥土强度更大，形成的水泥土颗粒胶结骨架能够抵抗冻胀力，因此当含水率变化 1%时，砂土质水泥土和黏土质水泥土的冻胀率分别变化 0.05%和 0.08%，说明含水率变化对具有一定龄期的水泥土的冻胀影响不显著。据线性关系式可推算出砂土质水泥土和黏土质水泥土的起始冻胀含水率分别为 7.4%和 10.3%。

3. 龄期对冻胀特性影响

图 7.9 给出了砂土质水泥土和黏土质水泥土的冻胀率和龄期的关系曲线。两种水泥土的冻胀率均随龄期的增长而下降并逐渐稳定，曲线均分为快速下降阶段和逐渐稳定阶段。由于初期水泥在砂土中主要发生水化反应，填充颗粒间的间隙，水泥胶结物和砂土颗粒产生凝结作用，因此 14d 以前砂土质水泥土的冻胀率随龄期快速减小，14d 以后逐渐稳定不变；而水泥在黏土中不仅发生水化、填充颗粒，胶结物与黏土颗粒之间的抱团作用增强了颗粒之间的作用力，强度缓慢增长，故龄期 28d 以前，由于黏土质水泥土处于冻胀率处于快速下降阶段，水泥对土体的冻胀抑制作用较为明显，28d 以后抑制作用减弱。但黏土质水泥土和砂土质水泥土 14d 时的冻胀率分别仅为 3%、0.5%，冻胀率已较小，可以满足抑制冻胀的要求，因此对于冻结水泥改良土的养护龄期砂土质水泥和黏土质水泥土均可定为 14d，既节约了工期，同时也抑制了冻胀。

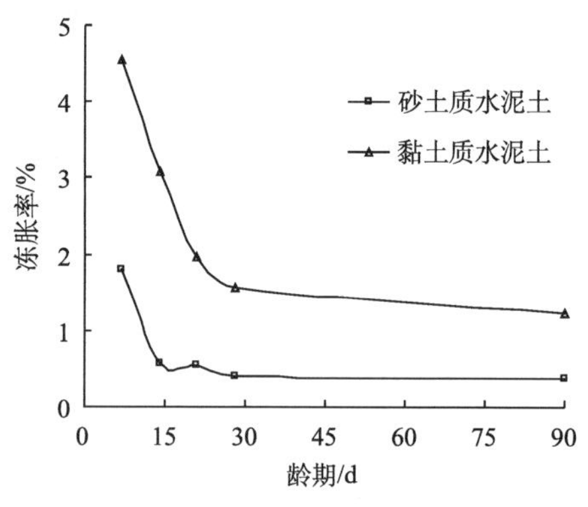

图 7.9　冻胀率与龄期的关系曲线

4. 冷端温度对冻胀特性影响

图 7.10 为砂土质水泥土和黏土质水泥土冻胀率与冷端温度曲线。由于砂土矿物颗粒较大，并且砂粒间缺少黏聚力，其中结合水含量非常少，砂土中水泥掺入比 5%，水泥水化物填充了部分孔隙，单向冻结温度场中水分迁移机制被削弱，冻胀效应不明显。而黏土中含有较多结合水，冻结过程中接近冷端的土样先冻结，冻结锋面不断向上发展，加之充分的水分补给，冰晶不断扩大，土体发生冻胀。冷端温度较低时，冷却强度大，冻结锋面快速向上推进，促使土中的自由水和弱结合水快速冻结，外部迁移的水分来不及迁移就冻结完毕，冻胀率较小；反之，冻结温度高，冷却强度小，负温持续时间

相对较长，外部水分迁移量较温度较低时大，冻胀率较大。因此黏土质水泥土较砂土质水泥土的冻胀率大。

同时两种水泥土的冻胀率和冷端温度在试验温度范围内均呈良好的线性关系；砂土质水泥土的冻胀率虽温度升高变化不大，冷端温度升高 1℃，冻胀率增大 0.012%，黏土质水泥土冻胀率随温度升高而明显增大，冷端温度升高 1℃，冻胀率增大 0.22%，由此可见冷端温度的变化对黏土质水泥土的影响略大。

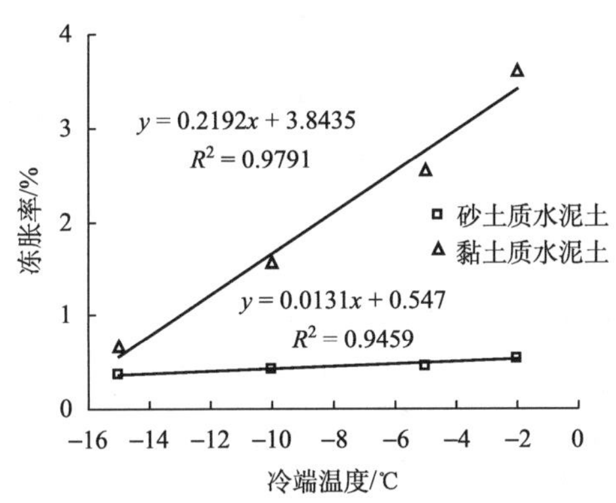

图 7.10 冻胀率与冷端温度的关系曲线

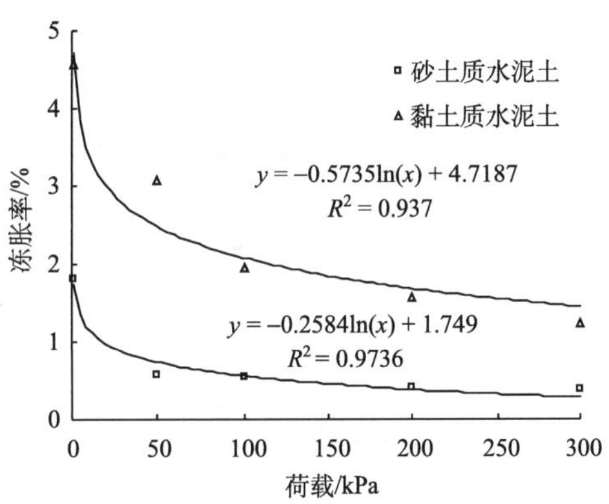

图 7.11 冻胀率与荷载关系曲线

5. 荷载对冻胀特性影响

两种水泥土冻胀率与荷载的关系曲线见图 7.11，二者之间呈明显对数关系，冻胀率随荷载增大而减小，即荷载对冻胀变形存在抑制作用，荷载越大抑制作用越明显。外荷载的存在抵消了一部分冻胀力，影响了冰的体积膨胀，阻碍了水分的进一步迁移，故冻胀变形减小。

6. 渗透系数对冻胀特性影响

利用变水头渗透试验研究含水率(砂土质水泥土 16.5%，黏土质水泥土 30%)、密度(砂土质水泥土 1.96g/cm^3，黏土质水泥土 1.93g/cm^3)、龄期(28d)不变时砂土质水泥土和黏土质水泥土的渗透性。

水泥掺入比与渗透系数的关系曲线见图 7.12。相同水泥掺入比情况下，黏土质水泥土的渗透系数较砂土质水泥土大。两种水泥土的渗透系数随水泥掺入比的增大而减小。曲线分为两个阶段，砂土质水泥土水泥掺入比小于 5%时其渗透系数变化速率较大，水泥掺入比大于 5%时渗透系数减小缓慢；水泥掺入比小于 10%时黏土质水泥土的渗透系数减小较快，水泥掺入比大于 10%时黏土质水泥土的渗透系数减小趋于平缓；与冻胀率随水泥掺量变化出现临界点是一致的，由此可知渗透系数与冻胀率之间联系密切。

渗透系数和冻胀率的关系曲线见图 7.13。水泥土冻胀率随渗透系数减小而减小，相同渗透系数下黏土质水泥土冻胀率较砂土质水泥土大，水泥掺入比的增大两种水泥土的渗透系数接近，其冻胀率也趋于一致。大量试验表明，水分迁移作用是导致土体冻胀的主要根源，因此控制水分迁移是控制冻胀从而控制融沉的根本途径。由于水分迁移的根本原因在于存在水分迁移的通道，试验证明了水泥的掺入可从内部减弱水分迁移的动力、堵塞水分迁移的通道，使土体冻胀率减小。

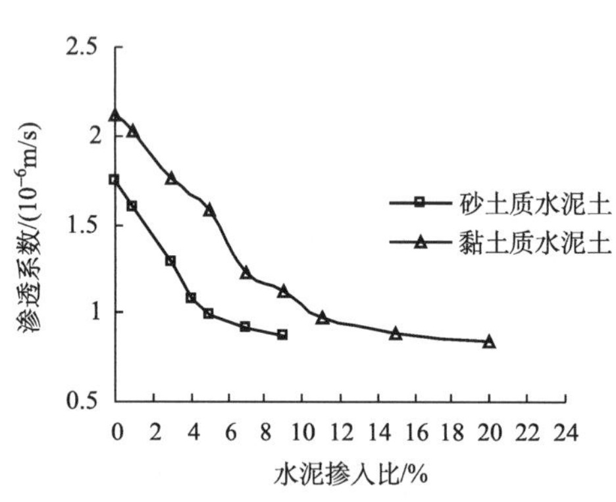

图 7.12　渗透系数与水泥掺入比关系曲线

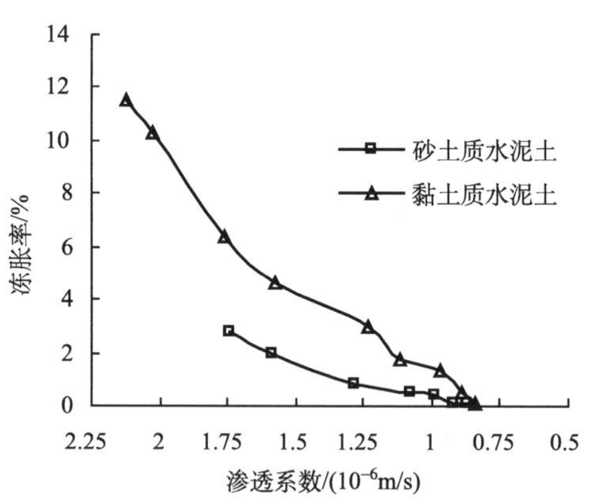

图 7.13　冻胀率与渗透系数关系曲线

7. 强度对冻胀特性影响

利用直接剪切试验研究含水率(砂土质水泥土 16.5%，黏土质水泥土 30%)、密度(砂土质水泥土 1.96g/cm^3，黏土质水泥土 1.93g/cm^3)、龄期(14d)不变时砂土质水泥土和黏土质水泥土的剪切特性，不同水泥掺入比时水泥土的黏聚力和摩擦角见图 7.14 和图 7.15。

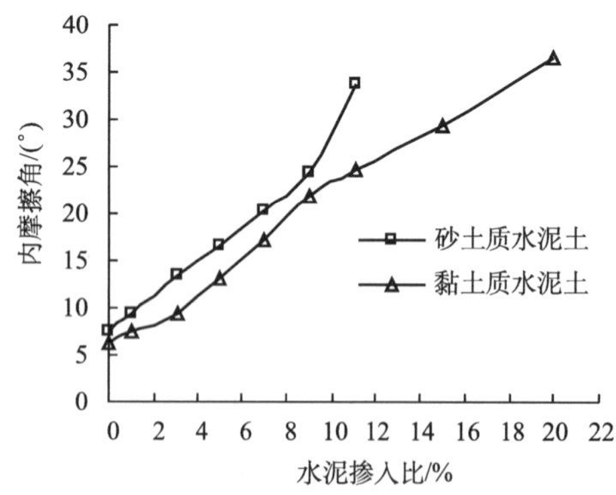

图 7.14　内摩擦角与水泥掺入比关系曲线

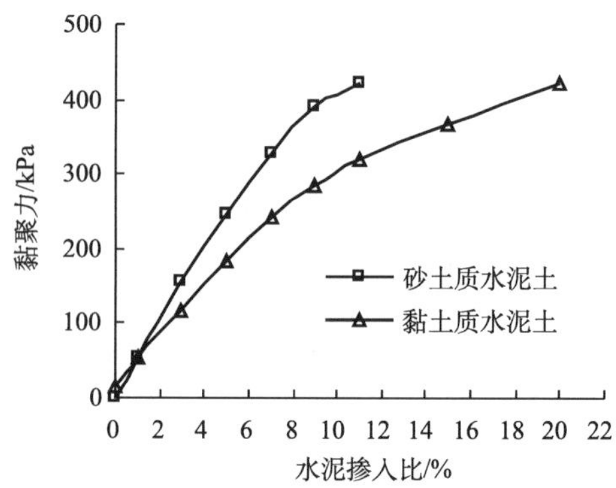

图 7.15　黏聚力与水泥掺入比关系曲线

砂土质水泥土和黏土质水泥土内摩擦角、黏聚力均随水泥掺入比的增大而增大，砂土质水泥土增大幅度较黏土质水泥土明显。对于砂土质水泥土水泥的掺入显著改变了砂土之间的黏聚性，黏聚力由 0 增至 423.6kPa，内摩擦角也由 7.6°增大到 33.6°；黏土质水泥土的黏聚力由 17.4kPa 增大到 423.1kPa，内摩擦角由 6.4°增大到 36.7°。

图 7.16 和图 7.17 为冻胀率和水泥土抗剪强度指标的关系曲线。研究结果表明：砂土质水泥土和黏土质水泥土的冻胀率和黏聚力及内摩擦角都呈良好的指数关系，且随着黏聚力和内摩擦角的增大而减小。由土体抗剪强度表达式 $\tau_f = \sigma\tan\varphi + c$ 可知：土体内摩擦角和黏聚力越大，则土体的抗剪强度越大，即土体强度对冻胀存在明显影响，水泥土的形成改变了土体原有级配，由于水泥胶结作用促使土颗粒间结合力和抵抗土颗粒骨架变形能力增强，因此内摩擦角和黏聚力的增大使得冻胀过程总冻胀力不足以使土体内部结构面发生剪切破坏时，冻胀即被抑制。

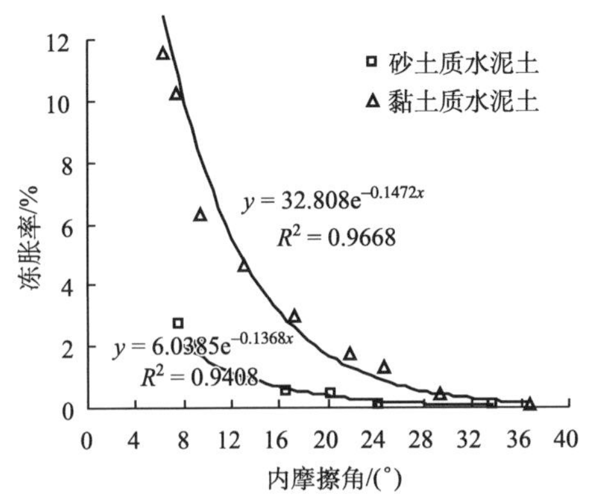

图 7.16　冻胀率与内摩擦角关系曲线

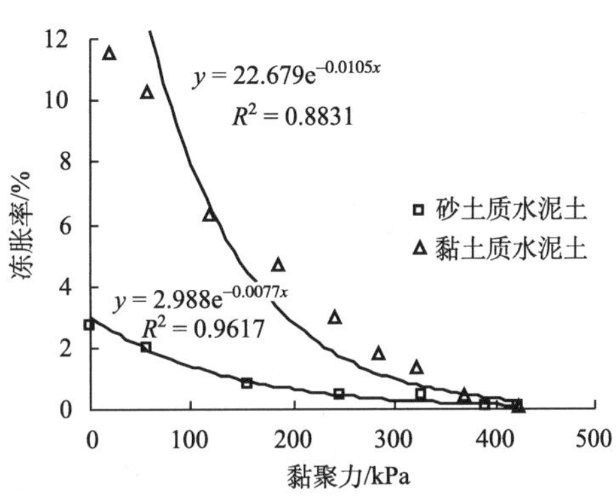

图 7.17　冻胀率与黏聚力关系曲线

7.2.2　水泥土融沉特性

1. 水泥掺入比对融沉特性影响

基于上一节冻胀试验对不同水泥掺入比情况下的水泥土进行融沉试验，融化温度为 30℃，水泥土融沉系数与水泥掺入比关系见图 7.18。黏土质水泥土的融沉系数大于砂土质水泥土的融沉系数。砂土质水泥土水泥掺入比小于 5%时，融沉系数迅速下降，当水泥掺量达到 5%时，融沉系数减至 0.78%，是不含水泥时的 18.53%，水泥掺入比大于 5%时，融沉系数减小变缓；黏土质水泥土在水泥掺入比小于 10%时，融沉系数迅速下降，当水泥掺量达到 10%时，融沉系数减至 2.15%，是不含水泥时的 16.36%，水泥掺入比大于 10%时，融沉系数减小变缓，由此可得：黏土、砂土中分别掺入 10%、5%水泥量可使水泥土冻胀率较小，同时融沉也较小，再一次验证，实际工程中掺入比 10%、5%可分别为控制黏土和砂土冻胀融沉的最佳参数。

图 7.19 表明水泥土融沉系数和冻胀率之间存在良好的线性关系，砂土质水泥土的融沉系数约是冻胀率的 1.5 倍，而黏土质水泥土的融沉系数则是冻胀率的 1.2 倍，较砂土质水泥土小。随水泥掺入比增大，砂土质水泥土的融沉系数和冻胀率之间的差值逐渐减小，而黏土质水泥土之间的差值基本不变，故砂土质水泥土的斜率较大。

2. 融化温度对融沉特性影响

基于冻胀试验，取融化温度 15、30、45、60 和 80℃进行单向融化，融沉结束时间与融化的关系曲线见图 7.20，不同温度下的融沉系数见图 7.21。

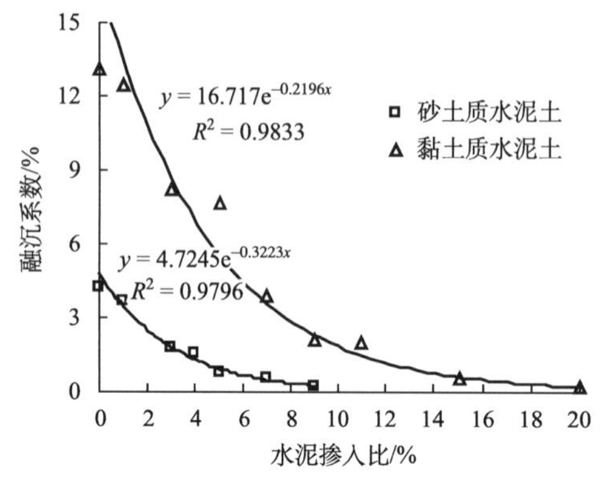

图 7.18 融沉系数与水泥掺入比关系曲线

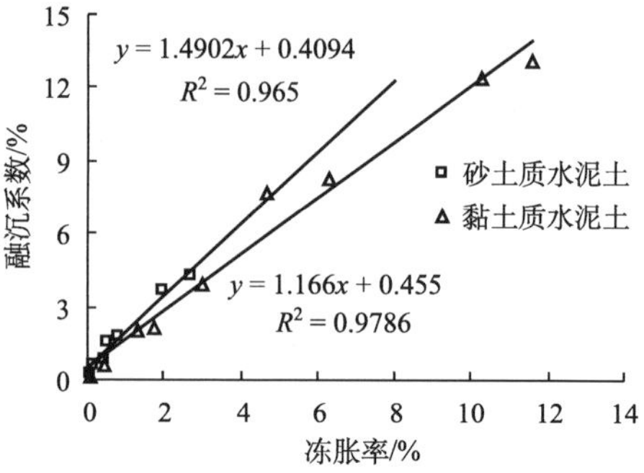

图 7.19 融沉系数与冻胀率关系曲线

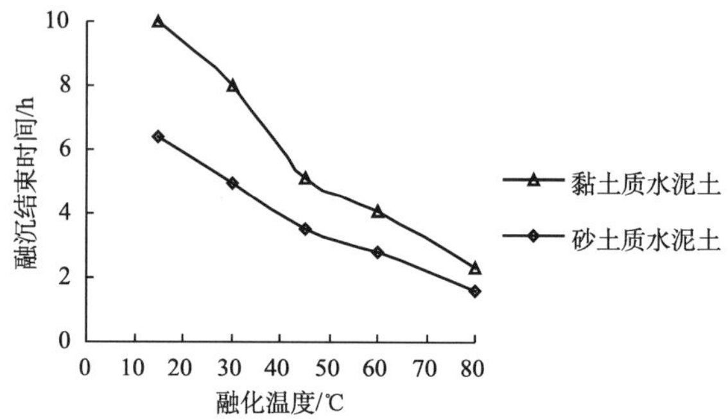

图 7.20 水泥土融沉结束时间与融化温度关系曲线

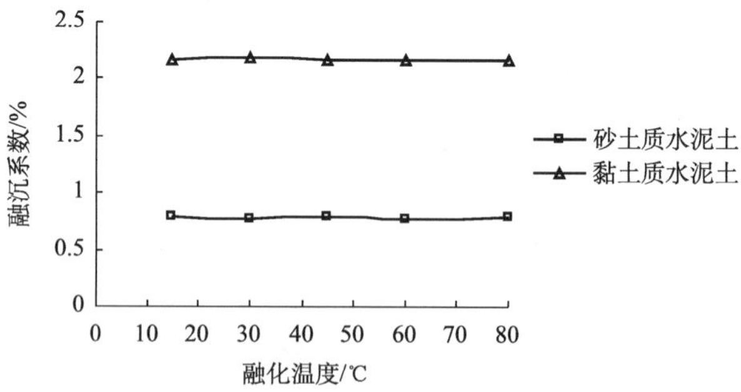

图 7.21 水泥土不同融化温度下的融沉系数

结果表明：融化温度越高，融沉结束需要时间越短，但融化温度对水泥土的融沉系数大小无影响，说明融化温度只会改变地层的融沉速度，因此工程中采取强制解冻措施能够加速融沉发生，但不会增加最终融沉量。

7.2.3 水泥土冻融前后压缩性

压缩系数是评价地基土压缩性高低的重要指标之一，不是一个常量，与所取的起始

压力 p_1 有关，也与压力变化范围 $\Delta p = p_2 - p_1$ 有关。为了统一标准，《土工试验方法标准》(GB/T 50123—1999)规定采用 $p_1 = 100\text{kPa}$，$p_2 = 200\text{kPa}$ 所得到的压缩系数 a_{1-2} 作为评定土压缩性高低的指标。冻融前压缩系数和融后压缩系数均采用 $p_1 = 100\text{kPa}$、$p_2 = 200\text{kPa}$ 所得到的压缩系数 a_{1-2}。

1. 水泥掺入比对压缩系数的影响

图 7.22 表明水泥土压缩系数随水泥掺入比的增大而减小；砂土质水泥土冻融前后其压缩系数基本一致，表明水泥的掺入对砂土质水泥土冻融前后的压缩系数基本无影响；黏土质水泥土融后比冻融前压缩系数增大，即虽有水泥的掺入，冻融依然加剧了黏土质水泥土的压缩性。

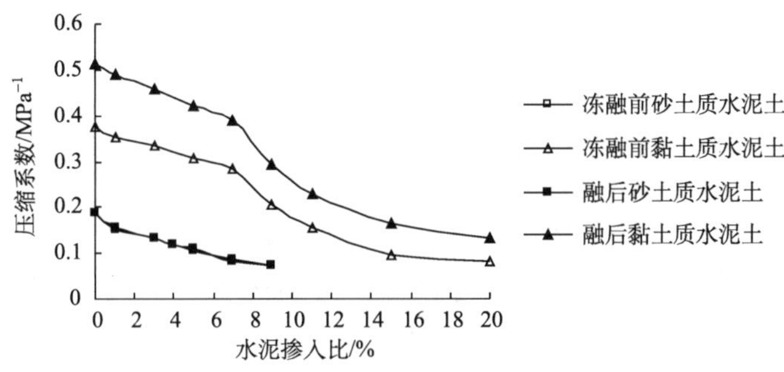

图 7.22　压缩系数与水泥掺入比关系曲线

2. 含水率对压缩系数的影响

图 7.23 给出了压缩系数与含水率的关系。水泥土冻融前后的压缩系数均随含水率的增大而增大；砂土质水泥土冻融前后压缩系数基本一致，即含水率对其影响可以忽略；黏土质水泥土冻融后压缩系数较冻融前大。

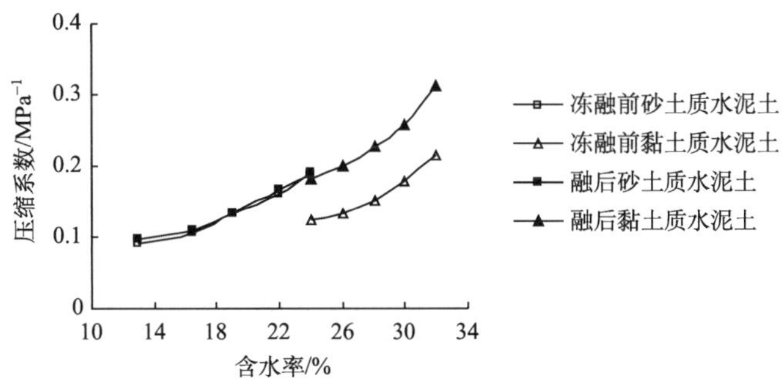

图 7.23　压缩系数与含水率关系曲线

3. 龄期对压缩系数的影响

图 7.24 给出了两种水泥土冻融前后的压缩系数与龄期的关系曲线。图中表明压缩

系数随龄期的增加而减小，28d 以前减小速度较快，28d 以后压缩系数趋于平缓，其中砂土质水泥土 28d 龄期后压缩系数基本不变，而黏土质水泥土则进一步缓慢减小。砂土质水泥土冻融前后压缩系数基本一致，冻融对其影响可忽略；黏土质水泥土冻融后压缩系数较冻融前大。

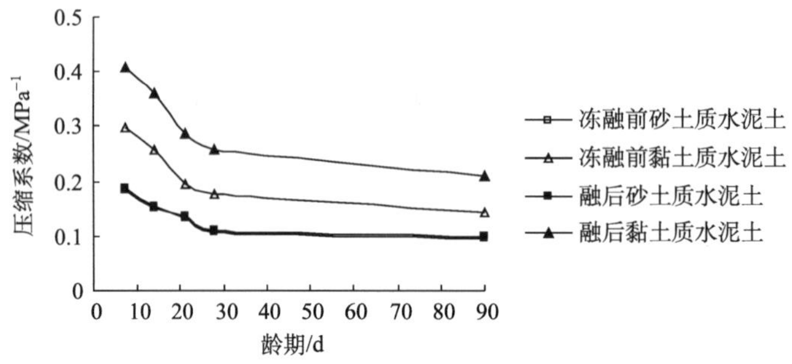

图 7.24　压缩系数与龄期关系曲线

4. 冷端温度对压缩系数的影响

图 7.25 给出了水泥土冻融前后的压缩系数与冷端温度的关系曲线，表明压缩系数不随冷端温度增加而减小，冻融前后冷端温度对砂土质水泥土的压缩性基本无影响；黏土质水泥土不同冷端温度冻融后其压缩系数相差较大。

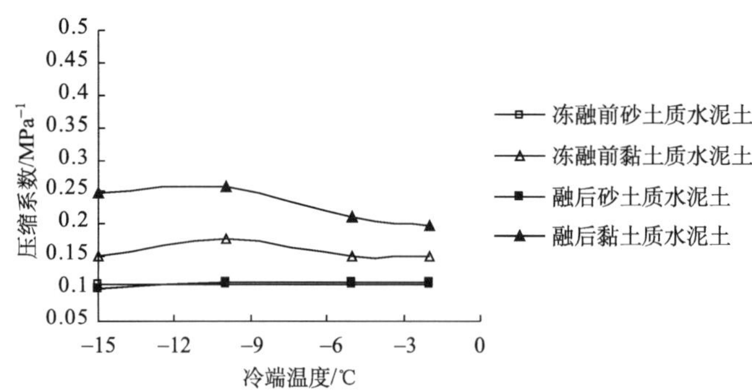

图 7.25　压缩系数与冷端温度关系曲线

7.3　冻结水泥土强度与蠕变特性

7.3.1　冻结水泥土单轴抗压强度

1. 冻结水泥土应力应变曲线

研究定龄期(14d)定掺入比(10%)不同温度、定龄期(14d)定温度(−10℃)不同掺入比、定掺入比(10%)定温度(−10℃)不同龄期下的应力-应变曲线。对不同配比的试样做 3 个平行试验，取每种情况下其中一组研究。以轴向应变超过 20%或破碎应力下降 10%为试验结束条件。

1）定龄期定掺入比应力-应变关系随温度变化分析

两种水泥土定龄期定掺入比应力-应变曲线随温度变化关系见图 7.26、图 7.27。

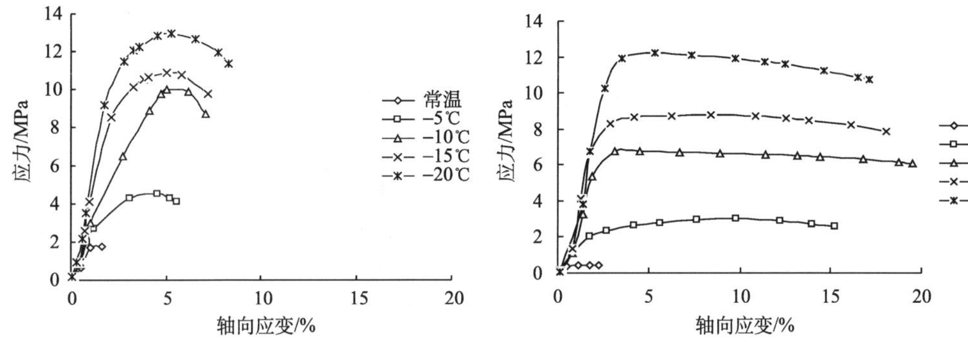

图 7.26 砂土质水泥土 14d 龄期 10%掺入比随温度变化的应力-应变关系

图 7.27 黏土质水泥土 14d 龄期 10%掺入比随温度变化的应力-应变关系

砂土质水泥土加载初期应力-应变曲线近似呈线性关系，然后呈现塑性阶段，应力逐渐增大并达到最大值，应力陡降，试验结束轴向应变都没有超过 10%，试样呈脆性破坏形态。而黏土质水泥土加载初期呈现近似线性阶段，然后进入塑性阶段，应力逐渐增大并且到达最大值，最后是在轴向应变达到、或接近 20%时试验结束，呈塑性破坏形态。

同时，对比两种水泥土随着温度的降低，试样应力-应变曲线形态也越来越呈现出脆性破坏的特征，可以预测当温度降低到一定值时，黏土质水泥土也会出现脆性破坏的结果。

2）定龄期定温度时应力-应变关系随掺入比变化分析

两种水泥土定龄期定温度常温下应力-应曲线随掺入比变化关系见图 7.28 和图 7.29。

对于砂土质水泥土，水泥掺入比为 0%时，原状砂土强度基本为零，其轴向应变到 4%时试验结束，从曲线上看不出明显的破坏形态，只能根据试验结束条件来判断是脆性破坏，而加入水泥后，砂土质水泥土的破坏形态呈明显的脆性破坏，并随着水泥掺入比的增加变得更加明显。当水泥掺入比为 0%时，原状黏土呈塑性破坏形态，而加入水泥后，黏土质水泥土呈现出脆性破坏的趋势，并且这种脆性破坏的形态特征随着水泥掺入比的增加越来越明显。

两种水泥土定龄期定温度负温下应力-应变关系随掺入比变化曲线见图 7.30 和图 7.31。

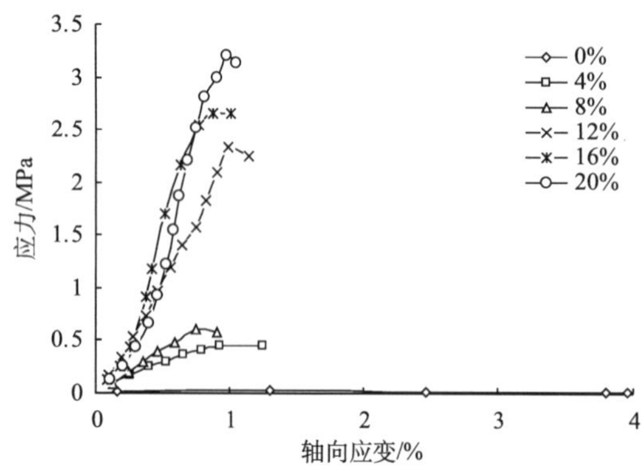

图 7.28　砂土质水泥土 14d 龄期定常温随水泥掺入比变化的应力-应变关系

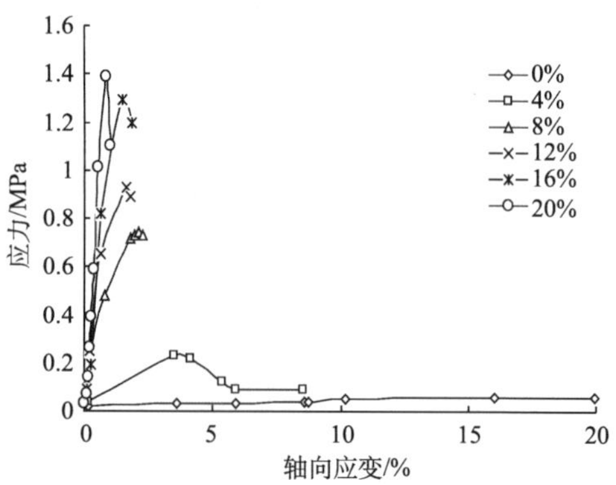

图 7.29　黏土质水泥土 14d 龄期定常温随水泥掺入比变化的应力-应变关系

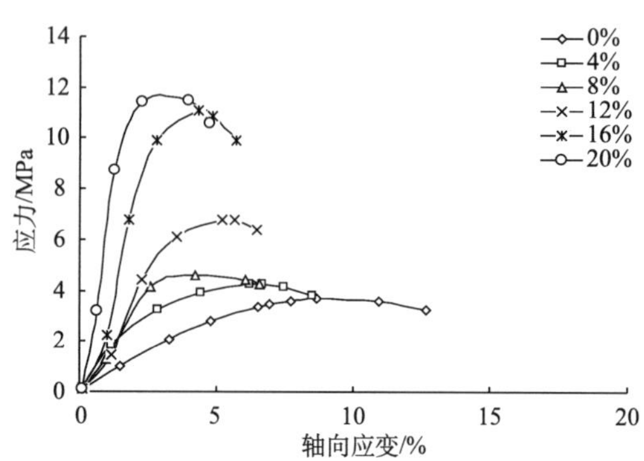

图 7.30　砂土质水泥土 14d 龄期定－10℃随水泥掺入比变化的应力-应变关系

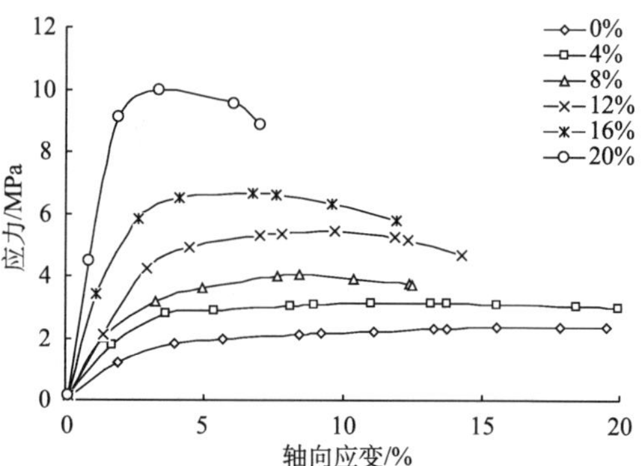

图 7.31　黏土质水泥土 14d 龄期定－10℃随水泥掺入比变化的应力-应变关系

水泥掺入比达到 8%后，砂土质水泥土呈现出脆性破坏的形态，并随着水泥掺入比的增加而变得明显。水泥掺入比为 20%以下时，黏土质水泥土呈现塑性破坏形态，水泥掺入比达到 20%，黏土质水泥土呈现脆性破坏形态。

和常温下两种水泥土的应力-应变曲线进行对比，冻结后的水泥土多呈现塑性破坏的性状，而常温下则是呈现明显的脆性，说明冻结后的水泥土在工程中安全性更高。

3）定掺入比定温度时应力-应变关系随龄期变化分析

两种水泥土定掺入比定常温时应力-应变曲线随龄期变化关系见图 7.32、图 7.33。

砂土质水泥土应力应变曲线呈现出明显的脆性破坏形态，且随养护龄期的增加破坏形态无明显变化。黏土质水泥土应力-应变曲线呈现塑性破坏，但伴随一定的脆性特征，且随养护龄期的增加，塑性特征越来越不明显，龄期为 90d 时呈现出明显的脆性。

两种水泥土定掺入比－10℃时应力-应变曲线随龄期变化关系见图 7.34、图 7.35。

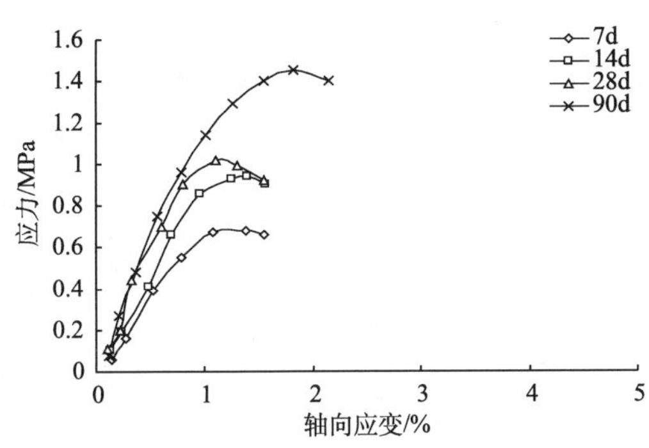

图 7.32 砂土质水泥土 10%水泥掺入比定常温随龄期变化的应力-应变关系

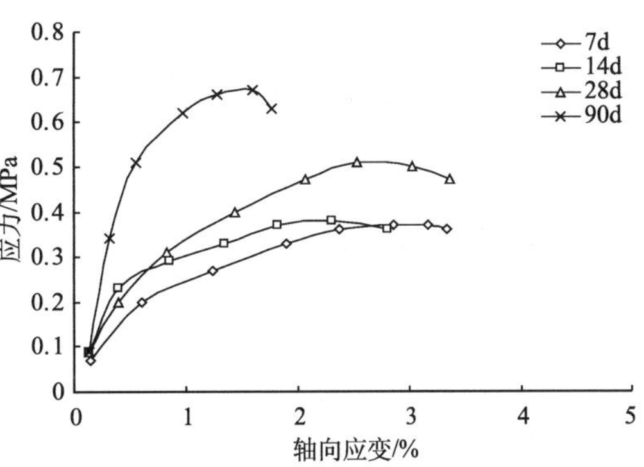

图 7.33 黏土质水泥土 10%水泥掺入比定常温随龄期变化的应力-应变关系

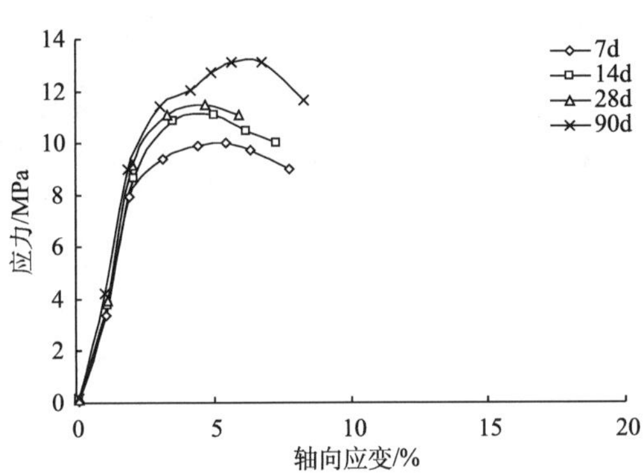

图 7.34 砂土质水泥土 10%水泥掺入比 −10℃随龄期变化的应力-应变关系

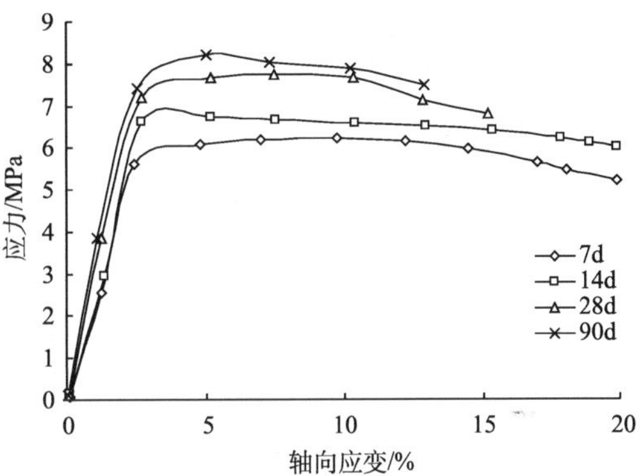

图 7.35 黏土质水泥土 10%水泥掺入比 −10℃随龄期变化的应力-应变关系

−10℃时，砂土质水泥土呈现明显的脆性破坏形态，且随养护龄期的增加无明显变化。黏土质水泥土呈塑性破坏，且养护龄期的增加有脆性破坏的趋势。

比较两种水泥土的应力-应变曲线发现，砂土质水泥土−10℃条件下也表现出一定的塑性，轴向应变都超过 5%，而常温下是非常明显的脆性，试验结束时轴向应变都不超过 2%，说明冻结后的水泥砂土在工程中具有更高的安全性。−10℃的条件下黏土质水泥土应力-应变曲线明显表现出塑性特征，而常温下具有一定危性特征，试验结束时轴向应变都没有超过 4%。这也说明冻结后的水泥黏土在工程中安全性更高。

2. 水泥掺入比对单轴抗压强度的影响

龄期 14d、0℃和−10℃时两种水泥土单轴抗压强度与水泥掺入比的关系曲线见图 7.36，研究结果表明：砂土质水泥土和黏土质水泥土单轴抗压强度随水泥掺入比增加而线性增大，砂土质水泥土较黏土质水泥土直线斜率大，说明水泥掺入比增量相同情况下，砂土质水泥土强度增长更快。

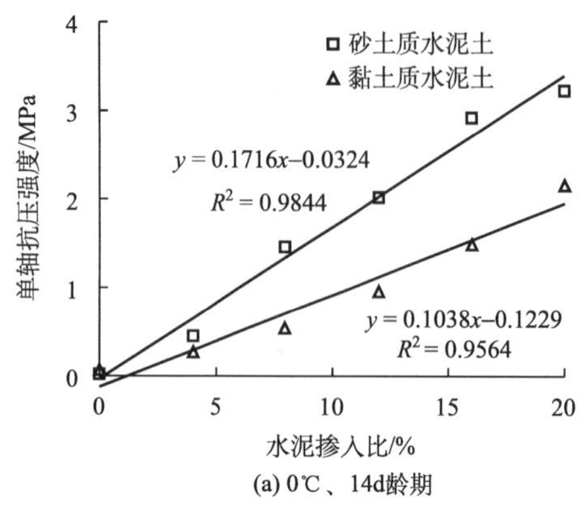

(a) 0℃、14d龄期

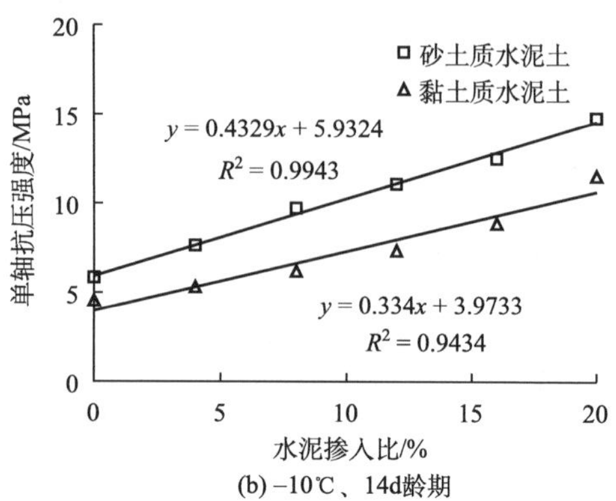

(b) −10℃、14d龄期

图 7.36　水泥土单轴抗压强度与水泥掺入比关系曲线

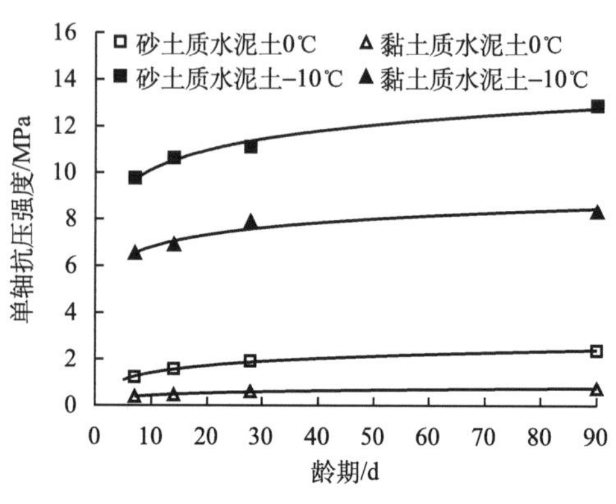

图 7.37　10%掺入比单轴抗压强度与龄期关系曲线

3. 龄期对单轴抗压强度的影响

图 7.37 给出了不同温度下水泥掺入比为 10%时的水泥土单轴抗压强度随龄期变化曲线。

由图 7.37 可知，龄期 28d 前，水泥土的强度增长较快，28d 以后强度增长趋于平缓。水泥土单轴抗压强度在 10%掺入比、定温度下单轴抗压强度随养护龄期的增加而增大，呈良好的对数关系。同养护龄期时砂土质水泥土的强度大于黏土质水泥土的强度；随养护龄期的增大，两种水泥土的差值逐渐增大，砂土质水泥土强度的增大较黏土质水泥土快；龄期对黏土质水泥土负温下强度的影响较常温大，对砂土质水泥土的影响基本和常温时一致。

4. 冻土温度对单轴抗压强度的影响

图 7.38 为两种水泥土单轴抗压强度与温度关系曲线，由此可知：定龄期定掺入比条件下黏土质水泥土和砂土质水泥土单轴抗压强度随冻结水泥土温度降低而增大，强度和温度之间存在良好的线性关系，砂土质水泥土的单轴抗压强度变化斜率接近于黏土质水泥土斜率，说明相同的温度变化量(下降)，引起砂土质水泥土和黏土质水泥土的强度增长基本一致。

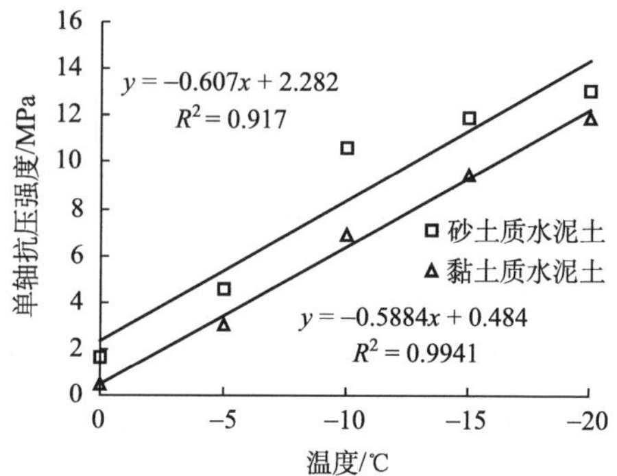

图 7.38　水泥土单轴抗压强度与温度关系曲线

7.3.2　冻结水泥土抗折强度

研究定龄期(14d)、定掺入比(10%)下两种不同温度下砂土质水泥土和黏土质水泥土的抗折强度、素砂土和素黏土的－10℃时抗折强度，并将抗折强度和－10℃下抗压强度进行比较分析。

水泥土抗折试样制备：配置水泥掺入比为10%的水泥土，配置完毕按已设密度立即填入试模，压实，抹平，用塑料薄膜将试样密封。每组制备4个相同试样，取3个作为平行试验，其中一个作为备用。将已制好的试样连同试模一同放入标准养护室，养护14d。达到养护龄期后将试样从养护室取出、脱模，放入常温和－10℃环境下恒温24h。

常温和－10℃时黏土质水泥土的抗折强度和相对挠度的关系曲线见图7.39。

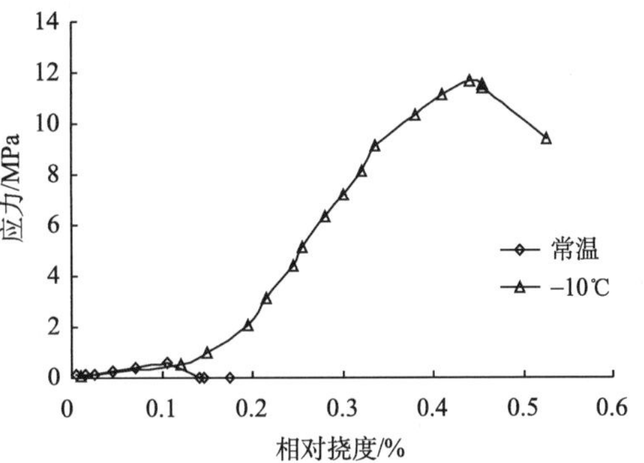

图7.39　黏土质水泥土抗折强度与相对挠度关系曲线

常温水泥土抗折曲线相对挠度较小，抗折强度也较小，曲线呈缓升缓降型，试样发生塑性破坏。－10℃时黏土质水泥土抗折曲线与常温水泥土明显不同，曲线分为三个阶段：缓慢增长阶段、快速增长阶段及应力陡然下降阶段。这是因为开始阶段抗折模具与试样的接触处为点接触，随竖向应力增加，试样发生压融，转为局部接触；随着接触稳定，应力迅速增大，试样纵向变形快速增大，试验发生断裂时应力骤降，试样发生脆性破坏。素土和水泥土的抗折强度汇总表见表7.4。

表7.4　素土和水泥土的抗折强度汇总表

土层名称	抗折强度/MPa	
	常温	－10℃
砂土	—	4.711
砂土质水泥土	0.97	12.70
黏土	—	2.43
黏土质水泥土	0.62	11.68

－10℃时水泥土抗折强度大于素土的抗折强度，表明水泥的掺入提高了素土的抗折强度；常温下砂土质水泥土和黏土质水泥土的抗折强度相差不大，都表现为塑性破坏；－10℃时砂土质水泥土的抗折强度略大于黏土质水泥土的抗折强度。以上说明水泥的掺入提高了土样的抗折强度，提高了水泥土加固后冻结区的强度，因此，使用冻结法前可预先对地层进行水泥土加固处理。

7.3.3　冻结水泥土蠕变特性

研究定龄期(14d)、定掺入比(10%)下砂土质水泥土常温和－10℃下的蠕变特性，－10℃温度下黏土原状土和黏土质水泥土的蠕变特性。蠕变加载水平为 $0.2\sigma_c$、$0.4\sigma_c$、$0.5\sigma_c$、$0.7\sigma_c$，其中 σ_c 为－10℃时水泥土的单轴抗压强度。图 7.40～图 7.43 给出冻结砂土、冻结黏土、冻结砂土质水泥土和冻结黏土质水泥土蠕变曲线。

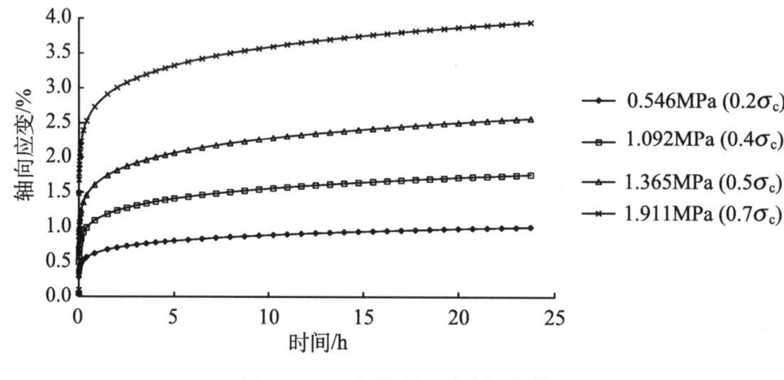

图 7.40　冻结砂土蠕变曲线

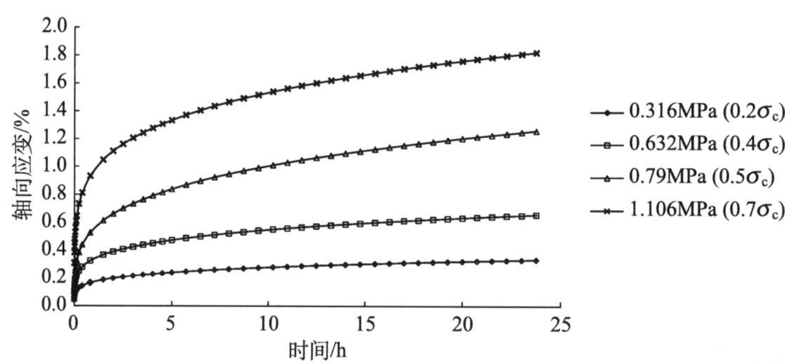

图 7.41　冻结砂土质水泥土蠕变曲线

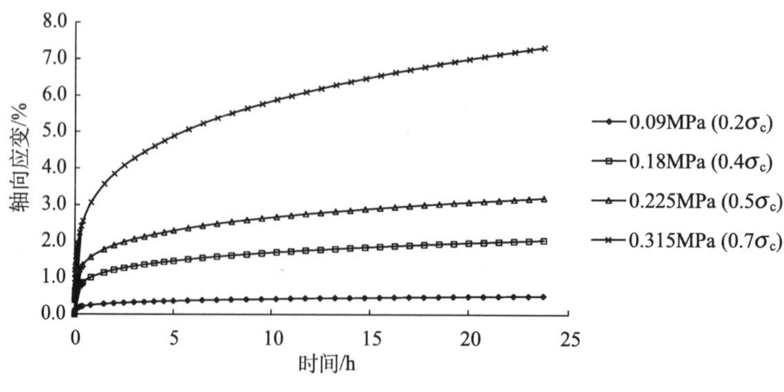

图 7.42　冻结黏土蠕变曲线

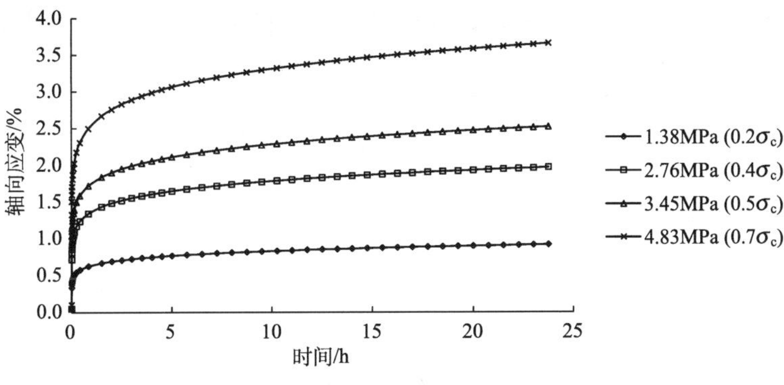

图 7.43　冻结黏土质水泥土蠕变曲线

研究结果表明：冻结砂土和冻结砂土质水泥蠕变曲线都呈现衰减型；冻结黏土的蠕变曲线在第四级($0.7\sigma_c$)加载时呈现了非衰减型的特点，而冻结黏土质水泥土的蠕变曲呈现衰减型。冻结水泥土的强度比冻原状土大，但应变都较小，不超过5%，说明冻结水泥土具有良好的承受长期荷载的能力。

根据各级荷载状态下土样应变随时间变化曲线，建立相应的蠕变数学模型：

$$\varepsilon = f(T, \sigma_i, t) \tag{7.1}$$

不考虑温度因素的影响，仅考虑初始应变、应力和时间的影响，采用式(7.2)描述蠕变数学模型：

$$\varepsilon = \frac{\sigma_i}{E} + A \cdot \sigma_i^B \cdot t^C \tag{7.2}$$

式中：ε 为应变，%；σ_i 为轴向应力，MPa；t 为时间，h；E 为弹性模量，MPa；参数 A、B、C 由试验确定，参数 B 表示与试验轴向应力相关的参数，参数 C 表示与蠕变时间相关的参数。

通过试验数据进行回归，得到参数如表 7.5 所示。从表中的数据可以看出：加入水泥后，参数 A 增大了近三分之一；参数 B 减小了近一半。说明加入水泥后应力对蠕变的影响明显减小，时间对蠕变的影响也明显减小。

表 7.5　冻结原状黏土和黏土质水泥土蠕变参数

土质	A	B	C
冻结砂土	0.999	1.525	0.341
冻结砂土质水泥土	1.45	1.342	0.141
冻结黏土	0.324	2.001	0.211
冻结黏土质水泥土	0.446	1.107	0.114

7.4　盾构端头垂直冻结水泥土加固数值模拟研究

7.4.1　工程背景

1. 工程地质环境

依托南京地铁10号线TA03标段，始于长江北岸的中间风井，终于江心洲站。中间风井—江心洲站区间全长3598.9m，为单洞双线断面，盾构法施工。中间风井为地下三层构筑物，明挖法施工。线路基本呈东西走向，平面最小曲线半径1200m，最大纵坡度28‰。隧道最大覆土达40.4m，最小处10.4m，江中段覆土埋深在14～18m。工程沿线建筑物众多，工程环境复杂。盾构始发井长21m，宽19.35m，围护结构采用地下连续墙。始发井底板埋深约30.5m。盾构直径11.64m，洞门直径12.03m，管片直径11.2m。

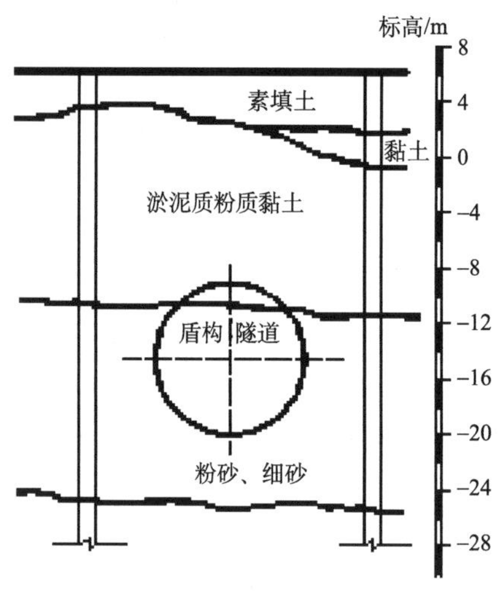

图7.44　端头盾构始发井地层分布图

中间风井施工场地标高6.8m，地下潜水位埋深约1.4m，标高为5.40m；施工场区范围内地下水主要为潜水和承压水，微承压水水位埋深2.0～4.0m，标高约为4.5m。隧道洞口土体加固地层呈二元结构，隧道拱顶及洞身主要以淤泥质粉质黏土(②-$2b_4$、②-$1a_{2-3}$)为主，拱底以粉砂(②-$4d_{1-2}$)为主，如图7.44所示。

中间风井处的地层具有渗透系数大、地下水压力高、承载能力差等特点。中间风井临近的南京长江隧道和浦口制水厂，对沉降控制要求较高，因此始发过程中不进行常规基坑外降水，仅考虑将其作为应急措施。由于隧道埋深较大，地下水位高，基坑内外水头差大，在高水压等不利因素影响下，盾构始发作业存在洞门破除后洞圈掌子面失稳、洞门圈突水、涌砂、端头地层过度沉降及坍塌等风险。

2. 加固方案

通过对比分析最终确定化学加固联合垂直冻结的加固方案。

根据实际工况，始发端头拟加固范围为盾构隧道两侧5m，从地面标高加固至拱底6m，其中从地面标高加固至拱顶5m为弱加固区，从拱顶5m至拱底6m为强加固区；沿盾构掘进方向纵向加固17m，垂直于盾构掘进方向宽度为21.2m。加固范围如图7.45所示。

始发端头采用ϕ1000@750mm的三轴搅拌桩，三轴搅拌桩成桩深度33.658m，弱加固区的水泥掺入比为10%，强加固区为25%；距离端头井外侧地连墙800mm布置两排ϕ1000@600mm高压旋喷桩；旋喷桩与搅拌桩交界处边角两侧各用三根旋喷桩封堵，旋喷桩与地连墙交界处边角两侧各用一根旋喷桩封堵，其中盾构区间上部10.891m为空桩区，

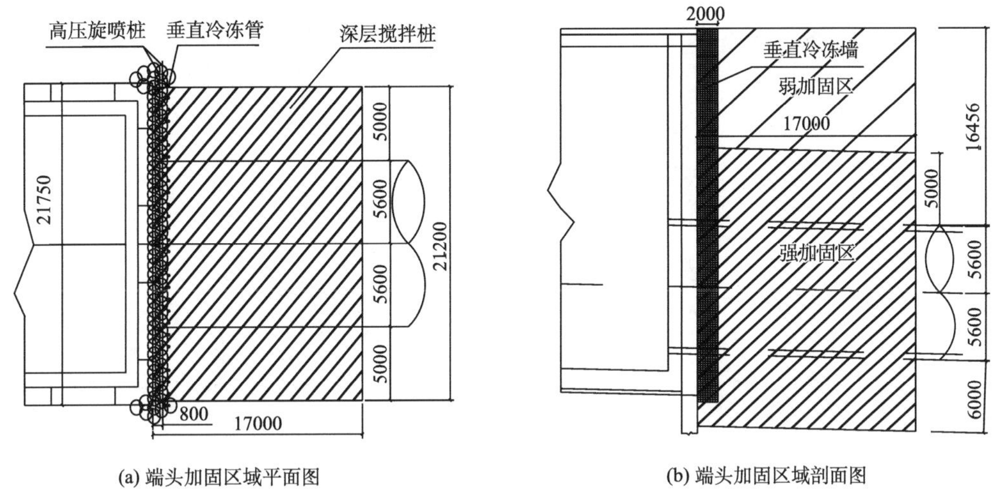

(a) 端头加固区域平面图

(b) 端头加固区域剖面图

图 7.45 端头加固示意图(mm)

其余 23m 为实桩区，空桩区水泥用量为 125kg/m，实桩区 421.8kg/m。

为提高搅拌桩加固土体与中间风井围护结构的胶结强度，在端头围护结构外侧沿掘进方向，布置两排共 57 根垂直冻结管(排距 800mm，间距 800mm，第一排距离地连墙 400mm，第二排距离第一排 800mm)；冻结板块采用二排冻结孔，插花布置。A 排布置 29 个，B 排布置 28 个，总计 57 个；冻结壁平均温度设计为－10℃，有效厚度 2.0m，冻结壁宽 21.2m，深 31.152m；冻土强度指标取抗压强度 3.5MPa、抗拉强度 2.1MPa、抗剪强度 1.8MPa。选用 ϕ127×5mm，20＃低碳钢无缝钢管作冻结管，采用外管箍焊接连接，供液管采用 ϕ48×3.5mm 钢管，测温管采用 ϕ45×3mm 无缝钢管。积极冻结 30d，维护冻结至始发结束。

7.4.2 计算说明

通过有限元软件对该方案加固效果进行模拟，分析温度场和位移场，并和实测数据进行对比分析。

1. 几何模型

模型以冻结区中心点为坐标原点，纵向长度(x 轴方向)×横向宽度(y 轴方向)×竖向高度(z 轴方向)＝31.2m×30m×32m。轴线方向分为地下连续墙加固土体，地下连续墙厚 1.2m，土体厚度为 30m。土体竖向分为三个土层，第一层水泥加固素填土，层底坐标 z＝－10.9m；第二层水泥加固淤泥质粉质黏土，层底坐标为 z＝－17.5m；第三层水泥加固粉砂，层底坐标为 z＝－32m。为了研究垂直冻结壁温度场的发展情况与分布规律，在模型中线附近平行于 z 轴设置三条分析路径，每条路径取分析点 4 个用于与实测温度场数据进行对比，其深度坐标 z 依次为－5、－15、－21、－31m。路径 1 设于 A 排冻结管与地连墙之间，路径 2 设于 A 排和 B 排冻结管中间，路径 3 设于 B 排冻土墙之后约 0.5m 处。几何模型平面及剖面图见图 7.46。

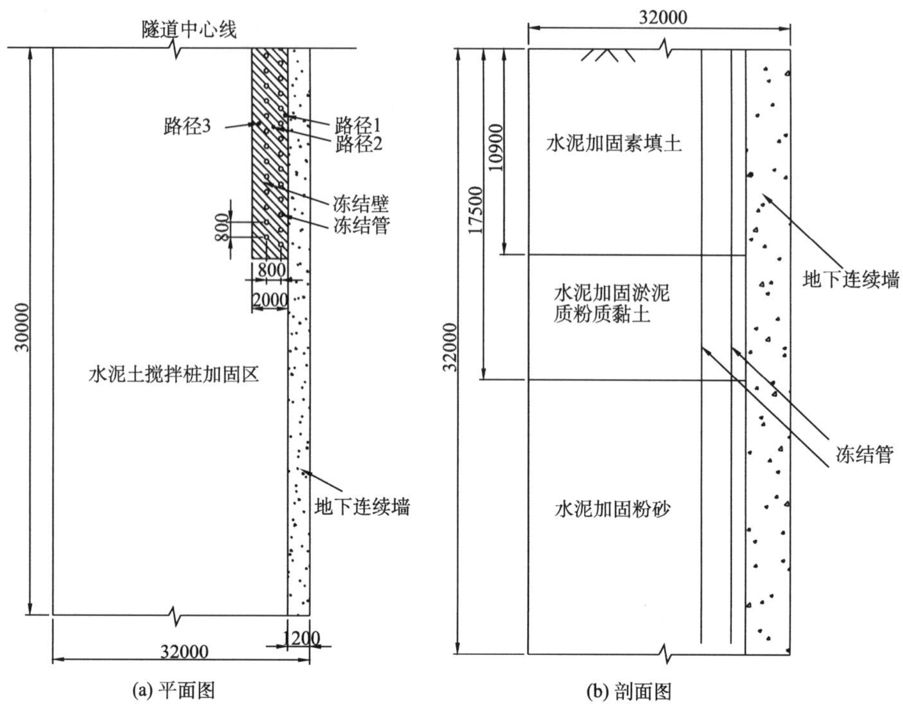

(a) 平面图　　(b) 剖面图

图 7.46　几何模型示意图(mm)

2. 参数选择

各材料参数见表 7.6。

表 7.6　模型材料参数表

材料类型		10%黏土	25%黏土	25%砂土	C40 混凝土
深度/m		[−10.9，0]	[−17.5，−10.9]	[−33，−17.5]	[−33，0]
密度/(kg/m³)		1960	1960	1930	2450
含水率/%		30	30	16.5	—
冻结温度区间/℃		[−2，0]	[−2，0]	[−2，0]	—
导热系数/[W/(m·K)]	未冻土	1.48	1.3	1.43	1.8
	冻土	1.92	1.85	1.82	
比热容/[J/(kg·K)]	未冻土	1235	837	715	1080
	冻土	862	821	819	
杨氏模量/MPa	大于−2℃	754	1550	2570	345000
	−2 至−30℃	线性变化	线性变化	线性变化	
	−30℃	5000	18000	16000	
泊松比	未冻土	0.25	0.25	0.28	0.2
	冻土	0.25	0.25	0.25	

续表

材料类型	10%黏土	25%黏土	25%砂土	C40 混凝土
平均冻胀系数/($\times10^{-4}$℃$^{-1}$)	−1.54	−0.1	−0.01	0
相变潜热/($\times10^{8}$J/m^{3})	1.95	1.95	0.98	—
对流换热系数/[W/(m^{2}·K)]	—	—	—	16.49

忽略冷媒循环计算温度场，直接将冷媒剂温度作为冻结管外壁恒定温度。计算中根据实际盐水降温计划设置施加在冻结管上的荷载时间函数，盐水降温计划详见图 7.47。

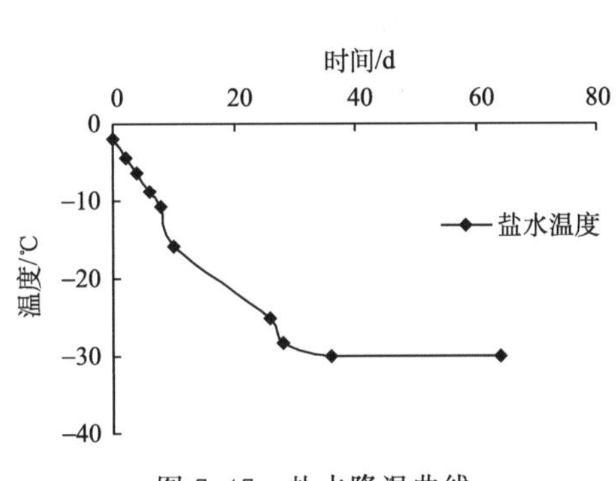

图 7.47　盐水降温曲线

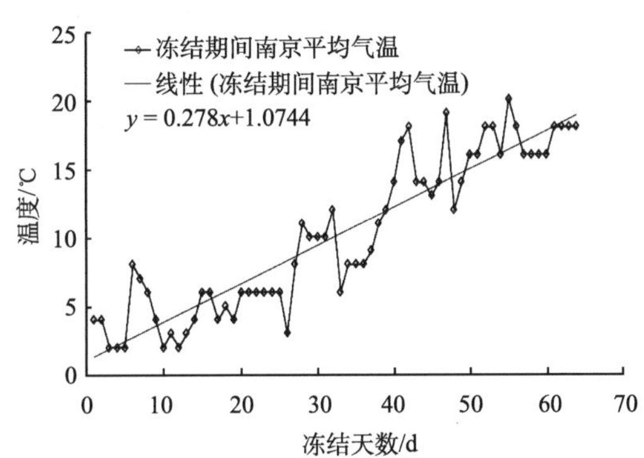

图 7.48　冻结期间南京平均气温曲线

3. 边界条件

由南京地区 2012 年 2 月至 4 月平均气温变化曲线进行线性回归得到趋势线，依此设置荷载时间函数。气温变化详见图 7.48，内衬墙与空气接触面上的环境温度初始值 0℃，64d 时 18℃。荷载及边界条件见图 7.49。

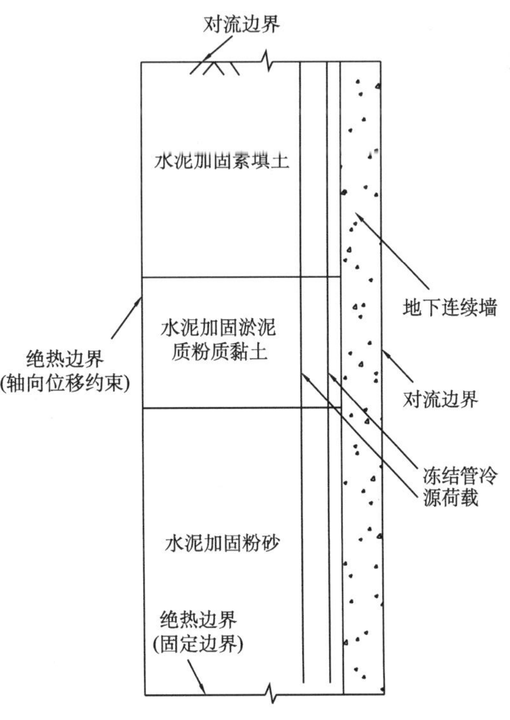

图 7.49　荷载及边界条件

7.4.3　数值模拟结果分析

1. 冻结温度场结果分析

三路径详细取点位置参照图 7.46，每个路径取深度坐标 z 依次为 −5、−15、−21、−31m 的 4 个点进行分析。z=−5、−15、−21m 三点为由上而下三个地层(水泥土加固素填土、水泥土加固淤泥质粉质黏土、水泥土加固粉砂)的代表点，$z=-31\mathrm{m}$ 用于分析冻结区底部温度发展情况。三路径提取土体温度随时间变化曲线见图 7.50～图 7.52，地连墙与土体交界处一点的温度-时间变化曲线见图 7.53。

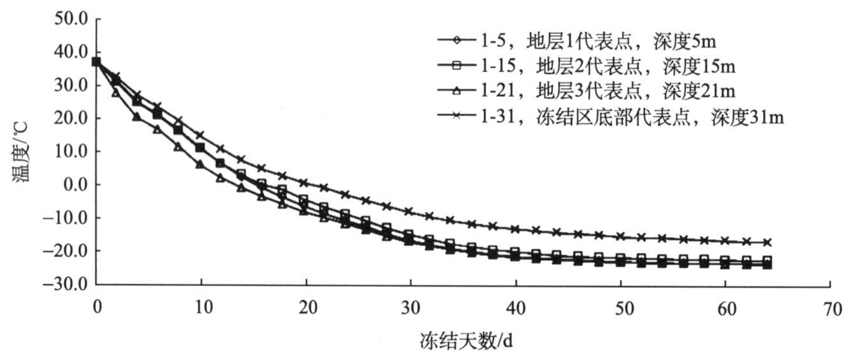

图 7.50　路径 1 各分析点温度随时间变化曲线

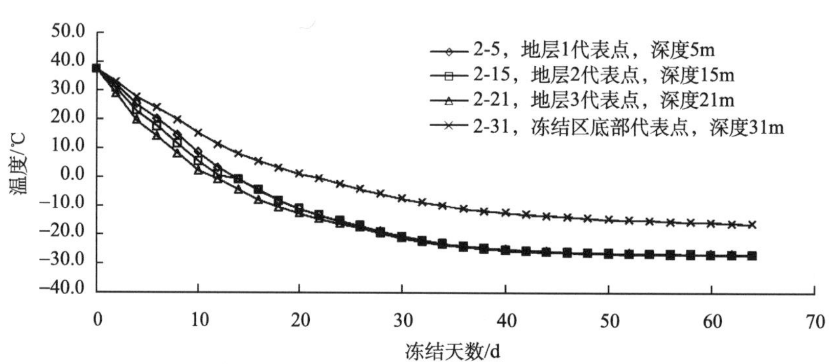

图 7.51　路径 2 各分析点温度随时间变化曲线

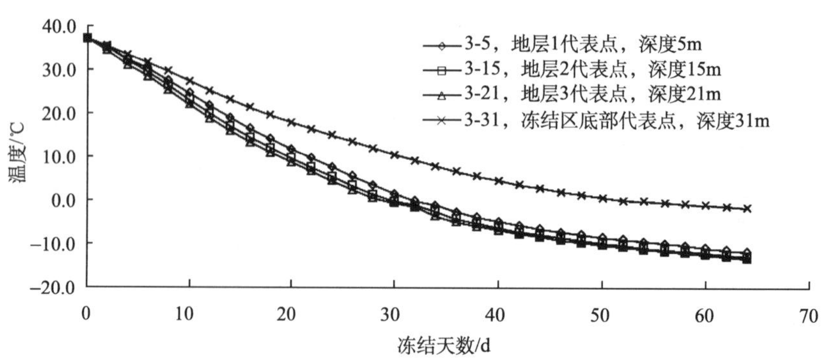

图 7.52　路径 3 各分析点温度随时间变化曲线

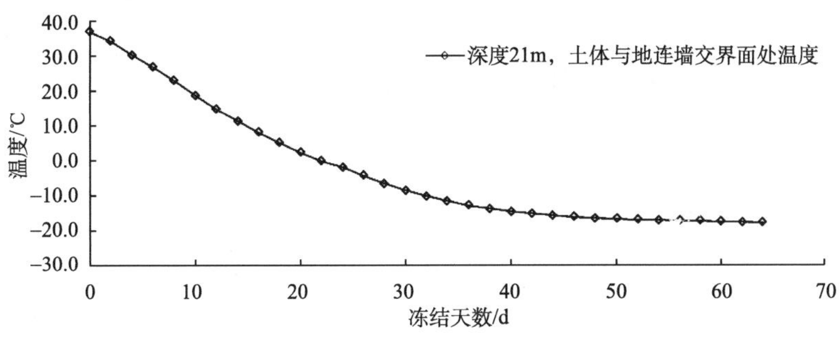

图 7.53 地连墙与土体交界处一点温度随时间变化曲线

研究结果表明：各路径冻结初期土体温度下降较快，约 14d 后减缓；之后土体温度继续下降并趋于稳定。路径 1 和路径 2 呈现相同趋势，位于冻结深度区域内的测点，14d 时地层温度降至 0℃，第 20 天降至－10℃，在第 30 天已降至－20℃左右。随着冻结进入维持阶段，地层温度又略有下降，最终稳定在－25℃左右；而 31m 处仅靠冻结管端部提供冷量，温度相对偏高，最后温度稳定在－17℃左右。路径 3 位于 B 排管后方，已至冻结区域边缘，路径 3 各点的温度下降速度明显慢于路径 1 和路径 2，位于冻结深度内的土体温度稳定在－13℃左右，31m 深度处冻结管深度内温度均稳定在－1.7℃左右。

交界面最终处温度稳定在－18℃，温度变化规律与路径 1 基本一致。实际工程中，此处冻结 49d 的探孔温度多集中在－15℃左右，而冻结温度场模拟所得数据为－16.6℃，与现场实测结果相符，验证了数值模型的合理性。

冻结区域顶端受大气温度影响，导致冻结壁厚度向冻结管端部递减。

冻结壁发展情况详见表 7.7。

表 7.7 冻结壁发展数据汇总表

项目	淤泥质粉质黏土 ②-2b_4	淤泥质粉质黏土 ②-1a_{2-3}	粉砂②-4d_{1-2}
交圈时间/d	14	13	12
积极冻结阶段结束时冻结壁厚度/m	1.55	1.60	1.65
冻结结束时冻结壁厚度/m	1.95	2.10	2.15
冻结壁平均发展速度/(mm/d)	11.7	14.1	14.8

取 $z=-5$m 剖面冻结壁轮廓线随时间发展情况，针对具有代表性的水泥土加固素填土分析地层降温规律，剖面图见图 7.54。

冻结开始 0～12d，冻结壁轮廓线以冻结管为中点向外发展。第 14 天，A、B 两排冻结管交圈，在第 20 天时形成完整的冻结壁。冻结 30d 后，冻结壁厚度达到 1.7m，之后冻结进入维持阶段直至冻结 64d 时盾构始发，冻结壁厚度为 2.1m，冻结壁发展平均速度约为 13.8mm/d。此外，B 排管后方土体中 0℃等温线的发展速度低于在 A 排管前

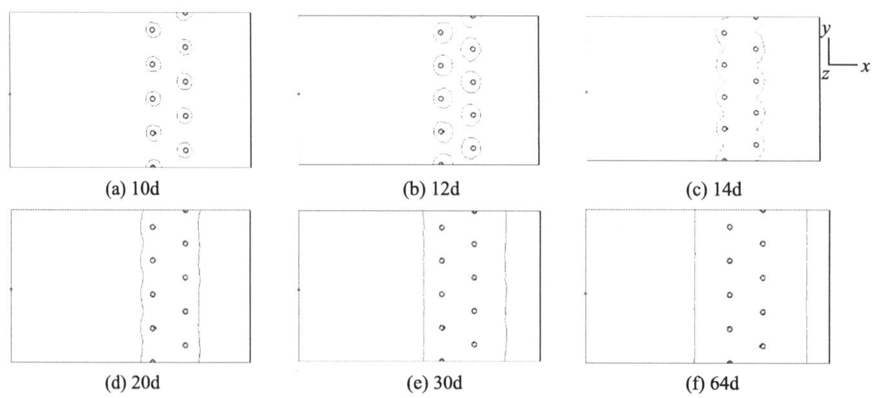

图 7.54　$z=-5\text{m}$ 剖面冻结壁轮廓线随时间发展图

土体以及地连墙中的速度。说明冻结壁受大气温度影响所造成的热交换损失小于其受加固体影响造成的热交换损失。

取现场实测冻结过程温度数据中的 C1-5、C5-21 两点温度，与相应位置的数值进行对比，温度时间曲线如图 7.55 所示。结果表明实测温度值和数值计算温度值总体趋势一致，说明了数值模型的合理性。

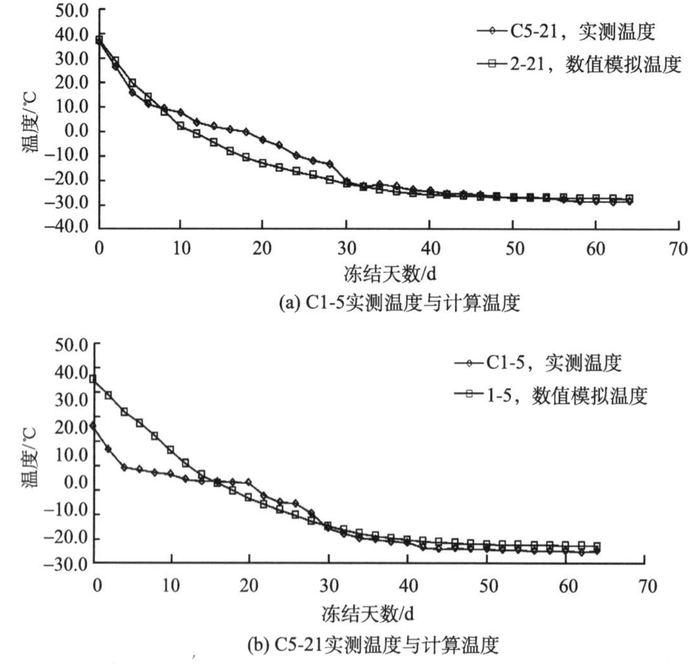

图 7.55　数值模拟温度值与实测温度值对比曲线

表 7.8 为冻结壁数值模拟结果，原状砂土冻结壁发展速度较快，最后的冻结壁厚度大于原状黏土；原状土冻结壁发展速度和最终厚度均大于水泥土中的速度和厚度；原状

黏土冻结壁发展速度比 25%掺入比黏土质水泥土高 7.8%，原状砂土冻结壁发展速度比 25%掺入比砂土质水泥土高 12.8%；原状土冻结壁厚度比 25%掺入比黏土质水泥土大 3.3%，原状砂土冻结壁厚度比 25%掺入比砂土质水泥土高 5.6%。

表 7.8　冻结壁数值模拟结果一览表

项目	25%掺入比黏土质水泥土	原状黏土	25%掺入比砂土质水泥土	原状砂土
交圈时间/d	13	13	12	12
积极冻结阶段冻结壁厚度/m	1.60	1.70	1.65	1.75
冻结结束时冻结壁厚度/m	2.10	2.17	2.15	2.27
冻结壁平均发展速度/(mm/d)	14.1	15.2	14.8	16.7

2. 冻胀位移场结果分析

垂直冻结水泥土加固冻胀位移场数值模拟时，模型材料相关物理、力学参数见表 7.6 和表 7.9。

表 7.9　原状土模型材料参数表

材料类型		原状砂土	原状黏土	C40 混凝土
深度/m		[−17.5，0]	[−33，−17.5]	[−33，0]
密度/(kg/m^3)		1930	1960	2450
含水率/%		16.5	30	—
冻结温度区间/℃		[−2，0]	[−2，0]	—
导热系数/[W/(m·K)]	未冻土	1.52	1.65	1.8
	冻土	3.12	3.06	
比热容/[J/(kg·K)]	未冻土	1663	1735	1080
	冻土	860	878	
杨氏模量/MPa	大于−2℃	6	4	345000
	−2～−30℃	线性变化	线性变化	
	−30℃	2000	1900	
泊松比	未冻土	0.28	0.25	0.2
	冻土	0.25	0.25	
平均冻胀系数/($\times10^{-4}K^{-1}$)		−2.99	−12.16	0
相变潜热/($\times10^{8}J/m^3$)		0.98	1.95	—
对流换热系数/[W/(m^2·K)]		—	—	16.49

原状土与水泥土数值模型顶部最大冻胀位移点曲线对比见图 7.56。原状土冻胀位移场发展规律与水泥土相同，但冻胀速度和冻胀量大得多；冻结 10d 时 A、B 排冻结管间冻胀已大于 1mm，至冻结 30d 后趋于稳定；冻结结束时，模型顶端冻胀区域冻胀量

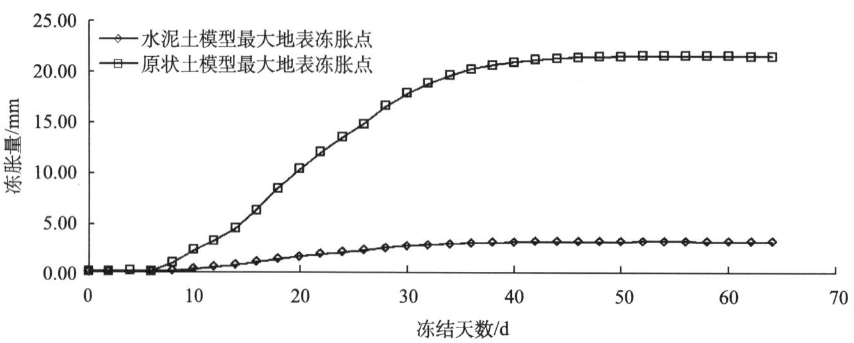

图 7.56　原状土与水泥土数值模型顶部最大冻胀位移点曲线对比图

范围在 1.5～2.0cm。冻结 64d 时原状土最大地表冻胀量达 21.5mm；使用水泥土对土体进行预加固后，土体冻胀敏感性明显减弱，最终冻胀量为 3.0mm，仅为原状土 14.0%。这说明水泥土加固法对冻胀作用有着明显的抑制效果。

3. 解冻温度场结果分析

研究解冻温度场模型随时间发展的温度变化规律，取深度方向($z=-4$m)剖面温度发展变化云图进行分析，如图 7.57 所示。由此可知停冻 10d，热交换剧烈，冻结壁的最低温度从－25℃上升到－16℃；停冻 10d 至 40d 内，冻结壁最低温度从－16℃上升至－8℃，温度回升速度稍稍变缓；从停冻 40d 开始，温度回升速度明显变缓，在停冻 100d 时，$z=-4$m(深度方向)剖面处土体温度全部回升至 0℃以上，土体完全融化；停冻 180d 时土体温度全部回升至 9℃以上。此外，B 排冻结管外侧、A 排冻结管与地连墙之间及冻结壁左右两端的融化速度明显快于两排冻结管之间的冻结壁，这是因为 B 排冻结管外侧及冻结壁左右两端都存在大量的未冻土吸收热量，A 排冻结管与地连墙之间的冻结壁受到地连墙传递的外界热对流的影响，导致升温速率比两排冻结管之间冻结壁也较快。比较冻结壁融化的先后次序，B 排冻结管外侧及冻结壁左右两端最快，其次是 A 排冻结管与地连墙之间的冻结壁，最后是两排冻结管之间的冻结壁。

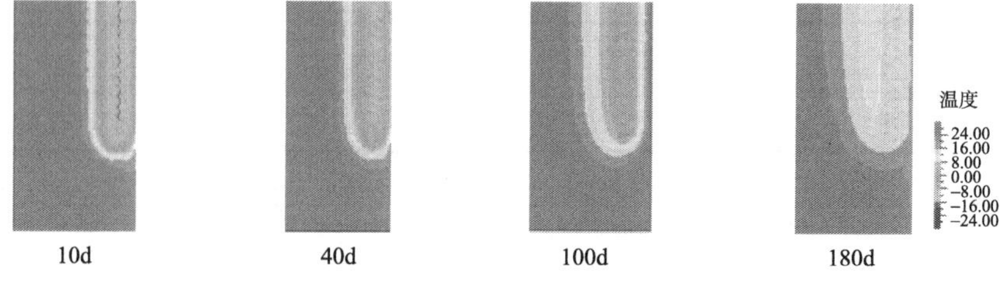

图 7.57　停冻后 $z=-4$m 剖面温度随停冻时间发展变化云图

为更清楚地描述不同位置融化过程中温度随时间的变化规律，提取在 $z=-7$m 处位于地连墙与 A 排冻结管之间、两排冻结管之间、B 排冻结管外侧 0.5m 处的代表点及位于上部隧道管片外侧 0.5m 距洞门掌子面 5m 处计算点温度进行分析，如图 7.58 所示。

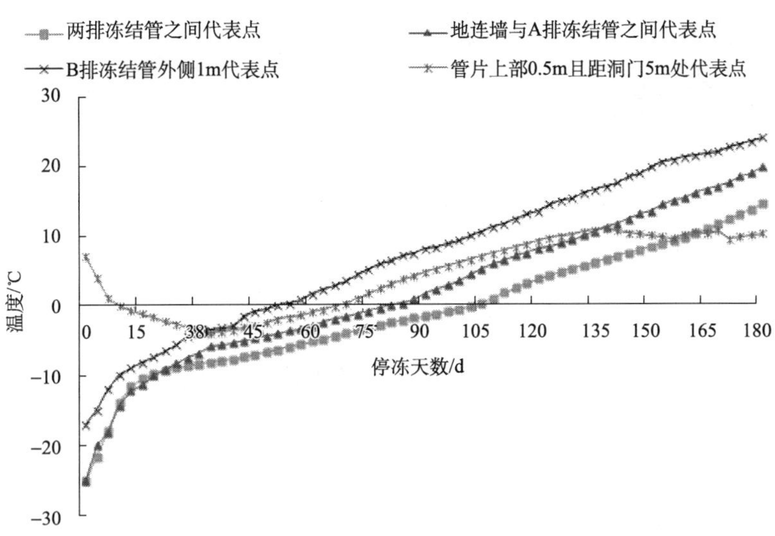

图 7.58　不同位置处土体温度变化曲线

结果表明停冻后的前 10d，土体热交换剧烈，所有计算点温度变化均较大，之后温度变化趋势稍稍变缓，当各点处温度上升到 0℃以上后，曲线斜率又稍微变大；在同一深度处($z=-7$m)，地连墙与 A 排冻结管之间代表点土体完全融化时间为 80d，两排冻结管之间土体完全融化时间为 105d，B 排冻结管外侧 1m 处的代表点土体完全融化时间为 50d。这是因为 B 排冻结管外侧有大量未冻土吸收热量，融化时间最短，地连墙与 A 排冻结管之间的冻结壁受到地连墙传递的外界热对流的影响，融化时间次之；位于上部隧道管片外侧 0.5m 距洞门掌子面 5m 处的代表点受到管片传递的冻结壁热量的影响，温度先下降，再回升，受施加在盾构管片上的热对流的影响，最终温度稳定在 10℃左右。

4. 融沉位移场结果分析

分析融沉对 A 排冻结管与地连墙之间、两排冻结管之间及 B 排冻结管外侧区域地表位移的影响，提取三个区域位移最大点进行分析研究，如图 7.59 所示。

地表沉降大致可分为缓慢沉降、快速沉降、平稳沉降和固结沉降 4 个阶段。

1）缓慢融沉阶段

解冻初期，冻结区土体温度会快速上升，但真正处于融化状态的土体量比较小，所以融沉速度较慢，此阶段约持续 3d。

2）快速融沉阶段

随着土体温度的快速上升，越来越多的冻土处于融化状态，融沉速度急剧增加，此阶段约在第 10 天完成。

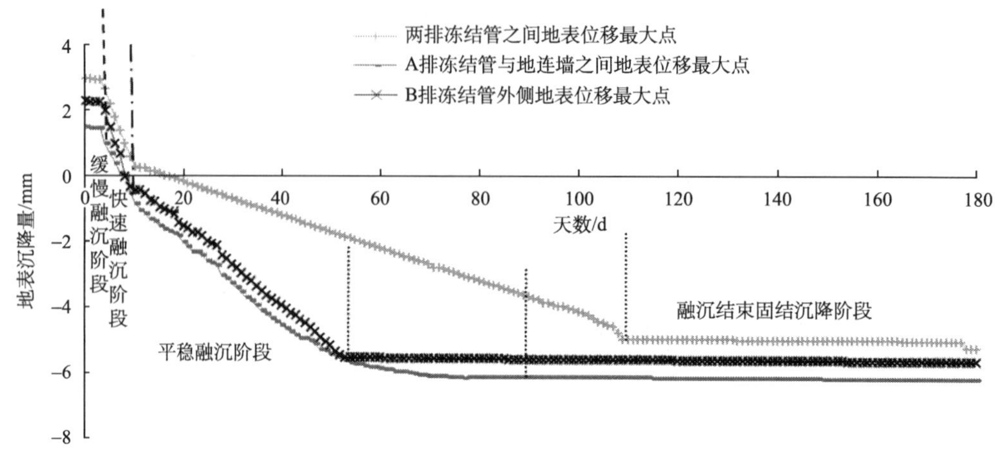

图 7.59　不同区域地表位移最大点随时间变化曲线

3）平稳融沉阶段

当有更多土体处于融化状态时，由于相变需要吸收更多热量，冻土融化速度减缓，融沉速度趋于平稳。

4）固结沉降阶段

当冻土全部融化，由冻土融缩造成的地表沉降结束，此时地表沉降主要由融土的固结沉降产生，沉降速度很慢，持续时间较长。

当解冻 180d 时，A 排冻结管与地连墙之间位移最大点的位移值约为－7.6mm，两排冻结管之间位移最大值约为－8.2mm，B 排冻结管外侧区域融沉位移最大值达－7.9mm。从融沉位移最终结果看，地层融沉对对地表位移影响较大，后期施工中需跟踪注浆，减小融沉对周围环境的影响。

为分析研究融沉位移随温度回升的发展变化规律，提取 $z=-7$m(盾构隧道管片外侧约 3m)处位于两排冻结管之间融沉位移最大点的温度及该点融沉位移绘成曲线，如图 7.60 所示。停冻 10d 内，冻结壁区域热交换剧烈，温度迅速上升，同时土体融沉位移也急剧增长；该代表点处冻结壁完全融化时间约为 105d，而土体融沉稳定时间约在第 110d，土体稳定时间稍稍滞后。在停冻 10d 至 105d 内，曲线 1(温度回升曲线)与曲线 2(融沉位移变化曲线)斜率稍微变缓，冻结壁温度稳步下降，土体融沉位移也随之缓慢增长；当该代表点处冻结壁完全融化后，土体温度上升速度又开始变大，但此时土体的融沉位移不随之增长，而是趋于稳定，几乎不发生变化。从上述规律可知：冻土在融化过程中，土体融沉位移上升速度是随着土体温度回升速度的变化而变化的。土体温度回升越快，融沉位移增长也越迅速；当冻土完全融化后，土体融沉位移量也开始收敛。

7.4.4 人工垂直冻结水泥土改良法工艺参数研究

1. 洞门两侧冻结加固合理范围研究

冻结加固区侧范围决定盾构洞门两侧所需冻结管的数量。重新建立有限元数值模型，对冻结温度场进行研究分析，本章节模型建立参照7.4.2节。模型在现场施工方案的基础上，截取了地层3中的一段进行模拟。纵向长度(x轴方向)×横向宽度(y轴方向)×竖向高度(z轴方向)＝31.2m×30m×11.5m。

在参数选取方面，按照最不利原则，选取冻结壁扩展较慢的地层1即水泥掺入比10%的黏土进行计算。土体参数详见表7.9。分别对使用1组、3组、5组、7组冻结管进行冷冻。计算中根据盐水降温计划设置施加在冻结管上的荷载时间函数。参照7.4.2节盐水降温。

为研究垂直冻结壁温度场的发展情况与分布规律，以模型坐标原点作为分析点，提取温度随时间变化数据，进行分析研究。见图7.60和图7.61。

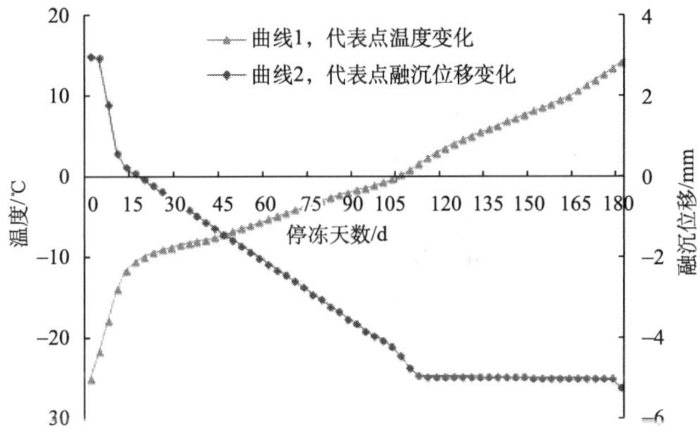

图7.60 融沉位移随温度发展变化图

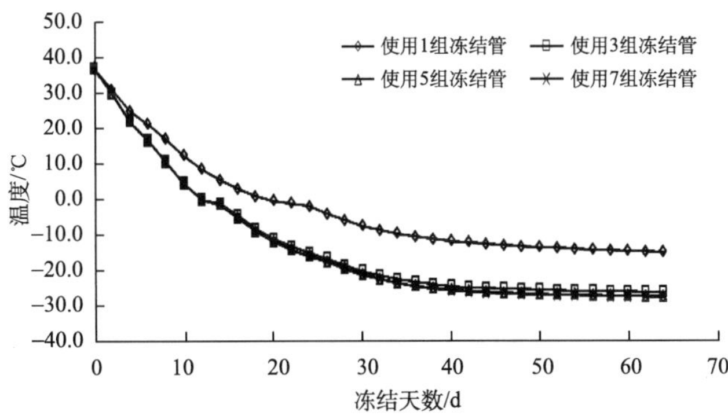

图7.61 不同组数冻结管冻结土体温度随时间变化图

研究冻结壁在土体中扩展情况，对冻结第 64 天时 0℃等温线在土体中的发展情况进行研究，见图 7.62。使用 1 组冻结管进行冻结时，土体温度下降较慢，相变阶段时间较长，最终温度稳定在－15℃；使用 3 组冻结管时，土体温度下降速度大大提升，相变阶段缩短，最终温度稳定在－26.3℃；使用 5 组、7 组冻结管时，土体降温曲线已完全重合，土体温度下降速度比起使用 3 组时仅略有提升，最终温度稳定在－27.7℃。仅使用 1 组冻结管进行冻结时，冻结壁发展范围小，冻结壁中心厚度约为 1.5m；当使用 3 组冻结管时，冻结壁发展范围明显扩大，冻结壁中心厚度约为 1.9m；使用 5 组、7 组冻结管时，冻结壁中心厚度约为 2.0m。

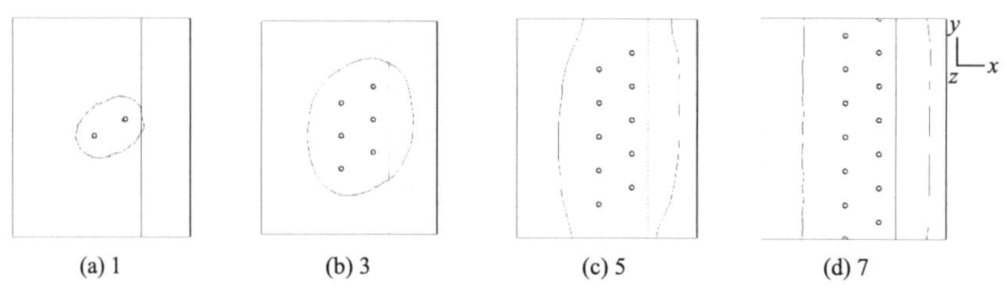

图 7.62 不同组数冻结管冻结 64 天时冻结壁轮廓线

综上所述，使用 5 组、7 组冻结管进行降温时，模型中心处温度变化差异可忽略不计。假设模型原点处为盾构洞门侧壁，根据研究结论，洞壁外设置 3 组冻结管即可保证洞壁处降温效果，此时洞壁外侧冻土墙可达到 1.6m。为保证洞壁结构稳定性、防渗性，减慢停冻后融化速度，洞壁外侧冻土墙理想厚度应达 2m 以上，所以洞壁外设置 4 组冻结管较合理。

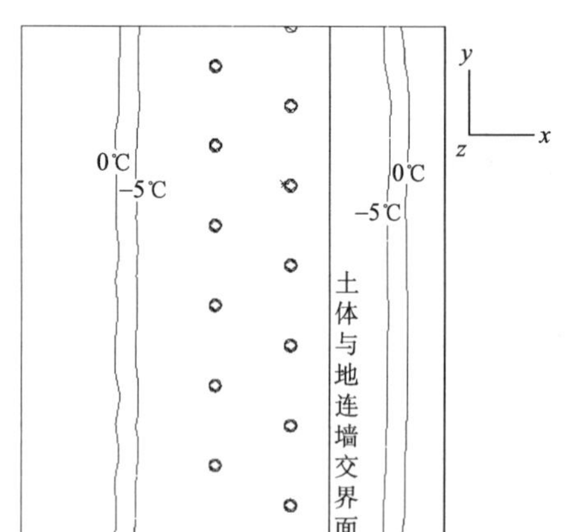

图 7.63 冻结 64d A 排孔与地连墙相距 0.4m 时 0℃与－5℃等温线发展图

2. 冻结管与地连墙合理距离研究

在人工冻结法设计和施工中，A 排冻结管与地连墙间的距离对冻结壁厚度存在影响。在保持管间距离不变的前提下，冻结管离地连墙越近，导致更多的冷量用于平衡大气温度的影响，土体中的冻结壁变薄；若冻结管离地连墙过远，则使土体与地连墙交界面上的温度偏高，影响交界面的胶结效果及盾构始发时的防水效果。

实际工程设计方案中 A 排孔与地连墙距离为 0.4m。从 7.4.3 节模型中提取数据，绘制冻结 64d 时 0℃和－5℃等温线随时间扩展情况，如图 7.63，土体与地连墙交界处节点的温度曲线见图 7.64。

0℃等温线于冻结第 24 天时发展至交界面处，此时地连墙与土体开始胶结。至冻结 30d 时，－5℃等位线发展至交界面处，此时积极冻结阶段结束。至冻结 44d 时，－5℃等位线继续向地连墙延伸 0.35m，此时交界面处土体温度为－13.8℃，土体中冻结壁

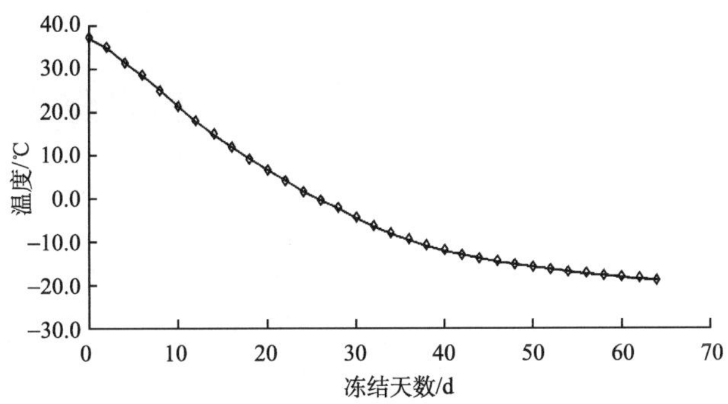

图 7.64　A 排孔与地连墙相距 0.4m 时土体与地连墙交界处土体温度随时间变化图

厚度为 1.9m。至冻结 64d 时，−5℃等位线继续在地连墙中延伸至 0.56m，此时交界面处土体温度为−13.8℃，土体中冻结壁厚度为 2.2m。本工程冻结时间较长，自冷冻机开机至盾构始发共经过 64d。

在地铁盾构端头人工冻结加固施工中，常见冻结时间为 40～50d，即监测方案一般要求在冻结 40d 时交界面处温度应低于−5℃。但实际工程期间大气温度低，0℃等温线向外发展时较夏季顺利，综合考虑安全因素，冻结 40d 时交界面处温度低于−10℃比较理想。

为了进行对比分析，将两排冻结管向 x 轴负方向移动 0.25m，重新建立有限元模型对冻结温度场进行计算，此时 A 排冻结管与地连墙距离为 0.65m。其 0℃与−5℃的等温线见图 7.65，土体与地连墙交界处节点的温度数据曲线见图 7.66。

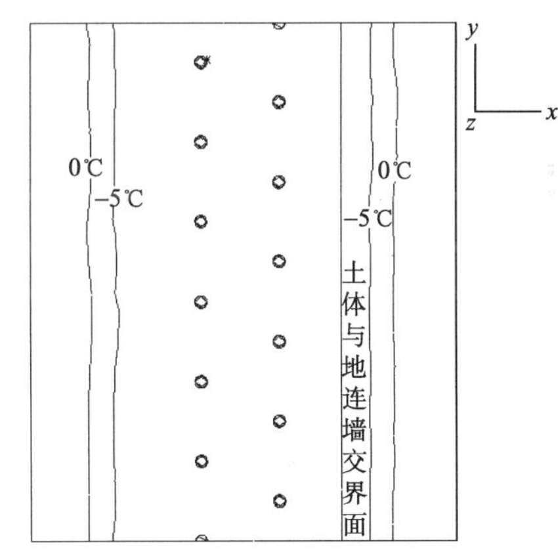

图 7.65　冻结 64d A 排孔与地连墙相距 0.65m 时 0℃与−5℃等温线发展图

冻结 64d 土体中冻结壁厚度约为 2.6m，比原方案增加了 40cm；交界面处温度，在冻结 38d 时达到 0℃，46d 时达到−5℃，难以达到方案要求。当冻结管向地连墙靠近时，交界面处温度下降更快，交界面胶结情况更好；当冻结管远离地连墙时，冻结壁厚度则有所增加。冻结管每远离地连墙 0.05m，交界面处温度降至 0℃时间增加 2.8d，降至−5℃时间增加 3.2d，冻结壁厚度增加 0.08m；冻结管与地连墙间距离对交界面处降温情况影响明显，对冻结壁厚度影响不大。实际冻结孔施工时要求平均偏斜率不得大于 5‰，即管底偏斜不得大于 15.5cm，出于安全考虑最前排冻结管与地连墙间距离应大于 20cm。

综合考虑冻结孔成孔工艺及冻结时间，A 排冻结管与地连墙距离为 40cm 最为合理。

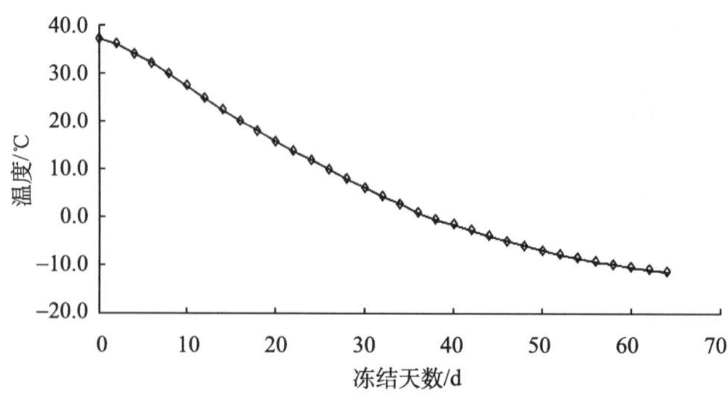

图 7.66　A 排孔与地连墙相距 0.65m 时土体与地连墙交界处土体温度随时间变化曲线

3. 冻结管合理排间距研究

冻结管的排间距是人工冻结设计中的重要参数，对于冻结壁的厚度及质量有直接的影响：冻结管间距离越近，管间区域温度下降速度越快，最终稳定温度越低，解冻所需时间越长，杨氏模量越大；冻结管间距离越远，冻结壁整体厚度越大。在设计过程中，需要合理安排冻结管排间距，合理的利用冻结管冷量，兼顾交圈速度、冻结壁温度、冻结壁厚度等多方面因素。

改变几何参数，重新建立有限元计算模型。模型基本假定、参数选取、荷载处理、温度边界条件与 7.4.2 节相同。A、B 排之间间距分别为 0.6、0.8、1.0、1.2、1.4、1.6m。取模型顶部横剖面($y=0$)中线上距离 A、B 排管距离相同处一点温度作为冻结壁平均温度。

如图 7.67，图 7.68 所示：冻结管间土体随冻结管排间距增加，降温速度变慢，相变阶段增长，降温曲线变得平缓；垂直冻土墙交圈时间与冻结管排间距关系在 0.6～1.6m 范围内线性特征明显，冻结管间距每增大 0.2m，冻结壁交圈完成时间增加约 3d；

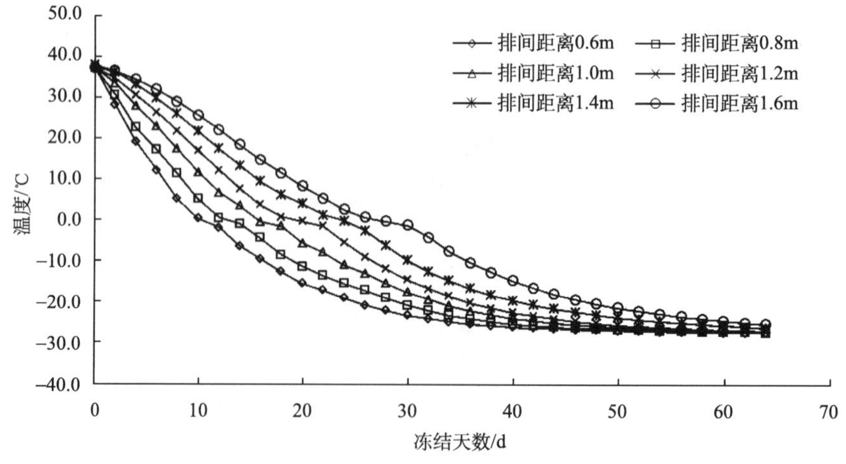

图 7.67　冻结壁平均温度随时间变化图

方案要求积极冻结阶段结束时冻结壁平均温度应降至－10℃以下，排间距 0.6～1.2m 模型可以达标，排间距 1.6m、2.0m 模型土体降温速度偏慢；冻结 64d 时各模型平均温度均降至－25℃以下，且相差范围仅为 2℃，即冻结时间充裕情况下使用 0.6～1.6m 排间距均可保证最终冻结质量。

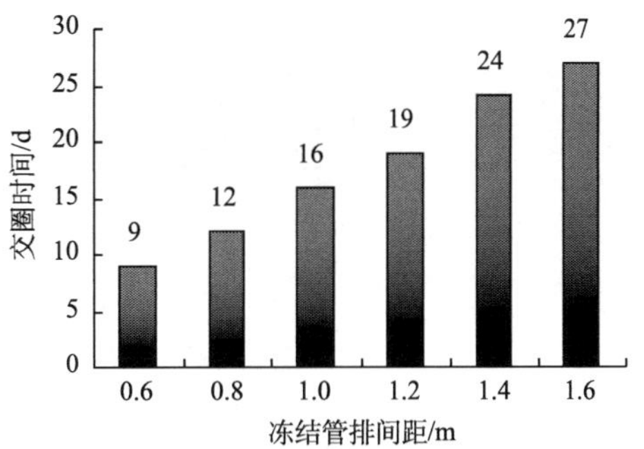

图 7.68　不同排间距交圈时间

图 7.69 为冻结结束时各模型冻结壁发展情况。由图可见，冻结管外侧等温线发展速度及范围基本一致，即冻结壁厚度与冻结管排间距在数值上同步增加。综上所述，排间距大于 1.2m 时，土体温度下降较慢，实际工程中并不适用。排间距离为 0.6～1.2m 时，土体温度下降较快，最终稳定温度较低，可以保证工程质量。综合考虑冻结孔成孔工艺、冻结时间及冻结壁厚度，0.8～1.0m 排间距最为合理。

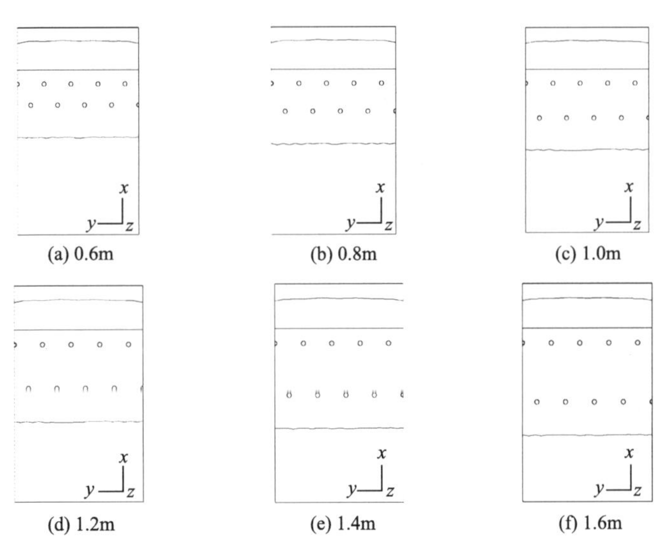

图 7.69　不同排间距冻结 64d 各模型冻结壁轮廓线

4. 水泥土掺入比研究

水泥土加固法对土体冻胀的抑制作用已在 7.2 节进行了验证，抑制作用与水泥使用量之间关系仍需进一步研究。本节在 7.4.2 节模型基础上分别使用 2%、4%、6%、8%、10%掺入比水泥土数据重新计算，并通过分析研究得出了合理的水泥掺入比值，对水泥深搅桩土体加固工程有一定指导意义。

为了简化计算，本节假设水泥土深搅桩施工时，自桩底至桩顶使用相同的水泥掺入比，即黏土区与砂土区水泥土掺入比在同一计算模型中是相同的。本节模型所用材料相关参数见表 7.10 和表 7.11。

表 7.10　模型相关参数 1

材料类型		2%黏土	4%黏土	6%黏土	8%黏土	10%黏土
深度/m		[−33，−17.5]	[−33，−17.5]	[−33，−17.5]	[−33，−17.5]	[−33，−17.5]
密度/(kg/m³)		1960	1960	1960	1960	1960
含水率/%		30	30	30	30	30
冻结温度区间/℃		[−2，0]	[−2，0]	[−2，0]	[−2，0]	[−2，0]
导热系数/[W/(m·K)]	未冻土	1.64	1.62	1.59	1.56	1.48
	冻土	2.04	2.02	1.97	1.94	1.92
比热容/[J/(kg·K)]	未冻土	1592	1449	1347	1240	1235
	冻土	883	883	867	852	862
杨氏模量/MPa	大于−2℃	89	173	350	528	754
	−2～−30℃	线性变化	线性变化	线性变化	线性变化	线性变化
	−30℃	2270	2630	3240	3850	5000
泊松比	未冻土	0.25	0.25	0.25	0.25	0.25
	冻土	0.25	0.25	0.25	0.25	0.25
平均冻胀系数/($\times10^{-4}K^{-1}$)		−9.07	−5.85	−3.82	−2.42	−1.54
相变潜热/($\times10^{8}J/m^3$)		1.95	1.95	1.95	1.95	1.95

表 7.11　模型相关参数 2

材料类型		2%砂土	4%砂土	6%砂土	8%砂土	10%砂土	混凝土
深度/m		[−17.5，0]	[−17.5，0]	[−17.5，0]	[−17.5，0]	[−17.5，0]	[−33，0]
密度/(kg/m³)		1930	1930	1930	1930	1930	2450
含水率/%		16.5	16.5	16.5	16.5	16.5	—
冻结温度区间/℃		[−2，0]	[−2，0]	[−2，0]	[−2，0]	[−2，0]	—
导热系数/[W/(m·K)]	未冻土	1.51	1.5	1.49	1.48	1.46	1.8
	冻土	2.08	2.03	2	1.96	1.92	
比热/[J/(kg·K)]	未冻土	1549	1430	1285	1140	1135	1080
	冻土	855	845	839	834	829	
杨氏模量/MPa	大于−2℃	314	621	767	913	981	345000
	−2～−30℃	线性变化	线性变化	线性变化	线性变化	线性变化	
	−30℃	3200	4400	5000	5640	8000	
泊松比	未冻土	0.28	0.28	0.28	0.28	0.28	0.2
	冻土	0.25	0.25	0.25	0.25	0.25	
平均冻胀系数/($\times10^{-4}K^{-1}$)		−1.38	−0.54	−0.29	−0.12	−0.06	0
相变潜热/($\times10^{8}J/m^3$)		0.98	0.98	0.98	0.98	0.98	—
对流换热系数/[W/(m^2·K)]		—	—	—	—	—	16.49

分别提取模型顶端最大冻胀位移点冻胀数据，并对比 7.4.3 节原状土模型数据，绘制冻胀量变化曲线图，如图 7.70 和图 7.71 所示。随水泥掺入比增加，地表冻胀增长速度减慢，冻胀量数值减小，且呈指数关系下降。计算表明，水泥存在抑制作用，地表隆起小于 5mm，为原状土 21%。综合考虑加固止水要求及深搅桩施工不均匀性，施工中使用 10%～20%水泥掺入比较为合理。

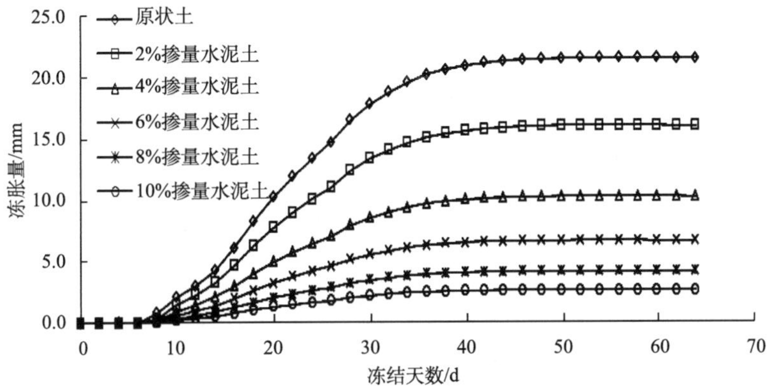

图 7.70　地表冻胀量与冻结天数关系

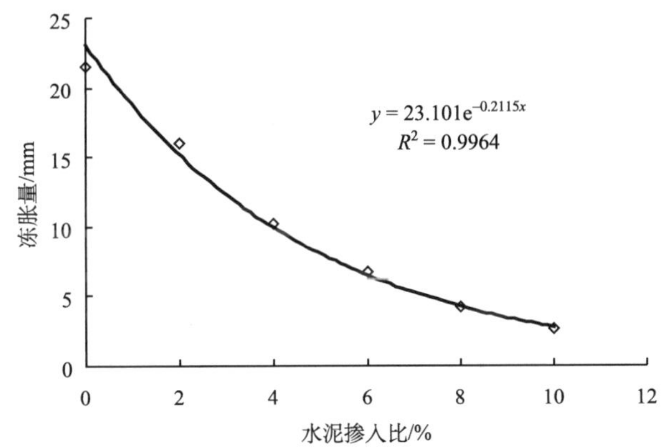

图 7.71　地表冻胀量与水泥掺入比关系曲线

5. 水泥土改良施工工艺

人工冻结水泥土改良抑制冻胀工法是使用水泥土地基加固法和人工垂直冻结地基加固法同时作用，保证地铁隧道盾构始发和接收安全。本工法以人工垂直冻结法为主，水泥土地基加固法为辅，改善地基力学性质，预防盾构机始发和接收时由于洞门破除后洞圈掌子面失稳、盾构洞门圈突水涌砂等现象。水泥土加固法除具有地基加固及阻水作用外，还可抑制人工垂直冻结法对地基的冻胀破坏。图 7.72 为人工冻结水泥土改良抑制冻胀工法不同角度示意图。

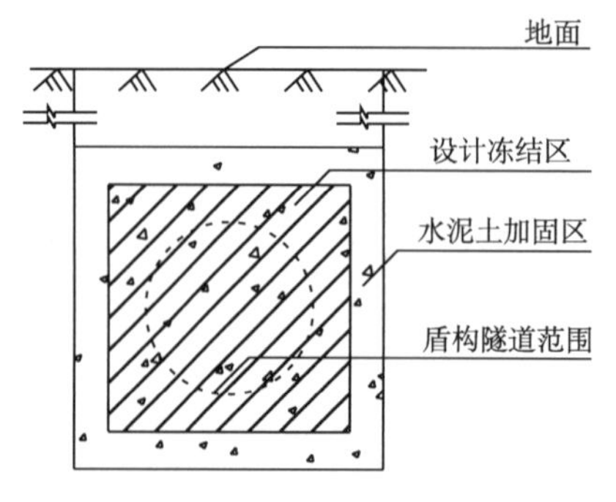

(a) 水泥土加固区与垂直冻结法加固区平面图

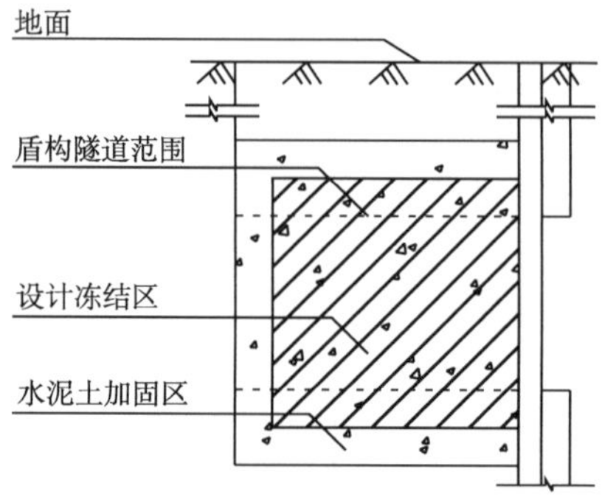

(b) 水泥土加固区与垂直冻结法加固区剖面图

图 7.72　人工冻结水泥土改良抑制冻胀工法示意图

(1) 综合考虑各方面参数并总结人工冻结水泥土改良法抑制冻胀的施工工艺如下：

① 水泥深层搅拌桩施工：整理场地并检修、调试设备后进行施工放样，确定水泥搅拌桩桩位，计算钻进深度以便控制钻进桩底标高。

② 调整钻机，自地面正循环钻至设计冻结区下方 2m 处，以此作为水泥土加固区底面边界；根据具体地层土体性质配置水泥浆。地层为砂土时，掺入比为 10%，地层为黏土时，掺入比为 20%。

③ 反循环提钻并喷浆，提升时用桩机最低档位运行，使水泥搅拌尽量充分，至设计冻结区上方 3m 处停止，以此作为水泥土加固区域顶面边界；若冻结区设计顶面为地表，则提升直至地表。

④ 采用“四搅二喷”工艺，重复步骤(2)～(3)，使土体与水泥浆搅拌均匀。

⑤ 水泥土加固区域侧面边界为设计冻结范围水平向外 2m，沿隧道中线方向须超出设计冻结区 2m。

⑥ 布置冻结孔及测温孔、卸压孔，冻结孔使用插花布置，首排冻结孔距离地连墙 0.4m，同排冻结孔间距为 0.8～1.0m，排间距为 0.8～1.0m；冻结孔布置应保证冻结壁完全覆盖盾构隧道端头范围，洞壁外侧冻土墙应大于 1.5m。

⑦ 安装冻结制冷系统，连接管路、安装保温设备，测试仪表，溶解氯化钙并对机组充氟加油，开始冻结施工，保持最低盐水温度－28～－30℃，直至设计冻结区域加固完成。

(2) 水泥土加固法抑制人工垂直冻结冻胀的施工方法相比现有的工法，有如下优点：

① 全部运用目前已经存在的工程机械，可操作性高。

② 水泥土加固法在人工冻结法基础上进一步加强了土体的物理、力学性质，可有效增加盾构始发和接收地层承载力，减小始发端头沉降；洞圈掌子面土体得到加固，抗渗和自稳性能增强，可保证洞门破除时掌子面的稳定性。

③ 端头地层止水性增强，可有效控制地下水渗流，减小高水头压力影响，增加泥水建仓安全性。

④ 水泥土地层加固可有效抑制冻胀对周围地层及建筑物、构筑物的影响。

⑤ 人工冻结可有效控制地下水，从而减小了水泥掺入比及水泥土加固范围，可节省水泥使用量，减少施工时间和人力、机械成本。

8 人工冻结法施工监测技术

人工地层冻结是随时间变化的动态过程。冻结壁的性状受制冷系统运行状况、地质条件、边界散热、施工工况等诸多因素影响，其强度和结构受力状态与温度有关，并随时间变化。此外，冻结壁形成和发展过程中会受隧道衬砌限制产生冻胀力。冻胀力与冻结壁温度、冻结壁结构、地层构造、埋深等诸多因素有关，存在着时间效应和空间效应，是个较复杂的变量。保证冻结壁的安全是对人工冻结工程的基本要求，有效控制冻胀融沉变形对人工冻结工程设计以及施工技术提出了更高的要求。实时了解冻结过程的各参数变化，对保证冻结壁质量和掌握冻结效果对周围环境的影响程度有重要意义。因此，人工地层冻结法施工时有必要对冻结壁的发展进行实时监测。

8.1 监测项目及方法

8.1.1 冻结孔及冻结管质量控制

1. 冻结孔

1）冻结孔定位

冻结孔施工前，应考虑施工基准点，按照冻结孔施工图准确布孔，孔位偏差控制在50mm之内，实际钻进深度一般比设计深度大0.3m。

考虑到盾构隧道端头地下连续墙中的钢筋密集，使用开孔器开孔前，应根据结构施工图确定出钻孔位置附近的地连墙内钢筋位置，合理避开钢筋，适当调整开孔位置。

钻孔过程中用罗盘对垂直角校核、用拉线对水平偏角进行校核。

2）冻结孔测斜

冻结孔施工过程中：一要控制冻结钻孔的偏斜；二要确保密封丝堵安装的密封性能达到质量要求。

应采取相应措施以确保成孔质量，使终孔偏斜控制在1%间距以内。冻结孔偏斜的原因取决于：水平冻结钻孔施工中，钻进受钻具自重影响，钻具前端会产生下垂；钻具顺时针旋转，产生右旋力；安装和开孔的误差。偏斜控制需从钻机选型、钻具组合工艺、冻结管打设方法等方面综合考虑。

水平冻结孔施工中，给出考虑纠偏影响的水平方位角与仰俯角计算值：钻孔开孔方位角＝冻结管设计方位角±钻进纠偏水平角；钻孔开孔仰(俯)角＝设计仰(俯)角±钻进纠偏垂直角。

灯光测斜法是目前水平冻结孔测斜最成熟的技术，适用于开挖长度不大、冻结管深度一般不超过 20m 的工程中。将光源(一般用手电筒)放入钻孔的测温管或冻结管中作为观测标志，用具有光学对电器的经纬仪分段观测管内灯光的位置，根据相似三角形原理，解析出钻孔在某深度处的实际偏斜距离(简称偏距)、偏斜方向(简称偏向)和偏斜率，所以也称为经纬仪灯光测斜。

3) 冻结孔密封

每个冻结孔必须装压紧防喷装置，并在夯管前检查阀门是否灵活、密封装置是否严密；开孔前必须对后视点进行复核，对垂直角进行检查；每道焊缝焊接前必须用尺进行找平，保证焊接平直，且每道焊缝均要冷却 5min 后方能夯进。

2. 冻结管

(1) 冻结管多采用导热性较好的低碳无缝钢管，并要求冻结管在较高压力作用不破裂。

(2) 冻结管外径不宜小于 73mm，壁厚不小于 5mm，工程中常用的冻结管外径在 89～159mm 范围内。

(3) 冻结管的连接方式有丝扣连接和内接箍对焊连接两种，不论采用什么样的连接方式，均需保证连接质量。利用冻结管兼做钻杆时，冻结管常采用丝扣加密封剂连接，接缝处应进行补焊，确保各管节间的同心度和焊接强度，冻结管到达设计深度后也要保证端头的密封质量。

(4) 检查冻结管的长度和偏斜情况，冻结管下放深度不得小于设计深度，当冻结管深度及偏斜均满足要求时再进行冻结管压力试漏试验。试验压力为全部冻结管内盐水柱与管外清水柱压力差及盐水泵工作压力之和的 2 倍，经试验 30min 压力下降不超过 0.05MPa，再延续 15min 压力保持不变者认为合格。

8.1.2 温度场监测

1. 温度传感元件

1) 热电偶

热电偶是温度测量仪表中常用的测温元件(图 8.1)，将温度信号转换成电势(mV)信号，配以测量信号的仪表或变换器，可实现温度的测量和温度信号的转换。热电偶温度计在测温领域应用非常广泛。

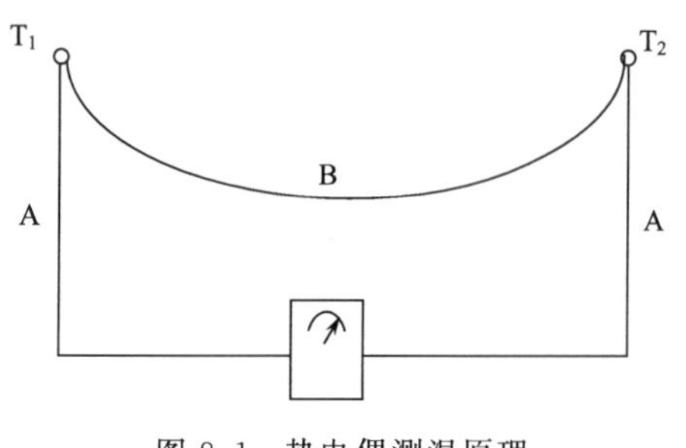

图 8.1 热电偶测温原理

(1) 热电偶测温基本原理

将 A 和 B 两种不同的导体首尾相连组成闭合回路，如果两连接点温度(T_1，T_2)不同，则在回路中就会产生热电动势，形成热电流。热电偶基于上述热电效应原理将 A 和

B两种不同的金属材料一端焊接而成。焊接的 T_1 端称为工作端或测量端；另一端 T_2 称为自由端或参考端。T_1 与 T_2 的温差愈大，热电偶的输出热电动势愈大；温差为0℃时，热电偶的输出电动势为0mV；因此，可以用测热电动势大小衡量温度的大小。

国际上，将热电偶的A、B热电极材料不同分成若干分度号，如常用的K(镍铬-镍硅或镍铝)、E(镍铬-康铜)、T(铜-康铜)等，并且有相应的分度表，即参考端温度为0℃时的测量端温度与热电动势的对应关系表，可以通过测量热电偶输出的热电动势值再查分度表得到相应的温度值。

(2) 热电偶的选择

为保证热电偶的测量精度，在选用热电偶和保护套管时除应考虑被测介质的温度、压力、介质性质及测温时间长短等因素外，还应考虑所选热电偶的结构、用热电偶测温时的冷端补偿问题、热电偶的校验方法、测温线路及在固体表面和气流中的测温方法等问题。

热电偶测温误差主要包括以下几种：动态响应误差、安装误差、导热误差、测量误差、老化误差等。

人工冻结法现场测温常采用自制铜-康铜热电偶，一对铜-康铜热电偶作为一个测点，也有采用一根康铜连接若干根铜做成系列测点，形成一串热电偶的。

现场常采用冰水混合物做0℃端，应在实验室标定其温度系数，现场测量结果直接转换为温度值。

通常铜-康铜热电偶标定采用比较法和固定温度点法。

① 比较法：用被校热电偶与标准热电偶测同一温度，得到一组被校热电偶与标准热电偶的电动势值，然后由标准热电偶的某电动势的值查得对应的温度，就可得此温度下对应的被校热电偶的热电动势，做出被校热电偶的温度-热电动势曲线。

② 固定温度点法：在热电偶的线形范围内，固定参考端温度(0℃)，假设热电动势与温度差的关系为：$E-a+bT$，测出不同的已知温度 T 下对应的热电动势，则可得到温度与热电动势关系曲线，用多项式回归法确定常数 a，b。

2) 电阻温度计

热电偶在500℃以下的温度时产生的热电势较小，测量精度较低，且－50℃以下的温度基本不能测，所以在－120～500℃范围内常用电阻温度计测量。电阻温度计利用导体或半导体的电阻随温度变化的特性制成，测量精度较高，不存在自由端补偿问题，信号便于远传，适宜测低温或文温。有时测量范围可扩大到－200～700℃。一般把金属热电阻称为热电阻，而把半导体热电阻称为热敏电阻。如图8.2所示，热电阻也可与温度变送器连接，将温度转换为标准电流信号输出。

3) 数字式温度传感器

数字式温度传感器(简称SWC)是一种三端温度变送器件，其三个端子分别为控制端K、信号端S和公共端G。该器件的单路应用十分简单，先向控制端加电，接着检测

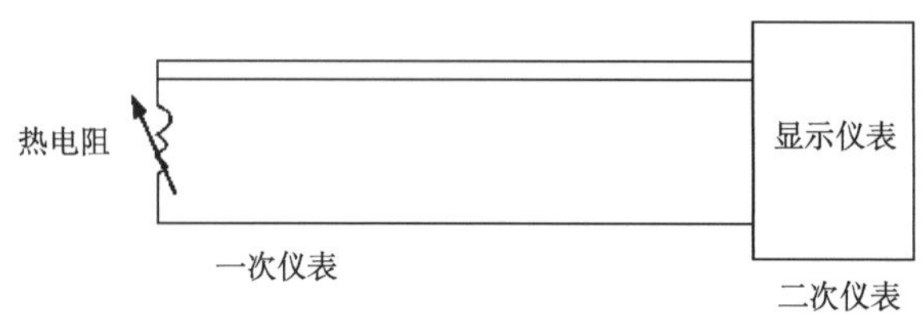

图 8.2 热电阻传感器

信号端输出脉冲的个数，就可直接得到被测温度的数字量。但要测量多路温度时，接线就复杂得多(图 8.3)。

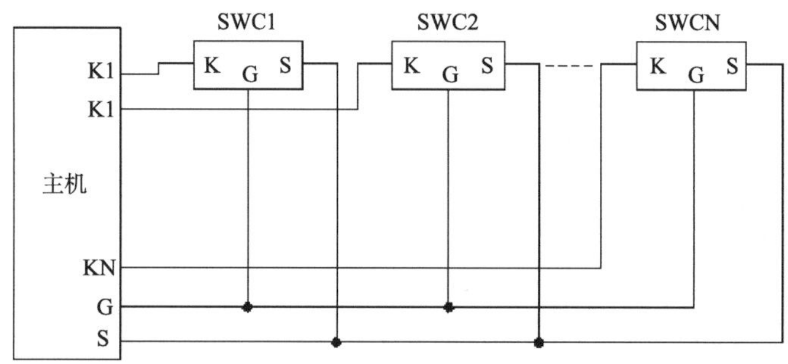

图 8.3 数字式温度传感器多点测温原理图

2. 盐水温度监测

人工冻结法冻结系统相对复杂，如果冻结系统某一部分出现故障，将直接影响冻结壁质量，可能导致安全事故发生，而冻结系统的异常会直接反映在盐水温度上。低温盐水通过干管输送至集配液圈，再分配至所有冻结管，干管温度为各冻结管盐水冷量的消耗确定了基准，通过干管的回路温度及盐水流量可掌握瞬态的冷量消耗。监测每个冻结管的工作状况，并通过流量调节使各个冻结管输送的冷量尽可能一致，有利于冻结壁均匀形成。因此，通过预埋在冻结系统去、回路管路中的温度传感器对冻结系统盐水温度进行监测，可以监控冻结系统是否正常工作。

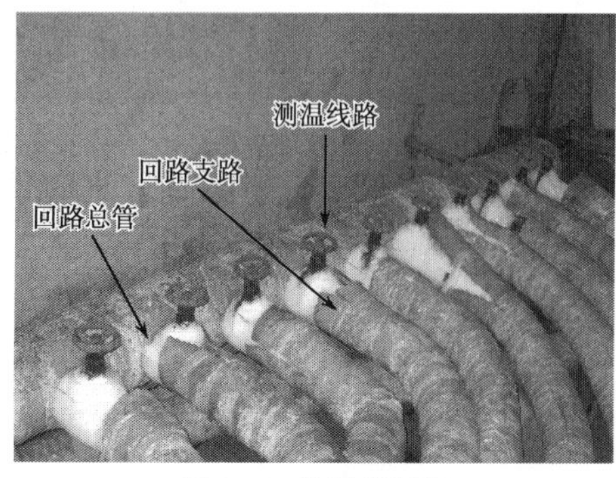

图 8.4 各回路测温

低温盐水温度是影响冻结效果的主要因素，该温度对于人工冻结工程的工期及成本都有很大的影响。

去、回路总管的盐水温度监测点设在总管上已经预留的测孔内，支路回路盐水的温度监测点设在回路调节阀门附近(图 8.4)。

在整个积极冻结期和维护冻结期，应每天监测一次盐水温度，绘制盐水温度变化曲线。

安装测温系统时，用不锈钢封装制成管道专用测温传感器，在被测冻结管上打孔安装，让传感器探头进入冻结管与盐水接触，再将传感器直接接入一线总线就可以构成盐水的测温系统。在冻结系统的去回路盐水管上均匀设置测控，传感器宜封装严密。

3. 测温孔温度监测

通过测温孔温度监测，可以掌握整个冻结区域的温度场发展情况，为正确判断冻结壁交圈时间、冻结壁厚度以及冻结壁温度提供依据。

1）测温孔布置原则

测温孔布置必须合理，能覆盖所有冻结区域，一般应在整个冻结区域内，沿冻结壁内边界、冻结壁中部、冻结壁外边界方向按照一定间距布置，其中测点间距一般不宜超过 1m。

测温点的布置应遵循以下四个基本原则：

（1）测温点数据能反映冻结壁的整体发展情况；

（2）冻结范围内地层性质不同时，应在每层土中都布设测温孔；

（3）测温孔不应紧邻某一冻结管布置，宜布置在相邻冻结管之间；

（4）测温孔内测温点的布置与邻近冻结管长度及深度有关，每个测温孔内各测温点间距不宜大于 1m，且每个测温孔内测点数量不应小于 3 个。

2）温度场的监测方法

目前人工冻结工程中仍以热电偶测温法为主，也有新型温度传感器用到冻结工程中。使用传感器测量温度时，传感器封装要严密，以免各数据线之间由于地下水的渗入而影响数据传输。

监测之前对每组热电偶进行标定，标定系数用于温度测量时的换算。再根据测温孔实测数据，推算冻土发展速度及在该冻结时间内的冻土发展半径，从而算出冻结壁厚度，再根据成冰公式或用作图法得出冻结壁平均温度。

信息化温度监测技术通过预埋冻结土体中不同测点位置的传感器对土体温度进行定时的连续温度测量，绘制出温度时间曲线和温度空间分布图，掌握冻结壁的发展过程，为准确判断开挖时机提供依据。

3）测温孔布设注意事项

（1）测温孔管可选用低碳无缝钢管，应该采用钻孔埋设，并进行测斜；

（2）温度测量精度应达到±0.5℃，测温元件和仪器应经过标定；

（3）测温管内安装测温电缆和测温元件后，管口应进行密封和保护，防止测温元件及电缆被移位或损坏，测温管前端应焊接密封，确保管内不渗水；

（4）在开始冻结前应测量原始地温。

4. 冻结壁与结构接触界面温度监测

在测定冻结壁与隧道管片界面温度时，应在界面里外两侧约 3～5cm 处各布置 1 个测温点，通过插值方法确定界面处温度。

8.1.3　冻结压力监测

由地层冻结体积膨胀导致对周围地层或结构产生的附加应力就叫冻胀压力，它是一种临时荷载，但对周围结构的影响远远超过水土压力。

1. 卸压孔压力监测

在冻结影响区域内按设计要求布设卸压孔，一般布设 4 个，上行线、下行线各 2 个，在卸压孔孔口安设压力表(图 8.5)，压力表量程应大于孔口静水压力的 2 倍、精度应达到±0.02MPa，可实际显示冻胀力变化情况。通过连续监测，及时判断冻结壁的形成，并直接释放冻胀压力。

图 8.5　卸压孔

积极冻结期间，卸压孔有两个作用，一是起到释放冻胀压力的作用；二是根据显示的压力来判断冻结壁是否交圈。

卸压管可选用无缝钢管，管径不应小于 38mm；卸压管长度每个 1～3m，并宜深入地层 0.3m 以上。在冻结站运转前，必须监测地层初始水压并与卸压孔附近地层水文勘察资料比较，发现异常必须查明原因并及时进行处理，确保卸压孔畅通。冻结站运转前期，应每隔 12～24h 监测一次。压力开始上涨后，应每隔 6～12h 测量一次。

如卸压孔压力无升高，应查明有冻结壁不交圈之外的原因，并且要求打开卸压孔后 24h 以上无水流出，积极冻结时间不少于设计要求。卸压孔压力上涨超过初始压力 0.2MPa 时应放水卸压，如卸压孔中有水成线流持续流出，应立即关闭阀门，继续观测。

2. 冻胀力监测

随着冻结时间增加，冻土体积会不断增大，当这种膨胀被现有结构物限制时，会产生较大的冻胀力，对结构物产生影响。利用预埋在冻土与结构接触面上的压力传感器进行冻胀力监测，以判断冻胀力是否超过相应的容许范围。

1) 监测设备

人工冻结法冻胀力监测中常用的冻胀力传感器为钢弦式压力传感器，可用来监测地层中的水、土压力，钢弦式传感器属于频率敏感型仪器。

钢弦式压力传感器规格按外直径分有 124mm 和 145mm；按量程分有 0.7、1.5、2.0、2.5、3.0、3.5、4.0MPa，受力膜厚度相应为 2～7mm。钢弦采用 1 号钢琴丝，振动部分长度为 60～70mm，钢弦直径 0.15～0.25mm。电磁线圈用直径 0.04～0.07mm 漆包线绕制。

2）测点布设

冻胀力传感器预先埋置在已有结构物与将要冻结土体接触面上，压力盒的接触面应该面向土体一侧。测量垂直冻结壁冻胀力时，可以直接在要冻结土体中打设竖向孔，再将压力盒埋入其中。测量水平冻结壁冻胀力时，可以在受冻胀力影响的区域打水平向钻孔，传感器进入土体应为距离已有结构物表面 0.5m 以上。

冻胀力传感器埋设时要密封，对于需要钻孔埋设的，在孔内必须填装与土体性质基本一致的物质，并不留空隙。

8.1.4　变形监测

1. 地表冻胀融沉变形

人工冻结壁形成的过程，也是地层位移场、应力场二次分布的过程，因此人工冻结法应用时应加强地表变形监测，以免对周围环境造成较大的影响。

冻结工程中的地层变形包括：冻结孔成孔施工引起的地层变形；冻结过程的冻胀变形；后期开挖引起的卸载效应；盾构外壳与冻结壁之间充填效果，冻结壁的蠕变，盾构推进后地层的滞后变形；冻结壁融沉和融土的二次固结沉降。

上述冻地融层变形反馈到地表就是可监测到的沉降或隆起变形，在布置变形监测点过程中难免会存在一些问题。

1）变形监测点的布置方法

城市地下工程中，周围环境受建筑物、道路、管线等城市基础设施影响，很难找到最理想的变形监测点，但条件允许时尽可能有规律地布置变形监测点。

监测点布置范围大小由隧道的埋深决定，埋深越大，隧道对地表的影响范围越广，且距离隧道轴线越近，地表变形越大，因此监测点间距的布置按照“变形大处多布点”的基本原则。

若地表条件允许，点位应埋设在原状土层中，埋设时先将松土挖去 1m 深，夯实后浇素混凝土，用 1m 长螺纹钢插入素混凝土中，顶端磨成半球形并涂上防锈漆，测点顶突出地表 5mm 以上，注意保护测点不被破坏和人为移位（图 8.6）。对

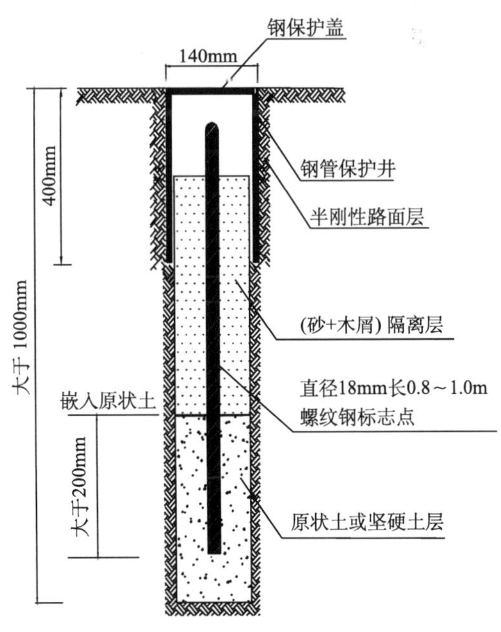

图 8.6　地表变形监测点的埋设方法

地表不具备上述埋点条件的点位，则采取在地表打入钢钉配合钢垫片的方式布点。

2）监测方法

采用高精度水准仪和钢钢尺等仪器进行地表变形监测。按照规程要求，初测规定为两次，即观测两个往返，成果取平均值使用，以保证初测成果的可靠性。沉降点的观测精度与其可靠性、真实性，都依赖于基准点的准确性。因周围环境的影响，虽然基准点选址和埋设已经考虑到这些问题，但一些不利因素是不可能完全避开的；受其影响，工作基点随时都有可能发生变化，因此需定期对基准网进行复测，发生异常时应随时进行复测。

2. 周边建筑物及管线变形

人工建筑物的变形监测是一项技术复杂的工作，且精度要求较高，监测点应埋设在能反映建筑变形特征和变形明显的部位，且纵、横向都应布置测点。

地下管线是城市建设基础设施的主要组成部分，为保证地下管线的运行正常与安全，避免事故发生，施工中必须对影响范围内的管线进行变形监测。管线变形的常规测量方法主要是对地下管线准确定位，通过直接开挖地面，在管线上固定监测点并将标志延伸到地面；当管线埋深较大、不易开挖至管线位置，可在管线上方埋设一定深度的加长测点，用以代表管线的变形。管线变形监测点的埋设示意图如图 8.7 所示。

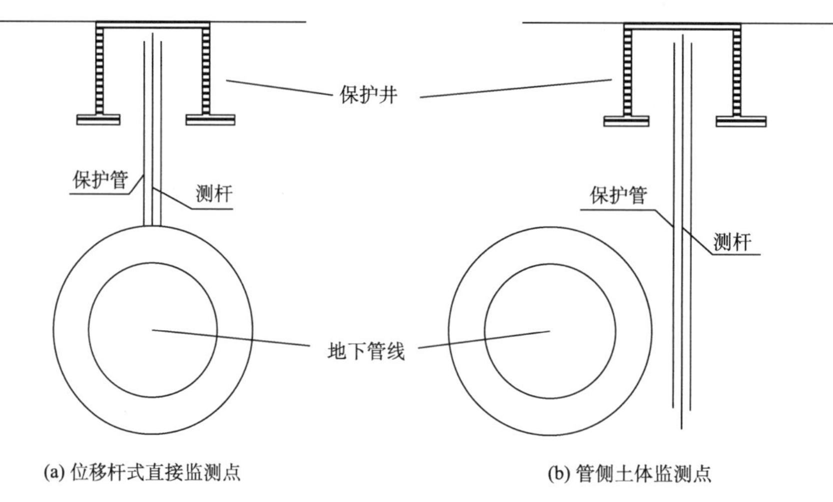

图 8.7　管线监测点布置示意图

3. 深层土体垂直变形

1）测点布置

城市地下工程的施工总会对周围环境产生一定的影响，掌握深层土体的变形，可以了解冻结过程中地层在沿深度方向各部位的冻胀融沉大小。为保证能够测得拱顶冻结壁外部土体的温度而又不影响冻结壁，需从联络通道拱顶冻结壁外1m处至地表的深度范围内设置分层沉降孔。

通过在地层中埋设分层沉降标进行观测。分层标由导管和套有感应线圈的波纹管组成。导管为硬塑料管，具有一定的刚度。分层沉降标设置在同一根测标上，以此监测底层不同深度处的变形量(图8.8)。

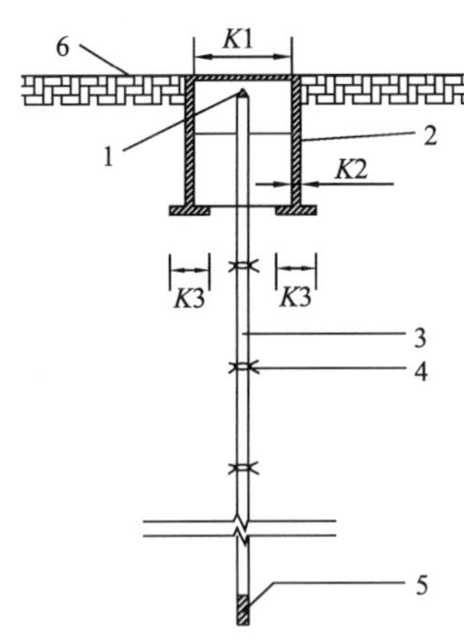

图8.8 磁环式沉降仪装置示意图

1-分层沉降管保护盖；2-保护井；3-分层沉降管；4-磁环；5-分层沉降管底分堵端；6-地表；K_1-保护井盖直径；K_2-保护井井壁厚度；K_3-井底垫圈宽度

图8.9 深层土体分层沉降实测

2）实测方法

可采用磁环式沉降仪观测(图8.9)。磁环式沉降仪由磁铁环、保护管、探测头、指示器等组成，在设定位置处埋置一个磁铁环，当地层受冻结影响产生变形，将和磁铁环同步上升或下沉，指示器能反映地层中磁环位置的相对变化，从而确定磁铁环的位移值，最终得到地层内部的冻胀、融沉变形。分层沉降仪安装时，需先在土里钻孔，再将磁铁环埋入孔中预先设定的位置，并在孔中注入由膨润土、细砂、水泥等按比例制成的砂浆将分层沉降测管与孔壁之间的空隙填实。测孔做好后用带有长度标记的测头进行观测，观测精度可达1mm。

4. 联络通道冻结加固既有隧道变形

1）测点布置

联络通道冻结加固施工时，为及时准确了解地层冻胀对既有隧道的影响，应在联络通道洞门左、右侧相邻混凝土管片上各布设一个监测断面，每个断面各布置4组观测点，如图8.10所示。埋设测点时首先清除埋设处的松动岩石，再用和膨胀螺栓相同规格的冲击钻垂直洞壁钻孔，其深度不小10cm，膨胀螺栓头必须加工成圆形，以方便观测时收敛计挂钩。同时，埋设的膨胀螺栓必须牢固，以保证观测的准确性。

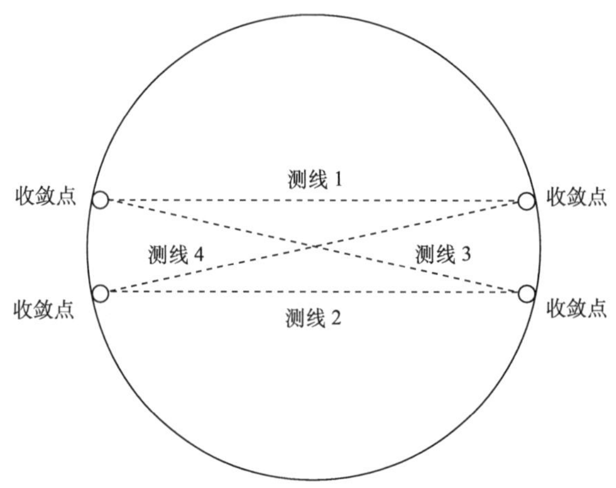

图 8.10　既有隧道收敛监测点断面

2）实测方法

联络通道由于隧洞直径不大，隧洞收敛变形量测的方法，普遍采用收敛计。收敛计的优点在于操作简单、方便，较经济，且监测数据稳定可靠。测量时，将收敛计钢尺挂钩分别挂在两个测点上，然后收紧钢尺，并用卡钩将钢尺固定，调节钢尺拉力到基准值，读出测点距离。初测读数与每次读数之差，即为管片收敛值。

8.1.5　其他监测项目

1. 流量监测

1）监测设备

人工冻结施工过程中，需要对液氨、盐水和冷却水流量进行监测。流量计一般是由流量变送器(如检测器、传感器)和显示仪表所组成。变送器是流量计最基本的部分，根据变送器的不同，流量计分为很多种，如电磁流量计、涡轮流量计、转子流量计等。

根据监测项目的不同，流量计的选择不同。一般情况下，测量液氨流量时，选用涡轮流量计或差压式孔板流量计；测量去回路干管盐水流量时，可选用电磁流量计、差压式孔板流量计、水平螺翼式流量计；测量冻结管供液管或排液管盐水流量时，选用电磁流量计、$\phi 1\frac{1}{2}''\sim 2''$水表；测量冷却水流量时，可选用水平螺翼式流量计、差压式孔板流量计、电磁流量计。

2）不同监测项目的流量测量

不同流量的监测目的与部位见表 8.1。

表 8.1 流量监测目的与部位

测量内容	测量目的	测量部位
液氨流量	了解冻结站的实际制冷量和设备的制冷效率	冷凝器至蒸发器调节站之间(包括中冷器前后)
盐水流量	了解每个冻结管的工作状况和散热系数，以及全部冻结管的平均散热能力	盐水干管 冷冻器供液管或排液管
冷却水流量	冷却水的供应情况和冷凝器的冷却效果	冷却水泵至冷凝器之间

2. 盐水液面

为防止盐水泄漏，对盐水箱的盐水液面应进行实时监测，为此设置液位报警器，同时将液位报警信号接入监测系统，以掌握报警时刻与持续时间。

3. 预应力支架支撑力监测

1）预应力支架的安装

为了减少通道冻结施工过程中冻胀融沉对既有隧道变形的影响，保证隧道安全，在上、下行线隧道联络通道口两侧各架 2 榀预应力支架，分别安装在洞口两侧的第一条隧道管片环缝处，在联络通道两侧沿隧道方向对称布置。每榀支架设 7～8 个支点，由螺旋千斤顶提供预应力，如图 8.11 和图 8.12 所示。架设前应对支架进行设计计算。

隧道支架安装偏离隧道管片环缝截面应不大于 20mm，隧道支架和冻结管位置冲突时可适当调整支撑位置。安装好隧道支架后顶实千斤顶，但每个千斤顶的顶力不得大于 100kN，且各个千斤顶的顶力要求基本均匀。

2）测点布置

安装预应力支架时，将定制好的压力盒安放在支架千斤顶和隧道管片之间。在压力盒与千斤顶的接触面、压力盒与隧道管片的接触面上分别垫上钢板，防止应力集中。

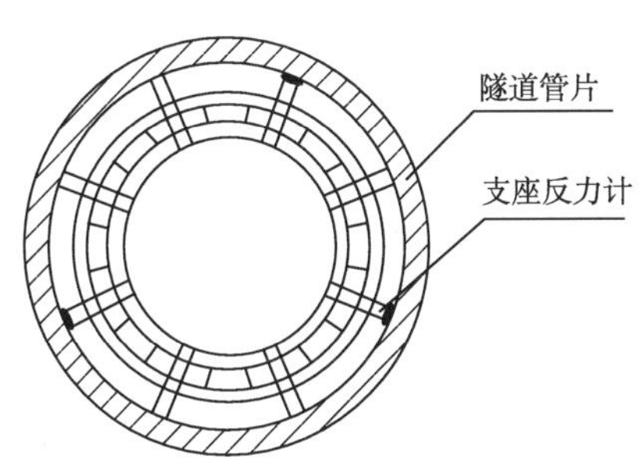

图 8.11 预应力支架支撑力测点图

图 8.12 预应力支架支撑力测点实物图

3）实测方法

利用频率仪从压力盒上读取数值，然后换算成压力值。

4. 冻结设备工作情况

冻结设备的安全正常运转是冻结法施工成功的关键，冻结设备全过程监测主要包括：机组运行温度和电流监测、冻结系统供冷量监测、冻结管工作状态监测等，各参数可通过装在冻结设备不同部位的电测传感器遥感并在主控板集中显示。

8.2　信息化监测

人工冻结壁的形成是一个耦合温度场、渗流场以及应力场的强非线性时变问题，因此利用不同类型的传感器、计算机数据通讯原理以及数据库和软件技术，对人工冻结法施工进行全面实时监测，对施工过程即时反馈十分必要。

8.2.1　信息化监测微机管理软件

人工冻结法施工现场监测中使用的仪器和设备有数字式温度传感器、冻胀力传感器、数据采集模块等，具体地层冻结信息化监测系统如图 8.13 所示。

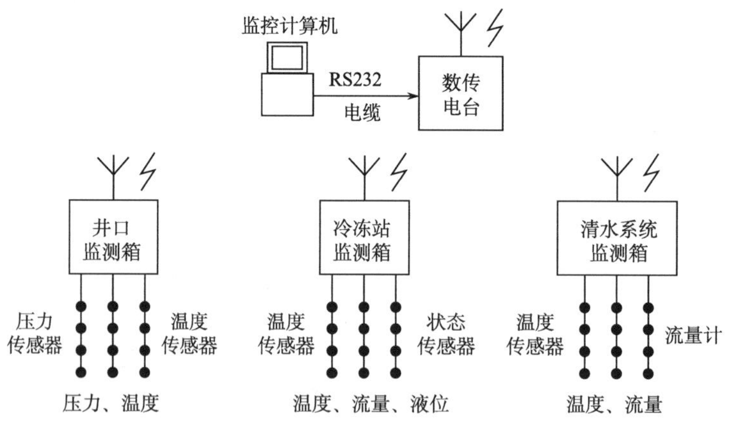

图 8.13　地层冻结信息化监测系统

监测系统软件可用 VB 编写，具有多工程同时运行的功能。使用时，先将工程信息、冻结系统、各种钻孔编号、测点和传感器属性、监测数据等参数输入数据库。选择好显示窗口时间长度、常用采样间隔、特殊采样间隔、特殊采样的温度上下限、通讯端口设置和外围监测模块后，微机将自动进行数据采集，采集到的数据自动录入数据库，并以时间曲线的形式显示在软件主界面上。在此界面上可以进行人机互动的曲线、数据动态查询。从数据库挖掘相关的实测数据，可进行冻结壁厚度计算，根据温度场模型便可以绘出温度场的云图，还可以按照设定的格式进行数据、图形报表和文件输出。

8.2.2　监测信息化发展

1. 一线总线温度监测技术

随冻结工程难度增加，冻结监测技术也发生了较大变化，监测方式从人工监测逐渐过渡到自动监测。人工监测温度场元件多采用热敏电阻、热电偶等模拟元件，每一个测点均需单独引线，当测点增多、测温孔加深时，仅是线缆的放置就成了一种挑战，制约了冻结监测技术的深入应用。近年来，一线总线监测技术在冻结工程中逐步被推广应用，它采用总线式的集成数字温度传感器，将多个传感器搭接在一根作为总线的线缆上，使信号线缆得以简化，放置也变得容易。

一线总线技术由美国 DALLAS 半导体公司于 20 世纪 90 年代中期创立，指仅用一根信号线在总线管理单元与诸多符合一线总线协议的传感器之间进行信息传递的技术，具有传感器件的多重搭接及一线总线器件的唯一性等特点，实现了用一条数据线进行双向数据传输，最大限度地节省了通信线的数量，使监测系统布线、维护更加方便，布线成本更低，并且提高了监测系统的可靠性，因而在工程测试、环境监测等领域得到广泛应用，其基本结构如图 8.14 所示。

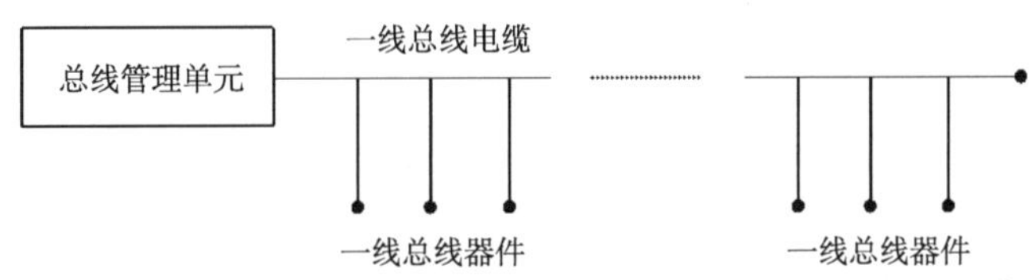

图 8.14　一线总线式监测网络的基本结构

一线总线技术最重要的性能即传输距离，这直接影响该技术能在多大的空间范围与多远的距离内实施有效监测。由于一线总线器件均是无源、被动的，且只能由元器件厂商提供，可见总线管理单元的性能对一线总线网络的性能有重要影响，因此，设法改进总线管理单元的性能成为一线总线技术的关键。

一线总线器件最致命的缺点是一旦总线上有一个器件短路，可能会造成整个网络瘫痪。因此，设法避免各器件发生短路现象。

一线总线监测的根本在于准确掌控总线上电平信号的时间槽宽度，但当线缆延长、测点增多时，总线负载加重、信号波形畸变，使得一线总线信号的掌控变得困难。

2. 光纤传感技术在温度监测中的应用

目前我国在冻结施工中为了获得冻结壁温度信息，通常是在预形成的冻结壁周围钻若干个与冻结管长度一致的测温孔，在测温孔内部布置若干个温度传感器，通过这些事先布置的传感器来获取温度信息，实现温度测量。现阶段一般采用多点多线式或基于离散点的一线总线式技术测量。这两种方式都是通过获取离散点的温度信息来推断冻结壁温度场的分布特征，难免存在人为事先布置传感器而造成的温度信息检测盲区，存在不安全因素。一线总线式测量方式布线简单、测温点可任意布置，但任一点的损坏将导致整个测温总线失效。

近年来逐渐兴起的分布式光纤测温系统因其本质安全、测温点不受限制等优点在很多领域得到了广泛应用，然而其成本高，在冻结法施工的应用较为罕见。

分布式光纤温度传感器通常是将光纤沿温度场排布，测量光在光纤中传输时所产生的散射光，根据散射光所携带的温度信息，同时采用光时域反射技术，对沿光纤传输路径的空间分布和随时间变化的信息进行测量和监控。光纤传感器具有抗电磁干扰、耐腐蚀、灵敏度和测试精度高、体积小、重量轻、耐久性强等优点。分布式光纤测温系统是冻结监测系统的发展趋势，是对现有监测手段的一次技术创新。

8.3 不同冻结工程的监测要求

8.3.1 盾构端头冻结法加固监测

1. 监测内容

(1) 冻结孔开孔位置监测、成孔偏斜监测、冻结孔耐压试验监测、冻结孔长度及供液管下放长度监测。

(2) 冻结管去、回路盐水的温度、流量监测，冷却水循环进出温度监测；冷却机吸、排气温度监测，制冷系统冷凝压力、汽化压力监测，盐水泵工作压力监测。

(3) 不同时间冻结壁的发展速度及冻结壁不同位置的平均温度监测，冻结孔间距较大处温度监测，围护结构与冻结壁交界面温度监测，开挖面暴露冻结壁监测，强制解冻冻结壁温度监测。

(4) 在施工期间应监测地面及周围管线、建构筑物变形；监测范围为：盾构隧道端头正上方地面投影外侧 H(进出洞底埋深)$\times\tan45^{\circ}$m 以内。地面及周围管线、建构筑物变形监测应会同监测单位编制专业监测方案，经有关方面批准后实施。

2. 监测方法

1) 水平孔施工监测

(1) 钻孔长度、冻结管长度和供液管长度用钢卷尺直接测量，所有孔全部测量。

(2) 水平冻结孔偏斜的监测使用经纬仪结合灯光进行，所有孔全部测量。

(3) 冻结管密封性能监测采用管内注水，试压泵加压的方法试漏，所有孔全部测量。

2) 冻结系统监测

(1) 制冷系统和盐水系统的工作压力，直接通过系统上安装的压力表量测，每 2～3h 一次。

(2) 制冷系统和盐水系统的温度通过安装的温度计直接读取或用测温仪量测，每 2～3h 一次。

3）冻结壁监测

（1）冻结壁温度监测，在测温孔内安装康铜线热电偶，使用测温仪进行量测。

（2）冻结壁帮壁温度使用高精度点温计或用精密水银温度计测量，监测频率每天1～2次；当工作面温度过高等不利情况时，每2h一次。

（3）冻结壁表面位移监测，在开挖面安装测点，用收敛仪测量，每天一次；当工作面温度过高等不利情况时，每2h一次。

4）界面温度监测

在测定冻结壁与围护结构界面温度时，按米字型探孔设置，可在界面内外两侧各布置1个测温点，通过插值方法确定界面温度，要求界面温度＜－5℃。

5）去、回路盐水温度监测

应对去、回路盐水温度进行监测，包括总管去、回路盐水温度和冻结孔串联安装的回路盐水监测。去、回路总管的盐水温度监测点可利用设在总管上预留测孔；支路回路盐水的温度监测点可设在回路调节阀门附近，应对每组串联回路管的盐水温度进行监测。

6）地面冻胀融沉监测

在加固区影响范围内进行地表位移监测时，加固影响监测范围为：盾构隧道端头正上方地面投影外侧H（进出洞底埋深）×tan45°m以内考虑，具体范围位于隧道推进方向上，在距盾构进洞3、5、9、15m（未扣除槽壁厚度）处各布置一个监测断面，监测横断面上，在轴线上布置1个测点，离轴线3、10、19m对称布设，每个断面共设10个测点。

8.3.2 联络通道冻结法监测要求

1. 监测内容

（1）冻结孔开孔位置监测、成孔偏斜监测、冻结孔耐压试验监测、冻结孔长度及供液管下放长度监测。

（2）冻结管去、回路盐水的温度、流量监测，冷却水循环进出温度监测，冷却机吸、排气温度监测，制冷系统冷凝压力、汽化压力监测，盐水泵工作压力监测。

（3）不同时间冻结壁的发展速度及冻结壁不同位置的平均温度监测，冻结孔间距较大处温度监测，隧道管片与冻结壁交界面温度监测，开挖面暴露冻结壁监测，强制解冻冻结壁温度监测。

（4）卸压孔水压力监测，一次支护型钢支架轴力监测，开挖面冻结壁收敛变形监测。

（5）自然解冻或强制解冻及融沉补偿注浆过程中隧道、联络通道变形监测。

(6) 在施工期间应监测隧道管片变形、地面及周围管线、建(构)筑物变形。监测范围为：联络通道两侧隧道管片各25m，联络通道正上方地面投影外侧 H(通道底埋深)×tan45°m以内。

2. 监测方法

1) 冻结孔施工监测

(1) 钻孔长度、冻结管长度和供液管长度用钢卷尺直接测量，所有孔全部测量。

(2) 水平冻结孔偏斜的监测使用经纬仪结合灯光进行，所有孔全部测量。

(3) 冻结管密封性能监测采用管内注水，试压泵加压的方法试漏，所有孔全部测量。

2) 冻结系统监测

(1) 制冷系统和盐水系统的工作压力，直接通过系统上安装的压力表量测，每2～3h一次。

(2) 制冷系统和盐水系统的温度通过安装的温度计直接读取或用测温仪量测，每2～3h一次。

3) 冻结壁监测

(1) 冻结壁温度监测，在测温孔内安装康铜线热电偶，使用测温仪进行量测。

(2) 冻结壁帮壁温度使用高精度点温计或用精密水银温度计测量，监测频率每天1～2次；当工作面温度过高等不利情况时，每2h一次。

(3) 冻结壁表面位移监测，在开挖面安装测点，用收敛仪测量，每天一次；当工作面温度过高等不利情况时，每2h一次。

4) 测点布设

(1) 测温孔

① 在两条隧道内均应设置测温孔监测冻结壁厚度、冻结壁平均温度和冻结壁与隧道管片界面温度，测温孔(点)应布置在冻结孔间距较大的界面上或预计冻结薄弱处。

② 可在放置冷冻机一侧隧道内布置3个测温孔，另一侧隧道内布置5个测温孔，其中最少应保证有2个以上的对穿测温孔。每个测温孔打穿隧道管片后在土体内深度不小于3m。每个测温孔中在冻结壁与管片界面内外两侧各布置一个测温点，通过插值方法确定界面处温度，其后每隔0.75m或1.5m布置测温点。

(2) 盐水温度监测点

应对去、回路盐水温度进行监测，包括总管去、回路盐水温度、冻结孔串联安装的回路盐水监测。去、回路总管的盐水温度监测点可利用设在总管上预留测孔；支路回路盐水的温度监测点可设在回路调节阀门附近，对每组串联回路管的盐水温度进行监测。

(3) 隧道变形测点

① 既有隧道收敛监测。在联络通道洞门左右两侧相邻混凝土管片上各布设一个断面，每个断面各布设 2 组观测点，共 8 组测点。

② 既有隧道垂直位移监测。每侧隧道各布设一个断面，自联络通道中心线沿隧道轴线向前后两侧 20m 范围内每隔 4m 设置一个测点，共 20 个监测点（图 8.15）。

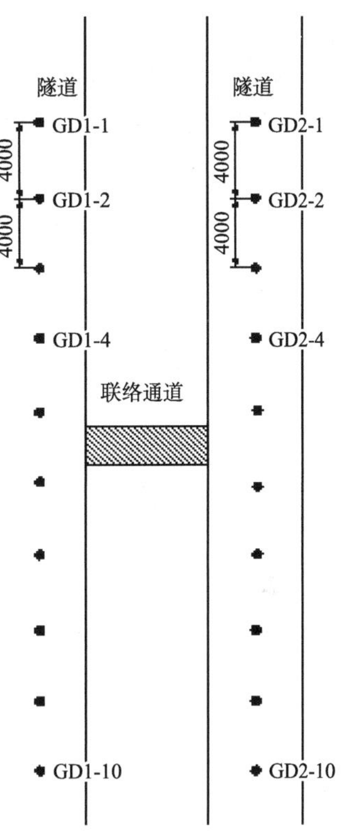

图 8.15 既有隧道沉降测点示意图(mm)

(4) 联络通道预应力支架的支撑应力监测点

沿土体开挖顺序，分别在第一榀拱架、中间位置拱架、最后一榀拱架设置应力监测断面，每断面设置 1 组监测点，共 3 组测点。

(5) 地表沉降监测点

在对联络通道冻结加固区影响范围内进行地表沉降监测时，沿联络通道开挖方向设置 5 个监测断面，其中在联络通道的中间位置设 1 个监测断面，具体编号依次为 DB3-i(i＝1、2…7)，在 D3-i 断面两侧布设 4 排沉降观测断面，具体编号依次为 DB1-i、DB2-i、DB3-i、DB4-i、DB5-i(i＝1、2…7)，覆盖联络通道上方的冻结区域。每个断面上在通道中轴线上以及距中轴线上对称布设共 7 个观测点。测点布置如图 8.16 所示。

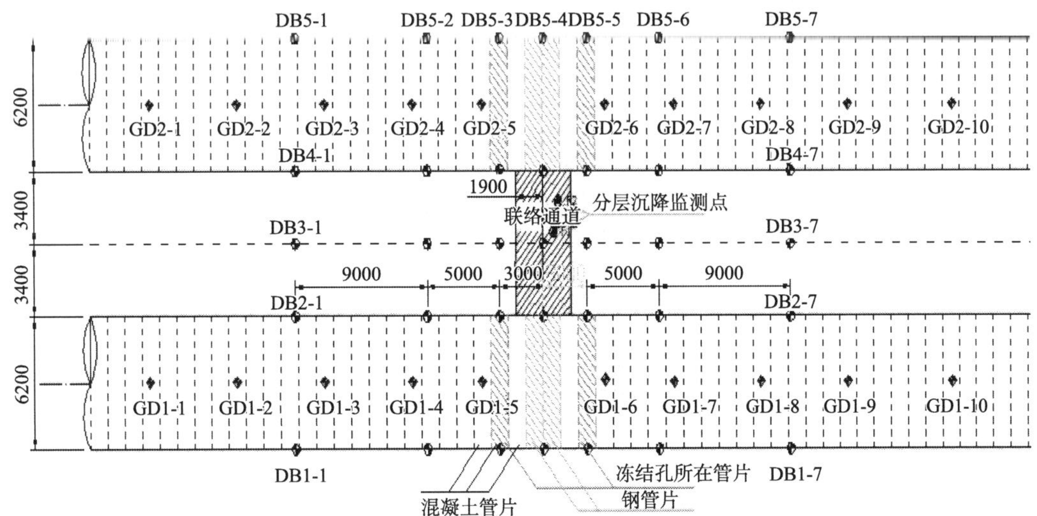

图 8.16 地表沉降测点布置图(mm)

8.3.3 盾尾刷更换冻结止水监测

1. 监测内容

(1) 管片上直接打孔施工中，冻结孔开孔位置监测、冻结孔耐压试验监测、冻结孔长度及供液管下放长度监测。

(2) 冻结管去、回路盐水的温度、流量监测，冷却水循环进出温度监测，冷却机吸、排气温度监测，制冷系统冷凝压力、汽化压力监测，盐水泵工作压力监测。

(3) 不同时间冻结壁的发展速度及冻结壁不同位置的平均温度监测，冻结孔间距较大处温度监测，强制解冻冻结壁温度监测。

(4) 盾尾壳体与管片接触面处温度监测。

(5) 在施工期间应监测地面及周围管线、建构筑物变形。监测范围为：盾构隧道端头正上方地面投影外侧 H(进出洞底埋深)×tan45°m 以内。

2. 监测方法

1) 冻结孔施工监测

(1) 钻孔长度、冻结管长度和供液管长度用钢卷尺直接测量，所有孔全部测量。

(2) 冻结管密封性能监测采用管内注水，试压泵加压的方法试漏，所有孔全部测量。

2) 冻结系统监测

(1) 制冷系统和盐水系统的工作压力，直接通过系统上安装的压力表量测，每 2～3h 一次。

(2) 制冷系统和盐水系统的温度通过安装的温度计直接读取或用测温仪量测，每 2～3h 一次。

3) 冻结壁监测

(1) 为确保不同土层的冻结壁发展速度与厚度，应在不同的含水层中应各设置至少 2 个观测点。

(2) 实际实施温度监测时测温孔可以分别设置在盾尾底部、中部及顶部位置，为判断盾尾密封刷检修时机提供依据。

(3) 冻结壁温度监测，在测温孔内安装康铜线热电偶，使用测温仪进行量测。

(4) 冻结壁帮壁温度使用高精度点温计或用精密水银温度计测量，每天 1～2 次；当工作面温度过高等不利情况时，每 2h 一次。

(5) 冻结壁表面位移监测，在开挖面安装测点，用收敛仪测量。每天一次，当工作面温度过高等不利情况时，每 2h 一次。

4) 去、回路盐水温度监测

应对去、回路盐水温度进行监测，包括总管去、回路盐水温度、冻结孔串联安装的回路盐水监测。去、回路总管的盐水温度监测点可利用设在总管上预留测孔；支路回路盐水的温度监测点可设在回路调节阀门附近，对每组串联回路管的盐水温度进行监测。

各组干管去、回路温度每天监测 1～2 次；并视回路温度变化情况，随时调整监测频率，以指导液氮施工作业。

5）盾尾壳体温度监测

盾尾刷更换期间，在已拆除的管片盾壳位置布设测温点，以掌握焊接前后盾壳的温度变化，为确保盾尾刷焊接质量和防止冻结壁升温，是否需要采取、何时采取隔热措施提供依据。每块已拆管片范围布设 20 个测点(图 8.17)。其中横向两点之间距离 1m，纵向两点距离 0.5m，邻近前一环管片测点贴近第二道盾尾刷。

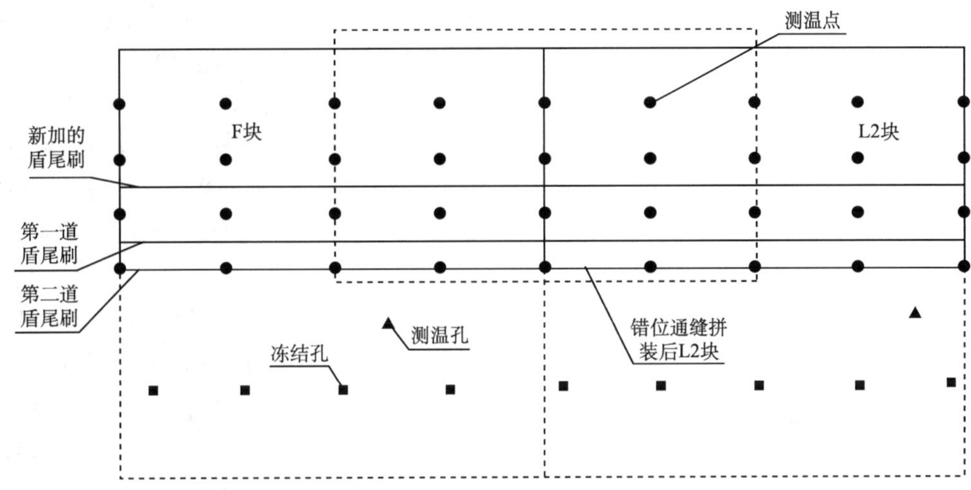

图 8.17 已拆除管片处盾壳测温点布设展开图

9　特殊地下工程人工冻结法应用

9.1　薄富含水层隧道矿山法施工工程

9.1.1　工程背景

城市地下轨道建设过程中，地质环境复杂多变，经常遇到高含水、不稳定的软弱地层，尤其近年来隧道开挖过程中经常出现浅埋隧道穿越一些薄富含水层的情况，这类地层大都是含水率大的粉土层或粉砂层，呈水平层状分布，厚度一般 0.8～2.6m 不等，多与外部存在水力联系，若不能有效处治，则存在涌水、隧道坍塌的风险。

南京地铁 2 号线某区间跨长江Ⅰ级阶地和秦淮河河漫滩地貌单元，地表浅部为近期杂填土、素填土，区间东部具有②层新近沉积土，下部主要为沉积的粉质黏土和中粗砂混卵砾石，基岩为白垩系“红层”，岩性为泥质粉砂岩、角砾砂岩、粉砂质泥岩，软硬相间，属极软岩。其中③-3b_{1-2}层粉质黏土具弱膨胀潜势。场地地下水主要为孔隙潜水和孔隙微承压水，少见基岩裂隙水。

2008 年 4 月 19 日凌晨 3 时，区间右线 K13＋277 处仰拱出现大量不明涌水，夹带少量泥砂，有刺鼻异味，出水量约 150m^3/h，现场启动抢险应急预案，对隧道掌子面进行封闭处理，并将大量涌水汇集后采用引水管有序抽排，同时加强洞内外施工监测。根据地质详勘报告显示，涌水段从地表向下依次为①-1 杂填土、①-2b_3 素填土、③-1b_{1-2} 可塑粉质黏土、③-2b_2 可塑粉质黏土、③-3b_2 硬塑～可塑粉质黏土，未发现其他土层或含水层。勘测单位对该段地层进行补勘，从掌子面 K13＋277 至 K13＋243 里程段隧道下断存在③-3c_2 粉土、③-3d_2 粉砂夹层，在仰拱以下 1.07m～仰拱以上 1.89m 范围内分布，最大厚度 2.4m，水平分布。补勘地质剖面图见图 9.1。目前粉砂段剩余长度为 YK13＋251～YK13＋277 共 26m。

根据隧道涌水量、水质变化，以及地质补勘和雷达探测结果，结合现场已贯通的左线隧道施工和右线隧道东西两端开挖情况，判定此次出现涌水险情主要存在以下两个方面原因：隧道南侧存在较大的地下构筑物和竖向的水流通道(如枯井、钻孔以及管线长期渗漏形成的渗漏区等)，在 YK13＋278 以东约 10m 长隧道仰拱开挖过程中粉土粉砂层颗粒的流失造成③-1b_{1-2}同③-3c_2 两层的结合面出现高度不大的水平空洞，引起突发涌水；且后期涌水量稳定到 15m^3/h 后，流水水质清澈，应为地下水，但几个月的降水量稳定，土层往南范围应越来越大。

开挖该段粉土粉砂存在涌水的风险，涌水量在 30m^3 左右，且存在压力，流速较快，容易携带大量泥砂冲出，造成隧道下台阶水土流失严重，形成掏空区，危及地面交通和管线。涌水对既有结构影响：粉土粉砂层存在丰富的水源补给，穿越富水粉土粉砂层施工，处理不当容易造成地下水沿既有隧道初支结构背后流窜，即使初支完成后在压

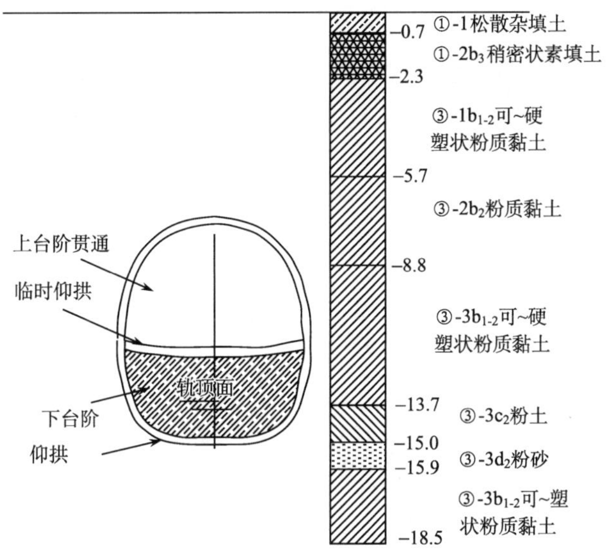

图 9.1 右线地质补勘横剖面图(K13+279.4)(m)

力下从初支薄弱部位涌出，造成再次涌水险情。粉土粉砂层在长期流水作用下，容易形成流动状态，随着地下水排出，在一定区域内出现空洞区域，引起地层下沉。

因此，为确保隧道施工安全和路面结构安全，需避免开挖阶段出现大量水土流失。如何保证隧道快速施工、无水开挖作业是关键。根据对涌水的分析，结合现场场地条件和现场施工条件，隧道下穿富水粉土粉砂段安全施工必须要保证下台阶无水作业，最终选择人工冻结加固方法(下台阶冷冻后开挖)。

9.1.2 冻结止水方案

根据地质情况及隧道开挖实际情况，在上台阶贯通后，做好临时支护，然后进行隧道下台阶冻结施工，重点对粉土、粉砂层进行冻结，采用分区冻结分区施工。达到冷冻效果后对下台阶开挖。冻结设计主要通过对隧道的受力情况计算出冻结壁的轴力和弯矩，根据假定的冻土层厚度和设计冻结温度下的冻土强度，得出冻结壁的安全系数，在此基础上进行冻结参数设计。冻结施工参数设计见表 9.1。

表 9.1 冻结施工参数

参数名称	单位	参数
冻结壁平均温度	℃	−10
积极冻结时间	d	35
设计最低盐水温度	℃	−30
冻结孔(总)数	个	113
冻结孔(总)长度	m	782.4
冻结孔开孔间距	m	1
冻结孔偏斜率	—	≤1%
冻结孔深度	m	7

利用已贯通的上台阶采用地质钻机斜向成孔，并根据冻结孔间距对温度场影响分析的结果，冻结孔成孔间距南侧为 800mm，北侧 1000mm，两端呈扇形开孔孔位偏差不大于 60mm 以保证下插最底部最大垂直距离不大于 1200mm，端头处冻结孔布置见图 9.2，平面布置见图 9.3。

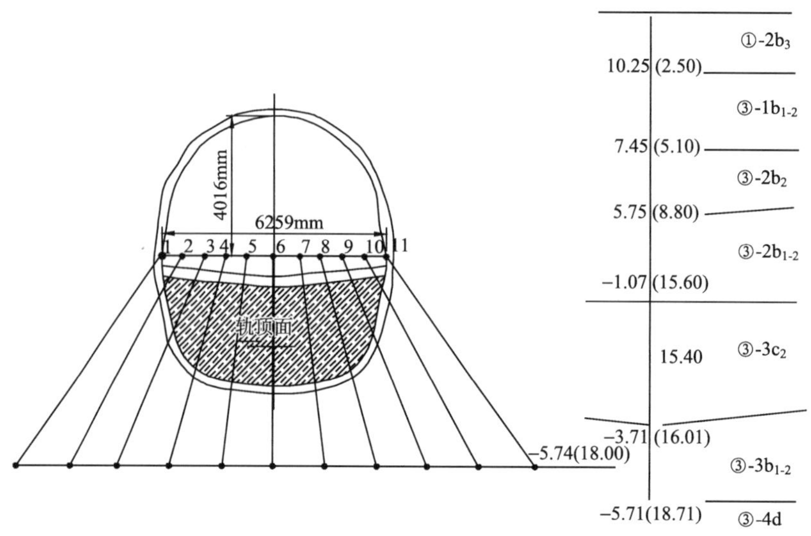

图 9.2 冻结孔端头处布置图(m)

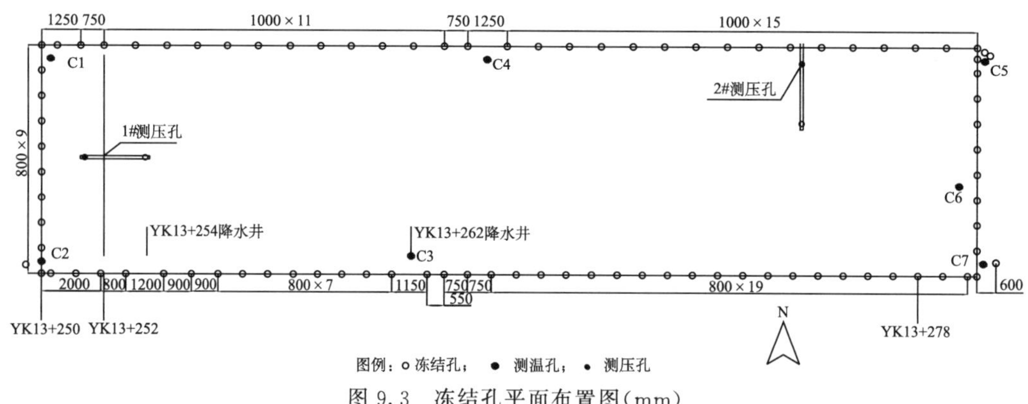

图 9.3 冻结孔平面布置图(mm)

实践结果表明，人工冻结法相比于其他工法更可靠、更安全，确保了工程的一次性成功。比先采用其他工法后，再选用冻结法的经济效益高得多，且无噪音，无污染。因此，在隧道穿越薄富含水层，尤其在粉土粉砂层采用冻结法施工可以充分发挥其作业空间小的优点，并最大程度避免对周围土体扰动，有效达到封水和开挖的目的。

9.2 车站出入口矩形水平冻结加固工程

9.2.1 工程背景

南京地铁 10 号线某车站附属结构一号出入口及风道有三根高压电缆横向穿过，由于高压电缆无法迁移，高压电缆横穿区域无法采用明挖法施工。一号出入口及风道主要涉及地层为①-1 杂填土层、②-2b4 淤泥质粉质黏土夹粉砂层、②-3c3 粉土夹粉砂层。根据设计图纸与现场实际测量数据显示，横穿部位高压电缆埋深约为 1.35m，结构顶板埋深约为 2.75m。

根据地下水赋存条件，本标段沿线地下水类型主要为松散岩类孔隙水及基岩裂隙水，各含水层之间的水力联系较密切，主要包括孔隙潜水及微承压水。车站东侧附属结构施工，主要涉及：①电缆线，10kV 电缆、220kV 电缆、500kV 电缆。一号出入口及风道横穿部位高压电缆埋深约为 1.35m，三根高压电缆线管槽宽度约为 4m。上述三根高压电缆均为该地区主要供电线路，改移费用巨大、工期较长，车站东侧附属结构施工期间不进行改移。成为影响车站东侧附属结构施工的主要因素。②自来水管 ϕ800mm 自来水管埋深约为 1.2m。该自来水管在施工期间改移至结构范围之外，对附属结构施工无影响。电缆与结构竖向位置详见 9.4。电缆、管线与结构平面图见图 9.5。

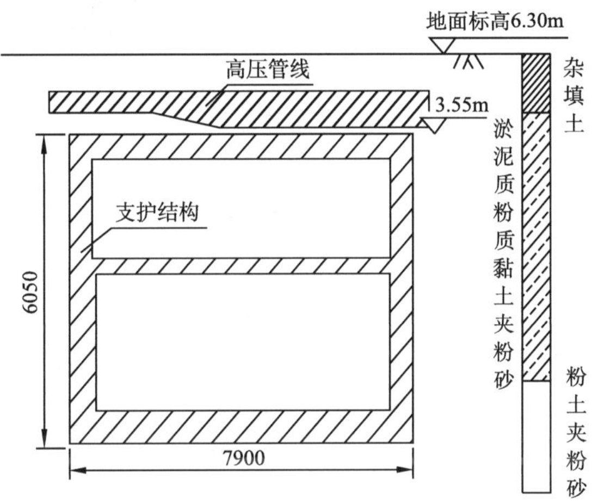

图 9.4 电缆与结构竖向位置管线位置图(mm)

9.2.2 全断面注浆管棚与矩形水平冻结联合加固方案

考虑到一号出入口上部有高压管线横穿，而迁移管线的成本巨大，摒弃在附属结构施工中常用的明挖法施工，以暗挖法取代，而实施暗挖法需要对所在地层进行加固。一号出入口及风道所处地层主要以自立性较差的淤泥质粉质黏土夹粉土粉砂层为主，为保证上述附属结构暗挖施工的安全性及开挖面的稳定性，经比较分析针对本工程提出了一种全新的复合加固方案——管棚与水平冻结联合加固方案。

本方案以水平冻结为主，形成水平冻结壁挡土挡水。为了节约成本，采用局部冻结方案；开挖断面采取全断面注浆。由于暗挖顶部受高压管线影响，仅可布置单排冻结孔，积极冻结 30d，冻结壁厚度远达不到所需。因此，在暗挖结构上部打设管棚托住高压管线，保证其在冻结以及开挖施工中的稳定性，克服冻结法施工中冻胀融沉对高压管线影响。

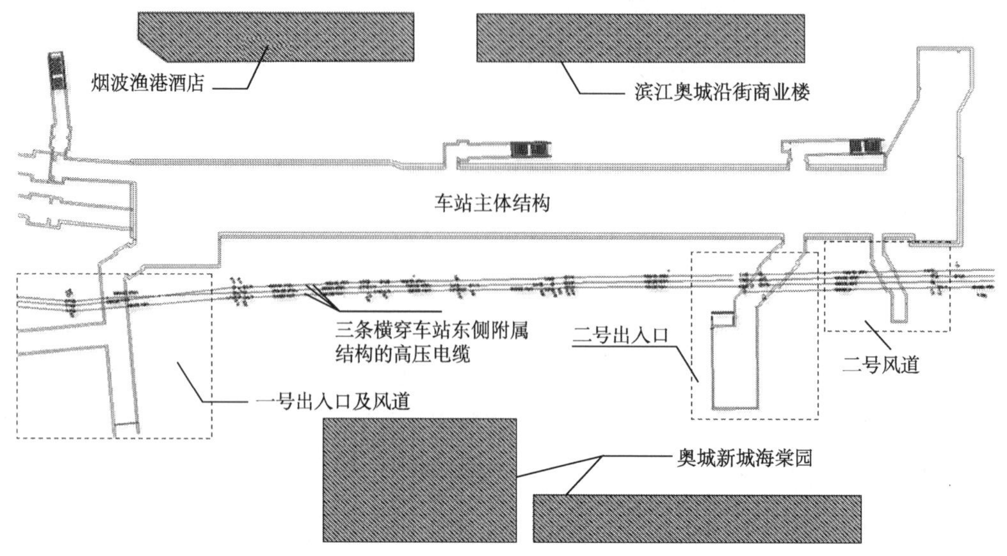

图 9.5 电缆、管线与结构平面图

(1) 管棚与注浆

为保证高压管线安全及中间暗挖段能顺利施工，在支护结构顶板上部采用管棚支护。

管线保护断面示意图见图 9.6 和图 9.7。在管线上方两侧纵向浇筑两道钢筋混凝土梁，梁横向架设 H 型钢，将保护管线的管棚用钢丝绳反吊在 H 型钢上，确保管线安全及开挖结构施工顺利进行。在两端封堵墙外侧用 H 型钢架设支架对管棚进行支托。冻结孔施工之前，暗挖部分不设冻结孔，对结构内部进行全断面注浆改良土体，确保开挖面的稳定性。在支护结构内部打设注浆管，采用小导管注浆，注浆孔成梅花形布置。

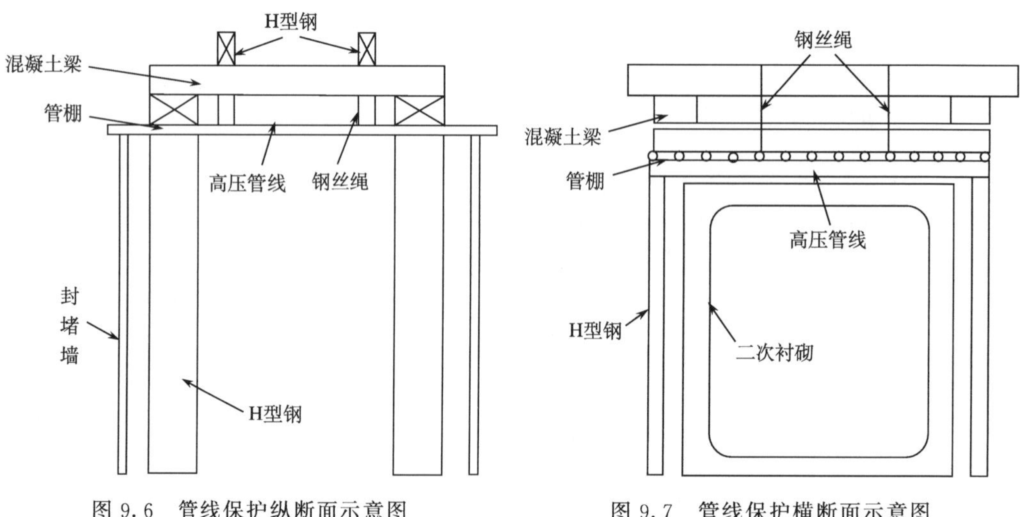

图 9.6 管线保护纵断面示意图

图 9.7 管线保护横断面示意图

(2) 冻结方案

冻结施工参数见表 9.2。

表 9.2　冻结施工参数

参数名称	单位	参数
冻结壁平均温度	℃	－10
积极冻结时间	d	45
设计最低盐水温度	℃	－30
冻结孔(总)数	个	101
冻结孔(总)长度	m	820
冻结孔开孔间距	m	1
冻结孔偏斜率	—	≤1%
冻结孔深度	m	9.1

设计冻结壁平均温度不高于－10℃，冻结壁厚度不小于 3.0m。顶部设有 29 个管棚管。冻结孔、管棚布置剖面图见图 9.8。

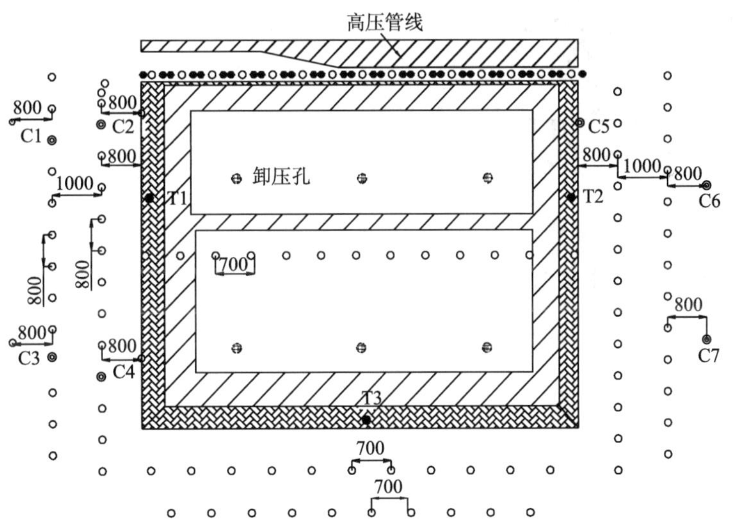

图 9.8　冻结孔、管棚布置剖面图(mm)

(3) 暗挖方案

出入口开挖断面宽度 9.5m。开挖断面较大，而且地质条件主要以自立性较差的淤泥质粉质黏土夹粉土粉砂层为主。为确保暗挖段基坑顺利安全的开挖，暗挖段方案采用交叉中隔壁(CRD)工法进行施工。

开挖断面划分及顺序如图 9.9 所示，开挖断面结构尺寸较大(宽度为 9.5m，开挖断

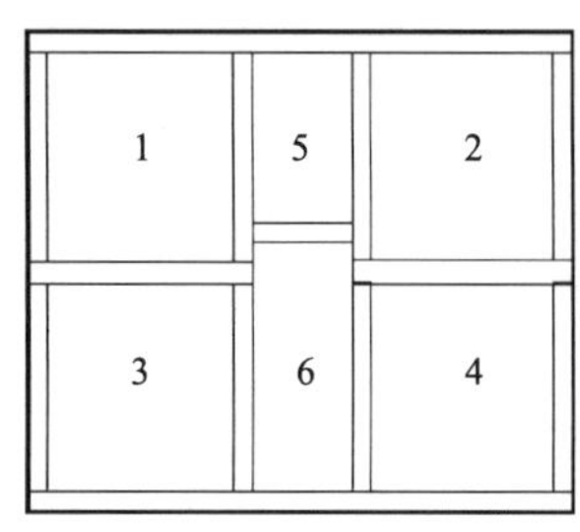

图 9.9 出入口开挖顺序

面高度为 7.7m)，全断面一次性开挖无法实现，为确保暗挖阶段基坑安全，将出入口及风道暗挖段划分为 6 个开挖区，逐个开挖。开挖顺序为先两边后中间、自上而下，分两层六部分依次开挖，各分部支撑待开挖后均及时用临时支护结构封闭，以加强受力结构的刚度，计划开挖速度为 2m/d。临时支护形式采用型钢支架＋挂网喷射混凝土。

实践证明，采用管棚与水平冻结联合加固的方式很好地保护了高压管线，并使暗挖方案顺利进行。

9.3 南水北调穿黄工程退水洞

9.3.1 工程背景

南水北调中线一期穿黄工程退水洞全长 790m，进口底板高程 110.5m，出口底板高程 94.0m，纵坡 2.09%。自 2007 年 6 月施工，2012 年 9 月份已完成退水洞进口段施工，出口段施工完成 177m 后由于地层含水率高、掌子面逆流无法控制，对施工安全及边坡影响较大，2011 年 4 月进行了封堵。

退水洞高程在 140～181m，该区段岩性主要由黄土、黄土状粉质壤土、粉质壤土、古土壤组成。地下水主要为孔隙-裂隙水，具有弱透水性。需要加固的区段高程在170～179m 左右，所处土层为粉质壤土和古土壤层，古土壤层下有钙质结核层、土质不均，粉质壤土层强度差，存在塌方、片帮等风险。

9.3.2 冻结方案

比较了分析全断面注浆法、水平冻结、地面垂直冻结，提出了采用垂直冻结进行加固。但最终没有采用此工法。主要冻结施工参数见表 9.3。

表 9.3 冻结施工参数

参数名称	单位	参数
冻结壁设计厚度	m	3.5
冻结壁平均温度	℃	<−15
冻结壁交圈时间	d	25～35
冻结开挖分区数	个	13
积极冻结时间	d	45
设计盐水最低温度	℃	−30
冻结孔(总)数	个	626
冻结孔开孔间距	m	2
冻结孔总长度	m	50278
冻结孔偏斜	%	1

共布置 7 排冻结孔，排间距为 1.875～1.900m，冻结孔间距为 1.5 米。冻结管布置平面和剖面见图 9.10 和图 9.11。

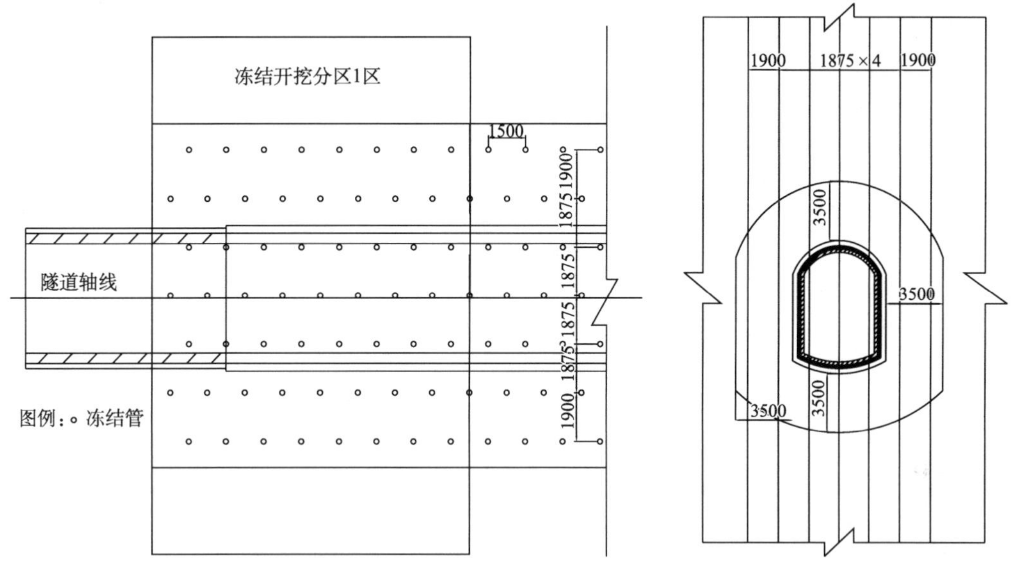

图 9.10　冻结管平面布置示意图(mm)　　图 9.11　冻结管剖面布置示意图(mm)

9.4　液氮抢险、灾害修复工程

9.4.1　液氮抢险工程

1. 工程背景

苏州轨道交通 4 号线某区间隧道左线长度 1123.57m(含长链 29.42m)，右线长度为 1104.63m。盾构始右线发推进到 272 环时，遇到如下困难：从 30 环开始，地表沉降一直难以控制；272 环在推进了 39cm 时，螺旋输送机被卡死，无法恢复正常。

盾构机上方对应位置为原大龙江桥南幅桥拆除后场地，场地为拆桥填土形成的围堰。盾构机上方地面边线距围堰南岸约 20m，距北岸约 6m。目前，盾构机盾体位于 272～277 环，刀盘位于 277 环。该位置隧道底标高为－20.95m，刀盘底至地面 21.11m。深度范围内上覆地层依次为人工填土①1 层、黏土②Y 层、粉质黏土③2 层、粉质黏土④1 层、粉质黏土⑤1 层。

本区间承压水主要赋存于⑤2 粉砂层和⑦4 粉土层中，勘察报告显示⑤2 层顶埋深 23.60～29.90m、层顶标高－20.25～－24.32m，⑦4 层层顶埋深 42.20～45.00m、层顶标高－39.45～－40.12m。⑤2 层承压水水位埋深为 9.50m、标高－4.49m，承压水水位标高一般在－2.5～－4.0m。

为使刀盘恢复正常，选择液氮冻结进行加固该区域(图 9.12)。

图 9.12　液氮冻结现场

(2) 冻结方案

共设三排冻结孔，每排孔之间距为 800mm，同一排冻结孔间距离也为 800mm，采用梅花形布设。第一排孔(孔号为 1-3～1-9)位于盾构机正上方，其深度根据盾构机顶部深度确定，孔底距离盾构机外壳距离 1000mm。第一排冻结孔个数为 11 个，第二排冻结孔个数为 12，第三排冻结孔个数为 11，其中 2-6、2-7 为拔除，2-13 及 2-14(刀盘转动区域内)之后再冻结。共计 36 个冻结孔。冻结孔布置图如图 9.13 和图 9.14 所示。

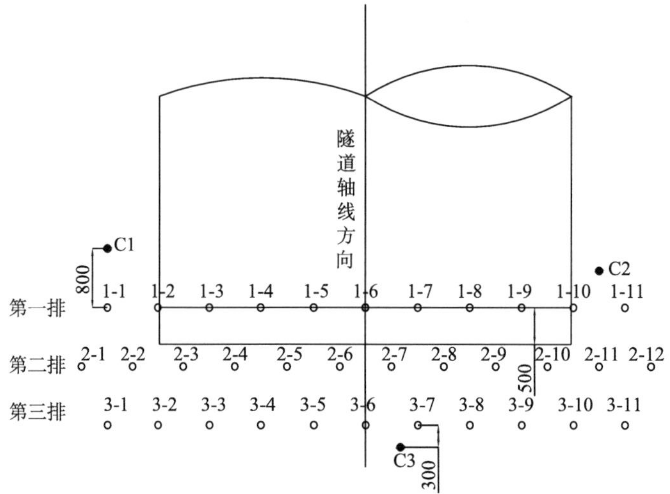

图例：○ 冻结孔；● 测温孔

图 9.13　冻结孔平面布置图(mm)

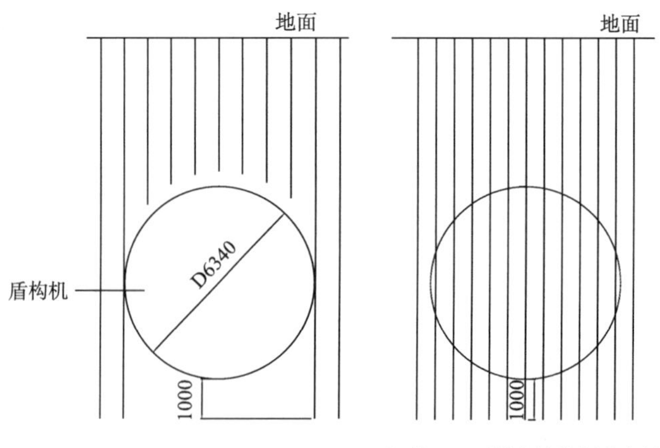

(a) 第一排冻结管布置示意图　(b) 第二、三排冻结管布置示意图

图 9.14　冻结孔布置剖面图(mm)

9.4.2 液氮修复工程

1. 工程背景

南京地铁 2 号线某地铁车站站中心里程为 K4＋483.915，地下车站长度 217.682m，为地下三层的车站，站中心轨面标高为－10.366m，地面设计标高为 7.73m。根据站南端普通段岩土工程详细勘察报告资料，施工区域的土层主要为：①-1 人工杂填土，①-2b 素填土；全新世沉积土：②-$2b_4$ 漫滩淤质土、②-$3b_{3-4}$ 漫滩粉质黏土、②-$3d_{2-3}$ 漫滩冲积粉细砂、②-$4d_{2-1}$ 漫滩冲积粉细砂、②-$5d_{2-1}$ 河床相中密-密实粉细砂以及②-$6d_{2-1}$ 河床相中密-密实中细砂。

险情发生前正进行矿山法暗挖施工，一次支护型钢支架已安装，喷射混凝土工作已做完，正准备二次衬砌施工。在隧道管片 3 点位置(开挖面方向)首先出现少量流水流砂情况，险情发生后，端头井及车站右线西端头始发井已经封闭，同时右线区间隧道内已经注水保持隧道洞内外水土压力平衡，管片基本完好，没发生损坏。后利用注浆管进行探孔，初步判断钢拱架及一次支护喷射混凝土基本未发生破坏。

2. 冻结修复方案

修复分为两个阶段：一期使用液氮全深冻结，二期为盐水冻结。

1）冻结时间

一期液氮冻结：积极冻结时间为 12d，维护冻结约为 20d(具体时间以基坑和隧道排水清淤时间为准)。二期盐水冻结：积极冻结时间为 40d，维护冻结时间约为 22d(具体时间以开挖构筑施工时间为准)。

2）冻结需冷量计算

一期液氮冻结：液氮在积极冻结期使用量约 200t/d，后期维护冻结约 100t/d

二期冻结工况需冷量为：

$$Q = K\pi dHq \tag{9.1}$$

$$Q = 29.5 \times 10^4$$

式中：Q 为总需冷量，kcal/h；K 为冻结管散热系数，kcal/(m^2 · h)；d 为冻结管直径，m；q 为安全系数。

3）冻结设备选型

一期液氮冻结：根据液氮冻结最大需冷量及现场施工环境，施工现场布置三组分配器，保持有两台槽车同时注液，槽车在压力 0.4MPa 情况下流量可达 8t/h。同时现场布置有两台备用储罐，预计容积累计 $50m^3$，用气最高峰时，单独使用储罐液氮可连续使用约 6h。

二期盐水冻结冷冻设备选用：

冷冻机选用 JYSLGF600ⅡD 型 2 台，LSLGF1000 型 1 台(其中 1 台备用)；
盐水泵选用 IS200-150-315 型 3 台，电机功率 37kW/台；
清水泵选用 IS150-125-315 型 3 台，电机功率 30kW/台；
冷却塔选用 SR-100 型 6 台。补充新鲜水 $60m^3/h$；
总用电负荷约 800kW/h；
冷冻机油选用 N46 冷冻机油；
制冷剂选用氟利昂 R22；
冷媒剂选用氯化钙溶液。

4）冻结孔布置

一期液氮冻结冻结孔共 54 个，即 A4～A12、B5～B10、C5～C11、D4～D11、BK1～BK9、F3～F10、BK11～BK17 共 8 排冻结孔，冻结管材选用 ϕ108×4mm 不锈钢管。供液管选用 ϕ32×2.5mm 不锈钢管。一期测温孔增加 12 个，BC1～BC12，原测温孔保留，增加的测温孔管材选用 ϕ48×4mm 不锈钢管。一期液氮设计积极冻结时间为 12 天。冻结孔、测温孔布置如图 9.15 和图 9.16 所示。

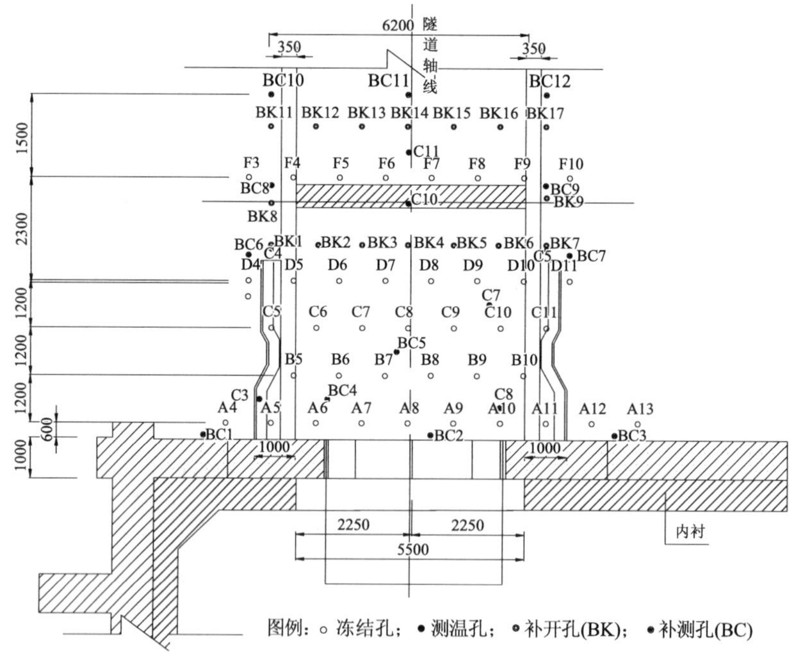

图 9.15　一期液氮冻结孔及测温孔平面布置图(mm)

二期盐水冻结共布置 8 排孔，即 A、B、C、D、E、F、B/2、B/3(其中 B/2、B/3 为后加冻结孔)，原一期液氮冻结孔除 D4～D11 和 BK1～BK7 共 15 个冻结孔仍用液氮维护冻结外，其余孔作为二期盐水冻结孔用，二期盐水冻结孔数共 87 个(其中 39 个为一期液氮冻结孔转成盐水冻结孔)，液氮孔 15 个。冻结管采用 ϕ127×4.5mm20＃低碳

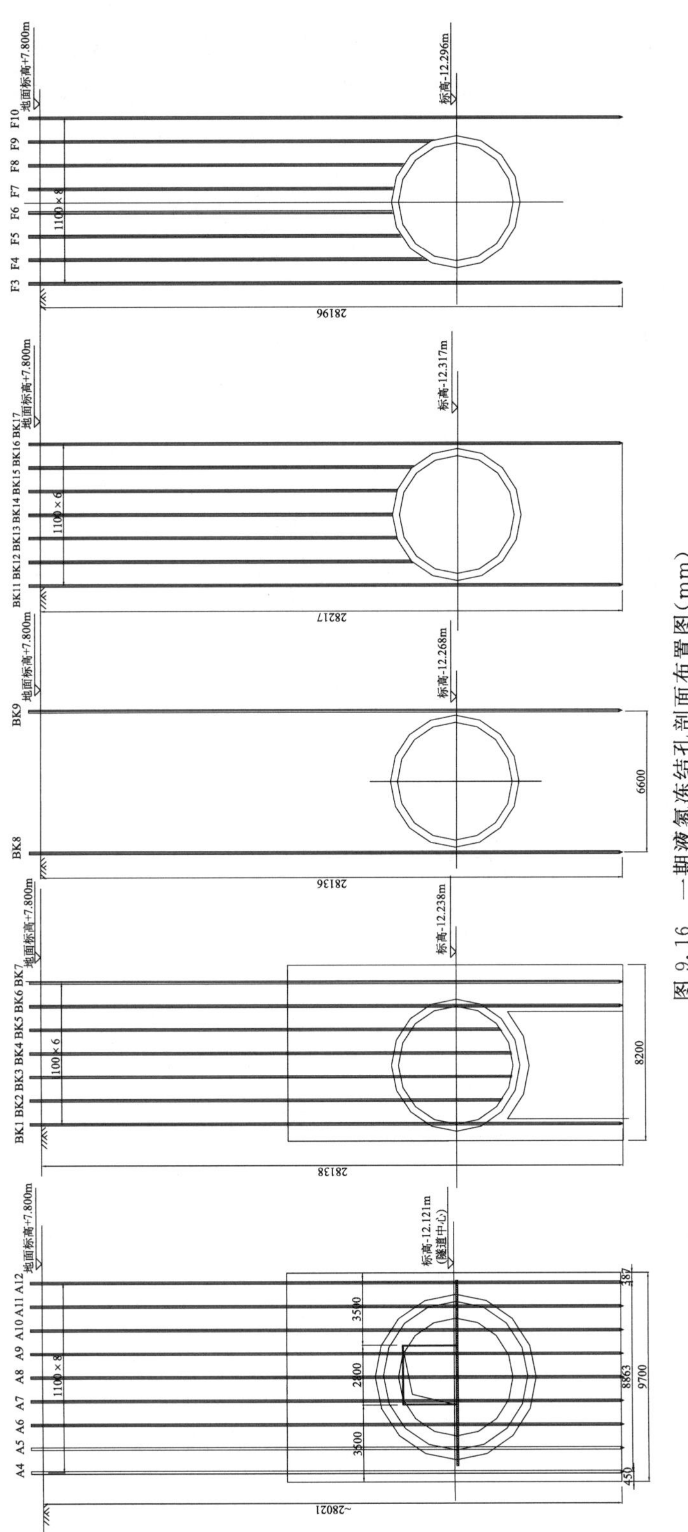

图 9.16 一期液氮冻结孔剖面布置图(mm)

无缝钢管(其中一期液氮 ϕ108×4mm 液氮冻结管在转二期盐水冻结中是拔除里面的供液管，下放 ϕ89×4mm 的无缝低碳钢管做套管，B4、B11 及 E5～E10 在一期液氮冻结前拔掉原先的 ϕ127×4.5mm，20＃低碳无缝钢管，扫孔后下放 ϕ108×4mm 不锈钢管，二期盐水冻结时再开始盐水冻结运转)。二期冻结孔、测温孔布置图如图 9.17～图 9.19 所示。

实践证明：一期冻结采用液氮全深冻结方案，缩短了工期。第一期垂直冻结壁(液氮冻结)对暗挖开洞处起到封堵、加固作用，保证了基坑和隧道在排水清淤时冻结体能够完全封水并抵抗住开洞口的水土压力，同时隔断完好隧道与外部土体之间的联系，并能起到了一定的嵌固作用。二期垂直冻结壁(盐水冻结)用于水平暗挖过程，保证了开挖面的稳定。

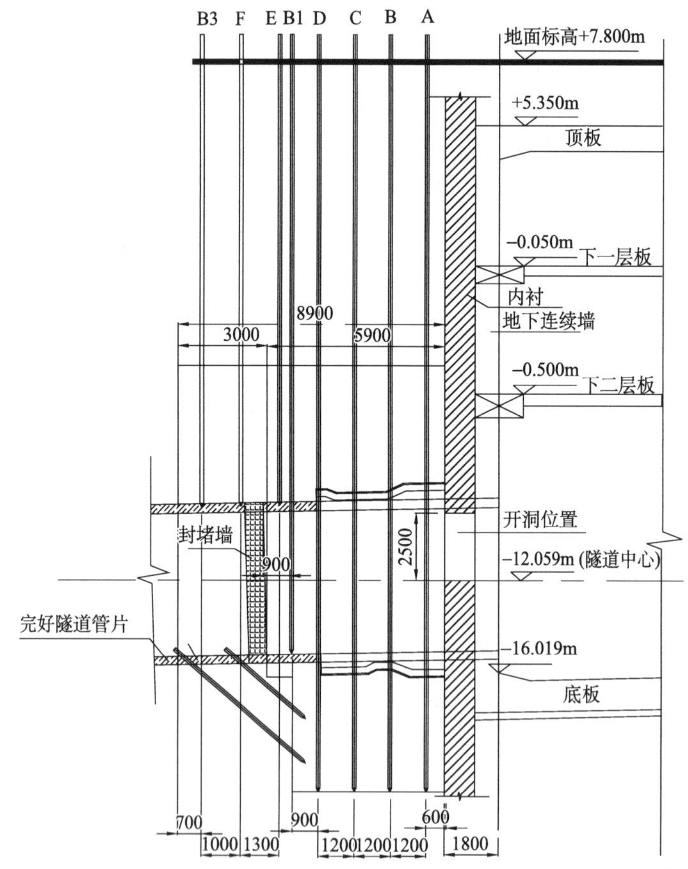

图 9.17　二期冻结孔剖面图(mm)

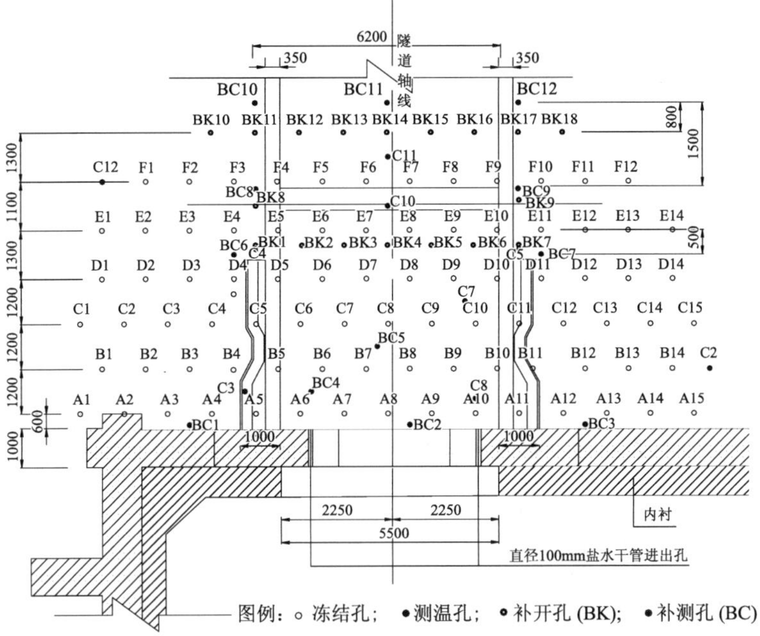

图 9.18 二期隧道外冻结管及测温孔平面布置图(mm)

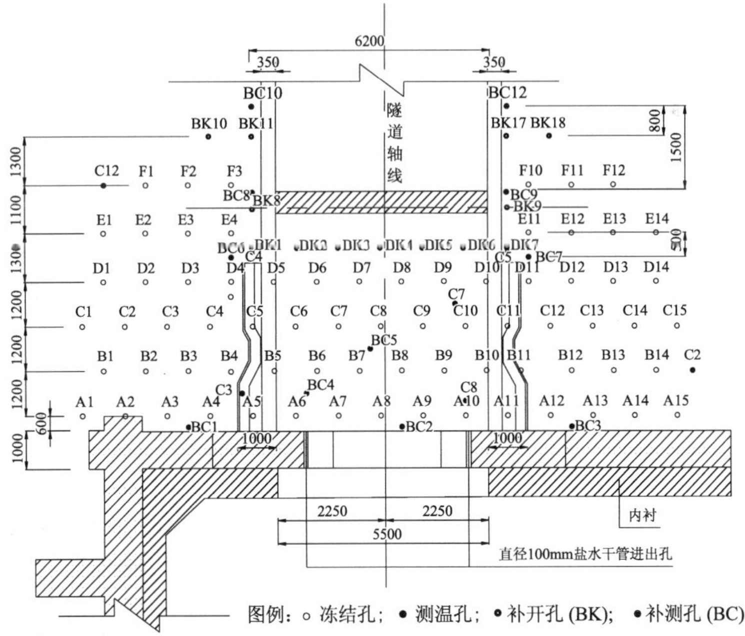

图 9.19 二期隧道内冻结管及测温孔平面布置图(mm)

参 考 文 献

[1] 陈瑞杰，程国栋. 人工地层冻结应用研究进展和展望[J]. 岩土工程学报，2000，2(1)：40-44.

[2] Katayama H，Joushima M，Tanaka M，et al. Application of freezing method for widening an existing tunnel[Z]. Ground Freezing 97. Rotterdam：Balkema，1997.

[3] Rojo J L，Novillo A，Alocen J R. Soil freezing for the Valencia underground railway work[A]. Ground Freezing 91. Rotterdam：Balkema，1991.

[4] Sopko J A，Shster J A. Frozen earth cofferdam design[Z]. GroundFreezing 91. Rotterdam：Balkema，1991.

[5] Jordan P，Hass H. Use of artificial ground freezing in three sections of the Dusseldorf subway[A]. Ground freezing[C]. Proc . 7 ISGF，1994.

[6] Buinger A. Application of artificial ground-freezing with liquid nitrogen (LIN)/new control hardware[Z]. Ground freezing，Proc. 8 ISGF，1996.

[7] 金向前. 在海底采用冻结法挽救奥斯陆海湾公路隧道工程[J]. 隧道及地下工程，2000，3：58-64.

[8] Maishman D，Powers J P，Lunardini V J. Freezing atemporatory roadway for transport of a 3000t on dragline[Z]. 5th IntSymp on Ground Freezing，1988.

[9] Rebhan D. New experience and problems with LIN ground freezing[Z]. Ground Freezing 91. Rotterdam：Balkema，1991.

[10] 周兴旺. 我国特殊凿井技术的发展与展望[J]. 煤炭科学技术，2007，35(10)：10-17.

[11] 裴捷，梁志荣，王卫东. 润扬长江公路大桥南汉悬索桥南锚碇基础基坑围护设计[J]. 岩土工程学报，2006，28(S1)：1541-1545.

[12] 杨家星. 冻结法在风台淮河大桥主桥墩基础中的应用[A]. 中国煤炭学会地层冻结工程技术和应用学术研讨会. 福州，1995：472-475.

[13] 席芳柏，黄自文，蔡小秋. 冻结法施工技术在湖口大桥中的应用[J]. 华东公路，1999，3：48-50.

[14] 杨平，佘才高，董朝文，等. 人工冻结法在南京地铁张府园车站的应用[J]. 岩土力学，2003，24(S)：388-391.

[15] 覃伟，杨平，金明，等. 地铁超长联络通道人工冻结法应用与实测研究[J]. 地下空间与工程学报，2010，6(5)：1065-1071.

[16] 贺长俊，王伟，周晓敏，等. 北京地铁“复八”线“大北窑—热电厂”区间含水粉细砂地层水平冻结的隧道施工技术[J]. 铁道建筑，1999，6：7-10.

[17] 杨平，袁云辉，佘才高，等. 南京地铁集庆门盾构隧道进洞端头人工冻结加固温度实测[J]. 解放军理工大学学报(自然科学版)，2009，10(6)：591-596.

[18] 王杰. 盾构进出洞水泥土加固后水平冻结温度场研究[D]. 南京：南京林业大学，2012，07.

[19] 陈成，杨平，张婷，等. 长距离液氮冻结加固高承压富含水层温度实测研究[J]. 岩土工程学报，2012，34(1)：145-150.

[20] 褚衍坡，朱邦永，张颖君，徐国庆. 冻结法在越江隧道修复工程中的应用[J]. 隧道建设，2010，5：596-599.

[21] 周贤彪. 上海地铁四号线修复工艺及设备配置[J]. 建设机械技术与管理，2004，12：33-35.

[22] 程知言. 浅表隧道工程多冷源冻结温度、应力、水分场耦合研究[D]. 长沙：中南大学，2003.

[23] 张婷，杨平. 不同因素对浅表土冻结温度的影响[J]. 南京林业大学学报(自然科学版)，2009，33(4)：132-134.

[24] 尚松浩，毛晓敏. 基于 BP 神经网络的土壤冻结温度及未冻水含量预测模型[J]. 冰川冻土，2001，23(4)：414-418.

[25] 徐学祖，王家澄，张立新. 冻土物理学[M]. 北京：科学出版社，2001.

[26] 徐学祖，陶兆祥，傅素兰. 典型融冻土的热学性质[C]. 中国科学院兰州冰川冻土研究所集刊第 2 号. 北京：科学出版社，1981：55-71.

[27] Johansen O，Frivik P E. Thermal Conductivity of Soils and Rock Minerals[C]// Proc 2nd Int Symp on Ground Freezing Trondheim，Norway，1975. Trondheim：AGHS Publications，1975：427-452.

[28] Harris J S. Ground Freezing in Practice[M]. London：Thomas Telford Publishing，1995.

[29] 逯兰，朱兆军，张喜发. 多年冻土原状样导温系数的测定[J]. 低温建筑技术，2008，6：129-130.

[30] Andersland D M. Frozen Ground Engineering[M]. New Jersey：John Wiley& Sons，Inc.，2004.

[31] Chamberlain E J，Gow A J. Effect of freezing and thawing on the permeability and structure of soils[J]. Engineering Geology，1979，13(1-4)：73-92.

[32] Kim W，Daniel D E. Effects of freezing on hydraulic conductivity of compacted clay[J]. Journal of Geotechnical Engineering，1992，118(7)：1083-1097.

[33] Chamberlain E J. Physical changes in clays due to frost action and their effect on engineering structures[C]. In：Proceedings of the International Symposium on Frost in Geotechnical Engineering. Rotterdam，the Netherlands：A. A. Balkema，1989：863-893.

[34] Boynton S S，Daniel D E. Hydraulic conductivity tests on compacted clay[J]. ASCE Journal of geotechnical engineering，1985，116(10)：1549-1567.

[35] Konrad J M. Physical processes during freeze-thaw cycles in clayed silts[J]. Cold Regions Science and Technology，1989，16(3)：291-303.

[36] Viklander P. Influence of cycles of freezing and thawing on the permeability in soils，literature investigation[D]. Lulea University of Technology，Lulea，Sweden，Technical Report，1995.

[37] Viklander P，Knutsson S. Permeability changes in a fine-grained till due to cycles of freezing and thawing[C]// Knutsson S. Proc. International Symposium on Ground Freezing and Frost in soils，Lulea，Sweden. A. A. Balkema，Rotterdam，1997：193-202.

[38] Viklander P. Permeability and volume changes in till due to cyclic freeze-thaw[J]. Canadian Geotechnical Journal，1998，35(3)：471-477.

[39] Graham J，Au V. Effects of freeze-thaw and softening on a natural clay at low stresses[J]. Canadian Geotechnical Journal，1985，22(1)：69-78.

[40] Leroueil S，Tardif J，Roy M，et al. Effects of frost on the mechanical behaviour of Champlain Sea clays[J]. Canadian Geotechnical Journal，1991，28(5)：690-697.

[41] Ono T，Mitachi T. Computer controlled triaxial freeze-thaw-shear apparatus[C]. Proc. 8th Int. Symp. Ground Freezing. A. A. Balkema，Rotterdam，Netherlands，1997：335-339.

[42] Elliott R P，Thornton S I. Resilient modulus and AASHTO pavement design[J]. Transportation research record，1988，1196：116-124.

[43] Lee W，Bohra N C. Resilient modulus of cohesive soils and the effect of freeze-thaw[J]. Canadian Geotechnical Journal，1995，32(4)：559-568.

[44] Simonsen E，Janoo V C. Properties of Unbound Road Materials during Seasonal Frost Conditions

[J]. Journal of Cold Regions Engineering，2002，16(1)：28-50.

[45] Ogata N，Kataoka T，Komiya A. Effect of freezing-thawing on the mechanical properties of soil [C]. Proc. 4th Int. Symp. Ground Freezing，Sapporo，Japan，1985：201-207.

[46] 杨平，张婷. 人工冻融土物理力学性能研究[J]. 冰川冻土，2002，24(5)：665-667.

[47] 唐益群，杨坪，沈锋，等. 上海暗绿色粉质黏土冻融前后微观性状研究[J]. 同济大学学报，2007，35(1)：6-9.

[48] 陈炜韬，王鹰，王明年，等. 冻融循环对盐渍土黏聚力影响的试验研究[J]. 岩土力学，2007，28(11):2343-2347.

[49] 刘瑞锋，胡向东，皮爱如. 人工二次冻融土热力学参数试验[J]. 煤炭学报，2008，33(5)：518-521.

[50] 杨成松，何平，成国栋，等. 冻融作用对土体干容重和含水量影响的试验研究[J]. 岩石力学与工程学报，2003，22(S2)：2695-2699.

[51] 齐吉琳，马巍. 冻融作用对超固结土强度的影响[J]. 岩土工程学报，2006，28(12)：2082-2086.

[52] 马巍，徐学祖，张立新. 冻融循环对石灰粉土剪切强度特性的影响[J]. 岩土工程学报，1999，21(2):158-160.

[53] 汪仁和，张世银，秦国秀. 冻融土工程特性的试验研究[J]. 淮南工业学院学报，2001，12(5)：35-37.

[54] 和礼红. 粉质黏土冻融循环的力学效应及其结构性研究[D]. 武汉：中国科学院武汉岩土力学研究所，2004.

[55] 崔托维奇. 冻土力学[M]. 张长庆，朱元林译. 北京：科学出版社，1985.

[56] Vialov S S. Rheological properties and bearing capacity of frozensoils[R]. USA Snow，Ice and Permafrost Research Establishment，1959：579-583.

[57] Ladanyi B. Mechanical behavior of frozen soils[A]. Proc. of Int. Symp. on the Mechanical Behavior of Structured Media[C]. Ottawa：A. A. Balkema，1981：205-245.

[58] 张俊兵，李海鹏，林传年，等. 饱和冻结粉土在常应变率下的单轴抗压强度[J]. 岩石力学与工程学报，2003 (S2)：2865-2870.

[59] 李海鹏，杨维好，黄家会，等. 试件形状对冻结粉土抗压强度影响的试验研究[J]. 冰川冻土，2005，27(6)：920-925.

[60] 付伟，汪稔，胡明鉴，等. 不同温度下冻土单轴抗压强度与电阻率关系研究[J]. 岩土力学，2009，30(1)：73-78.

[61] 朱元林，卡皮. 冻结粉砂的抗拉强度[J]. 冰川冻土，1986，8：15-28.

[62] 汪承维，李栋伟. 应力路径下深部人工冻结黏土三轴剪切试验研究[J]. 煤炭工程，2013 (7)：118-120.

[63] 李栋伟，汪仁和. 基于统计损伤理论的冻土蠕变本构模型研究[J]. 应用力学学报，2008，25(1)：133-136.

[64] 李栋伟. 深部冻结黏土蠕变损伤耦合本构模型及应用研究[D]. 安徽理工大学，2011.

[65] 孙谷雨，杨平，刘贯荣. 南京地区冻结粉质黏土邓肯-张模型参数试验研究[J]. 岩石力学与工程学报，2014，33(S1)：2989-2995.

[66] Andersland B，Douglas A G. Soil deformation rate and activation engergiers[J]. Geotechnique，1970，20(1)：1-6.

[67] Vialov S S. Long-term rupture of frozen soil as a thermally activation[A]. Proc. 2nd Int. Conf. Permafrost，1973，222-228.

[68] Ladanyi B. An engineering theory of creep of frozen soils[J]. Canadian Geotechnical Journal，1972，9(1)：63-80.

[69] Ladanyi B. Bearing eapaeity of strip footings in frozen soils[J]. Canadian Geotechnical Journal，1975，13：95-110.

[70] Fish A M. Acoustic and pressuremeter methods for investigation of the rheological properties of ice [R]. US CRREL，1972.

[71] Sekiguchi H. Theory of undrained creep rupture of normally consolidated clay based on Elasto-viscoplasticity[J]. Clays and Foundation，1985，24(1)：129-147.

[72] 陈湘生. 我国人工冻结黏土蠕变数学模型及应用[J]. 煤炭学报，1995，20(4)：399-402.

[73] 马巍，吴紫汪，盛煜. 冻土的蠕变及蠕变强度[J]. 冰川冻土，1994，16(2)：113-118.

[74] 吴紫汪，赵希淑. 冻土蠕变的光黏弹性模拟实验[J]. 自然科学进展：国家重点实验室通讯，1996，6(1)：86-92.

[75] 王廷栋，武建军，赵希淑，等. 冻土蠕变的光黏弹性模拟实验可行性研究[J]. 冰川冻土，1995，17(2)：159-163.

[76] 赵联桢，杨平，王海波. 大型多功能冻土与结构接触面循环直剪系统研制及应用[J]. 岩土工程学报，2013，35(4)：707-713.

[77] Beskow G. Soil freezing and frost heaving with special applieation to roads and railroads[J]. Swedish Geol Survey Yearbook，1935，26(3)：375-380.

[78] Everett D H. Tethermodynamics of frost damage to porous solids[J]. Trans，Faraday Soc，1961，57：1541-1551.

[79] Akagawa S. Experimental study of frozen fringe chamcteristics[J]. Cold Regions science and Technology，1988，15：209-223.

[80] ISGF. Classification and laboratory testing of arti-ficially frozen ground[J]. ASCEEJ of Cold Regions Engineering，1987，1(1).

[81] Eriksson L G. Temperature effects on consolidation properties of sulphide clays[C]. Proceedings of the 12th International Conference on Soil Mechanics and Foundation Engineering，1989，3：2087-2090.

[82] 徐学祖，陶兆祥，傅素兰. 典型融冻土的热学性质[C]. 中国科学院兰州冰川冻土研究所集刊第 2 号. 北京：科学出版社，1981：55-71.

[83] 纳斯诺夫、苏普利克，立井冻结壁形成规律[M]. 北京：煤炭工业出版社，1981.

[84] 张婷，杨平. 浅表土人工冻土冻胀特性的研究[J]. 南京林业大学学报，2010，34(4)：65-68.

[85] 吴紫汪等. 土的冻胀性实验研究. 中国科学院兰州冰川冻土研究所集刊第 2 号. 北京：科学出版社，1981：82-96.

[86] 李海鹏，杨维好，黄家会，等. 双圈管黏土冻结壁形成过程冻胀力模型试验研究[J]. 冰川冻土，2011，33(4)：801-806.

[87] Gilpin R R. A model for the prediction of ice lensing and frost heave in soils[J]. Water ResourceRash，1980，16(5)：918-930.

[88] 李洪升，张斌. 一维冻结土体冻胀量的水热力耦合计算[J]. 大连理工大学学报，1999，39(5)：621-624.

[89] 李洪升. 基于冻土水分温度和外荷载相互作用的冻胀模式[J]. 大连理工大学学报，1998，38(1)：29-33.

[90] Harlan R L. Analysis of coupled heat-fluid transport in partial frozen soil[J]. Water Resources Re-

search，1973，9(5)：1314-1323.

[91] 徐学祖，邓友生. 冻土中水分迁移的实验研究[M]. 北京：科学出版社，1991.

[92] 陈湘生，濮家骝. 地基冻-融循环离心模型试验研究[J]. 清华大学学报，2002，42(4)：531-534.

[93] 张婷，杨平. 浅表土人工冻土冻胀特性的研究[J]. 南京林业大学学报，2010，34(4)：65-68.

[94] 杨平，皮爱如. 高流速地下水地层冻结壁形成的研究[J]. 岩土工程学报，2001，23(2)：167-171.

[95] Yang P，Ke J，Wang J G，et al. Numerical simulation of frost heave with coupled water freezing，temperature and stress fields in tunnel excavation[J]. Computer and Geotechnics，2006，33(6-7)：330-340.

[96] 周国庆. 饱和砂层中结构的融沉附加力研究[J]. 冰川冻土，1998，20(2)：11-14.

[97] 王建平，王文顺. 人工冻结土体冻胀融沉的模型试验[J]. 中国矿业大学学报，1999，28(4)：303-306.

[98] 何平，程国栋，杨成松，等. 冻土融沉系数的评价方法[J]. 冰川冻土，2003，25(6)：608-612.

[99] 张喜发，陈继，张冬青. 融沉系数在季冻区高速公路路基冻害[J]. 冰川冻土，2002，24(5)：634-638.

[100] 杨成松，何平，程国栋. 冻融作用对土体干容重和含水量影响的试验研究[J]. 岩石力学与工程学报，2003，22(S2)：2695-2699 .

[101] 王效宾，杨平，张婷. 人工冻土融沉特性试验研究[J]. 南京林业大学自然学报，2008，32(4)：108-112.

[102] 张向东，张树光，易富. 辽西地区风积土冻融特征的试验研究[J]. 岩土力学，2005，26(S2)：79-82.

[103] 王效宾，杨平. 基于 BP 人工神经网络的冻土融沉系数预测方法研究[J]. 森林工程，2008，24(5)：18-21.

[104] 姚晓亮，齐吉琳. 融沉系数的人工神经网络预测方法[J]. 冰川冻土，2011，33(4)：891-896.

[105] 汤怡新，刘汉龙，朱伟. 水泥固化土工程特性试验研究[J]. 岩土工程学报，2000，22(5)：549-554.

[106] Shihata S A，Baghdadi Z A. Simplified method to assess freeze -thaw durability of soil cement[J]. Journal of Materials in Civil Engineering，2001：13(4)：243-247.

[107] Shihata S A，Baghdadi Z A. Long-term strength and durability of soil cement[J]. Journal of Materials in Civil Engineering，2001，13(3)：161-165.

[108] 王许诺. 冻结水泥土无侧限抗压试验研究[J]. 水文地质工程地质，2013，40(3)：79-83.

[109] 鲍俊安，杨平，王许诺. 水泥土冻胀特性试验研究[J]. 郑州大学学报(工学版)，2013，34(1)：5-9.

[110] 鲍俊安，杨平，张翔宇. 水泥土融沉特性的试验研究[J]. 南京林业大学学报(自然科学版)，2013，37(5)：97-102.

[111] 李述训，吴紫汪. 青藏高原多年冻土区沥青路面下融化盘形成变化特征[J]. 冰川冻土，1997，19(2)：133-140.

[112] 杨更社，周春华. 软岩材料冻融过程中的水热迁移实验研究[J]. 煤炭学报，2006，31(5)：566-570.

[113] 姚兆明，周启俊. 人工冻土温度场的智能方法预测[J]. 安徽理工大学学报，2005，25(3)：26-32.

[114] Jessberger H L. Opening address[A]. Ground Freezing 88，Proceedings of 5th International Symposium on Ground Freezing[C]. Rotterdam：Balke ma A A，1989，407-411.

[115] 张殿发，郑琦宏. 冻融条件下土壤中水盐运移规律模拟研究[J]. 地球科学进展，2005，24(4)：46-55.

[116] 汪仁和，李晓军. 冻结温度场的叠加计算与计算机方法[J]. 安徽理工大学学报，2003，23(1)：25-29.

[117] 汪仁和，王伟. 冻结孔偏斜下冻结壁温度场的形成特征与分析[J]. 岩土工程学报，2003，25(6)：658-661.

[118] 蒋斌松，沈春儒，冯强. 外壁恒温条件下单管冻结温度场解析计算[J]. 煤炭学报，2010，35(6)：923-927.

[119] 周扬，周国庆. 土体一维冻结问题温度场半解析解[J]. 岩土力学，2011，32(s1)：309-413.

[120] 李磊，郭红波. 地铁隧道联络通道冻结法施工三维温度场及性状分析[J]. 上海大学学报，2006，12(6)：641-646.

[121] 马贵阳，刘晓国. 埋地管道周围土壤水热耦合温度场的数值模拟[J]. 辽宁石油化工大学学报，2007，27(1)：40-46.

[122] 蔡海兵，荣传新. 考虑相变潜热的冻结温度场非线性分析[J]. 低温建筑技术，2009，2：43-45.

[123] 崔灏，李栋伟. 水平冻结法施工温度场数值模拟与分析[J]. 低温建筑技术，2009，2：98-100.

[124] 乔熙，刘阳，李安安，等. 虎豹湾矿井冻结温度场数值模拟与实测对比[J]. 河北理工大学学报(自然科学版)，2011，33(2)：1-5.

[125] 肖朝昀，胡向东. 双圈水平冻结冻结壁温度场数值模拟[J]. 苏州科技学院学报，2009，22(4)：21-24.

[126] 胡传鹏，胡向东，朱合华. 单排管冻结巴霍尔金温度场控制参数敏感度分析[J]. 煤炭学报，2011，36(6)：938-944.

[127] 王效宾，杨平. 盾构出洞水平冻结解冻温度场三维有限元分析[J]. 解放军理工大学学报，2009，10(6)：586-590.

[128] 袁云辉，杨平，江天堑. 复杂环境下浅埋暗挖隧道穿越薄富含水层冻结温度场研究[J]. 岩土力学，2010，31(S1)：0388-0393.

[129] 袁云辉，杨平. 冻结加固盾构端头土体温度场数值分析[J]. 地下空间与工程学报，2010，6(5)：1053-1059.

[130] 袁云辉，杨平，王海波. 人工水平冻结冻结壁强制解冻温度场数值分析[J]. 南京林业大学学报(自然科学版)，2011，35(4)：117-120.

[131] 彦启森. 制冷技术及其应用[M]. 北京：中国建筑工业出版社，2006.

[132] 马芹永. 人工冻结法的理论与施工技术[M]. 北京：人民交通出版社，2007.

[133] Bakholdin B V. Selection of optimal ground freezing mode for construction purpose[M]. Moscow：Gosstroiizdat，1963.

[134] 陈文豹，汤志斌. 潘集矿区冻结壁平均温度及冻结孔布置圈径的探讨[J]. 煤炭学报，1982，1：46-52.

[135] 彭益成，胡向东，丁文其. 多排管冻土帷幕平均温度特征与计算方法[J]. 低温建筑技术，2009，10：89-91.

[136] 朱元林，张家懿，彭万巍，等. 冻土的单轴压缩本构关系[J]. 冰川冻土，1992，14(3)：210-216.

[137] 付伟，汪稔，胡明鉴，等. 不同温度下冻土单轴抗压强度与电阻率关系研究[J]. 岩土力学，2009，30(1)：73-77.

[138] 陈文峰. 人工冻土单轴冲击压缩力学性能实验研究[J]. 河南工程学院学院(自然科学版)，2012，24(4)：50-53.

[139] 吴志坚. 温度对动荷载作用下冻土动力特性影响的试验研究[D]. 兰州：兰州地震研究所，2002.
[140] 张奕. 传热学[M]. 南京：东南大学出版社，2004.
[141] 岳戈，陈权. ADINA 应用基础与实例详解[M]. 北京：人民交通出版社，2008.
[142] 韦良文. 泥水盾构隧道施工土体稳定性分析与试验研究[D]. 上海：同济大学，2007.
[143] JJGA，ジエシトグウト工法. 平成 2 年 2 月.